들어가는 말(3판)

조직과 리더십 3판은 최근에 새롭게 연구되고 있는 리더십분야를 추가하는데 초점을 맞추었다. 기존의 틀과 내용을 유지하면서, 리더-구성원 교환관계이론을 확장한 새로운 개념과 서번트 리더십에 대한 최근 연구, 그리고 개념적 논의를 넘어 연구가 활발히 이루어지기 시작한 진정성 리더십을 추가하였다.

첫째, 리더-구성원 교환관계이론을 기반으로 집단수준에서 등장한 리더-구성원 차별화의 개념을 추가하였다. 예를 들면, 어떤 리더는 내집단과 외집단을 강하게 차별화하지만, 어떤 리더는 내집단과 외집단을 강하게 차별화하지 않으며, 이와 같이 내집단과 외집단 간의 차별화정도에 따라 집단 리더십의 모습은 달라지고 이에 대한 구성원의 반응도 달라질 수 있다. 아직까지 일관된 결과를 도출하고 명확한 결론을 만들어내고 있지는 못하지만, 개념적으로 집단 리더십을 이해하는데 도움이 될 것이다.

둘째, 서번트 리더십은 이 책의 1판부터 포함되어 온 내용이지만, 거의 10년이 지난 지금 이와 관련된 많은 연구가 진행되어 왔다. 서번트 리더십이 결과에 영향을 주는 과정은 크게 두 개의 범주로 구분될 수 있다. 하나는 변혁적 리더십이나 카리스마 리더십과 같이 서번트 리더십이 리더에 대한 신뢰, 심리적 임파워먼트, 자기효능감 등을 통해 결과를 도출한다는 동기부여적 메카니즘에 기반을 두고 있다. 또 다른 하나는 서번트 리더십이 구성원의 고객지향적 마인드에 영향을 줌으로써 서비스성과를 향상시킨다는 메카니즘에 기반을 두고 있다. 이 두 범주의 연구와 그 결과를 제공함으로써 서번트 리더십을 좀 더 깊이있게 이해하는데 도움이 될 것이라고 생각한다.

셋째, 진정성 리더십은 개념적 논쟁을 넘어 현장을 대상으로 경험적 연구가 이루어지고 있다. 아직까지 충분한 연구가 이루어지고 있지는 않지만, 기존의 신조류 리더십과 차별적으로 기여할만한 리더십개념이라고 생각한다. 이런 측면에서 진정성 리더십의 개념과 특징을 소개하고 그와 관련된 실천적 의미를 소개하였으며, 향후에는 이와 관련하여 더 많은 경험연구가 이루어지리라 생각된다.

리더십은 이론적으로 실무적으로 여전히 경영의 주요 주제로 논의되고 있으며, 이를 통해 기업의 경쟁력을 높이려는 노력이 지속되고 있다. 이 책은 리더십에 대한 입문서로서의 역할에 충실하기 위해 기초부터 최근 동향을 전체적으로 주요 이슈를 모두 포함시키려고 노력하였다. 따라서 리더십을 종합적이고 체계적으로 학습하길 원하는 독자에게 도움이 될 것이다. 그럼에도 불구하고 특정의 리더십분야에 대한 지식을 습득하길 원하는 독자는 일부분만 발췌하여 학습해도 무방할 것으로 생각한다. 저자는 이 책이 리더십의 원리를 이해하고 활용할 수 있는 역량을 향상시키는데 도움이 되길바라는 마음이다.

끝으로 3판을 위해 새로운 내용을 추가하는데 책임있게 도움을 준 연구실 식구들, 고혜원 박사와 김민정, 장은미, 그리고 김정민 박사후보자에게 감사의 마음을 전합니다.

2018년 8월

이상호

2판 머리말

조직과 리더십을 처음 발간한 지 벌써 4년이 지났고, 이제 그것을 개정해 두 번째 판을 내게 되었다. 두 번째 판은 첫 번째 판에 포함되지 않았던 내용을 추가하는 것에 초점을 맞추었는데, 주로 제1부에 포함되어 있으며 크게 세 가지 측면에서 설명될 수 있다. 첫째, 제1장은 조직과 조직관리의 이해부터 시작하였다. 여기서는 조직에 대한 개념적 이해와 조직관리의 역사적 전개과정을 제시하였는데, 이것은 조직관리 또는 경영이라는 큰 틀을 이해하는데 도움을 주기 위해서이다. 리더십은 조직 또는 조직관리와 독립적으로 작동하는 것이 아니라 그것과 밀접하게 연결되어 움직이는 것이기 때문에 조직 및 조직관리에 대한 이해는 리더십 실천에 많은 도움이 될 것이다.

둘째, 제2장은 리더십의 개념과 본질에 관한 내용으로 구성되어 있는데 이 부분에 리더십이론의 역사적 흐름을 추가하였고 리더십이론의 역사적 흐름은 제1장 조직관리의 역사적 흐름과 연동하여 최근 리더십 트랜드를 이해하는데 도움이 될 뿐 아니라 리더십이론의 전체적인 맥락을 이해하는 데에도 유용할 것으로 판단한다. 특히, 전통적 리더십이론들과 구별되는 신조류 리더십의 등장배경 및 특징을 이해하는 것은 최근의 다양한 리더십이론의 핵심을 파악하는데 도움이 될 것이다. 따라서 제1장 조직관리의 역사적 전개과정과 더불어 제2장 리더십의 역사적 흐름을 통해 경영과 리더십의 전체적인 맥락 및 최근 트랜드를 파악하길 바란다.

셋째, 추가된 마지막 내용은 제4장과 제5장으로 이들은 각각 리더십과 동기부여 그리고 리더십과 의사소통에 관한 것이다. 동기부여는 다양한 리더십이론을 이해하는데 필요할 뿐 아니라 효과적인 리더십 실천을 위해서도 필요한 기초적인 개념과 원리를 제공한다. 제4장에서는 리더십의 이해와 실천에 도움이 되도록 포괄적 관점에서 동기부여와 관련된 다양한 이론을 제시하였고 또한 의사소통은 리더와 부하 간의 관계를 형성하고 상호작용을 촉진하는 기본적인 도구로써 의사소통없이 리더십을 발휘하는 것은 불가능하며, 따라서 효과적인 의사소통의 이해와 실천은 리더십의 필수적인 요소이다. 제5장은 주로 대인간 의사소통에 초점을 맞추어 효과적인 의사소통을 위한 다양한 주제를 다루었다.

이와 같이 주로 제1부에 내용을 추가한 것 이외에 제2부 전통적 리더십이론, 제3부 영감적, 도덕적 이론, 제4부 자율통제와 리더십의 구성과 내용은 첫 번째 판과 거의 유사하다. 첫 번째 판의 머리말에서도 언급한 바와 같이 이 책은 리더십과 관련된 다양한 이론과 그 이론이 내포하고 있는 의미나 시사점을 명확히 설명하는데 집중하고 있다. 그 이유는 이론이 실천을 위한 최고의 도구라는 저자의 믿음 때문이다.

세계적으로 리더십은 미래 경쟁력의 핵심원천으로 강조되어 왔으며, 많은 사람들이 다양한 리더십이론을 학습하고 활용할 수 있는 역량을 개발하는데 이 책이 도움이 되길 바란다. 이 책은 일차적으로 대학생이나 대학원생의 리더십 입문서 형태로 집필되었지만, 이론적 입문서는 관리자의 리더십 실천역량의 향상에도 필수적일 것이며 학문적 측면에서 뿐 아니라 실천적 측면에서 리더십을 논의하고 리더십의 개념과 원리를 이해하고 그것을 바탕으로 리더십의 실천역량을 갖추는데 이 책이 활용되고 도움이 되길 바란다.

끝으로 이 책을 개정하는데 도움을 준 주변의 많은 사람들에게 감사의 뜻을 전하며 특히, 새로운 내용을 추가하고 수정하는데 도움을 준 박사과정 고혜원에게 감사의 마음을 전한다.

2013년 3월

살피재 연구실에서

이상호

머리말

이 책은 조직에서의 리더십에 관한 다양한 이론 및 연구들을 소개하고 있다. 특히, 각각의 리더십이론이 가지고 있는 의미를 명확하게 전달하기 위하여 토론거리와, 자가진단, 그리고 연습 등을 포함시켰다. 이러한 토론거리와 자가진단, 그리고 연습 등은 잘 활용하면 그에 해당되는 리더십이론을 이해하는 데 도움이 될 것이다. 물론 이 책은 리더십의 실천적 지침을 제공하기도 하지만, 각각의 리더십이론과 그 이론이 내포하고 있는 의미를 설명하는 데 더 많이 초점을 맞추었다. 이것은 이론이 실천을 위한 최고의 도구라는 저자의 믿음 때문이라고도 할 수 있다.

저자가 학교와 기업, 그리고 공공기관 등에서 10여 년 동안 리더십에 관한 강의를 해 온 경험에 따르면, 이 책의 1장은 리더십의 이론적 관점뿐 아니라 실천적 관점에서도 매우 중요하다. 리더십의 개념과 본질적인 특징을 이해하는 것은 다양한 리더십이론들을 이해하는 데 도움이 될 뿐 아니라 그 자체로 조직에서 리더십을 실천하는 데에도 유용할 것이다. 따라서 이 책의 1장은 학문적 측면에서뿐 아니라 실천적 측면에서 충분히 논의되길 바란다.

또한 이 책은 상대적으로 최근 들어 관심을 받고 있는 다양한 신조류 리더십이론들을 설명하고 있다. 예를 들면, 카리스마 리더십이론, 변혁적 리더십이론, 서번트 리더십이론, 셀프리더십이론, 그리고 임파워먼트 리더십이론들이 그것이다. 물론 서번트 리더십이론은 아직까지 과학적 이론이라기보다는 철학적 관점으로 보는 견해도 있다. 그리고 임파워먼트 리더십이론도 다른 리더십이론 만큼 그 자체로 확고한 위치를 가지고 있지는 않다. 그럼에도 불구하고 이 책에서는 이러한 리더십이론을 가능한 상세하게 소개하려고 노력하였다. 그럼으로써 다른 신조류 리더십이론과의 유사점과 차이점을 확인하는 데 도움을 주려고 하였다. 왜냐하면 이러한 이론들이 실무에서는 중요하게 언급되고 있기 때문이다.

이 책의 마지막 장은 리더십 개발 및 실천을 위해 조직에서 일반적으로 사용하는 유용한 방법론을 소개하고 있다. 이 장의 내용은 앞에서 제시한 다양한 리더십이론이 최근 조직에서 효과적인 리더십을 위해 요구되는 역량과 일맥상통한다는 점을 이해하고 자신의 리더십을 개발하고 실천하는 데 도움이 될 것이다.

탁월한 리더십 역량은 개인의 경쟁력이며 동시에 조직 경쟁력의 핵심원천이다. 저자는 많은 사람들이 이 책을 통해 다양한 리더십이론을 학습하고 또한 이를 통해 리더십의 실천역량을 배양하길 간절히 바란다. 이 책은 일차적으로 대학생들의 리더십 입문서로 집필되었지만, 리더십이론이 실천을 위한 핵심 도구라는 점에서 조직의 관리자나 관리자 후보들에게도 도움이 될 것으로 생각된다.

끝으로 많은 주변사람들의 도움이 없었다면 이 책이 완성되기 어려웠을 것이다. 제 연구실의 터줏대감 격인 진대선 박사와 박사과정에 있는 고혜원과 윤나리의 도움에 감사의 마음을 전한다. 그리고 마지막 순간까지 저를 독려하고 도와주신 북넷의 사장님께도 감사의 뜻을 전한다.

2009년 3월
살피재 연구실에서
이 상 호

차 례

제 1 부 조직과 리더십의 기초개념

제 2 부 전통적 리더십이론

제1부 조직과 리더십의 기초개념

제1장 조직과 조직관리의 이해

제2장 리더십의 개념과 본질

제3장 권력과 관리자의 역할

제4장 리더십과 동기부여

제5장 리더십과 대인간 의사소통

제1부 조직과 리더십의 기초개념

- 제1장 조직과 조직관리의 이해
- 제2장 리더십의 개념과 본질
- 제3장 권력과 관리자의 역활
- 제4장 리더십과 동기부여
- 제5장 리더십과 대인간 의사소통

제2부 전통적 리더십이론

- 제6장 리더십 특성이론
- 제7장 리더십 행동이론
- 제8장 상황이론
- 제9장 참여적 리더십과 위임
- 제10장 리더구성원 교환관계 이론

신조이론

제3부 영감적, 도덕적 리더십이론

- 제11장 카리스마 리더십이론
- 제12장 변혁적 리더십
- 제13장 서번트 리더십
- 제14장 진성 리더십

제4부 자율통제와 리더십

- 제15장 셀프, 수퍼리더십
- 제16장 임파워먼트 리더십
- 제17장 리더십개발과 실천

제1장 조직과 조직관리의 이해

01 조직의 정의와 특징

리더십의 정의가 다양한 것과 유사하게 리더십의 효과성의 개념도 학자마다 다소 차이가 있다. 왜냐하면 리더십의 효과성은 리더십을 어떻게 정의하는가에 따라 달라질 수 있기 때문이다. 그럼에도 불구하고 조직에서의 리더십 효과성은 조직의 개념을 바탕으로 좀더 용이하게 이해할 수 있을 것이다.

1.1 조직의 정의 및 특징

조직이란 용어는 생물학의 '유기체'를 의미하는 'organizatio'라는 라틴어에서 유래된 용어로, 경영학을 포함한 사회과학에서 조직은 시대에 따라 또는 연구의 관점에 따라 다양하게 정의되고 있다. 이러한 다양한 정의에도 불구하고, 조직에는 공통적인 특성이 있으며, 이것은 조직을 이해하는데 중요하다.

관료조직 이론을 제시한 사회학자인 베버[1)]는 조직을 '특정한 목적을 가지고 그 목적을 달성하기 위해 구성원들간 상호작용하는 협력집단'이라고 정의하고 있다. 베버는 조직과 환경간에는 경계가 있고 조직내부에는 구성원들의 활동을 규정하고 통제하는 제도와 절차를 가지고 있다고 하였다.

조직내부의 규정, 제도, 절차 등은 조직의 질서를 유지하며 조직 구성원들의 생애나 변화를 초월하여 조직이 존재하도록 하는 역할을 수행한다. 베버가 조직의 합리적인 내부구조 및 체계에 초점을 맞춘 반면, 버나드는 구성원들의 자발적인 활동에 초점을 맞추어 조직을 정의하고 있다. 버나드[2]는 조직을 '공동의 목적을 달성하기 위해 그 목적에 공헌할 의욕을 가진 2인 이상의 사람이 상호 의사전달하는 집합체'라고 정의하였다. 베버와 버나드가 각각 조직의 내적 합리화와 구성원들의 의욕과 같은 내부의 이슈에 관심을 둔 반면, 셀즈닉[3]은 조직과 환경과의 관계에 초점을 맞추고 조직을 '지속적으로 환경에 적응하면서 공동의 목표를 달성하기 위해 공식적 또는 비공식적 관계를 유지하는 사회적 구조'로 보았다. 또한 카츠와 칸[4]은 시스템이론을 바탕으로 사회학의 거시적 관점과 심리학의 미시적 관점을 연계하여 조직의 현상을 분석하고, 조직을 '공동의 목표를 가지고 있으며 내부관리를 위한 규제 장치와 외부환경을 관리하기 위한 적응구조를 발달시키는 사람들의 집합체'로 정의하였다.

이와 같이 학자마다 조직은 다소 다르게 정의하고 있지만, 이들간의 공통적 특징을 찾을 수 있다. 첫째, 조직은 목적 지향성을 가지고 있다. 즉 모든 조직은 구성원들이 추구하는 공동의 목적을 가지고 있다는 것이다. 따라서 조직은 목적달성을 위한 수단이 된다. 조직의 목적은 미션이나 비전, 또는 전략목표, 운영목표 등으로 표현되기도 하며, 이러한 목적은 명시화되기도 하지만 암묵적으로 공유되기도 한다.

둘째, 조직은 사회적 집합체이다. 즉, 조직은 목적달성을 위해 일하는 사람들로 구성되어 있으며, 따라서 사람없이는 성립할 수 없다는 것이다. 이는 조직의 연구대상으로 사람이 중요한 이유이기도 하다.

셋째, 조직은 2인 이상 복수의 구성원들로 이루어져 있다. 복수의 구성원으로 구성되어 있기 때문에 조직은 한 개인의 역량을 넘어서는 일을 수행할 수 있으며 동시에 이러한 복수의 구성원들간 이해관계를 조정하고 통합하는 협력체계의 구축이 필요하다. 때에 따라서는 1인으로 구성된 특별한 형태의 조직도 있지만, 이 경우 조직과 개인을 구별하기는 어려울 것이다.

넷째, 조직은 공식적 구조를 가지고 있다. 즉, 조직은 과업의 분류, 부서간 업무의 할당, 구성원들간 역할규명, 그리고 역할간 관계를 결정하는 규정과 절차를 정하고 있다. 이를 바탕으로 구성원들은 상호작용하고 목적달성을 위해 업무를 수행한다.

다섯째, 조직은 조직의 내부요소와 외부요소를 구분하는 경계를 가지고 있다. 이러한 경계는 인적 또는 물적 자원 등의 교류는 하지만 타 조직 또는 환경과 구별되는 집단을 형성하도록 하는 것이다.

조직에 대한 공통적인 특징 중 특히 첫 번째의 목적 지향성과 두 번째 사회적 집합체라는 특징은 조직을 정의하는 가장 본질적인 요소이다. 즉, 이들 중 한 가지 요소라도 없다면 조직이라고 할 수 없다는 것이다. 공통적인 특징을 중심으로 조직을 간략히 정의하면, 조직은 '공동의 목적을 달성하기 위해 서로 상호작용하는 2인 이상의 사람들로 구성된 사회적 집합체'이다. 따라서 조직은 목적달성을 위해 구성된 일(과업)과 사람들의 구성체, 즉 사회기술시스템인 것이다. 이러한 조직의 정의를 개념화하면 [그림 1–1]과 같다.

그림 1–1 조직의 개념

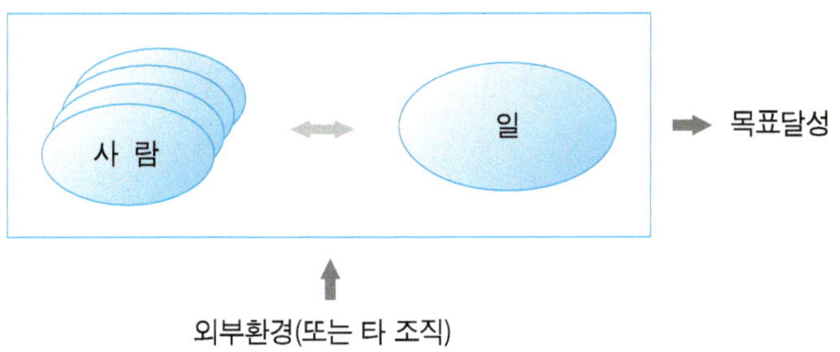

02 조직관리의 역사적 변천과정

조직관리 및 경영관행은 사회, 경제, 정치의 영향을 받으며 오랜 시간에 걸쳐 변화하여 왔다. 시대적 흐름과 함께 조직관리의 변천과정은 크게 고전적 관점, 인적자원 관점, 현대적 관점으로 구분하여 살펴볼 수 있다.

2.1 고전적 관점

조직관리의 고전적 관점은 산업혁명이 활발하게 일어나던 시기인 19세기 후반과 20세기 초반에 걸쳐 나타났다. 이 시기에 도입된 공장시스템은 과거 조직들에게서는 찾아볼 수 없었던 여러 가지 문제에 직면하게 된다. 특히, 대규모 종업원에 의한 대규모적인 작업이 필요해지면서 사람들은 생산성과 효율성을 극대화하기 위한 업무설계 및 조직설계, 그리고 조직관리방식을 생각하기 시작하였다. 이러한 고전적 조직관리 관점은 크게 과학적 관리, 관리원칙, 그리고 관료적 조직의 세 영역으로 나누어 볼 수 있다. 비록 이 세 영역은 다소 서로 다른 측면을 강조하지만, 인간은 경제적 동기에 의해 움직이며 합리적으로 판단하고 개인의 이익을 극대화하려고 한다는 가정에 바탕을 두고 있다.

(1) 과학적 관리

테일러[5]는 많은 종업원들이 자신의 실제 용량에 못 미치는 성과를 내고 있고 과학적인 접근으로 이러한 문제를 해결할 수 있다고 생각하였다. 즉, 주먹구구식의 의사결정은 개인의 업무상황에 대한 과학적 연구를 통해 개발된 정밀한 절차로 대체되어야 한다고 주장하였다. 테일러가 제시한 과학적 관리의 핵심원리는 다음과 같다.

① 동작연구과 시간연구를 통한 정밀한 과업표준 절차의 개발
② 과업표준에 적합한 근로자의 선발
③ 과업표준 절차에 따른 근로자 훈련
④ 생산성 향상을 위한 인센티브의 제공
⑤ 과업에 대한 신중한 계획과 과업수행 과정의 원활한 방법 제시

예를 들면, 테일러는 베들레헴 철강공장에서 원자재인 철을 기차에서 내리고 완성품인 강철을 다시 싣는 일을 대상으로 동작과 도구, 그리고 일정을 올바르게 개선하면 생산성을 높일 수 있다고 하였다. 즉, 근로자들은 지금까지의 평균 하루 작업량이었던 12.5톤보다 훨씬 많은 47.5톤의 과업을 수행할 수 있었으며, 이러한 새로운 표준에 대한 인센티브로 하루에 1.85 달러를 지불하였다. 이것은 과거 하루 일당인 1.15 달러를 훨씬 넘는 것이었다. 이러한 노력은 베들레헴 철강사의 생산성을 순식간에 상승시켰다.[6)]

테일러의 과학적 관리기법은 자동차 제조사인 포드에 의해 확대되었다. 포드사는 무거운 물건을 들고 나르는데 사람을 기계로 대체하였으며, 한 근로자에서 다른 근로자로의 작업이동을 위한 조립라인 공정을 설치하였다. 이러한 조립라인 공정은 생산성과 효율성을 향상시키고 생산에 필요한 근로시간을 상당히 단축시켰다.

(2) 관리원칙

두 번째 고전적 조직관리 접근은 성공적인 관리자의 경험을 정리하고 이해하려는 노력에 기초한 관리원칙(administrative principles)이다. 주로 생산현장에서 수행되는 작업에 관심을 가졌던 과학적 관리와는 달리 관리원칙은 조직전체에 초점을 맞추고 있다. 관리원칙의 대표적인 사람은 프랑스의 광산회사 엔지니어이며 관리

자 출신인 페이욜이다. 그은 자신의 경험을 바탕으로 조직의 올바른 관리에 대한 견해와 개념을 정리하고 제시하였다. 페이욜[7]은 모든 조직에 적용할 수 있는 관리의 14개 일반원칙(표 1-1 참조)을 제시하였으며, 이 중 연결계층의 원칙, 명령통일의 원칙, 지휘통일의 원칙, 공정성의 원칙 등과 같은 일부는 오늘날 관리방식으로 여전히 활용되고 있다.

페이욜은 또한 관리자가 수행해야 하는 다섯 가지의 기본 기능, 즉 계획화, 조직화, 지휘, 조정, 통제를 제시하였다. 계획화란 미래의 활동에 대해 계획을 수립하는 것이고, 조직화는 계획을 실행하기 위해 인적, 물적 자원을 동원하고 분배하는 것이며, 지휘는 계획된 방향으로 최선의 노력이 이루어지도록 종업원을 선발하고 리드하고 평가하는 것이다. 그리고 조정은 부문의 노력을 통합하고 정보가

표 1-1 관리의 14개 일반원칙

① 분업(division of work) : 조직업무는 세분화되고 노동은 전문화되어야 한다.
② 연결계층(scalar chain) : 조직은 밑에서부터 위로 수직적 권한으로 연결된 계층구조(권한의 흐름, 의사소통망)를 형성해야 한다.
③ 명령일원화(unity of command) : 부하는 한명의 상사로부터만 지시받아야 한다.
④ 권한과 책임(authority and responsibility) : 권한과 책임은 균형을 이루어야 한다.
⑤ 집권화(centralization) : 부하에 비해 관리자에게 더 많은 재량권을 부여해야 한다.
⑥ 지휘통일(unity of direction) : 같은 목적을 위한 활동에 대해서는 한명의 관리자 밑에서 통일된 계획을 설정해야 한다.
⑦ 질서(order) : 인적, 물적 자원은 질서정연하게 조직화(직무내용의 명확화, 상호연결의 명확화)되어야 한다.
⑧ 조직과 구성원 간의 관계 : 구성원의 목적을 조직의 목적에 귀속 및 일치시켜야 한다.
⑨ 규율(discipline) : 기업과 개인 간 동의에 기초해 구성원은 상사에 복종하고 따라야 한다.
⑩ 보수(remuneration) : 기업가와 근로자 모두에게 공정해야 한다.
⑪ 공정성(equity) : 부하를 다룰 때 친절과 정당성을 가지고 충성심과 공헌을 유도해야 한다.
⑫ 주도성(initiative) : 기업가는 개인적 허영을 버리고 부하가 독창적으로 계획을 할 수 있도록 유도해야 한다.
⑬ 단체정신(esprit de corps) : 조화 및 팀웍이 중요하다.
⑭ 재직의 안정(tenure) : 업무에 익숙해질 시간이 필요하다.

공유되며 문제가 해결되도록 하는 것이며, 통제는 계획에 따라 일이 진행되었는지를 확인하고 필요한 조치를 취하는 것이다.

관리원칙에 대한 또 다른 기여자는 폴레트이다. 그녀는 집단에 대한 이해와 인간의 협력에 많은 관심을 나타내고 있으며, 조직을 어느 한쪽이 다른 한쪽을 지배하는 것이 아니라 관리자와 종업원이 갈등을 줄이며 조화롭게 일해야 하는 공동체로 보았다. 따라서 관리자의 주된 업무는 조직에서 갈등을 줄이고 사람들이 서로 협력하고 이해관계를 통합하도록 하는 것이다. 특히, 조직에서 갈등을 줄이기 위해 상위의 공동목표의 중요성을 제시하였다.[8] 폴레트의 접근은 공학적 기법보다는 사람의 중요성을 강조했으며, 이런 점에서 경영철학의 배경은 고전적 관점이라기보다는 다음에 전개되는 인간관계적 관점에 더 가깝다고 볼 수 있다.

(3) 관료조직

조직전체에 초점을 맞춘 관리원칙론은 관료조직(bureaucratic organizations)의 탄생에도 큰 공헌을 하게 된다. 독일 사회학자인 베버[9]는 유럽의 많은 조직들이 가지고 있는 문제를 해결하기 위한 대안으로 관료조직을 제시하였다. 1980년대 후반 유럽조직의 대부분은 가족과 같은 개인적인 관계에 기초하여 관리되었다. 종업원은 조직에 충성하기보다는 한 명의 개인에 충성하고, 자원도 조직의 목표보다는 개인의 목적이나 바램을 실현시키는데 사용되었다. 사람들은 직무와 관련된 능력 때문이 아니라 사회적 위치 때문에 높은 권한의 자리를 차지하고 있었다. 베버는 이러한 이유 때문에 조직이 그 잠재력을 충분히 활용하지 못한다고 주장하며, 이 문제를 해결할 수 있는 새로운 형태의 조직인 관료조직을 제시하였다.[10]

베버[11]가 제시한 관료조직은 개인적인 속성이나 유대관계에 의해 관리되지 않고 잘 정의된 권한과 책임, 공식화된 기록, 표준화된 규정이나 규칙 등에 기초하여 비개인적이고 합리적으로 설계되고 관리되는 조직을 말한다. 이와 같이 비개인적이고 합리적인 근거에 기초한 조직은 특정한 개인에 의존하지 않고 공식적 구조와 직위에 의존하기 때문에 안정성과 지속성을 가지고 있다. 또한 이러한 합

표 1-2 베버의 관료조직 특성

- ○ 합법적인 직무배정과 직무수행(규율화) : 조직의 규정에 따른 합법적인 직무할당과 이에 적절한 권한, 책임, 임무의 명확화
- ○ 직무의 분업화, 세분화, 전문화 : 전문화된 직무내용을 중심으로 객관적 능력과 자격에 의한 계약고용 및 승진
- ○ 계층에 의한 관리와 집권화 : 권한과 책임을 명확히 규정하고 상하 간 통솔 및 복종관계
- ○ 규칙 및 문서에 의한 경영관리 : 권한과 책임, 그리고 경영관리규칙이나 규정을 문서화로 객관성과 공정성 확보
- ○ 경력의 보장 : 직업의 안정 보장 및 뚜렷하고 객관적인 이유없이 임의적 해고 금지

리성은 자원활용의 효율성을 높이고 구성원들을 공정하게 다루는 기초가 된다. 베버가 제시한 관료조직의 핵심 특성으로는 개인적 유대관계가 아닌 능력에 기초한 선발과 배치, 규칙과 서면기록을 통한 지속성 유지, 법적 또는 공식적인 권력에 기초한 명령과 지시 등이 포함된다(표 1-2 참조).

베버가 제시한 관료조직은 개인의 임의적이고 사적인 의사결정을 배재하고 합법성, 공정성, 객관성을 강조하는 합리적이고 효율적인 조직이며, 그 당시의 문제를 해결하는데 기여를 하였다. 그러나 실제로 관료조직이 운영되면서 부정적인 요소들이 나타났으며, 특히 오늘날에 있어서 관료조직의 특성은 부정적인 의미로 받아들여지기도 한다. 즉, 관료조직은 지나치게 형식에 얽매이거나 문제해결을 지연시키거나 변화를 거부하는 특성을 내포한 것으로 받아들여진다. 베버의 이상

표 1-3 이상적 관료조직과 현실적 비판

베버의 이상적 관료조직	현실적 비판
· 노동의 전문화, 명확한 권한과 책임 · 계층적으로 구성된 직위 · 기술적 능력에 의한 선발 및 승진 · 관리경력 및 고정급여 · 엄격하고 비인간적이고 보편적으로 적용되는 규칙	· 과도한 전문화는 갈등과 분열 유발 · 너무 공식적인 계층은 탄력성 저해 · 관료제가 엘리트 관리자집단을 위한 정치체계가 됨 · 동조로 비판적 사고 및 정신건강 저해 · 규칙 그 자체가 목적이 됨

적 관료주의와 현실적 비판을 정리하면 〈표 1-3〉과 같다.

2.2 인적자원 관점

조직관리의 고전적 관점은 조직의 생산성이나 효율성을 높이기 위한 공식적, 법적 구조 및 관리방식을 강조하고 있다. 반면에 인간의 가치, 태도, 욕구, 동기와 사회적 상호작용이나 집단 프로세스 등과 같은 인적요소를 간과 또는 배제하였다. 산업심리와 인간관계 또는 조직의 인간적 측면을 강조한 초기 연구들은 과학적 관리를 중심으로 한 고전적 관점의 위세에 눌려 상대적으로 큰 관심을 끌지 못하였다. 그러나 호돈연구(Hawthorne Studies)로 알려진 시카고의 웨스턴 전기회사 호돈공장에서의 일련의 실험은 이를 반전시키는 계기를 제공하였다.

(1) 호돈연구와 인간관계 운동

로스리스버거와 딕슨[12]의 호돈연구는 원래 과학적 관리의 원리에 기초를 두고 물리적 작업조건이 생산성에 미치는 영향을 확인하고자 한 것이었다. 그러나 연구결과는 기대한 것과 다르게 나타났으며, 그 이유를 찾기 위해 일련의 연구들이 더 이루어졌고, 물리적 작업조건보다 인간의 사회, 심리적 요인이 더 중요하다는 점을 발견하였다. 이를 바탕으로 로스리스버거와 딕슨은 인간관계학파를 출범시켰다.

호돈연구의 첫 번째 실험은 로스리스버거와 딕슨[13]이 실시한 공장에서 조명의 강도와 생산성 간의 관계를 규명하려고 한 것이다. 그러나 조명강도가 낮으면 생산의 효율성이 감소하고 조명강도가 높아질수록 생산성은 증가할 것이라는 가정과 일치하지 않는 결과가 나타났다. 열악한 조명 조건에서 일한 근로자의 생산성은 좋은 조명 조건에서 일한 근로자의 생산성과 차이가 없이 높은 수준을 유지하였다. 연구가 끝난 후 열악한 조명 조건에서 일한 근로자와의 인터뷰에 따르면,

조명의 강도는 일하는데 문제가 되지 않았으며 자신들이 연구에 선택된 것 자체가 회사로부터 유능한 종업원이라고 인정받고 있는 것이기 때문에 열심히 일하게 되었다는 것이다. 따라서 로스리스버거와 딕슨은 물리적 작업조건보다 작업동기와 같은 사회, 심리적 요소가 중요하다고 결론을 내렸다.

이러한 요소들을 좀 더 주의깊게 검토하기 위해 더 많은 연구들이 수행되었다. 특히, 이 연구들은 조명실험을 혼란하게 한 심리적 효과가 개입되지 않도록 더 주의깊게 설계되었다. 하버드대학 교수인 메이요와 로스리스버거를 중심으로 1927년부터 1932년까지 6년에 걸쳐 5개의 서로 다른 연구가 진행되었다. 그 대표적인 연구는 첫 번째 것으로 근로자의 피로도가 성과에 미치는 효과를 검사한 것이다. 예를 들면, 휴식시간, 하루 작업시간, 주간 작업일수 등을 다양하게 변화시키며 생산성을 주기적으로 측정하였다. 그러나 연구결과는 물리적 작업조건의 변화와 성과 간에 직접적인 관계를 발견하지 못하였다. 작업조건의 변화와 상관없이 생산성은 증가하였다.

마지막 호돈연구는 작업집단의 역할에 초점을 맞추어 이루어졌다. 이 연구에서도 놀라운 결과가 발견되었다. 즉, 사람들은 집단의 불만이나 불쾌감을 피하기 위해 자신의 성과를 제한하였다. 이것은 더 많은 성과를 만들어 낼 수 있고 그것에 따라 더 많은 돈을 받을 수 있음에도 불구하고 개인적으로 그 돈을 희생한다는 것을 의미한다. 따라서 돈이 생산성 향상의 모든 원인은 아니며, 집단은 개인의 생산성에 긍정적 또는 부정적으로 강한 영향을 줄 수 있다는 것을 알게 되었다.

호돈연구는 실험설계나 결과에 대한 해석의 측면 등에서 비판을 받을 수 있지만, 조직관리의 관점에 대한 전환점을 제공하였으며 인간관계 운동의 원동력이 되었다. 인간관계 운동은 인간의 사회적, 심리적 요소를 생산성의 핵심으로 간주하고, 종업원 만족을 우선시하였다.

(2) 인적자원접근법과 동기부여

호돈연구를 통해 발전된 인간관계에 대한 중요성 인식은 1950년대와 1960년대에 걸쳐 인적자원의 활용으로 발전하게 된다. 구성원을 만족시키면 생산성이 높아질 것이라는 단순한 가정에 기초한 인간관계 운동이 사람을 우선적으로 강조한다면, 인적자원접근법은 일과 사람을 동시에 고려한다.

인간관계접근법에서는 직무를 비인간화되어 있는 것으로 보며 직무가 아닌 사람에 대한 관심을 우선적으로 강조한다. 그러나 인적자원접근법에서는 직무를 비인간화되지 않도록 설계할 수 있으며 그럼으로써 사람들의 잠재력을 더 많이 활용할 수 있다고 주장한다. 매슬로우[14)], 맥그리거[15)], 아지리스[16)] 등은 이 관점의 대표적인 학자들이다.

매슬로우는 임상심리 경험을 통해 환자의 문제는 대개 자신의 욕구를 만족시킬 수 없기 때문에 나타난다는 것을 관찰하였다. 욕구는 사람이 만족시키려는 충동을 느끼는 신체적 또는 심리적 결핍으로 그 사람의 태도나 행동에 영향을 줄 수 있는 긴장감을 만들어 낸다. 따라서 욕구는 관리자에게 매우 중요한 개념이다. 즉, 관리자는 종업원들이 자신의 중요한 욕구를 만족시키도록 도와줄 수 있으며, 이를 통해 생산성을 달성할 수 있다. 매슬로우는 인간의 태도와 행동에 영향을 주는 다섯 가지 범주의 핵심 욕구를 확인하고 욕구계층이론을 제시하였다.

표 1-4 맥그리거의 XY이론

○ X이론
· 사람은 원래 일하기 싫어한다. · 사람은 책임지길 싫어하고 야망이 없으며 시키는 일만 한다. · 문제해결을 위한 창의적 능력을 가지고 있지 않다. · 사람은 주로 물질적, 경제적 수준에서 동기부여되어야 한다. · 사람은 엄격히 통제되어야 한다.
○ Y이론
· 사람은 일하기를 좋아하고 즐거워 한다. · 사람은 적극적으로 책임을 수용한다. · 사람은 현명하고 창의력, 상상력, 지도력 등을 가지고 있다. · 사람은 스스로 동기부여되어 있다. · 사람은 외적 통제없이도 스스로를 통제하고 관리한다.

맥그리거는 인간본성을 부정적으로 보는 고전적 관점의 가정에 도전하였다. 맥그리거는 인간을 부정적으로 보는 X이론과 인간을 긍정적으로 보는 Y이론을 제시하고 관리자는 인간본성에 대한 견해를 X이론에서 Y이론으로 바꿀 것을 주장하였다. X이론적 인간관에 따르면, 인간은 게으르고 일하기 싫어하며 책임감이 없고 변화를 거부하며 통제받길 원한다는 것이다. 반면에 Y이론적 인간관에 따르면, 인간은 일하려는 의욕과 책임감, 그리고 능력과 창의력을 가지고 있으며 스스로 리드하고 통제할 수 있다는 것이다 (표 1-4 참조). 따라서 X이론적 인간관을 가진 관리자는 종업원을 과도하게 지시하고 통제하게 되며, 이러한 관리방식은 종업원을 더 수동적이고 의존적으로 만들 것이다. 그러나 Y이론적 인간관을 가진 관리자는 종업원에게 더 많은 참여와 자율, 그리고 책임을 부여하며, 이러한 관리방식은 종업원이 자아존중이나 자아실현의 욕구를 만족시킬 수 있는 기회를 제공해 줄 것이다. 조직이 인간의 능력과 잠재력을 충분히 활용하기 위해서는 Y이론이 필요할 것이다.

아지리스도 매슬로우나 맥그리거와 마찬가지로 사람들을 긍정적이고 성숙한 어른으로 다루어야 생산성을 달성할 수 있다고 제안한다. 아지리스[17)]는 전통적이고 계층적인 조직의 관리방식과 성숙한 어른의 욕구 및 능력을 대조하고, 고전적 관점의 관리방식은 성숙한 어른의 성격과 일치하지 않는다는 것을 발견하였다. 사람은 미성숙한 상태에서 성숙한 상태로 성장하는데, 효율성과 통제 중심의 고전적 관점의 관리방식은 자아실현을 방해하며 의존적이고 수동적인 인간에서 독립적이고 능동적인 인간으로의 성장을 저해한다. 종업원에게 참여, 자율, 책임을 부여하고 과업의 다양성을 허용하는 것이 독립적이고 능동적인 성숙한 어른과 일치하는 조직 및 관리방식이다.

매슬로우, 맥그리거, 아지리스 등과 같은 대표적인 인적자원접근법의 주창자들은 인간의 동기부여를 강조하고 있다. 따라서 인적자원접근법은 인본주의에 기초한 동기부여이론의 핵심을 이루고 있으며, 이에 대해서는 4장 리더십과 동기부여에서 더 자세히 설명하고자 한다.

2.3 현대적 관점

조직관리의 현대적 관점은 고전적 관점이나 인적자원 관점 등을 비판하기 보다는 어느 하나의 관점이 모든 상황에 보편적으로 적용될 수 없다는 인식을 가지고 있다. 인간은 매우 복잡하고 역동적이며, 따라서 조직관리도 그 특성 상 복잡성과 역동성을 가지고 있다. 현대적 조직관리 관점은 이러한 복잡성과 역동성을 고려하고 있으며, 시스템이론과 상황적 사고는 현대적 관점의 대표적인 기반이 된다.

(1) 시스템이론

이전의 조직 연구자들은 조직을 폐쇄론적인 관점에서 보았으며 조직을 둘러싼 외부환경에 대한 고려를 하지 않았다. 또한 조직이 다양한 형태의 하위시스템으로 구성되어 있음을 인식하지 못하였다. 그러나 시스템 이론은 조직을 보는 관점을 바꾸는데 기여하였다.

시스템은 공동의 목표를 달성하기 위해 전체로서 기능하는 서로 관련된 부분들의 집합체로 정의할 수 있다. 특히, 조직은 자원의 투입물을 제품이나 서비스의 산출물로 전환시키는 지속적인 과정에서 환경과 상호작용해야 하는 개방시스템이다.[18] 개방시스템으로서의 조직은 [그림 1-2]와 같이 투입물, 변환과정, 산출물, 피드백, 그리고 환경의 다섯 가지 요소로 구성된다. 투입물은 제품이나 서비

그림 1-2 개방시스템으로서의 조직

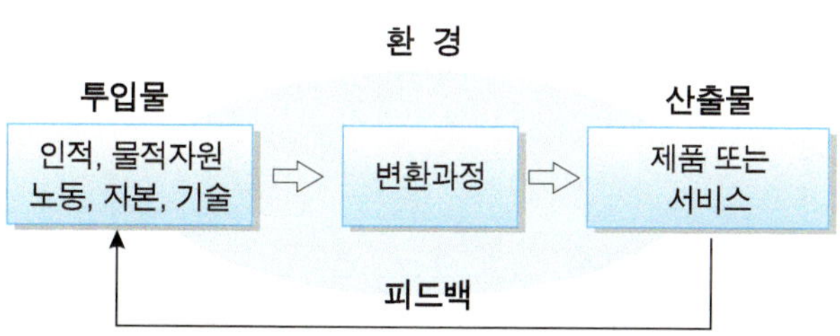

스 생산에 사용되는 물적, 인적, 재무적, 정보적 자원 등을 의미한다. 변환과정은 투입물을 산출물로 바꾸기 위해 기술을 사용하는 것을 의미하며, 그 과정을 거쳐 만든 산출물은 제품이나 서비스를 포함한다. 피드백은 그 다음 과정에서 사용될 투입물의 선택에 영향을 주는 결과에 대한 지식을 말한다. 환경은 조직에 영향을 줄 수 있는 정치적, 경제적, 사회문화적 요소 등을 포함한다.

조직의 개방시스템 관점에서 외적 환경은 매우 중요한 요소이며, 이것은 자원과 고객피드백의 원천이 되며 운영과정에 산출물에 상당한 영향을 미친다. 환경으로부터의 피드백은 조직이 고객이나 사회의 욕구를 어떻게 만족시킬 수 있는지를 알려주며, 그것을 만족시킬 수 있는 산출물을 만들어 내도록 운영되어야 조직은 지속될 수 있을 것이다. 따라서 조직의 환경과의 지속적인 상호작용을 통해 생존하고 성장할 수 있다.

시스템이론은 조직관리의 관점에 상당한 영향을 미쳤으며, 이를 이해하기 위해서는 시스템의 특성을 살펴볼 필요가 있다. 생물학자인 베르탈란피[19]는 생물을 비롯한 사람, 집단, 조직, 그리고 사회 등 모든 시스템에 적용할 수 있는 일반시스템이론을 개발하였다. 베르탈란피는 시스템을 개방시스템과 폐쇄시스템으로 구분하고, 조직은 생존과 성장을 위해 조직을 둘러싼 환경의 중요성을 인식하고 환경과의 상호작용을 통해 환경의 영향을 흡수해야 하는데 이를 위해 하부시스템들간 상호 연결성이 매우 중요함을 주장하였다. 개방시스템을 중심으로 시스템의 특징을 살펴보면 다음과 같다.

① 환경과의 상호작용

조직은 환경과 끊임없이 교류하고 환경에 열려져 있는 개방시스템이다. 시스템과 환경의 경계는 유동적이며 시스템 내부에서는 투입, 변환, 산출이 지속적으로 이루어진다.

② 하위시스템으로 구성

시스템은 계층적으로 배열되어 있으며, 따라서 모든 시스템은 하위시스템들로 구성되어 있다. 모든 시스템은 자신 안에 포함되어 있는 작은 시스템들에 대해서는 상위시스템이 되며, 반대로 자신을 포함하고 있는 보다 큰 시스템들에 대해서는 하위시스템이 된다.

③ 구성요소들 간 상호관련성

시스템을 구성하고 있는 하위시스템들은 서로 관련되어 있으며 상호작용한다.

④ 전체성

시스템은 그 부분들, 즉 하위시스템들의 단순 합 이상이다. 왜냐하면 시스템의 특성은 부분들 사이의 관계와 시스템과 환경 간의 관계에서 형성되기 때문이다.

⑤ 역동적 균형성

시스템은 안정적인 상태, 즉 다양한 힘들이 비슷하게 상호균형을 이루는 역동적 균형(dynamic equilibrium)상태를 유지하려는 속성이 있다. 시스템의 균형이 깨지려고 하는 경우 그 시스템은 균형을 유지하거나 회복하기 위해 더 많은 자원을 동원하려고 할 것이다.

⑥ 부의 엔트로피

시스템은 부의 엔트로피(negative entropy) 속성을 지니고 있다. 엔트로피는 물리학 개념으로 쓸모없는 에너지의 총량을 의미한다. 예를 들면, 일을 하지 않으면서 높은 연봉을 받는 사람들의 수, 조직에 도움이 되지 않는 비효율적인 정보, 시장성 없는 제품의 출시 등은 시스템에 필요없는 에너지인 엔트로피로 남는 것이다. 이러한 엔트로피를 줄이거나 최소화하려면 부의 엔트로피시스템으로 바꾸어야 한다. 즉, 능력과 효용성이 있는 인력의 확보, 시장경쟁력 있는 제품의 출시, 조직성장을 위한 혁신프로그램 개발 등을 통해 환경으로부터 새로운 투입이나 에너지를 받아들이거나 환경에 적응해야 한다. 그렇지 못하면 그 시스템은 궁극적으로 소멸된다.

이러한 시스템이론은 고전적 관점이나 인적자원 관점과는 다른 조직관리의 관점을 제시해 준다. 예를 들면, 고전적 관점은 조직구성원 개인에 대한 고려없이 전체조직의 기능에만 초점을 맞추었으며 인적자원 관점은 전체조직의 기능보다는 조직구성원 개인의 태도, 감정, 동기 등에 초점을 맞추었다. 시스템이론은 개인과 조직의 조화, 일과 인간의 조화의 추구를 가능케 하였다.

(2) 상황적 사고

고전적 조직관리 관점은 모든 조직에 적용할 수 있는 하나의 최선의 방법을 찾으려고 하였다. 예를 들면, 과학적 관리, 관리원칙, 그리고 관료제는 생산성이나 효율성을 높이는 최선의 관리방식으로 제시된 것이다. 이것을 우리는 보편적 접근(universal approach)이라고 한다. 반면에 상황적 접근(contingency approach)은 모든 상황에 똑같이 적용될 수 있는 최선의 방법은 존재하지 않으며 각각의 상황은 독특하기 때문에 상황에 따라 그것에 적합한 다른 방법을 사용해야 더 효과적이라는 것이다.

상황적 사고는 환경에 대해 개방시스템의 관점을 수용하면서도 조직의 모든 상황에 유용한 논리, 즉 어느 환경에서나 적용될 수 있는 유일최선의 이론이란 존재하지 않는다는 전제하에 각 상황에 적합한 탄력적인 방법을 제시하고자 하였다. 따라서 조직의 효과적인 관리란 조직의 구조와 그 조직의 과업구조, 작업환경, 기술, 구성원들의 욕구수준, 경쟁자 등 여러 조직변수들의 요구에 적합한가에 달려 있다는 것이다.

이러한 상황적 접근은 1960년대에 시작되어 활발한 연구가 진행되었다. 여기서 말하는 상황(contingency)이란 한 가지 사건이 다른 사건들에 의존되어 있는 것을 말한다. 효과성 측면에서 볼 때 조직은 자신이 처한 상황에 가장 적합할 때 효과적이다. 이것은 한 상황에 효과적인 방법이 다른 상황에서는 그렇지 않을 수 있다는 것을 의미한다. 따라서 상황적 접근은 "상황에 따라 다르다"는 점을 강조한다. 예를 들면, 관료적 조직 및 관리방식은 여러 조직관리 형태 중 하나로 비교적 안정적이고 변화가 적은 환경에서는 잘 작동되고 효과적이지만, 변화가 심하고 동적인 환경에서는 잘 작동되지 않으며 효과적이지 않다. 변화가 심하고 불확실성이 높은 환경에서는 기계적 조직형태보다는 유연한 조직형태가 더 효과적일 것이다. 이와 같이 상황적 접근은 환경이나 조직의 상황에 따라 올바른 관리방법은 달라진다는 것을 강조한다.

03 최근 환경변화와 조직관리의 추세

3.1 최근 경영환경의 특성

최근 조직이 직면하고 있는 환경은 다양한 사회문화적 요소와 정치 및 경제적 요소들의 변화를 포함하고 있다. 그 중 조직의 변화에 상당한 직접적 영향을 미치는 핵심 동인으로는 정보통신기술의 발달, 글로벌화, 탈분업화 및 지식노동의 보편화 등을 들 수 있다.

(1) 정보통신기술의 발달

디지털 미디어 및 정보기술의 발달은 세계적으로 사회, 경제전반에 걸쳐 새로운 변화를 촉진시키고 있다. 예를 들면, 시간적, 공간적 제약을 넘어서는 원거리 학습이나 원격의료 등이 가능하게 되고 아마존과 같이 물리적으로 존재하지 않는 서점이 가능하게 되고 있다. 그 외에도 다양한 온라인 거래서비스가 매우 활성화되고 있고 변호사 소프트웨어나 재무소프트웨어 등과 같이 기존의 전문직종 종사자의 역할을 부분적으로 대신하는 소프트웨어의 시장이 급속히 증가하고 있다. 그리고 은행, 증권사, 전기나 수도회사, 그리고 세무서까지도 고객과 직접 전자적으로 연결되어 있다. 이러한 변화는 기업에게 엄청난 부를 창출할 수 있는 새로운 기회를 제공해준다.[20)]

특히, 디지털기술에 기초한 네트워크의 발달은 사회경제적으로 많은 변화를 촉진시키고 있다. 네트워크란 많은 점들이 많은 다른 점들과 전자적으로 연계되어 있는 것을 의미하는데, 그곳에서는 시간과 공간을 넘어서는 커뮤니케이션이 일어나고 새로운 부 창조의 기반을 제공하기도 한다.[21)] 최근 페이스 북, 트위터, 유튜브와 같은 사회적 네트워킹 도구와 카메라 폰과 같은 비디오기술의 활성화로 정보가 쉽게 개방되고 공유되고 있다. 이와 같이 정보기술의 급속한 발달 및 네트워크화는 산업의 전체적인 조망을 바꾸고 있을 뿐 아니라 일하는 방식을 포함한 사회적 조망도 바꾸고 있다.

(2) 글로벌화

최근의 경제는 글로벌화의 추세로 급격하게 나아가고 있다. 많은 국가들은 유럽연합(EU), 세계무역기구(WTO), 북미자유무역협정(NAFTA), 경제협력기구(OECD), 아시아-태평양 경제협력공동체(APEC) 등과 같은 조직과 협약을 만들어 국가 간의 거래와 이동을 더욱 활성화시키고 있다. 이제 어느 기업이든지 세계의 어느 장소에서나 어느 사람과도 물건을 사고 팔 수 있는 상황이 도래했다. 이러한 글로벌화는 기업조직에게 시장의 세계화, 경쟁의 세계화라는 새로운 조건을 제시하고 있다.

정보통신기술과 디지털 미디어의 발달은 글로벌화를 가속화시킨다. 컴퓨터, 팩스, 전자메일, 인터넷 등은 국제적인 차원에서 비즈니스를 하는데 필요한 의사소통 및 정보처리 능력을 갖추게 해주는 대표적인 정보통신기술들이다. 기업은 세계적인 사업망을 연결하기 위해 이런 정보기술을 이용하면서 서로 다른 국가 환경 하에서 주문을 받고, 상품을 배달하며, 대금을 지불하고, 공급자 및 수요자와 의사소통하면서 하루 24시간 멈추지 않고 가동된다. 또한 위성을 이용한 글로벌 방송채널을 통해 세계 전역의 고객들은 세계적인 제품이나 서비스를 알게 되며 캘리포니아나 동경 또는 파리의 소비나 유행을 따라 하기도 한다. 이러한 현상은 세계시장을 대상으로 판매를 가능케 하며 시장의 양적 성장기회를 제공할 뿐 아니라 국경을 넘어선 경쟁을 가속화시킨다. 이와 같이 글로벌화는 정보통신기술의 발달과 함께 부 창출의 새로운 기반을 만들 뿐 아니라 글로벌경쟁을 심화시키고 경쟁의 구도를 변화시킨다.

(3) 탈분업화와 지식노동의 보편화

전통적으로 산업화시대를 대표하던 테일러리즘과 포디즘적 작업방식의 특징인 엄격한 분업원리에 기초한 조직관리 방법에 변화가 나타났다. 즉, 계획과 실행이 통합되고, 직무들 간의 경계가 제거되며, 직무내용이 풍부해지고 있으며, 이에 따라 자율성과 유연성을 강조하는 조직관리 방식으로 변화하고 있다.

이러한 탈분업화 및 탈위계화와 함께 지식노동, 두뇌노동, 정신노동도 일반화되고 있다. 산업화시대에서는 육체적 노동의 경우가 대부분이었지만, 컴퓨터기술이나 정보기술 등을 활용한 자동화는 육체적 노동의 비중을 상대적으로 낮추고 정신적, 지적 활동에 의존하는 지식노동자의 중요성을 더욱 촉진하고 있다.

탈분업화와 지식노동의 보편화는 유연기술의 발전에 의해 더욱 촉진되고 있다. 산업화시대에서 기계설비 위주의 고정기술을 이용한 대량생산체제로부터 다양해지고 고급화된 소비자의 욕구를 충족시키기 위해 다품종 소량생산을 위한 유연기술로의 변화가 이루어지고 있다. 이러한 유연생산시스템은 직무의 수평적, 수직적 통합, 폭넓은 자율성과 다숙련화, 그룹 또는 팀 작업의 중요성 증대, 의사결정의 분권화 또는 참여, 공동감독, 직무만족도의 극대화를 가능케 하는 작업설계 등의 특징과 관련되어 있다.

3.2 조직의 도전과 관리방향

(1) 조직의 직면과제

정보화 또는 지식기반시대의 산업조망은 산업화시대의 그것과는 완전히 다르다. 산업화시대의 환경은 상대적으로 안정적이고 예측 가능했으며 변화가 있다고 하더라도 관리 가능한 정도였다. 따라서 어디로 가야할 지를 명확히 알고 효율성을 증가시킴에 따라 정상을 향해 등반할 수 있었다. 반면에 정보화 또는 지식기반시대의 환경은 변화가 극심하며 불확실성이 매우 크다. 즉, 최고봉이 어딘지 명확하지 않게 울퉁불퉁할 뿐 아니라 그 표면도 끊임없이 변화하여 더 높은, 수많은 정상으로 둘러싸인 지엽적 정상을 등반하게 될지도 모른다. 따라서 올바른 정상을 등반하고 있다는(do the right thing) 확신을 갖는 것이 중요하다. 즉 주변을 탐색하고 자신의 위치를 확인하고 목적지를 향한 옳은 길을 찾아야 한다.[22)]

정보화 사회의 이러한 경영환경의 특성은 기업들로 하여금 끊임없이 변화의 압력에 직면하게 한다. 어제는 불가능했던 일이 갑자기 가능해지기도 하고 또 어제는 그럴듯 했던 일이 전혀 의미가 없어지기도 한다. 엄청나게 빠른 속도로 새로운 시장이 등장하기도 하고 기존 시장이 커지기도 하며 사라지기도 한다. 또한 경쟁은 거의 모든 부분에서 글로벌화되고 있으며 기술변화는 기업이 속도와 정보기술 인프라 구조의 능력에 대한 압력을 점점 더 많이 가하면서 경영방식을 빠르게 바꾸고 있다. 이러한 변화는 빠르면서도 진화적이 아니라 단절적이며 혁명적이다.[23)] 이러한 환경의 변화는 조직관리의 변화를 요구하고 있다.

(2) 조직관리의 변화방향

정보화 또는 지식기반시대의 경영환경은 새로운 조직 및 관리방식을 요구하고 있다. 즉, 끊임없이 빠르게 변화하고 불확실성과 복잡성이 매우 높은 경영환경은 조직의 신속하고 유연한 대응을 요구하고 있으며 구성원을 통한 차별적 경쟁력의

그림 1-3 조직의 변화방향

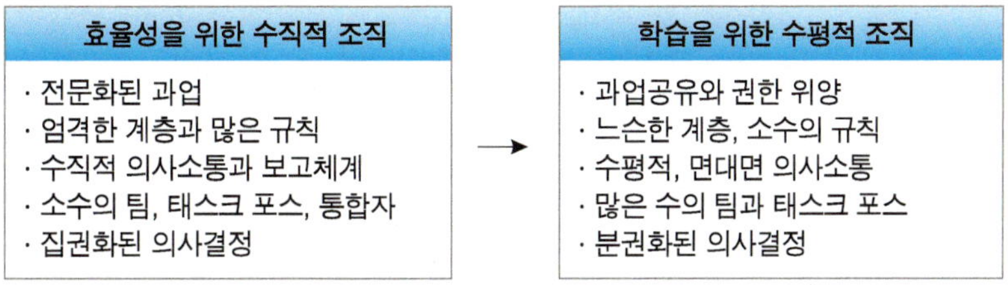

지속적 확보를 요구하고 있다. 이러한 환경의 요구에 적절히 대응하기 위해서는 효율성을 추구하는 수직적 조직과는 다른 학습을 추구하는 수평적 조직이 필요하다. [그림 1-3]과 같이 효율성을 추구하는 수직적 조직은 산업화시대의 고전적 조직관리 관점에 기초하고 있는 반면, 학습을 추구하는 수평적 조직은 그것과는 전혀 다른 관점을 가지고 있다. 새로운 관점의 조직 및 관리방법의 특징은 유연화, 신속화, 그리고 학습능력화의 측면에서 설명할 수 있다.

① 유연화

유연한 조직의 한 예로는 네트웍화를 들 수 있는데, 여기서는 각각의 단위조직이 자율적이며 독자적으로 기능함과 동시에 다른 단위조직과 유기적인 관계를 맺으면서 시너지를 향상시키려고 한다. 그리고 조직을 운영하는 기본원리로는 내부통제보다는 시장 메카니즘을 강조한다. 이를 위해서는 기능 간 그리고 조직의 안과 밖 간의 경계가 명확하고 정형적인 피라미드식 계층구조가 아니라 그들 간의 경계가 애매하고 무정형적인 수평적 조직이 요구된다. 드러커[24]는 수평적 조직을 하위자가 없는 동료조직이라고 하고, 이러한 동료조직은 자기목표 및 조직목표에 의한 자율관리를 바탕으로 하기 때문에 조직구성원 각자는 스스로 관리자이며 의사결정자로서 역할을 수행해야 하며, 이를 위하여 팀워크와 의사소통을 위한 정보공유체제의 확립이 필수적이라고 하였다.

② 신속화

환경변화에 대한 신속한 대응 또한 매우 중요하다. 특히, 고객의 욕구에 대한 신속한 대응은 기업조직에 있어서 흥망성쇠를 결정하는 가장 핵심적인 요소이다. 예를 들면, 월마트는 1주 단위의 '신속한 시장정보'(Quick Market Intelligence) 체제를 운영하고 있는 것으로 알려지고 있다. 즉 매주 월요일부터 목요일까지 200여 고위간부와 관리자들이 전국의 월마트 매장과 경쟁사 매장을 돌면서 시장정보를 수집하고, 금요일에는 이들이 본사에 집결하여 이 생생한 정보를 토대로 어떤 상품을 더 많이 진열하고 어떤 상품을 새로 개발할 것인지에 대한 의사결정을 한 다음, 토요일 오전에는 전국의 1,800여개 매장과 원격화상회의를 개최하여 최종 활동계획을 수립하고 지침을 제시한다는 것이다. 이렇게 하여 월마트는 수주 혹은 수개월 단위로 진행되는 다른 유통업체들의 활동주기를 1주 단위로 단축하고, 이를 통해 타의 추종을 불허하는 속도경쟁을 주도하고 있다고 한다.

③ 학습조직화

혁신경쟁 및 속도경쟁의 시대에 요구되는 조직의 역량은 학습능력이다. 이러한 점에서 오늘날 거의 모든 조직들은 학습조직화를 위해 피나는 노력을 경주하고 있다. 학습조직이란 일반적으로 "지식을 창출, 획득, 확산하는 데 능숙한 조직으로서 새로운 지식과 통찰력을 반영하여 행동을 수정할 수 있는 능력을 갖춘 조직"으로 정의되는데, 이러한 조직특성은 특히 오늘날처럼 변화의 속도가 빠른 상황에서 조직생존과 발전의 기본 전제가 되고 있다.

학습조직에서는 자유로운 분위기를 강조하고 있다. 그 이유는 일반적으로 일일이 통제받는 구성원들보다 자유롭게 일하는 구성원들이 훨씬 더 창의적이기 때문이다. 약간의 실수와 괴팍한 행동들이 비난받고 처벌받는 조직에서는 결코 혁신적인 아이디어가 분출할 수 없다. 따라서 많은 조직들이 구성원들에게 최대한의 자율성을 보장하고 두려움으로부터 구성원들을 해방시키는 등 통제중심이 아닌 신뢰와 자율중심의 조직문화를 조성하기 위해 노력하고 있다.

(3) 조직의 양면성 모형

조직을 둘러싸고 있는 환경의 변화가 심하고 예측불가능 할수록 조직이 고성과를 창출하는 것은 더욱 어려운 일이 된다. 이러한 환경 하에서 조직이 높은 성과를 창출하기 위한 하나의 방법으로 양면성 조직(ambidextrous organization)의 개념이 등장하였다. 양면성 조직은 서로 상충되는 특성, 즉 생산(합리성)과 변화(적응성)를 동시에 효과적으로 결합하는 조직을 말한다. 즉, 일상적 과업과 비일상적 과업을 동시에 수행할 수 있으며 유기적 특성과 기계적 특성이 공존하는 조직이다.[25] 조직의 양면성 모형을 주장하는 학자들에 의하면, 조직이 서로 상충되는 특성을 얼마나 잘 관리하느냐가 고성과의 핵심이며 지속적인 성장과 발전의 원동력이 된다고 주장한다.

이러한 양면성 조직은 상황적 접근과 차이가 있다. 상황적 접근에 따르면, 환경의 불확실성이 증가할수록 조직은 합리성과 효율성보다는 적응성과 혁신성이 중심이 되어야 한다. 그래야만 상황 적합성이 존재한다는 것이다 그러나 양면성 조직의 접근은 적응성만을 주요 특성으로 하는 조직이 안정성과 지속성을 가질 수 없기 때문에 조직의 합리성을 해치지 않으면서 동시에 적응성의 문제를 해결할 수 있는 조직을 제시한다. 따라서 상황적 접근은 상황에 따라 상충되는 특성 중 하나를 선택하는 문제를 다루지만, 양면성 조직의 접근은 상충되는 특성을 공존시키는 문제를 다룬다고 볼 수 있다.

양면성 조직의 설계에 관한 연구의 주된 흐름은 두 가지로 요약된다. 첫째, 매스커스터마이제이션(mass-customization)과 같은 개념을 중심으로 유연형 양면조직의 설계에 관심을 갖는 연구이다. 이 흐름에서 진행된 연구의 예로는 자동차 회사와 같이 수단성과 경제성이 요구되는 산업에서 소비자의 욕구변화에 유연하게 대응할 수 있는 조직의 설계에 관한 것이다.

둘째, 혁신형 양면조직의 설계에 관심을 갖는 연구이다. 예를 들면, 안정성 및 예측 가능성과 이를 기반으로 하는 효율성은 조직생존의 필수요소이지만 환경은 동시에 유연성과 혁신을 요구한다. 따라서 이러한 문제를 모두 해결하기 위해서는 공식적 구조 이외에 다양한 부서와 계층으로 구성된 위원회나 문제해결 팀 등과 같은 준 공식구조가 필요하다.[26] 이와 유사하게 바라미[27]도 하이테크 산업에서 공식적 구조와 마찰을 빚지 않으면서 혁신을 추구할 수 있는 조직을 연구하였다.

이러한 양면성 조직이 어떻게 작동하는가에 대한 다양한 논의가 진행되고 있으며 몇 가지의 방법이 제시되고 있다. 첫째, 비일상적인 과업활동과 일상적 과업활동이 서로 간섭하는 것을 최소화하기 위해 조직단위를 분할(partitioning)하는 것이다. 둘째, 반성을 통해 문제를 제기하고 그것을 통해 기존의 지식에 도전하는 과정인 문제짜기(problematization)를 사용하는 것이다. 셋째, 과업성과와 프로세스를 평가하고 모니터링하여 수정하게 하는 상위 프로세스인 메타요소(metacomponent)를 통해 과업수행을 새로운 시각에서 보는 것이다. 넷째, 환경의 변화에 대해 적응적 구조를 통해 합리성을 탈구성(deconstruction)화하고 새로운 일상으로 재수렴(reconvergence)하는 것이다.[28]

04 본서의 구성

본서에서는 리더십이론을 크게 전통적 이론과 신조류이론으로 구분하고, 신조류 리더십이론을 다시 영감적 · 도덕적 이론과 자율통제중심 이론으로 구분하였다. 물론 이러한 리더십이론의 분류방식에 대해서는 많은 도전이 있을 수도 있을 것이다. 그러나 이러한 분류방식은 리더십을 이해하는 최선의 방법은 아니지만 매우 유용한 방법이라고 생각한다. 이에 따라 본서의 구성은 크게 4부로 구성하였다.

제1부에서는 조직과 리더십의 기초개념을 제공하려고 한다. 이에 따라 제1장은

조직과 조직관리를 전반적으로 이해하는데 필요한 내용을 담고 있다. 조직관리의 역사적 변천과정을 이해함으로써 다양한 리더십이론에 대한 맥락을 파악하는데 도움이 될 것이다. 제2장은 리더십의 개념과 본질, 그리고 리더십이론의 발전과정을 살펴볼 것이다. 제3장은 리더십 발휘의 핵심적 원천이 되는 권력과 영향력에 대해 살펴볼 것이다. 그리고 제4장과 제5장은 다양한 리더십이론을 이해하고 활용할 수 있는 주요 주제로 동기부여와 의사소통을 다룰 것이다.

제2부는 전통적 리더십이론으로 제6장 특성이론, 제7장 행동이론, 제8장 상황이론, 그리고 제9장 참여적 리더십과 위임으로 구성되어 있다. 제2부는 전통적 리더십이론의 기본적인 접근법을 이해할 뿐 아니라 그것에 대한 대안적 해석과 관련된 이론을 함께 논의할 수 있도록 구성하였다.

제3부는 영감적 · 도덕적 리더십이론으로 제11장 카리스마 리더십, 제12장 변혁적 리더십, 그리고 제13장 서번트 리더십이 포함되어 있다. 제3부에 포함된 리더십이론은 최근 환경변화와 함께 등장한 신조류 리더십이론으로 전통적 리더십이론과의 비교 뿐 아니라 상호 비교를 통해 유사점과 차이점을 이해하는데 도움

표 1–5

<table>
<tr><th colspan="3">제1부 조직과 리더십의 기초개념</th></tr>
<tr><td colspan="3">제1장 조직과 조직관리의 이해
제2장 리더십의 개념과 본질
제3장 권력과 관리에의 역할
제4장 리더십과 동기부여
제5장 리더십과 의사소통</td></tr>
<tr><th rowspan="2">제2부 전통적 리더십이론</th><th colspan="2">신조류 이론</th></tr>
<tr><th>제3부 영감적 · 도덕적 리더십이론</th><th>제4부 자율통제와 리더십</th></tr>
<tr><td>제6 리더십 특성이론
제7장 리더십 행동이론
제8장 상황이론
제9장 참여적 리더십과 위임
제10장 리더–구성원 교환관계 이론</td><td>제11장 카리스마 리더십
제12장 변혁적 리더십
제13장 서번트 리더십</td><td>제14장 셀프, 수퍼리더십
제15장 임파워먼트 리더십
제16장 리더십 개발과 실천</td></tr>
</table>

이 될 것이다.

제4부는 자율통제와 리더십으로 제14장 셀프리더십, 제15장 임파워먼트 리더십, 그리고 제16장 리더십 역량과 개발이 포함되어 있다. 제4부는 자율통제의 메카니즘을 중심으로 리더십을 이해하는데 초점을 맞추었으며, 또한 통합적 관점에서 리더십 개발의 다양한 방법을 제시하였다. 리더십이론의 분류에 기초한 본서의 구성을 종합적으로 정리하면 〈표 1-5〉와 같다.

제2장 리더십의 개념과 본질

리더십은 인류가 사회생활을 시작한 이래로 조직 또는 집단이 존재하는 곳에서는 중요한 이슈로 대두되었다. 리더십(leadership)이라는 단어 자체의 의미에 따르면, 배(ship)를 일정한 방향으로 이끌어 가는 사람이라고 할 수 있다. 이러한 리더의 역할을 수행하는 사람은 일차적으로 선장일 수 있지만 반드시 그렇지는 않을 수도 있다. 배의 유형도 다양할 것이다. 수백에서 수천 명이 탄 큰 배일 수도 있으며 수명에서 수십 명이 탄 상대적으로 작은 배일 수도 있다. 극단적인 경우에는 혼자 탄 배일 수도 있을 것이다. 또한 배가 항해하는 환경도 다를 것이다. 맑고 청명한 날일 수도 있고 폭풍우가 몰아치는 날일 수도 있을 것이다. 이와 같이 다양한 환경에서 다양한 유형의 배를 일정한 방향으로 이끌어 가는 리더의 이슈를 다루는 리더십은 매우 복잡한 사회적 현상이다. 본서에서는 조직에서의 리더십에 초점을 맞추어 다양한 접근방법 및 이론을 소개하고자 한다. 이를 위해 우선적으로 리더십의 개념 및 본질에 대한 이해가 필요하다.

01 리더십의 정의와 기반

리더십의 개념을 이해하는 가장 좋은 방법은 아마도 우리가 머리속에서 인식하고 있는 리더십의 현상을 공유하는 것부터 시작하는 것이다. 리더십을 정의하기에 앞서 우리는 리더십을 무엇이라고 생각하는지 살펴보자. 우리의 머리속에 각

토론거리 내가 생각하는 리더십

다음의 각 질문은 맞고 틀린 것이 없습니다. 본인이 평소 생각하고 있던 리더십의 정의와 그와 관련되어 떠오르는 단어를 써본 후 주위 동료들은 어떻게 생각했는지 함께 토론해 봅시다.

● 리더십이란 무엇인가?

● 리더십의 정의와 관련하여 떠오르는 단어는?

인되어 있는 리더십의 개념이나 리더십에 대한 잠재적 이론(implicit theory)을 탐색하여 보자. 이를 위해 리더십의 정의와 관련하여 연상되는 단어를 떠올려 보자(토론거리 참조). 우리의 머리속에 존재하는 리더십의 개념을 바탕으로 리더십을 정의하고 그것의 본질을 이해하는 것은 우리의 머리속에 존재하는 리더십의 개념을 정리하는데 매우 큰 도움이 될 것이다.

1.1 리더십의 정의

리더십이라는 용어는 일상적인 어휘로 정밀한 재정의를 거치지 않은 채 과학적 학문분야의 전문용어로 편입되어 사용되고 있다. 따라서 이 용어는 서로 관련없

표 2-1 리더십의 정의 예시

- 집단의 활동을 공유된 하나의 목표로 집중시키려는 개인의 행동이다(Hemphill & Coons, 1957).
- 목표달성을 향하도록 집단 행동에 영향력을 행사하는 과정이다(Stogdill, 1974).
- 조직의 일상적 지시에 기계적으로 순응하는 것 이상의 결과를 가져오도록 영향력을 행사하는 것이다(Katz & Kahn, 1978).
- 목표를 성취하도록 조직화된 집단 활동에 영향을 미치는 과정이다(Rauch & Behling, 1984).
- 리더십은 비전이요, 우렁찬 응원가요… 열정이다(Peters & Austin, 1985).
- 집합적 노력에 목표(의미있는 방향)를 제시하고 목표달성을 위해 기꺼이 노력하도록 만드는 과정이다(Jacobs & Jaques, 1990).
- 한 사람이 집단이나 조직의 정해진 목표달성을 위해 다른 집단구성원에게 영향을 미치는 과정이다(Greenberg, 1993).
- 조직의 목적을 달성하기 위해 타인에게 영향을 미치는 과정이다(Bartol, 1994).
- 타인에게 영향을 미치고 동기를 부여하며 타인이 조직의 효과성 및 성공을 위해 공헌할 수 있도록 능력을 배양하는 개인의 능력이다(House et al., 1999).

는 다양한 의미를 전달하는데 사용되기도 한다. 리더십을 과학적으로 연구하기 시작한 이후에도 이것의 정의에 대해서는 합의가 이루어지고 있지 않다. 그 이유는 리더십이 매우 복잡한 현상이며, 연구자들의 개인적인 관점이나 관심사에 따라 서로 다른 측면에서 리더십을 정의하고 있기 때문이다. 어떤 연구자들은 리더의 특성에 초점을 맞추고 어떤 연구자들은 리더의 행동에 초점을 맞춘다. 어떤 연구자들은 리더와 부하 간의 관계를 연구하고 어떤 연구자들은 리더의 행동방식에 영향을 주는 상황에 관심을 갖는다. 또한 어떤 연구자들은 리더에 초점을 맞추지만, 어떤 연구자들은 부하에 초점을 맞추기도 한다. 스톡딜[1)]은 리더십 연구를 광범위하게 검토하면서 리더십의 정의는 그것을 정의하려고 했던 학자의 수만큼이나 다양하고 많다고 하였다. 〈표 2-1〉은 리더십에 대한 다양한 정의를 보여 준다.

비록 리더십을 하나의 통일된 개념으로 완벽하게 정의하기는 어렵지만, 리더십이라는 현상의 중심이 되는 요소를 구별해 낼 수 있다. 다양한 리더십 정의의 바탕이 되는 본질적 요소는 두 가지로 구성되어 있다. 첫째, 리더십은 목표달성(goal attainment)을 위한 과정이다. 둘째, 리더십은 영향력 행사(influence)의 과정이다. 이 두 가지 특성을 조합하면, 리더십은 "목표를 달성하기 위해 어떤 사람에게 영향을 미치는 과정"으로 정의할 수 있다.

1.2 리더십의 기반

앞에서 정의한 리더십의 개념을 조직에서 상사와 부하간의 관계에 적용하면, 리더십은 조직의 목표를 달성하기 위해 상사가 부하에게 영향을 미치는 과정으로 이해할 수 있다. 여기서 상사는 공식적으로 임명된 리더(assigned leader)로 감독자, 팀장, 부서장, 공장장 등의 직책자를 의미한다. 임명된 리더와 부하 간의 수직적 관계는 전통적으로 리더십 연구의 일차적 기반이 되어 왔다.

그러나 임명된 리더라도 어떤 상황에서는 반드시 진정한 리더가 아닌 경우도 있다. 조직의 어떤 한 구성원이 다른 구성원들에 의해 가장 영향력 있는 사람으로 지각되는 경우 그는 직책과 상관없이 리더십을 발휘하고 있는 것이다. 이와 같이 비공식적으로 출현하는 리더를 자생적 리더(emergent leader)라고 한다. 리더십은 반드시 공식적으로 임명된 리더와 부하 간의 수직적 관계에만 제한적으로 적용되는 개념이 아니다. 리더십은 모든 사람에게 통용될 수 있는 개념으로, 어떤 구성원도 어느 때에는 리더십을 보여 줄 수 있다. 수직적 또는 수평적 관계에서 자생적 리더십이 존재할 수 있다.

임명된 리더든 또는 자생적 리더든 간에 리더십을 발휘하는 사람과 리더십 발휘의 대상이 되는 사람간의 관계에서 리더십 현상을 이해하면, 리더십은 결국 다른 사람에게 영향을 행사하여 그(들)로 하여금 목표 방향으로 행동하게 만듦으로써 목표를 달성하는 과정으로 이해할 수 있다. 다른 사람을 움직여서 그들로 하여금 목표를 달성하도록 하는 것은 리더십이라는 사회적 현상의 가장 본질적인 개념이다. 그러나 최근에는 이러한 리더십의 개념이 리더와 부하 간의 관계에 기초한 사회적 현상을 넘어 자기가 자기를 리드하는 셀프리더십으로 확대되어 적용되기도 한다. 그럼에도 불구하고 리더십의 일차적 기반은 리더와 부하 간의 관계에 있다(그림 2-1 참조). 리더에게는 부하가 필요하고 부하는 리더를 필요로 하기 때

그림 2-1 리더십의 일차적 기반: 리더와 부하의 관계

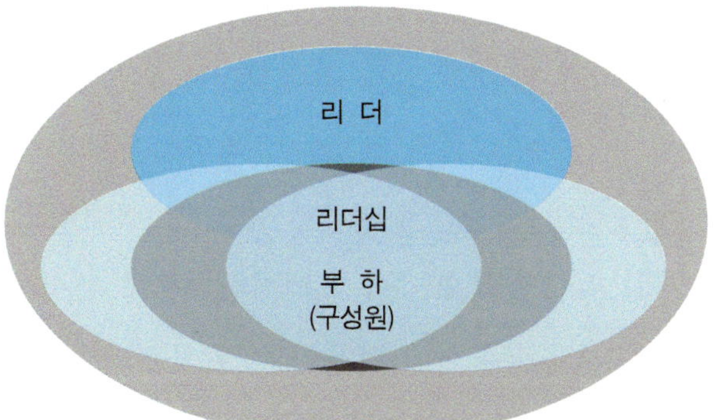

문이다.[2)] 리더와 부하는 서로가 리더십 관계, 즉 동전의 양면관계 속에 있는 것이다.[3)] 본서에서는 리더십을 발휘하는 사람을 리더(때로는 상사), 그리고 리더십 발휘의 대상이 되는 사람을 부하 또는 구성원(때로는 추종자 또는 종업원)이라는 용어를 사용할 것이다.

02 리더십이론의 분류

리더십은 일반적으로 상사와 부하와의 관계에서 상사가 부하에게 영향력을 행사하여 목표를 달성하는 과정으로 정의할 수 있다. 그러나 리더십은 매우 복잡한 사회적 현상이기 때문에 리더십 연구의 관점이나 접근법에 따라 보는 시각이 다를 수 있으며, 그것에 따라 관심의 대상도 달라진다. 예를 들면, 리더십을 볼 때 리더 개인에게 초점을 맞출 수도 있고 구성원에게 초점을 맞출 수도 있을 것이다. 또한 리더와 구성원 간의 상호작용에 초점을 맞출 수도 있다. 리더 개인에게 초점을 맞추는 경우에도 리더의 특성이나 능력을 강조할 수도 있고 리더의 역할수행에 필요한 행동을 강조할 수도 있다. 이러한 차이를 이해하기 위해서는 리더십이론에 대한 다양한 분류를 살펴보는 것이 도움이 될 것이다.

리더십의 정의가 다양한 만큼 리더십이론을 분류하는 방식도 다양하다. 예를 들어, 조지와 존스[4)]는 그들의 교재에서 리더십이론을 특성이론 및 행동이론을 포함하는 초기 접근법과 상황적 접근법, 그리고 리더십의 신조류 주제로 구분하였다. 셔머혼 등[5)]은 그들의 교재에서 리더십이론을 특성이론, 행동이론을 포함하는 리더십의 기초이론, 상황적 리더십이론, 암묵적 리더십이론, 그리고 영감적 리더십이론으로 구분하였다. 그린버그와 바론[6)]은 그들의 교재에서 리더십이론을 특성이론, 행동이론, 상황이론, 그리고 변화지향적 이론으로 구분하였다. 또한 로빈

표 2-2 야고의 전통적 리더십이론의 유형

	접근 방법(일반화의 정도)	
	보편적	상황적(환경적응적)
리더의 특징	특성이론	피들러의 상황이론
리더의 행동	행동이론	경로-목표이론 허시와 블랜차드의 상황이론 등

스와 저지[7]는 그들의 교재에서 리더십이론을 특성이론, 행동이론, 그리고 상황이론으로 구분하고 최근 등장하는 리더십이론을 최근이론으로 분류하여 독립적으로 제시하였다. 그 외에도 많은 학자들은 자신들의 교재에서 리더십이론을 설명하기 위해 나름대로의 기준을 설정하여 분류하고 있다.

야고[8]는 전통적 리더십이론을 리더의 특성과 행동 중 어느 것을 연구하는가와 보편적 접근인가 상황적 접근인가라는 두 개의 축을 중심으로 네 가지로 분류하였다. 〈표 2-2〉에서 보는 바와 같이 2×2 매트릭스를 만들어 ① 보편적-리더십 특성이론, ② 보편적-리더십 행동이론, ③ 상황적-리더십 특성이론, ④ 상황적-리더십 행동이론의 네 범주로 구분하였다.

이상호[9]는 리더십을 리더와 부하 간 상호작용의 틀에서 보고 리더십이론이 어디에 초점을 맞추고 있는가에 따라 리더 중심적 관점, 부하 중심적 관점, 리더와 부하의 교환관계적 관점으로 구분하였다. 첫째, 리더 중심적 관점이란 리더와 부하의 상호작용 틀 내에서 부하에게 성공적으로 영향을 주는 요인으로 리더의 특성이나 행동 자체, 또는 상황에 초점을 맞춘 것이다. 둘째, 부하 중심적 관점이란 리더와 부하의 상호작용 틀 내에서 리더의 실제적인 특성이나 행동 자체보다는 리더십을 구성하는 부하의 지각이나 인식에 초점을 맞춘 것이다. 셋째, 리더와 부하의 교환 관계적 관점이란 리더나 부하의 어느 한쪽이 아닌 그들간의 관계, 특히 그들간의 교환적 관계에 초점을 맞춘 것이다. 이 관점은 리더십을 리더의 특성이나 행동에 의한 일방적이고 하향적인 영향력 행사로 보거나 단순히 부하의 지각이나 지각 안에 존재하는 것을 강조하지 않는다. 이 관점은 리더와 부하 간의 쌍

표 2-3 리더, 부하, 교환관계 중심적 관점과 리더십이론의 분류

<table>
<tr><th>리더십 관점</th><th colspan="2">주요 리더십이론</th></tr>
<tr><td rowspan="4">리더중심적 관점</td><td>전통적 이론</td><td>새로운 이론</td></tr>
<tr><td>○특성이론</td><td rowspan="3">○리더십 대체이론
○셀프리더십이론
○변혁적 리더십이론</td></tr>
<tr><td>○행동이론
· Ohio State 리더십이론</td></tr>
<tr><td>○상황이론
· Fiedler의 리더십 상황이론
· 경로-목표 리더십이론
· Vroom-Yetton 의사결정이론</td></tr>
<tr><td>부하중심적 관점</td><td colspan="2">○ 암묵적 리더십이론
○ 정보처리 과정적 리더십이론
○ 로맨스 리더십이론</td></tr>
<tr><td>교환관계적 관점</td><td colspan="2">○ 상사부하 교환이론
○ 개별화된 리더십이론</td></tr>
</table>

방적 교환관계에 기초하여 상호 영향력을 행사할 수 있는 것으로 본다. 이 세 가지 관점에 속하는 리더십이론의 예시는 〈표 2-3〉과 같다.

03 리더십이론의 역사적 전개과정

리더십이론의 분류는 리더십의 다양한 관점이나 접근법을 이해하는데 도움이 된다. 그러나 그들의 역사적 전개과정을 살펴보면, 다양한 관점이나 접근법의 등장 배경이나 차이점을 좀 더 심도있게 이해하는데 도움이 될 것이다. 리더십의 역사적 전개과정은 특성접근법, 행동접근법, 상황접근법, 교환관계 접근법, 인지접근법, 그리고 신조류 리더십의 등장으로 나누어 살펴보고자 한다.

(1) 특성접근법

1950년대 이전에 초기의 리더십 연구는 리더가 소유하고 있는 개인적인 자질을 확인하는데 초점을 맞추어 왔다. 특성이론에 따르면 리더는 자신이 리더가 될 수 있도록 하는 독특한 특성을 가지고 있다는 것이다. 따라서 어떤 특정의 자질을 가진 사람은 리더가 되거나 그것을 가지지 못한 사람보다 리더로서 효과적이라는 것이다.

특성이론은 리더에 초점을 맞춘 것으로 "누가 리더인가" 또는 "리더는 어떤 특성을 가지고 있는가"에 관심을 가지고 있다. 리더의 특성은 신체적 특성, 사회적 배경, 지능이나 능력, 성격, 과업관련 특성, 그리고 사회적 특성 등 다양한 측면에서 연구되었다.

(2) 행동접근법

1950년대부터 1960년대에 걸쳐 리더십 연구는 리더의 개인적 특성보다는 리더가 부하 또는 집단에게 제공하는 행동에 초점을 맞추어 왔다. 행동이론은 "리더가 주어진 역할을 수행하기 위해 무엇을 하는지" 또는 "리더는 부하 또는 집단에게 어떤 행동을 하는지"에 관심을 가지고 있다.

대부분의 행동이론들은 리더의 역할수행에 필요한 주요 행동으로 지시와 같은 일과 관련된 행동과 배려와 같은 사람과 관련된 행동을 확인하고 그 행동이 바람직한 결과를 만들어내는지를 연구하였다. 미시간대학교와 오하이오주립대학교 연구가 초기연구를 주도한 대표적인 주체이지만, 그 후의 연구는 오하이오주립대학교 연구가 주도하였다.

(3) 상황접근법

특성 연구나 행동연구의 결과들은 기대했던 것과 일치하는 일관된 결론을 도출하지 못하였다. 따라서 리더십 연구는 어떤 특성을 가진 리더의 성공이나 어떤 형태의 행동을 하는 리더의 효과성은 상황에 따라 달라질 수 있는 상황접근법으로 전환되었다. 상황접근법은 리더에만 초점을 맞춘 특성 이론이나 행동이론과는 달리 리더에게 영향을 주는 상황을 고려하고 있다.

상황접근법을 좀 더 세분화하면 리더 특성과 상황의 관계에 관심을 가지고 있는 이론과 리더행동과 상황의 관계에 관심을 가지고 있는 이론으로 나눌 수 있다. 전자의 이론에 따르면, 리더가 어떤 상황에서는 리드하는데 매우 적합하지만 다른 상황에서는 리드하는데 적합하지 않다는 것이다. 즉, 상황이 리더의 특성에 적합해야 한다는 것이다. 피들러[10) 상황적합(contingency)이론이 여기에 해당된다.

후자의 이론에 따르면 리더는 자신이 직면한 환경을 인식할 수 있어야 하며 자신의 리더십 스타일을 그 환경에 일치하도록 조정해야 한다는 것이다. 즉 자신의 행동을 상황에 따라 변화시킬 수 있어야 한다는 것이다. 하우스[11)]의 경로-목표 리더십이론과 허시와 브랜차드[12)]의 리더십 상황(situational)이론이 여기에 해당된다.

(4) 교환관계접근법

1970년대에 기존 리더십접근법의 가정을 비판하며 그에 대한 대안으로 교환관계 접근법이 제시되었다.[13)] 교환관계접근법은 상사와 부하 간의 일대일 관계에 초점을 맞추고 있다. 기존의 연구들은 리더십 스타일에 기초하여 리더는 모든 부하들에게 동질적인 행동을 보이며 똑같이 대한다고 가정하고 있다. 그러나 교환관계접근법에 따르면, 리더는 부하 개개인과 서로 다른 관계를 형성한다는 것이다.

이러한 접근법은 원래 수직쌍대이론으로 불리다가 나중에 리더-구성원 교환관계(LMX)로 이름이 바뀌었다. 리더-구성원 교환관계접근법은 1980년대부터 지금까지 이에 대한 많은 연구가 이루어지고 있다.

(5) 인지접근법

1980년대와 1990년대에 걸쳐 리더십을 구성원의 인지 측면에서 접근하려는 연구가 많이 이루어졌다. 예를 들면, 리더란 무엇인가에 대한 사람의 암묵적 믿음이나 가정이 어떻게 리더십 과정과 관련이 있는지에 초점을 맞춘 암묵적 리더십이론이 나타났다.[14] 즉, 리더가 실제로 효과적인 행동을 했는지 보다는 성공적인 리더가 무엇인지에 대한 부하의 지각이 부하의 리더행동에 대한 반응에 더 중요한 요소라는 것이다.

이러한 부하 중심의 인지접근법은 전통적인 리더십접근법을 비판하며 리더십 연구의 새로운 대안으로 제시되었다. 암묵적 리더십이론이외에 정보처리과정적 리더십이나 리더십의 로맨스이론 등도 부하 중심의 인지접근법이다.

(6) 신조류 리더십의 등장

1980년대와 1990년대에 걸쳐 환경의 변화는 새로운 리더십을 요구하였다. 정보화 또는 지식기반시대의 환경은 동태적이고 복잡하고 예측 불가능한 특성을 가지고 있으며, 이러한 환경에 적절히 대응하기 위해서는 유연한 조직으로의 변화, 인적자원에 대한 개념 및 관리방식의 변화 등과 함께 리더십에도 변화를 요구하였다. 이러한 추세에 맞추어 리더십을 전통적인 관리(management)와 구별하려는 시도가 나타났다.[15]

코터[16]는 리더십을 전통적인 관리와 구별하고, 환경의 변화가 심할수록 관리보다는 리더십이 더 중요해진다고 하였다. 그에 따르면, 리더십은 미래비전과 변화

그림 2-2 변화하는 시대의 리더십에 대한 요구

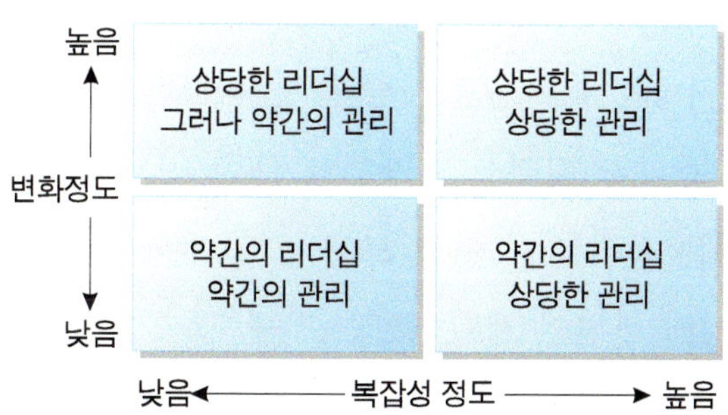

를 산출하는 것이고 관리는 예측가능성과 질서를 산출하는 것으로, 그들의 속성은 서로 전혀 다르다. 따라서 어떤 의미의 변화이던 그것을 성공적으로 이끄는 주요한 힘은 리더십이지 관리가 아니다.[17]

이러한 주장을 뒷받침하기 위해 코터[18]는 [그림 2-2]에서 보는 바와 같이 조직운영의 복잡성과 그 운영에 필요한 변화의 양이라는 두 축을 중심으로 관리와 리더십 각각의 필요성을 제시하였다. 조직의 규모가 증가하거나, 기술이 발전하거나, 지리적으로 확대되거나, 또는 제품이나 서비스의 숫자가 증가하는 것 등은 조직운영의 복잡성을 증가시킨다. 이와 같이 조직운영의 복잡성이 증가되면 질서있게 조직을 유지하고 안정적으로 기대하는 결과를 산출하기 위해 상당한 관리가 필요해진다. 반면에 환경의 불안정성이나 빠른 성장 등은 조직에 많은 변화를 요구한다. 이와 같이 조직운영에 요구되는 변화의 양이 증가하면 이에 대응하기 위해 상당한 리더십이 필요해진다. 따라서 환경의 변화가 가속화될수록 리더십이 차지하는 비중은 더욱 커진다.

전통적인 관리와 구별되는 리더십의 개념은 기본적으로 그 안에 변화의 개념을 내포하고 있다. 전통적인 관리는 단기적 관점에서 위험을 회피하며 복종 또는 순응, 그리고 통제와 예측가능성에 초점을 두고 일을 효율적으로 수행하며 안정적으로 기대하는 결과를 만들어내는 것에 일차적 기능이 있다. 반면에 리더십은 장기적 관점에서 위험을 감수하며 구성원을 몰입시키면서 유용한 변화를 만들어내는 것에 일차적 기능이 있다.[19]

이와 같이 전통적인 관리와 구별되는 리더십 개념에 기초하여 신조류 리더십이론이 등장하였다. 따라서 신조류 리더십이론은 전통적 리더십이론이 초점을 맞추어 왔던 과업 지향적 리더십과 사람 지향적 리더십의 범주를 벗어난다. 전통적인 리더십이론은 관리와 리더십의 개념에 대한 구별이 없이 리더십을 다루었으며, 어떤 측면에서는 관리를 큰 틀로 보고 그 안에서 리더십을 다루었을 가능성도 있다. 왜냐하면 관리과정인 계획-조직-지휘-통제에서 지휘에 초점을 맞추어 리더십을 다루었을 가능성이 있기 때문이다. 관리와 리더십의 명확한 구별없이 전통적 리더십은 주로 조직의 핵심 구성요소인 과업과 사람에 초점을 맞춘 과업 지향적 리더십과 관계 지향적 리더십을 중심으로 연구를 해왔다. 반면에 신조류 리더십은 전통적인 관리와는 구별되는 리더십에 초점을 맞추기 때문에 과업 및 관계 지향적 리더십 이외에 변화하는 환경에 적합한 리더십에 관심을 갖게 된다. 신조류 리더십에는 카리스마 리더십이론, 변혁적 리더십이론, 서번트 리더십이론, 셀프 리더십이론, 임파워먼트 리더십이론 등이 포함된다.

이론마다 강조하는 측면은 다소 다를 수 있겠지만, 신조류 리더십은 기본적으로 환경에 대한 민첩한 대응과 혁신성, 비전설정 및 변화추진, 구성원의 잠재력 개발 및 내재적 동기부여, 상대방에 대한 존중과 배려 등을 강조한다. 이러한 리더십의 변화는 환경의 변화 및 요구에 따른 것이다. 〈표 2-4〉는 변화된 환경의 특성 및 그것이 요구하는 리더십의 특징을 요약하고 있다.

표 2-4 신조류 리더십의 특징

환경 특성	· 끊임없이 빠르게 변화하는 경영환경 · 불확실성과 복잡성의 증대(글로벌 네트워크) · 기업의 신속하고 유연한 대응이 요구 · 구성원을 통한 차별적 경쟁력 확보가 핵심 · 자율조직화와 네트워킹
요구되는 리더십	· 조직의 민첩한 대응력 및 혁신성 확보 · 미래 비전 및 방향을 설정과 이를 위한 변화주도 · 구성원의 능력개발 · 내재적 동기부여 · 상대방에 대한 존중과 배려 등

04 리더십과 관리

리더십과 관리는 목표달성을 위해 영향력을 행사하는 과정이라는 측면에서 매우 유사하다. 리더십이 다른 사람들과 함께 일하는 것을 요구하는 것과 마찬가지로 관리의 경우도 그러하다. 리더십이 효과적인 목표달성을 지향하는 것과 마찬가지로 관리도 효과적인 목표달성을 지향한다. 그럼에도 불구하고 리더십과 관리는 동일하다고 볼 수는 없으며, 이들은 명확하게 구별될 수 있다. 관리자는 조직화된 구조에서 역할이 발생하는 경우에만 존재하지만, 리더는 조직화되어 있지 않은 집단에서도 존재할 수 있다. 즉 관리자가 아닌 사람이 리더가 될 수도 있으며 부하들을 관리하지 않는 관리자도 있을 수 있다. 따라서 리더십과 관리를 구분하는 것은 복잡한 사회적 현상을 분석하고 이해하는 데 매우 유용하다.

4.1 새로운 역할요구의 등장

조직을 보다 효과적이고 효율적으로 운영하기 위해 관리자는 계획화(planning), 조직화(organizing), 지휘(leading), 조정(coordinating), 그리고 통제(controlling)로 이루어진 관리기능을 수행한다.[20] 지휘 또는 리딩은 인간관계적 측면과 밀접히 관련되어 있는 것으로, 조직이나 집단의 목표를 달성하는데 공헌하도록 구성원들을 동기부여시키는 것이다. 따라서 어떤 학자들은 리더십을 관리자가 수행하는 관리기능의 한 부분으로 보기도 한다.

그러나 최근 경영환경의 변화는 조직의 변화와 함께 관리자의 역할에 대한 새로운 인식을 강조하고 있다. 예를 들면, 관리자는 감독자(supervisor), 부서장(department head), 일반 관리자(general manager)로서의 역할에서 팀 리더(team

그림 2-3 확대된 관리자의 역할[21)]

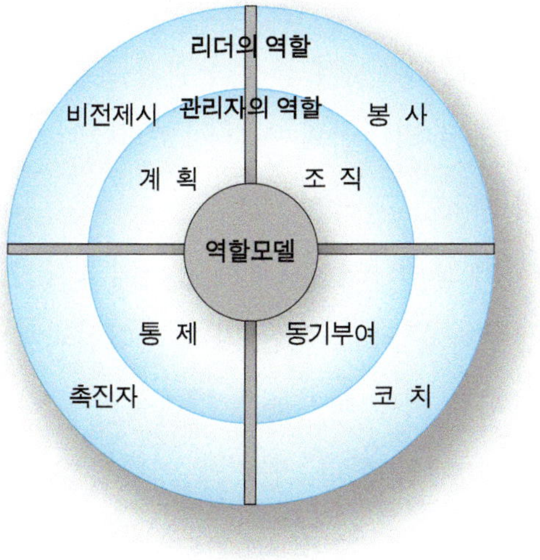

leader), 조정자(coordinator), 코치(coach)로서의 역할로 인식이 변화되어야 한다. 또한 단순히 지시(directing)나 통제(controlling)의 역할에서 벗어나 도움(helping)이나 지원(supporting)의 역할을 수행할 것을 강조하고 있다. 이와 같은 인식의 변화는 관리자에게 전통적으로 수행하여 온 역할의 범위를 넘어서는 새로운 역할을 요구하는 것이다.

크레인은 [그림 2-3]에서 보는 바와 같이 확대된 관리자의 역할을 제시하였다. 확대된 관리자의 역할은 전통적인 관리자의 역할인 계획, 조직, 동기부여, 그리고 통제 이외에 비전 제시, 봉사, 코치, 촉진자, 그리고 역할모델을 포함하고 있다. 그리고 이 네 가지의 새로운 역할을 리더의 역할이라고 정의하였다. 따라서 전통적인 관리자의 역할과는 명확하게 구별되는 새로운 리더의 역할을 제시하였다.

첫째, 리더는 비전을 제시해야 한다. 리더는 구성원들에게 방향감을 제공할 수 있는 명확하고 밝고 강력한 비전을 가지고 있어야 한다. 그리고 리더는 자신과 다른 사람들을 비전과 지속적으로 연계시켜야 한다. 둘째, 리더는 뒤집어진 조직(up-side down organization)에서의 자신의 모습을 상상하고 다른 사람을 우선시하며 그들을 위해 봉사할 수 있어야 한다. 셋째, 리더는 다른 사람이 목표를 명확히 하고 그것을 달성할 수 있는 더 효과적인 방법을 찾도록 도와주는 코치의 역할을 수행해야 한다. 넷째, 리더는 다른 사람들로부터 아이디어를 이끌어 내고 그러한 아이디어를 서로 연계시켜 긍정적 결과를 산출하도록 촉진하는 역할을 수행해야 한다. 마지막으로 리더십의 핵심은 조직에서 가치 있게 여기는 태도와 행동의 모델이 되는 것이다.

산업사회에서 정보화 또는 지식기반 사회로의 전환은 관리자에게 새로운 기능이나 역할을 요구하게 되고, 이에 따라 리더십과 관리의 구별은 좀더 명확해지기 시작하였다. 그리고 어떤 학자들은 리더십과 관리가 질적으로 다르며 완전히 배타적이라고 주장하기도 한다. 반면에 어떤 학자들은 리더십과 관리를 구별되는 과정으로 이해하지만, 이 두 과정은 상호배타적이지는 않으며 통합적으로 수행될 수도 있다고 주장한다.

4.2 리더십과 관리의 배타적 관점

리더십과 관리를 상호배타적으로 보는 관점은 리더십과 관리가 동일한 개인에게서 일어날 수 없다고 가정하는 것이다. 즉, 리더와 관리자는 서로 양립할 수 없는 가치와 성향을 가지고 있으며, 따라서 어떤 사람은 리더이고 또 어떤 사람은 관리자라는 것이다. 이러한 관점을 가지고 있는 대표적인 학자는 잘레즈닉[22)]과 베니스와 나누스이다.

(1) 잘레즈닉의 리더와 관리자의 차이

잘레즈닉은 리더와 관리자는 별개이고 그들은 기본적으로 상이한 유형의 사람들이라고 주장한다. 따라서 관리자이면서 동시에 리더가 되기는 어렵다. 관리자는 반응적(reactive)이며, 문제를 해결하기 위해 증명된 안전한 방법을 선호하며 선택의 가지 수를 제한하려고 노력한다. 정서적 몰입 없이 객관적으로 목표를 보며, 기존의 질서와 안정을 유지하려고 한다. 이에 비해 리더는 능동적이고 정서적으로 몰입하며, 어떤 문제에 반응적이기보다는 새로운 아이디어를 창출하려는 전향적인(proactive) 특성을 가지고 있다. 리더는 장기적인 안목에서 활용 가능한 선택의 폭을 확대하려고 노력하며 위험을 감수하고 가능성을 추구하며 변화의 기회를 모색한다. 잘레즈닉은 이러한 리더와 관리자의 차이를 기업목표에 대한 태도, 업무의 개념, 인간관계에 대한 태도, 그리고 자의식이라는 네 가지 측면에서 구체적으로 설명하고 있다.

첫째, 관리자와 리더는 목표에 대해 서로 다른 태도를 보인다. 관리자는 목표에 대해 자신의 감정을 기꺼이 표현하기보다는 객관적인 태도를 보인다. 관리목표는 자신의 욕구보다는 조직의 필요성에 의해 발생한다. 관리자는 기존 질서를 유지하고 이를 통해 보상을 받으려고 한다. 이에 비해 리더는 목표에 대해 개인적이고 능동적인 태도를 갖는다. 리더는 분위기 변화, 기대감 고양, 구체적인 목표수립 등을 통해 조직이 나아가야 할 방향을 결정하는데 영향을 준다. 그들은 잠재적 기회를 찾아내고 이를 통해 보상을 받는다. 구성원들이나 동료들간의 관계도 긴밀하게 유지한다. 부하직원을 격려하여 업무에 적극적이 되도록 만들고, 열정을 쏟아 창조성을 높일 수 있게 만든다.

둘째, 관리자와 리더는 업무의 개념에 차이가 있다. 관리자는 상대방과의 이해관계를 분석하거나 모순된 문제가 드러날 때 해결방안을 계획하고 조직 내 긴장을 완화시킴으로써 업무수행과정에 도움을 준다. 자신의 견해에 반대하는 사람을 달래고 해결방안이 사람들에게 수용되도록 하기 위해 반대의견을 조정하며 타협이 가능한 해결방안 쪽으로 힘의 균형을 이동시킨다. 교섭이나 협상, 보상과 처벌 또는 기타의 강압적인 방법을 사용하여 문제를 해결하고 질서와 통제를 유지하려고 한다. 관리자는 선택을 제한하는데 반해 리더는 장기간 끌어온 문제를 해결하는데 있어서 새로운 접근방법을 개발하고 새로운 선택을 제안한다. 리더는 조직에 중요한 문제가 발생했을 때, 성급하게 그 상황을 해결하기보다는 혼란과 갈등이 있더라도 조직이 자연스럽게 문제해결의 대안을 찾아낼 수 있도록 노력한다.

리더는 사람들이 분발하도록 자신의 아이디어를 이미지화하고 그 이미지가 구체화될 수 있는 기회를 많이 제공한다. 리더는 어느 정도 기회와 보상이 보장된다면 기꺼이 위험을 감수하려는 경향이 강하다.

셋째, 관리자와 리더는 인간관계에 대한 태도에서 차이가 있다. 관리자는 단독 행동에 대한 불안감 때문에 사람들과 함께 일하기를 좋아하며 독단적인 행동을 회피한다. 관리자는 업무활동이나 의사결정과정에서 규정된 역할에 충실하며, 일이 '어떻게' 수행되는가에 관심을 갖는다. 반면에 리더는 아이디어에 관심을 갖고 직관적이고 감정이입적인 방법을 선호한다. 리더는 업무활동이나 의사결정의 과정보다 그것이 구성원들에게 '무엇을' 의미하는가에 관심을 갖는다. 리더는 풍부한 감정을 가지고 강한 동질감이나 이질감 또는 애증의 감정을 이끌어 낸다. 리더가 두드러지는 조직에서의 인간관계는 언뜻 무질서하고 혼란스럽게 보이기도 한다. 그러나 이러한 분위기는 조직 내에서 개인적인 동기를 자극하고 뜻밖의 좋은 결과를 가져오기도 한다.

넷째, 관리자와 리더는 자의식에서 차이가 난다. 관리자의 자의식은 가정에서의 소속감과 환경과의 조화 속에서 나오는 것으로, 행동과 태도의 지침이 된다. 따라서 관리자들은 자신과 일체감을 느낄 수 있고 그로부터 보상을 쉽게 받을 수 있는 기존 질서를 유지하려고 노력한다. 관리자의 자의식은 기존의 제도를 지속하고 강화함으로써 향상된다. 반면에 리더는 환경과의 괴리감을 가지고 심리적이고 사회적인 변화의 기회를 모색한다. 리더는 조직 내에서 일을 하지만 감정상 조직에 완전히 소속되어 있지는 않으며 다른 조직 구성원들이나 상대방의 업무역할과 사회적 지표에 쉽게 의존하지 않는다.

(2) 베니스와 나누스의 리더와 관리자의 차이

베니스와 나누스는 관리자와 리더를 양극의 성격을 가진 존재로 구별하였다. 관리자는 안정, 질서, 효율성, 절차, 통제를 중시하고 일을 수행하는 방식에 관심을 가지며 주어진 업무를 완수하려고 노력한다. 반면에 리더는 비전, 변화, 도전,

표 2-5 21세기 리더와 관리자의 차이[23)]

· 관리자가 관리를 한다면, 리더는 혁신을 한다.
· 관리자가 모방을 하는 복사본이라면, 리더는 새로운 것을 창조하는 원본이다.
· 관리자가 체제나 구조에 초점을 맞춘다면, 리더는 사람에 초점을 맞춘다.
· 관리자가 통제에 의존한다면, 리더는 신뢰를 불러일으킨다.
· 관리자가 단기적인 관점을 가지고 있다면, 리더는 장기적인 관점을 가지고 있다.
· 관리자가 방법과 시기를 요구한다면, 리더는 내용과 이유를 요구한다.
· 관리자가 현상을 수용한다면, 리더는 이에 도전한다.
· 관리자가 자신이 맡은 일을 모범적으로 수행하는 훌륭한 병사라면, 리더는 주체성을 가지고 독자적으로 행동한다.
· 관리자가 일을 옳게 한다면, 리더는 옳은 일을 한다.

창의를 중시하고 일이 사람들에게 주는 의미에 관심을 가지며 무엇이 왜 중요한 일인지에 대해 동의를 이끌어 내려고 노력한다. 관리자는 일을 올바르게 하는 사람이고 리더는 올바른 일을 하는 사람이라고 하였다. 이와 같은 관리자와 리더의 차이를 베니스는 〈표 2-5〉와 같이 정리하였다.

4.3 리더십과 관리의 통합적 관점

코터[24)]는 리더십과 관리를 서로 구별되는 행동시스템이라고 주장하였다. 물론 모든 사람이 리더십과 관리를 동시에 잘하기는 어렵다. 어떤 사람은 관리자로서의 능력은 뛰어나지만, 리더의 자질은 부족하다. 또 어떤 사람은 리더로서의 자질은 있지만, 뛰어난 관리자가 될 수 없는 약점을 가지고 있기도 하다. 그럼에도 불구하고 리더와 관리자를 구별하기보다는 리더십과 관리를 구별함으로써, 우수한 리더이면서 동시에 효율적인 관리자가 될 수 있는 가능성을 열어 놓았다.

코터에 따르면, 관리는 예측성에 초점을 맞추고 질서를 유지하며 기대하는 결과를 안정적으로 산출하는 것인 반면 리더십은 성공적으로 변화를 산출하는 것이다. 즉, 관리는 복잡한 상황에 효율적으로 대처하는 기능이고 리더십은 변화에 대처하는 기능이다. 이 두 기능은 모두 수행해야 할 일을 정의하고(안건창조), 목표달성을 위한 업무를 실행하기 위한 인적 네트워크를 구성하며(인적 네트워크 구성), 구성원들이 업무를 실제로 수행하도록 하지만(실행), 이러한 세 가지 과제를 풀어 나가는 방식에 있어서는 서로 다르다. 관리의 주된 활동은 계획과 예산수립에 의해 조직의 복잡한 기능을 체계적으로 운영하는 것인 반면, 리더십의 주된 활동은 조직이 나아갈 방향을 설정함으로써 건설적인 변화를 시작하도록 만드는 것이다. 관리는 인력을 조직화하고 적절하게 배치함으로써 수립된 계획을 실현할 수 있도록 하는 활동인 반면 리더십은 인력을 하나의 방향으로 일치시키는 활동이다. 또한 관리는 통제와 문제해결을 통해 계획이 달성될 수 있도록 하는데 초점

표 2-6 코터의 관리와 리더십 기능의 비교[25)]

	관리(예측성, 질서, 기대결과)	리더십(변화산출)
안건창조	계획 및 예산수립 · 단기적인 목표설정 · 목표달성을 위한 구체적인 단계 수립 · 행동지침 및 시간계획수립 · 필요자원 할당	방향설정 · 장기적인 관점의 미래 비전개발 · 비전달성에 필요한 변화를 위한 전략수립
안전달성을 위한 인적 네트워크 구성	조직화 및 스태핑 · 계획달성을 위한 조직의 구조화 · 인력의 적정배치 · 계획실행에 필요한 책임 및 권한 위임 · 업무실행에 대한 모니터링 시스템 구축	사람의 정렬 · 방향에 대한 의사소통 · 비전을 이해하고 그것의 달성에 몰입을 유도
실 행	통제와 문제해결 · 계획대비 결과 점검 · 문제점 확인과 조치	영감과 동기부여 · 올바른 방향으로 동기부여 · 사람의 기본적인 욕구에 호소 · 정치적, 관료적, 자원적 장벽을 극복하도록 활기 고취

을 맞추는 반면 리더십은 비전을 실현시키기 위해 구성원들의 자율성을 강조하고 구성원들에게 활력을 불어넣고 그들의 욕구를 충족시키는데 초점을 맞추고 있다(표 2-6 참조).

코터는 리더십이 선택받은 소수만이 가질 수 있는 특권도 아니며, 관리보다 우수한 기능도 아니고, 관리의 기능을 대체할 수 있는 것도 아니라고 주장한다. 이 두 기능은 서로 구별되는 활동을 하면서 서로를 보완해 준다. 관리에 의해 조직을 둘러싸고 있는 내·외부의 다양한 기능들을 체계적이고 효율적으로 다룰 수 있다면, 리더십은 경쟁적이고 급변하는 환경에서 조직의 미래 비전을 개발하고 이를 실현하기 위한 변화를 도입하는 것이다. 리더십 없는 관리는 모험과 혁신을 방해하고 조직을 관료적으로 만들 것이다. 반대로 관리없는 리더십은 조직의 질서와 효율성을 와해시킬 수 있으며 비현실적인 변화를 유발할 수 있다. 따라서 조직은 상황에 맞게 리더십과 관리를 조화롭게 통합되어야 한다.

리더십과 관리를 별개의 역할로 명확히 구분하여 정의하고 이들을 어떻게 통합해야 하는지는 매우 어렵고 복잡한 쟁점이다. 이에 대해서는 학자마다 입장이 다르다. 그러나 대부분의 학자들은 경영환경의 변화를 인식하고 현대조직에서 관리자로 성공하기 위해서는 반드시 리더십이 있어야 한다는 점에는 동의하는 것 같다. 그리고 리더십은 전통적인 관점에서의 관리와는 분명히 구별되는 개념이다. 그러나 리더십과 관리는 상호 배타적인 기능이라기보다는 상호 연관되어 있는 기

그림 2-4 리더십과 관리의 관계

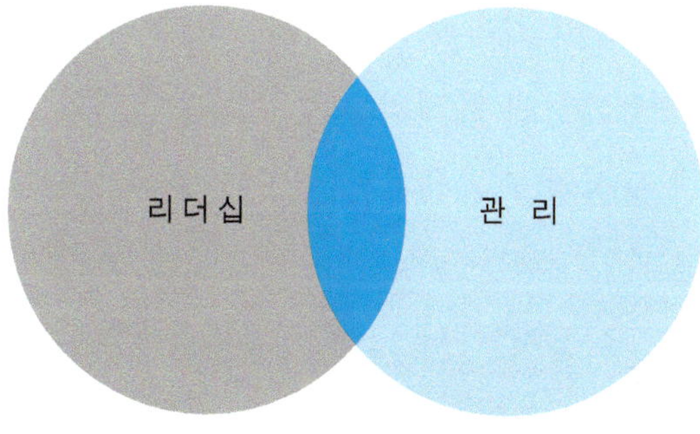

능이며 서로 겹치는 부분도 존재한다.[26] 즉, 어떤 기능은 리더십 고유의 기능이고 어떤 기능은 관리의 고유기능이지만, 어떤 기능은 상호 중첩될 수도 있을 것이다.

05 리더십 효과성

리더십의 정의가 다양한 것과 유사하게 리더십의 효과성에 대한 개념도 학자마다 다소 차이가 있다. 왜냐하면 리더십 효과성은 리더십을 어떻게 정의하는가에 따라 달라질 수 있기 때문이다. 그럼에도 불구하고 조직에서의 리더십 효과성은 일반적으로 조직의 개념을 바탕으로 이해할 수 있다. 제1장에서 우리는 조직을 공동의 목적을 달성하기 위해 서로 상호작용하는 2인 이상의 사람들로 구성된 사회적 집합체로 정의하였다. 이러한 정의에 따르면 조직은 목표달성을 위한 일과 사람의 구성체이다.

조직에서 리더의 책임은 조직의 목표를 달성하는 것이다. 조직을 일과 사람의 구성체로 보면, 효과적인 조직은 이 두 가지 요소를 모두 다루어야 한다. 즉 효과적인 조직은 높은 수준의 과업성과 뿐 아니라 높은 수준의 구성원 만족을 달성하는 것이다. 이는 전통적으로 조직의 핵심기능인 과업기능과 유지기능의 분류와 일맥상통한다. 즉 조직은 과업과 관련하여 성과를 내야 하는 기능을 가지고 있을 뿐 아니라 구성원들이 지속적으로 유지되고 발전되도록 해야 하는 기능도 가지고 있다. 이러한 과업기능과 유지기능은 상호 관련되어 있다. 즉 조직의 높은 과업성과가 달성되면 구성원들을 유지하는 것이 보다 용이해지며, 또한 조직이 지속적으로 유지되면 과업성과를 달성하는 것이 보다 용이해질 것이다.

따라서 조직을 이끌어 가는 리더는 기본적으로 이 두 가지 핵심기능을 수행해야 한다. 리더는 과업이 완수되고 성과를 산출하는데 관심을 가져야 할 뿐 아니라 구성원들의 욕구를 만족시키고 이들이 긍정적인 태도를 가지도록 하는 데에도 관심을 가져야 한다. 우수한 리더가 이 두 가지의 기능에 초점을 맞추고 균형을 유지해야 하는데, 그렇다면 리더십 효과성은 과업성과와 구성원들의 태도라는 두 가지 측면에서 접근할 수 있을 것이다.

(1) 과업성과

과업성과는 리더가 구성원들로 하여금 조직의 과업을 성공적으로 수행하고 그 목표를 달성한 정도를 의미한다. 과업성과는 순이익, 매출증가, 시장점유율, 생산성 등의 객관적 지표로 측정될 수도 있으며 리더의 상사나 동료 또는 부하들로부터 평정된 주관적 측정치로 측정될 수도 있다.

(2) 구성원 태도

구성원들의 태도는 크게 직무에 대한 태도, 조직에 대한 태도, 그리고 리더에 대한 태도로 나누어 볼 수 있다. 일반적으로 직무에 대한 태도는 직무만족도로 측정되며, 조직에 대한 태도는 조직몰입도 및 조직시민행동으로 측정되고, 리더에 대한 태도는 리더에 대한 만족도로 측정된다. 본질적으로 태도란 사람, 사물, 사건 등 어떤 대상에 대한 좋다 또는 나쁘다는 긍정적이거나 부정적인 반응을 의미한다.

① 직무만족도

먼저 직무에 대한 태도인 직무만족도는 직무나 직무경험에 의한 평가결과에 대한 긍정적 감정 및 정서상태이다. 직무만족을 측정하는 방법은 크게 두 가지가 있는데, 하나는 전반적인 개별적 직무의 다양한 측면을 포함하는 전반적인 측정항목을 사용하는 방법이고, 다른 하나는 직무의 여러 측면에 대한 만족의 집합이 직무만족이라는 관점으로 보고, 다양한 측면 각각을 측정하여 그에 대한 긍정적 혹은 부정적 평가의 총합을 구성원 개인의 직무만족도로 측정하는 것이다.

② 조직몰입도

다음으로 조직에 대한 태도인 조직몰입도에 대한 정의는 학자들마다 다르게 정의되기도 하는데, 일반적으로 두 가지 접근법에 의해 정의된다.

첫 번째로 교환관계적 접근법이 있는데, 이는 조직몰입도를 조직과 구성원간의 유인과 공헌의 상호작용의 결과로 파악하는 것이다. 이는 조직 내에서의 공헌이 증가함으로서 구성원에게 다양한 특권이 주어지고 이것이 긍정적 유인으로 인식하게 되어 조직에 남아 있으려고 하고 결국 조직에 몰입하게 된다는 논리로 접근한다. 두 번째로는 심리적 접근법을 들 수 있다. 이는 조직몰입도를 구성원의 태도와 연관시켜 구성원의 조직에 대한 정서적 일체감으로 정의한다. 최근에는 이를 절충한 방법을 주장하는 학자들이 등장하였는데, 메이어와 알렌[27]이 대표적이다. 이들은 조직몰입을 정서적 몰입, 규범적 몰입, 그리고 지속적 몰입의 세 가지 유형으로 구분하였다. 정서적 몰입은 구성원들이 조직에 대해 느끼는 심리적 일체감의 정도이며, 규범적 몰입은 조직 구성원으로서 가져야 할 도덕적 의무감으로 회사에 충성하고 의무를 이행해야 한다는 가치관이며, 지속적 몰입은 구성원들이 조직에 투자한 가치가 증가하여 조직에 남아 있음으로써 얻는 이익이 다른 조직으로 옮기면서 얻을 수 있는 이익보다 더 많기 때문에 현재의 조직에 남아 있으려고 하는 심리적 필요성을 뜻한다.

③ 조직시민행동

직무만족이나 조직몰입과 같은 효과성 지표들은 직무를 수행하면서 나타나는 리더십의 결과인 데 비해 조직시민행동은 주어진 직무관련 행동 외의 추가적인 행동 및 효과를 설명하기 위해 대표적으로 사용되는 효과성 지표이다. 베이트먼과 오르간[28]은 조직시민행동을 '조직의 공식적 보상시스템에 의해 직접적 혹은 구체적으로 인정되지 않는 자발적 행동으로서, 조직의 효과적 운영에 공헌하는 개인의 행동'으로 정의하였다. 또한 스미스, 오르간 그리고 니어[29]는 조직시민행동을 '자기 자신의 성과보다 다른 사람들의 성과에 긍정적인 영향을 미치고, 결국 조직 내에서 자기 자신을 희생하는 행위까지도 포함한다'고 주장하였다. 더불어 그들은 조직시민행동은 사회전반에 자발적이고 공정한 행위의 형태로 축적되어 장기적으로 볼 때 사회적 기능을 원활하게 하는데 기여한다고 하였다.

상사의 리더십은 구성원의 조직시민행동을 촉진하는 기능을 한다. 예를 들면 배스와 하터, 포드사코프[30) 등과 같은 많은 학자들이 그들의 연구를 통해 다양한 형태의 리더십이 구성원들의 조직시민행동을 촉진시킨다는 결과를 도출하였다.

④ 리더에 대한 만족도

구성원들의 리더에 대한 만족도 또한 리더십의 효과성을 측정하는 중요한 방법 중 하나이다. 이는 '조직의 구성원들이 자신들의 리더에 대해 만족하고 있는 정도'로 정의할 수 있으며, 리더의 행동은 구성원들의 반응에 의해 그 효과가 발휘된다고 할 수 있기 때문에 리더에 대한 만족도가 효과성의 지표로서의 의미를 지닌다고 할 수 있다. 배스와 야마리노[31) 등 많은 학자들이 효과적인 리더십을 연구하는데 있어서 리더에 대한 만족도를 결과변수로 설정하여 정(+)의 영향이 있음을 규명해 왔다.

(3) 기타의 리더십 효과성

과업 및 유지기능 이외에 또 하나의 중요한 리더십 기능으로 환경에 대한 적응을 들 수 있다. 조직은 목표를 달성하기 위해 반드시 환경에 적응해야만 하고, 이를 위해 적응능력 및 혁신능력을 바탕으로 하는 유연성을 향상시킬 필요가 있다. 리더십은 이러한 조직의 적응능력과 혁신능력을 향상시키는데 중요한 역할을 하며, 따라서 유연성은 리더십 효과성의 지표로 강조된다.

유연성을 측정하기 위한 지표는 조직적 차원과 구성원 개인적 차원으로 구분할 수 있는데, 조직적 차원으로는 '조직혁신'이라는 개념을 사용하며, 개인적 차원으로는 구성원 혁신 행동이라는 개념으로 측정할 수 있다.

06 영향력 행사의 유형

리더십의 가장 핵심적인 요소는 영향력의 행사이다. 영향을 미치는 것은 리더십의 필수조건이다. 따라서 리더가 구성원들로 하여금 목표달성을 위해 행동하도록 만들기 위해 사용하는 영향력 행사의 방법을 이해하는 것은 매우 중요하다.

6.1 영향력 행사의 방법

조직에서 리더가 부하에게 영향력을 행사하는 가장 기본적인 방법은 직위권력에 기초한 강압적 방법일 것이다. 강압적 방법은 직위권력에 기초하여 위협이나 벌 또는 부정적 보상방법 등을 교묘히 활용하여 다른 사람으로 하여금 리더가 원하는 행동을 하도록 하는 것을 의미한다. 그러나 이러한 방법은 직책자인 상사와 부하의 공식적인 수직적 관계에서만 적용될 수 있을 것이다. 비공식적인 관계나 수평적인 관계에서는 직위권력에 의한 강압적 방법을 사용할 수 없다. 리더십이 공식적으로 임명된 리더(또는 직책자)와 부하간의 수직적 관계에만 제한적으로 적용되기보다는 모든 사람에게 통용될 수 있는 개념이라면, 강압적 방법에 의한 영향력 행사는 리더십과 구별될 수 있다. 이러한 관점에서 많은 학자들은 리더십을 비강압적 방법에 의한 사회적 영향력 행사의 과정으로 정의하고 있다.

리더십의 비강압적 방법에는 합리적이고 인지적인 측면에 호소하는 방법과 감성적이고 가치지향적인 측면에 호소하는 방법이 포함된다. 이성과 논리에 기초하여 공유된 목표의 달성이 부하 자신들에게도 최선의 이익이 된다고 믿도록 리더가 부하에게 영향을 미치는 과정은 오래동안 리더십 발휘의 기초로 간주되어 왔다.

그러나 최근들어 영향력의 감성적 측면이 강조되고 있다. 리더가 보다 높은 대의명분을 위해 이기적인 이해관계를 기꺼이 희생하고 영감과 열정을 갖도록 부하들을 고무시키는 과정은 합리적 접근방법 이상으로 효과적이라는 것이다. 합리적 과정과 감성적 과정 중 어느 것이 상대적으로 더 중요하며 두 과정이 어떻게 상호작용하는지에 대해서는 더 많은 연구가 필요할 것이다. 합리적 방법에 의한 영향력 행사는 좋은 리더십을 촉진시키지만, 좋은 리더십은 다른 사람의 감정을 다루는 것도 필요하다. 따라서 이성과 감성에 호소하는 영향력 행사의 방법은 모두 리더십에서 중요한 역할을 한다.

6.2 영향력과 부하의 반응

포퍼[32)]는 부하의 심리적 반응에 따라서 리더십의 영향력을 세 가지 형태로 구분하였다. 즉, 리더가 부하에게 영향력을 행사하여 과업을 수행하도록 하는 방법은 크게 공식적 권한(formal authority), 긍정적 또는 부정적 강화(positive or negative reinforcement), 그리고 감성적 영향력(emotional influence)의 세 가지로 나눌 수 있다. 그리고 이러한 세 가지의 영향력 행사방법은 부하로부터 서로 다른 형태의 반응을 이끌어 낸다. 예를 들면, 공식적 권한은 복종을 이끌어 내며, 긍정적 또는 부정적 강화와 같은 보상의 사용은 그 보상의 정도에 따른 대가로서 성과를 이끌어 내며, 감성적 영향력은 기대 이상의 성과를 올리려는 의욕, 즉 몰입을 창출한다.

(1) 복 종

복종은 외적으로 주어지는 의무감으로 명확한 권한에 의해 행사되는 명령이나 지시에 기초하고 있다. 복종은 최초에는 제재나 벌에 의해 형성되고 훈련과 명령을 통해 주입되며 점차적으로 불복종의 결과에 대한 두려움에 의해 동기부여되고 내면화된다. 이것은 어떤 의심이나 질문을 막거나 최소화한다. 그렇다고 복종이 절대적으로 나쁜 것만은 아니며, 높은 성과와 효율성, 그리고 임무의 완수에 필요하기도 하다.[33)] 그러나 양날의 칼처럼 그것이 맹목적일 때에는 밀그램(Milgram)의 실험에서 나타났듯이 대부분의 사람들은 의심이나 우려에도 불구하고 복종하도록 강요당할 수 있다. 또한 공식적 권한에 의한 복종은 개인으로 하여금 자신이 스스로 책임감을 가진 독립적인 자아가 아니라 권위자의 도구로 인식하게 할 수 있다. 공식적 권한에 기초한 명령과 지시는 앞에서 언급한 영향력 행사의 강압적 방법과 유사하다고 볼 수 있다.

(2) 보상의 대가

보상의 대가로서의 성과창출은 리더와 부하간의 교환관계에 기반을 두고 있다. 외적 또는 내적으로 받은 것에 대해 돌려주어야 한다는 의무감을 가지고 부하는 리더가 제공하는(또는 제공할) 보상의 정도에 따라 노력하고 성과를 창출하는 것이다. 따라서 리더는 부하로 하여금 보상과 노력간의 관계를 인식하도록 해야 하며 부하의 욕구와 기대를 명확히 파악하여 이에 따라 반응하도록 유도해야 한다. 부하는 리더로부터 받았다고(또는 받을 것이라고) 인식하는 보상에 대해 교환적 의무감으로 성과를 창출한다. 교환관계에 기초한 강화, 즉 보상의 활용은 앞에서 언급한 영향력 행사의 합리적, 인지적 방법에 해당된다고 볼 수 있다.

(3) 몰 입

몰입은 내적으로 나타나는 의무감으로 개인적인 믿음과 신념에 기초하고 있다. 몰입은 초기에는 사회적 욕구나 목표의 인식과 가치관과 규범의 힘에 의해 형성되며 이러한 목표는 자신의 가치체계와 규범을 보완하고 그것은 또한 목표를 정당화시킨다. 이와 같이 정당화된 목표에 의해 그것을 달성하는데 몰두하게 되고 때로는 자신의 희생까지도 감수하도록 동기부여시킨다. 이는 의심을 허용하며 재검토나 저항까지도 촉진시킨다. 이 경우 리더는 감정을 일깨워 부하로 하여금 '주고받는' 교환관계를 넘어서 행동하도록 동기부여시키므로 리더와 부하의 관계는 근본적으로 감성적이다. 따라서 이 방법은 앞에서 언급한 영향력 행사의 감성적, 가치지향적 방법과 일맥상통한다.

표 2-7 구성원 반응측면에서 본 영향력 행사의 유형

반응의 형태	반응의 행동표현	반응의 의미	영향력 행사의 방법
복 종	처벌을 피할 정도, 또는 명예에 금이 가지 않을 정도로 최소 수준의 활동	처벌에 대한 두려움	공식적 권한에 의한 명령과 지시
조건에 따른 반응	물질적, 사회적 보상, 명예나 직업적 관심과 관련되어 있음	사회적, 물질적, 직업적 보상 기대	교환관계에 기초한 긍정적, 부정적 강화
몰 입	물질적 보상이나 명예와 반드시 관련될 필요는 없음	감정의 전이, 권한, 상징적 표현	감성에 호소

토론거리 **1. 효과적 리더 vs 비효과적 리더**

① 개인별로 효과적 또는 성공적이라고 생각하는 리더의 이름을 리스트하십시오

② 개인별로 비효과적 또는 성공적이지 못하다고 생각하는 리더의 이름을 리스트하십시오. 가급적 비즈니스 리더이면 가장 좋으나 공유할 수 있는 일반적 리더 또는 알려진 리더나 역사적 리더라도 관계는 없습니다.

③ 소집단으로 모여 효과적 리더 2~3명과 비효과적 리더 2~3명을 각각 확정합니다.

④ 소집단별로 앞에서 확정된 효과적 리더 집단과 비효과적 리더 집단간의 차이점을 확인합니다.

⑤ 토론 결과를 발표하고 공유합니다.

토론거리 **2. 리더의 공통 특성**

> 비디오 여행을 통한 효과적 리더십의 이해 〈크림슨 타이드〉
>
> ① 함장과 부함장의 공통점과 차이점은 무엇인가?
>
> ② 효과적 리더로서의 공통적 특징은 존재하는가?

* 리더의 특성 · 행동 모두 찾아도 된다.

위의 두 연구를 통해 우리는 효과적 리더의 특성 · 행동과 비효과적 리더의 특성 · 행동의 차이를 구분할 수 있다.

성공적 리더 특징은 프로세스(Process)와 프로퍼티(Property)의 두 가지 측면으로 나누어 볼 수 있다.

프로세스란 목표를 달성하도록 구성원들의 활동을 이끌고 조정하기 위한, 비강압적 영향력에 기초한 행동이다. 리더십은 리더 행동에서 관찰될 수 있는 현상으로 후천적으로 학습에 의해 습득될 수 있으며, 따라서 리더십 발휘는 누구나 가능하다는 시각을 가지고 있다.

프로퍼티란 이러한 영향력을 성공적으로 사용하는 것으로 인지되는 사람에게 귀속되는 특성의 집합을 말한다. 어떤 사람은 리더가 될 수 있는 특별한 천부적 특성이나 자질을 가지고 태어난다는 시각을 가지고 있다.

제3장 권력과 관리자의 역할

01 권력의 개념 및 원천
02 관리자의 역할 및 관리업무 특성

01 권력의 개념 및 원천

1.1 권력의 개념

권력에 대한 정의는 권력에 대해 언급하는 학자마다 다를 정도로 매우 다양하다. 막스 베버는 권력을 "사회관계에서 한 사람의 저항에도 불구하고 자신의 의지를 실현할 수 있는 지위에 오를 확률"이라고 정의하고 있다. 최근의 연구에서 권력을 "다른 사람의 의지나 저항에 관계없이 자신이 하고자 하는 것을 할 수 있는 능력이거나, 상대를 책략으로 이기거나 정치적 싸움에서 승리하는 능력"이라고 정의하고 있다. 그리고 권력이론가들은 대체적으로 권력을 "어떤 조직화된 저항에도 관계치 않고 어떤 목적을 달성하도록 자원을 이동시키는 원천적 능력"이라고 정의하는 반면, 조직행동론자인 제프리 페퍼는 아주 간단하게 '잠재적 힘'이라고 정의하기도 했다. 또한 로빈스는 권력이란 "A가 B로 하여금 자기가 원하는 것을 하도록 영향을 줄 수 있는 잠재 능력"이라고 정의하였다.

이와 같이 다양한 권력에 대한 정의는 큰 흐름에서 보면 다른 사람으로 하여금 무엇인가를 하도록 하는 능력의 개념으로 볼 수 있다. 즉 상대방의 행동을 그의 의도에 반하여 권력행사자의 의도대로 바꾸게 하는 능력이라고 정의할 수 있다.[1] 그러므로 조직의 관리자는 권력을 가져야만 구성원들로 하여금 조직에서 요구하는 행동을 하게 할 수 있으며 그들을 지원할 수 있는 것이다.

또한 권력과 유사한 개념으로 영향력이 있다. 권력이 다른 사람의 행동을 변화시킬 수 있는 잠재적 능력이라고 한다면 영향력도 실제로 권력이 행사되었을 때의 상태를 의미한다. 한 행위자가 대상인물에게 영향을 주는 과정은 여러 가지 상이한 형태를 취할 수 있고, 그 효과의 성질이 그 과정에 따라 달라질 수 있다. 행위자의 행위가 대상인물의 태도, 가치관, 지각, 행동, 또는 그러한 결과변수들의 복합된 것에 변화를 야기할 수도 있다. 행위자의 영향력 행사 결과는 행위자가 의도한 것일 수도 있으나 의도하지 않았던 결과일 수도 있다. 또 대상인물이 보이는 변화의 크기가 행위자가 의도했던 효과와 같을 수도 있으나 경우에 따라서는 행위자의 목표에 미흡한 것일 수도 있다. 따라서 행위자의 영향력은 대상인물의 행동을 '통제'하기에 충분한 정도로 강할 수도 있고, 압력을 느끼긴 하지만 하고 싶지 않으면 하지 않아도 될 정도로 약한 경우도 있다.

1.2 권력의 원천

조직권력의 원천에 대해서는 많은 학자들이 여러 가지 견해를 제시하고 있는데 그중에서 베버, 프렌치와 레이븐, 롱, 힉슨 등의 견해가 가장 많이 인용되고 있다. 특히 프렌치와 레이븐은 [그림 3-1]에서와 같이 조직에서 사용되는 권력의 기반을 다섯 가지로 보고 이에 따라 권력유형을 구분하였는데 이는 가장 고전적이고 많이 쓰이는 분류방법이다.[2)]

(1) 권력의 원천[3)]

관리자가 가지고 있는 권력은 직속부하뿐 아니라 동료, 상사, 고객, 그리고 공급업체와 같은 조직 외부에까지 그 영향력이 미치기 때문에 매우 중요하다 할 수 있다. 따라서 많은 학자들이 권력의 유형이 리더십 효과성과 어떠한 관련이 있는지, 영향력을 행사하는 행동이 효과적 리더십과 어떠한 관련이 있는지 등에 대해

그림 3-1 권력의 유형

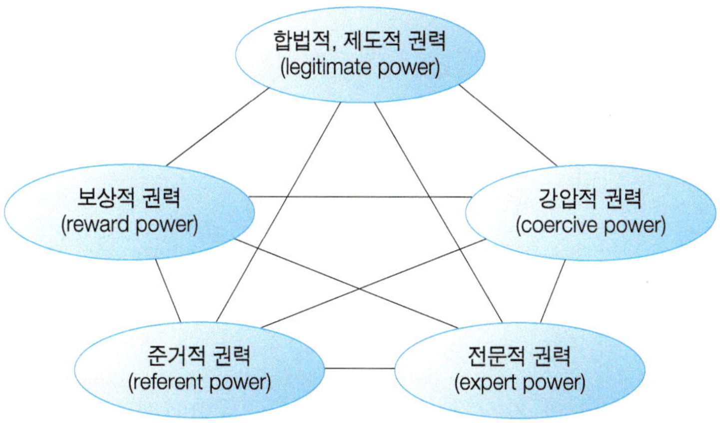

관심을 가지고 연구를 수행하였다.

권력이라는 개념을 이해하기 위해 일반적으로 학자들은 권력의 다양한 형태를 구분하였다. 대표적으로 프렌치와 레이븐은 권력의 원천에 대한 분류체계를 제시하였는데, 이는 후속 연구들에 큰 영향을 미쳤다. 프렌치와 레이븐은 권력의 원천으로서 다섯 가지를 제시하였는데, 여기에는 보상적 권력, 강압적 권력, 합법적 권력, 전문적 권력, 준거적 권력 등이 포함된다.

① 보상적 권력

이는 상대방에게 경제적 · 정신적 보상을 해 줄 때 나타나는 권력인데 이는 상대방이 그 보상을 원하고 있다는 전제하에서 가능한 것이다. 이를 이용하는 가장 보편적인 방법은 구성원에게 상황적 보상(contingent reward)을 제공하여 수단적 추종을 유발하는 것이다. 상황적 보상은 흔히 부하들로 하여금 조직의 규율이나 리더의 특수한 요구에 추종하도록 영향을 주는데 효과적이다. 보상의 약속은 공공연하게 할 수도 있고 묵시적으로 할 수도 있다. 이러한 수단적 복종은 다음과 같은 조건하에서 유발이 용이하다.

첫째, '복종이 입증될 수 있어야 한다'이다. 구성원들의 행동이 복종을 할 것인지 아닌지, 또는 성과기준에 도달할 것인지 아닌지 판별할 수 있을 정도로 정확히 측정될 수 없다면, 구성원들을 복종시키는 데 보상을 이용할 수 없다. 행동자체가 관찰 가능한 것이거나, 아니면 구성원의 행동결과를 측정할 수 있는 적절한 척도가 있어야 한다.

둘째, '요구는 달성 가능한 것이어야 한다'이다. 구성원들은 보상을 획득하기 위하여 요구되는 행동이 그들이 할 수 없는 것이라고 인식하면 아예 착수하려 하지도 않을 것이다. 요구된 행동이나 성과기준의 어려움은 과업의 성질, 구성원의 기술수준, 부하의 자신감, 부하의 노력을 무력화시키는 불충분한 보급이나 기계의 파손들과 같은 과외요인들의 존재에 따라 달라진다.

셋째, '보상이 매력적이어야 한다'이다. 구성원이 기피하는 일을 하도록 동기화시키기 위해서는 구성원에게 매력적인 보상이 무엇인가를 파악하고 그것을 약속하는 것이 좋다. 각 구성원의 상황과 욕구 만족에 대한 기준이 다르기 때문에 지배적 욕구가 무엇인가를 알아내는 일은 매우 중요하다. 또한 구성원이 리더의 요구를 실행에 옮기는 과정에서 감수해야 하는 비용들을 초과하는 것이어야 하며 그 보상은 쉽게 얻을 수 있는 것이어서는 안 된다.

넷째, '리더는 보상을 제공할 수 있는 사람이라고 믿어져야 한다'이다. 보상의 약속에 의해 동기화되기 위해서는 리더가 구성원이 생각하는 보상을 획득할 수 있는 권한과 상급자를 움직일 수 있는 영향력을 갖추고 있을 필요가 있다. 리더가 약속한 것을 이행하리라고 믿기에 충분할 정도로 구성원들로부터 신뢰를 받아야 한다.

다섯째, '리더의 요구는 적절하고 윤리적인 것이어야 한다'이다. 구성원들에게 리더의 요구가 그 환경하에서 윤리적이고 적절한 것이라고 인식될 때, 보상이 부하들에게 영향을 줄 가능성이 커진다. 만일 약속된 보상이 부당한 일에 대한 매수금조로 제공되는 것이라고 지각된다면, 구성원들은 그런 식으로 조작당하는 것에 대하여 저항을 하게 될 것이다. 보상을 이용하는 조건들이 이상적이라 하더라도,

이런 형태의 영향력에는 잠재적인 문제점이 많이 있다. 따라서 보상이 규율이나 정책에 대한 구성원의 추종을 얻어내는 데는 유용할 수 있지만, 구성원들의 자발적 참여를 유발시키기는 매우 어렵다. 또한 보상을 얻기 위해 보이지 않는 부분을 소홀히 하고 지름길을 택하려 할 수도 있다. 결국, 보상은 구성원들에게 요구된 것 이상의 많은 노력을 기울이게 하거나 과업 수행 과정에서 주인의식을 발휘하도록 동기화시키기 어려운 점이 있다.

② 강압적 권력

강압적 권력은 무력이나 위협, 그리고 감봉 · 해고 · 벌 같은 부정적 보상으로 이것을 피하려는 사람들에 대하여 행사하는 권력을 의미한다. 그러나 이 권력은 부정적 보상을 받아도 무관한 사람에게는 통하지 않는 권력이다. 유능한 리더는 분노의 유발과 준거권력의 침식 가능성 때문에 절대 필요한 경우를 제외하고 강제력을 이용하지 않는다. 그 이유는 강압적 방법으로는 구성원의 참여를 기대할 수 없으며 추종조차도 얻어내기 어렵기 때문이다. 강압적 방법은 어떤 조직에 극히 해가 되는 행동을 억제하는 데 이용할 때 가장 적합하다. 강압적 방법은 리더가 긍정적 처벌이라고 부르는 접근방법을 이용할 때, 저항이 아닌 추종을 얻어낼 수 있다. 리더가 구성원에게 위협을 가하거나 시범적 처벌을 가하는 것보다 구성원이 그 기강문제를 해결하는데 도움이 되는 책임을 맡도록 유도하는 것이 바람직한 것이다. 다음의 지침은 여러 연구자들의 제안 내용들을 종합한 것이다.

첫째, '구성원들에게 규율과 규율위반 시의 벌칙에 대해 알려 주어라'이다. 바람직하지 못한 행동을 억제할 목적으로 강제를 이용할 때는 어떤 종류의 행동이 바람직하지 못한 것인가에 대해 분명하게 알려 주어야 한다. 그렇지 않으면, 구성원들은 여러 가지 규율과 수칙을 모르고 지낼 수 있다.

둘째, '처벌은 즉각적이고 지속적으로 해라'이다. 리더는 위반 사실을 간과하거나 묵인해서는 안 되며, 또한 그런 사실에 대하여 반응하는 데 지나치게 시간을 끌어서도 안 된다. 위반 사실을 묵인한다면 구성원은 안심하고 지속적으로 위반을 하게 된다. 지속적 적용은 구성원들에게 기대하는 것이 무엇인가를 확신시켜 주고 리더를 독단적이고 충동적인 사람으로 지각하는 것을 막아 주는 데 필수적인 것이다.

셋째, '처벌하기 전에 충분히 경고하라'이다. 강제력을 점진적으로 증가시켜 가는 방법을 사용함으로써 부하를 처벌하지 않고 추종하게 할 수 있는 것이다. 또한 경고를 줄 때는 구성원에게 기대하고 있는 것이 무엇이고 구성원이 처벌받지 않기 위해서는 어떻게 행동하여야 하는가에 대해서도 분명하게 알려 주어야 한다.

넷째, '견책이나 처벌을 내리기 전에 사실을 확인하라'이다. 리더의 지시가 그 리더의 상관에 의해 취소되었거나 또는 위기에 대처하기 위해서는 규칙위반이 필수적이었을 가능성도 있는 것이다. 조급한 징계나 처벌은 만약 그것이 정당치 못한 것으로 판명된다면 리더를 매우 난처하게 만들 가능성이 있다. 그리고 이런 종류의 일들이 구성원들과의 관계를 심각하게 손상시킬 수도 있다. 그러므로 처벌이 필요하다고 암시를 받았을 때 문제를 보다 더 확실히 규명해 보기 위해 성급하게 결론을 내리려 하지 말고 즉각적인 조사를 해야 한다.

다섯째, '침착성을 유지하고 적대감의 표출을 피하라'이다. 리더가 감정에 휩싸여 구성원에게 모욕을 준다면 구성원은 분노와 원한의 감정을 갖게 될 것이다. 적대감을 구성원에게 표출하지 말고 어떠한 성과에 대해 해명할 수 있는 기회를 충분히 제공한 후 리더는 구성원이 그의 역할기대를 받아들일 것과 그가 처벌을 받지 않기를 바라고 있음을 주지시켜야 한다.

여섯째, '신뢰를 유지하라'이다. 신뢰의 상실은 위협과 경고를 하지만 위반이 계속될 때 적절한 처벌을 하지 못하는 리더에게서 발생한다. 이는 리더가 그의 권한을 초과하기 때문에 부과할 수 없는 극단적인 체제로 위협을 가할 때 일어나기도 하며, 리더가 처벌을 고지하긴 했으나 마음을 바꿔 취소할 때도 일어난다.

일곱째, '적절한 정도로 처벌하라'이다. 리더가 택하는 처벌의 유형은 조직의 규율, 정책, 전통 등과 부합되는 것이어야 한다. 그리고 처벌의 강도는 위반의 정도와 일치해야 한다. 또한 구성원이 책임을 다하고 적절하게 행동했다면 그 외의 다른 일들을 구실로 처벌해서는 안 된다.

여덟째, '경고와 처벌은 개인적으로 가하라'이다. 다른 사람이 있는 장소에서 구성원에게 질책이나 징계를 가하는 것은 피하는 것이 좋다. 공적으로 비난을 받은 구성원은 극단적인 방어 의식과 분노의 감정을 갖게 될 수 있다. 그는 동료 구성원들에게 그가 리더의 그런 위협에 굴복하지 않는다는 것을 보여 주기 위해 공공연하게 반항적으로 행동하려는 마음을 가질 수도 있다.

③ 합법적 · 제도적 권력

합법적 · 제도적 권력은 서로의 약속에 의해 특정인에게 특정범위의 권력을 주도록 했을 때 생기는 권력이다. 이 권력은 회사나, 군대 등에서 주어지는 지위권한이 이에 해당되며 법, 제도, 규정 등이 권력도구가 된다. 요구는 구두 또는 서식으로 이루어지며 요구, 지령, 훈령, 지시, 교육 등과 같은 것으로 표현된다. 그 결과 요구의 성질과 방법에 따라 참여, 추종, 저항 등으로 나타난다. 리더가 다음과 같은 지침들을 지킨다면 부하들의 저항 가능성을 감소시킬 수 있다.

첫째, '정중하게 요구하라'는 것이다. 거만한 요구는 구성원의 참여를 유발하기 어렵고 오히려 저항을 불러일으킬 가능성이 크다. 반면 정중한 요구는 지위 차이나 구성원의 리더에 대한 종속관계가 강조되지 않기 때문에 항상 좋은 결과를 가져온다.

둘째, '자신 있는 어조로 요구하라'는 것이다. 정중한 요구가 구성원에게 애원하거나 또는 어떤 사의를 표하는 것이 되어서는 안 된다. 위기 시에는 특별히 리더가 자신감을 가지고 있는 것으로 보이는 것이 중요하며, 그래서 리더의 요구에는 정중함보다는 단호함이 더 중요해진다. 명령조로 지시를 내리는 것이 위기 시 부하들이 즉각적으로 행동하게 하는 데 효과적인 경우도 있다.

셋째는 '분명하게 요구하고, 이해 여부를 점검하라'는 것이다. 리더가 애매한 요구를 했을 때 구성원들은 명령을 잘못 이행하는 것이 아닌가라는 두려움 때문에 주저하게 될 수 있다. 따라서 리더는 구성원들이 해야 할 바를 잘 이해하지 못했을 때 보일 수 있는 어리둥절한 표현이나 머뭇거리는 반응과 같은 단서들에 대해 민감해야 한다. 또한 리더는 구성원에게 질문을 하거나 구성원이 지시 내용을 그에게 다시 반복하게 함으로써 이해 여부를 점검할 수 있다.

넷째는 '요구가 합법적인 것으로 보이게 하라'이다. 구성원들이 특별한 요구를 하는 리더의 권한에 어떤 의혹을 품는다면 리더는 구성원들에게 그것의 합법성을 입증하려고 노력해야 한다. 리더는 규율, 정책, 내규, 선례 및 전통 등과 같은 기록 등을 찾아보게 하는 것으로 반발을 줄일 수 있다.

다섯째, '요청의 이유를 설명하라'는 것이다. 합법적 요구는 구성원들이 요구받은 행동이 그들과 리더가 공유하고 있는 과업 목표를 달성하는 데 필수적인 것이라고 이해될 때 적극적 참여 또는 추종까지도 유발시킬 수 있다.

여섯째, '적절한 경로를 따르라'이다. 한 구성원에게 같은 직위의 다른 구성원 또는 보다 높은 지위의 다른 구성원에게 어떤 일을 하도록 말해 달라고 요구한다면, 말을 전해 듣고 일을 하게 되는 구성원들은 감정을 상하거나, 또는 그 요구가 정말 리더로부터 내려진 것인지에 관해 의문을 품게 될 가능성이 있다.

일곱째, '권한을 정기적으로 행사하라'이다. 리더의 권한에 대한 구성원의 반응을 증가시키는 한 방법은 권한을 정기적으로 행사하는 것이다. 이렇게 하면 구성원들은 리더로부터 지휘를 받는 데 익숙해 질 것이고, 지시를 합법적이고 정상적인 것으로 받아들일 가능성도 증대된다.

여덟째, '추종을 강조하고 그것이 이행되고 있는지 점검하라'이다. 리더가 그의 최초의 요구에 후속하여 부가적이고 보다 지속적인 요구를 하지 않는다면, 구성원들은 그 요구가 안심하고 무시해도 좋은 것으로 생각할 것이다. 리더는 이런 가능성을 인식하고, 구성원들의 즉각적인 추종여부를 알아내는 방법을 터득해야 한다.

아홉째, '구성원들의 관심사에 반응을 보여라'이다. 리더가 집요하게 요구해도 구성원들이 여전히 움직이려 하지 않는 수도 있다. 최초 구성원들의 무반응에 적절히 대처하는 것은 효과적인 리더십을 위해 매우 중요한 일이다. 이에 대한 한 가지 접근방법은 구성원들이 수용하도록 보다 더 많은 압력을 가하는 일이다.

④ 전문적 권력

특정분야나 특정상황에 대해 어떤 지식이나 해결방안을 알고 있는 사람은 그것을 모르는 다른 사람에 대하여 권력을 가진다. 특정분야에 대해서 하급자도 더 많은 지식으로 상급자를 조정할 수 있는 권력이다. 이는 단기적으로는 리더의 전문성에 대한 구성원의 지각이 리더의 전문성 자체보다 더 중요할 수도 있다. 새로이 리더가 된 사람은 자신 있게 그리고 전문가인 것처럼 행동함으로써 한동안 구성원들을 속여 영향력을 행사할 수도 있다. 그러나 시간이 경과함에 따라 리더의 지식은 많은 시험을 받게 마련이고, 그에 따라 리더의 전문성에 대한 구성원들의 지각도 더 정확하게 된다. 전문적 권력의 획득과 이용에 관해서는 여러 가지 지침이 있다.

첫째, '전문가로서의 이미지를 증진하라'이다. 많은 직업에서 지각된 전문성은 그 사람의 교육수준 및 직업적 경험과 관계가 깊기 때문에 리더는 부하, 동료, 그의 상관 등에게 자신의 교육경력, 관련 직무경험, 중요한 업적 등을 충분히 알려야 한다.

둘째, '신뢰성을 유지하라'이다. 리더의 전문인으로서의 이미지가 일단 구축되면 다음은 그것을 조심스럽게 보호하는 일이 중요하다. 전문적 권력은 구성원의 리더에 대한 신뢰감에 의존한다. 만일 구성원들이 리더가 거짓말을 하고 있다거나 또는 리더 개인의 이익을 위해 그들을 이용하려 한다고 느끼게 되면, 그 리더는 급격하게 구성원들로부터 신뢰성을 잃게 될 것이다.

셋째, '위기에 처했을 때 자신 있고 단호하게 행동하라'이다. 구성원들은 위기 또는 비상시에 어려운 일을 잘 처리하면서 집단을 이끌 수 있는 리더를 원한다. 위기에 대처하는 최선의 방법에 자신이 없어서 의문을 표현한다거나 당황함을 나타낸다면 리더는 구성원에 대한 영향력의 손실을 초래한다.

넷째, '계속 정보를 수집하라'이다. 만일 부하들이 각자 맡고 있는 분야의 전문가들이라면, 리더가 그 분야의 발전에 호흡을 맞춰 지식을 넓히거나 계속적 연구 노력을 기울이는 데 소홀하면 리더는 전문가로서의 이미지를 유지하기 어렵다.

다섯째, '부하의 관심사를 파악하라'이다. 부하들이 어떤 정책이나 행동계획에서 발생할지 모르는 부정적 결과에 대하여 우려를 표시한다면 리더는 이러한 결과를 피할 수 있는 방법을 제안하거나 또는 피할 수 없다면 그에 대처할 수 있는 방법을 제시해 주어야 한다.

여섯째, '부하들의 자존심을 위협해서는 안 된다'이다. 리더가 구성원에게 상관으로 군림하면서 거만하게 전문성을 과시한다면 감정을 상하게 된다. 또한 합리적 주장을 전개하는 과정에서 어떤 리더는 생색을 내면서 구성원들에게 강의하려고 하는데 이것은 리더가 구성원들을 무식하게 보고 있다는 인상을 줄 우려가 있다. 이렇듯 구성원들에게 적대감을 갖게 한다면 합리적 설득에서 성공을 거둘 수 없다. 합리적 설득은 구성원들의 과업목표가 리더의 과업목표와 같고, 구성원들이 진실로 작업을 효과적으로 완수하는 것에 관심을 가질 때 가장 적합하다.

⑤ 준거적 권력

어떤 사람에게 존경하고 따르고 싶은 매력이 있다면 우리는 무슨 일을 판단할 때 그 사람이라면 어떻게 할까 생각해 보고 그 사람에 준거(referent)하여 행동을 정한다. 즉, 준거적 권력은 대상인물이 행위자를 찬양하거나 동일시하며 그의 인정을 받기 원하기 때문에 생기는 권력이다. 관리자가 구성원들을 다루는 방법이 항상 준거적 권력의 가장 중요한 결정요인이 된다. 리더는 그가 집단의 대표로 활동하는 동안, 구성원들의 욕구와 장점에 관심을 보이고, 각 개인을 공평하게 대우해 주며, 그들의 이익을 잘 보호하여 준다면 헌신적이고 충성스러운 구성원이 많아질 것이다. 준거적 권력은 리더-구성원 관계의 질(質)에 의존하는 것이기 때문에 적절한 종류의 관계를 발전시키기 위하여 상당한 시간을 할애해야 하고 시간을 할애하지 못한 다른 부하들이 소외될 우려가 있음을 고려해야 한다.

준거적 권력을 이용하는 가장 보편적인 방법으로는 '개인적 호소'가 있다. 그리고 개인적 호소의 한 가지 형태는 리더가 구성원에게 "만약 여러분이 내가 제시한 특별한 요구를 이행해 준다면, 나는 정말 흐뭇하게 생각할 것입니다" 혹은, "나는 여러분들을 믿고 있으며, 일을 처리하여 나아가는 데 있어 여러분의 협조와 지원이 필요합니다"라는 식으로 말하는 경우도 있다. 개인적 호소를 할 때 리더는 그 요구가 리더 자신에게 중요한 것임을 나타내야 한다. 만약 구성원들이 특수한 정책이나 활동계획에 리더가 진실로 관계되어 있지 않다고 생각하게 되면, 그때 구성원들은 그것을 효과적으로 이행하기 위한 몰입된 노력을 기울이려 하지 않을 것이다. 이 상황에서 개인적 호소는 추종을 유도할 수는 있으나 적극적 참여를 유발해 내기는 어렵다.

준거적 권력의 한계는 구성원들의 호의 및 충성심의 정도와 수준이 불균형을 이룰 때 나타나며, 자주 사용하면 준거 권력을 저하시키게 된다는 것이다. 마지막으로, 구성원들에게 요구된 행위가 리더에게 이롭지 않다고 구성원에게 지각되면 안 된다. 그 이유는 충성스러운 구성원은 그가 존경하는 리더에게 해로운 일을 하려고 하지 않기 때문이다.

준거적 권력을 행사하는 다른 방법은 역할모범(role modeling)을 통한 것이다. 리더에게 동일시하려는 구성원들은 리더의 행동을 모방하려는 경향이 있기 때문에, 리더는 의도적으로 구성원들에게 적절한 역할행동의 모범을 보이려고 노력해야 한다. 리더는 헌신적이고 근면한 태도로 책임과 의무를 완수해야 하며, 항상 일에 대하여 긍정적 태도를 가지고 있어야 하며, 부적절한 행동을 하는 일이 있어서는 안 된다.

이상에서 열거한 권력의 다섯 가지 원천은 그 행사방향이 각기 다르다. 영향력 행사방향은 상향적, 수평적, 하향적, 그리고 조직의 외부인에게로 향할 수 있는데, 기본적으로 가장 흔한 것이 상사가 부하에게 권력을 행사하는 하향적 방식이다. 그러나 어떤 권력은 상사에게, 부하에게, 그리고 조직의 외부인에게까지 행사가 가능하기도 하다. 〈표 3-1〉은 프렌치와 레이븐이 제시한 권력의 원천들의 행사방향을 보여 주고 있다.

프렌치와 레이븐의 권력에 대한 분류는 관리자와 관련이 있는 모든 권력의 원

표 3-1 권력의 행사방향

	상향적 행사	하향적 행사	수평적 행사	외부적 행사
합법적 권력	불가능	가능	불가능	불가능
보상적 권력	중간	중간	중간	매우 낮음
강압적 권력	불가능	중간	중간	매우 낮음
전문적 권력	높음	높음	높음	높음
준거적 권력	높음	높음	높음	높음

천을 모두 다 포함하고 있지는 않다. 이후 레이븐은 크루글란스키[4]와 공동으로 여섯 번째의 권력의 원천으로 정보 권력을 추가하였고, 1979년에는 허시와 골드스미스[5]가 일곱 번째 권력의 원천으로 배경적(생태학적) 권력을 제시하였다. 정보적 권력과 배경적 권력의 상세한 내용은 아래와 같다.

⑥ 정보권력

정보권력은 관리자가 타인이 가치 있다고 지각하는 정보를 보유하고 있거나, 그 정보에 보다 쉽게 접근할 수 있다는 사실에 근거한 권력이다. 이 같은 권력의 원천이 타인에게 영향을 미칠 수 있는 이유는, 다른 사람들이 그 정보를 필요로 하고 가치 있는 정보를 자신들도 접하면서 생활하기를 원하기 때문에 정보를 통제하는 사람에게 권력이 발생한다. 예를 들어 인사이동이 예정되어 있을 때, 그 사실을 다른 사람들보다 먼저 알아서 승진예정자에게 알려 준다면 부하들은 관리자가 조직의 고위층과 특별한 관계에 있다고 인식할 것이고, 관리자의 요구에 대해 더 잘 순응하게 될 것이다.

⑦ 배경적 권력

배경적 권력은 관리자가 조직 내외의 영향력 있고, 중요한 인물들과의 연결, 즉 교섭력이나 인맥을 보유하고 있다는 사실에 근거한 권력이다. 배경적 권력이 높은 관리자가 다른 사람들의 순응을 이끌어 낼 수 있는 이유는, 타인들이 유력한 배경에서 오는 이익을 구하고 손해를 기피하려고 하기 때문이다.

이상에서 설명한 권력의 원천은 결코 독립적이 아니라 오히려 서로 복잡하게 관련되어 있다는 점에 유의해야 한다. 예를 들면 인간은 지위가 높은 사람에게 매력을 느낄 때가 많으므로 합법적 권력은 준거적 권력을 증대시키기도 한다.

(2) 권력의 원천 분류: 직위권력과 개인적 권력

유클[6]은 대다수의 권력원천을 조직 내 개인의 직책을 기초로 한 것(직위권력)과 개인적 특성 및 전문성(개인적 권력)을 기초로 한다고 하였다(표 3-2 참조).

① 직위권력

조직은 대개 보상을 영향력의 한 형태로 이용하는 것에 관한 어떤 공식적 규정들을 갖고 있다. 그리고 대개의 관리자들에게는 일을 열심히 하는 구성원들에게 커미션, 보너스, 공적에 의한 급료인상, 주식분배 등과 같은 경제적 보상을 제공할 수 있는 권한이 부여되어 있다. 이러한 보상의 수혜 조건들은 엄밀하게 명시되어 있는 경우도 있고, 규정된 한도 내에서 관리자의 판단에 맡겨질 수도 있다. 이는 승진, 보다 중요한 직무의 배정, 보다 바람직한 작업 스케줄의 배정, 보다 좋은 휴가계획의 약속, 많은 권한과 자율성의 보장, 표창이나 추천과 같은 성과의 공식적 인정 등이 될 수도 있고, 보다 큰 사무실이나 지정 주차장과 같은 직위상징의

표 3-2 유클의 권력 원천 분류[7]

권 력	권력원천
직위 권력 (Position Power)	· 공식적 권한 · 자원과 봉사에 대한 통제권 · 처벌에 대한 통제권 · 정보에 대한 통제권 · 배경적(생태학적) 통제권
개인적 권력 (Personal Power)	· 전문성 · 우정 및 충성심 · 카리스마

할당을 포함하는 유형적 혜택들이 관리자의 재량에 의해 부여될 수도 있다. 비경제적 보상을 베푸는 데 있어 관리자의 권한과 재량권의 정도는 조직에 따라 큰 차이가 있으며 관리자의 수준에 따라서도 큰 차이가 있다. 어떤 관리자들은 이 모든 보상들을 다 이용할 수 있는 기회가 허용되기도 하지만, 또 다른 관리자들은 보상을 부여하는 방법에서도 심하게 제한을 받는 경우가 있다.

한편, 어떤 조직에서는 보상뿐만 아니라 처벌을 이용하는 것이 그 조직의 공식적 권한체계와 전통으로 되어 있는 경우가 있다. 구성원을 징계, 정직, 강등, 벌금추징, 전직, 해고 등을 할 수 있는 관리자의 권한이 강제력의 근원이 되는 것이다. 최근 두 세기 동안, 조직에서 강제력을 합법적으로 이용하려는 경향은 현저하게 감소되어 왔다.

리더의 직위권력에는 합법적 요구와 보상 및 처벌권 외에 다른 것들도 있다. 리더는 작업절차를 변경하고, 작업을 조직하며, 직무를 재설계하고 또 어떤 기술적 변화를 도입할 수 있는데 이것은 곧 리더가 구성원들의 상황적 기회를 결정할 수 있다는 것을 의미한다. 그리고 이와 같은 재량권을 가지고 있는 리더는 실질적으로 구성원의 작업 동기와 만족에 강한 영향력을 행사할 수 있다.

과업관계결정을 하는데 있어 리더에게 부여되어 있는 권한의 정도는 또한 의사결정 참여전략의 이용과도 관계된다. 만약 작업을 어떻게 해야 하는가와 누가 어떤 직무를 맡아야 하는가에 관한 모든 중요한 결정들을 최고관리자가 모두 해버린다면, 그때 중간 관리자는 구성원들을 의사결정과정에 참여시킴으로써 구성원들에게 영향력을 행사할 수 있는 기회를 상실하게 되는 것이다.

관리자와 집행자는 정보망의 중추에 앉아 있는 사람들이다. 그들에게는 그 조직의 보다 높은 수준의 정보와, 그 조직의 여러 부서의 정보 및 조직 외부로부터의 정보에 대하여 선택적으로 접근이 허용되는 때가 많다. 이런 정보들 중 어떤 것들은 그들이 관리자가 직책을 맡고 있기 때문에 공식적인 의사소통체계를 통해 자동적으로 얻게 되는 것도 있지만, 많은 부분은 리더가 상관, 동료 및 제3자들과 효과적인 관계를 확립하고 유지함으로써만 얻어질 수 있는 것들이다. 리더는 중요한 정보의 유통을 통제함으로써 구성원들에게 조직 외부에서 일어나고 있는 일들을 해명하고, 그들의 지각과 태도에 영향을 줄 수 있는 기회를 가질 수 있다. 또한 정보를 독점하고 모든 중요한 결정을 혼자 내림으로써 구성원들이 리더에 대한 의존성을 증대시킬 수도 있다.

② 개인적 권력

합리적 설득, 합리적 믿음, 인물 동일시 등과 같은 형태의 영향력은 리더의 직책속성보다는 리더의 개인적 특성에 더 많이 의존한다. 합리적 설득을 효과적으로 이용하려면, 리더 자신이 기술적 전문성, 설득력, 구성원들의 동기 및 지각에 대한 통찰력 등을 가지고 있어야 한다. 합리적 믿음이나 합리적 설득에 의해 영향을 받는 정도는 구성원들에게 보인 리더의 전문성에 의해 결정된다. 만약 리더가 자신 있게 행동하고, 그의 전문적 지식과 기술을 구성원들에게 입증해 보이며 광범위하고 실질적인 경험을 갖고 있다면, 혹은 졸업장이나 면허 또는 기타 교육훈련 이수증명서와 같은 것들을 가지고 있다면, 그 리더는 구성원들에게 전문가로 지각될 가능성이 높아진다. 리더의 전문가로서의 권력(expert power)은 또한 조언과 정보의 믿을 만한 출처로써의 신뢰에도 의존된다. 합리적 설득을 이용하는 데는 리더의 전문적 기술에 대한 부하들의 믿음뿐 아니라 부하들의 리더에 대한 신뢰도 요구되는 것이다.

카리스마와 개인적 매력은 개인적 권력의 또 다른 출처다. 이런 속성을 가지고 있는 리더는 부하들에게 영향력을 행사하기 위하여 인물 동일시, 영감적 호소, 합리적 믿음 등과 같은 방법을 더 잘 이용할 수 있다. 이러한 리더의 추종자들은 적극적으로 그와 동일시하고, 그의 행동을 모방하고, 그의 신념을 흉내내고자 할 것이다.

한 가지 중요한 특성은 추종자들의 욕구, 희망, 가치관 등에 대한 리더의 통찰력이다. 카리스마적 리더의 또 다른 특성은 극적이고 설득적인 언어구사 능력이다. 이 특성이 리더로 하여금 추종자들의 희망, 이상, 공포 등을 표현케 해 주며, 그가 추종자들을 승리, 성공 또는 보다 나은 세계로 이끌어 갈 수 있는 능력을 가지고 있는 사람임을 믿게 만들어 준다.

결론적으로 직위권력은 구성원에게 유효성을 미치는 정도가 직위에 한정되어 있다. 반면 개인적 권력의 경우 개인의 특별한 능력에 의한 권력이기 때문에 직위 권력 이상의 유효성을 미친다고 볼 수 있다. 따라서 직위권력과 개인적 권력은 두 권력을 비교 했을 때는 개인적 권력이 유효성이 크다고 할 수 있으며 이 권력들은 서로 조화되어 직위권력과 개인적 권력 모두 강해야 유효성이 더욱 강해진다.

02 관리자의 역할 및 관리업무 특성

조직에서 관리적 업무를 수행하는 사람을 보통 관리자라 한다. 관리적 업무란 조직의 목표를 직접적으로 달성하기 위한 업무가 아니라 간접적으로 목표 달성을 지원하는 업무이다. 다시 말해, 관리란 조직의 대외적 활동을 위한 조직 내부의 분업 · 조정 · 통제 작용을 의미하고, 관리자란 이런 기능을 수행하는 사람을 말한다. 또한 최고 관리자는 조직에서 매우 큰 영향력을 행사할 수 있으며 그렇기 때문에 가장 중요한 역할을 한다고 볼 수 있다.

우리가 일상생활에서 관리자라는 용어를 사용할 때 그 의미는 '기업 경영에 관하여 의사결정을 내리고, 경영활동의 수행을 지휘 · 감독하는 사람이나 또는 기관'이라고 할 수 있다. 이러한 관리자는 기업에서 어떠한 의미의 존재인가? 경영학의 아버지라 불리는 피터 드러커는 다음과 같이 관리자를 서술하였다.

> 개인 관리자(manager)는 모든 종류의 조직에 활력을 불어넣는 생명력의 원천이다. 따라서 관리자가 없다면 모든 '생산요소'는 단지 자원 그 자체에 머무를 수

밖에 없기 때문에 결코 생산물이 될 수가 없다. 자유경쟁 경제체제(competitive economy)하에서는 무엇보다도 관리자의 자질과 능력이 그 조직의 성공, 무엇 보다 중요한 생존 그 자체를 결정한다. 왜냐하면 관리자의 자질과 능력이야말로 자유경쟁 경제체제의 기업이 보유할 수 있는 유일한 효과우위(effective advantage)이기 때문이다.[8] 또한 기업의 성과에 영향을 미치는 의사결정을 관리자가 하기 때문에 중요하다고 볼 수 있다.

다음에서는 조직에서 중요한 관리자의 역할과 능력에 대해 구체적으로 알아보고 환경변화에 따라 관리자에게 요구되는 역할과 능력의 변화에 대해 알아보도록 한다.

2.1 민쯔버그의 관리자 역할

민쯔버그[9]는 기존과 다른 관리자의 10가지 역할들을 정의하였으며, 관리자를 설명함에 있어서 경영업무에 대해 좀더 현실적이고, 유용한 설명을 했다. 그 역할은 〈표 3-3〉과 같다.

(1) 대인 역할

관리자라면 자기가 맡고 있는 기업의 내부 사람들뿐만 아니라 그 조직의 외부 사람들과도 관계를 맺는다. 대인 역할은 다음과 같이 세 가지 역할이 포함된다.

첫째, 조직의 얼굴 역할이다. 사장이라면 회사를 대표하여 경 · 조사에 참여하기도 하고, 팀장이라면 타 팀장이나 고객을 만나서 자기 팀의 사정을 대변하기도 한다. 또한 관리자끼리 서로 만나서 각자 자기 조직을 대표하여 협정조인식도 가지며 대표연설을 하기도 한다.

표 3-3 민쯔버그의 관리자의 역할[10)]

관리자의 역할	하위요소
대인역할(Interpersonal Roles) : 다른 사람들과의 상호작용 역할	조직의 얼굴(Figurehead)
	리더(Leader)
	연결자(Liaison)
정보역할(Informational Roles) : 정보의 교환 및 처리 역할	정보수집(Monitor)
	정보배분(Disseminator)
	대변인(Spokesperson)
의사결정 역할(Decisional Roles) : 조직 내 의사결정 역할	기업가(Entrepreneur)
	동요처리자(Disturbance handler)
	자원배분자(Rerource allocator)
	협상자(Negotiator)

둘째, 리더(지도자) 역할이다. 관리자는 자기 조직의 구성원들에게 일을 배분하고 직무를 잘 수행할 수 있도록 가르치며, 열심히 하도록 격려하여야 한다. 반대로 직무수행을 제대로 하지 못하는 경우라면 타이르거나 꾸짖기도 하면서 조직을 이끌어 간다.

셋째, 연결자 역할은 목표를 효율적으로 달성할 수 있도록 필요한 외부조직(고객, 협력업체, 경쟁사, 정부 등)과 연결하여 일이 돌아가게 하는 역할을 의미한다. 만일 어떤 사람이 재무팀장이라면 재무활동이 잘 진행되도록 판매팀, 구매팀, 은행과의 상호작용을 돕기 위해 사람들과 만나고 연락해야 한다.

(2) 정보 역할

회사의 모든 활동은 닥치는 대로 하는 것이 아니라 정보를 바탕으로 계획과 결정이 이루어진 뒤에 실행되는데, 대체로 일반 사원들은 각자 자기가 맡은 일에만 충실하게 되고, 그러한 상황에서는 정보도 없고 결정권한도 주어지지 않는다. 따라서 과장, 팀장 등의 관리자가 이를 수집하여 적재적소에 제공해 주어야 한다. 정보 역할의 구체적 내용은 다음과 같다.

첫째, 정보수집(모니터) 역할이다. 가만히 앉아 수동적으로 주어지는 정보만으로는 직무를 제대로 수행하기 어렵기 때문에 관리자는 필요한 정보를 적극적으로 수집하는 활동을 수행해야 한다. 또한 수집된 정보는 선별 분석 · 정리하여 언제라도 내부 구성원에게 제공할 준비를 갖추고 있어야 한다. 특히 요즘 같은 정보의 홍수시대에는 어제의 정보가 곧바로 오래된 정보가 되어 버리기 때문에 더 많은 정보원들과 만나야 할 필요성이 증대되었다.

둘째, 정보배분 역할을 들 수 있다. 이는 수집한 정보를 내부의 해당 구성원에게 제공하는 일에 인색해서는 안 되며, CEO라면 공장장에게 받은 정보를 영업담당 임원에게 제공하고, 재무팀장이라면 구매과장에게서 받은 보고 내용을 경리사원에게 전달해 주어야 한다는 것이다. 만일 관리자가 모든 정보를 자기 머리속에 저장한 채 외부로 나가버린다면 조직 구성원들은 아무런 결정도 할 수 없게 되기 때문이다.

셋째, 대변인 역할이다. 관리자는 조직 내부의 정보를 원하는 많은 외부 조직에 전달하는 역할을 수행해야 한다. 예를 들어 자기 회사의 청사진을 주주에게 알려주거나, 기업에 투자하고자 하는 잠재 투자자들에게 안심하고 투자할 수 있는 정보들을 제공해야 한다는 것이다.

(3) 의사결정 역할

조직활동은 실행에 앞서 결정이 먼저 이루어지는데, 물론 수집된 정보를 토대로 결정되는 것이 보통이며 어떤 관리자는 자신의 경험과 통찰에 의해 의사결정을 하기도 한다. 이처럼 어떠한 조건이건 관계없이 조직 활동에 대한 다양한 문제에 대해 관리자가 가장 많은 결정을 내린다. 이러한 역할은 다음과 같은 네 가지 역할을 포함한다.

첫째, 기업가(혁신자) 역할은 새로운 과업을 하기로 계획하거나 하던 일을 더 효율적으로 하기 위해 방법을 바꾸거나 새로운 전략을 도입하는 역할이다. 하위 구성원은 상부에서 명령한 대로 실행해야 하기 때문에 변화와 혁신에 대한 권한이 제한되어 있지만, 결정권자인 관리자는 어떠한 변화이든 시도할 수 있다.

둘째, 동요처리자(문제해결자)는 문제가 발생했을 때 이를 해결하는 역할을 의미한다. 일을 하다 보면 예외적인 일이 자주 발생한다. 예측이 가능하고 계획됐던 문제는 이미 해결방식이 정해져 있기 때문에 아무나 해결해도 되지만 예외적인 문제가 발생하면 일반 종업원은 경험과 정보도 부족하고 재량권도 없기 때문에 함부로 대처할 수 없다. 오로지 관리자만이 이에 대처하고 해결할 정보와 권한을 갖고 있다.

셋째, 자원배분자(자원할당자) 역할이다. 조직 내에는 여러 사람과 부서들이 각각의 업무를 담당하고 있는데 과업의 수행을 위해서는 인적 · 물적 자원이 필요하다. 그러나 현실적으로 조직이 보유한 자원은 한정되어 있기 때문에 각 개인 및 부서들이 제한된 자원을 놓고 서로 다툴 소지가 있다. 이때, 관리자가 자원의 배분량을 결정해 주는 역할을 해야 한다.

넷째, 협상자 역할은 조직을 위해 외부인들과 계약을 체결하거나, 노사협상 등을 실행하는 역할을 의미한다. 관리자는 자기 조직과 외부 조직과의 갈등상태에서 조직을 대표하여 적당한 선에서 양보와 타협의 수준을 결정한다. 뿐만 아니라 내부 구성원들과도 업무분담, 임금협상 등 협상자로서의 의사결정을 하는 경우도 많이 있다.

위와 같은 각 역할은 관리자의 업무를 수행하는 과정에서 성공을 위한 필수적인 요소이다. 관리자와 팀 리더들은 조직 내외부에서 개발과 유지, 그리고 다양한 사람들과 업무를 소화하는 것이 가능해야 한다.[11] 또한, 관리자들은 특정 업무에 관계된 사람과의 업무적 네트워크뿐만 아니라 경력 안내, 기회자원의 네트워크 및 믿을 수 있는 친구들과 동료의 사회적 네트워크도 형성해야만 한다.[12]

2.2 Quinn의 관리자 역할

퀸(Quinn)[13]이 주장하는 개념을 모델로 설명하기 위해서는 두 가지 축이 필요하다. 첫째는, 조직구조의 유연성을 강조하는 점으로부터 통제를 강조하는 점까지 이어지는 축이고, 둘째는, 조직의 발전을 추구하는 외부지향점으로부터 조직 내 개체(개인)의 발전을 추구하는 내부지향점까지 이어지는 축이 그것이다.

[그림 3-2]에서 제시된 네 개 모델 중, 개방시스템 모델은 자율과 외부지향적인 유형으로 변화지향 및 몰입을 유도하는 역할로써 이는 창조적 사고 및 변화관리를 하는 혁신가(Innovator) 역할과 자원획득 및 몰입을 유도하는 브로커(Broker) 역할로 구성되어 있다.

다음으로 대인관계 모델은 자율과 조직내부지향적인 유형으로 부하와의 신뢰관계 및 개발을 위한 멘토(Mentor) 역할과 팀워크를 구축하는 촉진자(Facilitator)

그림 3-2 Quinn의 관리자 8가지 역할들[14]

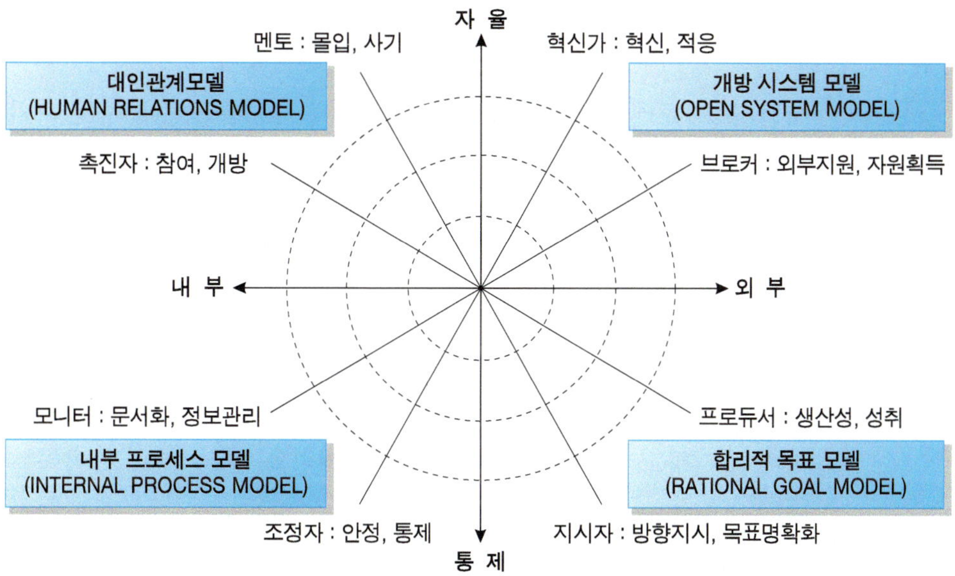

역할로 구성된다.

또한 내부프로세스 모델은 통제와 조직내부지향적인 유형으로 문서화, 정보관리 역할을 하는 모니터(Monitor)와 안정과 통제역할을 하는 조정자(Coordinator) 역할로 구성되어 있으며, 마지막으로 합리적 목표 모델은 통제와 조직 외부지향적인 유형으로 계획 및 목표설정을 하는 감독자(Director)와 동기부여 및 업무추진의 역할을 하는 프로듀서(Producer)의 역할이 있다.

(1) 합리적 목표 모델

① 감독자 역할 : 합리적 목표 모델의 수행에 요구되는 능력 중 감독자(Director)는 고정관념이 강하고 위대한 책임 있는 리더의 개념과 비슷하다. 이는 비전, 계획수립과 목표설정 등을 통해 문제를 정의하고 대안을 선택하며, 목적을 설정하며, 조직을 설계하는 등의 역할 및 과업을 정의하고 규칙과 정책을 만들며, 지시하는 단호한 주도자 역할이다.

② 프로듀서 역할 : 프로듀서(Producer)는 목표성취에 열광적인 욕구를 가지고 있는 사람과 비슷한 개념이다. 이는 과업 지향적이고 일에 집중하며, 관심, 동기부여, 에너지, 그리고 추진의욕이 높다고 할 수 있다. 또한 책임을 맡고 임무를 완수하며 높은 개인생산성을 유지하며, 구성원들이 생산성을 높이고 시간 및 스트레스를 관리하여 목표를 완수하도록 동기부여를 시키는 것까지 포함하는 역할이다.

(2) 내부 프로세스 모델

① 모니터 역할 : 내부 프로세스 모델의 수행에 요구되는 능력 중 모니터(Moniter)는 자료를 다루며 일상적 정보를 검토하고 이에 반응하는데 열정적이며 검사하고 보고서 등을 검토하는 권한을 갖는 것을 좋아하는 특성이라 할 수 있다. 이는 단위부문에서 무슨 일이 진행되고 있는지를 알고 사람들이 규칙을 따르고 있는지 그리고 그 부문이 할당 몫을 제대로 수행하고 있는지

를 살펴보는 역할이다. 또한 모니터는 모든 사실과 상세한 부분을 잘 알고 있으며 분석에도 능숙하다.

② 조정자 역할 : 조정자(Coordinator)는 부하들의 노력을 스케줄링하고 조직화하며, 조정하는 행동특성을 가진다. 또한 위기를 수습하고 시스템의 구조와 흐름을 유지시키는 역할이다.

(3) 인간관계 모델

① 촉진자 역할 : 인간관계 모델의 수행에 요구되는 능력 중 촉진자(Facilitator)는 대인간 마찰에 개입하고 갈등감소 기법을 사용하며 응집력과 사기를 높이고 참여를 이끌어 내어 정보나 의견을 얻고 집단문제해결을 장려하는 역할을 말한다. 즉 이 역할은 팀을 설계하고 의사결정에 참여를 유도하고 모순을 관리하는 역할이다.

② 멘토 역할 : 멘토(Mentor)는 구성원의 의견을 듣고, 합법적 요구를 지원하며 칭찬하고 인정해 주는 행동 특성을 말한다. 이 역할은 관심을 주고 감정이입의 방식으로 사람들을 개발하는 것과, 다른 사람에게 도움을 주는 역할이다. 멘토는 사려가 깊고 다른 사람들이 접근하기 쉬우며, 개방적이고 공정한 역할을 수행할 수 있어야 한다. 즉 구성원들 간에 자신 및 타인을 이해하고 효율적인 커뮤니케이션을 하며 구성원을 개발하는 역할이다.

(4) 개방시스템 모델

① 혁신가 역할 : 개방시스템 모델의 수행에 요구되는 역할 중 혁신가(Innovator)는 변화하는 환경에 주의를 기울이고 주요추세를 확인하며 필요한 변화를 개념화하는 역할이다. 또한 불확실성과 위험을 견뎌 내는 역할이다. 혁신가는 적응과 변화를 촉진할 것을 기대하여 미래를 내다보고 혁신을 비전으로 구체화시킨다. 또한 다른 사람들에게 비전이 바람직하고 필요한 것임을 확신시키는 창의적이고 영특한 이상가의 역할이다.

② 브로커 역할 : 브로커(Broker)는 이미지, 생긴 모습, 명성이나 평판이 중요하다. 조직 및 부문을 대표해 협상하고 자원을 획득하기 위해 외부사람을 만난다. 또한 외적 합법성을 유지하고 외부자원을 획득하는 데 관심을 가지고, 더불어 정치적으로 기민하다. 따라서 브로커는 설득력 있고 영향력 있는, 강력한 역할이다. 즉 권력을 만들고 유지하며 협상하는 역할이라고 볼 수 있다.

이상과 같은 다양한 관리자의 역할들이 적정수준으로 실행되게 되면 조직에 긍정적인 효과를 가져오지만, 각각의 역할들이 과도하게 집행되면 바람직하지 않은 결과를 초래할 수도 있다. 〈표 3-4〉에서는 합리적 목표모델, 내부 프로세스 모

표 3-4 관리자 역할 다양성의 결과

	적정수준의 관리자 역할 다양성 (긍정적 측면)	과도한 관리자 역할 다양성 (부정적 측면)	과소한 관리자 역할 다양성 (부정적 측면)
합리적 목표 모형	목표 또는 생산성 달성	부단한 노력, 인간소모 과도한 성취, 개인주의, 응집력 저해	
	분명한 방향과 계획 또는 목표 설정	무분별한 규제, 맹목적 독단 수용 안 됨, 느끼지 못함	불명확한 가치의 혼재
내부 프로세스 모형	일의 진행상황 및 규칙준수에 대한 모니터링	절차의 불모지, 사소한 엄격함 상상력 부족, 지루함, 가능성 무시	
	일이 잘 조정되어 흐름의 지속성, 안정성 유지	습관적 지속, 엄한 전통 회의적, 냉소적 진보방해	역할에 대한 인식 못함
인간관계 모형	몰입, 사기, 개발, 감정이입	극단적 관대, 통제할 수 없는 개인주의 우유부단 권한의 포기	
	집합적 노력 촉진, 응집력 및 팀워크 구축, 대인갈등해결, 개방, 참여, 합의 촉진	부적절한 참여, 무의미한 토의 과도한 민주 및 참여, 신속성 저해	능력부재
개방시스템 모형	적응과 변화촉진, 아이디어 및 지적도전, 실험정신	너무 빠른 적응, 재난적 실험 비현실적, 비실천적, 에너지 낭비	
	높은 사람에로의 영향력, 외적지원획득	정치적 편법, 부도덕한 기회주의 지나친 열망, 연속성 저해	

델, 인간관계 모델, 그리고 개방시스템 모델의 관리자 역할들의 긍정적 측면과 부정적 측면이 제시되어 있다.

2.3 관리 업무의 특성

(1) 관리자는 몹시 바쁘고, 쉴 틈 없이 일한다.

조직 내에서 관리자들은 일을 하는데 일과시간의 대부분을 사용할 뿐 아니라, 집에 일거리를 가져가는 관리자들의 수 또한 적지 않다. 이렇게 관리자들에게 업무부담이 많은 이유들 중 하나는 관리직급에 있는 사람들이 그러한 상황을 좋아하기 때문일 수 있다. 대부분의 관리자들은 새로운 정보를 탐색하고 분석하는 훈련을 받아왔기 때문에 이러한 활동을 자동적으로 수행하며, 때와 장소에 관계없이 자신의 직무와 떨어지기 어렵다. 관리자들은 끊임없이 부하, 동료, 상사, 그리고 외부 관계자들과 상호작용을 한다. 실제로 관리활동에 관한 연구에 의하면 우리가 일반적으로 관리자에 대해 가지고 있는 인식(세부적 계획을 수립하고, 조직화한 후, 자신의 책상에서 정상에서 벗어나는 문제가 생길 경우에만 관심을 기울이는 등의)과는 상반되는 결론을 보이곤 한다.

(2) 업무내용의 폭은 넓고, 단편적이다.

관리자들의 업무범위는 매우 넓으며, 이들 중 많은 활동들은 긴 시간을 필요로 하지 않는다. 민쯔버그는 임원들의 활동을 관찰한 후, '임원들의 활동 중 절반은 9분 내에 끝나며, 1시간 이상 걸리는 활동은 전체 활동의 10%밖에 되지 않는다'는 사실을 발견하였다. 관리자들은 순서대로 한가지씩 업무를 수행하는 것이 아니라, 중요한 활동을 하는 가운데 중간중간 사소한 활동들을 수행해야만 한다. 세일리스[15)]는 이에 대해 '관리자는 수백만 달러를 지출하는 예산회의부터 급수대를 수리하는 방법에 관한 논의까지 다양한 업무에 관여한다'라고 언급하였다.

(3) 많은 활동들이 반응적으로 처리된다.

관리활동들이 조각나 있다는 것은, 많은 상호작용이 타인에 의해 시작된다는 것을 의미한다. 즉, 관리자가 하는 행동의 상당 수는 사전에 준비된 것이라기보다는 반응적으로 이루어진다는 것이다. 관리자들이 처리해야 하는 문제들은 대부분 무작위로 일어난다. 그리고 관리자들은 문제를 인식할 때 어떤 문제들에 대해서는 반응을 보이기로 결정하지만, 다른 문제들에 대해서는 무시하거나 처리를 연기한다. 관리자들에게는 항상 처리해야 하는 과중한 문제가 있으며, 이들 중 소수의 문제에 대해서만 즉각적으로 반응한다. 문제의 중요성은 그것을 인식해서 처리할 것인지의 여부를 결정짓는 주요 요인이지만, 실제로 얼마나 중요한 문제인지는 명확하지 않다.

대체로 위기나 마감기한, 혹은 중요한 사람에 의한 압력을 받는 경우에 관리자들은 즉각적이고, 더 높은 관심을 보일 것이다. 또한 이와 같은 압력이 없는 상태에서도 과거에 성공적으로 해결했던 다른 문제와 유사한 문제인 경우, 문제가 관리자의 책임영역 내에 있음을 명확히 지각할 때, 문제해결에 필요한 조치나 자원들을 이용할 수 있다고 지각할 때에도 높은 관심과 반응을 보일 가능성이 높다. 반면, 외부 압력이 없거나 문제가 불분명하거나 원인을 진단하기 어려운 경우, 다른 관리자들이나 하위 집단들에게 책임이 있는 문제, 지원과 추가자원 없이 해결될 수 없거나, 지원과 자원을 확보하기 어렵거나 불가능한 문제에 대해서는 무시하거나 해결을 미루려는 경향이 있다.

(4) 동료 및 외부인과의 상호작용이 많다.

리더십 연구에서는 일반적으로 상사와 부하간의 관계에 초점을 맞추고 있으나, 관리자들은 일반적으로 직속부하 및 상사보다는 그 외 사람들과 많은 시간을 보내게 된다. 이러한 상호작용에는 부하의 부하, 상사의 상사, 동료, 동료의 부하, 동료의 상사 등과의 관계가 포함된다. 이외에도 고객, 의뢰인, 공급자, 협력업체, 정부관계자, 지역사회 중요인, 타 조직의 관리자 등처럼 조직 외부인과도 상당한 시간을 보낸다.

이처럼 횡적 및 외부 상호작용이 자주 발생하는 이유는 관리자가 책임을 맡은 조직 단위의 운영에 영향을 미치는 복잡하고 불확실한 사건들에 대한 정보 욕구가 높기 때문이며, 이는 관리자가 직접적인 명령체계 밖에 있는 많은 사람들의 협력과 지원에 의지하고 있다는 것을 의미한다. 넓은 인간관계, 즉 인맥은 관리자의 직무성과와 경력에 영향을 미칠 수 있는, 다양한 사건들에 대한 정보를 제공해 준다. 뿐만 아니라 인맥은 문제해결이나 의사결정을 위한 지원을 확보하기 위해서도 사용될 수 있다. 따라서 관리자들은 목적에 따라 인맥의 서로 다른 부분을 사용하며, 필요한 경우에 특정 목표를 달성하기 위해 인맥을 확대하기도 한다.

(5) 구두 의사소통으로 많은 상호작용이 이루어진다.

관리자가 정보를 획득하는 방법에는 다음과 같은 여섯 가지 것들이 있다. 서면메시지(예: 메모, 편지, 보고서, 업무지시서, 계약서 등), 전화메세지, 전자메시지(예: 이메일, 무선호출기 등), 각종 회의 및 현장방문 등이 여기에 해당한다. 관리자들은 이 중 전화와 비공식회의와 같은 구두 의사소통을 매우 선호한다. 관리자 활동에 대한 초기 연구들에 의하면, 하위 및 중간 관리자들은 구두 의사소통에 전체 시간의 27~82%를 사용하며, 상위 관리자들의 경우에는 65~76%를 보내고 있다고 하였다.

이처럼 관리자들에게 구두 의사소통이 선호되는 중요한 이유는 정보의 교환과 타인에게 영향을 미치고자 하는 시도와 관계가 있다. 관리자들은 최신 정보를 선호하며, 최신의 정보는 그 정보에 직접 접근할 수 있는 사람들과의 대면접촉에서부터 비롯된다. 비공식적 가십과 소문에는 최근의 사건과 새로운 개발에 대한 상세한 정보가 담겨져 있는 반면, 문서로 된 보고서는 통상적으로 오래된 정보가 요약되어 있는 경우가 많다.

구두 의사소통은 언어의 효과들이 억양, 바디랭귀지 및 기타 비언어적 의사소통의 효과에 의해 명확하게 되도록 도와준다. 직접적인 대면 상호작용은 영향력 행사를 촉진하며 그 효과에 대한 즉각적인 피드백을 얻을 수 있게 한다. 이러한 피드백은 관리자가 영향력 행사 전략과 협상의 효과성을 수정하고 개선하는 데 사용할 수 있다.

(6) 의사결정 과정은 무질서하며 정치적으로 이루어진다.

관리에 관한 많은 연구들은 의사결정 과정을 한 사람의 관리자나 집단에 의해 질서 있고 합리적으로 이루어지는 독립된 사건들로 기술해 왔으나, 실증연구에 의하면 그렇지 않은 결과가 도출되는 경우가 많다. 실제로 의사결정 과정에서는 합리성보다는 혼란, 무질서 그리고 감정적 표현이 나타날 가능성이 높다. 이미 결정된 목표와 관련되어 나타날 수 있는 결과를 면밀하게 분석하기보다는 정보를 왜곡하거나 숨김으로써 최선의 방안에 대한 편견을 불러일으키거나 이기적 이해관계에 치우치게 되기도 한다.

또한 서로 다른 전문성 및 배경을 가진 관리자들은 서로의 관점, 전제, 그리고 가치가 상이하기 때문에, 한 의사결정에 관련된 사람들은 문제의 본질과 다양한 해결책에 의한 결과에 대해 의견이 일치하지 않는 경우가 많다. 기존의 대안 중 만족할 만한 해결책이 없는 상태에서 중요하고 복잡한 문제에 대한 의사결정을 해야 할 경우, 이해관계가 상이한 집단들의 영향을 받는 경우, 그리고 집단간 권력관계가 전파되는 경우에는 장기에 걸쳐 고도의 정치적 의사결정이 이루어질 가능성이 높다.

그러나 모든 의사결정들이 중요한 변화나 시간을 끄는 정치적 과정을 포함하는 것은 아니다. 관리자들이 비교적 중요도가 떨어지는 의사결정을 해야 하는 경우에는 위험이 낮은 기존의 해결책을 사용하는 경우가 많다. 즉, 관리자들이 결정권을 가지고 있는 문제, 결정에 영향을 받을 중요한 사람들이 거의 없는 문제, 목표나 해결책에 대한 갈등이 없는 문제, 마감시한이나 위기로 인해 신속한 결정을 해야 하는 문제에 대해서는 관리자 혼자서 의사결정을 하거나, 소수의 사람들과 짧게 협의한 후 결정을 내린다. 이러한 문제들은 덜 중요하기는 하지만, 결정을 하기 위해서는 관리자의 전문지식 및 체계적 분석과 신속 · 과감한 행동 간의 적절한 균형을 찾는 능력을 필요로 한다.

(7) 비공식적이고 유연한 계획수립이 이루어진다.

계획수립은 최고경영자로부터 하위 관리자에 이르기까지 조직의 계층을 따라 내려오면서 구체화되는 목표, 전략, 방침 및 예산을 작성하는 공식적 과정으로 경영관리 연구들은 기술하고 있다. 그러나 실질적으로 계획수립은 비공식적이고 암묵적으로 이루어지는 경향이 있다. 이에 대해 코터는 총괄관리자들이, 목표로 구성되고 자신의 직무책임과 관련이 있으며, 장 · 단기 이슈에 관련 있는 의사일정을 수립한다는 점을 발견하였다. 단기 목표와 계획들은 매우 구체적이고 세부적이지만, 장기 의사일정은 대개 모호하고 불완전하며, 막연하게 연결되어 구성된다. 신임 관리자들은 이 의사일정을 곧바로 수립하는 과정에 착수하지만, 초기에는 매우 개략적이고 불완전할 가능성이 높다. 시간이 경과함에 따라 관리자들이 자신의 조직단위나 하부 집단에 대해 더 많은 정보를 모으게 되면서, 의사일정은 다듬어지고 확장된다.

제4장 리더십과 동기부여

01 동기부여의 개념 및 중요성
02 동기부여이론의 관점 및 분류
03 욕구이론
04 과정이론
05 강화이론

리더십은 부하에게 영향력을 행사하여 목표를 달성하고 더 높은 성과를 창출하는 과정이다. 이러한 리더십의 기능을 잘 수행하기 위한 방법은 구성원을 동기부여시키는 것이다. 특히, 동기부여가 조직의 성과에 영향을 주는 주요 요인임을 감안하면 구성원에 대한 동기부여는 구성원들의 열정을 불러일으키고 협력을 촉진함으로써 성과를 달성하기 위해 리더가 사용하는 핵심적인 방법이 될 것이다. 본 장에서는 동기부여에 대한 개념과 다양한 접근방법을 이해함으로써 리더십을 발휘하는데 도움을 주고자 한다.

01 동기부여의 개념 및 중요성

1.1 동기부여의 개념

동기부여(motivation)라는 용어는 원래 "움직이다(to move)"라는 의미를 가진 라틴어인 "movere"에서 유래하였다. 동기부여는 광범위하고 복잡한 개념이어서 한마디로 정의하기는 어렵다. 그러나 일반적으로 동기부여는 어떤 목적을 달성하도록 또는 특정한 행동을 추구하도록 열의와 지속성을 각성시키는 인간의 내적인 또는 외적인 힘(forces)으로 정의할 수 있다. 스티어스와 포터[1)]에 따르면, 조직에서의 동기부여는 사람들이 일을 하는데 사용하는 노력의 방향, 강도, 그리고 지속성이라는 세 가지의 기본적인 요소로 구성되어 있다.

① 방향(direction) : 방향이란 여러 행동 대안 중 특정 행동 대안을 선택하는 것을 말한다.

② 강도(level) : 강도란 행동을 활성화시키고 노력을 기울이는 정도 또는 양을 말한다.

③ 지속성(persistence) : 지속성이란 어려운 상황에서도 선택한 행동을 고수하는 시간의 길이를 말한다.

1.2 동기부여의 중요성

비텔레스[2)]는 자신의 저서인 "산업에 있어서의 동기부여와 사기"에서 동기부여는 생산성에 영향을 준다고 제안하였다. 그 이후 동기부여와 성과 또는 생산성 간의 관련성에 대해서는 일반적으로 받아들여지고 있다. 물론 조직에서의 생산성이 동기부여에 의해서만 결정되지는 않지만, 동기부여는 생산성에 영향을 주는 주요 요인이다.

일반적으로 조직에서 개인의 성과는 능력, 동기부여, 그리고 환경의 함수로 볼 수 있다. 즉, 능력이 부족하거나 작업환경에 제약조건이 많으면 동기부여만으로 성과를 높이는데 한계가 있을 것이다. 여기서 환경을 개인이 통제하기 어려운 제약조건으로 보면, 개인의 성과는 그 개인의 능력과 동기부여의 함수이다. 따라서 개인의 능력을 지속적으로 개발하고 개발된 능력을 충분히 발휘하도록 동기부여 하는 것은 성과향상에 필수적이다. 비록 성과는 여러 요인의 복합적 작용에 의해 결정되지만, 주어진 개인의 능력을 최대한 발휘할 수 있도록 동기부여 하는 것은 조직에서 성과를 높이는데 상당한 역할을 수행할 것이다. 이러한 측면에서, 구성원에 대한 동기부여는 리더가 이해하고 활용해야 할 중요한 개념이라고 할 수 있다.

토론주제 구성원을 동기부여 시키기 위해 리더는 무엇을 어떻게 해야 하는지 생각해 봅시다.

02 동기부여이론의 관점 및 분류

2.1 경영학의 발전과정과 동기부여의 관점

테일러[3]는 비효율적 생산성의 문제를 해결하기 위해 시간연구와 동작연구를 기초로 작업방식을 표준화시키고 구성원들로 하여금 정해진 방식대로 일을 하도록 요구하였다. 그리고 구성원을 동기부여시키기 위해 표준생산량을 기준으로 인센티브시스템을 도입하였다. 이러한 경영학의 고전적 접근은 경제적 인간관에 기초를 두고 돈(money)을 동기부여의 핵심 수단으로 인식하였다.

그러나 작업장의 다양한 물리적 환경과 생산성의 관계를 검증하려는 초기의 호돈연구(hawthorne studies)는 기대하지 않은 결과를 도출하였다. 이러한 결과를 바탕으로 인간을 단순히 돈에 의해 동기부여되는 경제적 동물이 아니라 스스로 유용하고 중요하다고 느끼길 원하는 사회, 심리적 요소를 가진 전인격체(whole person)로 보게 되었다. 이러한 인간관계 관점에 따르면, 인간의 기본적인 욕구를 만족시키는 것이 생산성을 높이는 핵심적인 방법이다.

구성원을 만족시키면 성과가 높아질 것이라는 단순한 가정에 기초한 인간관계 운동은 좀 더 깊이 있는 내용을 가진 인적자원 관점으로 전개되었다. 즉, 인간은 잠재적 재능을 가지고 있으며, 이러한 자원을 충분히 활용하기 위해서는 직무도 그에 적합하게 설계되어야 하며 돈, 사회적 욕구, 성취감 등과 같이 상호 관련된 여러 요소들을 조합하여 동기부여시켜야 한다는 것이다. 이러한 인적자원 관점은 직무를 비인간화시키는 것으로 지각하는 인간관계 관점을 넘어 직무를 인간의 잠재력을 활용할 수 있는 요소로 간주한다. 매슬로우와 맥그리거는 인적자원 관점에 공헌한 대표적인 학자이다.

특히, 맥그리거[4]는 매슬로우의 영향을 받아 인간특성의 올바른 가정에 기초한

표 4-1 XY이론의 인간관 및 관리에 대한 시사점

X이론	· 사람은 원래 게으르고 일하기 싫어하며 야망이 없고 자기중심적이며 우둔하다. · 관리자의 근접감독이 없으면, 사람은 조직의 요구에 대해 수동적이고 때론 저항한다.
Y이론	· 사람은 개발 잠재력을 가지고 있으며, 책임을 맡을 능력을 가지고 있고, 조직목표를 향해 행동 할 준비가 되어 있다. · 관리자의 책임은 사람이 스스로에 대한 이러한 인간의 특성을 인식하고 개발할 수 있도록 만드는 것이다.

동기부여이론의 필요성을 제안하며, 인간본성에 대한 XY이론을 제시하였다(표 4-1 참조). 맥그리거에 따르면, 전통적인 관점은 인간에 대한 X이론의 가정에 기초하고 있다. X이론적 인간관이란 인간은 원래 게으르고 일하기 싫어하며 야망이 없고 우둔하고 자기중심적이다. 따라서 이들에게 일을 하도록 하기 위해서 조직은 일정 수준의 임금을 지불해야 한다. 일은 단순하고 반복적이어야 하며 결과에 대한 통제는 외적으로 수립되어야 한다. 그리고 관리자의 역할은 구성원이 기준을 맞추고 회사의 규칙에 따르도록 근접 감독하는 것이고 동기부여를 시키기 위해 일정한 기준이 넘는 사람에게는 보너스를 지불해야 한다.

맥그리거는 초기 인간관계 관점도 X이론의 부분적 수정안에 불과하다고 생각했으며, 이것과는 다른 Y이론을 제안하였다. Y이론의 핵심은 조직이 구성원들의 능력과 잠재력을 활용할 수 있다는 것이다. Y이론에 따르면, 인간은 잠재력을 가지고 있으며 일하고자 하는 의욕과 책임을 맡으려는 의욕을 가지고 있고 창의적이고 자기통제 능력을 가지고 있다는 것이다. 따라서 이러한 구성원들의 잠재적 재능을 충분히 개발하고 활용할 수 있도록 직무를 설계하고 구성원들의 참여, 자율, 책임 등을 제공해 주어야 한다.

2.2 동기부여이론의 분류

동기부여이론을 분류하는 방식은 다양하지만, 경영학에서 일반적으로 많이 사용하는 분류방식은 내용이론과 과정이론으로 구분하는 것이다. 내용이론은 직무행동에 영향을 주는 동기부여의 내용에 관심을 두고 있으며, 욕구이론들이 여기에 포함된다. 욕구이론에는 매슬로우의 욕구계층이론, 알더퍼의 ERG이론, 허르쯔버그의 이요인 이론, 맥클러랜드의 학습된 욕구이론 등이 있다. 과정이론은 동기부여가 나타나는 인지적 과정에 초점을 맞춘 것으로 기대이론과 공정성 이론이 대표적이다. 또한 목표설정이론, 조직행동 수정이론, 자기결정이론 등도 과정이론에 포함시킬 수 있을 것이다.

동기부여이론의 또 다른 분류방식에 따르면 욕구이론, 인지적 동기이론, 행동적 동기이론, 자기결정 동기이론, 그리고 직무에 기초한 동기이론으로 구분하기도 한다. 욕구이론에는 매슬로우의 욕구계층이론, 알더퍼의 ERG이론, 맥클러랜드의 학습된 욕구이론 등이 포함된다. 인지적 동기이론에는 기대이론, 공정성이론, 목표설정이론 등이 포함되며, 행동적 동기이론에는 강화이론이 포함된다. 자기결정 동기이론에는 내재적 동기이론 또는 자기결정이론이 있으며, 직무에 기초한 동기이론에는 허쯔버그의 이요인이론과 직무특성이론이 포함된다.

동기부여에 대한 대부분의 심리학적 이론은 쾌락주의(hedonism)의 원리에 어느 정도 뿌리를 두고 있다. 쾌락주의란 사람들은 즐거움을 추구하고 고통을 회피하는 경향이 있다는 것이다. 따라서 사람들은 여러 행동 대안을 합리적으로 고려하여 긍정적인 결과를 최대화하고 부정적인 결과를 최소화하는 행동을 의식적으로 선택한다. 그러나 이러한 쾌락주의에 벗어나 다른 측면에서 동기부여에 접근하는 이론도 있다. 그 대표적인 것으로는 목표설정이론과 자기결정이론을 들 수 있다.

다양한 동기부여이론의 분류는 각 동기부여이론의 인간에 대한 관점이나 핵심적인 특징을 이해하는데 도움을 줄 수 있다. 그러나 여기서는 어떤 특정 분류방식을 사용하기보다는 편의 상 몇 가지 분류방식을 혼합하여 크게 욕구이론, 과정이론, 그리고 행동적 동기이론인 강화이론으로 분류하였다.

03 욕구이론

욕구이론은 인간의 내면에 존재하는 욕구를 동기부여의 힘으로 간주하고, 그러한 욕구의 종류를 확인하는데 초점을 맞추고 있다. 이와 같이 행동에 영향을 주는 동기, 즉 욕구의 내용에 관심을 두고 있기 때문에 내용이론으로 분류되기도 한다. 일반적으로 욕구이론은 사람들은 본능적이거나 학습되는 기본적이고 상대적으로 안정적이며 확인 가능한 욕구를 가지고 있다는 것을 전제로 한다.[5)] 주요 욕구이론에는 매슬로우의 욕구계층이론, 알더퍼의 ERG이론, 허즈버그의 이요인이론, 맥클러랜드의 학습된 욕구이론 등이 있다.

3.1 매슬로우의 욕구계층이론

(1) 욕구계층의 개념

매슬로우는 비록 그것이 나중에는 점진적으로 없어지지만 사람들은 선천적으로 좋은 자질을 가지고 태어난다고 주장하는 인본주의 학파의 핵심 인물이다. 그리고 매슬로우의 동기부여이론은 맥그리거가 주창한 Y이론의 기초가 되었다.

매슬로우에 따르면, 사람들은 중요도에 따라 순서대로 계층을 이루고 있는 욕구(needs)를 가지고 태어난다. 이러한 욕구는 [그림 4-1]에서 보는 바와 같이 다섯 개의 범주로 구성되어 있으며, 그것은 생리적 욕구, 안전의 욕구, 애정의 욕구, 존중의 욕구, 그리고 자아실현의 욕구이다. 이와 같이 계층으로 이루어진 다섯 가

그림 4-1 다섯 가지 범주의 욕구계층

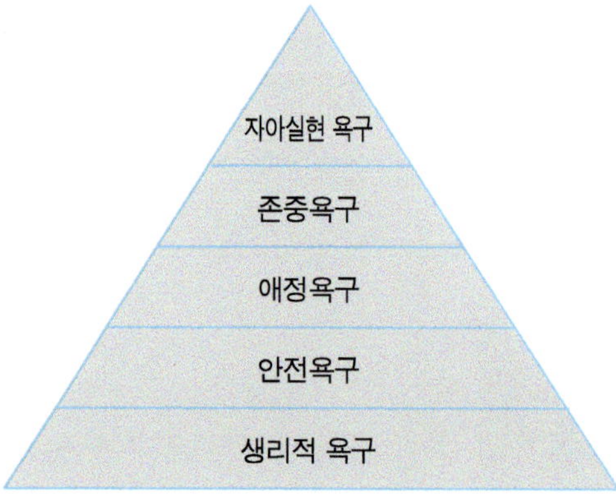

지 범주의 인간욕구는 본능적인 것이며, 따라서 모든 문화에 걸쳐 모든 사람에게 공통적이다.[6)]

① 생리적 욕구 : 음식, 물, 은신처, 고통의 경감 등에 대한 욕구형
② 안전의 욕구 : 위협으로부터 벗어나고 싶은 욕구
③ 애정의 욕구 : 우정, 애정, 관계, 소속감, 사교 등에 대한 욕구
④ 존중의 욕구 : 다른 사람으로부터 존경받고 싶은 욕구와 자아존중 욕구
⑤ 자아실현의 욕구 : 자신의 능력이나 잠재력을 최대한 사용함으로써 스스로를 충족시키려는 욕구

어떤 욕구가 결핍되면 사람들은 그 욕구를 충족시키려고 노력하며, 따라서 그 욕구는 행동반응의 자극이 되는 것이다. [그림 4-1]의 욕구계층에 따르면, 생리적 욕구가 가장 강력하며, 따라서 만일 어떤 사람이 전혀 욕구만족이 되어있지 않다면 생리적 욕구가 그 사람의 동기부여에 지배적인 역할을 수행할 것이다. 생리적 욕구가 점점 만족해감에 따라 동기부여의 힘으로서 그 욕구의 강도는 감소하게 되고 그 다음 계층의 욕구인 안전의 욕구가 두드러지게 나타날 것이다. 마찬가지로 안전의 욕구가 점점 더 만족해감에 따라 동기부여의 힘으로서 그 욕구의 강

도는 감소하게 되고 그 다음 계층의 욕구인 애정의 욕구가 두드러지게 나타날 것이다. 이와 같이 사전에 정해진 중요도의 순서에 따라 더 중요한 욕구가 만족하게 되면 그 다음 순서의 욕구가 동기부여의 힘으로 나타난다. 그러나 자아실현의 욕구는 만족도가 증가함에 따라 그 욕구의 강도가 더 강해지기 때문에, 지속적으로 동기부여의 힘으로 작용한다.[7)]

요약하면, 일반적으로 사람들은 주어진 시점에서 만족되지 않은 더 낮은 수준의 욕구를 만족시키기 위해 동기부여가 되며 시간이 지나면서 그 낮은 수준의 욕구가 만족되면 동기부여의 힘으로서 욕구는 계층을 따라 위로 올라가게 된다.

(2) 욕구계층이론에 관한 연구

욕구계층이론을 검증하기 위해 많은 연구가 이루어져 왔다. 욕구계층 개념에 따르면, 주어진 욕구의 만족은 그 욕구에 대한 바램과는 부(-)의 관계를 가지고 있으며 그 다음 수준의 높은 욕구에 대한 바램과는 정(+)의 관계를 가지고 있다고 생각할 수 있다. 몇몇의 연구들은 욕구의 만족과 바램간의 관계를 횡단적(cross-sectional)으로 조사하였다.[8)] 또한 몇몇의 연구들이 그들의 관계를 종단적(longitudinal)으로 조사하였다.[9)] 그러나 연구결과는 욕구계층의 개념을 일관되게 지지하지는 않았다.

또 다른 연구들은 매슬로우가 제안한 다섯 가지 범주의 욕구에 따라 군집화가 되는지를 검토하기 위해 욕구분류 체계에 초점을 맞추었다. 그 결과는 일반적으로 다섯 가지 요인 또는 군집을 추출하지 못했으며, 오히려 낮은 수준과 높은 수준의 욕구 간의 단순한 구분을 보여주었다.[10)]

매슬로우의 욕구계층이론을 검증하려는 시도는 있었지만, 일반적으로 연구결과에 의해 지지되지는 않았다. 아마도 욕구라는 것이 일반적으로 무의식적이기 때문에 이 이론은 검증이 불가능할 수도 있을 것이다. 마이너[11)]가 말한 바와 같이 만일 욕구가 사람의 내면에서 활성화되지 않으면 그것이 만족되었는가 또는 불만족되었는가를 묻는 것 자체가 의미 없는 것이다. 특히 높은 수준의 욕구는 더욱 그럴 것이다. 따라서 매슬로우의 욕구계층이론은 과학적이라기보다는 철학적이라고 볼 수 있다.

3.2 알더퍼의 ERG이론

(1) 욕구범주 및 계층관계

알더퍼[12)]는 사람의 욕구는 계층을 이루고 있다는 매슬로우의 주장에 동의하며, 매슬로우의 욕구계층이론을 재구성하여 의식적으로 인식할 수 있는 세 가지 범주의 욕구를 제시하였다. 이 세 가지 범주의 욕구는 존재욕구, 관계욕구, 그리고 성장욕구이다. 존재욕구는 매슬로우의 생리적 욕구 및 안전의 욕구범주와 유사하며, 관계욕구는 매슬로우의 애정의 욕구범주와 유사하다. 그리고 성장욕구는 매슬로우의 자아실현의 욕구범주와 유사하다.

① **존재(existence)욕구** : 음식, 공기, 물, 급여, 작업환경 등과 같은 요소에 의해 만족되는 욕구

② **관계(relatedness)욕구** : 의미 있는 대인관계나 사회적 관계와 같은 요소에 의해 만족되는 욕구

③ **성장(growth)욕구** : 창의적 또는 생산적 기여를 함으로써 만족되는 욕구

알더퍼는 이 세 가지 범주의 욕구 간 계층적 개념을 만족과 좌절, 그리고 바램의 측면에서 다음과 같은 세 가지 명제를 제시하며 구체화하였다. 첫째 명제는 어떤 욕구가 덜 만족되면 그 욕구에 대한 바램은 더 커진다는 것이다. 둘째 명제는 어떤 욕구가 더 만족되면 그 다음으로 높은 수준의 욕구에 대한 바램이 더 커진다는 것이다. 셋째 명제는 더 높은 수준의 욕구가 덜 만족되면 그 다음으로 낮은 수준의 욕구에 대한 바램이 더 커진다는 것이다. 여기서 첫째와 둘째 명제는 매슬로우의 욕구계층이론에서 제시된 것과 같은 만족-전진(satisfaction-progression)과정

에 관한 것이다. 즉, 일정한 시점에서 더 낮은 수준에서 충족되지 않은 욕구가 가장 중요하며, 그것보다 한 수준 높은 계층의 욕구는 현재 중요한 욕구가 충분히 충족될 때까지 활성화되지 않는다. 따라서 더 낮은 수준의 욕구가 충족되어야만 욕구계층을 따라 그 다음 수준의 욕구로 올라갈 수 있다.

반면에 셋째 명제는 매슬로우의 욕구계층이론에서는 제시되지 않은 것으로, 알더퍼가 추가한 좌절-회귀(frustration-regression)과정에 관한 것이다. 예를 들어, 성장욕구를 충족시키려는 시도나 노력이 지속적으로 좌절되면 주요 동기부여의 힘으로서 관계욕구가 다시 나타나게 되어 사람들은 관계욕구를 충족시키기 위한 새로운 방법을 찾으려는 노력으로 방향을 수정함으로써 동기부여된 상태로 남아 있을 수 있다. 만일 관계욕구를 충족시킬 수 없다면 사람들은 더 낮은 수준의 욕구인 존재욕구를 충족시키는데 주의를 돌리고 재 집중함으로써 동기부여된 상태로 남아 있을 수 있다. 이러한 좌절-회귀과정은 리더에게 재미있는 시사점을 제공해 준다. 만일 회사의 정책이나 자원의 부족 등으로 인해 부하의 성장과 같은 높은 수준의 욕구를 만족시키는 것이 막혀있다면, 리더는 부하의 노력이 관계나 존재욕구로 향하도록 방향을 수정하려고 시도해야 할 것이다.

(2) ERG이론에 관한 연구

알더퍼[13)]는 자신의 명제를 검증하기 위해 측정도구를 고안하였으며, 특정 표본을 대상으로 한 연구에서는 자신의 이론을 지지하는 결과를 도출하기도 하였다. 이와 같이 특정 표본에서만 지지되는 결과를 설명하기 위해 와너스와 쯔와니[14)]는 13개의 다른 직무에서 일하는 208명을 대상으로 ERG이론을 연구하였다. 일반적으로 욕구범주가 지지되었으며, 아주 소수의(208명 중 17명) 사람들만이 관계나 존재욕구에 대한 만족도가 중간 이하인데 성장욕구에 대한 만족도가 높다고 응답하였다. 그러나 ERG이론에 대한 경험연구는 매우 제한적이어서 어떤 결론을 내리기는 어렵다.

매슬로우와 알더퍼는 욕구범주에 있어서는 차이가 있지만, 사람들은 계층적 순서로 이루어진 다양한 욕구를 가지고 있다는 점에서는 공통점이 있다. 욕구계층의 개념은 낮은 수준의 욕구가 만족함에 따라 더 높은 수준의 욕구를 중요한 동기부여의 힘으로 강조한다. 비록 욕구계층의 개념 자체는 경험적으로 지지되지는 않았지만,[15] 욕구계층이론은 급여와 같은 보상이 항상 중요한 것은 아니며 사람들을 동기부여시키기 위해서는 높은 수준의 욕구를 고려해야 한다는 것을 보여준다. 따라서 리더십의 관점에서 리더는 사람들을 동기부여시키기 위해서는 낮은 수준의 욕구 뿐 아니라 높은 수준의 욕구를 포함하는 다양한 욕구를 고려해야 한다. 특히, 높은 수준의 욕구에 대한 고려는 매우 중요하다.

3.3 허쯔버그의 이요인이론

(1) 동기-위생이론

심리학자이면서 경영컨설턴트인 허쯔버그는 동기-위생이론이라고도 불리는 이요인이론(two factor theory)을 제시하였다.[16] 이 이론에 대한 최초의 연구는 200명의 회계사와 엔지니어를 대상으로 다음과 같은 질문에 대한 인터뷰 반응을 사용하였다. 예를 들면, “당신이 예외적으로 직무에 대해 좋았다고 느꼈을 때를 상세하게 묘사할 수 있겠습니까?” 그리고 “당신이 예외적으로 직무에 대해 나빴다고 느꼈을 때를 상세하게 묘사할 수 있겠습니까?”와 같은 질문에 대한 응답을 분석하고 범주화하였다. 그 결과 좋았을 때와 나빴을 때를 설명하는 요인이 어느 정도 서로 다르다는 것을 발견하고, 체계적인 절차를 통해 만족과 관련된 요인과 불만족과 관련된 요인을 확인하고 이들을 구별하였다. [그림 4-2]에서 보는 바와 같이 성취감, 인정, 직무내용, 책임, 도전 등은 직무만족과 관련성이 있으며, 회사방침, 관리감독, 상사와의 관계, 근무환경, 급여, 동료와의 관계 등은 직무불만족과 관련성이 있는 것으로 보인다.[17]

허쯔버그의 연구 이전에 동기부여를 연구하는 사람들은 직무만족은 일차원적

그림 4-2 직무만족과 불만족 관련 요인[18)]

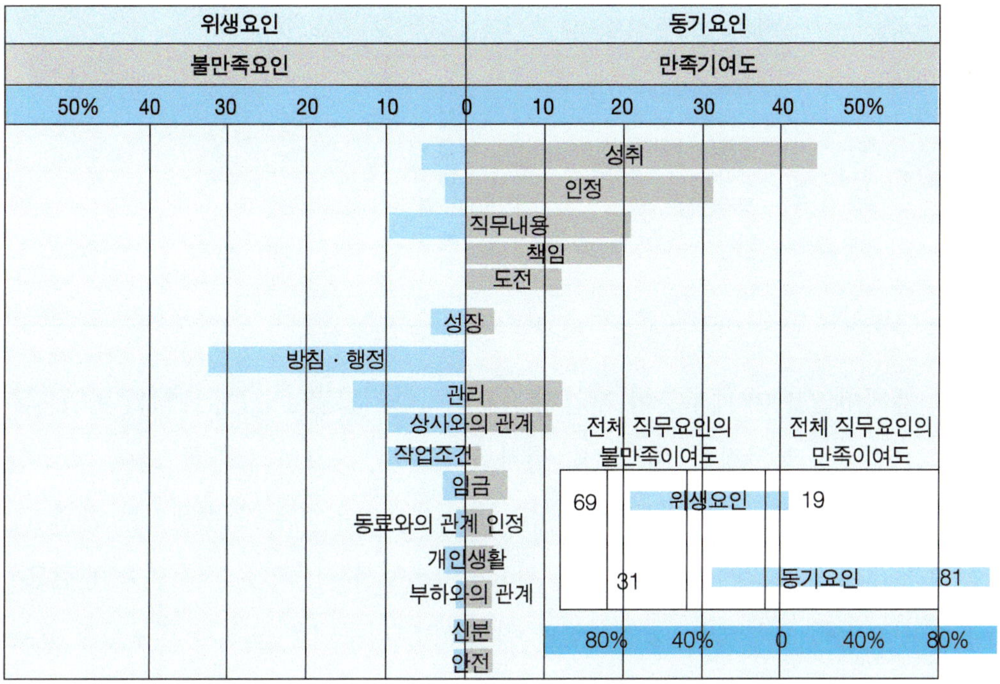

개념으로 보았다. 즉, 일직선의 연속선상에서 한쪽 끝은 직무만족이고 다른 한 쪽 끝은 직무불만족이라고 간주하였다. 허쯔버그의 이론은 기본적으로 직무만족을 일차원적 개념이 아니라고 가정한다. 그의 연구에 따르면, 직무만족과 직무불만족은 서로 구별되는 개념이며, 따라서 두 개의 분리된 연속선이 요구된다. 따라서 '만족'의 반대는 '불만족'이 아니며, '만족'의 반대는 '만족하지 않는 것'이고 '불만족'의 반대는 '불만족이 없는 것'으로 개념화할 수 있다.

이와 같이 직무만족과 불만족을 분리시키면, 이들 각각에 영향을 주는 일차적 요인도 구별할 수 있다. 직무만족의 일차적인 원인이 되는 요인을 동기요인(motivator), 직무불만족의 일차적 원인이 되는 요인을 위생요인(hygiene factor)이라고 한다. [그림 4-3]에 예시된 바와 같이 동기요인에는 성취감, 성장, 자율, 도전, 피드백, 책임감, 인정 등이 포함된다. 이러한 동기요인은 직무자체와 직접적으로 연

그림 4-3 동기요인과 위생요인

위생요인(직무 상황요인)	동기요인(직무 내용요인)
· 회사 정책이나 규정 · 상사와의 관계 · 동료와의 관계 · 급여 · 직무안정 · 작업조건이나 근무환경 · 지위	· 성취감 · 성장 및 발전 가능성 · 자율 · 도전 · 피드백 · 책임감 · 인정

계되어 있으며 대부분이 개인 내적요인이다. [그림 4-3]에 예시된 바와 같이 위생요인에는 회사정책이나 규정, 상사와의 관계, 동료와의 관계, 급여, 직무안정, 작업환경, 지위 등이 포함된다. 이러한 위생요인은 직무가 수행되는 환경과 관련이 있으며 직무 외적인 요인이다. 이요인이론에서 이요인은 직무만족 관련요인과 직무불만족 관련요인, 동기요인과 위생요인, 직무내용 요인과 직무상황 요인, 내재적 요인과 외재적 요인 등 다양한 관점에서 구별하여 사용할 수도 있다.

(2) 이요인이론에 관한 연구 및 시사점

이요인이론에 관한 실증적 연구의 뒷받침은 매우 부족하며, 이에 따라 여러 가지 의문이 제기된다. 특히 직무만족과 성과가 서로 관련성이 있다는 가정을 하고 오직 만족에만 관심을 가지고 연구하였다. 따라서 다양한 내재적 또는 외재적 요인이 성과에 어떻게 영향을 주는지에 대한 설명이 부족하다.

또 다른 의문은 만족과 불만족이 정말로 두 개의 구별되는 차원인가에 관한 것이다. 연구결과는 혼합되어 있다. 어떤 연구는 만족과 불만족 모두에 영향을 줄 수 있는 요인이 있다고 보고하였으며, 또한 어떤 연구는 동기요인이 불만족에 기여하고 위생요인이 만족에 기여할 수 있다는 것을 발견하였다.

이와 같이 이요인이론은 학문적으로 많은 연구가 이루어지지는 않았지만, 실무적으로는 널리 대중화되었고 관리자들에게 매우 인기가 있다. 특히, 구성원을 만족시키기 위해서는 동기요인까지 고려해야 하며, 동기요인을 높이기 위한 직무설계방법이 필요하다. 허쯔버그는 동기요인을 높이기 위한 직무설계방법으로 직무충실화의 개념을 제시하였다. 직무충실화를 위해서는 직무자체에 책임감(accountability), 성취감(achievement), 피드백(feedback), 작업속도(work pace) 조절, 자원에 대한 통제(control over resources), 그리고 개인의 성장과 개발(personal growth and development) 기회의 요소들이 포함되도록 해야 한다. 이러한 직무충실화의 개념은 직무특성이론으로 발전되고 정교화되었다.[19)]

3.4 맥클러랜드의 학습된 욕구이론

(1) 학습된 욕구

맥클러랜드는 동기부여의 학습된 욕구이론을 제안하였다. 그에 따르면, 많은 욕구는 어떤 사회의 문화로부터 습득된다는 것이다.[20)] 이와 같이 학습된 욕구로는 성취욕구(nAch; need for achievement), 친교욕구(nAff; need for affiliation), 그리고 권력욕구(nPow; need for power)가 있다.

권력욕구는 다른 사람들에게 영향력을 행사하고 그들을 통제하려는 욕구로 이 욕구가 높은 사람은 다른 사람에게 영향을 미치는 행동을 하며 강한 정서적 호소력을 가지고 있다. 친교욕구는 다른 사람과 친밀한 개인적인 관계를 형성하고 유지하려는 욕구로 이 욕구가 높은 사람은 깊이 있는 사회적 관계를 맺고 싶어 하며 경쟁보다는 협력적인 상황을 선호한다. 그리고 성취욕구는 탁월한 수준의 목표를 달성하려는 욕구로 이 욕구가 높은 사람은 도전적인 업무를 선호하며 성공과 실패에 대해 다른 사람의 행동이나 운보다는 자신이 책임지는 상황을 선호한다.

만일 어떤 욕구가 강하면, 그 사람은 그 욕구의 만족으로 이끄는 행동을 사용하도록 동기부여 된다. 예를 들어 높은 성취욕구를 가진 사람은 도전적인 목표를 세우고 그 목표를 성취하기 위해 열심히 일하며 자신의 능력을 사용한다.

맥클러랜드의 이론에 따르면, 욕구는 완전한 의식수준 바로 밑에 있는 전의식(preconscious) 정신영역에 저장되어 있다. 즉 그것은 의식과 무의식의 중간인 자기 자신에게 이야기하지만 잘 의식하지 못하는 백일몽의 영역에 있다. 이러한 백일몽의 패턴들은 검증될 수 있으며 변화시킬 수도 있다.

(2) 학습된 욕구이론에 대한 연구

학습된 욕구이론을 지지하는 많은 연구는 맥클러랜드와 그의 동료들에 의해 이루어졌다. 특히, 성취욕구에 관한 연구는 많은 관심을 받았으며, 이러한 연구를 바탕으로 성취욕구가 높은 사람의 특징을 다음과 같이 제시하였다.

① 문제에 대한 해결책을 찾는데 개인적인 책임감을 맡을 수 있는 상황을 좋아한다.
② 달성가능한 도전적인 목표를 설정하며 계산된 위험을 감수한다.
③ 얼마나 일을 잘하고 있는지에 대한 즉각적이고 구체적인 피드백을 원한다.

성공을 얻는데 초점을 맞추는 높은 성취욕구의 사람은 실패를 피하는데 초점을 맞추는 사람과 다르다. 성공을 얻는데 초점을 맞추는 사람은 더 현실적인 목표를 세우고 어느 정도 어려운 과업을 선택한다. 어느 정도 높은 성공 가능성에 대한 선호도와 같은 성취욕구의 기본적인 특징은 일반적으로 지지되었다.[21)]

이러한 성취욕구의 특징 때문에 성취욕구는 기업가의 성공과 관련이 있다. 즉, 높은 성취욕구를 가진 사람은 기업가적 특성의 직무에서 더 높은 성과를 낸다.[22)] 왜냐하면 기업가적 직무는 다른 직무에 비해 높은 성취욕구를 가진 사람의 재능을 활용할 수 있는 더 많은 기회를 제공하기 때문이다.[23)] 또한 맥클러랜드는 한 사회의 경제적 성장은 그 사회의 인구에 내재된 성취욕구의 수준에 기초하고 있다고 주장하였다.

맥클러랜드와 번햄[24)]에 따르면, 성취욕구는 기업가의 성과를 결정하는데 중요한 역할을 하는 반면, 권력욕구와 관계욕구는 대기업의 관리자의 성과를 결정하는데 중요한 역할을 한다고 하였다. 맥클러랜드와 번햄[25]은 관리자의 핵심성공요인으로 높은 권력욕구, 낮은 관계욕구, 그리고 높은 자기통제라는 리더십 동기패턴을 제안하였다. 즉, 대기업의 관리자가 성공하기 위해서는 대규모 계층조직에서 승진하려는 높은 권력욕구가 필요한 반면 인간관계에 얽매이는 모습을 보여서는 안 된다는 것이다. 이러한 리더십 동기패턴은 승진이 다른 사람을 관리하는 능력에 따라 이루어지는 높은 수준의 관리자의 성공과 관련이 있다는 것을 보여주고 있다.[26] 그러나 이러한 리더십 패턴은 전문성 지향조직에서 관리자의 성과를 예측하지는 못할 수 있다.[27]

이와 유사하게 하렐과 스탈[28] 및 스탈과 하렐[29]은 각각의 욕구가 다른 상황에서의 성과와 관련이 있다는 것을 보여주고 있다. 예를 들면, 성취욕구는 학문적 성과와 관련이 있으며, 권력욕구는 활동성과와 관련이 있다. 그리고 관계욕구는 다른 사람과의 관계와 관련성이 있다. 이와 같이 조직의 특성에 따라 성과에 영향을 미치는 욕구가 다르며, 따라서 리더는 조직의 특성과 개인의 욕구를 동시에 고려해야 할 것이다.

04 과정이론

과정이론은 인간의 동기가 유발되는 과정에 초점을 맞추고 있다. 특히 사람들이 머리속에서 일어나는 인지적 과정을 통해 특정행동을 선택하는 과정에 초점을 맞추고 있다. 과정이론으로는 기대이론, 공정성이론, 목표설정이론, 그리고 자기결정이론이 포함된다.

4.1 기대이론

기대이론은 다음과 같은 가정에 기초하고 있다. 즉 행동은 여러 대안 중 의식적인 선택의 결과이며 이러한 선택은 심리적 과정과 체계적으로 관련되어 있다.[30)] 그리고 사람들은 여러 대안 중 자신의 산출물을 극대화하는 선택을 한다. 이와 같이 기대이론은 동기부여를 인지적 과정을 통한 합리적 계산의 결과로 보고 있다.

(1) 기대이론의 주요 요소

기대이론의 변이는 많이 있지만, 공통적으로 다음의 세 가지를 주요 요소로 다루고 있다. ① 노력하면 대안을 얻을 수 있다는 기대감, ② 결과물을 얻기 위한 대안의 수단성, ③ 결과물의 유인가

① 기대감(expectancy) : 기대감은 노력하면 주어진 수준의 성과를 달성할 수 있을 것이라는 믿음으로, 개인의 주관적 확률을 말한다. 만일 어떤 사람이 노력해도 주어진 수준의 성과달성이 불가능하다고 느끼면, 아마도 기대감은 "0"이 될 것이다. 만일 노력하면 주어진 수준의 성과달성이 100% 확실하다고 느끼면, 기대감은 "1"이 될 것이다. 기대감은 개인의 주관적 확률에 따라 "0"에서 "1"까지 변화한다.

② 수단성(instrumentality) : 수단성은 일정한 수준의 성과를 달성하면 어떤 결과물(즉, 보상)이 따라 올 것이라는 개인의 주관적 확률을 말한다. 비록 개인이 열심히 일해 높은 성과를 내지만, 그 성과에 대해 적절히 보상되지 않는다면 동기부여는 어려울 것이다. 이 경우 성과는 보상을 가져오는데 수단적으로 인지되지 않고 따라서 수단성은 낮을 것이다. 수단성도 기본적으로 확률이기 때문에 "0"에서 "1"까지 변화한다고 볼 수 있다.

③ 유인가(valence) : 유인가는 특정 결과물 또는 보상에 대해 개인이 갖고 있는

매력도나 선호도, 또는 의미나 가치를 말한다. 같은 보상이라도 유인가는 개인마다 다를 수 있다. 예를 들어, 1백만 원의 보너스는 대부분의 일반사람에게는 높은 가치의 보상일수 있지만, 백만장자에게는 그리 높지 않은 가치의 보상일 수 있을 것이다. 또한 어떤 사람에게는 승진보다 보너스가 더 큰 가치의 보상이지만 다른 사람에게는 승진이 보너스 보다 더 큰 가치의 보상일 수 있을 것이다. 보상의 가치인 유인가는 일반적으로 "-1"부터 "1"까지 또는 "-10"부터 "10"까지의 값을 가진다.

(2) 기대이론의 기본 모형

기대이론에서 동기부여의 힘은 일반적으로 기대감, 수단성, 그리고 유인가의 곱으로 계산될 수 있다(즉, 동기부여의 힘 = 기대감 × 수단성 × 유인가). 동기부여의 힘이 세 가지 요소의 곱으로 이루어져 있다는 것은 세 가지 요소 중 어떤 한 요소라도 그 값이 "0"에 가까워질수록 동기부여의 힘은 가파르게 떨어진다는 것을 의미한다. 성과에 따른 보상이 복수일 경우 기대이론 모형을 좀 더 상세하게 설명하면 다음과 같다. 첫째, 각각의 보상에 대해 수단성과 유인가를 곱한다. 둘째, 각각의 보상에 대한(수단성×유인가) 값을 모두 더한다. 셋째, 앞에서 더한(수단성×유인가) 전체 값에 성과에 대한 기대감을 곱하면 그 수준의 성과를 달성하려는 동기부여의 힘이 된다. 즉 동기부여의 힘 = 기대감 × Σ(수단성×유인가)와 같은 공식으로 표현할 수 있다.

(3) 기대이론에 관한 이슈

기대이론에 관해 몇 가지 이슈가 제기되고 연구되었다. 첫째 이슈는 기대이론의 곱셈 형태에 관한 것이다. 즉, 이 모형의 주요 요소들이 곱해져야 하는지, 아니면 더해져야 하는지, 또는 곱셈과 덧셈이 결합되어야 하는지에 대한 연구가 이루어졌다.

몇몇의 연구는 곱셈 형태가 덧셈 형태보다 더 높은 예측력을 가지고 있다는 것

그림 4-4 기대이론 모형

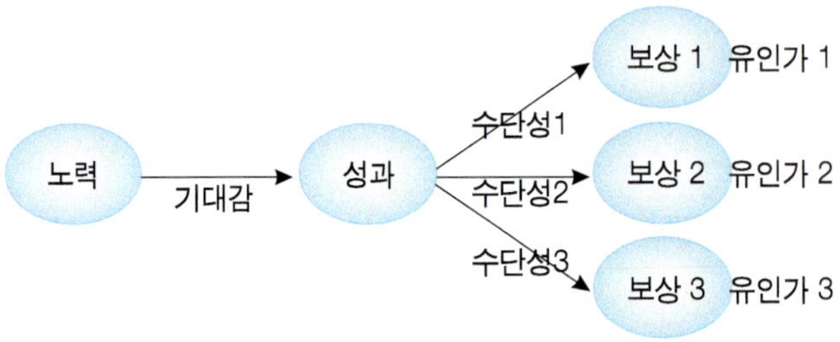

을 보여주고 있다.[31] 또한 몇몇의 연구는 곱셈 형태가 개별 요소보다 더 높은 예측력을 가지고 있다는 것을 보여주고 있다.[32] 반면에 어떤 연구들은 개별요소, 특히 수단성이 곱셈 형태보다 더 예측력이 높다는 것을 보여주기도 한다.[33] 이러한 연구결과의 차이에 대해 스탈과 하렐[34]은 기대이론의 주요 요소들을 결합하는 방식에 있어서 개인 차이가 있다고 주장하였다. 기대이론의 요소들을 결합하는 형태에 대해서는 명확한 결론을 내리기 어렵지만, 이 세 가지 요소는 모두 개인을 동기부여시키는데 중요한 역할을 하고 있음에는 틀림이 없다. 특히, 브룸[35]은 오히려 수리적 공식에 얽매이지 않고 그것을 제외시키는 것이 기대이론을 동기부여에 대한 질문에 대답하는 휴리스틱 가치로 사용해야 한다는 믿음을 전달하는데 도움이 된다고 하였다.

둘째 이슈는 기대이론의 개념적 틀과 관련해 적절한 산출물을 규정하는 것과 관련이 있다. 예를 들면, 적절한 산출물을 어떻게 만들어 내고, 몇 개의 산출물을 사용해야 하며, 긍정적인 산출물 이외에 부정적인 산출물도 포함할 수 있는지, 그리고 외재적 산출물만 고려해야 하는지 아니면 내재적 산출물도 고려할 수 있는지에 관한 이슈가 제기되었다.

비록 대부분의 연구들은 인터뷰를 통해 적절한 산출물을 찾아내고 한 세트의 표준화된 산출물을 사용해 왔지만, 몇몇의 연구들은 표본의 개인마다 자기가 만들어 낸(self-generated) 서로 다른 산출물을 사용하였다.[36] 자기가 만들어 낸 산출물을 사용한 목적은 개인별로 적절하고 중요한 산출물을 사용하도록 하기 위한 것이다. 기대이론 연구에서 중요한 점은 적절하고 중요한 산출물을 사용하는 것이다.

산출물의 형태에 대해서 레온[37]은 부정적인 산출물과 긍정적인 산출물은 서로 다르게 작동한다는 것을 보여주었다. 그러나 대부분의 연구결과들은 부정적인 산출물이 포함되거나 내재적인 산출물이 포함되더라도 예측력에 있어서는 유의한 차이가 없다는 것을 보여주고 있다.[38] 따라서 일반적으로 기대이론에는 부정적 보상과 내재적 보상이 모두 포함될 수 있다고 할 수 있다.

셋째 이슈는 측정방식과 관련이 있다. 산출물의 가치는 일반적으로 산출물의 중요도나 기대하는 만족도의 측면에서 측정되었다. 코놀리[39]는 이론적 관점에서 볼 때 산출물에 대한 중요도로 측정하는 방식보다 그것에 대해 기대하는 만족도로 측정하는 방식이 더 선호된다고 주장하였다. 그러나 이 두 가지 측정방식은 예측력에서 유의한 차이는 없는 것으로 나타났다.[40]

또한 수단성과 기대감은 주관적 확률이나 지각된 상관관계로 측정되어 왔는데, 주관적 확률로 측정하는 것이 더 나은 것으로 받아들여지고 있다.[41]

(4) 기대이론의 시사점

기대이론의 동기부여에 대한 매우 실천적인 시사점을 제시해 준다. 첫째, 구성원들이 직무를 더 잘 수행할 수 있도록 훈련을 시키고 높은 성과달성에 대한 자신감을 부여함으로써 노력-성과 기대감을 높일 수 있다. 둘째, 구성원들에게 긍정적인 가치를 제공해 주는 보상을 사용해야 한다. 보상의 가치는 사람마다 다를 수 있으며, 시대적 흐름에 따라 변할 수도 있다는 점을 인식하고 적절한 보상을 선택하여 활용해야 한다. 셋째, 가치 있는 보상을 성과와 명확하게 연계시켜야 한다. 중요한 것은 보상을 얻기 위해서는 무엇을 해야 하는지를 확실히 알도록 해야 한다.

마이너[42]에 따르면, 기대이론은 긍정적인 보상을 얻고 부정적인 보상을 피하려는 쾌락주의(hedoism) 개념에 바탕을 두고 있다. 사람들은 지각된 유인가, 수단성, 그리고 기대감에 기초하여 여러 행동 대안 중 의식적인 선택을 하기 때문에 사람들을 동기부여시키기 위해서는 행동 대안과 적절한 보상 간에 명확하게 설정된 연계성을 만들어야 한다.[43]

4.2 공정성이론

허쯔버그의 이요인이론에 따르면, 돈(money)은 불만족의 주요 원천이다. 그러나 이 이론은 불만족의 결과로 사람들이 무엇을 하는지 또는 불만족에 대해 어떻게 반응하는지를 명확하게 설명하지 못한다. 아담스[44]는 훼스틴저[45]의 인지부조화이론을 바탕으로 그에 대한 설명을 하였다.

인지부조화이론에 따르면, 서로 상충되는 두 가지 인지가 있으면 긴장이 유발되며 사람은 이러한 긴장을 줄이거나 제거함으로써 긴장이 없는 안정 또는 균형상태를 유지하려고 한다. 인지부조화이론과 마찬가지로 공정성이론에 따르면, 사람은 공정성을 유지하도록 동기부여되어 있기 때문에 불공정성이 지각되면 불만과 긴장이 유발되고 공정성을 회복 또는 유지하려고 노력한다는 것이다.

(1) 공정성과 사회적 비교

아담스[46]가 제안한 공정성이론의 기본적인 토대는 사회적 비교에 있다. 즉, 사람들이 어떤 것을 주고(투입물 또는 노력) 그 대가로 어떤 것을 받는(산출물 또는 보상) 교환관계를 평가하기 위해 다른 사람과 비교한다는 것이다. 아담스[47]에 따르면, 사람들은 자신의 투입물과 산출물을 비교대상인 다른 사람의 그것들과 상대적으로 비교하여 평가하는 인지적 과정에 착수한다. 따라서 인지적 비교과정을 위한 세 가지 요소는 투입물, 산출물, 그리고 비교대상인 다른 사람이다. 투입물과 산출물은 비교하는 주체가 적절하다고 생각하는 모든 요소가 될 수 있으며, 비교대상인 다른 사람은 직장동료, 친척, 이웃사람, 직장동료 집단, 같은 직업집단, 또는 같은 산업집단 등이 될 수 있다.

아담스[48]는 공정성 또는 불공정성을 비교대상인 다른 사람의 투입물과 산출물 비율에 대한 자신의 투입물과 산출물 비율의 상대적인 값으로 구체화하였다. 즉, 사람은 자신의 산출물/투입물 비율을 비교대상인 다른 사람의 산출물/투입물 비율이라고 지각한 것과 비교한 결과 지각된 공정성 또는 불공정성(perceived equity or inequity)이 나타나게 된다. 사람이 자신의 산출물/투입물 비율이 비교대상의 산출물/투입물 비율이라고 지각한 것보다 크거나 작으면, 불공정성의 감정(feeling of inequity)이 존재한다.

$$\left(\frac{\text{산출}}{\text{투입}}\right)_{\text{자신}} \lessgtr \left(\frac{\text{산출}}{\text{투입}}\right)_{\text{비교대상}}$$

(2) 공정성 회복의 방법

불공정성의 존재는 긴장을 만들어 내며, 긴장은 사람으로 하여금 그것을 줄이고 공정성을 회복 또는 유지하려는 노력을 하도록 만든다. 따라서 불공정성 또는 긴장은 동기부여의 힘이다. 아담스[49]는 불공정성 또는 긴장을 감소시키는 여섯 가지의 대안적 방법을 설명하였다.

① 투입물 또는 노력을 줄인다.
② 산출물 또는 보상을 추가적으로 요구한다.
③ 이직과 같이 상황을 떠난다.
④ 비교대상을 바꾼다.
⑤ 자신 또는 타인의 투입물이나 산출물에 대한 지각을 왜곡시키고 합리화한다.
⑥ 비교대상의 투입물이나 산출물을 바꾸려고 노력한다.

이러한 여섯 가지 대안적 방법 중 특정의 방법을 선택하는 것은 불공정한 상황의 특성에 따라 다를 것이다. 상황적 특성에 적합한 방법에 대해서는 명시적으로 제안하지 않았지만, 아담스[50]는 다음과 같은 원리를 제시하였다. 첫째, 사람들은 긍정적인 산출물 또는 보상을 극대화하고 불공정성을 감소시키기 위해 노력이 많이 들거나 비용이 많이 드는 투입은 최소화 할 것이다. 둘째, 사람들은 자신의 자아 존중감이나 자아개념에 중심이 되는 투입물과 산출물의 행동적 또는 인지적 변화는 꺼릴 것이다. 셋째, 사람들은 비교대상이 되는 다른 사람을 바꾸는 것을 꺼려할 것이다. 넷째, 그 장을 떠나는 것은 다른 방법이 여의치 않을 때 할 수 있는 극단적인 방법으로 고려될 것이다.

공정성이론은 투입물과 산출물의 절대적인 양보다는 상대적인 양을 강조한다.[51] 따라서 지각된 공정성이나 불공정성을 결정하는 데에는 비교대상인 다른 사람이 필요하다. 사람들은 대개 복수의 비교대상을 사용하며, 여기에는 개인 차이가 있을 수 있다.[52] 또한 비교대상이 누구냐에 따라 다른 공정성 지각을 할 수도 있으며, 비교대상에 따라 불공정성을 감소시키기 위한 다른 반응을 보일 수도 있다.[53]

(3) 공정성이론의 연구 및 시사점

공정성이론은 주로 금전적 보상체계에 적용하여 연구되어 왔다. 즉, 많은 연구들은 시간급과 성과급 시스템 하에서 과다지급(overpayment) 및 과소지급(underpayment) 불공정 지각이 성과의 양과 질에 미치는 영향을 조사하였다. 이와 관련하여 다음과 같은 네 개의 명제가 제시되고 연구되었다.

① 시간급의 경우 과다지급을 받았다고 지각하면, 공정성을 회복하기 위해 투입 또는 노력을 늘리고 따라서 성과의 양 또는 질을 높일 것이다.
② 시간급의 경우 과소지급을 받았다고 지각하면, 공정성을 회복하기 위해 투입 또는 노력을 줄이고 따라서 성과의 양 또는 질이 떨어질 것이다.
③ 성과급의 경우 과다지급을 받았다고 지각하면, 공정성을 회복하기 위해 더 많은 노력을 투입할 것이다. 그러나 이러한 추가적인 노력이 성과의 양을 늘

리면 추가적인 보상이 뒤따르기 때문에 불균형이 증대될 것이다. 따라서 추가적인 노력은 성과의 양 보다는 성과의 질을 높이는 쪽으로 나타날 것이다.

④ 성과급의 경우 과소지급을 받았다고 지각하면, 공정성을 회복하기 위해 성과의 질을 낮추고 양을 높임으로써 추가적인 노력없이 산출물을 높이는 방향으로 행동할 것이다.

이러한 명제는 부분적으로 실증연구에 의해 지지되고 있다. 그러나 그렇지 못한 명제도 있는데, 특히 과다지급 불공정성 지각의 경우에는 합리화를 통해 균형을 이루려는 경향 때문에 행동에 큰 영향을 주지 못하는 것 같다. 따라서 과다지급 불공정성 지각에 대한 공정성이론의 적용에 대해서는 다소 의문점이 남아있다고 볼 수 있다.

공정성이론은 금전적 보상체계 이외에 다른 산출물에도 적용될 수 있다. 예를 들면, 그린버그[54]는 지위(status)에 따라 제공되는 작업공간도 적절한 산출물로 고려될 수 있다는 것을 보여주었다. 작업공간 이외에 직무 타이틀도 지위를 상징하는 요소로 작동하므로 적절한 산출물로 지각될 수 있다.[55] 따라서 공정성이론은 산출물이 적절하다고 지각되는 한 비금전적 보상시스템에도 적용될 수 있을 것이다.

공정성이론에 따르면, 사람들은 공정성을 선호하고 불공정성을 지각하면 그것을 감소시키기 위해 반응한다. 이러한 공정성 규범의 개념에 바탕을 두고 공정성이론은 불공정하게 보상받은 개인은 불만족을 경험하게 된다고 주장한다. 따라서 사람들은 공정하게 대우받아야 한다. 여기서 공정하게 대우받는다는 것은 고성과자가 저성과자에 비해 더 매력 있는 산출물을 받아야 한다는 것을 의미한다. 리더는 이러한 의미를 이해하고 금전적 보상 뿐 아니라 비금전적 보상을 활용하여 구성원들을 공정하게 대해야 할 것이다.

또 다른 측면에서 보면, 불공정성 지각을 만들어 내는 것도 사람들을 동기부여시키기 위해 의도적으로 사용할 수 있는 방법이 될 것이다. 특히 과다하게 보상받았다는 지각을 만들어 냄으로써 성과향상을 위한 노력을 유도할 수 있을 것이다.[56] 그러나 과다한 보상이 추가적인 노력과 같은 실제적인 행동을 유발하기보다는 합리화로 나타날 가능성이 있으며, 또한 실제적인 행동이 유발된다고 해도 그것이 일시적일 가능성이 많은 편이다. 따라서 리더는 이러한 점에 유의해야 한다.

(4) 조직 정의

1980년대와 1990년대에 공정성이론은 구성원의 태도와 행동을 설명하려는 새로운 조류의 연구로 확장되었다. 전통적으로 공정성이론은 보상의 분배라는 관점에서 공정성 인식을 보는 분배적 정의(distributive justice)에 초점을 맞추어 왔다. 이러한 공정성은 작업장에서 좀 더 포괄적인 관점에서 공정성 지각을 다루는 조직 정의(organizational justice)의 개념으로 확대되었다.

조직 정의는 다차원적 개념으로, 그린버그[57]의 조직 정의에 대한 유형분류에 따르면 분배적 정의 이외에 절차적 정의(procedure justice)도 존재한다. 즉, 얼마의 보상을 받았는가와 같은 분배적 정의도 중요하지만, 그 보상이 어떻게 결정되었는가와 같은 절차적 정의도 중요하다. 분배적 정의는 사람들이 시간과 노력 또는 다른 투입물을 사용한 후에 받은 산출물에 초점을 맞춘다. 그러나 이것은 산출물을 분배한 의사결정을 하는 과정을 다루지는 못한다. 절차적 정의는 산출물을 분배하는 의사결정의 절차나 과정에 관한 것으로, 사람들이 이러한 절차나 과정을 공정하다고 지각하면 높은 성과를 위한 동기부여가 더 커진다는 것이다. 자원배분의 절차는 지각된 공평성(fairness)에 직접적인 영향을 주며,[58] 또한 그것은 산출물과 상호작용하며 지각된 공평성에 영향을 주기도 한다.[59]

비에스와 모아그[60]는 절차적 정의가 절차라는 고정된 측면만을 다루고 있는 반면 실제로 절차가 시행될 때의 핵심 현상인 두 사람간의 상호작용 측면을 소홀히 다루고 있다는 점을 지적하면서 상호작용적 정의(interactional justice)라는 개념을 소개하였다. 상호작용적 정의는 구성원이 조직으로부터 존엄과 관심, 존중을 받고 있다고 지각하는 정도를 말한다. 절차적 정의는 비인격적인 정책과 관련된 개념이지만, 상호작용적 정의는 정보전달자와 밀접하게 관련되어 있기 때문에 상사에 대한 인식과 직접적으로 관련될 가능성이 높다. 폴저와 비에스[61]는 상호작용적 정의를 조직 내 의사결정과정에서 구성원들에게 공정성을 지각시키는 것으로 설명하고, 이것은 관리자들의 주된 역할 중 하나라고 제안하였다.

최근 들어 조직 정의는 좀 더 다양한 차원을 포함하는 방향으로 확대되고 있다. 콜퀴트[62]는 조직 정의를 구성하는 네 가지 차원으로 분배적 정의, 절차적 정의, 대인 관계적 정의, 그리고 정보적 정의를 제시하였다.

① 분배적 정의(distributive justice) : 분배적 정의는 조직 내에서 어떻게 자원과 보상이 분배되는지에 대한 지각된 공평성을 말한다.

② 절차적 정의(procedure justice) : 절차적 정의는 자원배분의 의사결정을 하는 데 사용되는 과정이나 절차에 대한 지각된 공평성을 말한다.

③ 대인 관계적 정의(interpersonal justice) : 대인 관계적 정의는 구성원이 조직의 상사에 의해 공평하게 다루어지고 있는지에 대한 주관적 판단을 말한다.

④ 정보적 정의(informational justice) : 정보적 정의는 상사로부터 의사결정이나 다른 의사소통이 공평하게 잘 설명되고 있는지에 대한 구성원의 지각을 말한다.

4.3 목표설정이론

기대이론이나 공정성이론이 인간의 합리적 행동을 강조한데 비해 목표설정이론은 의도를 강조한다. 또한 인간행동은 쾌락적인 쪽으로 동기화된다는 인지적 쾌락주의를 비판하면서, 목표설정이론은 의도(intention)가 동기화에 중요한 역할을 한다는 점을 강조한다.

그림 4-5 목표가 행동에 주는 영향

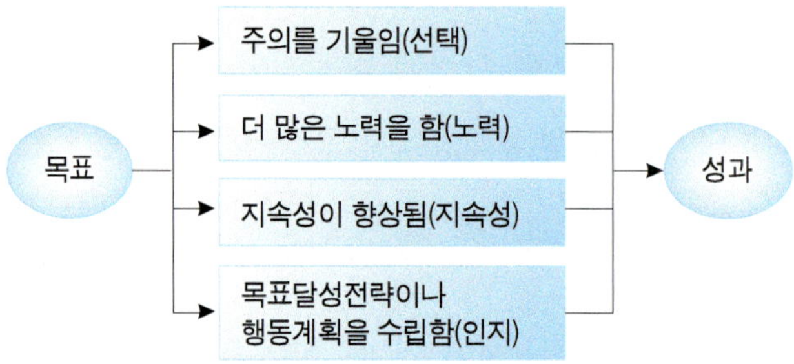

(1) 목표의 동기부여적 효과

리안[63]에 따르면, 인간의 행동은 의도(intention)에 의해 규제된다. 즉, 그는 욕구, 믿음이나 태도는 의도를 통해 행동에 영향을 준다고 하였다. 따라서 의도는 인간의 행동을 예측하고 설명하는 가장 직접적인 선행요인이다. 의도의 효과에 관한 리안의 가설검증연구를 바탕으로 로크[64]는 목표설정이론을 제시하였다.

의도란 행동에 의해 성과가 나타나든가 또는 어떤 일이 완성될 때까지 유지되는 긴장상태를 말한다. 목표는 의도를 의미하며, 이러한 의도는 사람들로 하여금 그 방향에 더 많은 주의를 기울이게 하고 더 많은 노력을 오랫동안 지속하게 하며 목표달성을 위한 전략이나 계획을 탐색하고 수립하도록 함으로써 성과에 영향을 준다(그림 4-5 참조).

(2) 목표설정이론 및 연구

목표는 사람들이 달성하려고 하는 것으로, 로크와 라쌈[65]은 목표와 성과를 연계시키는 많은 연구결과를 바탕으로 목표설정이론을 제시하였다. 목표설정이론에 대한 연구의 핵심적인 시사점을 요약하면 다음과 같다(그림 4-6 참조).

① 구체적인 목표는 추상적 또는 일반적인 목표나 목표가 없는 경우보다 더 높은 성과를 창출한다. 어떤 사람에게 "최선을 다하라"고 말하는 것은 추상적 또는 일반적인 목표이다. 구체적인 목표는 "하루에 5대의 컴퓨터를 팔아라"

그림 4-6 목표설정이론의 개관

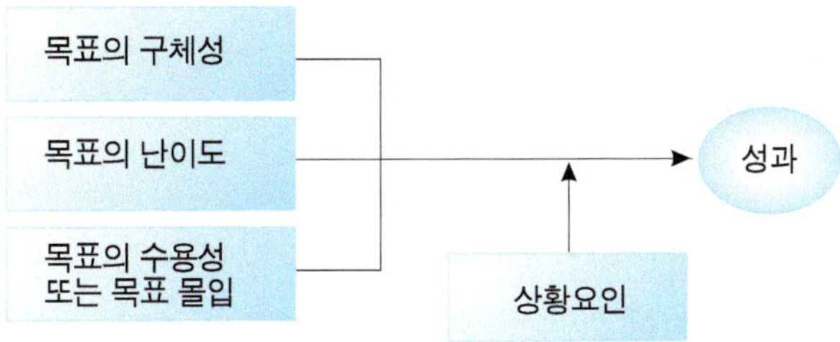

와 같이 수량과 시간이 포함된다. 모든 목표를 수량화할 수는 없겠지만, 가능한 목표를 구체화시키려는 노력은 성과향상에 도움이 될 것이다.

② 어려운 목표는 어렵지 않은 목표보다 더 높은 성과를 창출한다. 즉, 목표가 어려울수록 사람들은 더 많이 달성한다. 그러나 목표가 너무 어렵거나 불가능한 경우에는 이러한 관계가 성립하지 않는다. 목표가 불가능하다고 생각이 되면 오히려 좌절하게 되고 성과를 낮출 수도 있다. 따라서 달성 가능한 범위 내에서 어려운 목표를 세우는 것이 필요하며, 이것을 일반적으로 도전적인 목표설정이라고도 한다.

③ 목표가 성과향상에 기여하기 위해서는, 구성원이 그 목표를 수용해야 한다. 구성원이 주어진 목표를 자신의 개인목표로 받아들인다면, 목표에 대한 몰입이 나타난다. 목표에 대한 몰입이란 사람들이 목표달성에 대한 강한 바램을 가지고 그것에 자기 자신을 투자하는 것이다. 만일 구성원이 목표를 거부한다면, 그 목표는 구성원의 계획수립에 반영되지 않을 것이며 목표의 동기부여적 효과는 나타나지 않는다. 목표에 대한 수용성과 몰입을 높이기 위해서는 목표를 구성원들과 공유할 필요가 있다. 또한 구성원을 목표설정과정에 참여시키는 것도 구성원의 목표에 대한 수용성과 몰입을 높이는데 도움이 될 수 있다.

④ 목표의 성과에 대한 영향은 상황에 따라 더 커질 수도 있고 더 작아질 수도 있다. 목표와 성과의 관계를 조절하는 상황요인에는 피드백, 보상, 직무특

성, 능력 등이 포함된다. 피드백은 현재 구성원이 올바른 방향으로 노력하고 있는지 또한 성과가 어느 정도 달성되고 있는지를 알도록 해주며, 이러한 피드백이 수반될 때 목표는 더 효과적이다. 또한 성과에 대한 보상이 주어질 때 목표는 더 효과적이다. 직무 복잡성이 증가할수록 목표의 성과에 대한 효과는 감소하며, 따라서 목표의 효과는 단순한 직무에서 더 크게 나타난다. 그리고 사람들이 목표달성에 필요한 능력을 가지고 있고 그러한 능력에 대해 자신감을 가질 때, 목표는 더 높은 성과로 이끈다.

(3) 목표설정이론의 메카니즘

초기 목표설정에 대한 리안[66]의 주장은 통제이론(control theory)의 관점에 기초하고 있다. 통제이론에서 사람들은 기준이 되는 목표와 실제 성과가 일치되도록 행동을 조정한다고 가정한다. 즉, 목표와 성과간의 차이(gap)의 인식은 그것을 줄이려는 행동을 취하도록 유도한다는 것이다. 따라서 동기부여의 원천은 바로 목표와 성과 간의 차이에 대한 피드백 루프이다. 통제이론은 난방장치의 자동온도 조절장치에 비유할 수 있다. 예를 들어, 온도가 상승하면 자동온도 조절장치의 온도계 수치가 올라가고 그것이 일정 기준에 도달하면 난방장치를 끄라는 신호를 보내게 된다. 반대로 온도가 하강하면 자동온도 조절장치의 온도계 수치가 내려가고 난방장치를 재가동 시킨다. 이와 같이 자동온도 조절장치는 정해진 기준온도와 실제 온도 간의 차이를 피드백해 주는 통제체계이다.

그리나 동기부여는 피드백에 의한 동세뿐 아니라 피드포워드(feedforward)에 의한 통제를 요구하며, 따라서 목표설정은 차이를 줄이는 것 뿐 아니라 차이를 만들어 내는 과정(discrepancy–creating process)으로 볼 수 있다.[67] 예를 들어 목표를 달성하면 높은 자기효능감을 가진 사람은 더 높은 목표를 세우는데, 이와 같이 차후적으로 세운 높은 목표는 단순히 목표와 성과 간 차이를 줄이기보다는 목표와 성과 간 차이를 창출하는 것으로 볼 수 있다. 이러한 피드포워드 방식은 목표와 성과 간 차이를 줄여 균형을 이루는 것 뿐 아니라 새로운 비균형적 차이를 만드는 이중 순환과정을 포함한다.[68] 이중 순환과정이란 자동온도조절장치가 정해진 기준온도에 따라 피드백을 통해 통제하는 것 뿐 아니라 기준 온도자체를 자율적으로 바꾸는 과정까지 포함하는 것을 의미한다.

목표를 설정하면, 사람들은 그 목표를 달성하기 위해 노력한다. 사람들은 목표에 미달했다고 생각하는 정도만큼 불만족을 느끼게 되고, 목표를 달성할 수 있다고 생각하는 한 그 차이를 줄이고 그 목표를 달성하기 위해 더 많은 노력하게 될 것이다. 이러한 과정을 통해 목표를 달성하게 되면, 그들은 자신감을 느낄 것이다. 그러나 이러한 단일 순환과정에 그치지 않고 이중 순환과정으로 확대된다. 즉, 주어진 목표달성을 통해 향상된 자신감은 더 어려운 목표를 설정하고 수용하는데 도움을 주게 된다. 특히, 목표를 달성하는 경우 능력이나 자기효능감이 높은 사람은 더 어려운 목표를 수립하고 더 높은 성과를 창출한다.[69]

4.4 자기결정이론

대부분의 동기이론들은 즐거움을 최대화하고 불쾌함을 최소화하도록 동기화되어 있다는 쾌락주의를 전제로 욕구, 인지적 과정, 그리고 행동적 접근의 역할을 강조하여 왔다. 반면에 유기체 이론(organismic theory)에서는 인간은 내재적으로 다른 사람들을 돕거나 다른 사람들과 함께하기 위해 또는 자신의 잠재력을 최대한 발휘할 수 있도록 자신의 흥미와 능력을 개발하기 위해 동기화되어 있다고 전제하고 있다. 유기체 이론에서는 인간을 자기개발의 욕구와 성장의 욕구를 가지고 있는 존재로 보고 있다. 이러한 유기체이론의 하나가 자기결정이론이다.[70]

(1) 내재적 동기부여와 자기결정이론

경영학의 고전적 접근에서 돈(money)은 구성원들이 효과적이고 효율적으로 일을 수행하도록 하는 일차적 인센티브로 간주되었다. 그러나 호돈연구 결과에서 나타났듯이, 인간은 돈에 의해서만 동기부여 되는 것이 아니라 자기 자신에 대한 가치인식이나 타인으로부터 존중받는 느낌과 같은 다양한 사회심리적 요인에 의해 동기부여 된다. 따라서 돈은 여러 가지 동기요인 중 하나이다. 특히, 기대이론과 공정성이론에 따르면 돈은 성과와 연계될 때 구성원을 동기부여시킬 수 있다는 것을 보여주고 있다.

그러나 데시[71]는 여러 실험실 연구결과를 기초로 돈은 오히려 구성원의 내재적 동기부여를 없앤다고 주장하였다. 내재적 동기부여란 외적으로 주어지는 보상없이도 직무를 지속적으로 수행하는 것을 말한다. 데시에 따르면, 내재적으로 가치있는 과업에 대해 일을 잘 했다고 외재적 보상을 주면 다른 사람에 의해 통제받는 것으로 지각하게 된다는 것이다. 이와 같이 외적으로 통제받는 것으로 지각하게 되면 동기부여와 만족도는 감소하게 된다. 데시는 이러한 과정을 인지평가이론(cognitive evaluation theory)으로 설명하였다.

인지평가이론은 인간은 자신의 행동에 대한 원인을 규명하려는 심리적 경향을 가지고 있다는 자기귀인(self-attribution)에 기초하고 있다. 외재적 보상없이 내재적으로 가치있는 과업을 하는 경우 열심히 일하는 행동의 원인을 재미나 성취감 같은 일 자체의 특성에서 찾게 되고 내재적으로 동기부여된다. 그런데 이와 같은 내재적 동기부여 상태에서 외재적 보상이 제공되면, 열심히 일하는 행동의 원인이 일 자체에서 돈과 같은 외재적 보상으로 바뀌게 된다. 만일 돈과 같은 외재적 보상 때문에 일을 한다면 그들은 개인적 흥미가 없다고 판단하게 되고 그러면 내재적 동기가 감소하게 된다.

이러한 인지평가이론은 자기결정이론(self-determination theory)으로 발전되었다.[72] 자기결정이론에 따르면, 사람은 기본적으로 통제받는 것 보다는 자기결정의 욕구를 가지고 있다. 외재적 인센티브는 행동이 외적으로 촉진되고 있다는 생각을 만들어 내기 때문에 내재적 동기부여를 감소시키고 유능감(competence)이나 자기결정감(self-determination)을 약화시킨다. 따라서 외재적 보상은 오히려 내재적 동기부여의 수준을 떨어뜨린다. 진정으로 자신의 일을 즐기는 사람들은 자신의 직무에 대해 자율성을 더 느끼며 상사의 감시없이도 자신의 직무를 열심히 지속적으로 수행하게 된다.

(2) 자기결정이론에 대한 비판과 시사점

반두라[73)]은 데시의 연구에서 내재적 동기부여의 개념을 외재적 보상이 없는 경우와 같이 다소 애매하게 정의되었다고 지적하였다. 또한 현실적으로 외재적 유인이 전혀없는 상황을 찾기는 매우 어려우며 행동은 개인의 내적요소와 환경요소 간의 지속적 상호작용의 결과로 나타나는 것이라고 주장하였다. 그리고 성과의 감소는 인센티브 자체에 대한 반응이라기보다는 인센티브가 제시되는 방식, 즉 어떤 메시지로 전달되는가에 대한 반응으로 볼 수 있다고 하였다. 예를 들어, 외재적 인센티브가 외적 통제의 느낌을 제공하기 보다는 유능감과 자기결정감을 촉진하는 방식으로 제공될 수도 있을 것이다. 아이젠버거와 로아데스[74)]는 외재적 보상이 구성원의 가치를 인정하고 알려주는 역할을 한다고 하였다.

카메론과 피어스[75)]도 자기결정이론을 비판하면서 외재적 보상의 긍정적인 측면을 강조하였다. 예를 들면, 사람들은 칭찬이나 돈과 같은 외재적 보상을 받으면 자신의 직무를 더 좋아한다고 말하는 경향이 있다. 또한 어떤 과업에서 높은 창의성에 대해 보상을 받으면 완전히 다른 과업을 수행할 때 더 높은 창의성을 발휘한다. 따라서 외재적 보상은 성과에 긍정적인 효과가 있다고 할 수 있다.

이와 같이 자기결정이론이 주장하는 외재적 보상의 부정적 효과에 대해서는 많은 비판이 제시되고 있다. 그럼에도 불구하고 외재적 동기부여와 내재적 동기부여의 개념을 구분하고 다양한 측면에서 논의를 하는 것은 학문적으로 뿐 아니라 실무적으로도 의미가 있다.[76)]

내재적 동기부여 사례

● 최종 소비자와의 만남을 통한 일의 의미와 중요성 인식

· 펜실베이나대학교 와튼스쿨의 그랜트 교수는 전화로 대학 기부금을 모집하는 콜센터 직원들의 동기부여 수준을 높이는 방법에 대한 연구를 하였다.

· 콜센터는 이직률이 매우 높고 근무 사기도 최악인 것으로 알려져 있다. 박봉인데다 갑작스럽게 걸려온 기부금 모집 전화에 불쾌해하는 고객들을 매일 상대하기 때문이다.

· 그랜트 교수는 자신의 노고로 혜택을 본 수혜자들과 직접 면담을 주선해 주는 것만으로도 직원들의 동기부여 수준을 높일 수 있다고 생각했다.

· 그는 2007년 콜센터 직원 중 일부를 골라 장학금 수혜 학생들과 직접 교류할 수 있는 자리를 마련했다. 만남은 그리 길지 않았다. 콜센터 직원들이 장학생들의 학업 상황에 대해 간단히 대화할 수 있는 약 5분간의 시간만 주어졌다.

· 그 후 한 달간 콜센터 직원들의 통화 시간 및 기부금 모집 실태를 점검했다. 결과는 놀라웠다. 장학생들과 직접 대면했던 직원들은 학생들과 만나기 한달 전에 비해 두 배나 더 오래 잠재 기부자들과 통화했다. 모집된 기부금도 증가했다. 평균 185.94달러에 불과했던 주간 모금액이 한 달 만에 503.22달러로 급증했다.

● 타인 지향적 일의 의미에 대한 인식

· 그랜트 교수는 2007년 지역 스포츠센터 구조요원을 대상으로 실험을 실시하였다.

· 이 실험에서 첫 번째 집단의 구조요원들은 타인의 생명을 구한 사례를 읽었고, 대조군에 속한 두 번째 집단은 인명구조라는 직업이 자신에게 어떤 도움을 주는지를 기술한 사례만 읽었다.

· 이 후 타인의 생명을 구한 사례를 읽은 첫 번째 집단의 근무시간은 40% 이상 증가했다. 그러나 구조업무가 개인생활에 가져다 준 즐거움과 보람에 대한 글만 읽었던 대조군의 근무태도는 이전과 별반 달라지지 않았다.

〈동아 비즈니스리뷰(DBR) 53호, 3월 15일〉

05 강화이론

강화이론은 행동의 학습에 관련된 것이다. 학습은 일반적으로 직접적인 경험을 통해 상대적으로 오래 지속되는 행동의 변화로 정의된다.[77] 강화(reinforcement)는 행동의 가능성을 높이기 위해 어떤 행동의 결과로서 보상이나 벌을 제공하는 것을 말하며, 강화를 적절히 관리함으로써 행동을 변화시킬 수 있다. 이러한 원리를 이해하기 위해서는 조작적 조건화의 개념을 검토할 필요가 있다.

(1) 조작적 조건화와 효과의 법칙

스키너[78]는 학습의 근원적인 과정으로 조작적 조건화를 제안하였다. 조작적 조건화에 따르면 환경의 자극에 대한 반응으로 처음에 나타난 행동은 그 환경에 영향을 준다. 행동이 환경에 영향을 주면, 그 후 그것에 대한 결과가 환경으로부터 발생한다. 환경으로부터 유쾌하거나 긍정적인 결과가 나온 행동은 되풀이될 가능성이 높으며 불쾌하거나 긍정적인 결과가 나온 행동은 되풀이될 가능성이 낮다. 이것을 효과의 법칙(law of effect)이라고 한다.[79] 효과의 법칙은 강화이론을 이해하는 핵심 개념으로, 행동의 결과가 바로 그 행동이 미래에 다시 나타날 가능성을 결정한다는 것이다. 즉, 보상과 같이 유쾌한 결과가 뒤따르는 행동은 반복될 가능성이 높으며 벌과 같이 불쾌한 결과가 뒤따르는 행동은 반복되지 않을 가능성이 높다는 것이다. 따라서 학습은 행동과 그 행동의 결과 간의 연계성을 강하게 하는 과정을 통해 나타난다.

(2) 강화의 유형

조작적 조건화는 행동의 결과, 즉 보상이나 벌을 조작함으로써 행동을 수정하는 프로세스에 초점을 맞추고 있으며, 행동의 결과를 통제하는 환경을 강조한다.

환경에 의해 통제되는 보상을 외재적 보상(extrinsic rewards)이라고 한다. 다시 말해 외재적 보상은 급여, 승진, 칭찬 등과 같이 다른 사람에 의해 주어지는 보상을 의미한다. 이에 반해 성취감, 책임감, 자아충족감 등과 같이 업무를 수행하는 과정에서 내적으로 받는 보상을 내재적 보상(intrinsic rewards)이라고 한다. 조작적 조건화는 외재적 보상을 사용하여 바람직한 행동을 강화하고 바람직하지 않는 행동을 약화시키는 행동학습이론이다. 어떤 행동을 강하게 하거나 약하게 할 수 있는 강화의 유형은 크게 네 가지로 나누어 볼 수 있다.[80)]

① 긍정적 강화(positive reinforcement) : 바람직한 행동에 대해 긍정적인 강화요인이나 결과를 제공함으로써 바람직한 행동을 강하게 한다. 예를 들어, 매출성과가 향상되면 보너스를 받는 것이다.

② 부정적 강화(negative reinforcement) : 바람직한 행동에 대해 부정적인 강화요인이나 결과를 제거해 줌으로써 바람직한 행동을 강하게 한다. 에를 들면, 만일 아침에 보고서가 준비가 되지 않으면 상사에게 야단을 맞기 때문에 저녁 늦게 까지 사무실에 남아 보고서를 수정하는 것이다. 즉 상사로부터 야단을 맞는 것을 피하기 위해 바림직한 행동을 하는 것이다. 따라서 이것을 회피(avoidance)학습이라고도 한다.

③ 소거(extinction) : 바람직하지 않은 행동에 대해 긍정적인 강화요인이나 결과를 보류함으로써 바람직하지 않은 행동을 약하게 한다. 이것은 이전에 보상을 받았던 행동이나 반응에 대해 더 이상 보상이 제공되지 않으면 그 행동이 약화되거나 없어지는 것을 말한다.

④ 벌(punishment) : 바람직하지 않은 행동에 대해 부정적인 강화요인이나 결과를 제공함으로써 바람직하지 않은 행동을 약하게 한다. 만일 너무 오랫동안 커피브레이크를 갖은 것에 대해 상사가 질책을 하면, 그 질책은 그 행동에 대한 벌이 된다. 그러면 다음에 너무 오랫동안 커피브레이크를 갖는 행동은 하지 않게 된다.

이러한 네 가지 강화유형 중에서 긍정적 강화의 방법이 학습에 가장 효과적이다.[81] 특히 벌은 바라지 않은 정서적 부작용을 초래할 수 있으며 비윤리적이고 비인간적일 수 있으며 그 효과가 단지 일시적일 수 있기 때문에 비효과적이다. 벌은 적절히 사용되면 행동을 통제하고 수정하는데 효과적일 수 있지만 과도하게 사용되면 비효과적이고 심지어는 부정적인 결과를 초래한다는 연구결과도 있다.[82] 일반적으로 많은 연구결과들은 상사의 긍정적인 행동은 징벌적인 행동보다 성과에 더 큰 정(+)의 영향을 준다는 것을 보여주고 있다[83].

강화이론에 따르면, 바람직한 행동에 대한 보상을 제공하는 것은 사람들을 동기부여시키며 학습에 영향을 준다. 즉, 바람직한 행동에 대한 보상을 통한 인센티브 강화는 행동과 보상간의 연계성 지각을 증대시키며 그러한 행동을 반복하게 하는 가능성을 높일 것이다.

이러한 강화의 가치를 극대화시키기 위해서 보상은 바람직한 행동이 나타날 때만 제공해야 한다. 이것을 상황적 강화의 법칙(law of contingent reinforcement)이라고 한다. 예를 들면, 리더는 구성원이 건설적인 의견이나 아이디어를 제시하는 것과 같이 바람직한 행동을 했을 때 칭찬을 해주어야 한다. 강화의 가치를 높이기 위한 또 하나의 법칙은 즉각적 강화의 법칙(law of immediate reinforcement)이다. 이 법칙에 따르면, 바람직한 행동이 나타난 후 가능한 바로 보상을 주어야 효과적이다.

(3) 강화스케줄

긍정적 강화의 효과는 강화 스케줄에 따라서도 달라진다. 조작적 조건화에 따르면, 강화요인의 스케줄링 또는 타이밍은 강화요인의 양이나 크기보다 학습에 더 큰 영향을 준다.[84]

강화스케줄에는 연속적 강화(continuous reinforcement)와 간헐적 강화(intermittent reinforcement)로 구분할 수 있다. 연속적 강화스케줄은 바람직한 행동이 나타날 때마다 강화요인이 주어지는 것이다. 반면에 간헐적 강화스케줄은 강화요인이 모든 바람직한 행동에 대해 주어지는 것이 아니라 일부의 바람직한 행동에 대해서만 주어지는 것이다.

간헐적 강화스케줄은 바람직한 행동에 대해 일정한 기준을 가지고 강화요인을 제공하는데, 여기에는 고정간격법(fixed interval), 변동간격법(variable interval), 고정비율법(fixed ratio), 변동비율법(variable ratio)의 네 가지 방식이 있다. 간격법은 시간을 기준으로 하는 것이며 비율법은 나타난 행동을 기준으로 하는 것이다. 그리고 고정법은 일정한 간격이나 양을 기준으로 하며 변동법은 그 간격이나 양의 기준을 변동시키는 것이다.

① 고정간격법 : 일정한 시간적 간격을 두고 강화가 주어지는 것을 의미한다. 예를 들어, 매 1시간마다 1회씩 강화가 주어진다면 고정간격법이다. 주급이나 월급 또는 매월 보는 시험 등이 여기에 해당된다.

② 변동간격법 : 평균 시간간격은 일정하지만 강화가 주어지는 시간간격은 불규칙하다. 예를 들어 1시간에 1회, 40분에 1회, 1시간 20분에 1회의 강화가 주어졌다면 3시간에 3번의 강화가 주어졌기 때문에 평균적으로는 1시간에 1회의 강화가 주어졌지만 실제로 강화가 주어지는 시간간격은 불규칙하다. 상사가 갑자기 나타나서 칭찬을 해준다거나 갑자기 퀴즈시험을 보는 것 등은 여기에 해당된다.

③ 고정비율법 : 일정한 수의 바람직한 행동이 나타난 후에 보상을 해주는 것을 말한다. 예를 들어 3번의 바람직한 행동이 나타날 때마다 1회씩 강화를 해주는 것이다. 생산량에 따른 성과급제(piece-rate pay)가 대표적인 예일 것이다.

④ 변동비율법 : 평균적으로는 일정 수이지만, 각기 다른 수의 바람직한 행동이 나타나면 보상을 해주는 것을 말한다. 즉, 보상을 해주는 바람직한 행동의 횟수가 불규칙하다. 예를 들어 바람직한 행동이 10번 나타나면 보상해 주다가 다음엔 8번 나타나면 보상을 해주다가 다음엔 12번 나타나면 보상을 해주는 것이다. 평균적으로는 10번에 1번의 보상이지만, 보상되는 횟수는 불

규칙적이다. 무작위로 품질을 검사해서 불량이 없으면 칭찬해주는 것은 여기에 해당될 것이다.

강화스케줄이 성과에 미치는 상대적인 효과성에 대한 연구결과에 따르면, 일관된 결론을 내리기는 어렵지만 일반적으로 변동 방식의 강화스케줄이 연속적 강화스케줄보다 학습에 더 효과적이다.[85]

(4) 조직행동 수정프로그램

조직행동 수정(organizational behavior modification)은 조작적 조건화의 원리를 조직에서 인간행동을 관리하는데 적용한 것이다. 루산스와 크라이트너[86]는 바람직한 행동과 보상을 연계성을 강조하는 긍정적 강화의 원리에 바탕을 두고 조직행동 수정의 성공적인 실천단계를 제시하였다.

① 1단계는 구성원들이 수행하기를 원하는 중요한 행동을 규정하는 것이다(예, 건설적인 의견이나 아이디어 제시).
② 2단계는 각각의 중요한 행동에 대해 기준선을 정하는 것이다. 이것은 구성원들이 얼마나 바람직한 과업을 수행했는지를 측정하는 것을 포함한다.
③ 3단계는 바람직한 행동이 잘 안되는 원인을 분석한다.
④ 4단계는 3단계의 정보를 사용하여 개입방법 또는 보상프로그램을 개발한다.
⑤ 5단계는 개입방법이나 보상프로그램이 잘 작동하는지를 평가한다. 이 과정을 반복하며 좀 더 효과적인 방식으로 변화시키며 실행한다.

연구결과에 따르면, 이러한 조직행동 수정프로그램은 결근율[87]이나 사고율[88]을 줄이는데 효과적이다. 또한 조직행동 수정프로그램은 실무적으로도 GE와 같은 많은 회사에서 활용하고 있으며, 리더십의 관점에서도 유용하게 활용할 수 있을 것이다.

제5장 리더십과 대인간 의사소통

01 의사소통의 개념 및 중요성
02 의사소통의 유형과 매체 충실성
03 효과적인 대인간 의사소통

01 의사소통의 개념 및 중요성

조직의 성공은 관리자를 포함한 조직의 모든 구성원들의 의사소통 능력에 의존하고 있다. 1974년에 실시한 어떤 서베이에서 252명의 마케팅 및 인사관리자에게 기업에서 성공하기 위해 졸업자들에게 가장 중요한 능력을 선택하도록 요구하였다. 그 결과에 따르면, 의사소통 능력이 동기부여 능력, 조직화 및 협력 능력, 의사결정 능력, 재무분석 능력, 컴퓨터 사용 능력을 제치고 중요도에서 1위를 차지하였다.[1)] 다른 능력들도 모두 기업에서 요구하는 중요한 능력이지만, 의사소통 능력은 아마도 가장 기본적인 능력으로 강조되고 있으며, 따라서 현재의 기업조직에서도 유사한 결과를 기대할 수 있을 것이다.

특히, 관리자들은 대부분의 시간을 다른 사람과 의사소통하며 보내므로 관리자의 의사소통 능력은 업무의 성공적인 수행에 필수적이이다. 그리고 다른 사람에게 영향력을 행사하는 리더십의 기능을 수행하는 가장 핵심적인 수단이 바로 의사소통일 것이다. 상사와 부하간의 의사소통을 통해 조직의 정책이나 절차, 조직의 목표와 업무에 대한 의미, 그리고 지시와 피드백 등과 같은 메시지를 전달할 뿐 아니라 부하로부터의 아이디어나 의견을 수렴하고 부하의 생각이나 감정을 알 수 있다.

1.1 리더십과 의사소통의 중요성

(1) 의사소통과 관리자의 일과시간

의사소통은 모든 대인관계의 기초일 뿐 아니라 관리나 리더십 기능을 수행하는데 필요한 기본적인 능력이다. 일반적으로 조직에서 관리자들은 일과시간의 약 80%를 다른 사람들과 의사소통을 하며 보낸다.[2)]〈표 5-1〉에서 보는 바와 같이, 관리자들은 정규회의나 비정규회의, 또는 전화 등을 통해 다른 사람들과 의사소통하며, 때로는 비공식적으로 다른 사람을 만나 의사소통하기도 한다. 즉, 일과시간을 기준으로 보면 책상업무를 제외한 모든 시간은 의사소통과 관련되어 있다. 또한 이를 과업량 기준으로 보더라도, 관리자는 약 70%의 과업을 의사소통을 통해 수행하고 있다고 할 수 있다.

이와 같이 조직에서 관리자는 대부분의 시간을 다른 사람들과 의사소통을 하며 보내며, 이 과정에서 관리나 리더십 기능을 수행하게 된다. 따라서 의사소통 능력은 관리나 리더십 기능을 수행하는데 매우 중요하며 그 효과성에 영향을 미친다.

(2) 의사소통과 리더십의 관계

리더십은 일차적으로 상사와 부하와의 관계에 기반을 두고 있으며, 상사는 의사소통을 통해 부하들에게 영향력을 행사한다. 따라서 의사소통 능력은 리더십

표 5-1 관리자의 일과시간 및 과업량 분포[3)]

	일과시간 비율	과업량 비율
정규회의	59%	19%
비정규회의	10%	19%
책상업무	22%	33%
전화	6%	24%
여행 및 방문	3%	5%

효과성에 영향을 미치는 중요한 요인이며, 몇몇의 연구결과는 그것을 지지하고 있다. 즉, 리더의 의사소통은 부하의 만족과 정(+)의 관계를 가지고 있을 뿐 아니라[4], 생산성이나 제공된 서비스의 질과도 정(+)의 관계를 가지고 있다.[5]

훌륭한 리더들은 부하들과 비전을 명확히 의사소통하고 자신의 아이디어나 감정을 의사소통하며 적극적으로 다른 사람들로부터 아이디어를 구하기도 한다. 또한 훌륭한 리더들은 논쟁을 분명하게 하며 자신의 입장을 확실하게 주창하고 다른 사람을 설득하기도 한다.[6] 따라서 메시지를 전달하고 받는 의사소통 능력을 갖추지 않고서는 훌륭한 리더십을 발휘하기 어려울 것이다. 리더십을 발휘하기 위해서는 의사소통의 개념 및 원리를 이해하고 이를 효과적으로 실행할 수 있는 능력을 갖추어야 할 것이다.

1.2 의사소통의 개념 및 구성요소

(1) 의사소통의 개념 및 과정

의사소통의 원래 의미를 라틴어원에서 찾으면 “많은 사람들에게 공유되게 만드는 것 또는 공유하는 것”의 의미를 가지고 있다. 이러한 의미에 따르면, 사람들이 효과적으로 의사소통한다는 것은 자신들의 아이디어나 느낌을 모든 사람들이 이해할 수 있도록 표현하는 것이다. 사람들은 서로서로 정보를 공유하며, 각 개인은 다른 사람에 직접적인 영향을 준다. 따라서 의사소통은 둘 또는 그 이상의 사람들 간 의견이나 정보, 아이디어, 생각 또는 감정이나 느낌 등을 공유하는 과정으로 정의할 수 있다.

이러한 의사소통 과정은 그것이 일대일로 이루어지던 또는 일대다로 이루어지던 동일하게 나타난다. 이러한 의사소통의 기본과정은 [그림 5-1]과 같이 나타낼 수 있다.

그림 5-1 의사소통의 기본과정

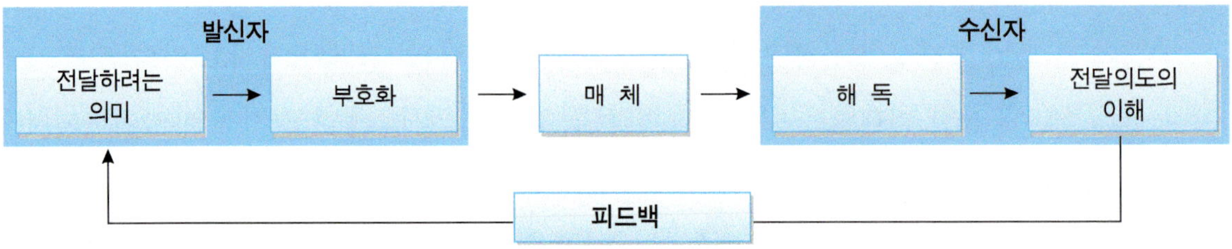

(2) 의사소통의 구성요소

의사소통의 기본과정을 구성하고 있는 요소로는 발신자, 매체, 수신자, 피드백, 그리고 잡음이 포함된다.

① 발신자

의사소통의 출발점은 메시지를 전달하는 발신자이다. 발신자는 자신이 전달하고자 하는 의미를 전달하기 위해서 그것을 부호화(endoding)한다. 부호화란 전달하고자 하는 의미를 메시지로 바꾸는 것인데, 이를 위해서 언어나 비언어적 상징(예, 제스처, 그림, 신호 등)을 사용하기도 한다.

② 매 체

부호화된 메시지는 의사소통 매체(medium)를 통해 수신자에게 보내진다. 채널은 메시지를 보내기 위해 선택한 매체를 의미하며, 많은 경우에 메시지의 성공은 선택한 채널에 달려있다. 의사소통 매체는 매우 다양하며 면대면 대화, 전화대화, 이메일, 메모, 잡지, 뉴스레터, 라디오, 텔레비전 등이 포함된다.

③ 수신자

메시지가 수신자에게 전달되면, 수신자는 그것을 해독(decoding)해야 한다. 해독이란 수신자가 메시지를 지각하고 그것의 의미를 해석하는 것이다. 수신자가 해석한 메시지에 첨부된 의미는 발신자가 전달하고자 한 의미와 같아야 한다. 이와 같이 발신자가 전달하고자 한 의미와 수신자가 해석한 의미가 같을수록 의사소통은 효과적이라고 할 수 있다. 따라서 의사소통의 효과성(communication effectiveness)은 발신자가 전달하고자 한 의미와 수신자가 해석한 의미 간의 일치하는 정도를 말하여, 의사소통의 정확성을 나타내기도 한다.

④ 피드백

피드백은 수신자가 받은 메시지의 의미를 부호화하여 초기 발신자에게 다시 보내는 과정이다. 이러한 피드백이 포함된 의사소통을 쌍방적 의사소통(two-way communication)이라고 한다. 만일 피드백이 포함되지 않으면, 일방적 의사소통(one-way communication)이 된다. 조직에서는 의사소통의 효율성(communication efficiency), 즉 의사소통의 비용을 줄이기 위해 메모, 편지, 이메일, 보이스 메일 등과 같은 일방적 의사소통을 사용하기도 한다. 그러나 효과적인 의사소통을 위해서는 피드백이 필요하다. 왜냐하면, 일방적 의사소통은 피드백이 없기 때문에 발신자와 수신자의 관점의 차이나 지각의 차이 또는 언어습관 등의 차이로 인해 의사소통이 왜곡되거나 오해나 오류가 발생할 가능성이 높기 때문이다.

⑤ 잡 음

잡음(noise)은 의사소통의 효과성을 저해하고 의사소통 과정에서 메시지의 이동을 방해하는 모든 잠재적 장애요소를 말한다. 잡음은 외적(external) 잡음과 내적(internal) 잡음으로 나눌 수 있는데, 외적 잡음은 발신자의 문법적 오류, 뒤섞인 문서, 떠들고 있는 사람들, 추운 사무실 등과 같은 장애요인을 포함한다. 내적 잡음은 두통, 공상이나 잡생각, 다른 문제에 몰두, 주제에 대한 지식의 결여 등과 같은 방해요인을 말한다.

또한 잡음은 의사소통 과정의 모든 단계에서 발생할 수 있다. 예를 들면, 발신자가 잘못 또는 불명확하게 부호화할 수 있으며, 또는 수신자가 잘못 또는 불명확하게 해독할 수도 있다. 그리고 소음이 많은 매체의 선택도 효과적인 의사소통을 방해할 것이다. 의사소통자들은 가능한 잡음과 그것이 메시지에 주는 영향을 파악하여야 할 것이다.

02 의사소통의 유형과 매체 충실도

2.1 의사소통의 유형 및 특징

언어적 의사소통은 단어(words)를 사용하여 메시지를 전달하는 것으로 서면(글)이나 구두(말)로 하는 방법이 있다. 반면에 비언어적 의사소통은 단어를 사용하지 않고 몸의 움직임이나 제스처, 자세, 신체접촉, 얼굴표정, 눈접촉 등을 통해 메시지를 전달하는 것이다. 또한 의복, 머리모양, 화장, 장식품, 집의 모양이나 위치, 사무실 크기, 책상크기, 의자 등 높이 등을 통한 상징적 의사소통도 비언어적 의사소통에 포함된다.

(1) 언어적 의사소통

언어적 의사소통은 크게 서면 의사소통과 구두 의사소통으로 구분될 수 있다. 조직에서는 많은 서면 의사소통이 이루어진다. 서면 의사소통은 기록되고 보존될 수 있으며, 가시적이고 입증 가능하다는 장점을 가지고 있다. 그러나 서면 의사소통은 즉각적인 피드백이 어려우며, 부가설명이 이루어지지 않기 때문에 해석 상 오해의 가능성을 내포하고 있다. 이러한 서면 의사소통에는 편지, 메모, 이메일 뿐 아니라 보고서, 업무 매뉴얼, 규정집, 품의 양식 등이 포함된다.

구두 의사소통은 업무를 수행하는 과정이나 공식적인 회의나 토론, 또는 공식적인 연설이나 발표 뿐 아니라 비공식적인 대화 등 다양한 곳에서 이루어진다. 구두 의사소통은 전달자의 말 뿐 아니라 목소리의 톤, 고저, 속도, 크기 등을 포함하고 있기 때문에 매우 강력하다. 수신자는 구두 메시지를 이해하기 위해 이러한 모든 단서를 사용하게 된다. 또한 구두 의사소통은 직접적이고 빠르게 이루어지며, 즉각적인 피드백이 가능하고 부가적인 설명이 가능하므로 오해의 소지가 적다.

반면에 구두 의사소통은 의사소통자의 수가 많을수록 왜곡 가능성이 높아진다.

(2) 비언어적 의사소통

비언어적 의사소통은 서면이나 구두로 표현되지 않는 의사소통과 관련된 모든 요소를 포함하고 있다. 때때로 비언어적 의사소통은 말이 전달하는 의미 이상을 전달하기도 한다. 특히, 감정을 전달하고 이해하는데 비언어적 의사소통은 매우 중요하며 언어적 의사소통보다 더 정확하기도 하다. 대표적인 비언어적 의사소통으로는 얼굴 표정과 눈 접촉, 그리고 신체 움직임과 제스처가 포함된다. 그 외에도 비언어적 의사소통에는 의복이나 외모, 물리적 환경 등도 포함된다. 비언어적 의사소통의 표현은 문화별로 다른 의미를 가지고 있기 때문에 문화적 차이에 주의를 기울여야 한다.

① 얼굴 표정과 눈 접촉

얼굴은 비언어적 메시지의 대부분의 의미를 나타내는데, 사람의 얼굴은 약 250,000개의 다른 표현을 할 수 있다고 한다.[7] 사람들이 모든 얼굴 표정 하나하나를 지각하고 해석할 수는 없겠지만, 눈썹이 올라가거나 내려가는 것, 안면 경련이 일어나는 것, 이를 꽉 물거나 입술을 꽉 다무는 것, 침을 꿀꺽 삼키는 것 등과 같은 표정은 사람의 감정을 나타내는 단서를 제공하며 따라서 이것을 통해 의사소통을 향상시킬 수 있다.

눈은 얼굴에서 가장 표현을 잘 하는 부분이며, 의사소통에 상당한 영향을 준다. 눈은 사람의 마음이나 의사를 전달하는 매우 유용한 수단이며, 따라서 눈을 보면 의사소통에 많은 도움이 된다. 또한 상대와의 눈 접촉은 대화를 시작하자는 의미를 전달하는 반면, 눈 접촉의 결여는 더 이상 대화를 하지 않겠다는 의미를 전달하기도 한다. 또한 눈 접촉은 상대와의 대화에 관심과 주의를 기울이는 것을 의미하지만 눈 접촉을 피하는 것은 관심이 없다는 것을 의미하기도 한다.

최근 전자(electronic) 의사소통이 점점 더 많이 사용되면서 거기에도 얼굴 표정이나 눈을 중심으로 한 비언어적 표현이 함께 사용되는 경향이 나타난다. 예를 들면, 즐거움, 우울함, 화남 등과 같은 이모티콘의 사용은 이메일의 의도된 의미를 더 잘 이해하는데 도움이 될 수 있다. 그러나 이메일의 메시지와 상반되는 이모티콘의 사용은 단어만을 사용한 것과는 매우 다른 의미를 가질 수 있다.[8)]

② 신체 움직임과 제스처

신체 움직임과 제스처도 비언어적으로 메시지를 전달하는데, 때로는 의도와는 상관없이 상대방에게 어떤 의미를 전달할 수도 있다. 신체 움직임과 제스처도 얼굴 표정 및 눈 접촉과 유사하게 긍정적인 의미를 전달하기도 하고 부정적인 의미를 전달하기도 한다. 중요한 것은 신체 움직임이나 제스처가 언어적 의사소통과 모순되지 않도록 해야 한다. 〈표 5-2〉는 얼굴 표정과 눈 접촉, 그리고 신체 움직임과 제스처와 관련된 긍정적 표현과 부정적 표현의 예를 보여주고 있다.

표 5-2 얼굴 표정과 신체움직임의 긍정적 표현과 부정적 표현의 예시

	긍정적 표현	부정적 표현
몸	사람 곁에 앉는다(오른쪽). 긴장을 푼 상태 얼굴을 향하여 향하여 구부려, 천천히 구부려 가끔 움직임	책상 뒤에 앉는다. 긴장된 상태 엉뚱한 곳을 향하여 다른 곳으로 구부려, 빨리 움직임 자주 움직임
팔	긴장을 품, 열려놓은 핀다	긴장, 팔장에 힘이 들어감 손기락 비틀과 꽉쥠
손	가볍게 다른 사람을 건드림	손가락으로 가리킴
얼굴표정	표현적	냉담함, 붉어짐
시선	미소, 훈훈함 쳐다봄, 한곳에, 지긋이 눈을 뜨고, 서서히 옮김	노려봄, 힐끗힐끗 봄, 두리번거림 엉뚱한 곳을 봄 자주 깜박임, 입술을 깨뭄
목소리	조용한, 낮은 표현적, 밝은, 산뜻한	높고, 불아넝, 떨림 알아들을 수 없는 탁한
호흡	고르다	거칠다
턱	약간 당김	내밈
고개	약간 숙임	쳐듬

③ 의복과 외모

우리의 의복과 외모는 다른 사람들이 우리의 지위, 신용, 그리고 설득력 등을 결정하는데 도움을 준다. 몇몇의 연구결과는 이러한 주장을 지지하고 있다. 예를 들면, 의복은 지위를 나타내며, 높은 지위의 의복을 입으면 다른 사람에게 더 잘 영향을 줄 수 있다.[9] 또한 더 매력적으로 인지되는 사람은 더 설득력이 있다.[10] 매력적이지 않은 사람은 높은 지위의 의복을 입음으로써 지각된 매력도를 향상시킬 수 있으며, 반대로 매력적인 사람이 낮은 지위의 의복을 입으면 지각된 매력이 감소된다.[11] 또한 직장에서 캐주얼 방식이 일반적인 추세라 하더라도, 더 높은 지위의 사람들은 낮은 지위의 사람에 비해 더 정장형태의 옷을 입는 경향이 있다.[12] 이와 같이 의복과 외모는 비언어적 방식으로 의사소통에 상당한 영향을 주고 있다.

④ 물리적환경

물리적 환경은 사람이 어떻게 의사소통하는지에 영향을 준다. 어떤 사무실은 우호적이고 상쾌한 반면 어떤 사무실은 냉냉하고 비우호적이다. 의사소통에 영향을 주는 물리적 환경 중 하나는 사무실의 배치이다. 어떤 배치는 수직적인 관계에서의 의사소통을 강조하며, 또 어떤 배치는 수평적인 관계에서의 의사소통을 강조한다. 어떤 배치는 의사소통을 활성화시키고, 또 어떤 배치는 의사소통을 어렵게 만들기도 한다.

색깔과 조명도 긍정적인 행동과 부정적인 행동에 영향을 주며, 환경이 매력적인지 아닌지를 판단하는데 영향을 준다. 전자장비를 생산하며 1980년에 “올해의 사무실” 상을 받은 스퀘어 디 회사(Square D. Company) 같은 경우에는 본사에 쾌적한 작업환경을 창조하기 위한 색깔을 사용하고 있다.[13] 조명의 색깔이나 밝기도 사람의 행동에 영향을 주는데, 예를 들면 흰색 조명은 두통을 유발하고 너무 파란 색의 조명은 졸음의 원인이 되기도 한다.[14] 최근에 우리 나라의 기업들도 개방적이고 수평적인 의사소통을 활성화 시키기 위한 공간을 구축하는데 많은 관심과 노력을 기울이고 있다.

2.2 의사소통 매체와 충실도

관리자들은 정보를 획득하거나 정보를 제공하기 위해 사용하는 매체를 결정해야 한다. 만일 적절한 매체를 사용하지 않으면 의사소통이 부정확해질 수 있으며, 따라서 중요한 메시지가 제대로 공유되지 않거나 부정확한 정보에 기초해서 의사결정이 잘못 이루어질 수도 있을 것이다. 따라서 매체의 선택은 의사소통 효과성에 영향을 줄 것이다. 매체의 선택에 관한 모형은 정보의 충실도와 상황이나 문제의 복잡성 간의 상호작용에 의해 결정된다.

(1) 매체와 정보의 충실도

특정한 메시지의 의미를 주고 받는데 있어서 어떤 유형의 매체는 다른 유형의 매체만큼 효과적이지 않을 수도 있다. 즉, 어떤 의사소통 매체는 다른 매체보다 정보를 전달하는데 더 충실하다. 대프트와 렌겔(1984)은 매체의 정보 충실성(richness)은 정보를 운반하는 잠재적인 능력이라고 정의하였다.

매체의 정보 충실성은 다음의 네 가지 요소에 의해 결정된다. ① 피드백이 즉각적인지 아니면 느린지의 정도, ② 채널이 시각과 청각을 포함한 다수의 단서를 결합하여 사용하는지 아니면 제한된 시각적 단서만 사용하는지의 정도, ③ 의사소통의 유형이 인간적인지 아니면 비인간적인지의 정도, ④ 신체언어와 자연언어를

그림 5-2 매체와 정보 충실도의 특징[15)]

정보 충실성	부호화	피드백	채 널	의사소통 유형	언어 유형
높음 ↑	· 면대면	· 즉각적	· 시각, 청각	· 인간적	· 신체, 자연
	· 전화	· 빠름	· 청각	· 인간적	· 자연
	· 서면	· 느림	· 제한된 시각	· 인간적	· 자연
	· 공식적 출력물	· 매우 느림	· 제한된 시각	· 비인간적	· 자연
낮음	· 공식적 숫자 매체	· 매우 느림	· 제한된 시각	· 비인간적	· 숫자

사용하는지 아니면 숫자 언어를 사용하는지의 정도. 이러한 네 가지 요소를 중심으로 다섯 개의 다른 매체의 정보 충실성을 나타내면 다음의 [그림 5-2]와 같다.[16)]

[그림 5-2]에서 보는 바와 같이 매체에 따라 정보 충실도의 수준은 다르다. 가장 충실한 매체는 면대면 대화이다. 면대면 대화에서는 수신자가 메시지를 잘 이해하지 못하거나 부정확하게 해석하면, 그 수신자는 발신자에게 그러한 상황을 직접적이고 즉각적으로 전달하는 피드백이 가능하다. 또한 발신자는 언어 뿐 아니라 목소리 톤이나 얼굴 표정, 제스처 등을 포함하는 복수의 단서나 신호를 사용할 수 있으며, 기계언어가 아닌 자연언어를 사용함으로써 더 정확한 의미를 소통할 수 있다. 그리고 면대면 대화는 인간적이며 개인적 요소를 담을 수도 있다.

반면에 양적 컴퓨터 출력물이나 화면 표시물과 같은 공식적 숫자매체는 가장 낮은 충실성을 가지고 있다. 피드백은 매우 느리고 채널은 제한적인 시각정보만을 포함하고 있으며, 이러한 숫자정보는 비인간적이고 공개적이다.

(2) 의사소통 매체 선택의 상황모형

매체 충실도 이론에 따르면, 의사소통을 위한 매체의 효과성은 그 매체가 보내는 메시지의 특성, 특히 모호성 정도를 고려할 때 얼마만큼 적절한지에 따라 달라진다. 메시지가 비일상적이거나 모호할 때는 면대면 대화나 전화대화와 같은 구두매체가 노트나 메모와 같은 서면매체보다 더 효과적이다.[17)] 왜냐하면 비일상적이거나 모호한 메시지에 포함된 정보는 수신자에게 불명확할 가능성이 높기 때문이다.

이와 반대로 메시지가 명확할 때는 서면매체가 더 효과적이다. 예를 들어, 아주 명확하고 구체적인 정보인 주소나 전화번호, 회사의 위치 등은 이메일 같은 서면매체로 전달하는 것이 효과적이다. 왜냐하면 그래야만 잘못 알아듣는 문제를 제거할 수 있으며 필요할 때 쉽게 다시 확인할 수 있기 때문이다. 따라서 효과적인 의사소통을 위해서는 단순히 어떤 매체가 최선인가를 찾는 것이 아니라 어떤 매체가 보내려는 메시지의 특성에 가장 적합한가를 찾는 것이다.

자신이 사용하는 의사소통 매체를 자신이 보내고자 하는 메시지의 특성과 잘 일치시키는 관리자는 매체 민감성을 가지고 있으며(media-sensitive), 이런 관리자는 그렇지 못한 관리자보다 일반적으로 자신의 직무를 더 효과적으로 수행한다.[18] 메시지의 특성과 매체의 종류를 잘 일치시키기 위해서 관리자는 상황이나 문제의 복잡성과 이에 따른 메시지의 특성을 이해해야 한다.

일반적으로 관리자들은 복잡성이 낮거나 높은 문제나 상황에 직면하게 된다. 낮은 복잡성의 문제나 상황은 일상적이고 예측가능하며 객관적 또는 표준절차를 사용하여 관리가 가능하다. 급여를 계산하는 것이 그 예이다. 반면에 조직 재구축과 같은 높은 복잡성 상황은 모호하고 예측불가능하며 분석이 어렵고 때로는 감정이 개입되기도 한다. 이러한 복잡한 문제나 상황에 대해서는 미리 설정된 해결안이 없으며 상황은 분석하는데 더 많은 시간과 노력을 사용한다.

효과적인 의사소통은 매체의 정보 충실도가 문제나 상황의 복잡성과 일치할 때

그림 5-3 의사소통 매체 선택의 상황모형[19]

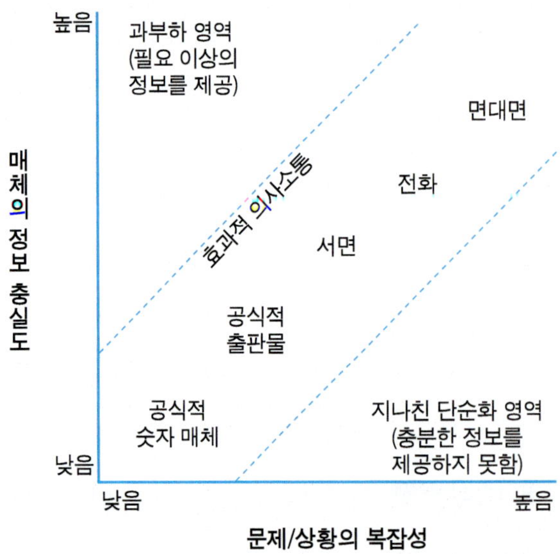

나타난다. 충실도가 낮은 매체는 단순한 문제에 더 적합하며 충실도가 높은 매체는 복잡한 문제나 상황에 적합하다. 반대로 매체의 충실도가 문제나 상황의 복잡성에 비해 너무 높거나 너무 낮으면 비효과적인 의사소통이 발생한다. [그림 5-3]에서 보는 바와 같이 문제나 상황의 복잡성에 비해 너무 높은 충실도의 매체를 사용하면, 매체는 필요 이상의 정보를 제공하는 과부하 영역에 해당된다. 반면에 문제나 상황의 복잡성에 비해 너무 낮은 충실도의 매체를 사용하면 매체는 충분한 정보를 제공하지 못하는 지나친 단순화 영역에 해당된다. 이 두 가지 영역은 모두 의사소통 매체의 비효과적인 선택이라고 할 수 있다.

03 효과적인 대인간 의사소통

3.1 대인간 의사소통의 장애요인

잡음은 매시지의 정확한 전달과 수신을 방해하기 때문에 효과적인 의사소통의 장애요인이 된다. 관리자가 이러한 장애요인을 잘 이해하는 것은 의사소통을 향상시키는 출발점이 될 것이다. 효과적인 의사소통의 핵심장애요인은 다음과 같다.

(1) 지각 차이

가장 일반적인 의사소통 문제 중 하나는 발신자가 메시지를 지각하는 것과 수신자가 지각하는 것의 차이가 날 때 발생한다. 우리의 기대나 준거프레임(frame of reference)은 우리가 정보를 회상하고 해석하는데 영향을 주며, 따라서 준거프레임의 차이는 지각 차이의 원인이 된다.[20]

개인의 준거프레임은 교육배경, 인종, 성별, 태도, 성격, 과거경험, 부모의 특성

토론거리 조직에서 상하간 의사소통의 장애요인

● 상하간 의사소통의 문제점은 무엇인가?

● 지시 또는 전달사항이 왜곡 또는 누락되는 이유는 무엇인가?

등을 포함하고 있다. 우리가 보고, 만지고, 맛보고, 냄새 맡고, 듣는 것은 우리의 특정한 프레임을 통해 발생하는 것이다. 어떤 사람은 자신의 주변에서 일어나고 있는 일을 넓게 보게 해주는 큰 프레임을 가지고 있다. 그리고 어떤 사람은 자신이 관찰한 것을 제한하는 좁은 프레임을 가지고 있다. 어떤 사람은 자신의 프레임에 얇은 유리를 끼우고 있어서 정확하게 보는데 도움을 주지만, 어떤 사람은 두꺼운 유리를 끼우고 있어서 이미지를 왜곡시킨다. 또한 어떤 사람은 모든 것은 좋게 보는 유리를 가지고 있고 어떤 사람은 모든 것을 어둡게 보는 유리를 가지고 있다. 어떤 사람도 완전히 똑같은 준거프레임을 가지고 있지는 않다. 일란성 쌍둥이도 다른 성격의 특성을 가지고 있으며, 따라서 똑같은 경험에도 다르게 반응한다. 만일 모든 사람들의 준거프레임이 같지 않다면, 사람들이 의사소통에서 어려움을 겪게 될 가능성은 당연히 있을 것이다.

(2) 어의적 차이

어의적(semantic) 차이는 주관적인 해석에 따른 오해를 말하며, 부적절한 단어의 선택에 기인할 수 있다. 똑같은 말이라도 다른 사람에게는 다른 것을 의미할 수 있기 때문에, 어의적 차이는 의사소통의 문제를 일으킨다. 예를 들어, 우리가 이윤이라는 단어를 사용할 때 대부분의 기업경영인에게는 긍정적인 의미를 가지고 있지만, 어떤 사람들에게는 사취 또는 착취와 같은 부정적인 의미를 가질 수도 있을 것이다. 이것은 애매한 단어의 사용으로 발생할 수 있으며 특수용어나 현학적인 전문용어의 사용으로 발생할 수도 있다.

따라서 단어의 선택이나 문장의 구성에 있어서 서면이나 구두 메시지의 명확성에 의문이 든다면, 의사소통의 KISS원리를 기억하면 도움이 될 것이다. KISS원리는 "Keep It Simple and Short"의 약어로 가능한 단순하고 짧게 의사소통하는 것이 효과적이라는 것이다.

또 다른 어의적 차이는 혼합된 메시지에 의해 기인한다. 혼합된 메시지는 언어적 의사소통과 비언어적 의사소통 간 불일치할 때 발생한다. 즉, 어떤 것을 말하면서 표정이나 제스처는 전혀 다른 것을 전달하는 것과 같이 언어적 의사소통을 통해 말하여 지는 내용과 비언어적 의사소통을 통해 말하여 지는 과정이 불일치하게 되면 의사소통의 효과성은 감소된다.

일반적으로 사람들은 의식적 또는 무의식적으로 내용과 과정의 불일치를 감지할 수 있으며, 이 경우 말하여진 내용에 대해 특별히 반론이 없는 한 과정에 더 의존하여 메시지를 판단하는 경향이 있다. 언어적 메시지와 비언어적 단서가 일치할 때 의사소통의 효과성은 향상될 수 있다.

(3) 지위 차이

지위(status) 차이는 상향적 의사소통을 방해하는 문제를 만들어낸다. 부하는 상사와 다른 의견을 표시하는데 머뭇거리게 되며 상사는 시간적 압력이나 오만 때문에 상향적 의사소통에 대해 개방적이지 않음으로써 지위에 의한 장애를 강하게 한다. 관리자를 이러한 지위 차이를 극복해야 효과적으로 의사소통할 수 있다.

지위 차이와 관련하여 발생하는 의사소통의 장애요인에는 여과(filtering)와 "음(mum)"효과가 있다. 여과는 전체 사실을 모두 전달하지 않고 정보의 일부만을 전달하는 것이다. 그리고 "음" 효과는 사람들이 나쁜 뉴스를 다른 사람에게 전달하는 것을 꺼려하기 때문에 어떤 것에 대해 말하지 않고 입을 다무는 것이다. 여과와 "음" 효과는 모두 효과적인 의사소통을 방해한다.

(4) 물리적 장애

멀리 떨어져서 이야기 하는 것과 같이 사람들 간의 공간적 거리는 의사소통을 어렵게 하며, 한국과 미국 간 시간대의 차이도 의사소통을 어렵게 하는 장애요인이 될 수 있다. 사무실의 소음도 물리적 장애요인이 된다. 물리적 장애요인에 대해서는 일반적으로 어쩔 수 없는 경우도 있겠지만, 이를 줄이려는 노력도 필요하다.

그 외에도 대인간 의사소통을 방해하는 장애요인은 많이 있다. 예를 들면, 발신자와 수신자 간의 신뢰부족, 공통의 경험부족, 기반지식이나 기능의 차이, 관습이나 문화적 차이 등이 포함될 수 있다.

3.2 효과적인 대인간 의사소통 기술

바스(1990)[21]는 의사소통의 효과성을 어떤 사람이 다른 사람들에게 무엇을 이야기하고 그 사람들이 이야기된 것을 확실하게 이해하는 정도라고 정의하였다. 효과적인 의사소통은 높은 확률로 의도된 메시지가 발신자로부터 수신자에게로 옮겨가도록 정보를 전달하고 수신하는 능력을 포함한다. 따라서 효과적인 의사소통을 위해서는 효과적인 전달 및 자기표현, 적극적 청취 능력, 그리고 효과적인 피드백 능력이 필요하다. 그리고 상사와 부하 간 의사소통의 발신, 수신, 피드백 기능이 원활하게 실행되기 위해서는 개방적 의사소통 분위기의 조성이 요구된다.

(1) 개방적 의사소통 분위기

개방적 의사소통이란 개인 간, 부서 간, 계층 간에 걸쳐 모든 유형의 정보를 공유하는 것을 의미한다. 개방적 의사소통은 상사로부터 부하에게로 선택적 정보가 하향적으로 흐르는 전통적인 의사소통과는 대비되는 말이다. 리더는 전통적인 계층이나 부서 간 의사소통의 장벽들을 제거하고, 사람들이 조직의 비전이나 목표, 가치관 등을 잘 이해하고 그것에 몰입하도록 할 수 있어야 한다. 일관되고 빈번한 의사소통은 조직의 비전, 목표, 가치관에 대한 부하의 수용성과 이해도를 높이는 데 도움이 된다.

또한 개방적 의사소통은 공동의 목표에 대한 협력과 몰입을 고취시키기 때문에 효과적인 상사-부하 관계의 핵심적인 요소인 신뢰를 구축한다.[22] 그리고 개방적 의사소통은 구성원들로 하여금 자신의 행동이 다른 사람들과 어떻게 상호작용하고 다른 사람에게 어떻게 영향을 미치는지를 이해하는데 도움이 된다. 따라서 리더는 개방적 의사소통 분위기를 원하며 그것을 구축하려고 노력한다. 개방적 의사소통을 통해 리더는 부하가 진정으로 이야기하는 것을 들을 수 있으며, 이것을 통해 조직은 모든 부하들의 생각으로부터 이득을 얻을 수 있을 것이다.

(2) 효과적인 전달 및 자기표현

전달자는 수신자가 의사소통을 이해하는데 그것이 필요 없을 것이라는 가정을 가지고 정보의 일부를 의도적으로 전달하지 않거나 여과를 할 수 있다. 그러나 정보를 전달하지 않으면 메시지의 의미를 왜곡시키거나 잘못된 해석을 하게 하는 원인이 될 수 있다. 상사는 성과 피드백을 하는 동안 성과평가에 사용한 정보의 원천을 모두 부하에게 이야기 하지 않는 것은 여과의 한 가지 예가 된다.

전달자는 수신자가 어떤 메시지를 이해하길 원하는지에 대해 명확하게 결정을 하고 그 메시지를 이해하는데 충분한 정보를 수신자에게 제공해야 한다. 그러나 또 한편에서는 과부하가 걸릴 만큼 많은 정보를 제공하는 것에 주의해야 한다. 기본적으로 발신자는 수신자가 그 정보를 적절히 사용할 것이라는 믿음을 가지고 있어야 한다.

또한 전달자는 부호화와 해독 과정에서 나타날 수 있는 오류를 최소화해야 한다. 부호화와 해독의 문제는 발신자와 수신자 간 공통 경험의 부재, 어의적 차이 문제, 그리고 부적절한 매체의 선택 등에 의해 기인한다. 공통의 경험은 지각이나 준거 프레임의 차이를 줄이는데 도움이 된다. 그리고 만일 수신자가 특수용어나 현학적인 전문용어에 익숙하지 않다면, 그러한 말을 사용하는 것을 자제해야 할 것이다. 또한 언어적 표현과 비언어적 표현을 일치시켜 일관된 메시지를 전달하는 것이 효과적이다. 마지막으로 발신자는 메시지에 적합한 매체를 선택하고 그것을 통해 수신자에게 메시지를 전달해야 한다.

우호적인 대인관계를 구축하기 위해서는 마음의 교류가 중요하며, 따라서 솔직하고 진지하게 자신의 감정을 표현하는 것이 필요하다. 우리는 기분이 좋으면 다른 사람의 이야기를 잘 받아준다. 그러나 기분이 좋지 않거나 평상심이 없을 때는 다른 사람의 이야기를 잘 받아주지 못한다. 이 경우에 자신의 불편한 심정을 표현

표 5-3 자신의 감정을 표현하는 방법

1) 자신의 현재 기분을 주제로 이것을 느낌의 말로 표현한다.
   우울하다, 신난다, 짜증난다, 속상하다, 불쾌하다, 섭섭하다 등
2) 자신에게 미친 영향을 표현한다.(… 때문에, …하므로 등을 붙여서 해도 된다.)
   … 때문에 배반당한 것 같다, …해서 소중하게 대접받은 느낌이다 등
3) 느낌과 그것을 느낀 순간의 상황을 묘사한다.
   하늘이 무너지는 것 같았다. 돌을 씹은 것 같았다. 구름에 떠다니는 것 같다 등
4) 충동이나 동기를 묘사하여 느낌으로 표현한다.
   당신을 때리고 싶다. 기뻐서 껑충껑충 뛰고 싶다. 죽고 싶다 등

감정 기술의 연습

다음의 각 표현 중 감정을 기술한 것에 ㅇ표 하시오.

1. ( ) 가. 입을 다물어라. 더 이상 말하지 말아라.
   ( ) 나. 당신이 방금 한 말은 나를 화나게 한다.
2. ( ) 가. 당신은 무엇을 하고 있느냐? 내가 일하고 있는 것이 보이지 않느냐?
   ( ) 나. 나는 당신이 그렇게 자주 내 말을 가로 막는데 화가 난다.
   ( ) 다. 당신은 남의 감정에 신경을 쓰지 않는 자기중심적 인간이다.
3. ( ) 가. 오늘 일어난 일로 나는 기분이 우울하다.
   ( ) 나. 오늘은 끔찍한 날이었다.
4. ( ) 가. 당신은 매우 훌륭한 사람이다.
   ( ) 나. 나는 당신의 박식한 지식을 존중한다.
5. ( ) 가. 나는 당신과 같이 있으면 마음이 편하다.
   ( ) 나. 우리 모두는 당신이 훌륭하다고 느낀다.
   ( ) 다.모든 사람이 당신을 좋아한다.
6. ( ) 가. 여기 일이 더 좋아지지 않으면 나는 새로운 직장을 찾겠다.
   ( ) 나. 당신은 사람 사는 곳이 그렇게 지저분한 곳을 본 적이 있느냐?
   ( ) 다. 나는 이번 작업을 혼자서 해낼 수 없을 것 같아 걱정이 된다.
7. ( ) 가. 이 책은 매우 흥미있는 책이다.
   ( ) 나. 나는 이것이 매우 좋지 않은 일이라고 느낀다.
   ( ) 다. 이 책을 읽으면서 나는 매우 흥분되어 있었다.
8. ( ) 가. 나는 이 집단에 어떤 물품을 기부하는 것이 적절하지 못함을 느낀다.
   ( ) 나. 내가 이 집단에 어떤 것을 R부하는 것은 적절하지 못하다.
9. ( ) 가. 나는 타고난 실패자이다. 나는 나를 좋아하는 사람을 결코 보지 못했다.
   ( ) 나. 그 관리자는 끔찍하다. 그는 나에게 아무것도 가르쳐주지 않는다.
   ( ) 다. 나는 일이 제대로 되지 않아 우울하다.
10. ( ) 가. 나는 이 집단에서 온화함과 편안함을 느낀다.
   ( ) 나. 내 집단의 어떤 사람은 내가 교제를 원할 때 항상 내 곁에 있다.
   ( ) 다. 나는 이 잡단의 모든 사람들이 나를 이 집단의 일원으로서 수용해 주는 것을 느낀다.

해답 : 1;나/2;나/3;가/4;나/5;가/6;다/7;다/8;가/9;다/10;가

하고 나면 여유가 생기고 상대방의 이야기나 입장을 받아주기 쉬워진다. 자신의 감정을 표현하는 방법에는 여러 가지가 있으며(표 5-3 참조), 어떤 방법을 사용하던 간에 “일인칭”인 “나”를 중심으로 하는 것이 효과적이다.

(3) 청 취

수신자의 의사소통 문제에는 선택적 청취, 가치 판단, 발신자의 진실성, 그리고 과부하 등이 포함된다. 선택적 청취는 수신자가 메시지의 일부에만 주의를 기울이고 선택할 때 나타난다. 구두 의사소통에서 자주 발생하는 문제이다. 수신자의 주의를 끌기 위해서 발신자는 목소리 크기를 변화시키거나 메시지를 반복하거나 보상을 제공하는 방법 등을 사용할 수 있다.[23)]

가치판단은 메시지가 수신자의 개인적인 믿음을 강화하거나 도전하는 정도에 의해 영향을 받는다. 만일 메시지가 수신자의 믿음을 강화하면, 수신자는 그 메시지에 더 많은 주의를 기울이고 검토없이 믿을 것이다. 반면에 메시지가 수신자의 믿음에 도전하면, 수신자는 그것을 평가절하하거나 무시할 것이다.

또한 수신자는 발신자의 진실성을 판단할 것이다. 만일 발신자가 그 분야의 전문가라고 생각되면, 수신자는 그 메시지에 더 많이 주의를 기울이고 그것을 믿을 것이다. 반대로, 수신자가 발신자를 존중하지 않으면, 수신자는 그 메시지를 경시할 것이다. 수신자를 가치판단을 하는데 있어서 메시지와 발신자를 동시에 고려하여 진실성을 결정한다.

의사소통의 과부하는 수신자가 처리할 수 있는 것보다 더 많은 정보를 받을 때 발생한다. 모든 정보를 받아들이고 해석하고 이해하며 그것에 대해 반응을 할 수 없다면, 수신자는 중요하다고 생각하는 메시지에 집중하기 위해 선택적 주의를 기울이게 되고 가치판단을 하게 된다.[24)]

청취와 관련된 또 다른 중요한 능력은 적극적 청취이다. 적극적 청취는 전달자가 실제로 의미하는 것을 말하도록 도와주는 능력이다. 이를 위한 몇 가지 가이드라인을 제시하면 다음과 같다.[25)]

① 말하여 지는 내용을 정확히 들으려고 해야 한다.

② 전달자가 가지고 있는 감정을 확인하려고 해야 한다.

③ 전달자로 하여금 자신의 감정이 인지되고 수용되었다는 것을 알도록 해야 한다.

④ 언어적 뿐 아니라 비언어적 표현에 민감해야 한다.

⑤ 전달자로부터 들었다고 생각하는 것을 자기의 언어로 다시 반복하며 반사시켜 준다.

적극적 청취를 위해서 수신자는 다른 사람이 말하는 동안 자기 내부의 대화를 멈추어야 하고, 수신자 자신의 말로 바꾸어 피드백을 제공하며, 불일치하거나 혼합된 메시지를 명확히 해야 한다. 이러한 적극적 청취기술을 요약하면 〈표 5-4〉와 같다.

(4) 피드백

피드백은 메시지가 수신되고 이해된 정도에 대해 수신자가 발신자에게 다시 메시지로 보내는 것이다. 피드백의 결여는 두 가지 문제를 야기시킨다.

첫째, 발신자 입장에서 수신자가 메시지를 이해했는지를 알지 못하고 따라서

표 5-4 적극적 청취기술

1) 당신 내부의 대화를 멈추어라
청취상 주요문제점은 다른 사람이 말하고 있는 동안 자기 자신에게 이야기하거나 공상에 잠기거나 다른 생각을 하는 것이다. 이 경우 기껏해야 메시지의 일부만을 얻을 수 있다.

2) 자신의 말로 바꿔서 설명하라
피드백의 법칙을 사용하여라. 당신이 들은 것을 요약하여 핵심내용을 중심으로 그 사람에게 다시 말하여라(그러나 이야기하는 것을 방해하지 않도록 주의하여라)

3) 불일치하는 것을 명확히 하여라
예를 들어, 두 갖의 서로 다른 메시지를 받았다면 물어보아라. "상준씨, 당신은 이제 마음이 편해졌다고 이야기 했는데 매우 초조해 보이는데요. 나는 혼란스러워요"

후속조치를 할 수 없게 된다.

둘째, 수신자 입장에서는 검증되지 않은 메시지에 따라 잘못 행동하게 되는 오류를 범하게 된다.

피드백은 효과적 의사소통에 매우 중요하며, 따라서 발신자는 적극적으로 피드백을 구해야 하며 수신자는 적극적으로 피드백을 제공해야 한다. 때로는 고개를 끄덕이는 것과 같이 다양한 비언어적 표현으로 피드백을 제공할 수도 있다.

효과적으로 피드백을 제공하기 위한 방법을 예시하면 다음과 같다. ① 사람이 아닌 구체적인 행동에 초점을 맞추어야 하고, ② 평가적이기 보다는 설명적이어야 하며, ③ 가능한 즉각적이고 시기적절해야 하고, ④ 명확하게 의사소통되고 이해되어야 한다.

상사는 부하에게 부정적 또는 긍정적 피드백을 모두 제공할 수 있다. 만일 부정적 피드백을 제공해야 한다면, 상대방이 통제할 수 있는 행동의 범위 내에서 이루어져야 효과가 있다. 그러나 부하의 개발을 위해서는 부정적 표현의 피드백보다는 긍정적 표현의 피드백이 더 효과적이라는 점을 이해해야 한다. 특히, 상대방을 돕기 위한 것이고 상대방의 성장과 발전을 위한다는 입장에서 피드백을 제공하는 것이 필요하다. 〈표 5-5〉에서 나타난 처벌과 징계의 차이를 이해하는 것은 상사와 부하 간 관계에서 효과적인 피드백을 제공하는데 도움이 될 것이다.

표 5-5 처벌과 징계의 차이

	처 벌	징 계
목적	잘못에 대한 형벌	교정과 성숙을 위한 훈련
초점	과거의 행위	미래의 행위
상사의 태도	부하에 대한 분노	부하에 대한 애정과 관심
부하의 반응	공포, 적의, 원망, 죄책감	결심과 상사에 대한 존경심

3.3 대인관계의 구축과 조하리 창

(1) 조하리 창의 개념적 이해

조하리(Johari) 창은 조셉(Joseph)과 해링톤(Harrington)이 만든 것으로 그들의 이름을 조합하여 지은 명칭이다. 조하리 창은 나와 어떤 상대방과의 관계에서 자신을 분석하는 틀을 제공한다. [그림 5-4]에서 보는 바와 같이 조하리의 창은 가로축을 중심으로 내가 자신에 대해 알고 있는 영역과 모르고 있는 영역으로 구분할 수 있으며 세로축을 중심으로 상대방이 나에 대해 알고 있는 영역과 모르는 영역으로 구분할 수 있다. 이와 같이 2×2로 구분하여 보면 나와 상대방과의 관계에서 네 가지 유형의 정보가 있다는 것을 알 수 있다.

첫 번째 유형은 내가 내 자신에 대해 알고 있으며 동시에 상대방도 나에 대해 알고 있는 정보로, 이것은 나와 상대방에게 모두 개방된 영역이다.

두 번째 유형은 나는 알고 있지만 상대방은 알지 못하는 나에 대한 정보로, 이것은 상대방에게 감추어지거나 비밀로 숨겨진 영역이다.

그림 5-4 조하리의 창

	자기가 아는 영역	자기가 모르는 영역
남이 아는 영역	나도 알고 남도 알고 있다. (Open)	나는 모르는데 남은 알고 있다. (Blind)
남이 모르는 영역	나는 아는데 남은 모른다. (Hidden)	나도 모르고 남도 모른다. (Unknown)

그림 5-5 대인관계와 조하리 창

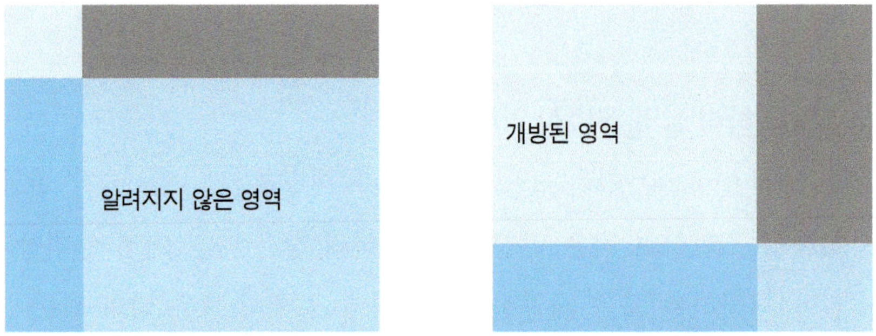

시작이나 나쁜 대인관계 / 좋은 대인관계

세 번째 유형은 상대방은 알고 있지만 나는 모르는 내 자신에 대한 정보로, 이것은 나 자신의 문제에 대해 맹인적인(blind) 영역이다.

네 번째 유형은 나에게도 알려져 있지 않을 뿐 아니라 다른 사람에게도 알려지지 않은 내 자신에 대한 정보로, 이것은 알려지지 않은 영역이다.

(2) 대인관계 구축과 조하리 창

조하리의 창은 대인관계의 깊이나 믿음 정도를 이해하는데 도움을 준다. 예를 들어, [그림 5-5]에서 보는 바와 같이 초기 시작단계에 있는 대인관계나 나쁜 대인관계에서는 개방된 영역이 매우 좁을 것이다. 반면에 깊이 있고 친밀한 대인관계에서는 개방된 영역이 매우 크게 나타날 것이다.

개방된 영역이 큰 좋은 대인관계를 구축하기 위해서는 [그림 5-6]에서 보는 바와 같이 자기표출과 피드백이 요구된다. 즉 상대방과의 관계에서 나 자신을 상대방에게 알려줘야 할 뿐 아니라 상대방의 나에 대한 피드백을 수용하고 성찰해야 한다. 자기표출(self-disclosure)은 상대방이 나에 대해 알도록 자신의 생각이나 의견, 그리고 감정 등을 노출하는 것을 의미한다. 자기자신에 관한 일이나 느낌을 솔직하고 꾸밈없이 정확하게 말하지 않는다면 아무도 그 사람을 제대로 이해할 수 없기 때문에 자기표출은 인간관계에 매우 큰 영향을 미치는 것이다.[26] 또한 다

그림 5-6 인간관계 구축과 자기성장

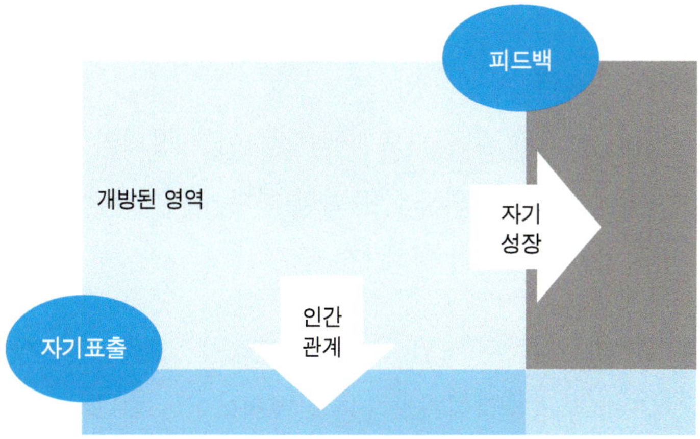

른 사람과의 대화를 통해 자신의 장단점 등에 대한 피드백을 받고 자기인식(self-awareness)을 확대하며 자신을 성찰할 기회를 통해 성장하게 될 것이다.

① 효과적인 자기노출

자기노출을 건설적으로 하기 위한 몇 가지 지침이 있다.[27] 첫째, 자기노출은 관계를 구축하고 개발하는 목적으로만 사용해야 한다. 다른 사람에게 자신의 문제를 떠넘기거나 동정을 얻기 위해 자기노출을 사용해서는 안 된다. 연구결과에 따르면, 사람들은 자기가 좋아하는 사람에게 더 많이 자기노출을 하는 경향이 있으며 자기노출을 더 많이 하는 사람을 좋아하는 경향이 있다.[28] 따라서 자기노출은 관계를 개발하는데 필요한 것이다. 둘째, 자기노출은 상호간에 공유되어야 한다. 건강한 관계는 어느 한쪽의 자기노출만으로는 개발될 수 없다. 왜냐하면 자기노출은 다른 사람이 그것을 남용할 수 있기 때문에 그 자체로 위험을 내포하고 있기 때문이다. 따라서 건강한 관계형성을 위해서는 서로 신뢰해야 하며, 그것을 바탕으로 자기노출을 서로 공유해야 한다. 셋째, 자기노출은 점진적 과정이어야 한다. 자기노출은 어느 한 순간에 일어나지 않는다. 갑자기 자기를 개방하여 감정을 다른 사람에게 퍼붓는 것은 잘못이다. 이 경우 다른 사람은 아마도 당신의 저의를 의심할 수도 있다. 비언어적 의사소통에 주의를 기울이며 상대방이 자기노출에 보답할 때를 기다릴 필요가 있다.

② 효과적인 피드백

모든 사람은 자기가 받은 피드백에 항상 어느 정도의 반응을 하기 때문에 피드백을 사용하는 방식에 주의를 기울여야 한다. 다른 사람에게 피드백을 줄 때에는 다음과 같은 점을 고려해야 한다.[29]

첫째, 피드백은 사람이 아닌 구체적인 행동에 초점을 맞추어야 한다.

둘째, 피드백은 평가적이기보다는 설명적이어야 한다. 설명적 피드백 솔직하고 객관적인 반면, 평가적 피드백은 판단 또는 판정적이다. 즉 평가적 논평은 사람이나 사람의 행동에 대해 가치판단을 포함하고 있다. 사람들은 피드백이 설명적일 때 더 잘 받아들이는 경향이 있다.

셋째, 피드백은 조언을 준다기보다는 아이디어를 공유한다는 관점으로 이루어져야 한다. 다른 사람에게 조언을 주는 것이 항상 현명한 것은 아니다. 왜냐하면 만일 당신의 조언이 상대방에게 잘 작동되지 않는다면, 당신이 비난받을 수 있기 때문이다. 관계를 향상시키는 좋은 방법 중 하나는 바로 의견이나 이이디어를 개방적으로 공유하는 것이다.

넷째, 피드백은 상대방이 한 번에 처리할 수 있는 만큼의 정보만을 포함해야 한다. 아무리 좋은 피드백이라도 과다한 양의 피드백은 이득이 되지 않는다. 일반적으로 한 번에 두세 개의 제안이 처리하게에 적절한 양일 것이다.

다섯째, 피드백은 즉각적이고 적시에 이루어져야 한다. 즉각적 피드백은 상대가 아직 생생하게 기억하고 있는 상태에서 행동을 수정할 수 있는 기회를 제공하기 때문에 효과적이다. 또한 피드백은 적절한 시기와 장소에서 이루어져야 한다. 만일 부정적 피드백을 다른 동료들 앞에서 또는 업무가 달라진 다음에 준다면, 긍정적으로 받아들여지기가 어려울 것이다. 이러한 형태의 피드백은 개인적으로 편안한 분위기에서 주어야 할 것이다.

제2부 전통적 리더십이론

제1부 조직과 리더십의 기초개념

- 제1장 조직과 조직관리의 이해
- 제2장 리더십의 개념과 본질
- 제3장 권력과 관리자의 역활
- 제4장 리더십과 동기부여
- 제5장 리더십과 대인간 의사소통

제2부 전통적 리더십이론

- 제6장 리더십 특성이론
- 제7장 리더십 행동이론
- 제8장 상황이론
- 제9장 참여적 리더십과 위임
- 제10장 리더구성원 교환관계 이론

신조이론

제3부 영감적, 도덕적 리더십이론

- 제11장 카리스마 리더십이론
- 제12장 변혁적 리더십
- 제13장 서번트 리더십
- 제14장 진성 리더십

제4부 자율통제와 리더십

- 제15장 셀프, 수퍼리더십
- 제16장 임파워먼트 리더십
- 제17장 리더십개발과 실천

제6장 리더십 특성이론

01 특성연구
02 감성지능과 리더십

리더십의 특성이론은 가장 최초의 체계적인 리더십 연구이다. 우수한 리더들은 그들만의 공통적 특성을 가지고 태어나며, 부하들은 그러한 리더의 영향력을 잘 수용한다는 사고에서 출발한다. 따라서 리더십 특성이론은 비리더와 구별되는 리더의 특성이 무엇인지, 더 나아가 비효과적인 리더와 구별되는 효과적인 리더의 특성이 무엇인지를 확인하는 데 초점을 맞추고 있다. 비록 초기의 특성이론은 리더십 특성을 타고나는 것으로 보는 위인(great man) 이론적 접근에 기초하고 있지만, 그 후의 특성이론은 리더십 특성이 타고나는 것인지 아니면 학습될 수 있는 것인지에 대한 가정을 떠나서 효과적인 리더의 특성을 제시하려고 하였다.

리더십 특성연구와 관련해 두 가지의 견해가 제시될 수 있다. 하나는 모든 리더십 상황은 공통적으로 공유되는 특징이 있기 때문에 부하에게 상당한 영향을 줄 수 있는 리더의 구체적인 특성을 찾아보는 것은 의미가 있다는 것이다.[1] 또 다른 하나는 보편적인 특성이란 존재하지 않고 상황에 따라 다른 리더십 특성이 요구된다는 것이다.[2] 그러나 어떤 견해를 따르던지 간에 리더십 특성의 중요성은 강조되고 있다. 즉 성공적인 리더는 분명히 다른 사람과 다르다는 것이다. 환경의 변화에 따라 새로운 특성에 대한 관심도 증대되고 있으며 성공적인 리더의 특성을 확인하려는 시도는 계속되고 있다.[3]

01 특성연구

1900년대 초의 리더십 연구는 리더에게 가장 빈번하게 나타나는 자질요인을 살펴보고 이를 바탕으로 리더가 구비해야 할 자질요인을 규명하는 것이었다. 이를 위해 위인(great man)으로 불리는 사람들의 특성연구에 초점을 맞추었다. 나폴레옹, 히틀러, 링컨, 간디, 케네디 등과 같이 역사적으로 유명한 인물들은 어느 시대에서나 어떤 상황에서나 리더가 될 수 있는 천부적인 특성을 가지고 태어났기 때문에 위대한 리더가 되었다고 생각한 것이다. 즉, 이러한 영웅들은 신체구조나 용모가 다른 사람들과 구별되며 신분, 지능지수, 성격 등도 다른 사람보다 뛰어나다는 것이다.

초기의 위인 이론적 접근에 기초하여 그 후에 많은 연구들이 리더의 특성을 규명하려고 시도하였다. 대부분의 연구들은 리더와 리더가 아닌 사람을 비교하거나 새로이 구성된 집단에서 출현하는 리더의 특성을 검토함으로써 리더의 필수적인 특성을 찾으려고 노력하였다. 이러한 초기 리더십 연구의 전반적인 결과는 스톡딜[4)]에 의해 종합적으로 검토되었다.

1.1 초기의 특성연구

스톡딜은 두 번에 걸쳐 특성연구를 종합적으로 검토하였다. 첫 번째는 1904년부터 1947년까지 실시된 124편의 특성연구를 종합 검토하였다. 그리고 두 번째 종합검토는 1948년부터 1974년까지 실시된 163편의 특성연구를 대상으로 하였으며, 그 검토결과를 첫 번째 검토결과와 비교하였다.

(1) 스톡딜 검토의 비교(1948, 1974)

1948년 이전 연구의 검토에서는 긍정적인 결과를 나타낸 연구와 부정적 또는 관련없는 결과를 나타낸 연구를 모두 포함하고 있지만, 1948년 이후 연구의 검토에서는 긍정적인 결과를 나타낸 연구만을 포함하고 있다.[5] 그렇다고 부정적 또는 관련없는 결과를 나타낸 연구가 없다는 것을 의미하지는 않는다. 왜냐하면 소수(예를 들면 1-2편)의 부정적 또는 관련없는 결과를 나타낸 연구가 있지만 종합검토 대상에서 제외되었을 수도 있으며, 또한 부정적 또는 관련없는 결과를 나타낸 연구는 발표되기 어려웠을 가능성이 높기 때문이다. 스톡딜은 공통적으로 자주 언급되는 특성들이 리더십의 다양한 기술과 관련 있을 것이라고 생각하고 1~2명의 학자가 언급한 특성들은 제외하고 3명 이상의 학자들이 발견한 특성들을 중심으로 정리하였다. 이러한 리더십 특성으로는 신체적 특성, 사회적 배경, 지능과 능력, 성격, 과업관련 특성, 그리고 사회적 특성이 포함되어 있다.

① 신체적 특성

신체적 특성으로는 활동성 또는 에너지, 연령, 외모, 신장, 그리고 체중이 연구되었다. 활동성 또는 에너지를 제외하면, 연구결과는 전반적으로 일관되게 나타나지 않았다. 특히, 신장과 체중에 대해서는 1948년 이후 연구가 거의 이루어지지 않았다. 따라서 연령, 외모, 신장, 그리고 체중을 포함한 신체적 특성은 리더십 기능을 발휘할 수 있는 능력과 관련성은 있을 수 있지만, 상황이나 환경에 따라 다르기 때문에 일률적으로 결론을 내릴 수는 없다.

연구결과	1948년		1974년
	긍정적	부정적 혹은 관련 없음	긍정적
활동성, 에너지	5		24
연령	10	8	6
외모	13	3	4
신장	9	4	
체중	7	4	

② 사회적 배경

사회적 배경의 특성으로는 교육수준, 이동성, 그리고 사회적 지위가 연구되었다. 연구결과에 따르면, 리더의 교육수준과 사회적 지위는 리더가 아닌 사람과 비교하여 일관된 차이가 발견되지 않았다. 이동성과 관련해서는 리더가 비리더에 비해 사회활동에 더 많이 참여하고 사회적 이동을 더 많이 한다는 긍정적 결과를 보여 주고 있지만, 이에 대해 결론을 내릴 만큼 충분히 많은 연구가 이루어지지는 않았다.

연 구 결 과	1948년		1974년
	긍정적	부정적 혹은 관련 없음	긍정적
교육수준	22	5	14
사회적 지위	15	2	19
이동성	5		6

③ 지능과 능력

지능과 능력에 관련된 특성으로는 지능, 판단력 또는 결단력, 지식, 그리고 언변이 연구되었다. 지능에 대한 연구가 가장 많이 이루어졌으나, 이에 대해서는 일관된 결과를 보여 주지 못하고 있다. 반면에 상대적으로 많은 연구가 이루어지지는 않았으나, 판단력이나 결단력, 지식, 그리고 언변은 중요한 리더의 특성으로 나타났다.

연 구 결 과	1948년		1974년
	긍정적	부정적 혹은 관련 없음	긍정적
지 능	23	10	25
판단력, 결단력	9		6
지 식	11		12
언 변	13		15

④ 성 격

성격 특성으로는 수용성(adaptibility), 적응성(adjustment), 공격성 또는 독단성, 기민성(alertness), 우월감 또는 지배성 등 16개의 요인에 대해 연구가 이루어졌다. 1948년과 1974년의 종합검토에서 모두 리더의 특성으로 긍정적 결과를 보이고 있는 특성으로는 기민성, 독창성 또는 창의성, 성실성 또는 윤리성, 그리고 자신감의 네 개 요인이다. 수용성과 신념의 강도는 1948년 이후에 연구가 이루어지지 않아 단정적으로 결론을 내릴 수는 없으며, 우월감 또는 지배력, 정서적 균형 또는 통제력, 외향성은 1948년 이전과 이후에 모두 연구가 되었으나 일관된 결과를 보여 주지 못하고 있다. 적응성, 독단성, 열의, 독립성, 객관성 또는 현실성, 수완성, 그리고 스트레스 내구성의 일곱 개 요인은 1948년 이후에만 연구된 것으로

연 구 결 과	1948년		1974년
	긍정적	부정적 혹은 관련 없음	긍정적
수용성	10		
적응성			11
공격성, 독단성			12
기민성	6		4
우월감, 지배력	11	6	31
정서적 균형, 통제력	11	8	14
열 의			3
외향성	5	6	1
독립성			13
객관성, 현실성			7
독창성, 창의성	7		13
성실성, 윤리성	6		9
수완성			7
자신감	17		28
신념의 강도	7		
스트레스 내구성			9

긍정적인 결과만을 보고하고 있기 때문에 단정적으로 결론을 내리기 어렵다.

⑤ 과업관련 특성

과업관련 특성으로는 성취욕구, 책임욕구, 진취성 또는 주도성, 끈기 또는 지속성, 목표에 대한 책임감, 그리고 과업지향성이 연구되었다. 끈기 또는 지속성은 1948년 이후에는 연구되지 않았고, 진취성 또는 주도성은 1948년 이후에만 연구된 것으로 긍정적인 결과만을 보고하고 있기 때문에 단정적으로 결론을 내리기 어렵다. 이 두 가지 특성요인을 제외한 다른 모든 과업 관련 특성은 중요한 리더의 특성으로 나타나고 있다.

연 구 결 과	1948년		1974년
	긍정적	부정적 혹은 관련 없음	긍정적
성취욕구	7		21
책임욕구	12		17
진취성, 주도성			10
끈기, 지속성	12		
목표에 대한 책임감	17		6
과업지향성	6		13

⑥ 사회적 특성

사회적 특성으로는 협력을 구하는 능력, 관리능력, 매력, 협력성, 돌봄(nurturance), 인기 또는 명성, 사교성 또는 대인관계 능력, 사회적 참여, 그리고 재치 또는 외교술이 연구되었다. 검토 결과에 따르면, 모든 사회적 특성은 리더가 가져야 할 중요한 특성으로 나타났다. 다만 관리능력, 매력, 돌봄의 세 가지 특성요인은 1948년 이후에만 연구된 것으로 긍정적인 결과만을 보고하고 있기 때문에 단정적으로 결론을 내릴 수는 없다.

(2) 초기연구의 시사점

첫 번째 종합검토에 따르면, 리더십 특성연구는 성공적인 리더가 되기 위해서

연 구 결 과	1948년		1974년
	긍정적	부정적 혹은 관련 없음	긍정적
협력을 구하는 능력	7		3
관리능력			16
매 력			4
협력성	11		5
돌 봄			4
인기, 명성	10		1
사교성, 대인관계 능력	14		1
사회적 참여	20		9
재치, 외교술	8		4

는 특정한 특성을 가지고 있어야 한다는 특성이론의 기본 전제를 지지하지 못했다. 모든 상황에서 성공적인 리더십을 보장하기 위해 필수적인 특성을 밝혀 내지 못했다. 오히려 개별적인 특성의 중요성은 상황에 좌우되었다. 따라서 스톡딜은 한 개인이 어떤 특성을 가지고 있다고 그 사람이 리더가 되는 것은 아니라고 결론을 내렸다. 즉, 리더가 가지고 있는 개인적 특성들의 패턴이 부하들의 특성과 활동, 그리고 목표와 적절하게 연계되어야 한다는 것이다.

두 번째 종합검토의 대상인 1948년 이후의 연구들은 그 이전의 연구들보다 공식적으로 임명된 리더 또는 관리자에게 적절하다고 생각되는 특성들을 더 많이 다루었다. 이러한 추가적인 특성들이 리더십 효과성에 관련되어 있다는 것을 발견하였다. 그리고 첫 번째의 종합검토결과가 상황요인의 중요성을 강조하였다면, 두 번째의 종합검토결과에서는 리더의 특성은 리더십 효과성을 증진시킬 가능성이 있으며 리더의 특성과 상황요인 모두가 리더십의 결정요인임을 주장하였다. 즉, 효과적인 리더의 특성은 존재하며, 그러한 특성(또는 특성들의 조합)을 갖고 있는 사람은 우수한 리더가 되지 못한다는 것이다. 그럼에도 불구하고 스톡딜은 어떤 상황에서도 보편적으로 중요시되는 리더십 특성에 대한 증거는 여전히 부족하다는 점을 분명히 하였다. 어떤 특성을 가지고 있으면 리더가 효과적일 가능성이 높아지지만, 그것이 효과성을 보장해 주지는 않는다. 어떤 특성을 가진 리더가 어떤 상황에서는 효과적이지만 다른 상황에서는 비효과적일 수도 있으며, 서로 다른 특성을 가진 두 리더가 동일한 상황에서 모두 효과적일 수도 있다.

1.2 최근의 특성연구

특성연구는 이미 지나가 버린 트렌드가 아니며 아직도 많은 학자들이 지속적으로 연구하고 있다. 특성연구는 처음에 위인들의 자질을 확인하는 것에 초점을 맞추는 것으로 시작되었고, 리더의 행동스타일의 연구로 전환되었다가, 상황변수의 영향에 관한 연구를 거쳐, 최근에는 효과적인 리더십에 영향을 미치는 특성의 역할을 다시 강조하는 방향으로 되돌아오고 있다. 특성은 상황에 따라 다르지만 어떤 특성은 분명히 주어진 상황에서 리더십 효과성에 도움이 될 것이며, 또한 어떤 특성은 다양한 상황에 걸쳐 기본적으로 리더가 효과적이도록 도움이 될 수 있다는 것이다.

과거에 연구된 리더십 특성을 현대적 기법으로 분석한 결과를 보면, 리더십 특성과 효과성간에는 높은 상관관계가 나타나고 있다.[6] 또한 최근의 특성연구는 초기의 인물연구에서 벗어나 심리적 측정도구를 사용하여 리더, 특히 효과적인 리더의 특성을 성격,[7] 인지능력,[8] 또는 가치관[9] 등을 포함하는 다양한 측면으로 확대되고 있다. 커크패트릭과 로크는 리더십 특성에 대한 선행연구 결과를 개념적으로 분석하고 리더와 리더가 아닌 사람들은 분명히 다른 특성을 가지고 있다고 주장하였다. 〈표 6-1〉에서 보는 바와 같이 리더와 리더가 아닌 사람들을 구별하는 특성으로는 추진력, 리더십 동기, 정직과 성실성, 자신감, 인지능력, 사업지식, 그리고 기타의 특성 등 다양한 측면이 포함된다. 이러한 특성은 타고나는 것일 수도 있고 학습될 수도 있으며 두 가지에 모두 해당될 수도 있다고 하였다.

특성연구에 대한 새로운 관심의 결과로 나타난 추가적인 징후들을, 많은 연구

표 6-1 커크패트릭과 로크가 제시한 리더십 특성

- 추진력 : 성취, 야망, 에너지, 끈기, 주도성
- 리더십 동기(개인화 대 사회화된 동기)
- 정직과 성실성
- 자신감(정서적 안정성 포함)
- 인지능력
- 사업지식
- 기타특성(약하게 지지됨) : 카리스마, 창의성, 독창성, 유연성

자들이 최근 강조하고 있는 비전적 리더십과 카리스마적 리더십의 연구에서도 찾아볼 수 있다.[10] 특히 리더십이 인간의 신체적 특성과 관련이 있다는 주장까지도 이루어지고 있다.[11] 예를 들면, 훌륭한 리더는 반드시 잘생기거나 강한 육체를 가졌거나 공격적일 필요는 없으며 오히려 부드럽고 사교적이어야 한다고 한다. 그런데 이러한 유능한 리더는 공격성이나 적대적 욕구를 자제하면서 여러 사람과 잘 어울리면서도 경쟁(성취) 욕구도 높기 때문에 사람들로부터 부러움과 칭찬을 받으려는 행동을 하면서 좋은 리더로 부상하기를 원한다는 것이다.

리더십 특성연구의 유의미성은 폭넓은 리더십 특성목록을 제공해 주는 것에서 찾을 수 있다.[12] 비록 특성연구가 일련의 결정적인 리더십 특성을 제공해 주지는 못하지만, 리더 후보자들이 다른 사람에 의해 리더로 지각되기를 원할 경우 소유하고 싶고 개발하고 싶은 리더십 특성이 어떤 것인지에 대한 정보를 제공해 준다. 리더십 특성에 대한 연구는 비록 모든 상황에 적용될 수 있는 보편적 특성을 제시하지는 못하지만 리더로서 갖추어야 할 중요한 특성에 대한 정보를 제공해 준다. 이러한 관점에서 환경의 변화에 따라 요구되는 새로운 리더십 특성에 대한 관심도 증대되고 있는 것이다. 최근에는 특히 감성지능에 대한 관심이 증대되고 있다.

표 6-2 리더십 특성평가 연습

비록 리더십 특성의 효과성은 상황에 따라 다르지만, 어떤 특성은 리더십 효과성에 긍정적으로 영향을 주고 어떤 특성은 오히려 리더십 효과성에 해를 끼칠 수도 있다. 리더십 효과성에 도움이 되는지 아니면 해가 되는지에 따라 각 리더십 특성을 평가해 보자.

리더십 특성	긍정적 영향	부정적 영향
1. 지속성 또는 끈기	______	______
2. 언 변	______	______
3. 완벽주의	______	______
4. 사교성	______	______
5. 거만 또는 건방	______	______
6. 협력성	______	______
7. 실패에 대한 두려움	______	______
8. 충동적 성향	______	______
9. 과업지향성	______	______
10. 자신감	______	______
11. 적응성	______	______
12. 체 중	______	______
13. 성실성	______	______
14. 방어적 성향	______	______
15. 인지능력	______	______

읽을 거리 성격과 리더십

1) Big 5 모델(다섯 가지 성격요인)과 리더십의 관계

최근의 리더십 특성에 대한 연구에서 성격이 리더십 규명에 중요한 요인이 되고 있음을 강조하고 있다. 특히, 과거 다양하고 혼란스럽게 연구되어 온 리더십 특성을 일정한 틀로 통합하기 위해 Big 5 모델을 사용하기 시작하였다. 호간 등은 Big 5모델 리더십의 잠재력을 평가하는데 유용한 수단이며, 효과적인 리더가 되기 위해서는 다섯 가지의 긍정적 성격특성을 가지고 있어야 한다고 주장하였다. 저즈 등은 메타분석을 통해 Big 5 모델 중 포용성을 제외한 외향성, 신중성, 개방성, 정서적 안정성은 리더가 되거나 리더로서 효과적이기 위한 것과 관계가 있다는 결론을 도출하였다.

2) Big 5 모델

맥크래와 코스타는 성격구조에 대한 지속적인 연구를 통해 Big 5 모델을 개발하였다. 그 후 몇 번의 수정을 통해 현재 가장 많이 활용되는 성격의 5요인 모델로 자리 잡았다. Big 5 모델은 성격을 다섯 가지 요인으로 분류하고, 각 요인은 하나의 범주에 포함되는 유사한 많은 특성들을 포괄하고 있다. 다섯 가지 성격요인은 정서적 안정성, 외향성, 개방성, 포용성, 그리고 신중성이다.

① 정서적 안정성 또는 신경증성

정서적 안정성(Emotional Stability)은 다양한 환경에 대한 정서적인 반응패턴에 관한 것으로, 침착, 인내, 안정, 차분, 평안 등의 개념으로 구성되어 있다. 정서적 안정성은 때로 그 반대적 의미인 신경증성(Neuroticism)으로 판단되기도 한다. 신경증성은 불안감, 초조, 걱정, 짜증 등의 개념으로 구성되어 있다.

② 외향성

외향성(Extroversion)은 자신의 감정을 솔직하게 표현할 수 있고, 사람 사귀기를 좋아하는 성향을 의미한다. 외향성은 사교적이고 말을 많이 하며, 확신을 주고 활동적인 특징 등을 포함한다. 그 반대인 내향성은 수줍고 소극적이며 내성적이고 조용한 특징 등이 포함된다.

③ 개방성

개방성(Openness)은 개인이 갖는 관심의 범위와 관련된 것으로, 새로운 경험이나 혁신에 대한 거부감이 적고 도전에 많이 관여하는 성향을 의미한다. 개방성은 혁신적인 경험을 즐기고 변화수용도가 높으며 상상력과 호기심이 많고 외적 자극에 민감한 특징 등을 포함한다. 그 반대적 특징으로는 현실 안주, 보수, 전통, 관습 등이 포함된다.

④ 포용성

포용성(Agreeableness)은 대인관계와 관련된 것으로 다른 사람과 편안하고 조화로운 관계를 유지하는 성향을 말한다. 포용성은 예의바르고 착하며 협력적이고 너그러우며 배려하고 인내하고 신뢰하는 특징 등을 포함한다. 그 반대적 특징으로는 고집, 냉철, 비판, 차가움, 무정 등이 포함된다.

⑤ 신중성

신중성(Conscientiousness)은 사회적 규칙, 규범, 원칙들을 기꺼이 지키려는 성향을 나타낸다. 목표달성에 관심과 노력을 집중하고 실수없이 체계적으로 실천하는 성향이다. 신중성은 세심하고 철저하며 조직적이고 책임감 있는 특징 등을 포함한다. 그 반대되는 특징으로는 무계획, 나태, 쾌락추구, 부주의, 나약 등이 포함된다.

자가진단 Big 5 성격특성[13)]

	질 문 문 항	전혀 그렇지 않다			보통 이다			매우 그렇다
1	나는 사교성이 좋다는 이야기를 자주 듣는다.	1	2	3	4	5	6	7
2	사람들은 내게 친근감을 느낀다고 한다.	1	2	3	4	5	6	7
3	나는 일상생활에서 항상 생기가 넘친다.	1	2	3	4	5	6	7
4	나는 매우 활동적인 사람이다.	1	2	3	4	5	6	7
5	나는 다른 사람들과 이야기를 하는 것이 즐겁다.	1	2	3	4	5	6	7
6	나는 다른 사람들보다 변덕스러운 편이다.	1	2	3	4	5	6	7
7	나는 쓸데없는 걱정을 많이 하는 편이다.	1	2	3	4	5	6	7
8	나는 쉽게 불안해 하는 편이다.	1	2	3	4	5	6	7
9	나는 다른 사람들보다 신경질적이다.	1	2	3	4	5	6	7
10	나는 질서를 잘 지키는 편이다.	1	2	3	4	5	6	7
11	나는 맡은 일을 책임감 있게 잘한다.	1	2	3	4	5	6	7
12	나는 다른 사람보다 부지런한 편이다.	1	2	3	4	5	6	7
13	나는 무슨 일을 하기 전에 항상 신중하게 생각하는 편이다.	1	2	3	4	5	6	7
14	나는 어려운 사람들을 잘 도와주는 편이다.	1	2	3	4	5	6	7
15	나는 다른 사람들에게 다정다감한 편이다.	1	2	3	4	5	6	7
16	나는 다른 사람에 대한 배려가 많은 편이다.	1	2	3	4	5	6	7
17	나는 다른 사람에게 부드러운 편이다.	1	2	3	4	5	6	7
18	나는 다른 사람에게 동정적인 편이다.	1	2	3	4	5	6	7
19	나는 창의적인 일을 좋아한다.	1	2	3	4	5	6	7
20	나는 상상력이 풍부한 편이다.	1	2	3	4	5	6	7
21	나는 지적인 편이다.	1	2	3	4	5	6	7
22	나는 호기심이 많은 편이다.	1	2	3	4	5	6	7
23	나는 감정이 풍부한 편이다.	1	2	3	4	5	6	7
24	나는 철학적인 편이다.	1	2	3	4	5	6	7
25	나는 모험심이 많은 편이다.	1	2	3	4	5	6	7

외향성 (1–5); 신경증성 (6–9); 신중성 (10–13); 포용성 (14–18); 개방성 (19–25)

02 감성지능과 리더십

감성경영의 강조 추세에 따라 리더십 분야에서도 상사의 감성지능에 관심을 가지기 시작하였다. 비록 리더십에서 감성지능에 대한 연구는 초기단계이지만, 이와 관련된 많은 실천사례는 감성지능이 리더십 효과성에 영향을 주는 중요한 요인이라는 점을 강조하고 있다.

2.1 감성지능의 개념

감성지능(Emotional intelligence)이라는 개념은 우리가 일반적으로 생각하고 있는 지능(Intelligence)이라는 개념에 대비되는 말로써, 사람의 감정과 느낌을 인식하고 통제하고 조절하는 것과 관련된 능력으로 정의되고 있다. 즉, 일반적으로 지능은 이성적이고 합리적으로 사고하는 능력을 의미하며 기억력, 이해력, 추리력, 계산력 등을 포함한다. 반면에 감성지능은 사람의 감성을 다스릴 줄 아는 통제력을 의미하며 인내심, 지구력, 충동 억제력, 만족지연 능력, 용기, 절제 등을 포함한다.

감성지능은 손다이크[14]에 의해 제시된 사회적 지능(social intelligence)이라는 개념에서 그 근원을 찾을 수 있다. 사회적 지능이란 사람을 이해하고 관계를 형성할 수 있는 능력으로 정의할 수 있다. 최초로 감성지능이라는 용어를 사용한 학자는 살로비와 메이어[15]이다. 태도발달, 동기, 적성 등에 관심이 있던 살로비와 인지적 지능에 관심이 있던 메이어는 모든 지적인 문제해결에는 감성적 정보가 수반되어야 하기 때문에 감성이 지능이 될 수 있다고 하였다. 따라서 살로비와 메이어는 감성지능을 공간 능력이나 언어 능력과 같은 하나의 능력으로 간주하였다. 그 후에 골먼과 바온[16]은 감성적 과정에 낙관주의 등과 같은 성격 측면의 요인을 결합시켰다.

(1) 살로비와 메이어의 감성지능

살로비와 메이어는 일반적인 지능과 구별되는 사회적 지능의 개념으로서 감성지능을 감성과 직접적으로 관련 있는 능력으로 간주하였다. 살로비와 메이어[17]는 초기에 감성지능을 세 가지 영역으로 구분하고, 자기 자신과 타인의 감성을 모니터하고 이들을 구별하며 사고와 행동을 인도하도록 정보를 사용할 수 있는 능력이라고 정의하였다.

그 후 살로비와 메이어[18]는 감성지능과 지능의 공통성을 부각시키는 동시에 일반지능과의 변별성을 높이기 위해 감성지능의 개념을 네 개의 영역으로 확대하였다. 감성지능의 네 개 영역은 감성을 정확하게 인식하고 평가하고 표현하는 능력(emotional perception), 감성을 창출하거나 이용하여 사고를 촉진시키는 능력(emotional facilitation of thought), 감성과 감성적 지식을 이해하는 능력(emotional understanding), 그리고 감성적, 지적 성장을 향상시키기 위해 감성을 규제하고 조절하는 능력(emotional management)을 포함한다.

메이어 등[19]은 이러한 네 개의 영역을 계층적 관점에서 좀더 명확하게 설명하였다. 즉, 감성인식이 가장 기본적인 아래 부분이고 감성관리가 가장 복잡한 위 부분에 자리잡고 있다. 따라서 감성인식은 다른 세 개 영역에 필요한 선행요인이 된다. 이러한 계층적 관점에 따르면, 감성인식이 부족한 사람은 아마도 감성을 관리하는 능력도 부족할 것이다. 감성인식이 나타나면 그 감성은 의식적 또는 무의식적 과정을 통해 생각을 촉진하는데 활용될 수 있다. 더 복잡한 능력은 감성이 무엇을 의미하는지를 이해하는 능력이고, 이것은 복수의 감성이 어떻게 결합되는지를 인식하고 하나의 감성이 어떻게 또 다른 감성을 이끌어 내는지를 예측하는 인지적 과정을 포함한다. 그리고 마지막으로 가장 복잡한 부분은 감성관리로, 이것은 감성적 지식을 행동으로 전환하기 위한 상당한 인지과정을 포함한다. 이와 같이 네 개의 영역은 복잡성의 정도에 따라 계층을 이루고 있는 것이다.

(2) 골먼의 감성지능

살로비와 메이어의 능력모형에 기초하여 골먼은 감성지능을 능력뿐 아니라 그 능력을 보좌하는 다른 심리적 특성을 포함하는 개념으로 정의하였다. 여기서 감성지능과 지능은 서로 상반되는 개념이 아니라 서로 별개의 개념으로 간주한다. 골먼[20]은 감성지능의 개념을 다섯 개 영역으로 분류하였으며, 이들 다섯 개 영역에 속하는 25개 역량을 제시하였다. 감성지능의 다섯 개 영역은 자기인식(self-awareness), 자기규제(self-regulation), 자기동기화(self-motivation), 감정이입(emphathy), 그리고 사회적 기술(social skill)이다.

① 자기인식

자기인식(Self-awareness)은 자신의 감성이나 무드, 또는 동기유발 요인과 그것의 영향력을 인식하고 이해하는 능력을 의미한다. 자기인식능력을 가진 사람은 지나치게 비판적이나 비현실적인 희망을 추구하지 않으며, 자신과 다른 사람을 있는 그대로 솔직하게 판단할 수 있으며, 자신의 감정이 자신에게 어떠한 영향을 미치고, 다른 사람들과 업무성과에 어떻게 영향을 미치는지를 잘 알고 있다. 자기인식능력은 궁극적으로 개인의 가치체계나 목표에 대한 이해까지 포함할 수 있다. 자기인식능력은 자신을 현실적으로 평가할 수 있는 능력이며, 면접이나 성과평가에서 찾아낼 수 있다. 자기인식능력이 높은 사람들은 막연한 두려움 대신 자신감을 가지고 있으며 자신의 한계점에 대해 이야기하는 것을 어려워하지 않고 언제 남들에게 도움을 요청해야 할지를 알고 있다. 따라서 여기에 속하는 역량으로는 자신감, 현실적인 자기평가, 그리고 겸손한 유머감각(self-depreciating sense of humor)이 있다.

② 자기규제

자기규제(Self-regulation)는 부정적인 충동이나 무드를 통제하고 방향을 수정하는 능력을 의미한다. 자기규제능력을 가진 사람은 감정에 종속되어 일을 그르치지 않고 판단을 유보할 수 있으며 행동하기 전에 생각할 수 있다. 따라서 어떤 문제를 치우치지 않게 해결할 수 있고 이에 따라 신뢰와 공명정대함을 낳게 된다. 또한 다양한 변화에 대한 통제를 할 수 있기 때문에 새로운 방식에 대해 주도적인 입장을 취할 수 있다. 자기통제능력을 갖춘 사람은 반성과 사려 깊은 경향이 있고, 변화와 불확실한 상황에 대해 동요하지 않으며, 충동적인 유혹에 소신 있는 응답을 펼칠 수 있는 특징을 갖고 있다. 따라서 신뢰성과 성실성, 불확실성에 대한 편안함(comfort with ambiguity), 그리고 변화에의 개방성이 여기에 속하는 역량이다.

③ 자기동기화

자기동기화(Self-motivation)는 돈이나 지위를 넘어서는 자신의 내적인 이유 때문에 일하려는 열정으로 에너지와 지속성을 가지고 목표를 추구하는 성향을 의미한다. 자기동기화가 높은 사람은 끊임없이 성과 향상을 추구하며 현재의 성과가 부진할 때에도 긍정적인 태도를 가지고 일에 대한 열정을 보여 준다. 그리고 조직에 대한 몰입도 또한 강하다는 것이 그 특징이라고 볼 수 있다. 따라서 강한 성취욕구, 낙관주의, 그리고 조직몰입이 여기에 속하는 역량이다.

④ 감정이입

감정이입(Empathy)은 타인의 감성을 이해하고 상대의 정서적 반응에 따라 적절히 다루는 능력을 의미한다. 감정이입은 팀 중심의 업무형태가 증대하면서 타인의 관점을 이해해야 할 상황이 점점 많아지고 있기 때문에 최근에 더 중시되고 있다. 특히, 서로 다른 문화를 가진 구성원들이 일하는 글로벌 환경에서는 더욱더 그러하다. 그리고 뛰어난 인재를 지속적으로 보유해야만 하는 현재 기업환경 속에서 코칭과 멘토링 등을 통한 관계 및 공감대 형성은 직무 만족도를 높이고 이직률을 낮출 수 있다는 점에서 중요성을 가진다. 여기에 속하는 역량으로는 인재를 육성하고 유지하는 전문성, 다문화적 감수성, 그리고 고객에 대한 서비스가 있다.

⑤ 사회적 기술

사회적 기술(Social skill)은 공통의 기반을 찾고 라포(rapport)를 형성하는 능력을 가지고 네트워크를 구축하고 관계를 관리하는 능력을 말한다. 사회적 기술은 단순히 친목 도모의 수단을 의미하는 것이 아니라 자신이 원하는 방향으로 상대를 움직일 수 있는 능력을 의미한다. 효과적 변화 선도, 설득력, 그리고 팀을 구축하고 리드하는 능력이 여기에 속하는 역량이다.

(3) 바온의 감성지능

바온[21)]은 살로비와 메이어의 능력모델을 확장하면서 감성지능은 지능의 인지적 차원이 아닌 개인적, 감성적, 사회적 차원에 초점을 둔 역량이라고 주장하였다. 감성지능은 개인으로 하여금 직면한 상황에 대해 어떻게 자신의 지식을 적용할 것인가를 반영하기 때문에 인지적 지능과는 달리 개인의 성공을 더 잘 예측할 수 있다고 하였다.

이와 같이 비인지적 지능모델을 제시하면서 바온은 개인이 환경의 요구 및 압력에 대응할 수 있도록 하는 감성적, 개인적, 사회적 능력에 해당되는 다섯 개 영역에 속하는 15개 하위영역의 요소들을 포함시켰다. 다섯 개 영역은 개인내적 기술(intrapersonal skills), 대인관계기술(interpersonal skills), 적응력(adaptabiltiy), 스

표 6-3 바온의 감성지능 영역과 하위요소

· 개인내적 기술영역: 자기존중, 감성적 자기인식, 단호함, 독립성, 자아실현
· 대인관계 기술영역: 감정이입, 사회적 책임, 대인관계
· 적응력 영역: 현실검증, 유연성, 문제해결
· 스트레스 관리영역: 스트레스 내구력, 충동 통제력
· 일반적인 정서영역: 낙관주의, 행복

트레스관리(stress management), 그리고 일반적인 정서(general moods)로 구성되어 있다.

2.2 감성지능과 리더십 효과성

살로비와 메이어, 골먼, 그리고 바온을 중심으로 한 감성지능의 개념은 그 정의에 있어서 서로간에 약간의 차이를 보이기는 하지만, 궁극적으로 감성지능이 기존의 전통적인 IQ와는 구별되는 지능이라는 점에서는 차이가 없다. 데이비즈 등[22)]은 지능에 대해 요인분석을 실시한 결과 감성지능이 일반적 지능과 관련된 능력과는 독립적으로 작용한다는 것을 보여 주었다.

감성지능과 리더십과의 관계에 관한 연구는 골먼의 저서인 『감성지능』의 출간 이후에 본격적으로 진행되었다. 골먼에 따르면, 지속적으로 높은 성과를 내는 성공적인 리더들의 공통점은 감성지능이 높다는 것이다. 그리고 약 80% 정도의 감성지능과 20% 정도의 지적 능력이 적절히 조화를 이룰 때, 리더는 효과적으로 리더십을 발휘할 수 있다고 한다.

골먼은 188개의 글로벌 기업을 대상으로 어떤 개인적 능력이 조직성과에 어느 정도 기여하는지를 조사하였다. 그는 개인적 능력을 회계나 사업기획 같은 기술적 능력(Technical skills), 분석적 추론과 같은 인지적 능력(Cognitive abilities), 다른 사람들과 공동으로 일하거나, 변화를 이끄는데 효과적인 감성지능(Emotional intelligence)의 세 가지로 분류하고 이들이 조직성과에 미치는 영향을 조사하였다. 이 조사를 위해 그는 기업의 간부들을 대상으로 조직의 뛰어난 리더들은 어떤 능력을 가지고 있는지를 조사하였다. 연구조사의 분석결과 기술적 능력은 높은 성과를 내는 데 중요한 요인이었다. 그리고 전체 모습이나 장기 비전을 그리는 인지적 능력 또한 중요하였다. 그러나 성과에 대한 영향력을 계산한 결과 감성지능은 모든 업무 영역에서 다른 개인적 능력보다 약 2배 이상 중요하다는 점이 밝혀졌다. 더군다나 상위계층의 리더일수록 감성지능의 중요성은 더 커지는 것으로 나타났으며, 성과 차이의 90% 이상이 감성지능의 정도에 따라 달라지는 것으로 나타났다.

감성지능을 리더십과 연관시키면서, 골먼은 감성지능과 관련된 역량을 네 개의 영역으로 재구성하였다. 네 개의 영역은 자기인식(self-awareness), 자기관리(self-management), 사회적 인식(social awareness), 그리고 사회적 기술(social skills)이다. 자기인식에는 감성적인 자기인식, 정확한 자기평가, 자신감의 역량이 포함되며, 자기관리에는 감성적인 자기통제, 신뢰성(trustworthiness), 양심성(conscientiousness), 적응성(adaptability), 성취지향성, 주도적 혁신성이 포함된다. 사회적 인식에는 감정이입, 조직적 인식, 서비스 지향성이 포함되며, 사회적 기술에는 비전적 리더십, 영향력, 타인개발, 의사소통, 변화의 촉매(change catalyst), 갈등관리, 유대관계구축(building bonds), 팀워크 그리고 협력을 포함한다. 이러한 개념적 틀에 따라 감성지능과 관련된 역량은 다시 두 개의 집단으로 구분할 수 있다. 하나는 자신을 다루는 개인적인 능력(자기인식과 자기관리)이고 또 하나는 타인 또는 관계를 다루는 사회적 능력(사회적 인식과 사회적 기술)이다. 골먼은 자기인식과 자

그림 6-1 골먼(2000)의 감성지능 네 가지 영역[23)]

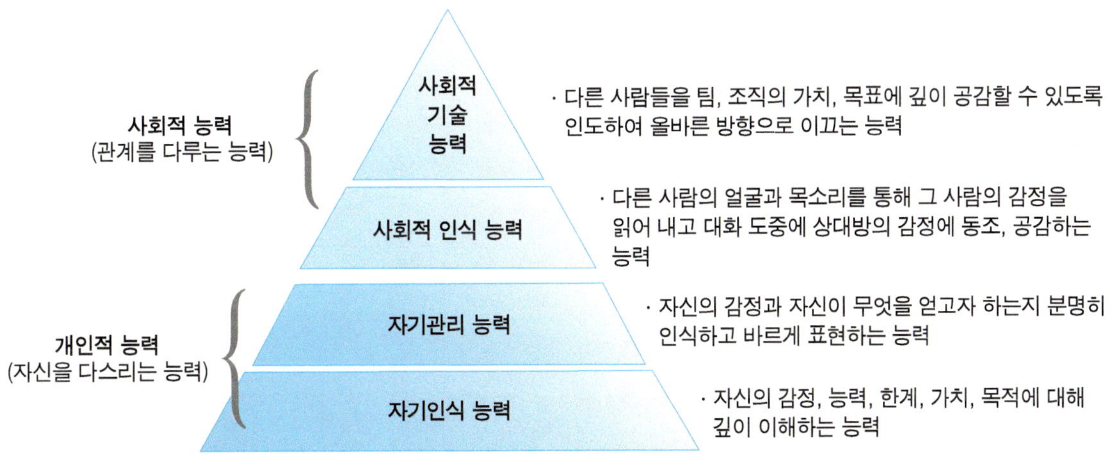

기관리 영역을 포함하는 자신을 다루는 능력과 사회적 인식과 사회적 기술을 포함하는 타인 또는 관계를 다루는 능력은 모두 리더십 효과성에 중요하다고 주장하였다. 특히, 성공적인 리더는 상황에 따라 다양한 리더십 스타일을 바꾸는 데 유연하다는 점을 강조하였다.

또한 많은 학자들은 감성을 적절하게 사용하는 것은 성공적인 리더십에 매우 중요하다는 점을 강조하였다.[24] 리더는 감성을 이용하여 집단의 협력을 확고히 하고 부하들과 커뮤니케이션을 강화하며 그들을 동기 부여시켜야 한다. 그리고 리더는 반드시 부하의 감성적 반작용을 인식해야 하며 이러한 인식이 없으면 리더는 그의 명령이나 지시에 구성원이 따를지를 알기 어렵다. 따라서 개인과 타인의 감성관리는 리더십의 중요한 부분이다. 이러한 논리를 바탕으로 많은 연구들은 리더의 감성지능이 리더십 효과성을 예측하는 중요한 변수임을 보여 주고 있다.

자가진단 EQ테스트[25)]

■ 당신의 행동에 가장 근접하는 항목을 고르시오.

1. 당신은 지금 극심하게 흔들리는 비행기 안에 앉아 있다. 어떻게 행동할 것인가?

① 대수롭게 생각하지 않고 조용히 읽던 책을 계속해서 읽는다.
② 스튜어디스의 태도로 상황의 심각성을 확인해보는 한편, 신중을 기하기 위해 구명조끼를 한 번 만져 본다.
③ ①과 ②의 중간쯤
④ 모르겠다. 생각해 보지 않았다.

2. 당신은 딸을 데리고 몇몇 이웃 아이들과 함께 놀이터에 갔다. 갑자기 한 아이가 울기 시작하였는데, 다른 아이들이 그 아이와 같이 놀려고 하지 않기 때문이다. 당신은 어떻게 행동할 것인가?

① 간섭하지 않는다.
② 어떻게 하면 다른 아이들이 그 아이와 같이 놀아줄까 하고, 우는 아이와 함께 골똘히 생각한다.
③ 그 아이에게 울지 말라고 친절하게 이야기한다.
④ 장난감을 가지고 우는 아이의 마음을 다른 곳으로 돌린다.

3. 당신은 좋은 성적을 기대했던 중간시험을 망쳤다. 어떤 반응을 할 것인가?

① 다음번 시험에서 성적을 올리기 위해 학습계획을 세우고, 이 계획을 철저하게 지키겠다고 결심한다.
② 앞으로 더 열심히 노력하겠다고 결심한다.
③ 스스로에게 그 과목의 성적은 그렇게 중요하지 않다고 말하며, 그 대신 성적이 더 잘 나온 과목에 집중한다.
④ 교수와 면담하고 성적을 다시 한 번 생각해 달라고 부탁한다.

4. 당신은 전화로 어떤 물건을 판매하는 일을 하고 있다. 그런데 당신이 접촉한 15명의 고객이 당신의 전화에 퇴짜를 놓았다. 어떻게 행동할 것인가?

① 오늘은 포기하고, 내일은 운이 좋아질 것이라고 기대한다.
② 성공하지 못한 원인이 무엇인가 골똘히 생각한다.
③ 다음번에 전화할 때는 다른 방식으로 시도하고, 그렇게 빨리 포기해서는 안 된다고 자신을 타이른다.
④ 이것이 당신에게 맞는 직업인지 자문한다.

5. 자동차를 운전하던 당신의 여자 친구는 위험하게 바로 앞으로 끼어드는 다른 자동차 운전자 때문에 몹시 흥분했다. 그녀를 달래기 위해 당신은 어떻게 행동할 것인가?

① "잊어버려, 아무 일도 생기지 않았잖아"라고 말한다.
② 그녀의 마음을 돌리기 위해 그녀가 좋아하는 카세트테이프를 꽂는다.
③ 그녀와의 연대감을 나타내기 위해 그녀의 욕설에 동조한다.
④ 당신도 최근 비슷한 경험을 한 일이 있는데, 알고 보니 그 차가 구급차였다고 이야기해 준다.

6. 당신과 당신 파트너 사이에 언쟁이 벌어졌다. 둘은 매우 흥분한 상태이고 사실이 아닌 비난으로 서로를 공격한다. 어떻게 행동할 것인가?

① 20분 간의 휴식을 제의하고, 그 뒤에 논쟁을 계속한다.
② 싸움을 중지하고 더 이상 아무 말도 하지 않는다.
③ 유감스럽다고 말하고, 상대방에게 용서를 청한다.
④ 정신을 차리고 잠시 숙고한 후, 당신이 할 수 있는 범위에서 당신의 관점을 설명한다.

7. 당신의 세 살 난 아들은 갓난아이 때부터 낯선 사람과 환경에 소심한 반응을 보이며 수줍음을 매우 많이 탄다. 어떻게 대처할 것인가?

① 그 아이가 선천적으로 수줍어한다는 사실을 인정하고, 어떻게 하면 아이를 위협적인 상황으로부터 보호할 수 있을까 숙고한다.
② 아동심리학자와 상담한다.
③ 아이를 의도적으로 새로운 사람과 상황에 가능한 한 많이 직면하게 하여 불안을 떨치게 한다.
④ 아이에게 다른 사람과 많이 어울릴 수 있도록 용기를 주는 경험들을 하게 한다.

8. 당신은 어렸을 때 피아노를 배웠으나 오래동안 치지 않았다. 이제 당신은 피아노를 다시 치려고 한다. 어떻게 하면 가장 빨리 배울 수 있을까?

① 일정한 시간에 매일 연습한다.
② 어렵지만 습득할 수 있는 곡을 선택하여 연습한다.
③ 실제로 피아노를 치고 싶을 때에만 연습한다.
④ 상당한 노력을 들여야만 칠 수 있는 매우 어려운 곡을 선택하여 연습한다.

■ EQ점수 채점

문항 1 : ①=20점, ②=20점, ③=20점, ④=0점
④는 당신이 스트레스 반응을 의식하고 있지 않다는 것을 보여 준다.

문항 2 : ①=0점, ②=20점, ③=0점, ④=0점
② : 감성지능이 있는 부모는 아이들의 부정적 감정을 감성훈련의 기회로 삼는다.

문항 3 : ①=20점, ②=0점, ③=0점, ④=0점
① : 스스로의 동기부여는 무엇보다도 행동계획을 세우고 관철시킬 수 있는 능력 속에서 나타난다.

문항 4 : ①=0점, ②=0점, ③=20점, ④=0점
③ : 낙관주의자는 어려운 상황을 배울 기회가 있는 도전으로 간주한다. 자기 자신에게 책임을 돌리거나 절망하지 않고 끝까지 견디며 항상 새로운 것을 시도한다.

문항 5 : ①=0점, ②=5점, ③=5점, ④=20점
④ : 몹시 화가 난 사람에게 그 분노에 대해 설명을 해주면 빨리 진정된다.

문항 6 : ①=20점, ②=0점, ③=0점, ④=0점
① : 흥분한 육체가 다시 진정될 때까지의 시간은 20분 혹은 그 이상의 시간 동안 싸움을 중단하는 것이 적절하다.

문항 7 : ①=0점, ②=5점, ③=0점, ④=20점
④ : 선천적으로 수줍어하는 아이들은 불안을 야기하는 상황에 점차적으로 직면한다면 자신이 갖고 있는 억제감을 쉽게 떨칠 수 있다.

문항 8 : ①=0점, ②=20점, ③=0점, ④=0점
② : 성취 가능한 도전의 경우에 잠재되어 있던 성취능력이 가장 잘 발휘될 수 있다.

■ 평 가

· 60점 이하 : 감성지능개발학습법을 읽으십시오. 지능지수와는 달리 감성지수는 상대적으로 쉽게 향상될 수 있습니다.
· 60~120점 : 당신의 감성지수는 평균입니다.
· 120점 이상 : 당신의 감성지능은 상당한 수준입니다. 당신은 자신과의 문제가 없으며, 자신의 감정을 잘 다루고 다른 사람을 잘 이해할 뿐 아니라 다른 사람들과 다감하게 교제하는 편입니다.

제7장 리더십 행동이론

리더십 특성이론이 성격, 지능, 가치 등 관찰하기 어려운 추상적인 구성개념을 측정하는 데 초점을 맞추고 있는 반면, 리더십 행동이론은 관찰 가능한 행동을 측정하는데 초점을 맞추고 있다. 리더의 특성은 리더 개인의 내부에 잠재해 있는 것이지 항상 겉으로 드러나는 것이 아니다. 부하들의 눈에 비치는 것은 리더의 행동이지 특성이 아니다. 따라서 리더십의 직접적인 영향은 리더의 행동에 의해 이루어진다고 보고 이에 대한 연구가 진행되었다.

또한 특성이론이 효과적인 리더의 특성을 확인하고 우수한 리더의 선발을 중시하는 반면, 행동이론은 효과적인 리더십 행동의 본보기를 파악하고 구성원들에게 그러한 행동을 훈련시켜 리더로 양성하는데 관심을 가지고 있다. 1940년대 이후 행동주의 심리학의 영향을 받은 리더십 행동이론은 보편적으로 '누가 효과적인 리더인가'보다 '효과적인 리더는 무엇을 하는가'에 관심을 가지고 효과적인 리더의 행동을 규명하고 이를 바탕으로 리더를 양성하고자 한 것이다.

리더십 행동연구는 미국의 미시간 대학교와 오하이오 주립대학교의 연구팀에 의해 주도되었다. 이들이 규명한 대표적인 리더의 행동은 과업지향적 행동과 관계지향적 행동이다. 그러나 이러한 행동유형은 1940년대에서 1960년대까지 비교적 사회가 안정적인 시기에 개발된 것들로서 오늘날의 역동적인 환경을 그대로 반영했다고 보기는 어렵다. 최근에는 환경의 변화에 따라 과업 또는 관계지향적 행동을 넘어서는 새로운 리더십 행동에 대한 관심이 증가하고 있으며, 그 범위가 점점 확대되고 있다.

01 전통적인 리더십 행동이론

전통적으로 리더십 행동이론은 관찰 가능한 리더십 행동을 확인하고 이러한 행동과 리더십 효과성간의 관계를 규명하는데 초점을 맞추고 있다. 특히 상황적 요소를 고려하기보다는 어떤 상황에서도 적용될 수 있는 보편적 리더십을 추구하고 있다. 대부분의 리더십 행동이론은 그 명칭에 다소 차이가 있지만 리더의 과업지향적 행동과 관계지향적 행동에 초점을 맞추고 있다. 과업지향적 행동은 집단구성원의 과업목표달성을 도와주는 리더십 행동이며, 관계지향적 행동은 구성원들간 호의적인 인간관계를 형성하고 만족을 느끼도록 도와주는 리더십 행동이다. 리더십 행동이론은 이 두 가지 행동 유형의 어떤 조합이 과업목표달성과 구성원 만족에 영향을 주는지를 설명하는데 초점을 맞추고 있다. 대표적인 연구로는 미시간 대학교의 리더십 연구, 오하이오 주립대학교의 리더십 연구, 브레이크와 무톤의 관리격자 이론, 그리고 미스미 쥬지의 PM 이론을 들 수 있다.

1.1 미시간 대학교의 리더십 연구

미시간 대학교의 서베이 리서치 센터에서는 1940년대 말부터 1950년대 초까지 효과적인 관리자의 리더십 행동을 확인하기 위한 연구를 실시하였다. 미시간 대학교의 연구팀은 보험사의 지역사무소,[1] 대규모 제조회사,[2] 선로 보선반[3] 등 다양한 조직의 감독자와 부하들을 대상으로 면접과 설문지를 사용한 현장연구를 실시하였다. 집단생산성이라는 객관적인 지표를 사용하여 상대적으로 효과적인 관리자와 비효과적인 관리자를 구분하고 이들의 행동을 비교하였다. 연구결과, 효과적인 관리자의 행동은 비효과적인 관리자와 차이가 있음을 발견하였다.[4] 효과적인 관리자는 부하들이 하는 일과 동일한 종류의 일을 하기보다는 계획수립, 부하들의 활동내용의 조정, 필요한 공급품이나 장비 또는 기술의 지원 등과 같은 일에 시간과 노력을 투입한다. 이러한 행동은 직무 중심적 리더의 행동에 속한다. 또한 효과적인 관리자는 구성원들을 많이 배려하고 지지해 주며 도움을 주는데, 이러한 행동은 종업원 중심적 리더의 행동에 속한다.

이후의 연구에서는 설문지를 사용하여 효과적인 집단성과에 기여하는 리더십 행동을 확인하려고 하였다. 연구결과, 네 개 유형의 리더십 행동이 효과적인 집단성과와 관련된 것으로 결론지었다. 네 개 유형의 리더십 행동은 리더의 지원, 상호작용의 촉진, 목표의 강조, 그리고 업무의 촉진으로, 이 각각의 행동에 대한 설명은 〈표 7-1〉과 같다.[5] 이 두 가지 차원에 속하는 네 개 유형의 리더십 행동을 측정하기 위해 조직조사(survey of organization)라는 설문이 개발되고 미시간 대학교의 연구자들에 의해 광범위하게 사용되었다.[6] 리더의 지원과 상호작용의 촉진은 종업원 중심 차원의 리더십 행동이며, 목표의 강조와 업무의 촉진은 직무 중심 차원의 리더십 행동이다. 보워스는 21개 조직을 대상으로 연구를 실시한 결과, 이러한 리더십 행동이 집단과정이나 구성원 만족에 관련되어 있음을 발견하였다. 그러나 이러한 관련성의 정도는 관리자가 속한 산업이나 권한수준에 따라 달랐다.

미시간 대학교 연구팀은 화학, 전자, 식품, 철도, 중기계, 보험, 병원, 석유제품, 은행, 정부 등 다양한 조직에서 다양한 직종과 계층 등으로부터 얻은 자료를 기초로 효과적인 관리자의 행동에는 직무 중심 차원과 종업원 중심 차원이 있다

표 7-1 효과적인 집단 성과와 관련된 리더 행태[7]

범 주	의 미
리더의 지원	리더가 추종자들에게 관심을 나타내는 행태
상호작용의 촉진	리더가 추종자들간의 갈등을 극소화하기 위하여 나타내는 행태
목표의 강조	리더가 추종자들의 과업달성에 동기를 부여할 때 나타내는 행태
업무의 촉진	역할을 명확하게 만들고 자원을 획득, 배분하며, 조직 갈등을 완화하는 데 관심을 두는 리더의 행태

그림 7-1 직무 중심적 행동과 종업원 중심적 행동의 연속선

는 것을 발견하였다. 직무 중심적 리더는 직무의 기술적 측면과 생산측면을 강조하면서 리더의 공식권한을 많이 활용하고, 치밀하게 감독하는 리더를 말한다. 그리고 종업원 중심적 리더는 종업원에 대한 인간적 관심과 그들의 개성을 중시하며, 개개인의 욕구에 특별한 관심을 가지며, 권한을 위임하고 지원적 업무환경을 조성하는 리더이다.

미시간 대학교 연구에서는 직무 중심적 행동과 종업원 중심적 행동을 리더십 행동의 하나의 연속선상에 있는 양극단으로 개념화하였다. 따라서 리더는 이론적으로 직무 또는 종업원 중심적 행동 중 하나를 명확하게 드러내며, 이 두 가지 차원의 행동을 모두 명확하게 드러낼 수는 없다고 간주한 것이다.

1.2 오하이오 주립대학교의 리더십 연구

리더십 행동이론과 관련된 가장 대표적인 연구는 오하이오 주립대학교의 리더십 집단에 의해 수행되었다. 1945년 오하이오 주립대학교의 경영연구소는 스톡딜의 연구에 기초하여 효과적인 리더십 행동을 찾아내고자 하였다. 특히 이 집단은 리더들이 집단이나 조직을 리드할 때 어떻게 행동하는가를 측정할 수 있는 도구로 설문지를 개발하였다(예를 들면, SBDQ, LOQ, LBDQ, LBDQXII). 리더의 행동을 기술하는 문장을 제시하고 특정한 리더가 그러한 행동을 얼마나 자주 행하는가에 대해 부하들의 지각을 통해 측정하는 설문지법은 현재까지 일반적으로 많이 사용되고 있다.

오하이오 주립대학교의 초기 연구의 하나로 헴필은 52개 조의 300여 명의 폭격

기 탑승원을 대상으로 그들 사령관의 리더십 행동을 기술하도록 하였다. 그 결과 서로 다른 리더십 행동을 설명하는 1,800여 가지의 설문항목이 수집되었다. 이 항목들은 다시 중요한 리더십 기능을 중심으로 간추려 9개 행동집단(예: 집단을 대표함, 구성원 통제 등)에 속하는 150개의 서술문으로 정리하였다. 이 서술문은 리더 행동기술 설문지(LBDQ: Leader Behavior Description Questionnaire)를 개발하는데 사용되었다. 수천 명의 부하들로부터 수집한 리더의 행동에 관한 설문지는 통계적 기법을 사용하여 분석되었으며, 그 결과 리더의 행동은 두 가지의 독립적인 차원으로 구분되었다. 리더십 행동의 한 차원은 구조주의(initiating structure)이고 또 다른 차원은 배려(consideration)이다.

구조주의는 리더가 목표달성을 위해 자신의 역할과 구성원들의 역할을 정의하고 구조화하려는 정도를 반영한다. 이 차원에서 높은 점수를 받은 리더는 계획수립, 정보전달, 스케줄링 등을 통해 활동을 지휘하는데 매우 적극적인 역할을 수행한다. 배려는 리더가 상호신뢰, 구성원의 아이디어에 대한 존중, 그리고 구성원들의 느낌에 대한 배려와 같은 특성을 갖는 관계를 구성원들과 형성하는 정도를 반영한다. 이 차원에서 높은 점수를 받은 리더는 좋은 라포의 분위기를 만들고 쌍방적 의사소통을 하지만, 이 차원에서 낮은 점수를 받은 리더는 집단구성원들과의 관계에서 매우 비인간적인(impersonal) 경향이 많다. 다시 말하면, 구조주의는 과업 또는 목표 지향적이고 배려는 개인의 욕구와 관계를 인정하는 것이다. 따라서 구조주의는 미시간 대학교의 직무 중심적 리더십 행동과 유사하며, 배려는 종업원 중심적 리더십 행동과 유사하다. 그러나 오하이오 대학교의 리더십 연구는 이 두 가지의 리더 행동을 단일 차원의 두 점으로 보지 않고 두 개의 독립된 별개의 차원으로 보고 있다. 따라서 리더는 두 가지의 리더십 행동을 동시에 보여 줄 수 있다. 이를 도식화하면 [그림 7-2]와 같다.

LBDQ는 초기에 150문항으로 제시되었던 것이 40문항으로 줄여서 사용되고 있으며, 그 외에도 다른 측정도구들이 개발되어 사용되기도 하였다. 예를 들면, 산업 환경에서 리더가 배려와 구조주의 행동을 하는 정도를 부하로부터 측정하기

그림 7-2 오하이오 주립대학교의 리더십 유형[8)]

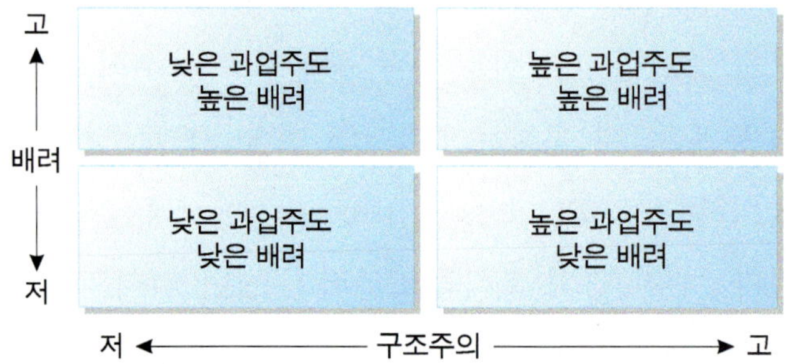

위한 관리자 행동기술 설문지(SBDQ: Supervisory Behavior Description Questionnaire)와 배려와 구조주의 행동이 리더십 성공에 중요하다고 믿는 정도를 리더로부터 측정하기 위한 리더의견 설문지(LOQ: Leader Opinion Questionnaire)가 있다. 또한 배려와 구조주의 이외에 10개의 다른 리더십 행동 영역을 측정하기 위해 리더 행동기술 설문지 XII(LBDQ-XII)가 개발되기도 하였다.

이러한 측정도구를 바탕으로, 리더십 행동과 집단성과나 구성원 만족도 등과 같은 리더십 효과성간의 관련성에 관한 많은 실증연구가 이루어졌다.[9)] 특히, 초기의 행동연구는 리더십 행동과 효과성 간의 관계에 기초하여 '최선의 리더십 유형'을 찾으려고 하였다.[10)] 이와 같은 맥락에서 배려와 구조주의에 초점을 맞춘 몇몇의 연구들은 두 차원의 리더십 행동이 모두 높을 때 리더십이 가장 효과적이라는 고-고 가설(hi-hi hypothesis)을 주장하기도 하였다.[11)]

그러나 전체적으로 리더십 행동과 효과성간의 관련성에 대한 실증연구의 결과는 일관되게 나타나지 않았다. 따라서 대부분의 후속연구들은 배려와 구조주의라는 리더십 행동과 리더십 효과성 간의 관계를 검토하는데 상사의 가치관, 집단의 규모, 과업의 특성, 부하의 성격특성, 부하의 통제위치 및 직무경험 등 다양한 상황변수들을 고려하고 있다.[12)] 그럼에도 불구하고 오하이오 주립대학교 리더십 연구는 이러한 상황변수에 대한 일관된 개념적 틀을 제공하지는 못하였다.

1.3 브레이크와 무톤의 리더십격자 모델

브레이크와 무톤[13]은 오하이오 주립대학교의 연구모델을 기초로 리더의 행동유형을 좀더 구체화하고 효과적인 리더십 행동을 배양하기 위해 리더십 격자모델을 제시하였다. 이 모델은 1964년 관리격자 모델로 개발된 이후 여러 차례에 걸쳐 개정되었으며 후에 리더십격자로 명칭이 바뀌었다.

(1) 리더십격자 모델

리더십격자 모델은 수평축에 생산에 대한 관심(concern for production), 그리고 수직축에 사람에 대한 관심(concern for people)을 두고, 이 두 개의 축을 결합하여 리더의 다섯 가지 행동유형으로 분류하였다. 수평축인 생산에 대한 관심은 리더의 과업목표달성과 관련된 행동을 가리키며, 여기에는 정책결정, 생산과정상의 문제해결, 작업분담, 판매량 등과 관련된 행동들이 포함된다. 사람에 대한 관심은 리더의 구성원들에 대한 배려와 관련된 행동을 가리키며, 여기에는 조직을 위한 헌신과 신뢰의 구축, 구성원들의 개인적 가치의 실현, 좋은 작업환경의 제공, 공정한 임금구조의 유지, 좋은 사회적 관계의 촉진 등과 같은 행동들이 포함된다. [그림 7-3]에서 보는 바와 같이, 이들 각각의 축에 대해 1부터 9까지 점수화하고, 이를 기준으로 (1,1), (1,9), (9,1), (5,5), 그리고 (9,9)의 다섯 가지 리더의 행동유형을 제시하였다.

무관심형 (1,1)은 생산과 사람의 양쪽에 모두 최저의 관심도를 나타내는 것으로, 이러한 리더는 업무에 대한 지시만 하고 모든 것을 방치하며, 어려운 문제가 발생하면 피해 버린다. 컨트리클럽형 (1,9)은 생산에는 관심이 없고 사람에만 관심을 보이는 것으로, 부하들의 욕구나 동기를 충족시키면 그들이 스스로 알아서 일을 수행할 것이라는 전제에서 행해지는 리더십 유형이다. 과업형 또는 권위-순응형 (9,1)은 사람에는 관심이 없고 생산에 대해서만 관심을 보이는 것으로, 이러

그림 7-3 브레이크와 무톤의 리더십 그리드[14)]

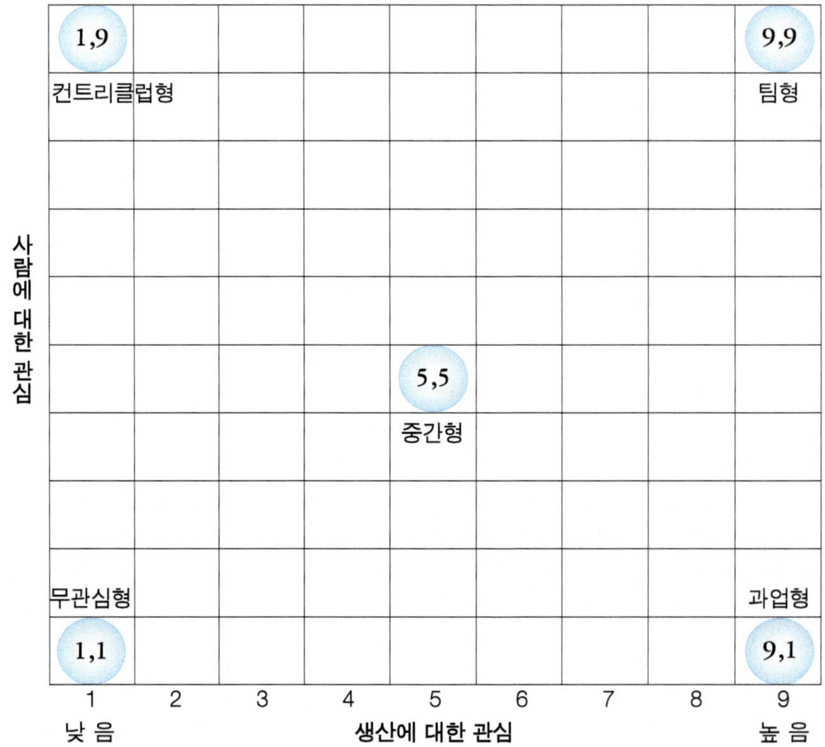

한 리더는 혼자서 의사결정을 하며 관리의 초점도 과업목표 달성이나 생산성 제고에만 맞추므로 부하를 하나의 수단으로 취급하는 경향이 있다. 중간형 (5,5)은 생산과 사람 모두에 대해 중간 정도의 관심으로 보이는 것으로, 이러한 리더는 부하들의 요구에 의해 합리적으로 목표를 설정하고, 원만한 방법으로 업무를 수행하도록 한다. 이러한 리더는 절충에 신경을 쓰는데, 때론 리더가 자신의 특성이나 주관을 뚜렷하게 부각시키지 못하기 때문에 부하들에게 우유부단한 리더십으로 비춰질 수도 있다. 마지막으로 팀형 (9,9)은 생산과 사람의 양쪽에 모두 최고로 높은 관심을 보이는 것으로, 이러한 리더는 조직의 공동목표와 상호의존 관계를 강조하고, 상호 신뢰 및 존중에 바탕을 둔 구성원들과의 관계와 구성원들의 몰입을 통해 과업목표를 달성하는 리더십 유형이다.

브레이크와 무톤은 생산에 대한 관심과 사람에 대한 관심은 상호작용을 함으로써 긍정적인 결과를 가져오기 때문에 이들이 동시에 높은 (9,9)형 리더가 가장 효과적이라고 주장하였다. 이것은 오하이오 주립대학교 리더십 연구에서 주장한 높은 구조주의와 높은 배려의 고-고 가설과 일맥상통한다. 따라서 리더십 격자 훈련프로그램은 리더십 유형을 측정하고 그 리더를 (9,9)형으로 이동하도록 고안되었다. 브레이크와 무톤은 리더십격자 훈련프로그램을 받은 조직에서는 구성원들의 행동이 보다 협력적인 작업관계를 갖도록 변화하고 생산성도 증가한다고 주장하였다. 리더십격자 모델은 다른 리더들을 설명하고 분류하며, 이를 바탕으로 리더의 행동을 개발하는 데 매우 유용한 실무적 리더십 모델이다.

그러나 (9,9)형이 항상 효과적인지에 대해서는 증거가 부족하며 다양한 의문이 제기된다. 많은 연구결과들은 어떤 리더십 유형이 더 효과적인지는 상황에 따라 다르다는 것을 보여 주고 있다. 이러한 문제 등에 대응하여 브레이크와 맥킨지[15]는 리더십격자 모델을 수정하여 두 가지의 모델을 제시하고 있다.

(2) 리더십격자의 수정모델

첫 번째 수정모델은 온정적 간섭주의(paternalism)로 컨트리클럽형과 과업형을

그림 7-4 온정적 간섭주의 리더[16]

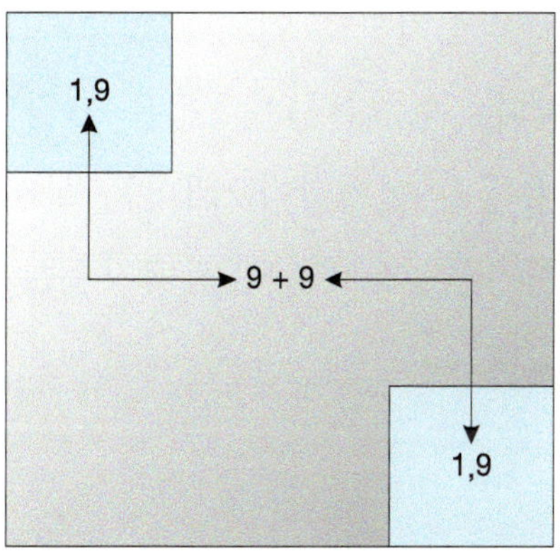

그림 7-5 임기응변적 리더

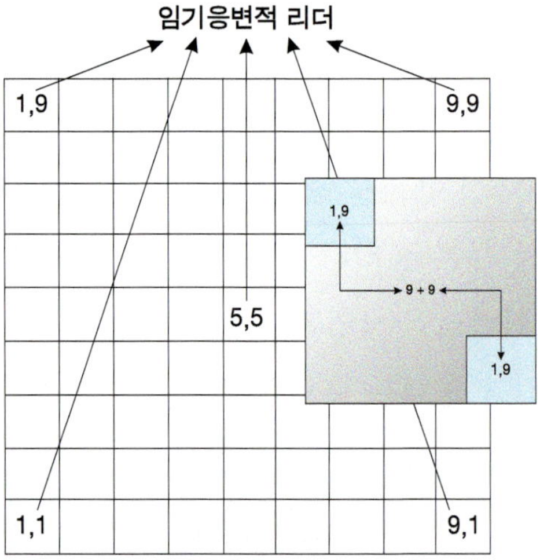

결합한 것이다. 온정적 간섭주의 리더는 [그림 7-4]에서 보는 바와 같이 9+9로 표시된다. 이러한 유형의 리더는 팀형의 리더와 비교할 때 부하들의 충성심과 복종에 대해서는 좀더 과감한 보상을 하고 부하들의 불복종에 대해서는 좀더 과감한 처벌을 한다. 이러한 리더는 컨트리클럽형과 같이 행동을 우아하게 하지만 목표달성을 위해서는 그렇게 행동하지 않는다. 이러한 리더는 사람들을 마치 과업과 분리되어 있는 것처럼 다룬다.

두 번째 수정모델은 임기응변주의(opportunism)로, [그림 7-5]에서 보는 바와 같이 이러한 리더는 리더십격자 모델의 다섯 가지 유형을 모두 조합하여 상황에 따라 리더십을 발휘한다. 즉, 리더의 행동은 고정되어 있는 것이 아니라 리더가 상황에 따라 적절한 유형을 선택한다. 리더는 실제 직무상황에서 가장 효과적인 행동을 취하는데, 이때 리더십 유형의 선택기준은 조직의 이익보다는 리더의 이익을 최대화하는 데 있다.

1.4 PM 이론

오하이오 주립대학교의 리더십 행동연구에서 중점적으로 다루어진 구조주의와 배려는 일본으로 전해지면서 일본학자들에 의해서 나름대로 각색되었다. 미스미 쥬지(三隅二不二)[17]는 이러한 리더십 행동을 집단의 기능과 연계시켰다. 그에 따르면 집단에는 '목표달성 기능'과 '유지기능'의 두 가지 기능이 있으며, 리더는 집단의 이러한 기능을 수행해야 한다. 집단의 목표달성기능을 수행하기 위해 리더는 업무상 지시 및 지도를 해야 하며 집단의 유지기능을 수행하기 위해 리더는 원활한 인간관계를 형성하고 구성원들을 배려해야 한다.

집단의 '목표달성 기능'은 'Performance(성과)'의 머리글자인 P를 따서 'P기능'이라 하고, 집단의 '유지 기능'은 'Maintenance(유지)'의 머리글자인 M을 따서 'M기능'이라고 한 후, 각 기능의 강약에 따라 대문자와 소문자로 구분하면 PM 리더십 모델이 만들어진다. 즉, P기능이 강한 리더십(대문자 P)과 약한 리더십(소문자 p), 그리고 M기능이 강한 리더십(대문자 M)과 약한 리더십(소문자 m)으로 각각 구분하고 이들을 다시 결합하면 [그림 7-6]에서 보는 바와 같이 PM 이론에서 제시

그림 7-6 PM 리더십 유형

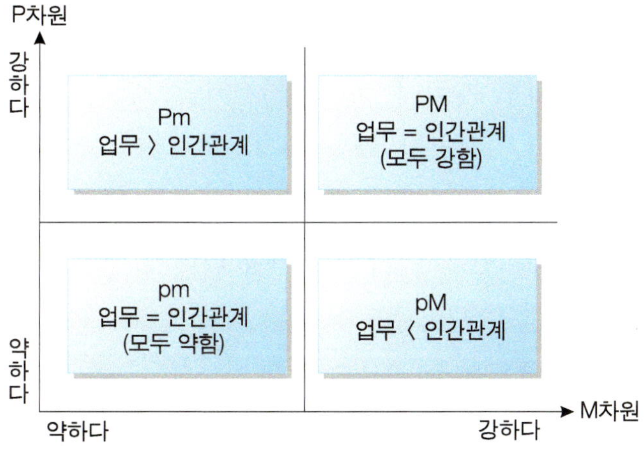

하는 네 가지의 리더십 유형이 나타난다.

① pM형 : P기능이 약하고, M기능이 강한 리더십이다. 이 유형의 리더는 엄격한 지도로 인해 인간관계를 해치는 것보다 화기애애하게 업무환경을 유지하는 것이 더 바람직하다고 생각한다.

② Pm형 : P기능이 강하고 M기능이 약한 리더십이다. 이 유형의 리더는 '불평불만하지 말고 시키는 대로 하라'는 타입으로 머리속에는 언제나 일 생각뿐이다. 부하에 대한 배려를 거의 찾아볼 수 없는 리더이다.

③ pm형 : P기능, M기능이 모두 약한 리더십이다. 이 유형은 부하를 엄격하게 지도하지 않을 뿐만 아니라 인간관계에도 무관심한 허울뿐인 리더라고 할 수 있다.

④ PM형 : P기능과 M기능 양쪽 모두 강한 리더십이다. 이 유형의 리더는 목표를 달성하기 위해 열심히 지도할 뿐 아니라 동시에 배려하는 마음으로 구성원들을 대한다.

미스미 쥬지는 네 가지 리더십 유형과 생산성 및 구성원 만족도의 관계에 관한 연구를 통해 생산성 및 구성원 만족도가 가장 높은 것은 PM형 리더십임을 발견하였다. 따라서 PM형이 가장 바람직한 리더십 유형이라고 결론지었다. 미스미 쥬지의 주장에 따르면, 성과지향성(P)은 효과적인 리더십에 필수적이지만, 같은 강도의 유지지향성(M)이 동반되지 않은 상태에서 리더의 성과지향 행동은 집단 구성원들에게 압력 또는 통제로 해석된다는 것이다. 반면에, 성과에 대한 강조와 함께 유지노력이 이루어지면(즉, PM형), 구성원들은 리더의 성과지향 행동을 지시나 압력으로 해석하기보다는 계획수립을 도와주고 무엇인가를 전수해 주기 위한 행동으로 해석한다는 것이다.[18] PM형 리더에 대한 지지는 오하이오 주립대학교 리더십 연구의 높은 구조주의와 높은 배려의 고-고 가설이나 브레이크와 무톤의 (9,9)형 리더의 개발과 일맥상통한다.

그러나 PM 이론에 대한 연구결과를 이와 유사한 미국의 연구결과들과 비교해 보면, 일본의 연구가 미국의 연구보다 훨씬 더 강력한 결과를 산출하고 있음을 발견할 수 있다. 그 이유는 아마도 일본이 미국보다 문화적으로 더 동질적이기 때문일 수 있으며 또는 일본의 연구가 한 사람에 의해서 일관성 있게 주도되었기 때문일 수도 있을 것이다. PM 리더십 연구에서 얻은 결과를 브레이크와 무톤의 리더십격자의 측면에서 분석한 결과, PM형에 해당하는 리더는 리더십격자에서 (9,9)형이 아니라 (7,7)형 정도에 해당되는 것으로 나타났다. 이것은 일본과 미국의 연구결과의 차이를 설명해주는 또 다른 원인일 수도 있을 것이다.[19]

02 리더십 행동이론에 대한 대안적 이론

리더십 행동이론에 관한 대부분의 연구들은 설문지법을 사용하였다. 즉 부하들에게 리더의 행동에 관한 설문항목에 응답하도록 하고, 그 결과 얻은 행동점수와 동일시점에서 얻은 결과변수의 상관관계를 조사하였다. 그리고 이들간에 유의한 정(+)의 상관관계가 발견되면, 리더의 행동이 결과변수에 영향을 주었다고 가정한다. 리더십 행동이론은 기본적으로 다음의 그림에서 보는 바와 같이 리더의 행동이 집단성과나 구성원 만족과 같은 결과변수에 영향을 준다는 인과관계를 가정한다.

그러나 설문지법을 사용한 연구에서 유의한 정(+)의 상관관계가 발견되더라도,

그림 7-7 상관관계에 관한 리더십 행동이론의 기본 과정

인과관계에 대해서는 몇 가지의 다른 해석이 가능하다. 하나의 대안적 해석은 리더의 행동이 결과변수에 영향을 주는 것이 아니라 결과변수가 리더의 행동에 영향을 준다는 것이다. 예를 들면, 리더의 구조주의나 배려 행동이 부하의 성과에 영향을 주었다고 해석하기보다는 부하의 성과에 대한 지각이 구조주의나 배려와 같은 리더 행동을 평가하는 데 영향을 주었다고 해석하는 것이다.

또 다른 대안적 해석은 리더의 행동과 결과변수 모두가 제3의 변수에 의해 동일하게 영향을 받는다는 것이다. 즉, 리더십 행동이론에 관한 많은 연구에서 리더의 행동과 결과변수는 동일한 응답자로부터 측정된다. 따라서 이 두 가지의 측정치가 동일한 방식으로 편향된다면 상관관계는 부풀려지게 된다. 예를 들어, 부하가 리더를 좋아하기 때문에 그 리더의 행동과 효과성을 모두 높게 평가한다면, 제3의 변수인 좋아한다는 것이 리더의 행동과 결과변수 모두에 영향을 미친 것이다. 그 외에도 리더십 행동과 결과변수는 서로 영향을 주고받는 상호작용적인 인과관계로 해석될 수도 있다. 따라서 상관관계 연구에 대한 인과관계에 대해서는 다음의 [그림 7-8]과 같은 다양한 대안적 해석이 가능하다.

리더십 행동과 결과변수의 인과관계에 관한 대안적 해석은 리더십을 객관적으로 존재하여 성과에 영향을 주는 것이라기보다는 부하의 지각에 기초하여 심리적 또는 사회적으로 구성되는 것으로 본다. 리더의 실제적인 행동과 그 결과에 초점을 맞추기보다는 리더십을 구성하는 부하들에게 초점을 맞춘 대표적인 리더십 이

그림 7-8 상관관계에 관한 대안적 해석

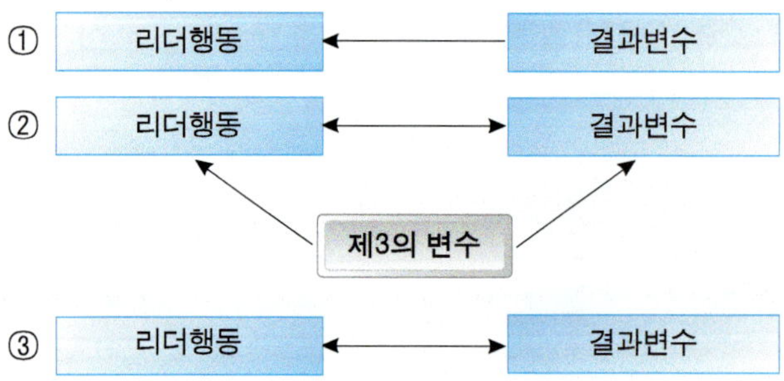

론에는 암묵적 리더십 이론, 정보처리 과정적 리더십 이론, 그리고 리더십의 로맨스 이론 등이 포함된다.

2.1 암묵적 리더십이론

암묵적 리더십이론(implicit leadership theory)은 부하에게 영향력을 행사하는 리더의 행동 그 자체보다는 리더의 행동을 지각하는 부하의 역할에 초점을 맞추고 있다. 예를 들면, 부하는 성과에 관한 정보를 하나의 단서로 활용하여 어떤 특성이 리더에게 속하는 것으로 생각하기 때문에, 부하의 성과는 리더의 행동을 묘사하는데 영향을 준다는 것이다. 따라서 높은 성과를 지각한 구성원은 구조주의나 배려와 같은 리더의 행동을 높게 평가하며, 낮은 성과를 지각한 구성원은 그러한 리더의 행동의 낮게 평가한다[20]. 이와 같이 리더십이 성과에 영향을 주는 것이 아니라 성과에 관한 정보가 리더십의 묘사에 영향을 준다는 논리는 귀인이론적 관점이나 분류 이론적 관점에서 해석될 수 있다.

(1) 귀인이론적 해석

귀인이론은 어떻게 사람이 사건의 원인을 지각하고 결과에 대한 책임과 그 사건에 연루된 사람의 개인적 특성을 평가하는지를 이해하는데 도움을 준다. 켈리(1973)의 귀인이론에 따르면, 사람은 자신의 주변에서 일어나는 일을 이해하기 위해 어떤 행동에 대한 자기만의 내적인 이론을 개발하고 그 이론을 사용하여 어떤 사건에 대한 원인을 추론한다. 예를 들면, 사람들은 저 성과와 같은 어떤 개인의 행동에 대해 자신만의 내적 이론을 만들고 그것에 따라 그 행동의 원인을 행위자에게 돌리거나 행위자 밖의 환경에 돌린다. 전자는 내적 귀인이라고 하며 행위자의 능력이나 노력같이 행위자의 통제 하에 있는 원인에 귀속시키는 것이다. 후자는 외적 귀인이라고 하며 설비나 지원 등과 같이 행위자의 통제 밖에 있는 원인에 귀속시키는 것이다.

이러한 귀인이론을 리더십에 적용하면, 관찰자(부하)는 성과의 원인을 행위자(리더)에게서 찾는다는 것이다. 만일 관찰자(부하)가 높은 성과를 관찰하고 어떤 행위자(리더)가 그 성과의 원인이라고 지각한다면, 관찰자(부하)는 높은 리더십 행동을 그 행위자(리더)에게 귀속시킬 것이다. 만일 관찰자(부하)가 낮은 성과를 관찰하고 어떤 행위자(리더)가 그 성과의 원인이라고 지각한다면, 관찰자(부하)는 낮은 리더십 행동을 그 행위자(리더)에게 귀속시킬 것이다. 따라서 리더십은 리더의 실제 행동이라기보다는 성과를 합리화하기 위해 만들어진 귀인, 즉 부하의 지각이라는 것이다.

칼더(1977)는 네 단계의 리더십 귀인모형을 제시하였다. 첫째, 사람들은 다른 사람의 행동 뿐 아니라 그 행동의 결과를 관찰한다. 둘째, 행위자(리더)와 관련된 행동과 결과를 그 집단의 다른 사람의 행동과 비교한다. 만일 그 행동에 상당한 정도의 차이가 발견되면 리더십 추론이 만들어진다. 만일 그 행동에 차이가 거의 없는 것으로 발견되면 리더십 추론은 만들어지지 않는다. 셋째, 리더십 추론이 만들어지는 경우 그것은 바람직한 리더십에 대해 개인이 가지고 있는 개념 틀인 리더십 원형(prototype)에 맞추어 이루어진다. 이것을 전형(typicality) 추론이라고 한다. 넷째, 이러한 전형추론은 드러난 행동이 사회적 바램(social desirability)과 같은 오류는 아닌지와 같은 추가적인 분석을 포함한다.

칼더의 모형에 따르면, 리더십은 관찰된 행동 뿐 아니라 그 행동과 관련된 결과로부터 '추론'되는 관찰 불가능한 개인적 자질이다. 즉, 어떤 행동이나 결과가 관찰되고 그것이 집단비교에 의해 행위자(리더)의 개인적 자질로 귀속된다면, 관찰자(부하)는 리더십 원형에 따라 그 행위자(리더)가 특정의 리더십을 가지고 있다고 지각할 것이다. 따라서 리더십 지각은 어떤 행동이나 결과가 리더의 개인적 자질로 귀인될 때 형성되는 것으로, 리더가 성과의 중요한 원인으로 지각되는지에 달려있다. 집단비교와 전형추론의 연계성은 귀인적 추론이 리더십 지각에 선행된다고 주장하는 칼더의 모형에서 매우 중요한 요소이다.

리더십의 귀인이론적 관점에 따르면, 조직의 구성원들은 리더십은 성과에 영향을 준다는 암묵적 믿음을 가지고 있으며, 어떤 성과에 대한 지식은 리더십 원형에 기초하여 그 리더십을 어떤 사람에게 귀속시키는 단서로 활용한다. 많은 연구들은 고성과집단의 리더가 저성과 집단의 리더보다 구조주의나 배려와 같은 리더십 행동에서 더 높게 지각된다는 것을 보여주면서 이러한 관점을 지지하고 있다[21].

(2) 분류이론적 해석

귀인이론적 해석은 성과와 같이 구조화된 단서가 있는 경우 리더십 지각이 형성되는 과정을 설명하지만, 만일 성과와 같이 구조화된 단서가 없는 경우에는 리더십이 어떻게 구성되는지를 밝히지 못한다. 이러한 문제를 해결하기 위해 새로운 해석을 위한 시도가 이어졌다. 그 결과 부하의 성과가 리더의 행동평가에 영향을 미친다는 암묵적 이론의 논리는 귀인이론적 측면보다는 분류이론적 측면에서 해석되어야 한다는 주장이 나타났다[22].

명확한 외재적 인과논리와 지각에 기초한 인과평가를 구별하고, 전자는 귀인이론에 상응하고 후자는 분류이론에 상응하는 것으로 보았다. 외재적 인과논리는 통제된 정보처리과정으로 지각자가 성과와 같은 특정한 정보에 주의를 기울이고 의식적으로 원인을 찾는 것을 말한다. 반면에 지각에 기초한 인과평가는 자율적 정보처리과정으로 지각자가 의식적 자각없이 정보를 스크리닝하고 조직화하는 것을 말한다. 몇몇의 학자들은 성과단서에 따른 부하의 상사행동에 대한 지각은 자율적 정보처리과정에 기초한 인지적 분류이론이 더 잘 설명한다고 주장하였다.[23]

귀인이론적 관점과 마찬가지로 분류이론적 관점에 따르면, 부하의 성과에 대한 지각은 상사의 행동에 대한 지각에 영향을 준다. 성과에 대한 정보는 선택적 주의와 확률적 반응오류에 영향을 줌으로써 부하가 상사의 행동을 묘사하는데 영향을 준다.[24] 그러나 귀인이론적 관점과는 달리 분류이론적 관점에 따르면, 성과단서 이외에 상사의 실제 행동도 부하의 상사행동에 대한 지각에 영향을 준다.[25] 분류

이론적 관점의 리더십이론은 개인의 정보 단순화 과정에 기초하여 리더십 라벨이나 원형 주변의 정보를 동화시키는데 초점을 맞추고 있다. 기억에 기초한 행동의 판단은 자극의 특징을 기존에 존재하는 인지적 분류 속에 짜 맞춤으로써 나타나기 때문에 리더십 라벨이나 원형은 부하가 상사의 행동을 묘사하는데 영향을 주게 된다.[26] 만일 어떤 리더의 두드러진 행동이 리더십 원형에 잘 맞아 떨이지면 그 리더에게 리더 라벨이 붙여지고 관찰자의 장기 기억에 저장된다. 그리고 그 리더에 대해 판단해 달라고 요청을 받으면, 관찰자는 그 리더 라벨을 사용하여 그것에 부합하는 리더 원형에 접근하고 그것에 기초하여 판단한다. 분류는 부호화와 기억요구를 감소시키는 단순화된 휴리스틱이다. 많은 연구들은 관찰자(부하)가 리더십 지각을 형성하기 위해 분류과정을 사용한다는 주장을 지지하고 있다.[27]

이 이론에 따르면, 리더십 연구에서 일반적으로 사용하는 설문방식은 잠재적으로 측정의 문제를 내포하고 있으며 리더십 원형이 바로 상사의 행동에 대한 부하의 반응에 영향을 주는 바람직한 상사의 행동이다.[28]

리더십 원형에 반영되어 있는 바람직한 상사의 행동은 상황 또는 부하의 성격 특성에 따라 다를 수 있다.[29] 암묵적 리더십이론은 설문을 통한 리더십 행동연구의 측정상의 문제와 관련하여 비교적 많은 연구가 이루어져 왔다. 그리고 이러한 연구의 결과는 리더십 행동이 결과변수에 영향을 준다는 전통적 리더십이론에 대한 대안적 해석을 뒷받침하고 있다.

2.2 정보처리과정적 리더십

리더십의 정보처리과정적 이론(information processing theory)은 정보처리과정의 관점에서 리더십에 대한 지각을 연구하는 것이다. 사람들은 일상생활에서 어떤 대상이나 사건 등을 지각하는데 있어서 다양한 정보처리과정 전략을 사용한다. 특히, 리더십 지각을 포함한 대부분의 사회적 지각은 감정적 또는 인지적 처리과정 전략에 바탕을 두고 있다.[30] 따라서 감정이나 인지는 부하가 리더십을 지각하는데 영향을 준다.

(1) 감정의 영향

인상을 형성하는 초기 단계는 상대를 좋아한다든가 또는 싫어한다든가 하는 일반적인 개념을 개발하는 것이고, 이와 같이 초기에 형성된 감정적 평가는 나중에 그 상대방의 행동을 해석하는 기초가 된다. 마찬가지로 상사와 부하의 관계에서 초기에 형성된 감정적 평가는 그 관계에 대한 특성을 결정하는데 중요한 역할을 한다.[31] 따라서 리더십 지각을 설명하는데 있어서 부하의 리더에 대한 감정적 반응을 고려해야 한다.

예를 들면, 긍정적 감정 성향이 높은 사람은 스스로를 성취나 대인관계 활동에 더 효과적으로 참여한다고 생각하며, 따라서 똑같은 성향의 리더도 그와 같이 생각하기 때문에 여러 리더십 측면에서 더 높게 평가하는 경향이 있다.[32] 또한 긍정적인 기분이나 지각된 좋아함(perceived liking)도 리더십 지각에 영향을 준다. 즉 부하가 기분이 좋거나 상사를 좋아하면, 그 정도에 따라 리더의 다른 특성이나 행동에 관한 정보를 더 긍정적으로 이용하게 되고, 따라서 리더십과 같은 사회적 지각에 더 긍정적인 영향을 주게 된다.[33] 이와 같이 부하의 감정과 같은 요인은 리더의 실제 행동과는 관계없이 그 리더를 평가하는데 긍정적 또는 부정적으로 영향을 줄 수 있다.

(2) 인지의 영향

부하의 감정 이외에 인지도 리더십 지각에 중요한 영향을 미친다. 인지는 감정적으로는 중립적인 것이며, 인식(recognition)과 추론(inference)으로 나누어 볼 수 있다. 첫째, 리더십 지각이 인지에 의존한다는 것은 지각자 입장에서 리더가 바람직한 분류에 부합되는지를 암묵적으로 인식한다는 것을 말한다. 바람직한 리더십 분류의 구성요소와 관련된 어떤 속성에 관한 정보는 역할이나 사람 스키마, 또는 암묵적 성격이론의 형태로 장기 기억 속에 저장된다. 이러한 스키마 중심의 분류(schema-driven categorization)는 어떤 사람의 행동에 의미를 부여하는데 중요한 역할을 하며 우리가 어떤 사람을 평가하는데 영향을 준다. 따라서 인식기반 리더십 지각(recognition-based leadership perception)에 따르면, 리더십 지각은 그 사람이 훌륭한 리더라는 리더십 원형의 특징에 얼마나 잘 부합되는냐에 달려있다.

예를 들어, 조직 구성원들이 가지고 있는 훌륭한 리더라는 리더십 원형의 특징에 잘 부합되면 그 리더는 여러 측면에서 긍정적 리더십으로 평가될 것이며, 그렇지 않으면 여러 측면에서 부정적 리더십으로 평가될 것이다. 이러한 평가는 리더의 모든 실제적인 행동을 그대로 반영하는 것이 아니라 일부의 행동을 단서로 사용하여 부하에 의해 구성되고 평가되는 것이다. 인식기반 리더십 지각은 앞에서 언급한 분류 이론적 관점에 상응한다.

리더십 원형은 문화나 국가마다 다를 수 있다. 예를 들면, 일본의 리더십 원형은 책임감 있고, 교양있고, 신뢰감 있으며, 지적이고, 규율적이다. 반면에 미국의 리더십 원형은 단호하고, 목표 지향적이며, 언어적 능력이 뛰어나고, 부지런하며, 끈기있는 것이다.[34] 이와 같이 국가나 문화마다 훌륭한 리더십의 원형에는 차이가 있을 수 있지만, GLOVE 연구(Global Leadership and Organizational Behavior Effectiveness Research Program)에서 보여 준 바와 같이 여러 국가나 문화에 걸쳐 공통적으로 적용되는 리더십 원형도 존재한다.[35] 예를 들면, 성실성, 비전제시, 영감적 동기부여, 팀 지향성은 보편적으로 적용될 수 있는 효과적인 리더십의 요소이다. 반면에 흥분성, 자기중심성, 비협조성, 악의성과 무자비나 독재 등은 보편적으로 적용될 수 있는 비효과적인 리더십의 요소이다.

둘째, 리더십은 부하에 의해 성과라는 결과변수로부터 추론되는 것이다. 추론기반 리더십 지각(inference-based leadership perception)에 따르면, 리더십은 단순히 리더 안에 존재하는 것이 아니라 리더의 특성이나 행동, 그리고 그 결과인 성과가 부하에 의해 해석되고 추론된 것이다. 성과의 원인이 리더에게 귀속되면 리더십 추론이 이루어지는데, 이 때 높은 성과결과는 리더로서의 지각을 증폭시키고 낮은 성과결과는 리더십 지각을 감소시킨다. 추론기반 리더십 지각은 앞에서 언급한 귀인 이론적 관점에 상응한다. 따라서 리더십 행동에 대한 설문조사에서 중요한 것은 실제의 리더십 행동이 아니라 그 설문에 응답하는 부하의 지각과 해석이다.

2.3 리더십의 로맨스이론

리더십의 로맨스이론은 측정의 문제를 넘어서 성과-단서 효과와 암묵적 이론의 중요성을 보다 더 넓게 보는 관점을 취하고 있다. 리더십의 로맨스 개념은 리더십 요인이 집단과 조직의 기능에 상대적으로 중요하다고 가정하는 오류를 밝히면서 리더십이란 관찰자가 조직의 이슈와 문제점을 언급하는 방식에서 나타나는 것임을 강조한다.[36] 즉, 리더십은 부하의 사고에 관한 것으로 조직 구성원들간에 사회적으로 구성된 실체라는 것이다. 따라서 리더십의 로맨스는 리더의 특성이나 행동이라기보다는 부하가 구성한 리더의 이미지, 즉, 리더십 자체를 정의하고 그 중요성을 이해하는 부하 및 그들의 상황을 강조한다. 이러한 점에서 부하에 의해 평가된 리더십은 조직운영의 결과에 대한 직접적인 원인변수라기보다는 조직운영의 결과를 귀인하는 과정에서 생성되는 현상이라는 것이다. 따라서 어떤 상사가 리더로 나타나며 그렇게 되기 위해서 상사는 무엇을 해야할 것인가에 관심을 두기보다는 언제 그리고 어떠한 상황에서 부하가 갖는 의미에 따라 어떤 형태의 리더로 나타나는가에 관심을 두고 있다.[37] 이와 같이 부하에 의해 형성된 리더십 개념은 팔로우십의 한 원인으로 작용할 수 있다.

마인들과 어리히는 리더십의 로맨스 측정도구(Romance of Leadership Scale)를 개발하여 조직의 운영결과에 대한 해석과 귀인과정에 있어서 리더십 요소에 대한 일반적 믿음 또는 리더십에 대해 부여하는 중요성에서 나타나는 개인적 차이를 측정하고자 하였다. 리더십의 로맨스에 있어서의 개인 차이는 리더십 출현과정과 관련하여 연구되었다. 예를 들면, 어리히 등은 리더십의 중요성에 대한 조직구성원의 일반적 믿음이 강할수록 그 조직의 리더는 카리스마적 특성을 갖는 경향이 강하다는 것을 보여 주었다. 또한 샤미르도 리더십의 중요성에 대한 구성원의 일반적 믿음이 강할수록 같은 리더십 상황을 더욱 카리스마적으로 지각한다는 것을 보여 주었다.

제8장 상황이론

01 피들러의 상황적합성 이론

02 하우스의 경로-목표이론

03 허시와 블랜차드의 성숙도 이론

1960년대까지 이루어진 대다수의 리더십 특성이론과 행동이론들은 보편타당한 리더의 특성과 행동을 파악하려 하였으나 보편타당한 이론을 찾아내지 못했다. 여러 연구를 통해 나타난 결과는 리더의 보편타당한 특성이나 행동이 존재하기보다는, 특성과 행동이 리더십 유효성에 미치는 영향은 여러 상황적 요인에 따라 달라진다는 것이었다.[1] 이미 1960년대 초에 더글러스 맥그리거가 리더십이란 관계이기 때문에 모든 상황에서 적합한 리더십이란 있을 수 없다고 지적한 바 있듯이,[2] 보편타당한 이론을 찾으려 한 것 자체가 잘못된 출발이었을 수도 있다.

보편타당한 리더십 특성과 이론을 규명하려는 연구가 실효성을 잃어감에 따라 1960년대 후반부터는 '리더십 유효성은 상황에 따라 달라진다'는 전제하에 리더십을 연구하는 사람들의 관심의 초점이 상황으로 옮겨지게 되었다. 즉 리더십 상황이론은 리더십 특성이나 행동과 관련하여 상황요인을 추가하여 이들간의 적합성에 초점을 맞춘 것이다(그림 8-1 참조).[3]

리더십 상황이론은 조직 내 리더의 효과는 특별한 상황에 동적(dynamic)이고, 유연하게 대응하고자 노력함으로써 달성할 수 있다는 것이다.[4] 결국 리더십 상황이론에서의 리더란 상황의 산물이며, 특정 상황에서 효과적인 특정한 리더가 존

그림 8-1 리더십 상황이론

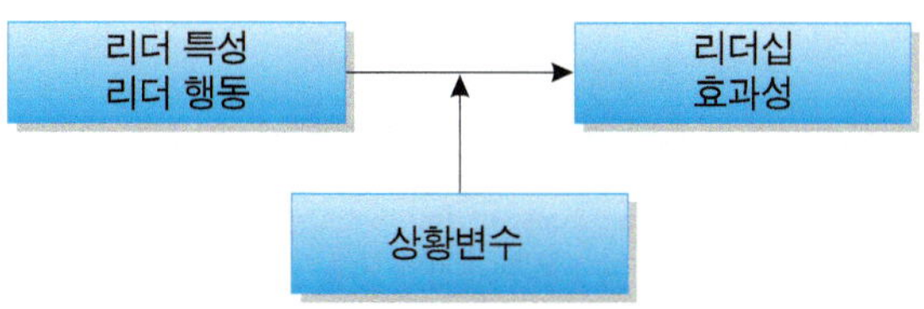

재하므로 리더가 여기에 부응하면 효과적인 리더십 발휘가 가능하다는 원리를 기본으로 하고 있다.

리더십에 대한 상황적 접근법은 크게 두 가지 형태로 구분되는데, 특성이론에 근거한 상황이론과 행동이론에 근거한 상황이론이 바로 그것이다. 본 장에서 살펴보게 되는 다양한 상황이론 중 피들러의 상황이론은 특성이론에 근거한 상황이론에 해당하며, 하우스의 경로-목표이론, 허시와 블랜차드의 성숙도 이론 등은 행동이론에 근거한 상황이론이라 할 수 있다.

01 피들러의 상황적합성 이론

1.1 개 요

피들러의 상황적합성모델(Contingency Model)은 상황을 고려한 최초의 리더십 이론으로 알려져 있다. 1951년부터 대규모의 다양한 집단의 리더를 대상으로 연구를 시작하여, 1953년 LPC(least preferred coworker) 척도를 개발하여 리더의 유

그림 8-2 피들러의 리더십 상황적합 모형

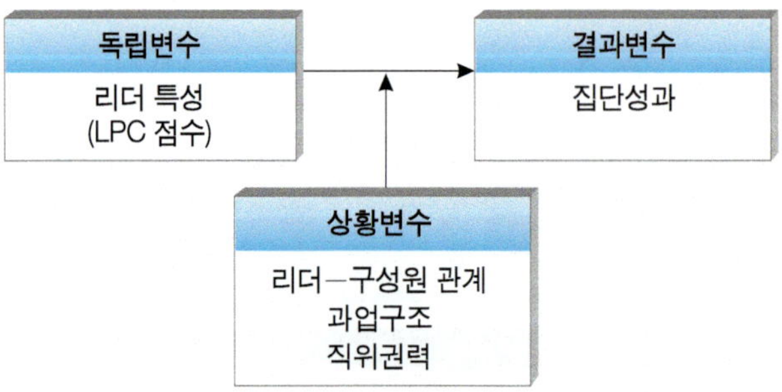

형을 분류하려고 시도하였다. 그 후 10여 년 간 피들러와 그의 동료 연구자들은 다양한 조직과 집단을 대상으로 많은 실증적 연구를 통해 [그림 8-2]와 같은 상황적합 모델의 개념적 틀을 확립하게 되었다.[5)]

피들러는 특성이론에 근거하여 리더십 스타일은 변화시키기 어렵기 때문에 조직은 일정한 리더십 스타일에 부합되는 상황에 리더를 배치해야 한다고 주장하였다. 즉 그의 모델은 리더의 LPC 점수와 리더십 유효성의 상관성은 복잡한 여러 가지의 상황적 변수에 따라 결정된다고 하였다.

(1) 리더십 유형[6)]

피들러는 리더의 행동 특성을 측정하는 척도로 LPC를 사용하였다. LPC 척도는 과거 또는 현재의 '가장 함께 일하기 싫은 동료'를 생각하면서 그 사람을 평가토록 하는 것으로, LPC 점수는 8점 척도의 18개의 문항으로 구성되어 있는데, 각 항목별로 얻은 점수를 합산한 것이 리더의 LPC 점수이다. 즉 피들러의 연구에 따르면, 어떤 한 사람이 가장 함께 일하기 싫은 동료에 대해 인식하고 기술하는 내용은 자신이 가장 중요시 여기는 것들을 나타낸다는 것이다. 따라서 가장 함께 일하기 싫은 동료를 파악하고 기술하는 방식을 보면 동료보다 그 자신의 특성에 대해 더 많은 것을 알려 준다.

점수가 낮을수록 '같이 일하기 가장 싫은 동료 작업자'에 대해 부정적이고 비판적인 평가를 하는 리더이고, 점수가 높을수록 그(녀)에 대해 긍정적인 평가를 하는 것이다. LPC 점수는 18점에서 144점까지 분포할 수 있다.

합산된 LPC 점수에 따라 리더의 특성을 과업지향적(task-oriented style) 리더와 관계지향적(relationship-oriented style) 리더로 분류한다. 과업지향적 리더는 목표달성에 관심을 두고, 관계지향적 리더는 과업의 성과뿐만 아니라 집단 내의 인간관계에 중요한 관심을 둔다.

일반적으로 높은 점수(64점 이상)를 기록한 리더는 부하들을 포함한 다른 사람과 긴밀한 인간관계를 맺고 유지하는 데 만족을 얻는다. 이를 '관계지향적 리더'

자가진단 LPC 설문[7)]

각자 자신의 경험을 돌이켜보면, 여러분에게는 여러 다양한 사람들과 함께 어떤 목표를 달성하기 위해 일해 본 경험이 있을 것입니다. 직장의 직무수행에서, 사교집단에서, 교회에서, 어떤 봉사단체에서, 운동경기 팀이나 그 밖의 많은 상황에서 어떤 동료들은 함께 일하기가 매우 즐겁고 쉬웠지만 어떤 동료들은 함께 일하기가 매우 어렵고 불쾌했던 경험이 있을 것입니다.

그러면 이제 여러분들은 함께 일한 경험이 있는 사람들을 모두 떠올려 보십시오. 그리고 그중에서 함께 일하기가 가장 싫었던 사람들을 떠올려 보십시오. 그 사람이 지금 함께 일하는 사람이라도 좋고 과거에 함께 일한 경험이 있는 사람이라도 좋습니다. 그러나 그 사람이 개인적으로 또는 감정적으로 가장 싫어한 사람일 필요는 없고, 다만 함께 일을 하기가 가장 어려웠거나 어려운 사람이어야 합니다. 다시 말해서 함께 일을 가장 잘할 수 없었던 사람이나 없는 사람을 생각하면 됩니다.

그래서 그 사람의 여러 가지 측면에 대하여 다음 설문의 해당된 곳에 체크를 하면 됩니다.

예를 들어 여러분이 생각하기에 함께 일을 가장 잘할 수 없는 사람이 상당히 단정치 못한 사람이라면 다음 표에 그렇게 표시하면 됩니다.

그리고 한 가지 주의할 점은 척도(scale)의 양쪽에 있는 말을 먼저 읽고 적당한 곳에 체크를 해야 하고, 각 문항을 하나도 빠뜨리지 말고 가능한 빠른 속도로 답해야 합니다. 각 문항에 대한 맨 처음 생각난 답이 가장 정확한 답일 가능성이 많기 때문입니다. 자 그러면 다음 LPC 척도의 각 문항을 답해 보기로 합시다.

지금까지 함께 일한 사람들 중에서 가장 같이 일하고 싶지 않은 사람을 한 사람 떠올리고 그(녀)에 대해서 아래에 평가하십시오.

			점 수
쾌활한 사람	87654321	쾌활하지 않은 사람	______
친절하고 다정한 사람	87654321	불친절하고 다정하지 않은 사람	______
잘 거부하는 사람	12345678	수용적인 사람	______
긴장하고 있는 사람	12345678	긴장을 풀고 여유 있는 사람	______
거리를 두는 사람	12345678	친근한 사람	______
냉담한 사람	12345678	다정한 사람	______
지원적인 사람	87654321	적대적인 사람	______
따분해 하는 사람	12345678	흥미를 잘 느끼는 사람	______
싸우기 좋아하는 사람	12345678	화목하고 잘 조화하는 사람	______
우울한 사람	12345678	늘 즐거워하는 사람	______
서슴지 않고 개방적인 사람	87654321	주저하고 폐쇄적인 사람	______
험담을 잘하는 사람	12345678	너그럽고 관대한 사람	______
신뢰할 수 없는 사람	12345678	신뢰할 만한 사람	______
사려 깊은 사람	87654321	사려 깊지 못한 사람	______
심술궂고 비열한 사람	12345678	점잖고 신사적인 사람	______
마음에 맞는 사람	87654321	마음에 맞지 않는 사람	______
성실하지 않은 사람	12345678	성실한 사람	______
친절한 사람	87654321	불친절한 사람	______

■ 점수가 64점 이상이면 관계지향적 스타일이고 57점 이하이면 과업지향적 스타일입니다.

■ 1~8까지 중에서 8쪽에 위치된 형용사가 우호적인 단어이고 1에 가까울수록 그 반대되는 비우호적인 형용사입니다.

8	7	6	5	4	3	2	1
매우 그러함	상당히 그러함	꽤 그러함	약간 그러함	약간 그렇지 않음	꽤 그렇지 않음	상당히 그렇지 않음	매우 그렇지 않음

라 명하는데, 이들은 부하들과 잘 어울리는 것을 중요시하고, 필요하다면 부하들에 대해 배려 있는 행동을 하며 지원적인 태도를 취한다. 이들은 부하 및 동료들과 긴밀한 인간관계를 맺은 다음 과업목표 달성에 관심을 갖는다.

LPC 점수가 낮은 사람(57점 이하)은 과업목표 달성을 우선시하는 사람으로 주로 과업을 완수하는 데 만족을 얻는다. 이를 '과업지향적 리더'라 칭하는데, 이들은 양호한 직무 수행에 1차적인 관심을 가지고, 부하를 다룰 때에도 과업지향적 행동을 강조한다. 그리고 부하들과 좋은 관계를 맺는다는 2차적 목적은 집단이 과업을 잘 수행할 때나 중대한 과업 문제가 없을 때에만 추구한다.[8]

LPC 점수는 피들러의 초기 연구에서는 리더의 성격 특성을 측정하는 도구로 활용되었지만, 이후 여러 차례 바뀌면서 피들러는 리더의 사회적 욕구 충족과 관련된 동기 구조를 나타내는 것으로 해석되고 있다. 즉, 높은 LPC 점수를 기록한 리더는 밀접한 대인관계를 맺기 위해 동기부여되며, 관계 개선을 위해 배려 및 지원 행동을 한다. 낮은 LPC 점수를 기록한 리더는 목표의 성취를 위해 동기부여되며, 과업과 관련된 사항에 있어서 과업지향적인 행동을 한다. 그러나 리치 라이스는 동기 구조 해석보다는 가치-태도 해석이 더 타당하다고 주장하였다.[9] 즉 높은 LPC 점수를 기록한 리더는 대인관계의 성공을, 낮은 LPC 점수를 기록한 리더는 과업의 성공을 중요시한다는 것이다.

(2) 상황변수

피들러는 리더의 LPC 점수와 집단성과간에는 세 가지 요소로 구성된 상황변수에 의해 조절된다고 보았다. 그는 리더가 통제력과 영향력을 행사하는 리더십 상황의 주요 구성요소로 ① 리더-구성원 관계, ② 과업 구조, ③ 리더의 직위권력을 들고 있다. 이들에 대한 정의는 〈표 8-1〉에 요약하였다.[10]

피들러에 따르면 상황의 호의성은 세 가지 상황변수들이 조합되어 결정된다. 그는 이들 세 가지 상황변수들을 이등분하고 세 개 상황변수의 중요도에 따라 가중치를 부여한 후, 상황을 조합하여 여덟 개 상황으로 나누고 이들 여덟 개 각각

표 8-1 피들러 이론의 상황변수들

변수명	정 의
리더–구성원 관계	집단의 구성원들이 리더를 신뢰하고 좋아하며 그(녀)의 말(guidance)을 기꺼이 따르려는 정도를 뜻하며, 가장 중요한 상황변수이다.
과업 구조	두 번째로 중요한 상황변수로서 다음과 같은 내용을 포함한다. ① 목표 명료성 : 과업의 요구조건들(requirements)이 얼마나 명백히 정해져 있는가 하는 것 ② 목표–경로의 다양성 : 어떤 과업을 수행하는 데 사용될 수 있는 과업 수행 방법의 수 ③ 검증 가능성 : 과업을 수행하고 나서 그 결과를 알 수 있는 정도 ④ 구체성 : 과업에 대한 최적의 해답이나 결과가 존재하는 정도
직위권력	리더가 갖고 있는 직위에 집단 구성원들을 지도하고 평가하고 상과 벌을 줄 수 있는 권한이 주어진 정도

의 상황이 리더에게 얼마나 호의적인가를 '상황의 호의성(favorableness of the situation)'이라고 명명하였다. 이때 상황의 호의성 정도에 영향을 주는 세 가지 상황변수의 중요도는 리더–구성원 관계, 과업구조, 리더의 직위권력 순이며, 그 가중치는 4 : 2 : 1로 가정된다. 리더와 구성원간의 관계가 양호하고 과업의 구조화 정도가 매우 높으며 리더가 실질적인 직위권력을 갖고 있을 때 리더에게 가장 유리한 상황이 되며, 리더와 구성원의 관계가 불량하고 과업의 구조화 정도가 매우 낮으며 리더가 직위권력을 갖고 있지 못할 때 리더에게 가장 불리한 상황이 된다(그림 8–3 참조).

(3) 상황에 따른 리더십 유효성[11)]

피들러의 상황적합 이론에 따르면 상황이 리더에게 매우 유리하거나 불리할 때는 LPC 점수가 낮은 리더가 LPC 점수가 높은 리더보다 더 효과적이며, 상황이 리더에게 유리한 정도가 중간일 때에는 LPC 점수가 높은 리더가 LPC 점수가 낮은 리더보다 더 효과적이라고 한다.

이와 같은 해석은 두 가지 측면에서 설명할 수 있는데, 첫 번째는 리더에 대한

그림 8-3 리더의 상황 호의성 평가

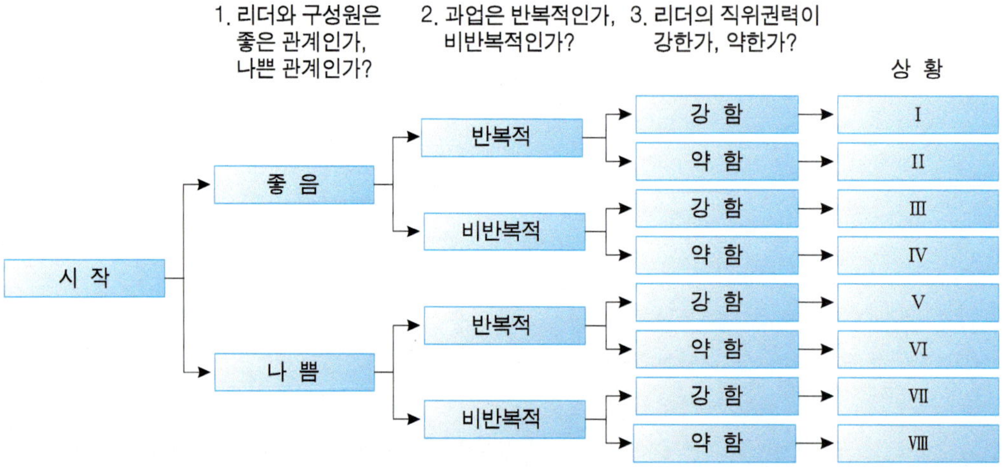

동기부여적 측면에서 접근하는 방식이고, 두 번째는 인지적 접근에 의한 방식이다. 먼저 리더에 대한 동기부여적 관점에서는 상황에 따른 리더십 효과성을 다음과 같이 설명한다.

일반적으로 리더가 통제하지 못하는 비호의적인 상황에서는 그 리더의 일차적 동기가 나타나며 리더의 통제가 증가하면서 호의적인 상황이 될수록 이차적 동기가 나타난다. 왜냐하면 호의적인 상황에서는 일차적 동기가 쉽게 만족되기 때문이다. 높은 LPC 리더의 일차적 동기는 관계지향이며, 낮은 LPC 리더의 일차적 동기는 과업지향이다. 따라서 높은 LPC 리더의 경우 비호의적인 상황에서는 일차적 동기인 관계지향적 행동을 더 많이 보이게 되며 호의적인 상황에서는 과업지향적인 행동을 보이게 된다. 반면에 낮은 LPC 리더의 경우 비호의적인 상황에서 과업지향적인 행동을 더 많이 보이게 되고 호의적인 상황에서는 관계지향적인 행동을 보이게 된다.

일반적으로 호의적인 상황에서는 리더로부터 관계지향적인 행동이 요구되며, 비호의적인 상황에서는 리더의 과업지향적인 행동이 요구된다. 그러나 높은 LPC 리더는 호의적인 상황에서 이차적 동기인 과업지향적인 행동을 보이므로 상황적 요구와 일치하지 않는다. 또한 비호의적인 상황에서는 일차적 동기인 관계지향적인 행동을 보이므로 이것도 상황적 요구와 일치하지 않는다. 따라서 높은 LPC 리더는 호의적이거나 비호의적인 상황에서 그 효과성이 낮다. 따라서 피들러의 연구결과와 일치한다.

그러나 낮은 LPC 리더의 효과성은 동기부여적 해석으로 명확한 설명을 하지 못해 비판을 받게 되고, 이후 낮은 LPC 리더의 효과성을 인지적 해석으로 설명하게 되었다. 인지적 해석은 형용사의 쌍(Pair)의 유형들간에 차별화하는 정도에 기초하여 LPC 점수를 측정한다는 점에 초점을 맞추었다. 높은 LPC로 측정된 리더는 평가대상과 형용사를 차별적으로 평가하는 사람이기 때문에 인지적으로 복잡한 사람이다. 반면 낮은 LPC 리더는 인지적으로 복잡하지 않고 차별화를 하지 않는 사람이다. 매우 호의적이거나 매우 비호의적 상황이라는 것은 상황을 구분하는 세 가지 변수 측면에서 차별화가 많지 않은 경우이다. 이러한 상황에서는 인지적으로 복잡하지 않고 차별화를 하지 않는 낮은 LPC 리더가 효과적이다.

반면에 중간정도의 호의성 상황은 여러 가지 상황변수간에 상당한 차별화가 있

그림 8-4 피들러의 상황적 리더십[12)]

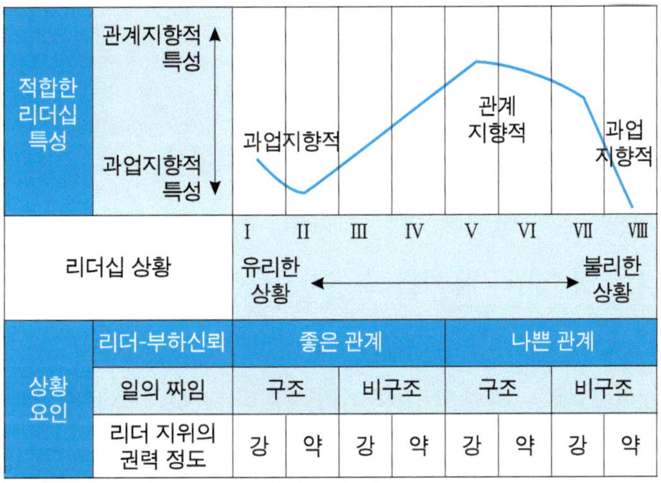

다. 즉 어떤 측면은 긍정적이고 또 다른 측면은 부정적이다. 이러한 상황에서는 인지적으로 복잡한 높은 LPC 리더가 효과적이라는 것이다.

이상과 같은 해석결과에 따라 상황이 리더에게 유리하거나(I, II, III), 불리할 경우(VIII)에는 과업지향적 리더가 효과적이며, 상황의 유리함이 중간 수준(IV, V, VI, VII)이면 관계지향적 리더십을 발휘하는 것이 효과적임을 알 수 있다.

이러한 결론만 본다면 "상황이 리더에게 유리하거나 불리할 경우 과업지향적 리더십 스타일을 발휘해야 하고, 중간 정도로 유리하면 관계지향적 리더십 스타일을 발휘해야 한다"라고 생각할 수 있다. 하지만 피들러는 리더가 지니고 있는 욕구 수준과 지배적 행동 성향은 일생 동안의 경험을 통해 형성되는 것이기 때문에 이를 변화시키기는 힘들다고 보았다. 따라서 피들러는 상황에 맞추어 리더십 특성을 바꾸는 것보다는, 상황의 특성을 파악하여 자신의 리더십 특성에 맞도록 상황을 변화시키는 것이 더 효과적인 방법이라고 주장하였다.

피들러의 이론에 따르면 리더십을 변화시키거나 육성하기 위해 교육훈련을 시키기보다는 상황의 특성에 맞는 특성의 리더를 선발하여 배치하거나 리더가 기존에 지니고 있는 리더십 특성에 맞추어 상황을 바꾸는 방법이 더 효과적이다.[13)]

1.2 피들러의 상황이론에 대한 평가

피들러의 이론을 많은 학자들이 비판했는데 비판의 이유는 다음과 같다.[14)]

첫째, LPC 측정 방법에 관한 문제로 실제로 LPC 설문지가 무엇을 측정하고 있고, 리더의 성격이나 동기를 측정하고 있는지, 그리고 LPC 점수가 리더의 행동스타일과 연관성을 지니고 있는지가 논란이 되고 있다.[15)]

둘째, 이 모델은 하나의 이론이라기보다는 리더의 LPC 점수가 집단성과에 어떤 방식으로 영향을 미치는가를 설명한 모델에 불과하다는 것이다.[16)]

셋째, 소위 상황변수의 선택과 적용에 문제가 있다는 비판이다. 이론상으로는 리더-구성원 관계, 과업구조, 직위권력 등을 상황변수로 주장하였으나, 구체적 실증연구에 있어서는 다른 변수로 대체한 경우가 많았고 상황호의성 측정지수도 일관되지 않았다.[17)]

넷째, LPC 점수 분포대를 보면, 중간 점수대의 리더가 높은 점수대와 낮은 점수대의 리더들을 모두 합한 수보다 많을 것이다. 그럼에도 불구하고 대부분의 연구와 모델에서는 점수대가 중간인 리더들에 대하여 별로 다루지 않았다. 연구 결과는 LPC 점수가 중간인 리더가 더 성공적임을 보여 주고 있다. 이것은 아마도 중간대의 점수를 갖는 리더들이 친애 욕구와 성취 욕구를 적절히 균형 있게 갖추었기 때문일 수 있음을 시사하는 것이다.[18)]

결국 피들러의 기여는 리더십에 대한 상황이론을 처음 제시했다는 점과 리더십의 과정이 복잡하다는 것을 연구자들에게 일깨워 주었다는 점이라고 요약된다.[19)]

이후 피들러는 자신의 상황이론을 기초로 하여 인지자원 이론(cognitive resource theory)을 개발하였다. 여기서 인지자원이란 능력 또는 역량을 말한다. 인지자원 이론에 따르면 리더가 지시적 또는 비지시적 행동 중 어떤 행동을 선택하여 사용해야 하는지는 리더와 집단구성원들의 능력 또는 역량, 스트레스, 경험, 그리고 리더에 대한 집단의 지지 등의 다양한 상황요인에 따라 달라진다는 것이다.

즉, 리더가 능력 있고, 편안하고, 지지를 받으면 지시적인 행동은 성과향상에 도움이 된다. 왜냐하면 이 경우 집단은 준비가 되어 있고 지시적인 행동은 의사소통의 가장 명확한 수단이 되기 때문이다. 또한 리더가 구성원들로부터 강한 지지를 받으며 집단구성원의 능력이 뛰어난 경우에는 비지시적인 행동이 더 효과적이다. 반면 리더에 대한 구성원들의 지지가 낮으면 집단은 덜 수용적이고 리더의 영향력은 떨어지게 되며 이 경우 과업난이도나 다른 요소가 리더나 구성원보다 더 큰 영향을 준다. 그리고 리더가 스트레스를 받아서 관심이 흐트러지게 되는 경우에는 경험이 능력보다 중요해진다.

02 하우스의 경로-목표이론

2.1 개 요

하우스가 개발한 경로-목표이론(path-goal theory)은 부하들이 열심히 일하게끔 동기부여할 수 있는 리더의 행동을 연구하는 것으로, 1970년 에반스에 의해 창안되었으나, 나중에 로버트 하우스가 에반스의 이론에 상황변수를 추가하여 보다 정교한 이론으로 발전시켰다. 하우스의 경로-목표이론은 동기부여 이론의 하나인 빅터 브룸의 기대이론(expectancy theory)에 기반을 두고 있다. 기대이론에 따르면 구성원들은 다음의 세 가지 경우에 동기유발이 된다. 즉 ① 구성원들이 노력하면 그 과업을 수행해 낼 수 있다고 믿을 때, ② 노력의 결과가 어떤 성과(보상)로 이어질 것이라고 믿을 때, 그리고 ③ 과업 수행의 결과로 얻은 보상이 가치 있는 것이라 믿을 때이다.

따라서 리더가 구성원의 동기를 유발시키려면, 먼저 목표 달성의 대가로 부하가 향유하게 될 보상의 가치와 가능성을 증가시켜야 하며, 부하가 그러한 보상을 획득하는 과정상의 어려움이 없도록 장애물을 제거하거나 자신감을 심어 주어야 한다. 부하가 목표와 보상에 이르는 경로를 다루고 있다는 점에서 하우스의 이론을 '경로-목표이론'이라고 부른다.[20)]

이 이론이 리더들에게 주는 교훈은 구성원들의 동기유발을 위해 그들의 욕구에 가장 적합한 리더십 유형을 활용하라는 것이다. 이 같은 일은 작업 환경에 결여된 것을 보완하거나 보충할 수 있는 행동을 선택함으로써 이루어진다. 그래서 리더들은 작업 상황에서 정보나 보상을 제공하여 구성원들의 목표 달성 수준을 향상시키기 위해 노력한다.[21)] 또한 리더는 구성원들에게 '그들의 목표를 달성하기 위

그림 8-5 하우스의 경로-목표이론[22)]

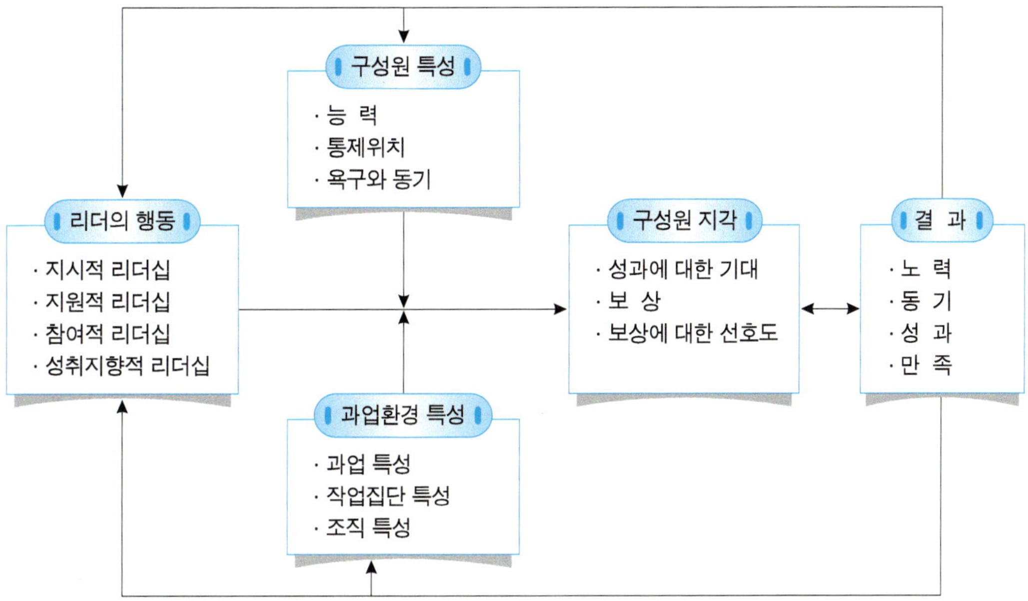

해 필요하다고 생각되는 요소들'을 제공한다. 하우스와 미첼은 부하들이 작업의 대가로 받게 되는 보상의 양과 종류를 증대시킬 수 있을 때 그 리더십은 부하들의 동기유발을 가능하게 한다고 주장하였다.[23)]

간단히 말해서 경로-목표이론은 리더가 어떻게 하면 구성원들의 요구와 그들의 작업환경에 가장 적합한 리더 행동을 하여 구성원들이 목표 달성의 경로를 잘 따라가도록 도울 수 있을 것인가를 설명하기 위해 설계된 이론이다. 즉 적절한 리더십 유형을 선택함으로써 종업원들의 '성공적인 과업 수행과 만족'의 수준을 증진시킬 수 있게 된다는 것이다.[24)]

앞서 피들러가 리더십을 특성으로 보고 단일 차원으로 제시한 반면, 하우스는 리더십을 리더의 행동으로 보았으며, 이를 독립된 네 차원으로 구분하고 한 리더가 동시에 여러 행동을 실행할 수 있다는 관점에서 이론을 구성하였다(그림 8-5 참조).[25)]

표 8-2 경로-목표 리더십 행동[26)]

지시적 리더십	구성원 통제, 조직화, 감독 등과 관련된 리더의 행동이다. 규정을 준수토록 하고 작업일정을 제시하든가 직무를 명확히 해 주는 등의 행동을 포함한다.
지원적 리더십	구성원들의 욕구와 복지에 관심을 보이고 모든 구성원을 평등하게 대하며, 동지적 관계를 중시하는 리더의 행동을 말한다.
참여적 리더십	의사결정을 할 때 구성원들과 상의하고 그들의 아이디어를 진지하게 고려해 주는 리더의 행동을 말한다.
성취지향적 리더십	도전적 목표를 수립하고 최고를 지향하며 자신의 능력에 대해 자신감을 갖도록 하고 신뢰를 보임으로써 구성원들이 최고의 성과를 달성할 수 있도록 하는 리더십 행동이다.

(1) 리더십 행동유형

경로-목표 이론의 한 부분인 리더 행동에 여러 상이한 행동들이 포함될 수 있겠지만, 지금까지 검증된 리더의 행동들은 지시적 행동(directive behavior), 지원적 행동(supportive behavior), 참여적 행동(participative behavior), 성취지향적 행동(achievement oriented behavior)을 포함한다.[27)]

① 지시적 행동 : 부하들에게 그들이 무엇을 해야 하는지를 알려 주고, 구체적으로 지도하고, 규칙과 절차를 준수할 것을 요구하며, 업무에 대한 일정을 수립 및 조정한다.

② 지원적 행동 : 부하들의 욕구를 중요시하고 부하들의 복지에 관심을 나타내며, 작업집단의 분위기를 우호적으로 조성한다.

③ 참여적 행동 : 부하들과 협의하며 그들의 의견과 제안을 고려한다.

④ 성취지향적 행동 : 도전적 목표를 설정하고, 성과개선을 모색하고, 탁월한 성과를 낼 것을 강조하며, 부하들이 높은 목표를 달성할 수 있다는 자신감을 갖도록 한다.

(2) 매개변수

경로-목표 이론에서는 구성원의 동기유발에 관련된 지각(perception)을 매개변수로 도입하고 있다. 이러한 매개변수는 기대 이론에 기초한 것으로, 구성원은 ① 그들이 노력하면 주어진 과업을 완수할 수 있다고 믿을 때, ② 노력의 결과가 어떤 보상과 연계될 것이라고 믿을 때, ③ 과업 수행의 결과로 얻은 보상이 가치 있는 것이라 믿을 때 동기부여된다는 것이다.

기대 이론에서는 동기유발을 주어진 시점에서 직무에 얼마나 많은 노력을 쏟아야 하는지에 대한 개인의 합리적 선택 과정이라고 보고 있으며, 이러한 동기유발 정도는 앞에서 언급한 세 가지 요소에 의해 결정된다. 그리고 구성원들의 동기유발에 관련하여 지각하는 내용은 그 사람이 직무에 쏟는 노력, 직무에 대해 만족하는 정도, 리더를 수용하는 정도, 달성하는 성과 등에 영향을 미친다.

경로-목표 이론에서 리더의 중요한 역할은 부하가 지각하는 세 가지 요소에 영향을 미치는 것이다. 따라서 리더는 특정한 행동을 통해 구성원이 노력을 기울이면 성과를 달성할 수 있다는 기대감을 향상시키고, 성과를 내면 어떠한 보상이 주어질 것이라는 기대감을 확실히 해 주며, 주어지는 보상의 가치를 높게 평가하도록 해 준다면 부하는 보다 더 큰 노력을 집중하게 되고, 이는 보다 높은 직무 만족과 과업 성과를 가져올 것이다.

(3) 상황변수

경로-목표 이론에는 특정 스타일의 리더 행동과 구성원 행동간의 관계를 조절해 주는 두 가지 유형의 상황적 조절변수가 개입되어 있다. 하나는 능력, 통제위치, 욕구 및 동기와 같은 구성원의 특성과 관련된 것이고 또 하나는 과업 및 환경의 특성과 관련된 것이다(표 8-3 참조).

(4) 리더십 행동과 상황변수들간의 관계[28]

경로-목표 이론에 따르면 네 가지 리더십 행동의 효과는 구성원의 특성이나 과

표 8-3 경로-목표이론의 상황변수

구성원 특성	능 력	구성원이 자신의 능력에 대해 지각하는 정도로서, 어떤 과업을 효과적으로 완성할 수 있다고 지각되는 능력이 크면 클수록 구성원은 리더의 지시적 행동을 그만큼 덜 수용하려고 한다. 왜냐하면 자신의 능력이 뛰어나다고 생각하는 구성원은 리더의 지시적 행동을 불필요한 것으로 보기 때문이다.
	통제 위치	이는 구성원이 자신의 신변에 일어나고 있는 일들을 자신이 통제할 수 있다고 믿는 정도를 나타낸다. 자기의 주변 환경을 자신이 통제할 수 있다고 보거나 신변에 일어나고 있는 일들이 자기의 행동 때문이라고 믿는 사람은 내적 통제 위치를 지니고 있으며, 그러한 일들이 자신의 통제 범위 밖에 있고 행운이나 운명 때문이라고 믿는 사람들은 외적 통제 위치를 지니고 있다. 일반적으로 내적 통제 위치를 지닌 구성원은 상사의 참여적 리더십을 더 선호하며, 외적 통제 위치를 지닌 구성원은 상사의 지시적 리더십을 더 선호한다.
	욕구와 동기	구성원이 내면에 갖고 있는 지배적인 욕구는 리더의 행동에 영향을 미친다. 예를 들면 안전 욕구가 강한 부하는 리더의 지시적인 행동을 수용할 가능성이 높지만, 자존 욕구가 강한 부하는 리더의 지원적인 행동에 대하여 더 호의적으로 반응할 것이다.
과업 환경 특성	과업 특성	구성원의 과업이 구조화된 정도를 말한다. 구조화 정도가 낮고 모호성이 큰 과업(역할 모호성이 큰 과업)을 수행하는 구성원은 리더의 지시적 행동을 더 잘 수용하게 될 것이다. 반면, 구조화 정도가 높고 일상적으로 반복되는 과업(역할 모호성이 낮은 과업 또는 역할 명료성이 높은 과업)을 수행하는 구성원에게 리더가 지시적 행동을 하는 것은 부적절하다.
	작업집단 특성	작업집단의 특성도 구성원이 리더의 행동을 수용하는 데 영향을 준다. 집단이 형성 초기에 있는 경우 리더가 지시적 행동을 하는 것이 효과적이지만, 집단이 안정되어 확고한 규범이 갖추어진 상황에서는 지원적 행동과 참여적 행동이 더 효과적일 것이다.
	조직 특성	조직 특성이란 규칙·절차 등이 구성원의 작업 활동을 조절하고 있는 정도(즉 조직의 공식화 정도), 시간적 압박감이 존재하는 정도 등을 의미한다. 공식화 정도가 높은 조직에서는 지시적 행동이 별다른 효과를 내지 못할 것이나, 시간적 압박감이 큰 상황에서는 효과를 발휘할 수 있을 것이다.

업환경 요인에 의해 달라진다. 하지만 구성원의 특성과 과업 특성이 결합되어 나타나는 상황별로 어떤 리더십 행동이 효과적인가를 구체적으로 밝히는 것은 매우 어렵다. 왜냐하면 구성원 특성과 과업 특성을 종합하여 만들어 낼 수 있는 상황에 대한 경우의 수가 무수히 많기 때문이다. 이러한 이유 때문에 경로-목표 이론은 여러 상황변수를 결합시켜 나타나는 상황에 따른 바람직한 리더십 행동을 체계적으로 제시하기보다는 상황변수 각각에 대해 어떠한 리더십이 바람직한가를 제시하는 데 그치고 있다.

① 지시적 행동과 상황변수들간의 관계

외적 통제 위치를 갖고 있거나 과업 능력이 부족한 구성원들에게 지시적 행동을 하면 구성원들의 만족도는 높아진다. 외적 통제 위치를 갖고 있는 사람은 자신의 운명이 자기 책임이 아니라 외부에 있다고 생각하기 때문에 확실한 방향을 제시받는 것을 선호한다. 이는 자신들의 주위에서 일어나는 일들은 외부에 의해 통제된다는 느낌과 같은 맥락에 있는 것이다. 그리고 능력이 부족한 사람들은 과업의 수행 방법 등을 명확히 제시해 주는 리더를 선호한다. 이와 반대로, 내적 통제 위치를 갖고 있거나 과업 능력이 뛰어난 구성원들에게 지시적 행동을 발휘하면 만족도는 저하될 것이다. 과업 능력에 대한 자신감을 가진 구성원에게는 지시적 행동은 불필요한 행동이고 지나친 통제가 될 수 있다.

또한 역할 모호성이 있는 상황에서는 지시적 행동이 부하의 노력이나 만족을 증대시킬 수 있지만 역할 명료성이 있는 상황하에서는 그렇지 않다. 역할 모호성은 과업이 구조화되지 않았거나, 공식화된 정도가 낮고, 구성원이 과업을 수행한 경험이 적은 경우에 발생한다. 역할 모호성이 높을 때 구성원은 자신에게 기대되고 있는 것이 무엇인가를 모르기 때문에 과업을 효과적으로 수행할 수 있을지에 대해 비관적인 생각을 하게 된다. 이 경우 부하의 역할을 분명히 밝혀 주는 지시적 리더의 행동은 부하의 노력-성과의 기대를 높이게 되어 부하의 노력을 증대시킨다.

② 지원적 행동과 상황변수들간의 관계

스트레스가 많고 단조롭고 구조화되어 있으며 불만스러운 과업을 수행하는 구성원에게 지원적 행동을 발휘하면, 구성원은 작업환경의 부정적 측면을 감수하고 할 만한 일이라는 지각을 하게 되어 과업 수행 노력을 증가시킨다. 지원적 행동이 과업 상황에 결여된 것을 보완해 주기 때문이다.

또한 친화적 욕구가 강한 구성원은 리더의 지원적 행동을 더 선호한다. 왜냐하면 친절하고 사회적 욕구에 관심이 높은 리더십 행동이 만족의 원천이 되기 때문이다.

③ 참여적 행동과 상황변수들간의 관계

참여적 행동은 과업이 구조화되어 있지 않은 모호한 상황에서 구성원의 노력을 증대시킬 수 있다. 왜냐하면 구성원은 과업목표, 계획, 절차 등과 같은 의사결정에 참여함으로써 과업과 그들에 대한 역할기대를 학습하게 되기 때문이다. 이에 따라 구성원의 역할 명료성은 증대되고, 구성원의 '노력과 성과 기대감' 도 증진된다.

내적 통제 위치를 지니고 있는 구성원에게 참여적 행동을 발휘하면 만족도를 높여 주지만, 외적 통제 위치를 지니고 있는 구성원들에게는 그렇지 못하다. 참여적 리더십 행동은 내적 통제 위치의 사람들에게는 책임감을 느끼도록 하고 의사결정의 주체가 되도록 하기 때문이다. 또한 자율성에 대한 욕구와 성취 욕구가 큰 구성원들에게 참여적 행동을 하면 구성원은 의사결정 참여를 통해 만족이 높아지고 더 많은 노력을 기울이게 된다. 그러나 구성원의 자율성 욕구 및 성취 욕구가 낮고 구성원이 오히려 참여를 부정적인 것으로 받아들인다면 참여적 리더십 행동은 구성원의 노력을 증대시키지 못할 뿐만 아니라 구성원의 직무 만족을 감소시킬 것이다.

④ 성취지향적 행동과 상황변수들간의 관계

성취지향적 행동은 구성원으로 하여금 자신의 목표를 달성하는 데 자신감을 갖

하우스의 경로-목표 이론: 리더십 스타일 사례

● 지시적 리더십 사례: 스즈시게기공의 스즈키 기사쿠

스시(초밥)로 점유율 85퍼센트를 자랑하는 스즈시게기공 주식회사. 이 회사를 창업한 스즈키 기사쿠 씨는 헝그리 정신을 지니라고 사원들에게 말한다. 헝그리 정신이란 배가 고플 때 배를 채우기 위해 무슨 일이든 하듯이 일을 하는 정신이다. 그는 헝그리 정신을 가지고 연구와 개발을 진두지휘를 하여 5년의 연구를 통해 스시로봇을 개발하였다. 그는 직원들에게 항상 '즉시 하라', '즉시 행동으로 옮겨라'라는 말로 직원들을 독려하고 고객의 욕구에 부흥하기 위해 노력을 한다. 특히 회사의 히트 상품인 스시로봇은 쌀의 과잉생산으로 시름하는 농민을 보고 쌀 소비를 늘리면 이 문제가 해결된다고 보고 개발을 시작했다. 그래서 5년간 연구 개발하여 스시로봇을 만들었고 판매 초기에는 기존의 상식과 맞지 않아 판매가 저조하였지만 곧 판매가 많이 되었다. 그리고 유사품이 나오자 그는 하드웨어와 소프트웨어를 동시에 제공하는 기업이 되어야 한다고 생각하여 기업을 변신하여 차별화에 성공할 수 있었다. 그는 항상 그의 아이디어를 실천에 옮겨 '결과'를 창출한다. 마지막으로 그는 항상 수요를 개척하여 어려움을 이겨 나간다.

● 지원적 리더십 사례: MK택시의 유봉식

일본에서 한국인의 성공은 어렵다. 그가 설립한 MK택시는 일본 내에서 소비자들에게 우수한 이미지를 심어 준 회사를 뽑는 '엘레강스 컴퍼니'에 세계적인 그룹들과 나란히 올라 있는 회사이다, 그가 성공할 수 있었던 이유는 사원들이 무엇을 원하는지 알았고, 그들이 원하는 것을 주었다는 점에 있다.

그가 택시업을 시작한 1960년대 택시 운전사의 생활은 비참하였다. 대부분 집이 직장에서 거리가 멀었고 심지어 집이 없어서 다리 밑에서 거적때기로 바람만 막고 사는 사람들도 있을 정도였다. 또한 그때 택시업을 하고 있는 사람들의 의식은 '택시운전기사 = 소모품'이라는 인식으로 운영하고 있었다. 그래서 택시운전사의 근무태도가 좋지 않았다. 그래서 그는 택시운전기사가 살 수 있는 주택을 차고에 가까운 장소에 지었다. 그 결과 택시 운전기사들의 사고율이 9분의 1로 줄었고, 결근일수가 21일에서 3일로 줄었다.

그리고 회사의 임원들 전부 (회장을 포함해서) 택시운전 면허가 있다. 그것은

CEO가 직접 현장에서 뛰는 것이 환경변화를 인식하고 근무자들의 고충을 파악하는 데 좋은 수단이기 때문이다. 4월 1일부터 일주일 간 1주일에 한 번씩 교대로 교토 대학에 청강생으로 전 직원이 가야 한다. 사정이 되지 않으면 시민강좌에라도 가야 한다. 즉 직원의 평생교육을 시킨다. 그리고 택시 안에서 물건을 팔아 그 수익의 일부를 성과로 지급하여 직원들의 사기를 높인다.

● **참여적 리더십 사례: 월마트 창업자 샘 월튼**

월마트 창업자 샘 월튼. 그는 항상 "무엇인가 변화시키지 않고 못 배기겠다"라고 입버릇처럼 말한 인물로 소매업의 최강자인 월마트를 만들었다. 그는 변화하려는 공감대가 형성이 되어 누군가가 주도하지 않고 움직이는 조직을 만들기 위해 휴일인 매주 토요일 아침에 운영회의를 가졌다. 회의 진행자는 그가 임의로 선정했다. 이를 통해 각 임원들의 리더십을 파악하고, 각각 무엇에 중점을 두어 회사에 전념하는지 파악을 하였다.

일반적인 회의 방식보다 훨씬 기대 수준이 높으며, 누구에게든지 나름대로의 신선한 아이디어를 가지고 분위기를 변화시킬 수 있는 기회가 주어진다. 이것은 "당신도 이 회사의 주인"이라는 의식을 심어 주기 위해서이다.

그리고 사람들은 그들의 상사의 수준에 맞추어 일한다고 했다. 경영진이 부하들에게 관심이 없으면, 부하도 관심을 갖지 않는다고 생각했다.

● **성취지향적 리더십 사례: 맥도널드의 레이 크록**

미국에서 맥도널드 프랜차이즈를 얻기 위해서는 2년 간 무보수로 일을 해야 하고 전업으로 일할 여건을 갖추어야 한다. 다른 일을 하면서 부업으로 맥도널드를 경영하는 것은 안 된다. 왜냐하면 레이 크록(Ray Kroc) 자신이 전 재산을 팔아서 이 사업을 시작했듯이 모든 가맹점 주인들도 이 사업에 전력투구해야만 성공할 수 있다는 계산이다. 그렇지만 돈이 많이 들지는 않는다. 그러한 사람을 찾기 위해서 택한 방법은 돈이 아니라 맥도널드에 대한 2년 간의 헌신적인 관심이다.

게 해 준다. 구성원들에게 도전할 만한 목표를 제시하고 그들이 목표를 달성할 것이라는 확신을 표출해주는 리더는 구성원들의 '노력과 성과 기대감'을 증진시켜 구성원의 자신감과 동기유발을 높여 준다. 하지만 성취지향적 리더십 행동의 이러한 효과는 부하가 반복적이지 않고 애매모호한 과업, 즉 비구조화된 과업을 수행하는 상황하에서만 발생한다. 반복적으로 이루어지는 구조화된 과업을 수행하는 부하에게 리더의 성취지향적 행동은 구성원의 기대나 노력에 별다른 영향을 미치지 못한다.

2.2 하우스의 경로-목표이론에 대한 평가

경로-목표이론의 주된 초점은 구성원을 도와서 장애물을 극복하는 것이다. 목표달성으로 가는 과정상의 장애물은 지나친 불확실성과 욕구불만을 가져오고 구성원을 위협한다. 경로-목표이론은 이러한 상황에서 장애물을 제거해 줌으로써 구성원을 돕는 것이 리더의 책임이라고 보고 있다. 그러면 구성원의 기대가 증진되고 만족도가 향상된다. 즉 리더는 과업환경에서 결여된 것을 제공함으로써 구

표 8-4 경로-목표 모델의 개요

상 황 →	바람직한 리더행동 →	부하 영향	결 과
부하의 자신감 결여	지원적 행동	목표달성을 위한 자신감 증가	노력 만족도 성과향상
직무가 모호한 상태	지시적 행동	보상에 이르는 경로 명확히 이해	
직무가 도전적이지 않음	성취지향적 행동	높은 목표 설정	
부적절한 보상	참여적 행동	부하의 욕구에 맞게 보상 재설계	

성원을 돕고 능력상의 결함을 보충해 주어야 한다는 원리에 기초하고 있다.

경로-목표 이론은 다음 몇 가지 측면에서 비판을 면치 못하고 있다.[29)]

첫째, 경로-목표 이론이 개념적으로 꽤 복잡하고 리더십의 많은 상이한 측면들을 통합하고 있기 때문에 이론의 의미를 해석하는 데 어려움이 있으며 때로는 혼란을 야기한다.[30)]

둘째, 타당성을 검증하기 위해 실시된 실증연구에서 부분적으로만 검증되고 지지되고 있다.[31)]

셋째, 리더의 구성원 동기유발 측면만 강조함으로써 구성원 교육, 조정, 계획, 조직화 등의 행위를 배제하는 결과를 낳았다.[32)]

이러한 여러 가지 비판에도 불구하고 경로-목표 이론은 다음과 같은 여러 가지 측면에서 기존의 리더십 이론을 발전시킨 것으로 평가되고 있다.

첫째, 독립변수로 포함시킨 리더십 행동은 이전의 상황이론들이 단순화된 두 개의 범주를 사용했던 것에 비하여, 참여적 리더십과 성취지향적 리더십을 포함시켜 제시함으로써 다른 이론보다 좀더 포괄적이다.

둘째, 예외가 있기는 하지만 경로-목표 이론 이전에 소개된 이론들은 매개변수를 도입하는 경우가 별로 없었으나, 경로-목표 이론에서는 구성원의 지각을 매개변수로 도입함으로써 기존의 이론보다 리더십 영향력 과정에 대한 정교한 설명력을 갖는다.

셋째, 기존의 상황이론이 비교적 단순화된 상황변수만을 고려한 것에 비해 구성원의 특성과 과업환경의 특성이라는 다양한 상황요인들을 고려하고 있다.

03 허시와 블랜차드의 성숙도 이론

3.1 개 요

폴 허시와 켄 블랜차드는 리더십 행동이론에서 제시된 리더십 유형이 리더십 유효성과 일관된 관계를 밝히지 못한 데 착안하여 '상황적 리더십 이론'을 제시하였다.[33] 이들은 1969년에 최초로 이론을 발표한 후 지속적으로 보완 · 수정해 나가고 있다.

이 이론은 초기에는 '리더십 수명주기 이론'으로 불리다가 후에 저자들이 이론에 수정을 가하면서 '상황적 리더십 이론'이라고 명명했다. 이들은 피들러와는 달리 리더의 성격이나 동기 구조에 따라 리더를 구분하지 않고, 행동론적 관점에서 리더의 행동을 유형화하여, 리더가 동일한 행동 유형을 보이는 것이 아니라 상황에 따라 상이한 리더십 유형을 사용할 수 있다고 가정하였다. 이들은 리더십 효과성에 영향을 주는 상황변수로 부하의 성숙도(maturity) 또는 준비정도(readiness)를 설정하고, 부하의 성숙도에 따라 상이한 리더십을 사용해야 한다고 주장하였다.[34] 여기서 성숙도란 성취동기의 수준, 책임을 맡기 위한 의지와 능력, 직무에 관련된 교육과 경험 등을 말하는 것으로, 요컨대 구성원들의 일에 대한 능력과 의지를 뜻한다.[35] 따라서 유능한 리더는 부하의 성숙도를 파악하고 이에 따라 자신의 리더십 유형을 거기에 맞추어 나가는 사람인 것이다. 이러한 상황적 리더십은 [그림 8-6]에 표현되어 있다.

(1) 리더십 행동 유형

허시와 블랜차드는 리더의 행동을 나타내는 용어로 기존의 행동이론에서 소개

그림 8-6 허시와 블랜차드의 리더십 상황적합 모델

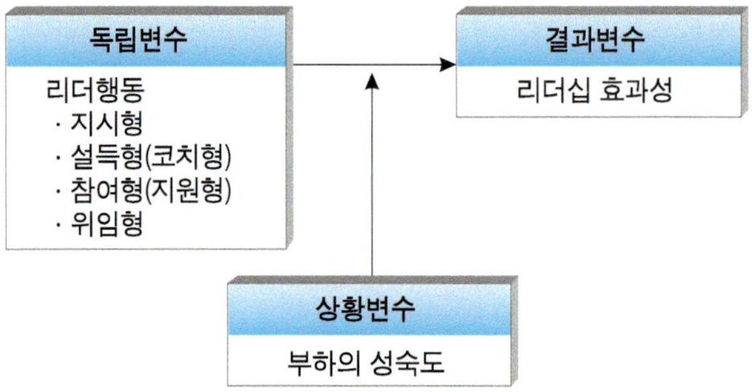

된 과업지향적 행동(구조주의, 직무 중심적 행동)과 관계지향적 행동(배려, 종업원 중심적 행동)과 비슷한 개념인 과업행동(task behavior)과 관계행동(relationship behavior)이라는 명칭을 사용하고 있다.[36)]

허시와 블랜차드는 리더의 과업행동과 관계행동이 어떻게 결합되는가에 따라 그 리더의 리더십 유형이 결정된다고 보았다. 즉 과업행동의 많고 적음과 관계행동의 많고 적음이 결합되어 네 가지 리더십 유형이 만들어진다는 것이다. 첫 번째 유형은 높은 과업−낮은 관계행동을 보이는 '지시형'이고, 두 번째 유형은 높은 과업−높은 관계행동을 보이는 '설득 및 코치형'이다. 세 번째 유형은 낮은 과업−높은 관계행동을 보이는 '참여 및 지원형'이고, 네 번째 유형은 낮은 과업−낮은 관계행동을 보이는 위임형이다.

① 지시형 리더십 : 부하의 성숙 수준이 가장 낮은 상황(M1)에서는 높은 과업−낮은 관계행동 유형으로 대부분의 의사소통의 초점이 목표달성에 맞추어져 있으며, 리더는 집단구성원들이 무슨 목표를 어떻게 달성해야 하는가에 대한 작업지시를 하고 구성원들의 작업 활동을 주의 깊게 감독한다. 이러한 리더십 스타일을 지시형(telling) 리더십이라고 한다.

② 설득형(코치형) 리더십 : M2 상황에서 효과적인 리더십 스타일인 설득형(selling) 리더십은 높은 과업−높은 관계행동 유형으로 의사소통의 초점을 목표

달성과 정서적 지원 양쪽에 맞추고 있다. 설득형 리더는 종업원들의 참여를 고무하고 아이디어를 장려함으로써 자신과 구성원들이 모두 참여하는 팀 정신을 촉구하지만, 여전히 무슨 목표를 달성할 것인가에 대한 최종결정은 리더가 내린다.

③ **참여형(지원형) 리더십** : M3 상황에서 효과적인 리더십 스타일인 참여형(participating) 리더십은 높은 관계-낮은 과업행동 유형으로 리더는 목표에만 초점을 맞추지 않고 지원적 행동을 통하여 구성원들이 달성해야 할 과업을 위해 능력을 발휘하도록 동기유발을 시도한다. 지원적 유형은 경청, 칭찬, 아이디어 제출 및 권유, 피드백 제공과 같은 것을 포함하는 구성 개념이다. 참여적 리더는 일상적 의사결정의 책임은 부하에게 넘기지만 문제해결을 촉진하는 책임은 리더가 가지고 있다.

④ **위임형 리더십** : 부하의 성숙 수준이 가장 높은 상황(M4)에서 리더는 낮은 관계-낮은 과업행동 유형으로 리더는 계획, 통제 등의 활동을 줄이고, 수행해야 할 업무에 대한 합의가 이루어지면 그 직무의 수행 방법의 결정과 직무 책임을 부하에게 위임한다. 이러한 리더십 스타일을 위임형(delegating) 리더십이라고 한다. 과업행동과 관계행동의 구체적인 행동차원은 〈표 8-5〉에 제시되어 있다.

(2) 상황변수

허시와 블랜차드의 모델에서는 부하의 성숙도만을 상황변수로 채택하고 있다. 부하의 성숙도는 부하의 발달 수준과 관계된 것으로 수행해야 할 구체적인 과업에 비추어 판단해야 한다. 말하자면 특정한 개인이나 집단은 전반적인 의미에서 성숙하거나 미숙하다고 말할 수 없고, 주어진 특정 과업에 비추어 보았을 때 성숙한지 미성숙한지를 판단할 수 있다는 것이다. 따라서 과업이 바뀌면 이에 따라 성숙도도 바뀔 수 있음을 염두에 두어야 한다.

허시와 블랜차드는 특정한 과업을 수행하는 능력과 그것을 수행하려는 의지를

표 8-5 리더십 행동의 네 가지 유형

· 지시형 : 높은 과업지향, 낮은 관계지향 · 참여형 : 낮은 과업지향, 높은 관계지향 · 설득형 : 높은 과업지향, 높은 관계지향 · 위임형 : 낮은 과업지향, 낮은 관계지향		
리더행동	행동차원	행동척도
과업지향 리더십	목표수립	구성원들이 성취해야 할 목표를 명확하게 제시한다.
	조직화	구성원들을 위해 과업 상태를 조직화한다.
	시간정립	구성원들을 위해 시간 한도를 명확히 세운다.
	지 시	구성원들에게 지시사항을 명확히 제공한다.
	통 제	과업에 대한 규칙적인 보고를 명확히 규정하고 요구한다.
관계지향 리더십	후 원	구성원들에게 지지와 격려를 제공한다.
	의사소통	구성원들에게 직무 활동에 대해 서로 토의한다.
	상호작용	타인에 대한 구성원들의 상호작용을 촉진한다.
	적극청취	구성원의 의견과 관심사에 주의를 기울인다.
	피드백	구성원들의 성과에 대해 피드백을 제공한다.

결합시켜 부하의 성숙도를 네 단계로 나누고 있다. 〈표 8-6〉은 초기모형에서의 부하의 성숙도를 구분하는 상황분류 체계를 보여 주고 있다. 먼저 성숙도가 가장 낮은 단계(M1)는 능력과 의지가 모두 낮은 상태를 말한다. 그 다음 단계(M2)는 능력은 낮으나 의지는 강한 상태이다. 세 번째 단계(M3)는 능력은 뛰어나나 의지가 약한 상태이다. 마지막으로 가장 높은 단계(M4)는 능력도 뛰어나고 의지도 강한 상태이다.

허시와 블랜차드는 초기모델 이후 이론의 해석과정의 문제점을 바탕으로 하여 상황분류 체계를 수정함으로써 이론의 설명력을 높이고자 하였다. 수정모델에서의 초점은 부하들의 성숙도를 조직에 진입하는 과정에서부터 점차 조직과 직무에 적응해 나가는 과정에 맞추어졌다.[37] 〈표 8-7〉은 수정모형에서의 부하의 성숙도를 구분하는 상황분류 체계를 정리한 것이다. 성숙도가 가장 낮은 단계(M1)에서는 신입사원의 경우가 해당되는데, 이 단계에 속한 부하들은 아직 능력은 없지만, 성과를 내고자 하는 의지는 높은 상황이다. 두 번째 단계(M2)에서의 부하들은 경

표 8-6 부하의 성숙도에 의한 상황분류(초기 모형)

	상 황 분 류							
구 분	능력	의지	능력	의지	능력	의지	능력	의지
수 준	높음	높음	높음	낮음	낮음	높음	낮음	낮음
성숙도 (maturity)	M4		M3		M2		M1	

표 8-7 부하의 성숙도에 의한 상황분류(수정 모형)

	상 황 분 류							
구 분	능력	의지	능력	의지	능력	의지	능력	의지
수 준	높음	높음	높음	가변적임	약간	낮음	낮음	높음
성숙도 (maturity)	M4		M3		M2		M1	

험을 통해 능력은 다소 향상되었으나, 이상과 현실의 차이에 의해 의지가 저하되는 상황을 설명한다. 세 번째 단계(M3)에 해당하는 부하들은 능력수준이 두 번째 단계보다 더욱 향상되며, 의지는 개인에 따라 편차가 나타나는 등 가변적이다. 그리고 마지막 네 번째 단계(M4)의 단계는 초기모형과 마찬가지로 능력과 의지가 모두 높은 수준이다. 허시와 블랜차드는 부하직원의 이러한 성숙단계에 맞추어 효과적인 리더십 스타일을 제시하였다.

(3) 상황별로 효과적인 리더십 스타일

허시와 블랜차드는 부하의 성숙도 변화에 맞추어 리더십 스타일을 달리 가져가야 한다고 주장했다(그림 8-7 참조). 이는 발달적 연속선상에서 부하의 성숙도가 높아짐에 따라 리더의 과업행동과 관계행동의 양이 변화되어야 한다는 것이다. 즉 관계행동은 부하의 성숙 수준이 낮은 수준에서 중간 수준에 달할 때까지 많이 취해야 하며, 그 이후에는 점점 줄여야 한다. 반대로 과업행동은 부하의 성숙 수

표 8-8 부하의 성숙도 구성요소 및 측정

성 숙 도		높음 중간 낮음 8 7 6 5 4 3 2 1 M4 M3 M2 M1
능력 척도	직무경험	직무에 적절한 경험을 가지고 있다. 가지고 있지 않다. 8 7 6 5 4 3 2 1
	직무지식	필요한 직무 지식을 가지고 있다. 가지고 있지 않다. 8 7 6 5 4 3 2 1
	직무요구	어떤 요구가 이행되어야 하는지를 완전히 이해한다. 8 7 6 5 4 3 2 1
의욕 척도	책임의식	매우 갈망함 매우 꺼려함 8 7 6 5 4 3 2 1
	성취동기	성취하려는 욕망이 높음 성취하려는 욕망이 낮음 8 7 6 5 4 3 2 1
	직무전념도	매우 헌신적임 헌신적이지 않음 8 7 6 5 4 3 2 1

준이 높아짐에 따라 점점 줄여야 한다.

3.2 허시와 블랜차드 이론에 대한 평가

이 이론은 실무적 측면에서 융통성 있는 적응적 리더 행동을 강조하여 같은 부하라 할지라도 성숙 수준의 변화에 따라 서로 다르게 다루어야 한다는 사실을 제시하고 있다. 실제로 부하의 성숙도라는 것이 조직의 리더십 발휘 현장에서 다른 변수에 비해 얼마나 중요한가는 어렵지 않게 간파할 수 있다. 따라서 최근까지도 실제 작업현장에서 리더의 훈련 모델로 많이 활용하고 있다.

그러나 이 이론 또한 다음의 두 가지 측면에서 비판을 받고 있다.[38)]

그림 8-7 허시와 블랜차드의 성숙도 이론[39)]

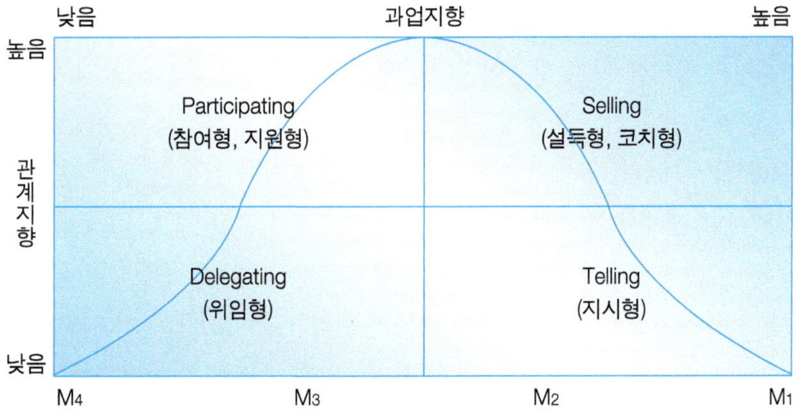

첫째, 허시와 블랜차드가 제시한 것과 일치하는 결과를 보인 경우가 매우 드물기 때문에 지금까지 연구된 결과만을 가지고는 허시와 블랜차드의 이론의 타당성을 입증하기 힘들다.

둘째, 이 이론이 제시하고 있는 리더 행동의 범주가 너무 개괄적이며 부하의 성숙도 역시 개괄적으로 정의하고 있다는 점과 상황변수를 부하의 성숙도라는 하나의 변수로만 단순화시켰다는 점이다.

이러한 여러 가지 비판을 받고 있음에도 불구하고 허시와 블랜차드의 상황이론은 리더십 연구에 대해 긍정적인 공헌을 하고 있다. 먼저 이 이론의 최대 강점이라면 융통성 있는 적응적인 리더 행동을 강조한 점이다. 즉 특성이 서로 다른 부하는 상이한 방법으로 다루어야 하며, 같은 부하라 할지라도 상황의 변화에 따라 서로 다르게 다루어야 한다는 사실을 제시한 것에서 의의를 찾아볼 수 있다. 더 나아가 기량이 부족하고 동기유발 정도가 약한 구성원을 리더가 그저 문제아로 취급할 것이 아니라, 구성원의 기량과 자신감을 키워 줄 수 있는 기회를 지속적으로 모색해야 한다고 강조한 점도 이들의 이론이 갖는 의의라고 할 수 있다.

실 습 LEAD의 설문지[40)]

다음의 12가지의 상황에 자기 자신이 몸소 개입되어 있다고 가정하자. 각 항목을 주의 깊게 읽고 여러분 자신이 그러한 환경에 처해 있으면 어떻게 하겠는가를 생각해 보라. 그러고 나서 제시된 네 개의 대안들 중에서 어느 것이 여러분 자신이 취할 행동을 가장 가깝게 설명하고 있는지 하나만 골라서 A, B, C, D 중의 어느 하나에 ○표를 해보시오.

각 문항에 응답할 때 주의할 것은 마치 시험을 치르는 것 같이 생각하여 네 개 중의 어느 하나를 택하는 식으로 고르지 말고, 또 여러분의 생각으로 리더나 관리자라면 당연히 그런 상황에서는 그렇게 행동을 취해야 한다고 판단되는 것을 고르지 말아야 한다. 여러분이 과거의 경험에 비추어 다음에 제시된 상황들과 비슷한 상황에 직면했을 때 어떠한 행동을 취했던가를 생각하면서 각 항목에 응답하여야 하고 또 여러분 자신이 다음에 제시된 상황의 각각에 직면하고 있다면 어떻게 행동하고 싶은가를 고려하면서 각 항목에 응답하여야 한다. 그리고 각 상황을 읽을 때 주의할 것은 그 상황의 주요한 내용을 여러분 자신이 리더 역할을 하고 있다고 늘 생각하고 있는 그러한 실제적인 환경이나 상황과 결부시켜 이해하고 해석해야 한다. 예를 들면 아래의 문항에서 부하(subordinate)라고 할 경우, 여러분 자신이 만약 어떤 산업체의 관리자로서 리더행동을 하고 있거나 혹은 하고 싶다고 생각한다면, 자신의 밑에 있는 구성원을 부하로 생각하면 될 것이다.

만약 여러분 자신이 부모로서 리더역할을 하고 있다고 생각한다면, 자녀들을 부하로 생각하면 된다. 그리고 또 한 가지 유의할 것은 이와 같이 준거(準據)의 틀(frame of reference)로 삼은 리더십 발휘의 실제적인 상황을 항목이 바뀔 때마다 바꿔서는 안 된다는 것이다. 다시 말해서 여러분 자신이 리더십 발휘의 실제적인 상황을 부모로서 자녀를 리드하는 것으로 일단 생각하였으면 12개의 항목이 전부 끝날 때까지 그 상황을 바꾸지 말고 계속 견지해야 한다는 것이다. 이와 같이 각 상황별로 분리된 LEAD의 측정은 각기 다른 많은 상황에서의 리더행동을 검토하는 데 활용될 수 있다.

그리고 각 항목에 대하여 응답해나갈 때는 차례로 해 내려가야 한다. 즉 항목 2를 하기 전에 항목 1을 하여야 한다는 말이다. 그리고 한 항목에 너무 많은 시간을 사용해서도 안 된다. 마치 일상생활 속에서 묻고 대답하는 식으로 각 항목에 응답하면 된다. 그리고 한 번 응답을 했으면 원래의 응답을 그대로 두어야지 다시 되돌아가 그 원래의 응답을 바꿔서도 안 된다.

상황 1	지금 당신의 부하들이 당신의 친절한 대화에 더 이상 반응을 보이지 않고 있으며, 그들의 복지에 대한 당신의 관심에도 하등의 반응을 보이지 않고 있다. 그리고 그들의 작업성적도 급속하게 저하되고 있다.	
	상황에 대처하기 위해 선택할 수 있는 대안적 행동	
	A	획일적인 작업방법의 사용을 강조하고, 과업완성의 필요성을 강조한다.
	B	부하들과 토의할 수 있는 자세를 갖추고 강력하게 개입하려고 하지는 않는다.
	C	부하들과 함께 의견을 나누어 보고 나서 작업 목표를 설정한다.
	D	의식적으로 개입하지 않는다.

상황 2	당신이 리드하고 있는 집단의 작업성적이 눈에 띌 정도로 상승하고 있다. 그리고 당신은 모든 구성원이 자기의 책임을 잘 알고 있으며 또 그들에게 기대되고 있는 작업성적의 기준도 잘 알고 있는가를 확인해 오고 있다.	
	상황에 대처하기 위해 선택할 수 있는 대안적 행동	
	A	부하들과의 호의적인 상호작용에 가담한다. 그러나 모든 구성원이 각자 자기의 책임을 알고 있으며, 또 기대되고 있는 작업성적의 기준도 잘 알고 있는가를 계속 확인한다.
	B	이렇다 할 행동을 취하지 않는다.
	C	집단으로 하여금 자기들이 중요한 존재들이라는 것을 느끼도록 하고 또 그들이 참여의식을 갖도록 하기 위해 할 수 있는 일을 다 한다.
	D	과업완수의 최종기한의 엄수와 과업의 중요성을 강조한다.

상황 3	집단의 구성원들이 자기들 스스로 문제해결을 할 수 없는 데도 당신은 보통 그들이 하는 대로 내버려두고 있다. 그러나 집단의 작업성적과 대인간의 관계는 좋다.	
	상황에 대처하기 위해 선택할 수 있는 대안적 행동	
	A	집단과 더불어 일하고, 문제해결 활동에도 함께 참여한다.
	B	집단으로 하여금 노력하여 문제를 해결해 내도록 내버려둔다.
	C	해 놓은 일을 수정하고 재지시(再指示)하기 위해 신속하고 단호하게 행동한다.
	D	집단의 문제해결에 대한 노력을 격려하고 그들의 노력을 지원(支援)해 준다.

상황 4	당신은 지금 어떤 주요한 변화(變化)가 있어야겠다고 고려하고 있다. 부하들은 좋은 작업성적을 기록하고 있으며, 그들도 역시 어떤 변화의 필요성을 존중하고 있다.	
	상황에 대처하기 위해 선택할 수 있는 대안적 행동	
	A	변화를 유도해 가는 데 있어서 집단의 참가를 허용한다. 그러나 너무 지시적이 되지는 않는다.
	B	변화를 미리 예고하고 엄격한 감독하에 변화를 실천해 나간다.
	C	집단으로 하여금 자기 자신의 방향을 스스로 설정하여가도록 허용한다.
	D	집단의 제안들을 통합한다. 그러나 당신 자신이 변화를 지시한다.

상황 5	당신이 리드하고 있는 집단의 작업성적이 지난 몇 달 동안 계속 저하해 오고 있다. 집단의 구성원들은 목표달성에 별 관심이 없다. 과거에 이럴 때는 그들의 책임이나 역할을 재확정(再確定)하는 일이 크게 도움이 되었다. 정해진 시간에 맞춰 과업을 수행하도록 계속해서 주의를 환기시키는 것이 요구되어 오고 있다.	
	상황에 대처하기 위해 선택할 수 있는 대안적 행동	
	A	집단으로 하여금 자체의 방향을 스스로 설정하여 가도록 허용한다.
	B	집단의 제안들을 통합한다. 그러나 목표가 달성되고 있는지의 여부를 살펴본다.
	C	책임과 역할을 재확정하고 주의 깊게 감독한다.
	D	책임과 역할을 결정하는 데 있어서 집단의 참가를 허용한다. 그러나 너무 지시적이 되지는 않는다.

상황 6	당신은 능률적으로 잘 운영되고 있는 조직의 리더로 지금 막 부임되어 왔다. 그런데 전임관리자가 이 조직을 엄격하게 다스려 왔다. 당신도 역시 이 같은 생산적인 상태를 계속 유지해 가면서 리더십 환경을 좀 인간화(humanizing)하고 싶어한다.	
	상황에 대처하기 위해 선택할 수 있는 대안적 행동	
	A	집단으로 하여금 자기들이 중요한 존재들이라는 인식을 높이고, 또 그들이 참여의식을 갖도록 하기 위해할 수 있는 일을 다 한다.
	B	과업과 과업완수의 최종기한의 중요성을 강조한다.
	C	의식적으로 개입하지 않으려고 한다.
	D	집단으로 하여금 의사결정에 참가하도록 한다. 그러나 목표가 달성되고 있는지의 여부를 살펴본다.

상황 7	집단에게 생소하게 될 구조적 변화를 고려하고 있는 중이다. 집단의 구성원들도 변화되어야 할 점에 대해 여러 가지 제안을 해오고 있다. 집단은 생산적인 상황을 계속 견지해 오고 있으며, 그들의 작업 활동에 있어서도 신축성을 보이고 있다.	
	상황에 대처하기 위해 선택할 수 있는 대안적 행동	
	A	변화의 한계를 확정하고 주의 깊게 감독한다.
	B	변화를 발전시켜 나가는 데는 집단과 함께 참가하나, 그 실행의 조직화는 집단구성원들에게 맡긴다.
	C	제안대로 기꺼이 변화를 시행하나 그 실천에 대하여는 계속 통제한다.
	D	일어나고 있는 문제들과의 대결을 피하고 모든 것이 잘 되어가도록 그대로 내버려둔다.

상황 8	집단의 작업성적과 대인관계는 매우 좋다. 그런데 당신이 집단에 대한 지휘력의 결여에 대하여 약간 불안을 느끼고 있다.	
	상황에 대처하기 위해 선택할 수 있는 대안적 행동	
	A	집단으로 하여금 스스로 해가도록 내버려둔다.
	B	상황에 대하여 집단과 먼저 협의하고 나서 필요한 변화를 주도한다.
	C	명확하게 정해진 방식대로 작업하도록 부하들을 지휘하기 위하여 여러 가지 조치를 취한다.
	D	과업완수의 최종기상황에 대하여 집단과 협의하는 과정에서 지원적 자세를 갖고, 지나치게 지시적이 되지 않는다. 기한의 엄수와 과업의 중요성을 강조한다.

상황 9	리더가 어떤 "task force" 집단을 지휘하도록 임명을 받고 있다. 그런데 이 집단은 변화를 위한 제안을 요구받고도 최종기한을 훨씬 넘도록 지체하고 있다. 그리고 이 집단은 목표가 명확하지 못하여 정기적인 회의의 출석률도 나쁘다. 회의가 성원이 된다고 해도 그 모임은 대개 사교적인 모임으로 변모하고 있다. 그러나 이 집단은 잠재적 재능을 가지고 있다.	
	상황에 대처하기 위해 선택할 수 있는 대안적 행동	
	A	집단으로 하여금 문제를 해결해 나가도록 내버려둔다.
	B	집단의 제안을 통합한다. 그러나 목표가 달성되고 있는지의 여부를 보살핀다.
	C	목표를 재확정하고 주의 깊게 감독한다.
	D	목표설정에 집단의 참가를 허용한다. 그러나 강력히 참가를 요구하지는 않는다.

<table>
<tr><td rowspan="6">상
황
10</td><td colspan="2">당신의 부하들은 일반적으로 책임을 질 수 있는 사람들이다. 그런데 그들이 최근에 재확정된 작업표준에 대하여 하등의 반응을 보이지 않고 있다.</td></tr>
<tr><td colspan="2">상황에 대처하기 위해 선택할 수 있는 대안적 행동</td></tr>
<tr><td>A</td><td>표준이나 기준을 재확정하는 데 있어서 집단의 참가를 허용하고 통제하지 않는다.</td></tr>
<tr><td>B</td><td>표준을 재확정하고 주의 깊게 감독한다.</td></tr>
<tr><td>C</td><td>압력을 가하지 않음으로써 대결을 피한다. 그리고 그 상황이 호전되도록 내버려 둔다.</td></tr>
<tr><td>D</td><td>집단의 제안을 통합한다. 그러나 새로운 표준이 달성되고 있는가의 여부를 보살핀다.</td></tr>
</table>

<table>
<tr><td rowspan="6">상
황
11</td><td colspan="2">당신이 새로운 지위에 승진되었다. 전임감독자는 집단의 여러 가지 일에 개입하지 않았었다. 그리고 이 집단은 과업과 지시를 잘 처리해 왔으며, 집단 내의 상호관계도 좋다.</td></tr>
<tr><td colspan="2">상황에 대처하기 위해 선택할 수 있는 대안적 행동</td></tr>
<tr><td>A</td><td>정해진 방법대로 작업하도록 부하들을 지휘하기 위해 여러 가지 조치를 취한다.</td></tr>
<tr><td>B</td><td>부하들을 의사결정에 참가시키고 좋은 공헌을 하면 그것을 정적으로 강화한다.</td></tr>
<tr><td>C</td><td>집단과 더불어 과거의 작업 성적에 대하여 토의하고 나서 새로운 작업실천의 필요성을 검토한다.</td></tr>
<tr><td>D</td><td>계속해서 개입하지 않고 모든 일을 집단에게 맡겨 버린다.</td></tr>
</table>

<table>
<tr><td rowspan="6">상
황
12</td><td colspan="2">최근의 정보에 의하면 부하들간에 내부적인 어려움이 있다고 한다. 이 집단은 놀라울 정도의 작업 성적을 기록해 오고 있다.
구성원들은 장기적 목표의 달성을 효과적으로 유지해 오고 있으며, 그들은 지난해에만 해도 화합하여 일을 잘 수행하였다. 구성원들 모두가 다 업무수행을 위해 유능한 자격을 갖춘 사람들이다.</td></tr>
<tr><td colspan="2">상황에 대처하기 위해 선택할 수 있는 대안적 행동</td></tr>
<tr><td>A</td><td>부하들과 함께 해결책을 면밀히 검토해 보고 나서 새로운 책략(策略)의 필요성을 검토한다.</td></tr>
<tr><td>B</td><td>집단으로 하여금 그 자체의 문제를 스스로 해결해 가도록 한다.</td></tr>
<tr><td>C</td><td>수정조치를 취하고, 재지시하기 위해 신속하고 단호하게 행동한다.</td></tr>
<tr><td>D</td><td>문제해결을 위한 토의에 참가하고 부하들을 지원한다.</td></tr>
</table>

◆ 리더십유형의 적응성 채점표

		(유형의 범주) 대안적 행동			
		A	B	C	D
상황	1	+2	-1	+1	-2
	2	+2	-2	+1	-1
	3	+1	-1	-2	+2
	4	+1	-2	+2	-1
	5	-2	+1	+2	-1
	6	-1	+1	-2	+2
	7	-2	+2	-1	+1
	8	+2	-1	-2	+1
	9	-2	+1	+2	-1
	10	+1	-2	-1	+2
	11	-2	+2	-1	+1
	12	-1	+2	-2	+1

소 계		+		+		+		=	총계	

제9장 참여적 리더십과 위임

01 참여적 리더십

참여적 리더십은 리더의 의사결정에 있어 조직구성원들의 영향력을 얼마만큼 허용할 것인가로써 리더십의 유형을 구분하고, 이에 대한 효과성을 설명하고자 한다. 의사결정은 리더가 수행하는 가장 중요한 역할 중 하나이다. 관리자들이 수행하는 과업에는 계획수립, 기술적 문제해결, 부하의 선발, 급여의 결정, 과업배분 등이 있다. 이러한 과업을 수행하기 위해서 리더는 반드시 의사결정을 해야만 한다. 참여적 리더십은 리더가 의사결정을 하는 데 있어서 부하의 참여를 장려하고 촉진하기 위해 기울이는 노력을 의미한다.

따라서 참여적 리더십은 리더가 의사결정 과정에 구성원들이 영향을 미치도록 하는 다양한 의사결정 방법들에 대한 것이다. 참여적 리더십을 논할 때 일반적으로 사용되는 용어들은 협의, 공동의사결정, 권력공유, 분권화, 민주적 관리 등이다.[1)]

1.1 참여적 리더십 유형

참여적 리더십의 유형을 구분하는 기준은 구성원들의 의사결정에 대한 참여 수준이다. 많은 학자들이 참여적 리더십의 유형 분류체계를 제시해 왔으나, 아직까지 명확하게 분류체계가 확립되지 못한 상황이다.[2] 그러나 다양한 학자들이 제시한 분류를 종합해 보면, 대체로 아래에 제시된 네 가지 의사결정 방법으로 구분할 수 있다.

① 독단적 의사결정 : 관리자는 다른 사람에게 의견이나 제안을 요청하지 않고 혼자서 결정을 내리며, 다른 사람들은 결정에 직접적으로 영향을 미치지 못한다. 즉, 참여가 없는 상태이다.

② 협의에 의한 의사결정 : 관리자는 다른 사람에게 의견과 아이디어를 내도록 요청하고, 그런 다음 그들의 제안과 관심사를 신중하게 고려한 후에 혼자서 결정을 내린다.

③ 공동 의사결정 : 관리자는 다른 사람들과 만나서 결정 문제를 논의하고 함께 결정을 내린다. 관리자가 최종 결정에 대해 다른 참가자들과 동등한 영향력을 가진 상태이다.

④ 위임에 의한 의사결정 : 관리자는 개인과 집단에게 결정을 내릴 권한과 책임을 준다. 관리자는 보통 최종결정의 범위에 대한 제한을 두며, 결정이 실행되기 전에 사전 승인을 요구할 수도 있다.

위에서 제시한 네 가지 결정절차는 '구성원의 영향이 전혀 없음'에서부터 '구성원의 영향이 매우 강함'에 이르는 연속선상에 따라 배열할 수 있다. 어떤 연구자들은 이러한 네 가지 기본 절차를 하위범주들로 다시 나누기도 했다. 예를 들어, 탄넨바움과 슈미트는 리더 중심의 리더십과 부하 중심의 리더십을 양끝으로 하는 연속선으로 놓고, 이를 7단계로 구분하는 참여적 리더십 분류체계를 제시하였다(그림 9-1 참조).[3] 여기서 리더 중심의 리더십이란 지시적이고 구성원들의 참여를 허용하지 않는, 즉 리더의 권한 영역이 많은 리더십 유형을 의미하며, 이에 반해 부하 중심의 리더십은 집단의 토의나 집단적 의사결정을 장려하는 등 구성원의 자유재량 영역이 많은 유형이다. 극단적인 부하 중심의 리더십을 방임적 리더십이라고 부르는데 이는 집단에 완전한 자유를 주고 사실상 리더십의 행사가 없

그림 9-1 리더십 행동의 연속선

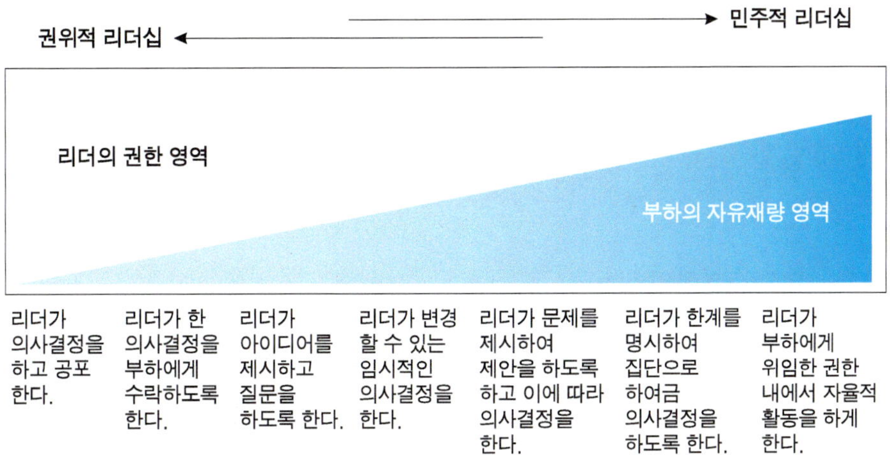

는 유형이다.

탄넨바움과 슈미트는 위에서 제시한 분류 체계 중 독단적 결정을 ① 리더가 독단적으로 결정한 것을 단지 공표하는 '지시형(tell style)'과 ② 리더가 합리적 설득과 같은 영향력 전술을 사용하는 '설득형(sell style)'의 두 가지 유형으로, 협의를 ① 리더가 사전에 협의하지 않고 내린 결정을 제시하지만, 강력한 반대나 우려가 있으면 기꺼이 수정한다. ② 리더는 잠정안을 제시하며 구성원들에게 이 안을 개선하는 방법을 제안하도록 적극적으로 장려한다. ③ 리더는 문제를 제시하고 구성원들에게 문제 진단과 해결책 수립에 참여할 것을 요청하지만, 최종적으로는 혼자서 결정을 내린다는 등의 세 가지로 세분화하였다.

1.2 참여적 리더십에 의한 긍정적 효과

참여적 리더십은 조직에 다양한 긍정적 효과가 있을 수 있지만, 이러한 긍정적 효과는 참여자가 누구인가, 참여자들이 얼마나 많은 영향력을 가지고 있는가, 그리고 의사결정 해결책의 여러 측면에 의해 좌우된다. 참여의 긍정적 효과에 대해 많은 학자들[4)]이 연구를 진행하였는데 그 내용을 정리하면 [그림 9-2]의 참여적 리더십의 인과모형에서와 같이 의사결정의 질 향상, 의사결정에 대한 참여자의 수용도 향상, 의사결정 과정에 대한 구성원 만족 증가, 구성원들의 의사결정 기술의 발전 등을 들 수 있다.

(1) 의사결정의 질

리더에게 부족한 정보와 지식을 구성원들이 보유하고 있을 때, 구성원들이 의사결정 문제에 대한 해결책을 찾는데 적극적으로 협력하려고 할 경우에 구성원들을 참여시킴으로써 양질의 의사결정을 기대할 수 있다. 협력과 지식공유는 의사결정 참여자들이 얼마나 리더를 신뢰하며 결정과정을 적법하고 유익하다고 간주하는지에 좌우된다. 또한 참여자들과 리더가 서로 다른 목표를 가지고 있다면 협력은 이루어지기 어려울 것이다. 낮은 수준의 협력은 참여자들의 의사결정의 질을 높이기보다는 떨어뜨릴 수 있다. 구성원들이 문제를 다르게 지각하거나 다양

그림 9-2 참여적 리더십의 인과모형

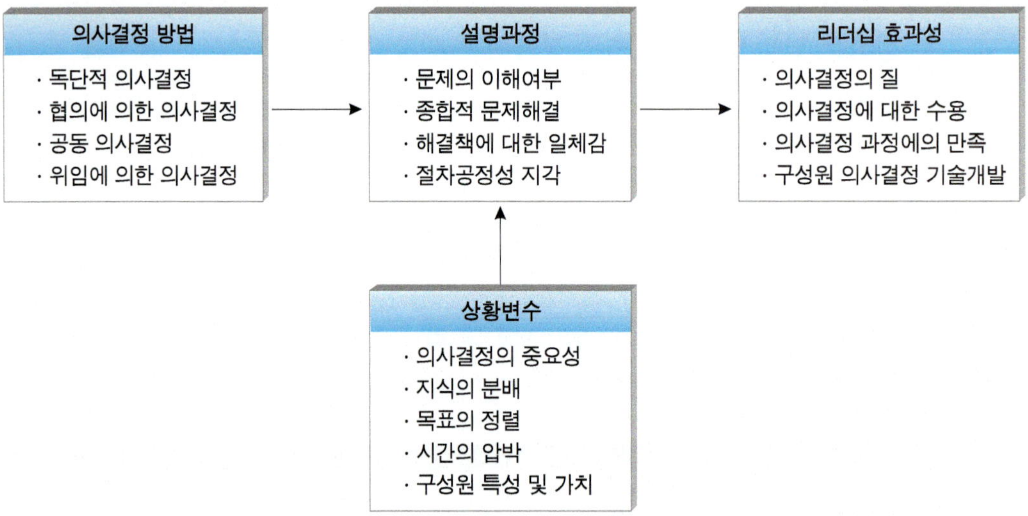

한 해결 대안에 대해 서로 다른 우선순위를 가지고 있다면, 양질의 결정을 하기 어렵다. 이 경우 집단이 합의에 도달하는데 실패하거나 잘못된 타협을 할 수도 있기 때문이다. 마지막으로 시간적 압박, 참여자의 규모, 공식 방침과 같은 상황변수들에 의해서도 참여적 리더십의 효과성이 달라질 수 있다.

(2) 의사결정에 대한 수용

의사결정을 내리는 데 상당한 영향을 미친 구성원들은 의사결정에 대해 일체감을 가지며 의사결정에 대한 주인의식(ownership)을 느끼게 된다. 이러한 주인의식의 감정은 결정을 성공적으로 실행하려는 동기를 향상시킨다. 또한 참여는 의사결정 문제의 성격과 왜 특정 대안을 수용해야 하는지의 이유를 쉽게 이해할 수 있게 된다. 참여자들은 자신들이 결정에 의해 어떠한 영향을 받게 될 것인지, 그리고 무엇이 불확실성에 의한 공포와 걱정을 감소시킬 것인지 이해할 수 있게 된다. 구성원들은 부정적 결과가 일어날 가능성이 높을 때, 의사결정에 참여함으로써 그들이 가진 우려를 표현하고 이러한 우려를 해결하는 대안을 찾는데 공헌할 기회를 가질 수 있게 된다.

(3) 의사결정 과정에의 만족

절차공정성에 대한 연구들[5]에 의하면, 의사결정 이전에 개인적 의견과 선호도를 표현할 발언권을 가지면 참여자들이 최종 결정에 실제로 얼마나 영향을 미쳤는지와는 무관하게 긍정적 효과가 있다는 결과가 도출되었다. 즉 구성원들은 자신들에게 영향을 미칠 의사결정에 대한 발언권을 가질 때 자신들이 존중받고 있다고 지각할 가능성이 높다. 결국 참여자들이 발언권을 갖게 되면, 그들은 의사결정의 절차가 공정하다고 지각하고 결정과정에 대해 더 만족하게 된다.[6] 그러나 결정에 영향을 미치지 못하는 상태에서는, 단지 발언권이 있다는 것만으로 결정의 실행에 완전히 몰입하지는 않을 것이다. 그리고 리더가 구성원들을 교묘하게 조종하여 리더가 원하는 대안을 지지하도록 한다고 구성원들이 지각한다면, 의사결정 과정에 대한 만족을 오히려 감소시킬 수 있다.

(4) 구성원 의사결정 기술 개발

복잡하고 어려운 의사결정을 내리는 데 공헌한 경험은 참여자들에게 더 많은 기술을 개발하고 자신감을 갖게 할 수 있다. 참여의 긍정적 효과가 실현되는지 여부는 참여자들이 문제의 원인을 진단하고, 가능한 대안을 개발, 평가 및 선택하여 이에 대한 실행계획을 세우는 과정에 실제로 얼마나 많이 참여하는가에 달려 있다. 의사결정의 모든 과정에 참여한 구성원들은 부분적으로만 참여한 구성원들보다 더 많은 것을 배우게 된다. 복잡하고 어려운 의사결정에 대한 경험이 별로 없는 참여자들의 경우에, 얼마나 많은 것을 배울 수 있는가는 참여자들이 어려운 결정과정의 단계 동안에 리더로부터 얼마나 많은 지도와 격려를 받는지에 따라 달라진다.

02 규범적 의사결정 모형

상황에 적합한 의사결정 절차를 사용하는 것이 중요하다는 인식은 오래 전부터 있어 왔다. 마이어는 결정절차를 선택하기 전에 리더는 결정의 질적 요구조건뿐만 아니라 부하가 결정을 수용할 가능성을 고려할 필요가 있음을 지적하였다.[7] 브룸과 예튼은 이러한 초기 접근방식들에 바탕을 두긴 했지만, 한걸음 더 나아가서 여러 구체적인 상황 각각에서 어떤 결정절차가 가장 효과적인지를 명시하였다.[8] 그 이후 브룸과 야고는 몇몇 변수들과 결정 규칙들을 추가하여 수정모형을 제시하였다.[9]

2.1 브룸과 예튼의 모형

리더가 사용하는 결정절차는 의사결정의 질과, 그 결정을 실행해야 하는 구성원들의 수용에 영향을 미친다. 의사결정의 질과 결정의 수용이라는 두 매개변수는 모두 의사결정이 실행되었을 경우 그 결정이 얼마나 효과적일 것인가를 결정하며, 이것은 집단이나 팀의 성과에 분명한 시사점을 제시한다. 그러나 결정절차가 의사결정의 질과 수용에 미치는 효과는 상황의 다양한 측면들에 의해 좌우되며, 어떤 상황에서 효과적이었던 절차가 다른 상황에서는 비효과적이 될 수 있다.

표 9-1 브룸과 예튼의 리더십 유형

전제적 리더십 유형	A I	리더는 주어진 시점에서 확보 가능한 정보를 사용하여 혼자서 문제를 해결하거나 의사결정을 한다.
	A II	리더는 부하로부터 필요한 정보를 얻은 다음, 혼자서 결정을 내린다. 정보를 얻으려는 목적이나 해결하고자 하는 문제의 내용에 대해 이야기해 줄 수도 있고 그렇지 않을 수도 있다. 결정을 내릴 때 부하가 맡은 역할은 해결대안들을 창출하거나 평가하기보다는 리더에게 필요한 정보를 제공하는 데 있다.
협의적 리더십 유형	C I	리더는 부하들을 집단으로 모으지 않고 해결문제를 부하와 개인적으로 상의하며 부하의 생각이나 견해를 얻은 후에 리더 혼자서 결정을 내린다. 결정은 부하의 영향을 받을 수도 있고 그렇지 않을 수도 있다.
	C II	리더는 해결문제를 부하들과 집단으로 모여서 상의하고 그들의 생각이나 견해를 얻은 후에 리더 혼자서 결정을 내린다. 최종 결정은 부하의 영향을 받을 수도 있고 그렇지 않을 수도 있다.
집단의사결정 리더십 유형	G II	리더는 해결문제를 부하들과 집단으로 모여서 상의하고, 함께 대안을 평가하고, 합의에 이르려는 노력을 한다. 리더의 역할은 토의를 조정하고 문제점을 명료화하는 것이다. 리더의 역할은 회의의 의장과 같다. 리더는 자신이 선호하는 해결책을 집단이 채택하도록 영향을 미치려고 하지 않으며, 전체집단이 지지하는 해결책을 기꺼이 받아들이고 실행한다.

(1) 의사결정 절차

브룸과 예튼은 다섯 가지 결정절차를 파악하고 있는데, 두 가지 종류의 독단적 결정(AI와 AII), 두 가지 종류의 협의(CI과 CII) 그리고 리더와 부하가 집단으로 내리는 한 가지 유형의 공동결정(GII)이 그것이다. 각각의 의사결정 절차는 〈표 9-1〉과 같이 정의된다.[10)]

(2) 의사결정 규칙

브룸과 예튼은 특정 의사결정 절차를 사용하게 되면 의사결정의 질이 떨어지거나 수용도가 저하될 것이기 때문에 주어진 상황에 적합한 결정절차를 파악하기 위한 일련의 규칙들을 제시하고 있다. 그 규칙들은 상이한 조건하에서 결정절차들의 결과에 대해 앞서 논의했던 과정에 바탕을 두고 있다. 의사결정 규칙들은

표 9-2 브룸과 예튼의 의사결정 규칙

1. 결정이 중요하고 리더에게는 부족한 관련정보를 부하가 가지고 있을 때, 독단적 결정(AⅠ, AⅡ)은 이용할 수 있는 모든 관련정보 없이 이루어질 것이기 때문에 부적합하다.
2. 결정이 중요하고 부하가 과제목표에 대한 리더의 관심을 공유하지 않을 때 집단결정(GⅡ)은 비협조적이거나 적대적일 수 있는 사람들에게 중요한 결정에 대해 너무 많은 영향력을 행사할 기회를 주기 때문에 부적합하다.
3. 결정이 중요하고 문제가 비구조화되어 있으며 리더가 관련정보를 가지고 있지 않을 때 관련정보를 가진 사람과의 상호작용을 통해 결정을 내려야 한다(CⅡ, GⅡ).
4. 결정의 수용이 중요하고 부하가 독단적 결정을 수용하지 않을 가능성이 높을 때 독단적 결정(AⅠ, AⅡ)은 효과적으로 실행되지 않을 수 있기 때문에 부적합하다.
5. 수용이 중요하고 부하가 해결책에 동의하지 않을 가능성이 높을 때 독단적 결정(AⅠ, AⅡ)과 개인협의(CⅠ)는 부하들간 및 부하와 리더 사이에 토의와 협상을 통한 견해차를 해소할 수 있는 기회를 제공하지 못하기 때문에 부적합하다.
6. 결정이 중요하지 않지만 수용이 극히 중요하며 독단적 결정으로는 수용되지 않을 가능성이 높을 때 수용은 결정의 질을 희생시키지 않고 극대화되기 때문에 유일하게 적합한 절차가 집단결정(GⅡ)이다.
7. 결정의 수용이 중요하지만 독단적 결정으로는 그러한 결과를 기대할 수 없고 부하들이 리더와 과제목표를 공유할 때 의사결정과정에서 부하들에게 대등한 동반자관계를 가져야 한다(GⅡ). 이것은 결정의 질을 희생하지 않고 수용을 극대화하기 때문이다.

〈표 9–2〉에서 보는 바와 같다.

어떤 의사결정 상황에서는 두 가지 이상의 유용한 의사결정 절차를 제시할 수도 있다. 이 경우에 가능한 의사결정 절차들 가운데 어느 하나를 선택하는 것은 시간의 압박, 부하를 개발하고자 하는 의지, 리더의 개인적 선호와 같은 다른 기준들에 근거하여 이루어진다. 브룸과 예튼은 규칙의 적용을 단순화시키고 각각의 상황에 대해 유용한 결정절차를 파악하는 데 도움을 주기 위해 [그림 9–3]과 같은 의사결정 과정 흐름도를 개발하였다

(3) 의사결정 절차의 효과

① 의사결정의 수용

의사결정의 수용(decision acceptance)이란 내려진 결정을 효과적으로 실행하는 데 구성원들이 몰입하는 정도를 의미한다. 결정이 구성원들에 의해 실행될 때마다 또는 결정이 구성원들의 과업동기에 시사점을 지닐 때마다 결정의 수용은 중요해진다. 어떤 경우에는 결정이 부하들에게 분명히 이익을 가져다주기 때문에 또는 리더가 영향력 전술을 사용하여 결정에 대한 동참을 확보하기 때문에, 부하들은 리더가 내린 결정을 실행하려는 높은 동기를 가진다. 그러나 부하들이 독단적 결정을 수용하지 않을 이유는 많다. 예를 들어, 부하들은 협의가 없었던 것에 분개할 수도 있고, 결정에 대한 이유를 이해하지 못할 수도 있으며, 결정이 그들의 이해관계를 해치는 것으로 인식할 수도 있다. 이 모형의 기본 과정은 참여가 이미 높은 수준이 아니라면 참여에 의해 결정의 수용이 높아지며, 부하들이 결정을 내리는 데 더 많은 영향력을 가질수록 내려진 의사결정을 성공적으로 실행하기 위해 동기부여 될 것이라는 것이다. 따라서 결정의 수용은 협의에 의한 의사결정보다는 공동 의사결정의 경우에 더 크며, 독단적 결정보다는 협의에 의한 의사결정의 경우가 더 클 것이다.

그림 9-3 규범적 의사결정 과정 흐름도[11)]

QR 의사결정의 질(Quality Requirement) : 의사결정 문제의 질이 얼마나 중요한가?

CR 부하의 몰입(Commitment Requirement) : 의사결정에 실천에 있어서 부하들의 몰입이 얼마나 중요한가?

LI 리더의 정보수준(Leader's Information) : 양질의 의사결정을 위해 리더가 얼마나 충분한 정보를 보유하고 있는가?

ST 문제의 구조화(Problem Structure) : 해결해야 할 문제가 구조화되어 있는가?

CP 부하의 수용(Commitment Probability) : 리더가 혼자서 의사결정을 할 경우, 부하들이 수용할 것이라고 확신하는가?

GC 목표의 일치(Goal Congruence) : 문제해결을 통해 달성해야 하는 목표를 부하들도 공유하려고 하는가?

CO 부하 간 갈등(Subordinate Conflict) : 선호하는 해결책에 대한 부하들간의 갈등이 존재하는가?

SI 부하의 정보수준(Subordinate Information) : 양질의 의사결정을 위해 부하들이 얼마나 충분한 정보를 보유하고 있는가?

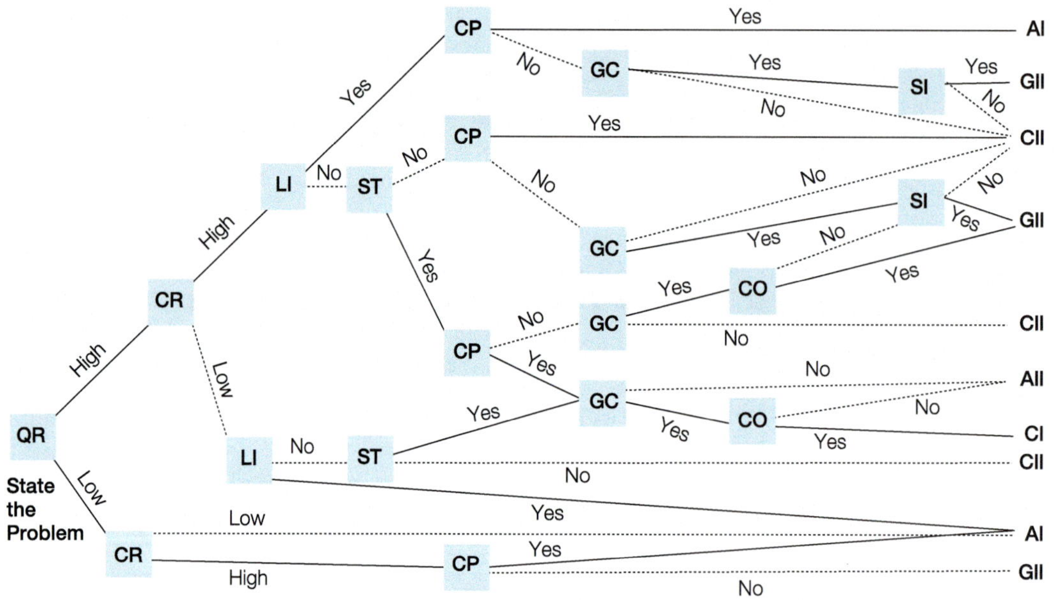

② 결정의 질

의사결정의 질(decision quality)이란 결정의 수용에 의해 매개되는 효과와는 별개로 집단에 영향을 미치는 의사결정의 객관적 측면을 지칭한다. 최적 대안을 선택할 때 의사결정의 질은 높다. 예를 들어, 효율성이 낮은 대안보다는 효율적인 업무절차가 선택되며, 쉬운 목표보다는 도전할 만한 성과목표가 선택된다. 대안들 사이에 차이가 크고 의사결정이 집단성과에 중요한 결과를 가져온다면 의사결정의 질은 중요하다. 반면에 이용할 수 있는 대안들이 모두 동일한 결과를 가져온다면 그리고 의사결정이 집단성과에 어떤 중요한 결과도 가져오지 않는다면 의사결정의 질은 중요하지 않다. 통상적으로 중요한 과업결정의 예로는 목표와 우선순위를 설정하고, 기술 및 능력수준에서 차이가 나는 부하들에게 과업을 할당하고, 복잡한 과업에 대한 업무절차를 결정하고, 전문기술이 요구되는 문제를 해결하는 방법을 결정하는 것 등이 있다.

참여가 의사결정의 질에 미치는 효과는 리더와 부하들이 관련 정보와 문제해결의 전문성을 얼마나 많이 갖고 있느냐에 의해 좌우된다. 이 모형에서는 부하들이 관련 정보를 가지고 있고 양질의 의사결정을 내리는데 리더에게 기꺼이 협력하려고 한다면 참여는 더 좋은 결과를 가져올 것이라고 가정한다. 그러나 부하들의 협력은 부하가 리더의 과업목표를 얼마나 공유하는지, 그리고 리더와 상호 신뢰의 관계를 얼마나 갖고 있는지의 정도에 달려 있다. 이 모형에서는 부하들이 리더의 목표를 공유할 때 협의에 의한 의사결정과 공동 의사결정은 의사결정의 질을 똑같이 촉진시킬 것이라고 가정한다. 그러나 부하들의 목표가 리더와 양립되지 않을 때에는 협의에 의한 의사결정이 공동 의사결정보다 더 높은 의사결정의 질을 가져오는데, 이는 리더가 최종 선택에 대한 통제력을 보유하고 있기 때문이다.

2.2 브룸과 야고의 수정 모형

브룸과 야고는 위에서 언급한 브룸과 예튼의 모형에 대한 연구결과를 검토한 후에 수정모형을 제시하였다.[12] 수정모형은 초기 모형에서 나타난 몇 가지 약점을 보완하여 설계되었다. 브룸과 예튼의 모형은 유용한 의사결정 절차들 중에서 바람직하지 않은 절차들은 제외시키지만, 나머지 의사결정 절차들 중에서 어떤 절차가 가장 효과적인지를 알려 주지는 못한다. 브룸과 야고의 모형은 관리자에게 기준들의 상대적 중요성을 결정하고 기준을 적용하여 유용한 복수의 의사결정 절차들을 하나의 의사결정 절차로 축소시킬 수 있게 해 주는 특징들을 포함하였다.

브룸과 예튼의 모형은 급박한 시간적 압박, 부하가 보유한 정보의 양, 부하들의 지리적 분산 정도와 같은 중요한 상황적 요인들을 포함시키지 못했다. 반면, 브룸과 야고의 모형에서는 이러한 상황적 요인들이 포함되어 있다. 브룸과 예튼의 모형은 의사결정규칙에서 의사결정의 질과 구성원의 수용이라는 두 가지 성과기준만을 사용한다. 이에 반해 새로운 수정 모형에서는 가장 적합한 의사결정 절차를 결정하는 명시적 기준으로서 부하개발에 대한 관심과 결정시간에 대한 관심을 추가하고 있다. 새 모형에서는 관리자들이 네 가지 기준의 우선순위를 결정할 때 더 많은 대안들이 주어지며, 이러한 우선순위에 따라서 선택결과가 달라진다.

브룸과 예튼의 모형은 상황에 대한 질문에 '예-아니요'라고 명확하게 대답할 것을 요구하기 때문에 상황들간의 미묘한 차이를 반영하지 못하고 있다. 이에 반해, 새 모형에서는 각각의 상황적 측면을 기술할 때 다섯 가지 척도 내에서 구별하도록 관리자에게 요구함으로써 이러한 결함을 교정하고 있다. 예를 들어, "부하들은 문제를 해결할 때 달성해야 할 조직목표를 공유하고 있는가?"라는 질문에 관리자들은 "아니오, 아마도 아니요, 어쩌면, 아마도 예, 예"의 다섯 가지 척도 중 하나를 선택한다. 이것은 이미 복잡한 모형을 한층 더 복잡하게 만드는 결과를 초래할 수 있기 때문에, 모형을 완전한 형태로 적용하기 위해 컴퓨터 소프트웨어 프로그램을 적용한다.

여러 해에 걸쳐서 유클을 비롯한 많은 이론가들은 관리자들이 사용하기 쉽도록 하기 위해 규범적 의사결정 모형의 단순화를 시도해 왔다.[13] 〈표 9-3〉에는 그중 유클의 규범적 의사결정 모형이 제시되어 있다. 이러한 단순화된 모형은 세 가지 의사결정 절차(독단적 의사결정, 협의에 의한 의사결정, 공동 의사결정)를 다루며, 우선순위가 ① 의사결정의 질을 확보하고, ② 의사결정에 대한 구성원의 수용도를 향상시키며, ③ 시간을 단축하는 것일 때 이 모형은 최적 의사결정 절차가 무엇인

표 9-3 단순화된 규범적 결정모형

결정의 질 / 정보 / 목표 공유	결정에 대한 부하의 수용	
	중요하지 않고 독단적 결정으로 확보 가능	중요하고 독단적 결정으로 확보 불가능
· 중요하지 않음	독단적	집 단
· 중요하지만 리더가 충분한 정보를 가지고 있지 않음 · 구성원들은 리더목표를 공유함	독단적	집 단
· 중요하며 리더가 충분한 정보를 가지고 있음 · 구성원들은 리더목표를 공유하지 않음	독단적	협 의
· 중요하지만 리더는 필요한 정보가 부족함 · 구성원들은 리더목표를 공유함	협 의	집 단
· 중요하지만 리더는 충분한 정보가 부족함 · 구성원들은 리더목표를 공유하지 않음	협 의	협 의

지를 보여 주고 있다.

2.3 규범적 의사결정 모형의 한계 및 의의

이 모형을 비판하는 사람들은 여러 가지 개념적 취약점을 찾아냈다. 의사결정 절차들은 어느 한 시점에서 일어나는 단일의 분리된 사건들로 가정하고 있지만, 대부분의 중요한 의사결정들은 이런 식으로 이루어지지 않는다. 중요한 의사결정들은 일반적으로 다른 시점에서 다양한 사람들과 여러 번의 회의를 통해서 이루어지며, 초기 의사결정 과정에 직접 참여하지 않은 권력자의 승인을 얻기 위한 수정의 반복적 순환과정이 일어난다. 따라서 리더는 문제를 해결하기 전에 상이한 시점에서 서로 다른 구성원들과 서로 다른 결정절차를 사용해야 할 때도 있다.

이 이론은 단순하지 않다.[14] 독단적 의사결정, 협의에 의한 의사결정 그리고 공동 의사결정 절차를 구분하는 일은 의사결정 절차 각각의 하위요소들간의 구분(AI와 AII, CI와 CII의 구분)보다 더 중요하다. 주요 모형이 이들 세 가지 의사결정 절차 중에서 어느 것을 선택하는가에 초점을 맞추었더라면 이 이론은 한층 더 이해하기 쉬웠을지 모른다. 그렇게 되면, 의사결정 절차 각각의 주요 요소들 가운데 어느 하나를 선택하는 데 지침으로 삼을 수 있는 보완모형을 개발할 수 있었을 것이다. AI과 AII의 구분은 불필요하다. 이 모형에 대한 기술연구들은 관리자들이 다양한 원천으로부터 사실에 관한 정보를 지속적으로 수집하고 있다는 것을 보여주고 있기 때문이다. CI와 CII의 구분은 중요하기는 하지만, 다른 변형도 가능하다. 예를 들어, 때로는 전체 집단과 협의한 후에 개인적으로 협의하기도 한다.

이 이론에서는 리더가 각각의 의사결정 절차를 사용하는 데 필요한 기술을 가지고 있다고 가정하며 리더가 가진 기술은 어떤 의사결정 절차가 가장 적합한지를 결정하는 데 있어서 중요한 요인이 아니라고 가정한다.[15] 크라우치와 예튼은 경험이 부족한 리더들의 경우에는 이 모형의 몇몇 가정들이 타당하지 않다고 주장하였다. 또한 이들의 연구에서는 부하들 사이에 갈등이 있는 상황에서 집단결정(CII와 GII)은 갈등관리기술을 가지고 있는 리더에게는 효과적이지만 이러한 기술이 부족한 리더에게는 그렇지 못함을 발견하였다. 갈등관리기술을 가지고 있지 않는 리더는 서로 의견이 일치하지 않는 부하들과 직접적 대면을 할 필요가 없기 때문에 개인 협의(CI)를 사용하는 것이 더 나을 것이다.

03 위 임

위임은 부하에게 새로운 일을 할당하고, 이를 수행하기 위한 공식적인 책임과 권한을 부여하는 것을 말한다. 일을 위임한다는 것은 단순히 업무를 맡기는 것, 즉 리더의 부담을 다소 덜어 주는 정도의 단순한 것일 수도 있다. 하지만 더 나아가서 그에 대한 책임을 지도록 하는 것까지도 포함되어야만 한다. 또 무언가를 알려 주는 데서 끝나지 않고, 서로 적절한 방식으로 의사소통도 이루어져야 한다. 즉, 자신의 한계를 적당한 시점에서 알아차리는 능력뿐 아니라, 다른 사람들을 일에 참여하도록 만들고 그들의 힘을 끌어내는 솜씨도 필요하다.

3.1 위임을 통한 이익

모든 사람이 가진 시간은 똑같다. 똑같이 주어진 24시간은 저마다의 조건에 따라 최대한 의미 있게 사용되어야 한다. 매일 매일의 부족한 시간을 해결하기 위해서는 일을 위임해야 한다. 위임을 하게 되면 그 순간부터 시간이 늘어나게 된다. 위임은 관리자가 수행하는 직무 중에서 가장 어려운 일이다. 관리자가 위임을 적절히 실행한다면 얻을 수 있는 이점들을 살펴보면 다음과 같다.[16)]

(1) 관리자에게 새로운 과업과 전략적 활동에 더 많은 시간을 할애할 수 있게 해 준다

① 틀에 박힌 듯이 반복되는 일과 특별히 통솔력을 필요로 하지 않는 일은 모두 위임하는 게 좋다.

② 반복되는 업무가 아닌 다른 일에 관심을 가질 수 있으며, 이 시간을 활용하면 자신이 성공할 수 있는 길이 보일 것이다.

③ 부서 및 직원들에 대한 더 많은 지식과 정보를 획득할 수 있다. 그러면 돌발상황이 닥치더라도 업무기능이 마비되지 않는다.

(2) 부하가 가진 잠재력을 발굴할 수 있고, 동기수준과 만족도를 높여 줄 수 있다

① 실무자가 일을 하게끔 배려해야 한다. 실무자들을 믿고 일을 맡기지 않으면 우수한 인력을 놓칠 수 있다.

② 직원들 또한 새로운 일을 하다 보면 숨은 능력을 깨달을 수 있고, 또 어떤 능력을 키워야 하는지도 알 수 있게 된다. 그렇게 되면 직원들의 승진기회를 키워 줄 수 있다.

③ 반복되는 일상이 아닌 새로운 일을 맡게 되면, 일이 흥미롭고 다채로워질 수 있다. 그렇게 되면 직원들의 의욕이 높아질 것이다.

(3) 조직은 산출을 극대화하면서 유연성을 높일 수 있다

① 업무분배를 하다 보면 환경이 바뀌게 되고, 모든 구성원이 창의적으로 생각할 의무를 가지게 되므로, 놀라운 사고방식과 아이디어가 도출될 수 있다. 그렇게 되면 회사 전체의 분위기가 활기차게 될 것이다.

② 일을 배분하고, 맡기는 과정에서 직원들을 공동의 목표를 추구하는 팀으로 만들 수 있다.

③ 업무분담을 위한 토론을 하다보면 문제 해결을 위한 아이디어가 많이 도출될 수 있다.

3.2 위임이 되지 않는 원인

위임으로부터 얻을 수 있는 이익이 많음에도 불구하고, 관리자가 직원들에게 위임을 할 수 없는 경우가 있다.[17] 직원들이 준비가 덜 되어 있거나, 업무과중, 시간상의 문제, 리더의 권력욕구 등이 있다. 그러나 이러한 경우는 드물 뿐만 아니라 위임을 통해 얻을 수 있는 이익은 위임을 하지 않는데서 오는 손해보다 훨씬 더 가치가 있다.[18]

(1) 리더가 위임을 하지 않으려는 이유

① 자신이 직접 해야만 일이 제대로 될 거라는 생각이 든다.
② 자신이 더 빨리, 더 정확하게 처리할 수 있다고 믿는다.
③ 부하들에게는 이미 할 일이 많다.
④ 부하들에게 필요한 기술과 지식이 충분치 않은 일들이 있다.
⑤ 어느 누구에게도 위임해서는 안 되는 일들이 있다.
⑥ 부하들에게 설명할 시간에 차라리 내가 하는 것이 더 빠르고 정확하다.
⑦ 위임을 하면 부하들의 업무수행을 조절할 수 없다.

(2) 부하가 위임을 받지 않으려는 이유

① 일이 더 많아지게 될 것을 우려한다.
② 하기 싫은 일을 억지로 떠맡을 수 있다.
③ 현재 갖추고 있는 능력과 경험이 부족하다.
④ 지금 하고 있는 일이 더 중요하다.
⑤ 일의 결과에 대한 책임을 지고 싶지 않다.
⑥ 상사가 위임하는 일은 보통 마감시한이 촉박할 것이라고 생각한다.
⑦ 일은 늘어나는데 월급은 늘어나지 않는다.

3.3 위임의 단계

위임을 효과적으로 사용하면, 관리자는 다른 사람을 통해서 자신의 목표를 달성할 수 있게 된다. 그러나 효과적 위임은 저절로 이루어지지 않는다. 효과적 위임을 위해서는 다음과 같은 단계를 거쳐야 한다.[19)]

① 1단계 : 위임 준비단계이다. 위임을 하기 전에 관리자는 누구에게 위임할 것인지, 업무 및 책임의 범위를 명확히 설정해 놓아야 한다.

② 2단계 : 위임 실행단계이다. 위임에 대한 준비과정을 마친 후에는, 관리자는 부하에게 업무를 위임해야 한다. 업무에 대한 구체적 목표, 허용 가능한 권한 범위, 수행결과에 대한 보상체계 등에 대해 부하와 명확히 결정해야 한다.

③ 3단계 : 위임 점검단계이다. 부하가 어느 정도의 업무를 수행하고 있는지, 부하가 해결하기 힘든 일은 무엇인지를 파악해서 부하에게 알려 주어야 한다.

④ 4단계 : 위임 평가단계이다. 이 단계에서는 업무결과를 파악하고, 부하와 함께 평가를 한다.

04 리더십 대체이론

지금까지 살펴본 리더십 상황이론들은 리더의 특성이나 행동이 구성원의 만족이나 동기부여 및 성과에 미치는 영향을 상황변수가 조절하는 구조를 설명하고 있다. 이들 이론은 어떠한 상황에서라도 리더의 행동은 구성원의 지각과 태도 및

행동에 중요한 영향을 미친다는 암묵적인 가정을 하고 있는 것이다.[20)]

아래의 〈표 9-4〉는 리더십의 효과성에 영향을 주는 상황적 요소를 리더십 향상요인(leadership enhancers), 리더십 중화요인(leadership neutralizers), 그리고 리더십 대체요인(leadership replacers)으로 분류하여 그 내용을 보여 주고 있다. 지금까지 리더십 상황이론들에서 다루었던 요인들은 대체로 리더십 향상요인에 초점을 맞추고 있으나, 본 장에서 다루어질 리더십 대체이론에서는 리더십 중화요인 및 리더십 대체요인에 초점을 두고 설명하고자 한다.

대체이론을 최초로 연구한 커와 제미어는 리더십이 부하의 만족과 동기유발 및 성과에 전혀 실질적인 영향을 미치지 못하는 상황이 존재한다는 데 착안하여 리더십 대체요인 이론을 개발하였다.[21)] 이들은 리더십의 중요성을 감소시키는 상황변수들을 파악하는 모형을 개발하였는데, 이 모형을 구성하는 두 가지 요인이 리더십 대체요인(leadership substitutes)과 리더십 중화요인(leadership neutralizers)이다.[22)]

4.1 대체요인과 중화요인

리더십 대체요인은 리더의 행동을 불필요하거나 불가능하게 만드는 변수들을

표 9-4 리더십 효과성에 영향을 미치는 상황요인

상황요인	내 용
리더십 향상요인 (leadership enhancers)	리더의 구성원에 대한 영향력을 증진시키는 환경이나 부하의 특성
리더십 중화요인 (leadership neutralizers)	리더의 부하에 대한 영향력의 효과성을 감소시키는 환경이나 부하의 특성
리더십 대체요인 (leadership replacers)	특정한 리더십 행동의 필요성을 대체하는 것으로, 그 행동을 불필요하게 만드는 환경이나 부하의 특성

말한다. 즉, 구성원들이 자신의 역할을 명확히 이해하고, 업무를 수행하는 방법을 잘 알며, 높은 동기가 유발되고, 자신의 직무에 만족하게 만들어 주는 구성원과 과업, 그리고 조직의 특성 등을 말한다.

리더십 중화요인은 리더가 특정한 방식으로 행동하는 것을 방해하거나 리더의 행동이 미치는 영향을 무력화시키는 구성원 특성과 과업 특성 및 조직 특성을 말한다. 예를 들면, 리더가 성과를 많이 올린 부하에게 상을 줄 수 있는 권한을 갖고 있지 않다면 이런 상황변수가 중화요인이다.

커와 제미어가 처음 제시했던 모형은 지원적 리더십(supportive leadership)과 수단적 리더십(instrumental leadership)에 대한 대체요인과 중화요인을 파악하는 것에 관심을 두었다. 여기서, 지원적 리더십은 배려나 관계 지향적 리더십과 유사하고, 수단적 리더십은 구조주도나 과업 지향적 리더십과 유사한 내용이다. 커와 제미어는 다양한 구성원 특성과 과업 특성 및 조직 특성이 대체요인 또는 중화요인으로 작용할 수 있다고 주장했다.[23)]

표 9-5 리더십의 대체요인과 중화요인[24)]

상황변수		리더십 행동	
대체요인 또는 중화요인		지원적 리더십	도구적 리더십
구성원 특성	구성원의 경험·능력·훈련	–	대체요인
	전문가적 성향	대체요인	대체요인
	보상에 대한 무관심	중화요인	중화요인
과업 특성	구조화된 일상적 업무	–	대체요인
	업무 자체로부터의 피드백	–	대체요인
	내재적 만족 제공 업무	대체요인	–
조직 특성	응집력이 강한 작업집단	대체요인	대체요인
	약한 직위권력	중화요인	중화요인
	공식화	–	대체요인
	조직의 경직성	–	중화요인
	리더와 부하 간의 물리적 거리	중화요인	중화요인

커와 제미어는 다양한 구성원 특성과 과업 특성 및 조직 특성이 지원적 리더십과 수단적 리더십을 대체 또는 중화시키는 내용을 〈표 9-5〉에 제시된 것과 같이 설명하고 있다.

4.2 상황변수[25)]

리더십 대체이론에 의하면 다음과 같은 구성원, 업무, 조직의 특성이 리더십을 중화 또는 대체시키는 효과를 가져올 것이라고 한다.

(1) 구성원 특성

① 구성원의 경험, 능력, 훈련 : 만일 구성원들이 광범위한 경험을 보유하고 있거나 충분한 훈련을 받았다면 업무지시가 거의 불필요할 것이다. 왜냐하면 구성원은 자신이 어떠한 일을 해야 하고 또한 그러한 일을 어떻게 해야 하는가를 아는 데 필요한 기량과 지식을 이미 보유하고 있기 때문이다.

② 전문가적 성향 : 이와 비슷한 맥락에서 자신의 가치관과 윤리관 또는 욕구에 의해 내면적으로 동기가 유발된 전문직 종사자들은 리더가 작업의 질을 높이라고 재촉하지 않아도 자신이 알아서 작업의 질을 유지할 것이다.

③ 조직이 제공하는 보상에 대한 무관심 : 조직이 제공하는 다양한 보상에 대해 구성원들이 느끼는 매력은 그들의 욕구와 성격에 따라 달라진다. 리더가 통제할 수 있는 보상에 대해 구성원들이 무관심할 경우, 이는 리더의 지원적 행동과 수단적 행동을 중화시키는 요인으로 작용할 것이다.

(2) 과업 특성

① 단순 반복적 업무 : 단순 반복적인 업무는 수단적 리더십의 대체요인으로 작용할 수 있다. 단순 반복적 업무의 경우 구성원들은 리더의 훈련과 지시에 의

존하지 않고서도 업무수행에 필요한 적절한 기량을 신속히 습득할 수 있다.

② 업무 자체로부터의 피드백 : 업무를 제대로 수행하고 있는지 여부에 대한 피드백이 자동적으로 이루어지는 과업에 대해서는 리더가 업무결과에 대한 피드백을 해 줄 필요가 없다.

③ 내재적 만족 제공 업무 : 만일 업무가 흥미롭고 즐거운 것이라면 리더의 격려나 독려를 받지 않고서도 업무 그 자체에 대해 충분한 동기가 유발될 것이다. 따라서 내재적 만족을 제공하는 업무는 직무에 대한 만족을 유도하기 위해서 발휘되는 리더의 지원적 행동을 대체시킬 수 있을 것이다.

(3) 조직특성

① 공식화 정도 : 상세한 규칙과 규정 및 방침 등이 문서화되어 있는 조직에서는 구성원이 일단 규정과 방침을 습득하고 나면 리더가 지시를 해야 할 필요성이 줄어들 것이다.

② 조직의 경직성 : 만일 리더가 구성원들의 노력을 증대시키기 위하여 업무 할당이나 작업 절차 등을 변화시키기 어려울 정도로 규정과 방침 등이 엄격하다면 이는 대체요인 또는 중화요인으로 작용할 수 있을 것이다.

③ 응집력이 강한 작업집단 : 작업집단 구성원들간의 응집력이 강할 경우 구성원은 필요한 사회적 지원을 동료들로부터 받을 수 있으므로 리더의 지원적 행동을 대체시킬 수 있다. 또한 집단의 성과를 위해 기여하도록 동료 작업자들로부터 받는 압력이 크기 때문에 수단적 리더십이 대체될 수 있다.

④ 약한 직위권력 : 리더에게 직위권력이 부족하거나 노조가 강한 영향력을 지니고 있는 경우에는 리더가 구성원들을 동기 유발시키기 위하여 보상과 처벌을 활용하거나 필요한 정서적인 지원을 할 수 있는 정도가 중화될 수 있다.

4.3 리더십 대체이론에 대한 평가

리더십 대체이론이 제시된 이후 상기한 바와 같이 여러 차례 검증이 이루어졌지만 그 동안 이루어진 연구들이 일관성 없는 결과를 보이고 있기 때문에 타당성과 유용성을 명확히 판단하기는 힘들다. 그러나 이 이론은 리더십의 대체요인으로 작용할 수 있는 조건에 초점을 맞춤으로써 집단의 성과를 개선시킬 수 있는 접근 방법을 이해하는 데 보다 균형 잡힌 시각을 제공해 주고 있다. 기존의 리더십 이론은 공식적 리더의 역할에만 초점을 맞추고 있지만, 리더십 대체이론은 리더십 효과를 대체시킬 수 있는 대안적인 방법에 대해서도 생각해보게 하는 계기를 마련해 주고 있다.

리더십 대체이론은 직관적으로 볼 때 호소력이 있으며, 다른 리더십 모델에서 다루지 않는 조직의 과정을 다루고 있다는 측면에서 그 의의가 있다. 특히 조직의 수평화, 임파워된 구성원의 필요성, 팀제 조직과 같은 혁신조직의 도입 추세 등을 고려해 볼 때 대체이론의 적절한 활용은 리더를 자유롭게 하며 전략계획과 같은 활동과 조직 목표달성에 몰입할 수 있도록 할 수 있다.

제10장 리더-구성원 교환관계이론

01 수직적 쌍대이론의 관점

02 리더-구성원 교환관계이론 및 연구

03 리더-구성원 교환관계의 차별화

04 리더-구성원 교환관계의 활용과 미래연구

리더-구성원 교환관계(LMX: Leader-Member Exchange) 이론은 리더십의 전통적 접근법에 대한 대안적 모형으로 덴스로 등이 제시한 수직적 쌍대(VDL: Vertical Dyad Linkage)이론에 기초하고 있다. 리더-구성원 교환관계이론은 리더십을 리더와 구성원 간의 상호작용을 중심으로 나타나는 과정으로 개념화한 것이다. 이 이론은 초기 수직적 쌍대이론으로 출현하여 여러 차례의 개정을 거치고 리더-구성원 교환관계이론으로 명칭이 바뀌면서 지속적으로 발전되어 왔다.

01 수직적 쌍대이론의 관점

리더십의 수직적 쌍대이론(후에 리더-구성원 교환이론으로 명칭이 바뀜)에 따르면, 리더는 같은 집단내의 모든 부하를 동질적으로 다루기보다는 부하들과 다른 교환관계를 형성한다. 대부분의 전통적 리더십이론은 리더가 하나의 집단내의 모든 부하들과의 상호작용을 하는 데 있어서 자신만이 가지고 있는 스타일에 의존하고 있으므로 그 스타일에 따라 집단내의 모든 부하들에 대해 동질적인 행동을 보여 준다는 가정에 바탕을 두고 있다(이것을 평균적 리더십스타일모델이라고 부른다).[1] 이에 대한 대안적 접근으로 나타난 수직적 쌍대 또는 리더-구성원 교환이론은 리더와 부하와의 상호작용은 부하 개개인과의 관계마다 독특한 특성을 가지고 있으며 따라서 한 집단내에서 부하들과 차별적인 관계를 형성한다는 것이다. 즉 리더는 모든 부하를 동질적으로 대하기보다는 차별적 관계를 형성한다는 것이다.

1.1 평균적 리더십스타일과 수직적 쌍대모델

덴스로 등[2)]에 따르면, 전통적 리더십행동이론은 하나의 최선의 평균적 리더십스타일(ALS: Average Leadership Style)을 찾으려고 하였는데, 이러한 시도는 두 가지의 증명되지 않은 가정을 하고 있다. 첫째, 전통적 접근법은 구성원들에 대한 리더의 행동은 오랫동안 일관되며 모든 구성원들에게 동질적으로 주어진다고 가정한다. 즉, 평균적 리더십스타일을 중심으로 시간에 따라 그리고 집단내 구성원에 따라 나타나는 행동의 차이는 무작위적이며 매우 작다고 가정한다. 따라서 이러한 접근법에 따르면, 리더의 행동은 리더와 개별구성원 간의 관계와는 독립적이며 특정한 일대일관계에 의존하지 않는다는 것이다. 전통적 접근법의 두 번째 가정은 리더의 행동에 대한 구성원의 지각, 해석, 그리고 반응은 집단내에서 동질적 또는 차이가 있더라도 매우 작고 무작위적이라는 것이다. 첫 번째 가정은 리더가 집단내 모든 구성원을 근본적으로 똑같은 방식으로 다룬다는 것을 의미하며 두 번째 가정은 구성원들이 이러한 취급에 근본적으로 똑같은 방식으로 반응한다는 것을 의미한다. 따라서 리더의 행동에 대한 구성원들의 응답을 평균하면, 그것이 바로 리더의 행동을 평가하는 것이 된다. 오하이오 주립대학교의 리더십연구는 이러한 평균적 리더십스타일 접근법을 채택하고 있다.

이러한 평균적 리더십스타일 접근법에 대한 대안으로 덴스로 등은 수직적 쌍대이론을 제시하였다. 수직적 쌍대(VDL)이론은 리더와 각 개별 구성원 간의 특정한 관계에 초점을 맞추고 있으며, 리더십상황에 대한 다음과 같은 가정을 한다. 첫째 리더의 행동은 특정한 구성원과의 관계에 따라 달라진다. 즉, 리더의 행동은 집단내 모든 구성원들에 대해 동질적인 것이 아니고 특정한 구성원에 대해 동

그림 10-1 평균적 리더십스타일(ALS) 모델과 수직적 쌍대(VDL) 모델

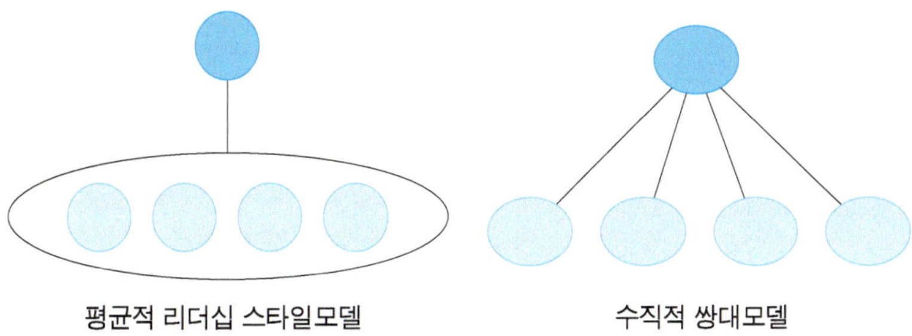

질적이고 일관되게 주어진다는 것이다.[3] 따라서 리더의 행동은 집단내 구성원들에게 차별적으로 제공될 수 있으며, 이는 리더와 개별 구성원 간의 관계에 따라 달라진다. 수직적 쌍대이론의 두 번째 가정은 집단내 구성원들은 리더행동에 대한 지각, 해석, 그리고 반응에 있어서 이질적이라는 것이다. 평균적 리더십스타일 모델과 수직적 쌍대모델은 [그림 10-1]과 같다.

1.2 내집단과 외집단관계

수직적 쌍대이론에 따르면, 리더는 집단내에서 모든 구성원들에게 하나의 리더십유형만을 제공하지 않는다. 리더와 구성원 간의 관계에 따라 리더는 집단내 구성원들에게 서로 다른 패턴의 리더십행동을 제공한다. 덴스로 등은 9개월에 걸쳐 60개의 리더-구성원 쌍을 관찰하고 두 가지의 리더-구성원 관계유형을 발견하였다. 하나의 유형은 상호 영향력을 행사하고, 계약이상의 추가적인 행동을 교환하며, 상호 신뢰하고, 존중하고, 좋아하며, 공동의 운명을 느끼는 특징을 갖는 파트너십관계를 형성하는 것이다. 그리고 다른 하나의 유형은 리더를 감독자로 보고, 일방적이고 하향적인 영향력을 행사하며, 명시된 역할에 근거해 행동을 교환하고, 느슨하게 연계된 운명을 느끼는 특징을 갖는 공식적인 관계를 형성하

는 것이다. 전자의 유형을 내집단(in-group) 관계라고 하고, 후자의 유형을 외집단(out-group) 관계라고 한다.[4] 이러한 내집단과 외집단관계의 구분은 직위권한에 의존하지 않고 강압적이지 않은 방식으로 영향력을 행사하는 리더십과 직위권한에 의존하여 강압적 방식으로 영향력을 행사하는 전통적인 관리의 구별과도 일맥상통한다.

02 리더-구성원 교환관계이론 및 연구

수직적 쌍대이론의 관점은 리더와 구성원 간의 교환관계의 질을 좀 더 깊이 있게 다루면서 리더-구성원 교환관계(LMX)이론으로 명칭이 바뀌었다. 초기의 수직적 쌍대이론은 평균적 리더십스타일 접근법에 대한 대안으로서, 주로 내집단과 외집단의 차이에 초점을 두고 연구가 진행되었다. 그러나 후속연구에서는 이러한 리더-구성원의 수직적 쌍대관계유형을 교환관계의 질로 개념화하면서 그 명칭이 바뀌고, 교환관계의 질의 효과를 탐색하는 데 더 많은 초점을 맞추고 있다.

2.1 역할협상과정과 교환관계의 질

리더-구성원 교환관계의 질은 역할협상과정을 통해 결정된다. 예를 들면, 그랜과 스칸두라는 리더-구성원 교환관계가 역할취득(role taking), 역할형성(role making), 그리고 역할일상화(role routinizaton)의 과정을 거치면서 만들어진다고 하였다. 또한 이와 유사하게 데보라와 로버트도 리더-구성원 교환관계를 역할의 상호관계로 파악하고 역할취득, 역할형성, 그리고 역할발전의 세 단계를 거치면서 만들어진다고 하였다. 그랜과 스칸두라의 역할일상화 단계와 데보라와 로버트의 역할발전단계는 거의 동일한 것으로 보아도 무방하다. 역할협상을 통해 교환관계가 형성되는 과정은 [그림 10-2]와 같다.

[그림 10-2]에서 보는 바와 같이 역할취득단계는 리더와 구성원간 관계의 초기단계로서, 리더와 구성원간 교류가 공식적인 틀을 넘어서지 않는다. 리더는 구성원에게 과업을 할당하고 그 구성원이 과업을 어떻게 수행하는지를 탐색한다. 구성원은 다양한 행동으로 리더에 반응하고 리더는 그 행동을 보고 다음에 보낼 역할 메시지를 결정한다. 만일 구성원이 더 도전적인 과업을 수행할 만한 능력과 동기가 있다고 판단되면 역할형성단계로 이동한다.

역할형성단계에서는 리더와 구성원들은 서로에게 가치있는 정보나 자원 등을 제공하고 공유하며 양자간의 기여도에 근거한 교환관계가 나타난다. 리더는 구성원에게 다양한 기회를 제공하고 구성원은 그 기회를 받아들이고 적절한 역할을 제공한다. 이 단계에서 리더는 구성원이 더 많은 역할과 중요한 책임을 수행

그림 10-2 역할협상과정과 리더-구성원 교환관계

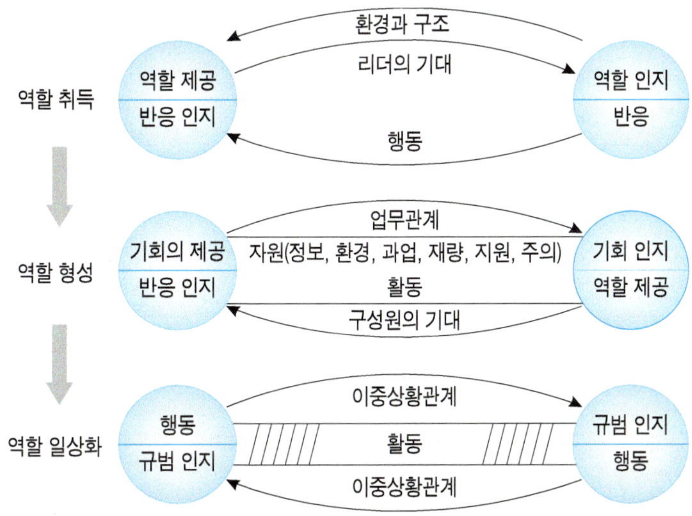

할 수 있는지를 설펴보며, 구성원은 리더가 역할과 권한을 위임할 의사가 있는지를 검증하게 된다.

역할발전(또는 일상화) 단계는 역할형성단계에서 만들어진 교환관계가 정착되고 안정화되는 단계이다. 리더와 구성원간에 상호신뢰와 존중, 그리고 상호의무감을 갖게 되며 광범위한 측면에서 서로 영향을 주고받는 단계이다.

이와 같은 역할협상과정을 통해, 리더는 어떤 구성원과는 높은 질의 교환관계를 갖게 되고 또 어떤 구성원과는 낮은 질의 교환관계를 갖게 된다. 높은 질의 교환관계를 가지면 내집단, 낮은 질의 교환관계를 가지면 외집단으로 분류된다. 따라서 내집단관계에 리더와 구성원은 계약된 역할이외의 추가적인 행동의 교환이 이루어져 높은 질의 교환관계가 발생한다. 즉, 리더는 내집단구성원들에게는 개인적 관심, 능력에 대한 자신감부여, 부하의 행동지원 등과 같이 자아가치를 지원해 주는 행동을 제공해주며 도전적이고 흥미로운 직무 및 기회를 할당한다. 내집단구성원은 이러한 리더십에 대한 교환행동으로 만족할 만한 성과뿐 아니라 추가적인 역할외 활동을 수행한다. 반면에 외집단관계에서 리더와 구성원 간에는 계약된 역할행동만을 교환하는 낮은 질의 교환관계가 발생한다. 즉 리더는 외집단구성원에게 최소한의 관심과 배려만을 제공하며 관리자로서 정해진 역할수행을 지시하고 감독하는 행동만을 수행한다. 마찬가지로 외집단구성원들은 정해

그림 10-3 내집단 및 외집단과 교환관계의 질

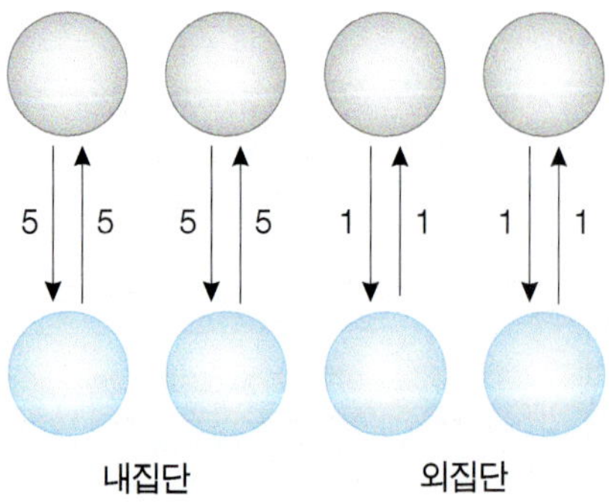

진 기준의 성과만을 내면 그만이다. [그림 10-3]에서 보는 바와 같이 리더와 구성원 간의 내집단과 외집단관계는 교환관계의 질에 있어서 서로 차이가 있다.

2.2 리더-구성원 교환관계와 개별화된 리더십이론

개별화된 리더십(individualized leadership)이론은 수직적 쌍대 또는 리더-구성원 교환이론과 마찬가지로 리더와 부하간 상호의무에 기초한 교환관계에 기초하고 있지만 리더와 부하간 관계를 형성하는 형태에 있어서는 차이가 있다. 즉, 수직적 쌍대 또는 리더-구성원 교환이론은 리더가 자신의 부하들을 비교하여 일부와는 내집단관계를 형성하고 나머지와는 외집단관계를 형성한다고 주장한다. 반면에 개별화된 리더십이론은 리더가 자신의 부하들을 서로 비교하여 하부집단(즉, 내집단과 외집단)으로 나누고 이들과 서로 차별적인 관계를 형성하기보다는 부하개개인을 서로 비교하지 않고 독립적으로 보면서 일대일로 관계를 형성하는 것으로 보고 있다.[5)]

그림 10-4 LMX관점과 개별화된 리더십관점

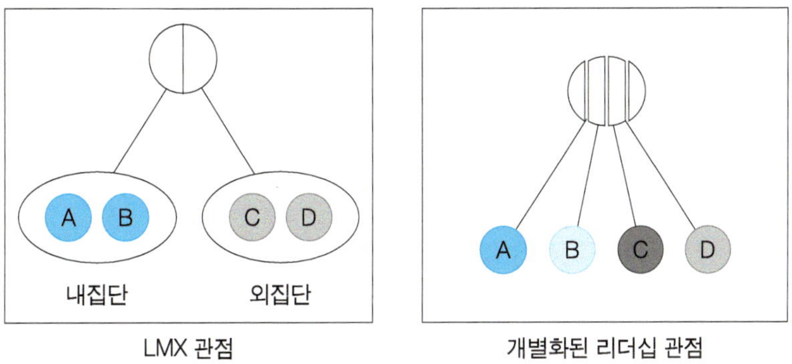

(1) 분석수준의 관점

전통적인 리더십이론이 가정하고 있는 평균적 리더십스타일 접근법과 리더-구성원 교환관계접근법, 그리고 개별화된 리더십접근법을 좀더 명확하게 이해하기 위해서는 분석수준의 관점에 대한 설명이 필요할 것이다. 첫째 평균적 리더십스타일 접근법에서 리더는 자신의 스타일에 따라 집단내 모든 구성원에게 동질적인 방식으로 영향력을 행사한다. 따라서 리더의 행동은 집단내 모든 구성원들에게 동질적이고, 그 구성원들도 리더의 행동을 동질적으로 지각하게 된다. 이경우 집단내 구성원들의 리더십행동에 대한 지각을 평균하면 그것이 곧 그 리더의 행동스타일이 되는 것이다. 리더십 효과성도 모든 구성원들에게 동질적으로 나타난다. 리더십행동과 효과성은 집단내에서는 동질적이며, 리더십의 차이는 집단간 또는 리더간에 나타난다.

둘째 리더-구성원 교환관계접근법에서 리더는 내집단과 외집단을 구분하고 그 각각의 하위집단에 대해 서로 다른 영향력을 행사한다. 따라서 하나의 집단내 구성원들은 내집단과 외집단구성원으로 나뉘게 되고, 구성원들의 리더행동에 대한 지각도 내집단 또는 외집단에 따라 달라진다. 리더의 측면에서도, 리더는 부하의 능력이나 성격적 유사성 등을 비교하여 집단내 구성원들을 내집단과 외집단으로 나누고 서로 다른 형태의 행동을 제공한다. 그 결과 리더십 효과성도 하나의 집단내에서 내집단과 외집단구성원들 간에 차이가 있게 된다. 이 경우 집단내 구성원들의 리더십행동에 대한 지각을 집단전체로 평균하는 것은 의미가 없다. 유의적인 차이는 집단내 또는 리더내에서 내집단과 외집단구성원들간에 발생한다.

셋째 개별화된 리더십접근법에서 리더는 집단내 구성원을 비교하여 구분하기보다는 개별적인 구성원을 독립적으로 다룬다. 리더는 부하개인과 독립적인 일대일관계를 형성하고 이를 바탕으로 리더십을 행사한다. 따라서 리더의 행동은 개별적인 구성원마다 다를 수 있으며, 구성원들의 리더십행동에 대한 지각도 개별적이고 독립적이다. 이 경우 집단내 구성원들의 리더십행동에 대한 지각을 평균하는 것은 아무 의미도 없다. 또한 집단내에서 내집단과 외집단구성원을 비교하는 것도 의미가 없다. 개별적인 구성원의 리더십 지각자체가 의미를 가지고 있는 것이다. 리더십 효과성도 개별적인 구성원에 따라 다를 수 있다. 유의적인 차이는 구성원개인들간, 좀 더 정확하게 얘기하면 리더와 구성원개인의 일대일관계간에 발생한다.

이러한 분석수준에 대한 차이를 구성원들의 리더행동에 대한 지각을 중심으로 도식화하면 [그림 10-5]와 같다. 첫 번째는 평균적 리더십스타일 접근법에 관한 것으로 집단내 구성원들 간에는 유의적인 차이가 없으며 유의적인 차이는 집단간에 발생한다. 두 번째는 리더-구성원 교환관계접근법에 관한 것으로 집단내에서 내집단과 외집단구성원들간에 유의적인 차이가 발생한다. 세 번째는 개별화된 리더십접근법에 관한 것으로 집단간 또는 집단내에서 일관되게 유의적인 차

그림 10-5 분석수준에 따른 차이비교

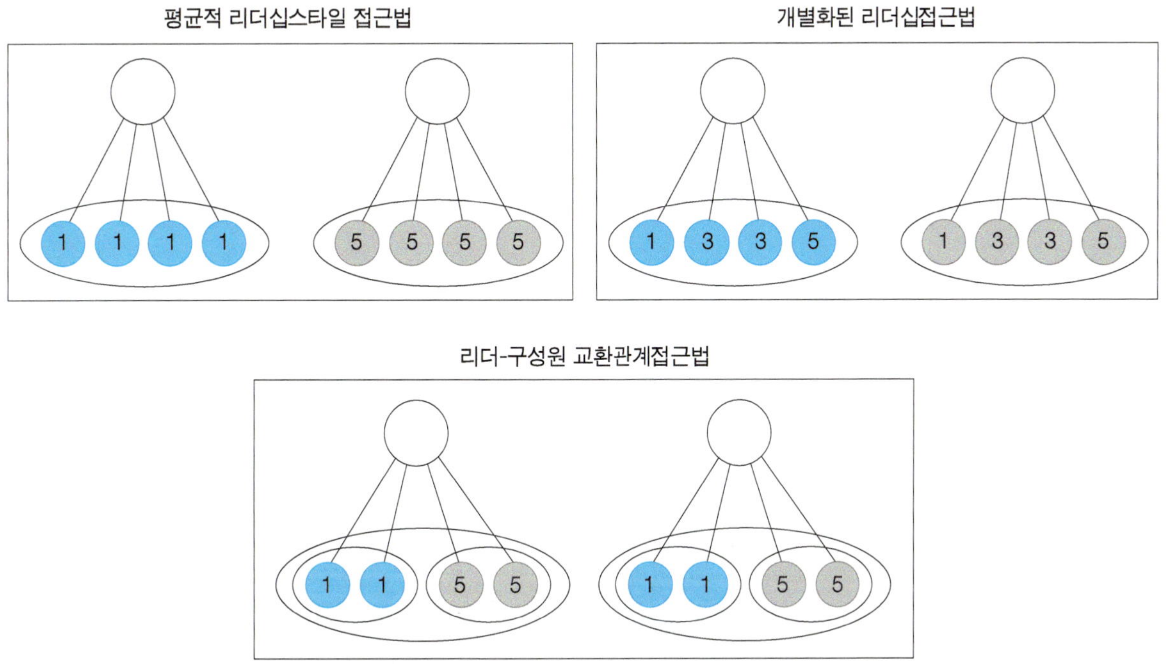

이가 나타나지 않는다. 핵심적인 차이는 리더와 일대일관계를 맺고 있는 개별적인 구성원들 간에 나타나는 것이다.

(2) 개별화된 리더십이론

덴스로 등은 상대로부터 사회적 인정을 받은 사람을 그 상대에게 어떤 가치있는 보상을 제공할 의무감을 가지게 되고 따라서 그러한 가치있는 보상을 제공하게 된다는 교환이론의 관점을 리더와 구성원 개개인의 관계에 적용하여 개별화된 리더십이론을 제시하였다. 개별화된 리더십이론에 따르면, 리더와 한 구성원의 관계는 그 리더와 다른 구성원의 관계와는 독립적으로 일어난다. 이러한 리더와 구성원의 일대일관계에서 리더는 그 구성원에게 자아가치를 지원해 주고 그 대가로 그 구성원으로부터 리더가 원하는 성과를 얻어낸다. 역으로 보면, 구성원은 리더로부터 자아가치를 높여주는 행동을 제공받고 그 대가로 리더가 만족할 만한 수준의 성과를 제공한다.[6] 따라서 리더의 행동과 구성원의 성과가 독립적인 일대일관계에서 서로 교환되는 것이다.

리더는 부하개인에게 자아가치를 높여주는 행동을 제공해 주고 그 대가로 그 부하로부터 바람직한 성과를 얻음으로써 리더십을 발휘할 수 있다. 리더는 부하에게 세 가지의 방식으로 자아가치를 지원한다. 첫째, 리더는 부하의 개인적인

그림 10-6 리더와 부하 간의 일대일 교환관계

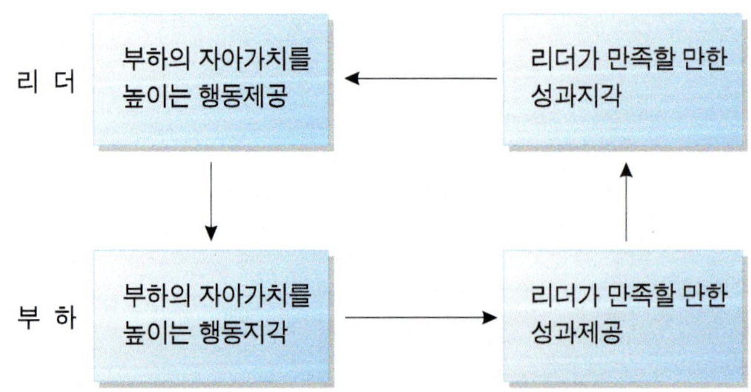

욕구와 감정에 주의를 기울여 준다. 둘째, 리더는 부하의 개인적인 동기와 능력에 대해 확신을 준다. 셋째, 리더는 부하의 아이디어와 행동을 지지해 준다. 이러한 행동과의 교환관계에 따라 부하는 리더에게 만족할만한 성과를 제공하게 된다. 이러한 일대일 교환관계를 도식화하면 [그림 10-6]과 같다.

2.3 리더-구성원 교환관계의 질과 선행변수 및 결과변수

리더-구성원 교환관계의 질은 역할협상과정에서 결정되며, 일단 형성된 관계는 비교적 오래 지속된다. 역할협상과정에서 리더-구성원 교환관계의 질에 영향을 미칠 수 있는 선행변수는 다양하다. 예를 들면, 성격특성이나 개인적 특성의 유사성은 교환관계의 질을 결정하는 데 중요한 역할을 한다. 왜냐하면 리더와 구성원 간에 성격특성이 유사할수록 그들간에 교환관계가 형성될 가능성이 높기 때문이다.[7] 또한 구성원의 능력이나 자신감, 신뢰, 또는 동기부여의 정도는 교환관계의 질에 영향을 준다. 왜냐하면 리더는 주어진 시간내에 일을 완수해야 하기 때문이다.[8] 그 외에도 내집단구성원이 되기 위해서는 구성원자신이 리더와 함께 자신의 확대된 역할책임에 대해 열중해야 한다.[9] 즉, 리더는 만족할 만한 성과를 얻어낼 수 있는 구성원에게 리더십행동을 제공할 것이고 그 대가로 만족할만한 성과를 얻을 것이다. 반면에 만족할만한 성과를 얻어낼 수 없는 구성원에게는 단순히 감독의 역할만을 수행할 것이고 기본적으로 정해진 정도의 성과만을 얻게 될 것이다. 이것이 바로 리더와 부하의 교환관계이며, 이러한 교환관계는 상호의무에 기초하고 있다.[10]

리더-구성원 교환관계의 질은 리더십 효과성과 관련이 있다. 리더-구성원 교환이론에 관한 25년 간의 연구를 추적한 결과, 내집단구성원들과 같이 높은 질의 리더-구성원 교환관계는 외집단구성원들과 같이 낮은 질의 리더-구성원 교환관계에 비해 더 높은 성과, 더 높은 직무만족도, 더 높은 조직몰입도, 더 낮은 이직의도, 더 빠른 경력상승 등을 초래한다는 것을 발견하였다.[11] 그 후에도 많은 연구들은 리더-구성원 교환관계의 질이 결과변수에 영향을 미친다는 것을 입증하고 있다. 예를 들면, 라이덴 등과 웨인 등은 리더-구성원 교환관계의 질이 높은 구성원은 그렇지 않은 구성원에 비해 조직몰입도가 높다는 것을 입증하였다. 또한 세톤 등과 웨인 등은 리더-구성원 교환관계의 질이 부하성과에 대한 리더의 평가에 정(+)의 영향을 미친다는 것을 보여 주었다.

일반적으로 많이 사용되는 리더십 효과성 변수이외에 바수는 리더-구성원 교환관계와 혁신행동 간의 관계를 연구하였다. 그는 교환관계의 질이 높게 형성된 리더와 부하의 관계에서 혁신행동이 더 높게 나타난다는 것을 보여 주었다. 또한 스코트와 브루스도 R&D 조직에서 리더-구성원 교환관계의 질이 부하의 혁신행동에 영향을 미친다는 것을 입증하였다. 리더-구성원 교환관계의 질과 역할외행동인 조직시민행동 간의 관계에 관한 연구도 있다. 예를 들면, 웨인과 그린은 감독자와 부하간의 교환관계의 질이 이타주의 행동에 정(+)의 영향을 미친다는 것을 입증하였다. 또한 세톤 등도 리더-구성원 교환관계의 질이 조직시민행동과정(+)의 관계가 있음을 입증하였다. 리더-구성원 교환관계의 질을 측정하기 위해 가장 일반적으로 사용되는 도구는 스칸두라와 그랜가가 개발한 LMX-7이며, 실제로 많은 연구들이 이 측정도구를 사용하고 있다.[12]

03 리더-구성원 교환관계차별화

3.1 리더-구성원 교환관계차별화의 개념과 특징

(1) 리더-구성원 교환관계의 한계와 리더-구성원 교환관계차별화의 필요성

리더-구성원 교환관계의 연구에서 높은 질의 리더-구성원 교환관계가 직무태도나 성과와 같은 조직에 유익한 결과와 관련되어 있음이 일관되게 증명되고 있다.[13] 그러나 효과적인 리더는 한정된 자원으로 인해 모든 부하와 높은 질의 교환관계를 형성할 수는 없다는 것이 리더-구성원 교환관계의 전제이다. 이는 리더는 자신의 부하들과 각각 다른 관계를 형성한다는 것을 의미한다.[14] 따라서 리더가 구성원들과 차별적으로 관계를 갖는 것은 일부구성원과 보다 높은 질의 리더-구성원 교환관계를 형성함으로써 따라오는 자연스러운 부산물인 것이다.

또한 리더-구성원 교환관계이론은 집단내 차별화된 교환 및 관계에 중점을 두고 있기 때문에 이론자체가 본질적으로 다중수준의 접근을 요구한다. 하지만 리더-구성원 교환관계차별화가 리더-구성원 교환관계의 근본적인 가정임에도 불구하고 리더-구성원 교환관계의 연구는 내집단과 외집단의 이분법적인 접근에 한하였다. 이는 구성원에 태도나 성과에 영향을 미치는 리더의 차별적인 역할을 강조한 접근이다. 따라서 리더-구성원 교환관계의 연구는 리더와 개별구성원 간의 상호작용에 중점을 두고 이루어 졌다.[15] 특히 초기의 리더-구성원 교환관계 연구에 의하면 리더-구성원 교환관계의 분석수준은 집단수준이 아닌 리더와 구성원 간의 관계에 집중하는 수직쌍대로 접근하는 것이 적절하다고 명시되어 있었기 때문이다.[16] 그러나 이러한 주장은 광범위한 조직내 환경을 고려하지 못한다는 비판을 받았다. 또한 이러한 개인수준의 접근은 집단내 구성원들에 대한 리더의 차별적 관계가 집단내 활동에 어떠한 영향을 미치는지에 대한 설명을 하고자 한 리더-구성원 교환관계 본래의 연구목적에는 부합되지 않는다.[17)] 이러한 한계점을 극복하기 위해 최근에는 리더와 구성원이 속한 집단의 맥락에서 리더-구성원 교환관계의 형성과정을 살펴야 한다는 다수준접근에 대한 필요성이 제기되고 있다.

(2) 리더-구성원 교환관계차별화의 개념

리더-구성원 교환관계이론은 평균적 리더십스타일 접근방식의 대안으로 제시되었다. 리더의 행동에 대한 부하의 인식사이의 차이는 오류가 아니라 유효하다는 주장에서 비롯되었다. 리더는 부하와 상호의무에 기초한 교환관계를 형성하는데 부하에 따라 차별적으로 관계를 형성한다. 이에 더 높은 질의 리더-구성원 교환관계를 형성하는 구성원들을 내집단, 낮은 리더-구성원 교환관계를 형성하는 구성원들을 외집단이라고 한다. 이렇듯 리더-구성원 교환관계의 형성에 따라 내집단과 외집단이 형성되면 내집단과 외집단 간의 차이가 발생하게 된다. 이를 리더-구성원 교환관계차별화(LMX differentiation)라고 한다.

리더-구성원 교환관계차별화는 리더가 구성원들과 각기 다른 질의 교환관계를 형성하는 과정으로 정의할 수 있다. 리더는 제한된 시간과 자원을 보다 효율

그림 10-7 리더-구성원 교환관계차별화

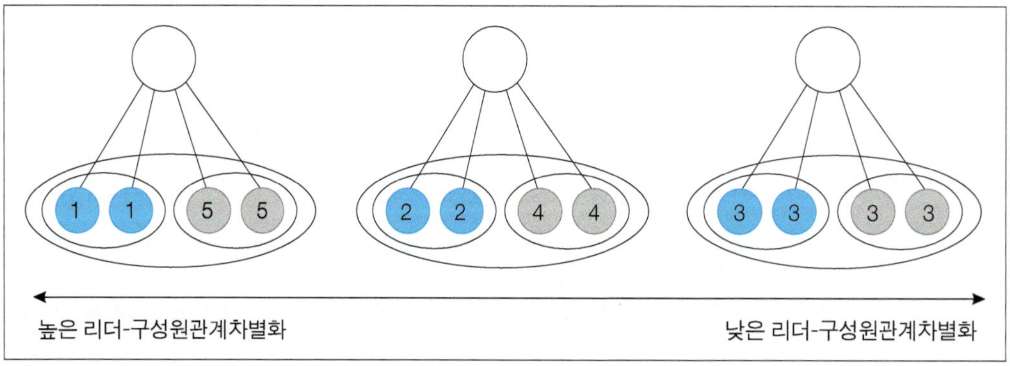

적으로 활용하고자하기 때문에 리더–구성원 교환관계형성에 있어 구성원 간에 차이를 발생시킬 수밖에 없다. 차별적인 지원의 분배는 구성원이 조직에 차별적인 기여를 지원할 수 있기 때문이다.

리더–구성원 교환관계차별화는 리더와 구성원 간에 발생하는 역동적이고 상호적인 교환의 결과이며 이는 집단내에서 서로 다르게 나타날 수 있다. 그랜과 울비엔은 리더–구성원 교환관계차별화를 리더가 집단내에서 구성원과 각기 다른 질의 리더–구성원 교환관계를 형성하는 것으로 설명하였다.[18] 리더–구성원 교환관계차별화는 최소수준에서 최대수준까지 차별적으로 형성할 수 있는 것으로 간주할 수 있다. 여기서 최소수준이란 낮은 리더–구성원 교환관계차별화, 즉 리더가 모든 구성원과 유사한 관계의 질을 형성한다는 것을 의미한다. 최대수준이란 높은 리더–구성원 교환관계차별화, 즉 리더가 매우 높은 관계의 질을 갖는 내집단과 매우 낮은 관계의 질을 갖는 외집단을 형성한다는 것을 의미한다.[19] 이러한 차별화정도는 개인이 집단내 사회적 교환관계에 대해 어떻게 해석하고 반응하는지에 영향을 미친다.[20]

리더–구성원 교환관계차별화를 측정하는 방법으로 대부분의 연구는 각 집단에 대해서 구성원들의 리더–구성원 교환관계점수의 편차(분산)를 구하여 집단변수로 나타낸다.[21] 즉, 집단내 리더–구성원 교환관계의 편차가 클수록 그 집단은 리더와 구성원들 간에 교환관계가 다양한 수준으로 형성되어 있다고 볼 수 있다.

(3) 리더–구성원 교환관계차별화의 특징

리더–구성원 교환관계차별화는 리더–구성원 교환관계의 질이 집단내에서 다양해지는 정도를 의미한다. 리더–구성원 교환관계차별화는 리더의 전략적인 이유가 아니라 구성원과의 관계를 발전시키기 위한 노력의 결과에 의한 것이라고 하였다.[22] 리더–구성원 교환관계차별화 정도에 따른 특징은 다음과 같다.

낮은 리더–구성원 교환관계차별화는 집단내 구성원 간의 유사한 수준의 관계를 질을 갖는 경우를 말한다. 낮은 리더–구성원 교환관계차별화는 동기부여의 부재와 자원의 비효율적인 분배로 인해 집단성과에 대한 구성원 다양성에 의한 잠재적인 부가가치를 창출하는데 방해요소로 작용할 수 있다. 그러나 다른 측면으로 살펴보면 유사한 수준의 관계는 집단적 공정성으로 인식되어 리더가 집단을 대하는 태도로 받아들여지기도 한다. 이는 리더-구성원 교환관계차별화가 낮은 집단은 구성원들 간의 리더-구성원 교환관계수준을 상대적으로 덜 비교하며, 집단내 구성원 간의 관계를 긍정적인 연대감을 형성해주며 운명공동체로써 집단의 공동의 목표와 성과달성을 위해 구성원 간에 협조하며 적극적으로 참여하도록 하는 경향을 나타낸다는 것을 의미한다.

반면 리더-구성원 교환관계차별화가 높은 집단에서는 구성원 자신의 리더-구성원 교환관계수준이 다른 구성원들의 리더-구성원 교환관계수준과 더 많이 비교하게 되고 이에 대해 민감하게 반응할 것이다.[23] 리더-구성원 교환관계차별화가 높은 집단은 내집단과 외집단 간의 차이가 극명하게 분리되기 때문이다. 차별화를 함으로써 리더는 구성원들에게 더 효율적으로 자원을 분배하고 업무를 효과적으로 수행하기 위한 명확한 역할을 제시하게 되면 구성원들은 고유한 역량을 발휘하여 보다 높은 수준의 성과를 달성할 수 있게 된다. 이는 자원기반의 원칙에 따라 자원의 불균형이 더 유능한 구성원에게 더 많은 자원을 제공함으로써 집단의 생산성을 향상시킬 수 있기 때문에 리더가 자원을 효율적으로 배분하는 것이 바람직하다고 할 수 있다.[24] 그러나 리더-구성원 교환관계차별화가 높은 집단은 자원분배의 극단적인 불균형을 초래할 수 있으며 특히 낮은 질의 리더-구성원 교환관계를 형성하고 있는 구성원들은 한정적인 자원이나 지원에 의한 불평등을 경험하게 될 것이다. 또한 내집단과의 극명한 비교로 상대적 박탈감을 느낄 수 있고 이에 따른 집단내 갈등, 심리적 긴장, 무기력감이나 소외감에 의해 직무태도나 성과에 부정적인 영향을 미칠 수 있다.[25]

이처럼 리더-구성원 교환관계차별화는 구성원의 인식과 상황에 따라 다르게 작동되기 때문에 단순하게 차별화의 높고 낮음에 관심을 두지 않는다. 리더-구성원 교환관계차별화가 효과적으로 작동하기 위해서는 구성원들이 공정성을 인식해야만 한다. 어떠한 이유에서 차이가 발생한 것인지 보다 그러한 상황을 구성원이 인정할 수 있는 것인지가 더 중요하다는 의미이다. 구성원이 조직이 공정하다고 지각한다면 리더가 차별적인 리더-구성원 교환관계를 형성한다고 하더라도 조직의 규칙과 규범이 일관되게 적용될 것이라고 생각할 것이고, 리더의 차별적 행동이 구성원에 대한 편견, 자기이익이나 부정적 의도에 기인하지 않는다는 믿음으로 구성원이 리더가 공정하다고 지각한다면 이는 리더의 결정을 수용할 수 있는 근거로 받아들일 수 있을 것이기 때문이다.

이처럼 리더-구성원 교환관계차별화는 집단내의 내집단과 외집단 간의 차이가 아닌 구성원의 태도, 구성원 간의 상호작용, 집단내 개인으로서의 소속감, 충성도 등에 영향을 미칠 수 있는 잠재력과 같은 결과에 영향을 미칠 수 있으므로 다양한 연구가 이루어져야 할 것이다.

3.2 리더-구성원 교환관계차별화의 연구동향

리더-구성원 교환관계차별화에 대한 연구는 비교적 최근에서 이루어지고 있다. 헨더슨 등의[26] 연구에서 선행변수와 결과변수에 대한 제언을 제시하였지만 현재까지 미비한 실정이다. 특히 선행변수에 대한 연구는 거의 이루어지지 않은 실정이다. 리더-구성원 교환관계차별화의 효과에 대한 연구에서도 리더-구성원 교환관계차별화의 직접적인 효과가 대부분 유의하지 않았기 때문에 연구자들은 리더-구성원 교환관계차별화가 구성원에게 직접적인 영향을 미치지 못한다고 보고 있다.[27] 다만 후퍼와 마틴의[28] 연구에서 높은 리더-구성원 교환관계차별화는 집단내 갈등을 야기하고 이에 따라 구성원들에게 부정적인 영향을 미칠 것이라 보고 관계적 팀갈등이 리더-구성원 교환관계차별화와 구성원의 직무만족과 웰빙 간의 부정적인 영향관계를 매개하는 모형을 검증하였다.

앞선 선행연구결과에 의해 리더-구성원 교환관계차별화가 다른 변수와의 상호작용을 통해 영향을 미칠 수 있다고 제안되었다. 리더-구성원 교환관계차별화는 리더-구성원 교환관계와의 상호작용을 통하여 구성원에게 영향을 미친다고 결론을 내렸다.[29] 최근에는 집단의 특성을 반영한 집단내 리더-구성원 교환관계와 리더-구성원 교환관계차별화의 상호작용 효과를 통한 리더와 구성원 간의 차별적인 교환관계로 접근하고 있다.[30] 하지만 일관된 관계가 증명되지 않고 있는 실정이다. 추가적으로 조직의 공정성 풍토 또는 공정성 지각여부에 따라 리더-구성원 교환관계차별화의 효과에 대한 연구가 진행되고 있다. 다수의 연구에서 공정성에 따라 리더-구성원 교환관계차별화의 효과가 달라진다는 사실을 검증하였다.[31]

(1) 리더-구성원 교환관계차별화의 성과 간의 관계

리더-구성원 교환관계차별화와 성과 간의 관계는 명확한 결론을 도출하지 못하였다. 다만 리더-구성원 교환관계차별화는 개인성과와 집단성과에 영향을 미치는 것으로 파악되고 있다. 개인성과에 대한 영향에 대해서는 다음과 같다. 울비엔 등[32]은 리더가 각기 다른 수준의 자원과 지원을 집단내 구성원에게 차별적으로 제공할 때 발생하는 불공정성 인식으로 인해 구성원들이 부정적인 반응을 보일 수 있다고 하였다. 이러한 차별적 대우는 리더의 의도에 대한 전반적인 신뢰수준을 훼손하고 향후 발생할 상황에 대한 공정성에 대한 기대도 저하될 수 있다는 것이다. 특히 공정성을 잃은 리더가 높은 리더-구성원 교환관계차별화를 한다고 구성원이 인식하게 되면 그들은 조직 혹은 집단을 위해 노력을 하지 않고 낮은 수준의 성과로 반응할 것이다. 반면에 개인 간 자본에 프리미엄이 붙는 개인주의사회에서 집단내 구성원은 구성원 간의 차별화를 하는 리더를 원하기도 한다. 시아스와 자블린[33]은 집단에서 각 구성원의 기여도 다르므로 집단내 구성원에게 동일한 수준의 관계를 형성하는 리더에게 실망할 수 있고 하였다. 또한 차별화된 리더는 개인의 높은 성과를 달성하는데 도움을 줄 수 있을 것이다. 어렵고 복잡한 과제는 유능한 구성원에게 할당하고 일상적인 과업의 경우 그렇지 않은 구성원에게 할당하는 것이 차별적이지만 개인의 능력을 향상시킬 수 있고 이에 따라 개인성과도 높일 수 있다는 것이다.

집단성과에 대한 영향에 대해서는 다음과 같다. 스토딜[34]은 집단이 성공적인 업무수행을 하기 위해서는 업무를 세분화하여 공동의 목적을 달성하는데 가장 효과적인 접근을 할 수 있도록 구성원들의 역할을 차별적으로 제시해야한다고 주장했다. 차별화된 역할구조는 구성원들로 하여금 자신이 맡은 역할이 분명할수록 명확한 목표로 인식되고 이는 집단성과를 촉진시키는데 도움이 될 수 있다. 리더가 구성원들과의 관계에 있어 선택적인 지원을 함으로써 효과를 얻을 수 있기 때문에 명확한 역할구분은 집단성과에 긍정적인 영향을 미칠 수 있다는 것이다. 하지만 리더-구성원 교환관계차별화가 자신의 역할을 수용하고 협력을 촉진하는 대신 오히려 업무상에서 노력을 줄이고 관망을 초래할 수도 있다. 리더-구성원 교환관계의 차이는 결국 집단내 계층구조를 만들고 성과와 보상에도 격차가 나타날 수밖에 없기 때문에 낮은 질의 관계를 형성한 구성원들은 집단에 대한 자신의 기여도에 연연하지 않을 것이다. 오히려 성과를 저해하는 경향을 보일 수도 있을 것이다. 예로 메이저리그야구 통계에서 임금격차가 높은 팀이 격차가 낮은 팀에 비해 팀 성과가 낮아지는 경향이 나타나기도 하였다.[35]

04 리더-구성원 교환관계의 활용과 미래연구

리더와 부하간의 관계에서 높은 질의 교환관계는 상호 호혜성의 기대감을 수반하는 긍정적인 정서적 유대를 통해 상호신뢰, 존중, 충성심을 얻으면서 단순한 거래적 교환에서 사회적 교환으로 발전한 것이다.[36] 사회적 교환은 상호간 신뢰를 바탕으로 유지되며, 물질적 보상뿐 아니라 심리적 보상도 포함한다. 이러한 사회적 교환관계는 단순히 상호간 계약의 의무를 이행하고 규정된 공식적인 역할만을 수행하는 단계에서 시작하여 구성원이 리더의 요구를 수용하고 리더가 구성원의 역할을 인정하는 과정을 거치면서 형성된다. 리더와 구성원간 정보와 자원을 교환하고 상호신뢰와 존중을 바탕으로 자신에게 주어진 역할 이외에 조직에 도움이 되는 행동을 자발적으로 수행하면서 보다 성숙된 사회적 교환관계로 발전해 나가는 것이다. 이를 통해 리더십이 효과적으로 발휘되고 조직성과에 긍정적으로 기여하게 된다.[37)] 따라서 리더는 단지 소수의 구성원들만이 아닌 모든 구성원들과 높은 질의 교환관계를 개발함으로써 그 효과를 높일 수 있을 것이다.

(1) 리더십만들기

리더가 구성원들과 높은 질의 교환관계를 개발함으로써 리더십 효과성을 높일 수 있다는 관점에서 그랜과 울비엔은 리더십의 처방적 접근법(prescription approach)으로서 '리더십만들기'를 제안하였다. '리더십만들기'는 파트너십구축을 촉진하고 그 파트너십 속에서 집단내 모든 구성원들과 효과적인 일대일관계를 구축하는 것이다. 그럼으로써 모든 구성원들이 스스로를 내집단으로 느끼도록 하고 외집단의 부정적 문제를 없앨 수 있다. 한 걸음 더 나아가 '리더십만들기'가 시사하고 있는 점은 리더들이 조직전체에 걸쳐 '파트너십 연결망'을 만들고 그렇게 되면 조직의 목표달성뿐 아니라 자신들의 경력성장에도 도움이 된다는 것이다.

그랜과 울비엔에 따르면, '리더십만들기'는 시간의 경과에 따라 세 단계를 거쳐 발전해 나간다. 세 단계는 [그림 10-8]에서 보는 바와 같이 ① 낯선단계(the stranger phase), ② 면식단계(the acquaintance phase), ③ 성숙한 파트너십단계(the mature partnership phase)로 구성되어 있다.

첫째, 낯선단계에서는 리더와 부하간의 일대일 상호작용이 일반적으로 공식적

그림 10-8 리더십만들기의 단계[38)]

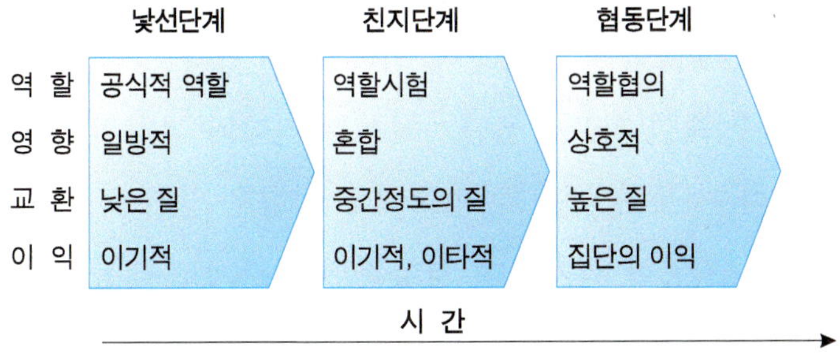

인 규칙의 한계내에서 이루어지고 공식적인 계약관계에 크게 의존한다. 리더와 부하의 상호작용은 미리 규정된 조직상의 역할범위내에서 이루어진다. 따라서 그들은 낮은 질의 교환관계를 가지게 되며, 이는 앞에서 논의한 외집단관계와 유사하다. 이 단계에서 부하들은 리더의 통제하에 있는 경제적 보상을 얻을 목적으로 조직계층상의 공식적 리더에게 복종하게 된다. 낯선단계에서 부하들의 동기는 집단의 이익보다는 개인의 이익추구에 있다.[39)]

둘째, 면식단계는 리더나 부하가 경력지향적이고 사교적인 교환관계의 개선을 위하여 정보의 제공으로 시작한다. 여기에는 개인에 관한 정보나 작업에 관한 정보를 서로 공유하는 일 등이 포함된다. 그리고 이 단계는 리더와 부하 양쪽이 서로간의 관계를 시험하는 기간으로서, 리더는 부하가 더 많은 역할이나 책임을 맡는 데 관심이 있는지를 시험해보고 또한 부하는 리더가 기꺼이 부하에게 새롭고 도전적인 일을 맡기려고 하는지를 시험해 본다. 이 기간동안에 리더와 부하간의 일대일관계는 직무기술서에 명시된 역할에 따라 엄격하게 규제되는 상호작용으로부터 새로운 방식의 상호작용으로 변화된다. 이 단계에서는 상호간 교환관계의 질이 전 단계보다 향상된다. 면식단계에서 성공적인 일대일관계가 형성되면 서로간에 보다 더 많은 신뢰와 존중의 관계로 발전하기 시작한다. 그리고 그들의 동기는 개인의 이익추구뿐 아니라 집단의 목표를 추구하는 경향으로 나타난다.

셋째, 성숙한 파트너십단계는 높은 질의 리더-구성원 교환관계로 특징지울 수 있다. 리더-구성원관계가 이 단계까지 진전되면 그들은 고도의 상호신뢰와 존중, 그리고 서로간에 의무감같은 것을 경험하게 된다. 그들은 이미 그들의 관계를 시험하였고 그들이 서로간에 의존할 수 있다는 사실을 알게 되었기 때문이다. 따라서 성숙한 파트너십단계에서는 리더와 부하간에 고도의 상호 파트너십이 형성되며, 서로 영향을 주기도 하고 영향을 받기도 한다. 좋은 리더와 부하들간의 관계는 평등한 관계이며 영향과 통제관계도 대등하게 균형잡혀있다. 예를 들어, 리더는 추가적 과업을 수행하기 위해 부하들에게 의존하게 되고 부하들은 필요한 지원과 격려를 위해 리더에게 의존하게 된다. 즉, 리더와 부하들은 계층적으로 명시된 전통적인 작업관계를 벗어나 생산적인 방식으로 서로간의 연결관계를 맺고 있다는 것이다. 따라서 리더와 부하들은 자신들을 위해서뿐 아니라 조직을 위해서 긍정적 결과를 낳게 하는 매우 효과적인 파트너십을 개발해 나가야 한다.

(2) 리더-구성원 교환관계에 관한 연구의 전개방향

그랜과 울비엔은 지금까지의 리더-구성원 교환관계에 관한 연구가 전개되어 온 과정을 〈표 10-1〉에서와 같이 4단계로 구분하여 제시하고 있다. 수직적 쌍대이론이 등장하고 리더-구성원 교환관계이론으로 명칭이 바뀌면서 많은 연구가 이루어져 왔지만, 향후연구에서는 세 번째 단계인 리더만들기와 네 번째 단계인 팀수준의 네트워킹에 대한 관심의 증대가 필요하다고 제안하였다.

표 10-1 리더-구성원 교환관계에 관한 연구의 전개과정

구 분	이 론	연구초점	주요 연구자
1단계	수직적 쌍대이론 단계	리더와 구성원 간의 차별화된 쌍대관계성(dyads)을 밝히려는 연구	Graen & Cashman(1975) Dansereau, Graen, & Haga(1975) Graen & Schiemann(1978)
2단계	리더-구성원 교환관계 단계	리더-멤버 교환관계와 결과변수와의 관련성을 탐색하려는 연구	Graen, Liden, & Hoel(1982) Graen, Novak, & Sommerkamp(1982) Scandura & Graen(1984)
3단계	리더십만들기 (LM) 단계	리더와 구성원 간의 시간적 흐름에 따른 일대일 동반자적 관계구축에 관한 연구	Graen & Uhl-Bien(1995) Uhl-Bien & Graen(1993)
4단계	팀만들기 역량 네트워크 (Team-making Competence network) 단계	차별화된 일대일관계를 집단과 조직 네트워크수준에서 어떻게 고도의 기능적인 팀들로 형성하여 통합할 것인가 하는 연구	Bell(1990) Ibarna(1994)

자가진단 LMX7 설문지

이 설문지는 귀하에게 귀하와 귀하의 리더와의 관계 혹은 귀하와 귀하의 부하들 중의 한 사람과의 관계를 묻고 있는 문항들을 담고 있습니다. 각 문항마다 그 밑에 그 같은 관계의 정도를 나타내는 숫자가 기록되어 있습니다. 귀하의 경우를 잘 나타내고 있는 숫자 위에 ○표 하여 주십시오.

1. 귀하는 귀하의 리더(부하)와의 관계가 어떻습니까? 귀하의 리더(부하)는 귀하가 하는 일에 대해 어느 정도로 만족하고 있다고 생각하십니까?

거의 만족하지 않는다	때때로 만족해 한다	자주 만족해 한다	꽤 자주 만족해 한다	매우 자주 만족해 한다
1	2	3	4	5

2. 귀하의 리더(부하)는 귀하의 직무상의 문제점이나 직무상의 필요를 어느 정도로 잘 이해하고 있습니까?

거의 만족하지 않는다	때때로 만족해 한다	자주 만족해 한다	꽤 자주 만족해 한다	매우 자주 만족해 한다
1	2	3	4	5

3. 귀하의 리더(부하)는 귀하의 잠재능력을 어느 정도로 잘 인식하고 있습니까?

거의 만족하지 않는다	때때로 만족해 한다	자주 만족해 한다	꽤 자주 만족해 한다	매우 자주 만족해 한다
1	2	3	4	5

4. 직무에 부여된 공식권한과는 상관없이 귀하의 리더(부하)는 그의(그녀의) 권력(영향력)을 이용하여 귀하를 도와 작업상의 문제를 해결해 줄 가능성은 어느 정도입니까?

거의 만족하지 않는다	때때로 만족해 한다	자주 만족해 한다	꽤 자주 만족해 한다	매우 자주 만족해 한다
1	2	3	4	5

5. 귀하의 리더(부하)가 가지고 있는 공식적 권한과는 상관없이 귀하의 리더(부하)가 자신의 희생을 무릅쓰고 귀하를 어려운 처지에서 구해내 줄 가능성은 어느 정도인가?

거의 만족하지 않는다	때때로 만족해 한다	자주 만족해 한다	꽤 자주 만족해 한다	매우 자주 만족해 한다
1	2	3	4	5

6. 나는 나의 리더(부하)를 충분히 신뢰하고 있기 때문에 그(그녀)의 결정을 옹호하고 정당하다고 인정할 것이다.

거의 만족하지 않는다	때때로 만족해 한다	자주 만족해 한다	꽤 자주 만족해 한다	매우 자주 만족해 한다
1	2	3	4	5

7. 귀하의 리더(부하)와의 작업상의 관계는 어떻다고 말할 수 있습니까?

거의 만족하지 않는다	때때로 만족해 한다	자주 만족해 한다	꽤 자주 만족해 한다	매우 자주 만족해 한다
1	2	3	4	5

■ 채점방법

LMX7에서 얻은 점수는 다음 지침을 사용하여 해석하면 된다.

- 매우 높음 = 30 ~ 35
- 높음 = 25 ~ 29
- 중간 정도 = 20 ~ 24
- 낮음 = 15 ~ 19
- 매우 낮음 = 7 ~ 14

높은 범주의 점수는 보다 강하고 보다 높은 질의 리더-구성원 교환관계를 나타내며(내집단구성원들), 반면에 낮은 범주의 점수는 낮은 질의 교환관계를 나타낸다(외집단구성원).

제3부 영감적, 도덕적 리더십이론

제1부 조직과 리더십의 기초개념

- 제1장 조직과 조직관리의 이해
- 제2장 리더십의 개념과 본질
- 제3장 권력과 관리자의 역활
- 제4장 리더십과 동기부여
- 제5장 리더십과 대인간 의사소통

제2부 전통적 리더십이론

- 제6장 리더십 특성이론
- 제7장 리더십 행동이론
- 제8장 상황이론
- 제9장 참여적 리더십과 위임
- 제10장 리더구성원 교환관계 이론

신조이론

제3부 영감적, 도덕적 리더십이론

- 제11장 카리스마 리더십이론
- 제12장 변혁적 리더십
- 제13장 서번트 리더십
- 제14장 진성 리더십

제4부 자율통제와 리더십

- 제15장 셀프, 수퍼리더십
- 제16장 임파워먼트 리더십
- 제17장 리더십개발과 실천

제11장 카리스마 리더십이론

대부분의 경우 카리스마 리더십에 대한 연구의 출발점은 1947년 베버의 사회에서 지배의 원천에 관한 아이디어에 있다. 그는 사회에서 지배의 원천인 합법적 권한의 한 가지 형태로 카리스마를 제시하였다. 그 후 카리스마는 정치학이나 사회학에서 국가나 사회를 이끄는 리더십을 중심으로 연구되다가 1970년대 중반 이후 경영학분야에서도 연구되기 시작하였다. 카리스마 리더십이론은 기본적으로 카리스마 리더의 특성이나 행동, 그리고 그 효과에 초점을 맞추고 있다. 그럼에도 불구하고 학자들간에는 카리스마의 개념적 정의와 그것의 영향력 과정에서 강조하는 측면에 다소 차이가 있다. 몇 가지 다른 관점의 카리스마 리더십을 설명하기에 앞서 그것의 기초가 될 수 있는 카리스마의 개념에 대해 살펴보고자 한다.

01 카리스마의 개념

1.1 베버의 카리스마

베버에 따르면, 사람들은 누군가의 지시를 따르는 것이 의무라고 느끼게 되어 복종하게 되는데, 이와 같이 어떤 지시가 복종될 가능성을 지배(domination)라고 한다. 그리고 이러한 지배의 핵심적인 원천이 권한(authority)인데, 권한은 보편적인 가치체계를 지닌 사람들이 그것의 사용을 합법적으로 허락할 때 발생하게 된다. 즉, 조직구성원들의 권한이 올바르게 사용된다는 믿음을 공유하거나 그것에 대한 판단을 유보하면서 자발적으로 복종하고자 할 때, 구성원들이 공유하는 보편적 가치체계는 권한사용의 기반을 제공해 준다고 볼 수 있다. 베버는 이와 같이 권한이 합법화되는 세 가지 원천으로 전통적 권한(traditional authority), 법적·합리적 권한(legal-rational authority), 그리고 카리스마 권한(charismatic authority)을 제시하였다.

① 전통적 권한

사회의 구성원들이 현재의 사회질서가 신성하고, 따라서 그 질서를 위반해서는 안 된다는 믿음에 기초한 권한을 의미한다. 관습이나 역사적 또는 문화적 유산에 근거한 권한으로 중세 유럽의 영주나 왕권의 세습 또는 연장자의 지배 등이 여기에 속한다.

② 법적 · 합리적 권한

사회의 구성원들이 법, 제도, 계약 등 공식적 규범의 신성성에 대한 믿음에 기초한 권한을 의미한다. 선거 등으로 뽑힌 대통령이나 시장 또는 조직의 공식적 직위를 부여받은 장 등이 여기에 속한다. 베버는 이러한 권한의 구체적 유형이 관료제라고 주장하였다.

③ 카리스마적 권한

사회의 구성원들이 어떤 개인의 비범하고 초인간적인 힘이나 영웅적인 힘에 대한 애착에 기초한 권한을 의미한다. 여기서 카리스마는 기적을 행하거나 미래의 사건을 예언할 수 있는 능력과 같이 '하늘이 내려 주신 재능'이라고 정의한다. 카리스마적 영웅의 권한은 구축된 질서로부터 나오는 것이 아니라 자신의 권력을 실제로 행사해야만 얻을 수 있는 것이다. 카리스마 리더의 신성한 미션은 그 자체로 그를 따르는 구성원들에게 복지를 제공해야 한다. 만일 그것이 잘 되지 않으면, 그 사람은 분명히 하늘이 보낸 마스터가 아니다. 카리스마적 권한은 비범한 자질을 부여받았다는 리더에 대한 부하의 인식에 바탕을 두고 있기 때문에, 이에 대한 구성원들의 믿음을 유지해야 하며, 이를 위해 자신의 카리스마를 계속 입증해야 한다. 구성원들은 복지를 제공하는 리더의 재능이 진짜인지를 식별하고 자신들에 대한 리더의 권한을 인정한다.

베버는 전통적 권한과 법적 · 합리적 권한을 인간의 자유의지와 창의성, 그리고 감성 등을 억제하는 주 원천으로 인식하고 이에 대항하는 다른 형태의 권한으로 카리스마적 권한을 제시하였다. 즉, 전통적 권한과 법적 · 합리적 권한은 사회에 대하여 강한 지배력을 갖는 반면, 카리스마적 권한은 변화를 주도하는 잠재적 힘을 가지고 있다. 카리스마 리더는 반관료제적으로 공식적인 규칙이나 일상적 관리, 그리고 합리적인 경제행동을 거부한다. 또한 사회를 변혁시키는 혁명적 변화를 수반하기도 한다. 따라서 카리스마적 권한은 전환단계이며, 그것은 궁극적으로 전통적 권한이나 법적 · 합리적 권한으로 일상화된다.

1.2 에치오니의 카리스마

베버가 복종(obedience), 즉 사람들이 다른 사람의 지시에 왜 복종하는가에 관심을 가졌다면, 에치오니는 순응(compliance), 즉, 왜 사람들이 자발적으로 누군가에게 순응하는가에 연구의 초점을 두었다. 이러한 관점에서 에치오니는 카리스마를 '구성원들의 규범적 지향에 대하여 넓고 깊은 영향력을 행사할 수 있는 리더의 능력'으로 정의하고, 이러한 카리스마가 사람들을 타인에게 순응하게 만든다고 하였다.

베버는 사회에서의 지배원천에 대한 의문에서 출발하여 카리스마를 리더의 신성하고 영웅적인 재능으로 보았다. 반면에 에치오니는 규범적 조직에서의 자발적 순응에 대한 의문에서 카리스마에 대한 연구를 시작하여 카리스마의 관계적

(relational) 현상을 강조하였다. 즉 카리스마는 리더의 특성자체에 있는 것이 아니라 리더와 부하간의 관계에서 리더에 대한 부하의 반응에 의해 결정된다는 것이다. 이러한 에치오니의 관점에 의하면 '신뢰'가 중요한 이슈로 부각된다. 따라서 어떤 사람이 다른 사람들을 순응하도록 하기 위해서는 그 사람들이 자신을 신뢰할 수 있도록 지혜, 능력, 지식, 전문적 기술, 조직관리기술 등을 가지고 있어야 한다. 베버는 카리스마를 신성한 재능이라는 일반적 특징을 설명한 반면, 에치오니는 카리스마의 구체적인 특성을 제시하였다. 베버와 에치오니의 카리스마에 대한 접근을 비교하면 〈표 11-1〉과 같다.

〈표 11-1〉에서 보는 바와 같이, 베버와 에치오니의 카리스마에 대한 접근은 유사한 부분도 있지만, 많은 부분에서 차이를 보이고 있다. 유사한 부분은 카리스마가 출현하는 상황에 대한 인식으로 베버와 에치오니 모두 위기상황에서 카리스마가 출현한다고 보았다. 특히 에치오니는 위기상황에서 카리스마가 출현하게 되는 이유를 설명하였는데, 위기상황에서 부하들은 그 상황을 타개할 능력이 있다고 자신들이 신뢰하는 리더를 갈망하게 되고 그러한 상황에서 카리스마 리더가 출현하기 쉽다는 것이다.

베버와 에치오니의 카리스마에 대한 접근은 많은 부분에서 서로 차이를 보이지만, 그중 가장 분명한 차이를 보이는 부분은 카리스마에 대한 관점에 있다. 베

표 11-1 베버와 에치오니의 카리스마에 대한 접근[1)]

구분	베버	에치오니
부하의 반응	복종	순응
분석의 수준	사회, 사회변혁	조직, 조직에서의 순응
카리스마 특성	신이 부여한 능력, 신비적	지혜, 능력, 지식, 전문적 기술, 조직관리기술
카리스마 출현	위기	위기
카리스마에 대한 관점	리더 특성	관계
카리스마의 존재위치	사회(조직)체계의 상층부	상층부를 포함한 여러 직위

버는 카리스마를 일차적으로 리더자신에게서 찾고 있는 데 비해 에치오니는 카리스마를 관계에서 찾는다. 이러한 차이는 카리스마에 대한 연구의 초점을 다르게 만든다. 베버의 카리스마 연구는 리더중심이며, 따라서 식별가능한 리더의 특성에 집중하여 카리스마를 이해해야 한다. 반면에 에치오니의 카리스마연구는 관계중심이며, 따라서 카리스마의 이해는 리더만이 아닌 부하의 입장도 고려해야 한다. 아무리 리더가 카리스마적 특성을 가지고 있다고 하더라도 부하가 카리스마라고 인식하지 않으면 그 리더는 카리스마 리더가 될 수 없기 때문이다. 즉, 부하가 어떤 리더의 특성을 카리스마라고 지각하는 관계에서만 카리스마가 존재할 수 있으며, 또한 카리스마의 효과가 나타난다는 것이다.

베버와 에치오니의 카리스마에 대한 접근 중 또 다른 차이는 카리스마의 존재위치에 관한 것이다. 베버는 카리스마가 사회 또는 조직의 상층부에만 존재한다고 주장하였다. 반면에 에치오니는 카리스마가 조직의 상층부뿐 아니라 다양한 계층에서 발생할 수 있는데, 중요한 것은 조직의 계층이 아니라 카리스마가 출현될 수 있는 상황이라고 주장하였다.

02 카리스마 리더십이론

지난 20여 년 동안 여러 사회과학자들은 조직에서 카리스마 리더십에 대한 새로운 이론을 제시해 왔다. 이러한 네오 카리스마 이론은 베버의 카리스마 이론에서 출발하였지만, 그 초기개념과는 다르다. 베버의 카리스마 이론이 사회학적이고 상징적인 관점에 기초를 두고 있다면, 네오 카리스마 이론들은 심리학적 관점을 포함하고 있다. 즉, 카리스마 리더의 특성과 행동, 그리고 그것이 부하에게 영향을 미치는 심리학적 과정에 초점을 맞추고 있다. 네오 카리스마 리더십이론의 대표적인 학자로는 하우스, 콘거와 카눙고, 그리고 샤미르 등이 있다.[2)]

2.1 하우스의 카리스마 리더십이론

하우스는 현대조직에서 카리스마 리더십이 어떻게 나타나고 그 효과가 무엇인지를 설명하고 그것을 검증 가능한 명제로 제시하기 위해 심리학적 관점에서 카리스마 이론을 제시하였다. 이를 위해 카리스마를 하늘이 부여한 신비한 재능이라는 일반론적이고 포괄적 개념이 아닌 관찰가능한 특성 및 행동을 중심으로 설명하였다. 그는 카리스마와 비카리스마를 구별할 수 있는 특성과 행동이 있으며, 카리스마 리더는 그러한 특성과 행동을 바탕으로 구성원들에 대해 상당수준의 카리스마적 효과를 산출하는 리더십이라고 정의하였다. 다음에서는 카리스마 리더십의 효과와 이를 산출하는 데 필요한 리더의 특성 및 행동을 살펴보고자 한다.

(1) 카리스마 리더십의 효과

카리스마 리더십이란 일반적으로 리더가 구성원들에게 미치는 영향 또는 리더와 구성원들간 관계의 측면에서 설명된다. 따라서 카리스마적 효과도 그와 같은 측면에서 설명될 수 있다. 사회학적이고 정치적 관점에서 카리스마를 설명한 기존의 문헌을 검토하면서, 하우스는 자신의 카리스마 리더십이론의 검증에 종속변수로서 사용될 수 있는 카리스마 리더십의 효과를 제시하였다.[3)]

기존의 카리스마 리더십에 관한 문헌검토에 따르면, 카리스마 리더십의 효과는 몇 가지 특징을 가지고 있다. 첫째, 카리스마 리더십의 효과는 구성원들이 열성적으로 리더에 대해 의심하지 않고 복종하며, 충성하고, 몰입하며, 헌신하도록 동기부여시킨다는 점에서 계산적이라기보다는 감성적이다. 둘째, 카리스마 리더는 그것에 의해 구성원들이 리더의 가치관, 목표, 그리고 행동을 모방하는 동일시의 대상으로 간주된다. 따라서 카리스마 리더의 효과는 구성원들이 리더를 따라서 자신의 행동, 느낌, 그리고 인지를 모방하도록 하는 것이다. 셋째, 카리스마 리더는 상당히 높은 목표를 명확히 제시하고 자신에 대해 자신감을 표현할 뿐 아니라 구성원들의 능력에 대해서도 자신감을 표현함으로써 구성원들을 동기부여시킨다. 넷째, 카리스마 리더는 이미 구축된 질서와는 다른 믿음과 가치관에 의해 급진적 변화를 일으키는 변화대리인의 역할을 수행한다. 이러한 카리스마 리더십효과의 특징을 바탕으로, 하우스는 카리스마 리더십이론의 검증에서 종속변수로 사용할 수 있는 일차적인 목록을 〈표 11-2〉와 같이 제시하였다.

표 11-2 하우스의 카리스마 리더십의 효과[4)]

· 리더의 믿음이 옳다고 구성원들이 신뢰함
· 리더의 믿음과 같도록 구성원들의 믿음을 동화시킴
· 리더를 의심없이 수용함
· 리더에게 애정을 가짐
· 리더에 대해 기꺼이 복종함
· 리더와 동일시하고 모방함
· 구성원들이 미션에 정서적으로 몰두함
· 구성원들의 목표를 더 높임
· 구성원들이 미션을 달성하거나 미션달성에 공헌할 수 있을 것이라고 느낌

(2) 카리스마 리더십의 특성, 행동, 상황

카리스마 리더십이 카리스마적 효과를 산출하는 것이라면, 그러한 효과를 산출하는 리더의 특성이나 행동을 확인하는 것은 검증 가능한 리더십이론에 필수적이다. 베버에 따르면, 카리스마 리더는 어떤 예외적인 재능을 가지고 있어야 하며, 그것이 구성원들에게 실제로 행사되어 구성원들도 그 리더의 재능을 인지하여야 한다. 여기서 카리스마의 재능은 구체화되고 있지 않으며 정확하게 정의되지 않은 신비적인 자질로만 받아들여지고 있다. 실제로 이러한 재능은 리더의 특성과 행동, 구성원들의 특성, 그리고 상황적 요소의 아주 복잡한 상호작용일 것이다.

따라서 검증가능한 카리스마 리더십이론을 위해서는 카리스마적 효과를 산출하는 리더의 특성과 행동, 그리고 상황적 요인을 구별해 내는 것이 필요하다.

1) 카리스마 리더특성

하우스는 부하들에게 카리스마적 영향을 미치는 리더와 그렇지 않은 리더를 구별하는 네 가지 특성을 제시하였다. 이러한 카리스마 리더의 특성은 ① 남을 지배하는 우월성, ② 높은 자신감, ③ 자신의 신념의 도덕적 정당성에 대한 강한 확신, 그리고 ④ 영향을 미치고 싶어하는 욕구이다. 즉, 카리스마 리더는 우월감을 가지고 지배적이며, 자신감에 차있고, 다른 사람에게 영향을 미치려는 강한 욕구를 가지고 있으며, 자신의 신념이 도덕적으로 옳다는 강한 신념을 가지고 있다.

2) 카리스마 리더행동

카리스마 리더는 카리스마적 효과를 얻기 위해 부하들에게 독특한 방법으로 행동한다. 하우스는 부하들에게 카리스마적 영향을 미치기 위해 리더는 역할모델링, 이미지구축, 목표명료화, 높은 기대 및 자신감의 표현, 그리고 동기유발 행동을 한다고 하였다.

① 역할모델링

카리스마 리더는 구성원들이 받아들이기를 원하는 가치관과 신념의 확실한 역할모델이 된다. 역할모델링(role modeling)은 구성원들이 매진해야 할 가치관과 신념을 전달하는 행위이다. 만일 구성원들이 리더를 숭상하고 동일시한다면 구성원들은 리더의 가치체계를 모방하고 수용하며 이 과정을 통해 성과를 향상시킨다. 예를 들면, 간디는 대영제국의 기존질서에 대한 비폭력적 저항과 동포애를 역설하면서, 시민항쟁의 전형적인 비폭력의 역할모델이 되었다. 또한 단식을 하면서 다른 사람들이 제공하는 편의조차도 거부한 채 사회적 저항운동을 주도하면서 자기희생의 모범을 보였다.

② 이미지구축(image building)

카리스마 리더는 구성원들에게 유능한 사람으로 비추어지도록 행동한다. 즉 리더가 자신은 능력있고 성공을 거둘 수 있는 사람이라는 이미지를 구축함으로써 리더에 대해 호의적으로 지각하도록 하고 이를 통해 리더에 대한 신뢰, 충성심, 무조건적 수용, 그리고 자발적 복종 등을 이끌어 낼 수 있다.

③ 목표의 명확한 제시(goal articulation)

카리스마 리더는 도덕성을 내포하고 있는 이념적 목표를 구성원들이 알아들을 수 있도록 분명히 표현한다. 즉 리더는 미래에 대한 비전을 제시하고 구성원들이 수행해야 할 과업에 의미를 부여하는 등의 행동을 통해 카리스마적 효과를 얻을 수 있다. 마틴 루터 킹 목사의 연설중 '나는 꿈이 있습니다'라는 표현은 이러한 카리스마적 행동의 대표적인 사례라고 할 수 있다.

④ 높은 기대 및 신뢰의 표현(exhibiting high expectations and showing confidence)

카리스마 리더는 구성원들에게 높은 기대를 표시하고 그 기대에 부응할 수 있는 그들의 능력에 대해 강한 신뢰를 나타내 보인다. 그리고 구성원들 스스로가 해낼 수 있다는 강한 자신감을 갖도록 한다. 이러한 행동은 구성원들의 업무에 대한 자신감과 자기효능감을 증대시키며, 결국 성과향상으로 이어진다. 이와 같은 행동에 의해 구성원들은 리더가 제시한 도전적인 목표를 더 잘 수용하게 되며 리더의 높은 기대를 충족시키기 위해 더 많은 노력을 기울이게 된다. 또한 이와 같은 행동은 구성원들로 하여금 더 높은 성과목표를 설정하도록 만들며 그들의 자부심을 향상시킨다.

⑤ 동기유발행동(motive arousal leader behavior)

카리스마 리더는 부하들의 마음속에 내재되어 있는 협력, 권력 또는 자존감 등의 과업관련 동기요인을 자극한다. 예를 들면, 케네디 대통령은 "국가가 당신을 위해 무엇을 해 줄 것인가를 묻지말고, 당신이 국가를 위해 무엇을 할 것인지를 물으라"는 연설을 통해 미국민의 인간적 가치관에 호소하였다. 또한 집단의 미션을 달성하기 위해 구성원들의 성취, 권력, 친교욕구 등을 자극하는 행동은 도전적 목표에 대한 구성원들의 수용을 촉진하게 한다. 경쟁의식과 공격적인 행동을 필요로 하는 과업의 경우 구성원들의 권력욕구를 자극하고, 복잡한 과업과 도전적인 과업의 경우 성취욕구를 자극하며, 응집력과 동료간 협력을 요하는 과업의 경우 친교욕구를 자극한다. 그럼으로써 그 과업의 목표에 대한 구성원들의 수용성이 높아진다.

3) 카리스마 리더십의 사회적 상황

하우스도 베버와 마찬가지로 카리스마 리더십의 효과가 더욱 커질 수 있는 상황을 제시하였다. 즉, 카리스마 리더십의 효과는 긴장이 심한상황(stressful situations) 또는 위기상황에 닥쳤을 때 그 효과가 더욱 커질 것이라고 주장하였다. 왜냐하면 어렵고 곤혹스런 상황에서 구성원들은 리더가 그 어려움으로부터 자신들을 구해주길 바라게 될 것이기 때문이다. 이와 같이 긴장이 심하고 위기인 상황은 집단이나 조직이 심각한 곤경에 처할 때, 생존과 번영을 보장하기 위해 무엇을 해야

그림 11-1 하우스의 카리스마 리더십모델[5)]

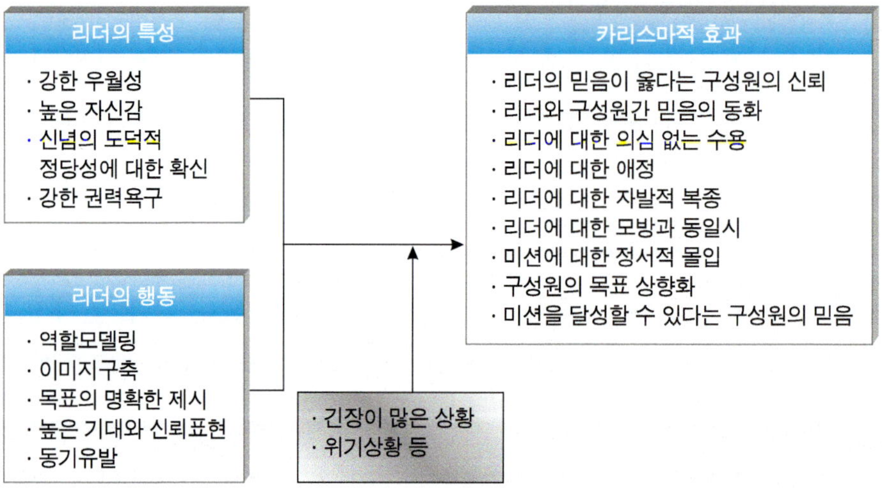

하는지가 모호할 때, 구성원들 사이에 상당한 불안이나 심지어 커다란 공포가 존재할 때 등의 다양한 형태로 표현될 수 있다.

하우스의 카리스마 리더십모델에서 제시하고 있는 카리스마 리더의 특성과 행동, 그리고 카리스마 리더가 출현할 가능성이 높은 상황, 그리고 카리스마의 효과 간의 관계는 [그림 11-1]과 같다.

2.2 콘거와 카눙고의 카리스마 리더십의 귀인이론

콘거와 카눙고는 카리스마 리더십이론이 활발하게 연구되지 못하는 이유를 체계적인 개념적 틀의 부재로 인식하고, 카리스마는 귀인현상이라는 아이디어를 바탕으로 체계적인 개념적 모델을 제시하였다. 귀인이란 어떤 사람의 행동에 대해 그 원인을 이해하고 찾으려는 것을 의미한다. 따라서 귀인이론적 관점에서 카리스마 리더십은 어떤 특정한 상황에서 리더의 행동을 관찰한 구성원들이 만든 귀인현상이다. 리더의 행동은 구성원들의 눈에 의해 그 리더를 카리스마 리더로 만들거나 또는 비카리스마 리더로 만드는 것이다. 구성원들이 만드는 귀인은 리더의 행동과 밀접히 관련되어 있다. 구성원들이 귀인의 기초를 형성하는 것이 리더의 행동이기 때문에 구성원들이 카리스마 귀인에 영향을 주는 행동이 곧 카리스마 리더십행동이 된다.

(1) 카리스마 리더십행동

구성원들이 카리스마를 리더에게 귀인시키는 것이 리더의 행동에 따라 달라진다면, 그러한 귀인에 영향을 주는 행동요소를 확인하는 것이 필요하다. 콘거와 카눙고는 〈표 11-3〉에서 보는 바와 같이 리더에게 카리스마로 귀인되도록 하는 행동요소와 비카리스마로 귀인되도록 하는 행동요소를 구분하여 비교하였다. 카리스마 리더십의 행동요소들은 서로 관련되어 있으며 카리스마 리더들간에도 어

표 11-3 콘거와 카눙고의 카리스마 대 비카리스마 리더의 행동요소[6)]

행위요소	카리스마적 리더	비카리스마적 리더
현상에 대한 태도	근본적으로 현 상태에 반대하며 변화시키려고 노력함	근본적으로 현 상태에 동의하고 그것을 유지하려고 함
미래의 목표	현 상태와 크게 차이가 나는 이상적 비전제시	현 상태와 크게 차이가 나지않는 목표제시
호감성	관점과 이상적 비전을 공유함으로써 부하들이 동일시 또는 모방의 대상으로 호감을 갖고 존경하게 함	관점을 공유함으로써 부하들이 호감을 갖게 함
신뢰성	개인적 위협과 비용을 감수하고 사욕없는 주장	설득하기 위해 사욕없는 주장
전문성	기존의 질서를 초월하는 관습에 얽매이지 않는 수단을 사용하는데 있어 전문가	기존 질서의 틀 내에서 목표를 달성하는 데 필요한 수단을 사용함에 있어서 전문가임
행 동	비관습적, 반규범적	관습적, 기존규범에 동조
환경에 대한 민감성	현 상태를 변화시키기 위해 환경에 대한 민감성의 욕구가 높음	현 상태유지가 목적이므로 환경적 민감성의 욕구가 낮음
명확성	미래비전의 명확한 제시와 리더십동기가 모두 강함	목표의 정확한 제시와 리더십동기가 모두 약함
힘의 원천	개인권력(전문성, 존경, 특출한 영웅에 대한 감복)	직위권력과 개인권력(보상, 전문성, 유사한 사람에 대한 호의)
리더구성원의 관계	· 엘리트주의, 기업가, 모범적 · 급진적 변화를 공유하도록 사람들을 변화시킴	· 평등주의, 합의 추구, 또는 지시적 · 자신의 관점을 공유하도록 부하들에게 명령함

떤 행동요소가 어느 정도 나타나는지에 대해서는 서로 차이가 있다.

리더의 행동을 구성원들의 귀인과 직접적으로 연결시키는 요소는 다음과 같이 정리할 수 있다.

첫째, 구성원들의 귀인은 리더의 비전과 그것을 달성하기 위해 사용하는 수단의 특성에 의해 영향을 받는다. 현 상태와 크게 차이가 나는 비전을 주장하는 리더에게 카리스마를 귀인할 가능성이 높다. 비카리스마 리더는 일반적으로 현 상태를 지지하거나 단지 점진적인 변화만을 주장한다. 또한 카리스마 리더는 개혁가와 급진적 변화의 주창자로서 행동해야 한다. 그렇지 않으면 리더의 카리스마는 사라진다.

둘째, 카리스마 리더는 새롭고 비관습적으로 행동해야 하며 바람직한 변화를 달성하기 위해 혁신적이고 비관습적인 수단을 사용해야 한다. 이러한 행동을 통해 리더는 자신이 기존의 사회나 조직의 질서를 초월할 수 있다는 것을 증명하는 것이다. 이러한 증명은 특별한 재능과 권력을 리더에게 귀인시키도록 촉진한다.

셋째, 카리스마 리더는 변화를 창출하기 위해 환경의 자원과 제약요소를 현실적으로 평가해야 한다. 새롭고 혁신적인 전략의 사용에 본질적으로 내재해 있는 위험때문에, 리더는 전략실행에서 환경적 제약요소들과 기회들을 현실적으로 평가하는 기술과 전문성을 가지는 것은 중요하다. 구성원들의 능력과 감성적 욕구에 민감해야 하며 물리적, 사회적 자원과 제약요소를 이해해야 한다. 환경에 대한 민감성의 결여로 인해 카리스마가 사라질 수 있다.

넷째, 카리스마 리더는 높은 에너지와 끈기, 확고한 행동과 자신감의 표현을 통해 자신의 동기부여를 분명히 제시해야 한다. 이것은 구성원들로 하여금 리더를 강력하고 박식하며 몰입에 열중하고 따라서 신뢰할만하다고 느끼게 만들 가능성을 증가시킨다. 자신의 제안에 자신감을 가지는 리더는 의심스러워 하거나 당황해 하는 리더보다 카리스마를 가지고 있다고 보일 가능성이 더 높을 것이다.

다섯째, 카리스마 리더는 전문성을 증명해야 한다. 높은 수준의 전문성은 특권적인 지식을 가지고 있다는 귀인을 불러일으키고 리더가 제시하는 설명이나 해결안에 대한 구성원들의 신뢰를 증대시킨다.

여섯째, 카리스마 리더는 비전을 달성하기 위해 높은 개인적 위험을 감수해야 하며 자기희생적으로 행동해야 한다. 비전을 달성하기 위해 더 높은 개인적 위험을 감수하거나 더 많은 비용을 지불할수록, 리더는 신뢰와 복종이 가치있다는 의미에서 더 카리스마적이 될 것이다.

여러 가지 카리스마 행동 각각의 중요성은 상황에 따라 다르지만, 이들은 서로 관련성을 가지고 구성원들의 귀인에 영향을 준다. 카리스마 리더는 이러한 행동을 통해 구성원들의 귀인을 불러일으키며, 구성원들의 귀인은 다시 애착, 복종, 높은 동기부여, 그리고 더 많은 노력 등과 같은 정서적이고 행동적인 효과를 이끌어 낸다.

(2) 카리스마 리더십을 촉진하는 상황

리더에 대한 카리스마 귀인은 단순히 일상적으로 나타나는 것은 아니며, 다양한 상황요인에 따라 달라진다. 하우스의 카리스마 리더십이론에서 주장하는 바와 마찬가지로, 콘거와 카능고에 따르면, 위기상황이나 구성원들이 긴장감을 심하게 느끼는 상황에서 카리스마 리더가 출현할 가능성이 더 높다. 그러나 콘거와 카능고는 초기 카리스마 리더십이론과는 달리 객관적 위기상황을 카리스마 리더십의 필요조건으로 간주하지는 않는다. 상대적으로 평온한 기간에도 리더는 구성원들에게 현 상황에 대한 불만족을 불러일으키거나 변화의 필요성을 창출하는 데 중요한 역할을 한다. 따라서 상대적으로 평온하거나 심리적으로 곤란하지 않은 상황에서도 카리스마의 귀인을 지원하는 리더의 행동은 카리스마 리더의 출현을 촉진시킨다.

(3) 카리스마 리더십의 영향력 과정

콘거와 카능고는 초기모델에서는 카리스마 리더십의 영향력 과정을 설명하지 않았지만, 그 후 콘거는 카리스마 리더의 부하들이 비카리스마 리더의 부하들에 비해 더 강한 동기부여를 갖는 이유를 설명하였다. 카리스마로 귀인된 리더의 영향력은 개인적 동일시와 내면화를 통해 이루어진다.

① 개인적 동일시

개인적 동일시는 부하가 리더를 기쁘게 하고 리더를 모방하려는 열망에서 비롯된다. 부하들이 자신의 리더를 우상화하고 그와 같이 되기를 원할정도로 카리스마 리더는 전략적 통찰, 강한 확신, 자신감, 관습에 얽매이지 않는 행동 또는 역동적 에너지를 가지고 있기 때문에 비범한 것처럼 보인다. 부하의 행동과 성취에 대한 인정의 형태로 표현되는 리더의 승인은 부하 자신의 자아존중감에 대한 평가지표가 된다. 카리스마 리더는 부하에게 높은 기대를 충족하도록 더 많은 노력을 요구하는 긴박감을 불러일으킨다.

② 내면화

카리스마 리더의 영향력은 부하들이 새로운 가치와 신념을 내면화하는 것으로부터 기인하기도 한다. 부하들은 버릇, 제스처, 말투와 같은 리더행동의 피상적 측면을 단지 모방하기보다는 일에 대한 리더의 태도와 신념을 자신의 것으로 받아들이면서 카리스마 리더의 행동을 내면화한다.

2.2 샤미르의 카리스마 리더십의 자아개념이론

샤미르 등은 초기 하우스의 카리스마 리더십이론이 구성원들에게 영향을 미치는 과정을 명확하게 설명하지 못한다는 한계점을 보완하기 위해 자아개념을 사용하였다. 즉 카리스마 리더십은 구성원들의 자아개념을 변화시킴으로써 그들이 리더의 가치관 및 목표를 내면화시키고 리더가 제시한 미션에 몰입하도록 동기부여 시킨다는 것이다. 샤미르 등의 카리스마 리더십이론은 자아개념에 바탕을 둔 카리스마 리더십의 변혁적 효과에 초점을 맞추고 있다.

(1) 이론적 개요

카리스마 리더십의 변혁적 효과를 설명하기 위해 샤미르 등은 자아와 동기부여 문헌에 기초하여 다음과 같은 가정을 하였다. 첫째, 인간은 실용적이고 목표

지향적일 뿐만 아니라 개인의 감정이나 가치를 스스로 표현하는 자기표현적이다. 둘째, 사람들은 자아존중감과 자아가치감을 유지하고 향상하도록 동기부여되어 있다. 셋째, 사람들은 자기일관성에 대한 인식을 유지하고 향상하도록 동기부여되어 있다. 넷째, 자아개념은 부분적으로 정체성들로 구성되어 있다. 정체성은 부각되는 정도에 따라 자아개념 내에 조직화되어 있다. 자아개념내에 부각되는 정체성일수록 동기부여적 중요성이 커진다. 이러한 동기부여의 메커니즘을 바탕으로 카리스마 리더십의 자아개념 이론은 ① 리더의 행동, ② 구성원들의 자아개념에 대한 영향, ③ 구성원들에 대한 추가적인 영향, 그리고 ④ 리더의 행동이 카리스마적 효과를 산출하는 동기부여적 과정을 포함하는 네 가지 주요부분으로 구성되어 있다. 이 이론에 대한 전반적인 개요는 [그림 11-2]와 같다.

카리스마 리더는 구성원들의 자아개념을 변화시킴으로써 심대하고도 특별한

그림 11-2 샤미르의 카리스마 리더십의 자아개념이론의 개요[7)]

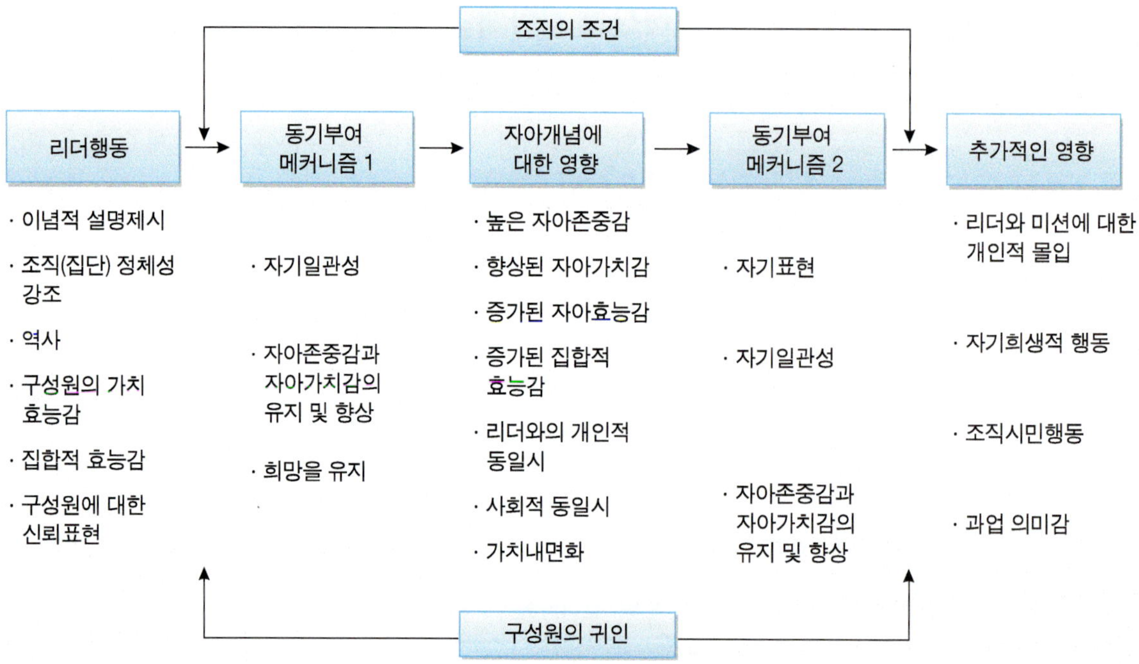

영향을 미친다. 하우스가 제시한 바와 같이, 구성원들은 리더의 믿음이 옳다고 신뢰하고, 리더를 의심없이 수용하며, 리더에게 애정을 가지고 기꺼이 복종하며, 조직의 미션에 정서적으로 몰두하고, 더 높은 목표를 설정하고 그것의 달성에 공헌할 수 있다고 믿는다. 그리고 이러한 영향을 미치는 탁월한 능력을 리더에게 귀인시킬 가능성이 높아진다. 그러나 콘거와 카눙고의 이론과는 달리 이러한 귀인이 카리스마 리더십의 필수조건은 아니다.

(2) 카리스마 리더십의 동기부여 효과

카리스마 리더십의 자아개념 이론의 핵심은 카리스마 리더가 구성원들의 자아개념에 영향을 줌으로써 그들을 동기부여시키는 과정이다. 이러한 과정은 노력의 내재적 가치 향상, 노력-성취 기대감의 향상, 목표달성의 내재적 가치향상, 더나은 미래에 대한 신념주입, 그리고 개인적 몰입창출의 다섯 가지가 있다.

① 노력의 내재적 가치향상

카리스마 리더십은 노력의 상징적이고 표현적인 측면, 즉, 노력자체가 중요한 가치를 가지고 있다는 사실을 강조함으로써 구성원의 내재적 동기부여를 향상시킨다. 또한 카리스마 리더십은 조직의 정체성을 표현하는 노력에 구성원들을 참여시킴으로써 그들의 자아개념에 영향을 준다. 조직의 정체성을 표현하는 노력에 구성원들을 참여시키면 그들에게 그 노력은 더욱 의미있게 되고 그들의 자아개념속에 그 정체성이 두드러지게 되며, 따라서 그 정체성을 대표하는 노력을 할 가능성이 높아진다. 일단 구성원들이 노력을 하고 그 노력을 통해 자신을 어떤 가치 또는 리더나 조직과 동일시하면, 그들은 그러한 노력에 대한 몰입을 증가시킬 상당한 사회적이고 심리적인 힘을 갖게 된다.

② 노력, 성취 기대감의 향상

카리스마 리더는 구성원들의 자아존중감과 자아가치감을 증대시킴으로써 열심히 노력하면 성취할 수 있다는 기대감을 높인다. 카리스마 리더는 구성원들에 대한 높은 기대감과 그 기대를 달성하는 구성원들의 능력에 대한 자신감을 표현함으로써 자아존중감을 향상시킨다. 또한 카리스마 리더는 노력과 중요한 가치의 관계를 강조함으로써 구성원들의 자아가치감을 향상시킨다. 자아존중감과 자아가치감은 자기효능감을 증가시킨다. 또한 카리스마 리더십은 조직의 효능감을 강조하고 이를 향상시키며, 이것은 다시 개인의 자기효능감을 증가시킨다.

③ 목표달성의 내재적 가치향상

이것은 카리스마 리더십의 가장 중요한 동기부여 메커니즘 중 하나이다. 비전과 미션의 명확한 제시란 목표를 그것이 대표하는 가치의 측면으로 표현하는 것을 말한다. 비전과 미션을 명확히 제시함으로써 카리스마 리더는 목표달성을 향한 행동이 구성원들에게 더욱 의미 있는 것이 되도록 만든다. 또한 카리스마 리더는 그러한 목표가 조직의 과거 및 미래와 어떻게 일치하는지를 보여 주고 따라서 자기일관성이나 의미감의 중심이 되는 '발전하고 있다는 인식'을 창출함으로써, 목표 및 그와 관련된 행동의 의미감을 증가시킨다. 더군다나 카리스마 리더십은 조직의 정체성과 다른 조직과의 차별성을 위한 기반으로서 이념적 미션의 중요성을 강조하기도 한다. 이것은 구성원들을 자신의 제한된 존재를 넘어서는 더 큰 존재와 연결시킴으로써 그들의 생활과 노력에 의미를 가져다준다.

④ 더 나은 미래에 대한 신념주입

카리스마 리더십과정에 관련된 보상에는 자기표현, 자기효능감, 자아가치감, 자기일관성이 포함된다. 대개의 경우 카리스마 리더는 노력의 내재적 측면을 강조하기 위해 외재적 보상이나 그와 관련된 기대감을 강조하지 않는다. 요구되는 행동에 대해 실용적인 외재적 정당성을 제공하지 않음으로써 구성원들은 자신의 행동에 대해 내적인 원인에 귀속시킬 가능성이 높으며 따라서 그러한 행동에 대한 몰입이 증가될 것이다. 비카리스마 리더십은 근접하고 구체적인 목표를 강조하며 목표달성이 구체적인 결과로 이어질 것이라는 주관적인 가능성을 증가시킨다. 반면에 카리스마 리더십은 모호하고 원격의 목표 및 유토피아적 결과를 강조하는 경향이 있다.

⑤ 개인적 몰입창출

카리스마 리더십이 동기부여시키는 또 다른 중요한 측면은 공동의 비전, 미션 또는 초월적인 목표에 리더와 구성원들 모두가 높은 수준의 몰입을 갖도록 만드는 것이다. 카리스마 리더십에서 몰입이란 무조건적 몰입, 즉 내면화된 개인적 또는 도덕적 몰입을 말한다. 이러한 몰입은 관계나 역할이 개인의 자아개념의 구성요소가 될 때, 그리고 그러한 관계나 역할에 관련된 행동이 개인의 자아개념과 일치하고 표현될 때, 즉 행동이 단순하게 하는 수단(means of doing)이 아니라 존재방식(way of being)이 될 때 달성된다. 구성원들의 자아개념을 모집하고, 어떤 정체성과 가치를 부각시키며, 행동과 목표를 그러한 정체성 및 가치 그리고 그것을 반영하는 미션과 연계시킴으로써 카리스마 리더십은 개인적 몰입을 창출하고 구성원들을 동기부여시킨다.

카리스마 리더는 노력과 목표를 구성원들의 자아개념에서 가치있는 측면에 연결함으로써 노력과 목표의 내재적 가치를 향상시키며, 이에 따라 자아표현, 자기일관성, 자존감 및 자기가치감의 동기부여적 힘들을 이용할 수 있게 된다. 또한 카리스마 리더는 구성원들의 자아개념 내에서 가치와 정체성들의 위계를 변화시킴으로써, 더욱 부각된 가치와 정체성들이 행동으로 이어질 가능성을 증가시킨다. 가치와 정체성은 사회적으로 기반을 두기 때문에, 이것에 의해 행동을 통제함으로써 도구적 관심에서 도덕적 관심으로 변화시키고 개인의 이익에서 집단이익에 대한 공헌으로 관심을 변화시킬 수 있다. 또한 카리스마 리더는 긍정적 평가를 표현하고 구성원들에게 높은 성과기대를 전달하고, 이러한 기대를 충족할 수 있는 그들의 능력을 신뢰하며 집단에 대한 개인의 유대를 강화함으로써, 자아효능감과 집단효능감을 증가시킬 것이다. 이와 같이 구성원들의 자아개념에 영향을 줌으로써 동기부여시키는 과정은 〈표 11-4〉에서 보는 바와 같이 전통적인 리더십이론에서 제시한 동기부여과정과는 차이가 있다.

표 11-4 전통적 리더십과 카리스마 리더십의 동기부여적 효과[8)]

동기부여과정	전통적 리더십	카리스마 리더십
행동의 내재적 가치	직무충실화에서처럼 과업을 더 재미있고, 다양하고, 즐길만하고, 도덕적으로 만듬	행동을 구성원의 자아개념, 즉 내면화된 가치 및 신봉하는 정체성과 연결시킴
행동성취 기대감	코칭, 훈련, 자원제공, 도구적이고 정치적인 지원, 목적명확화	자아가치감을 증대시키고 자신감과 높은 기대를 의사소통함으로써 일반화된 자아효능감을 향상시킴, 또한 집단화된 효능감을 강조함
목표달성의 내재적 가치	목표설정, 과업정체성 증대, 피드백제공	목표를 과거 및 현재와 연결시키고 동일시의 기초가 되는 미션의 틀 내에서 가치와도 연결시킴
성취·보상 기대감	명확한 성과평가구축, 성과에 대한 보상제공	행동과 목표를 더 나은 미래의 꿈이나 유토피아적인 비전과 연계시킴으로써 신뢰를 생성함
외재적 보상의 가치	성과를 보상할 때 고려함	언급 없음

(3) 카리스마 리더행동

카리스마 리더가 부하들을 동기부여시키는 과정은 리더행동에 의해 활성화된다. 이러한 리더의 행동은 크게 역할모델링과 인식의 정렬이라는 두 개의 범주로 구성된다.

① 역할모델링

구성원들이 리더의 행동, 생활방식, 정서적 반응, 가치, 포부, 선호도 등을 관찰함으로써 의미있는 메시지를 추론하게 되고 대리학습이 이루어진다. 리더는 구성원들이 모방하고 대리학습하는 이상적인 준거점을 제공한다. 리더는 미션을 위하여 자기희생적 행동을 함으로써 구성원들에게 본보기가 된다. 또한 위험을 감수하고 개인적으로 희생하며, 관습에 얽매이지 않는 이념적 행동을 함으로써, 카리스마 리더는 자신의 용기와 미션에 대한 확신을 보여 주고 따라서 신뢰성을 쌓고 비전과 미션의 가치에 대한 역할모델이 된다.

② 인식틀의 정렬

인식틀의 정렬이란 구성원들과 리더의 해석의 지향점을 연결시키는 것이다. 따라서 구성원들의 관심, 가치관, 그리고 믿음의 집합과 리더의 행동, 목표, 그리고 이념의 집합이 서로 일치되고 보완적이 되도록 하는 것이다. 인식틀(frame)은 사람들이 개인의 삶과 커다란 세상속에서 발생한 사건을 발견하고 지각하며 명칭을 부여할 수 있도록 하는 해석의 스키마(schemata of interpretation)를 의미한다. 사건을 의미있게 만듦으로써 인식틀은 경험을 조직화하고 행동의 지침을 제공한다.

카리스마 리더는 인식틀의 정렬에 영향을 미치고 구성원들을 행동하도록 동기부여시키는 의사소통과정에 착수한다. 과거와 현재를 해석하고, 역사적 사건들을 인용하여 과거의 사건과 현재의 행동을 연결한다. 종종 명칭이나 구호를 사용하여 이념을 명확하게 제시하며, 미래에 대한 생생한 이미지를 제공하기도 한다. 또한 그들은 어떤 가치와 정체성을 강조하고, 기대하는 행동, 강조한 가치와 정체성, 그리고 미래의 비전간의 연결관계를 제시한다.

이념적 비전을 명확하게 제시하고 비전의 가치를 공유하는 부하들을 고용함으로써, 카리스마 리더는 구성원들에게 집단 정체성과 집단 효능감을 제공한다. 부하에 대한 신뢰를 표명하고, 높은 성과에 대한 기대를 표현함으로써 구성원들의 자아존중감과 자아가치감을 증대시킨다. 또한 카리스마 리더는 비전을 중요한 역사적 사건과 결부시키고, 비전을 미래에 투영함으로써 부하에게 연속성에 대한 인식을 제공해 준다. 이러한 일반적인 행동원칙은 좀 더 구체적이고 관찰가능한 행동으로 설명될 수도 있다.

(4) 자아개념에 대한 영향과 구성원에 대한 추가적인 영향

카리스마 리더십이 자아개념에 미치는 영향은 개인적 동일시, 사회적 동일시, 그리고 가치 내면화라는 심리적 애착의 세 가지 일반적 과정을 통해 이루어진다.

그리고 구성원들의 자아개념에 대한 영향을 통해 카리스마 리더는 구성원들에게 또 다른 추가적인 영향을 미친다.

① 자아개념에 대한 영향

샤미르 등은 개인적 동일시가 카리스마 리더가 구성원들에게 영향을 주는 과정임을 인정한다. 개인적 동일시가 강할 때, 구성원들은 리더의 행동을 모방하고, 리더의 요구를 이행하며, 리더를 기쁘게 하기 위해 추가적인 노력을 쏟는다. 그러나 카리스마 리더십의 귀인이론과는 달리 개인적 동일시를 특별히 강조하지는 않는다.

사회적 동일시는 사람들이 멤버십을 중요한 사회정체성의 하나로 간주하는 집단이나 조직의 일원이 되는 것에 자부심을 가질 때 나타난다. 사람들은 자신의 노력과 역할이 전체조직의 목표달성에 어떻게 관련되는지를 이해함으로써 자신의 업무를 보다 의미있고 중요하다고 인식한다. 사람들은 개인의 욕구보다 집단의 욕구를 더 우선시하며, 집단을 위해 기꺼이 희생하고자 한다. 사회적 동일시는 집단의 구성원들 사이에서 공유된 가치, 신념 및 행동규범을 강화하는 결과를 가져온다. 카리스마 리더들은 구성원들의 자아개념을 집단의 공유가치와 역할정체성에 관련시킴으로써 사회적 동일시를 높인다. 미션의 이념적 중요성과 미션을 수행하는 집단의 고유한 자격조건들을 강조함으로써, 리더는 타 집단과 구별되는 고유한 정체성을 집단에 고취시킬 수 있다. 표어, 상징, 의식, 기념식을 교묘하게 사용하여 사회적 동일시를 높일 수 있다.

가치내면화는 과업의 목표를 달성하는 것이 구성원들의 가치와 사회정체성을 표현하는 방법이 될 때 나타난다. 카리스마 리더는 비전을 구성원들의 가치를 반영하는 이념적 용어로 명확하게 제시한다. 일의 상징적 측면과 이념적 측면을 강조함으로써, 리더는 일을 더욱 의미있고, 새롭고, 영웅적이며, 도덕적으로 올바르게 보이도록 한다. 구성원들이 자신의 업무역할을 자아개념 및 자기가치와 밀접하게 연결되어 있다고 인식할 때, 궁극적인 형태의 내면화가 이루어지게 된다.

② 구성원들에게 미치는 추가적 영향

카리스마 리더가 구성원들의 자아개념과 리더의 미션간에 연결관계를 형성하면, 그 연결관계는 리더와 미션에 대한 구성원들의 개인적 몰입을 증가시킨다. 또한 사회적 동일시와 가치 내면화가 증가하면, 구성원들은 리더가 제시한 집단적 미션을 위해 개인적인 희생을 기꺼이 더욱 감수하려고 하며 추가적인 역할인 조직시민행동을 더 하려고 할 것이다. 또한 카리스마 리더의 부하들은 과업에 대한 높은 의미감을 가진다. 리더와 조직을 위한 구성원들의 자아개념과 행동이 서로 일치한다고 인식하고 그러한 행동이 자아존중감과 자아가치감에 영향을 줌으로써 과업에 대한 의미감이 발생하는 것이다. 미션에 대한 개인적 몰입 및 과업에 대한 의미감과 함께 자기효능감과 집단효능감의 향상은 구성원을 동기부여시키고 성과를 향상시킨다.

(5) 카리스마 리더십의 효과를 촉진하는 상황

샤미르와 그의 동료들이 제안한 이론에서는 카리스마 리더가 모든 구성원들에게 유사한 효과를 가지지 않을 것이라는 것을 내포하고 있다. 리더가 변혁적 효과를 미치기 위해서는 구성원들의 자아개념 요소들(가치와 정체성)에 호소해야 한다. 리더의 비전이 구성원들의 기존 가치 및 정체성과 일치될 때, 카리스마 리더의 동기부여적 효과가 나타날 가능성이 더 높을 것이다. 따라서 카리스마 리더는 구성원의 욕구와 가치를 이해할 수 있어야 한다. 또한 다른 구성원의 특징들이 카리스마 리더의 변혁적 효과를 조절할 수 있다.

집단이나 조직이 심각한 곤경에 처할 때, 생존과 번영을 보장하기 위해 무엇을 해야 하는지가 모호할 때, 구성원들 사이에 상당한 불안이나 공포가 존재할 때 카리스마 리더십이 발생할 가능성이 높아진다. 이러한 상황요인들은 위기를 해석하고 이에 성공적으로 대처하기 위한 확실한 전략을 제시할 수 있는 리더의 출현에 유리한 상황이라 할 것이다.

03 카리스마 리더십의 이슈

3.1 원격모델과 근접모델

원격(distunce)모델과 근접(close)모델은 리더와 구성원 간의 거리에 초점을 둔 분류이다. 기본적으로, 원격모델의 경우 구성원은 리더와 거리감을 가지고 있고 쉽게 다가가기 어렵다는 생각을 갖게 된다. 또한 리더와 구성원 간의 직접적인 의사소통이 드물고, 구성원은 때론 리더를 신비롭게 여기고 경외감을 갖게 된다. 원격리더는 구성원들의 성취와 정치적 행동에 영향력을 행사한다.

원격모델에서 리더는 업무에 대한 자신만의 고집과 할 수 있다는 용기를 가지고 있어야 한다. 리더는 구성원들과의 의사소통에서 과장을 하는 기술을 가지고 있으며, 관념적이고 이념적 성향을 지닌다. 그리고 사회적인 용기를 표현하는데, 이는 압력이나 곤란한 상황에 순응하지 않고 이를 이겨내려는 의견을 표현하는 것을 말한다.

반면에 근접모델에서의 리더는 구성원들의 일체감, 업무행동 등에 대한 영향력을 행사한다. 즉 원격리더와 비교하여 보다 구성원과 가까운 리더십이라 할 수 있다. 리더는 구성원들과의 직접적인 인간관계를 중시한다. 그리고 리더와 구성원 사이에서 보다 잦은 의사소통이 일어난다. 인간관계의 질은 원격모델에서보다 근접모델에게 카리스마를 결정하는 데 더 중요하다.

근접모델에서의 리더는 인간관계에 초점을 두는 경향이 있다. 리더는 사교성이 좋고, 유머감각을 지닌다. 또한 업무에 대해 전문적인 기술과 지적능력을 보유하고 있고, 뛰어난 활동성을 필요로 한다. 창의력과 같은 독창성과, 구성원들이 매력을 느끼는 신체적인 특성도 가지고 있다. 마지막으로 업무에 대해 높은 기준을 설정한다.

원격모델과 근접모델이라는 두 가지 개념의 리더십은, 분명 차이점이 있지만, 동시에 몇 가지 공통적인 특성도 있다. 먼저 리더는 자기 스스로를 신뢰한다. 능력이나 자신감에 있어서 과신이라고 표현할 수 있을 정도로 자기 자신을 신뢰한다. 그리고 본인 스스로가 정직을 중시하고 구성원에 대해서 권위를 지닌다. 업무나 구성원에 대해서는 희생정신을 가지고 있는 것도 두 가지 카리스마 개념의 공통점이라 할 수 있다.

3.2 긍정적 카리스마와 부정적 카리스마

긍정적 카리스마 리더와 부정적 카리스마 리더를 구별하는 방법은 카리스마 리더십이론에서 중요한 이슈가 되어 왔다. 구성원들에게 미치는 영향에 의해서 구별하는 방법도 있지만, 보다 본질적인 접근방식은 리더가 지닌 가치와 성격에 의해서 구별하는 것이다.[9)]

(1) 긍정적 카리스마

긍정적 카리스마는 리더가 사회화된 권력지향성을 갖는 경우이다. 긍정적 카리스마 리더들은 개인적 동일시보다는 가치의 내면화를 강조하며, 부하가 리더에게 헌신하기보다는 이념에 헌신할 것을 강조한다. 이들은 상당한 부분의 권한을 부하들에게 위임하고, 정보를 공개적으로 공유하고, 의사결정에 참여하도록 격려하며, 조직의 미션과 목표에 일치하는 행동을 강화하기 위해 보상을 사용한다.

카리스마의 긍정적 효과는 매우 크다. 긍정적 카리스마 리더의 부하들은 심리적 성장을 경험하고 자신의 능력을 개발할 것이며, 조직은 역동적이고, 적대적이거나 경쟁이 치열한 환경에 잘 적응할 것이다. 긍정적인 카리스마 리더는 성취지향적 문화, 고성과 체계, 참여 및 가치 지향적 조직을 창조한다. 이러한 조직의 미션에는 단순한 이익이나 성장을 넘어서서 사람들이 분명하게 이해하는 사회적 가치가 포함되어 있고, 모든 계층의 구성원들은 전략을 실행하고 일을 수행하는 방법에 대한 중요한 결정을 내리도록 활력이 부여되어 있으며, 의사소통은 개방적이고, 정보가 공유되며, 조직구조와 시스템은 미션을 지지한다.

(2) 부정적 카리스마

부정적 카리스마는 리더가 개인화된 권력지향성을 가지는 경우이다. 이들은 내면화보다는 개인적 동일시를 강조하며, 부하들에게 이상보다는 리더자신에 헌신할 것을 의도적으로 강조한다. 이념을 사용해서 호소할 수도 있지만, 단지 권력을 획득하기 위한 수단으로서만 그러할 뿐이다. 권력을 획득한 후에는 이념을 무시하거나 임의로 변경시켜서 리더의 개인적 목표를 위해 헌신하도록 한다. 이들은 부하들을 약하게 만들고 리더에게 의존하게 하여 부하들을 지배하고 복종시키고자 한다. 부정적 카리스마 리더가 내린결정은 부하의 복지보다는 자기미화나 권력유지에 더 많은 관심이 반영된다.

(3) 카리스마 리더십의 문제점

콘거는 카리스마 리더에 대한 기술연구들의 개관을 통해 카리스마 리더가 이끄는 조직에서는 여러 가지의 심각한 문제가 일어날 수 있다고 지적하였다. 물론 카리스마 리더십은 조직에 긍정적인 영향을 주기도 하지만, 문제를 야기하기도 한다. 이러한 문제들 중 몇 가지는 부정적 카리스마 리더뿐만 아니라 긍정적 카리스마 리더에게도 일어날 수도 있다.

① 대인관계의 부족

부정적 카리스마 리더들은 자아도취에 빠진 경우가 많으며, 다른 사람들의 욕구와 복지에 대한 진정한 관심이 부족하다. 사람들을 조종하고 이용하기 위해 설득기술을 사용하기 때문에, 협력관계를 확립하기 어렵다. 처음에는 호감이 가고 성실해 보이지만, 시간이 지남에 따라 다른 사람들에 대한 관심의 부족이 드러나게 된다.

② 충동적이고 비관습적인 행동의 부정적 결과

카리스마를 가진 것으로 보이게 만드는 충동적이고 관습에 얽매이지 않는 행동은 그러한 행동을 부적합하다고 보는 사람에게는 오히려 해가되거나 반감을 사게된다. 마찬가지로, 관습에 얽매이지 않는 이념들에 대한 리더의 강한 확신은 전통적인 업무수행방식에 여전히 개입되어 있는 사람들을 소외시킬 수 있다. 집단이나 조직에서 이룬 성과에 구성원들이 중요한 공헌을 했다는 것을 리더가 인정하지 않는다면, 처음에 그를 지지했던 사람들조차도 환멸을 느끼게 될 것이다. 따라서 카리스마 리더에 대한 사람들의 반응은 양극화될 가능성이 높다. 동일한 리더에 대해 어떤 사람들은 극단적으로 숭배하고, 다른 사람들은 극단적으로 증오하게 될 수도 있다는 것이다.

③ 인상관리의 부정적 결과

카리스마 리더들은 자신이 조직에서 차지하는 비중이 매우 높고, 없어서는 안될 존재라는 인상을 심어 주려고 노력한다. 인상관리는 리더의 평판을 강화하고 보호하는 데에는 도움을 줄 수 있지만, 이것이 지나치게 되면 부정적 결과를 초래할 수도 있다. 다른 사람들이 기여한 중요한 공헌들을 인정하지 않고 독차지함으로써 다른 사람들을 소외시키고 충성심과 비전에 대한 동참을 이끌어 낼 기회를 놓치게 된다.

④ 큰 그림에 대한 관심의 부정적 결과

카리스마 리더들은 큰 그림에 집중한 나머지 일상적인 운영의 중요한 세부사항들을 경시하는 경향이 있다. 비전을 촉진하는 가시성 높은 활동에는 시간을 쏟지만, 비전의 실행을 인도하는 데에는 시간을 거의 쏟지 않는다. 순조로운 때에는 위임을 하지만 문제가 발생했을 때에는 과잉통제하는 식으로 극단적인 행동을 하기도 한다.

⑤ 자신감의 부정적 결과

낙관주의와 자신감은 리더의 비전을 지지하도록 다른 사람들에게 영향을 미치는 데 필수적이다. 그러나 과도한 낙관주의는 리더에게 비전에 나타날 수 있는 결함을 인식하는 것을 더욱 어렵게 만든다. 비전에 너무 밀착하여 동일시하게 되면 비전을 객관적으로 평가하는 능력이 손상된다. 초기성공의 경험과 부하들의 지나친 찬사는 리더로 하여금 자신의 판단에 오류가 없다고 믿게 만들 수도 있다. 비전을 달성하기 위해 끊임없이 추구하는 과정에서 카리스마 리더는 비전이 비현실적이고 실패할 운명이라는 증거를 무시하거나 배척할 수도 있다. 리더를 믿는 구성원들은 결점을 지적하거나 개선사항을 제안하지 못할 것이다.

⑥ 경영승계 계획의 실패

카리스마 리더는 종종 유능한 후계자를 개발하는 데 실패한다. 이들은 자격을 갖춘 후계자를 적극적으로 개발하기보다는 잠재적 후계자로서 리더십자질을 갖춘 사람을 손상시키거나 제거하고자 노력할 수도 있다. 이에 따라서 리더가 퇴임하게 될 때 조직에서 리더십위기가 발생할 가능성이 높다.

제12장 변혁적 리더십

01 바스의 변혁적 리더십이론
02 변혁적 리더십연구
03 조직변화와 변혁적 변화리더십

변혁적 리더십(transformational leadership)은 최근 급격하게 변화하는 환경에서 중요한 리더십의 개념으로 강조되고 있다.[1)] 이에 따라 변혁적 리더십은 교육기관, 군조직, 정부조직 그리고 산업조직의 모든 계층에 걸쳐 성공적인 리더들에게서 자주 관찰되고 있기도 하다.[2)] 최근의 급격한 환경변화는 리더로 하여금 부하를 개발하고 동기부여할 것을 강조하고 있는데, 리더는 부하자신이 개인의 이해관계를 넘어 집단의 목표를 추구하도록 더 높은 수준의 욕구를 자극하고 이에 호소하는 변혁적 리더십을 사용하여 부하를 개발하고 동기부여할 것을 요청하고 있다.

변혁적 리더십의 개념은 사회학자인 번즈에 의해 제시되고, 이후 바스에 의해 정교화되면서 더욱 확장되고 발전되어 왔다. 번즈는 정치적 리더십의 과정을 거래적 형태와 변혁적 형태로 구별하였다.[3)] 거래적 리더십은 교환관계에 기초를 둔것으로 리더는 부하가 바라는 것을 제공해줌으로써 부하의 행동을 유도하는 것으로 리더와 부하의 상호욕구가 교환관계를 통해 만족되는 한 지속된다.[4)] 반면에 변혁적 리더십은 부하의 현재 욕구수준을 중심으로 한 교환관계에 의한 것이 아니고 부하의 욕구수준을 높여 더 높은 수준의 욕구, 즉, 두려움, 욕심, 질투, 또는 시기가 아닌 자유, 정의, 평등, 평화, 또는 인도주의에 호소하는 것이다.[5)] 이를 통해 리더는 부하들로 하여금 자신의 이익을 초월하여 조직의 이익을 위해 공헌하도록 동기부여하는 것이다. 번즈는 이러한 거래적 리더십과 변혁적 리더십을 한 차원의 양극단에 있는 것으로 개념화하였다.

반면에 바스는 번즈의 정치적 리더십개념을 일반조직에 적용하여 거래적 리더십과 변혁적 리더십을 상호배타적인 것이 아닌 상호독립적인 것으로 구별하였다.[6] 즉 변혁적 리더십은 거래적 리더십의 대체라기보다는 거래적 리더십의 효과에 추가적인 공헌을 하는 상호보완적인 것으로 개념화하였다. 그리고 거래적 리더십과 변혁적 리더십을 측정하기 위해 다요소 리더십 설문지(MLQ: Multifactor Leadership Questionnaire)라는 측정도구를 개발하였다.[7] 변혁적 리더십에 관한 대부분의 연구는 MLQ를 중심으로 이루어져 왔다.

01 바스의 변혁적 리더십이론

오늘날의 리더와 부하간의 관계는 과거와는 매우 다르다. 구성원들이 지시대로 일하도록 설득하기 위해 조직의 합법적인 권력이나 강압적 권력 등에 주로 의존하는 리더는 거의 없다. 오히려 리더는 부하들과 거래를 하는데 참여한다. 즉, 리더는 부하들에게 요구하는 것과 그것이 충족되면 받을 보상을 설명한다. 요구하는 성과를 내는 구성원은 보상을 받지만, 그렇지 못한 구성원은 질책을 받는다. 이러한 유형의 리더십은 리더와 부하간의 거래에 기초한 것으로 거래적 리더십이라고 한다. 그러나 많은 경우에 거래적 리더십은 평범한 방법이다. 탁월한 리더십 성과를 내기 위해서는 변혁적 리더십이 필요하다. 변혁적 리더십은 부하들로 하여금 개인적 이해관계를 넘어 기대이상의 성과를 달성하도록 동기부여시키는 리더십이다. 바스는 변혁적 리더십과 거래적 리더십을 서로 독립적인 두 차원의 개념으로 구별하고 변혁적 리더십은 부하의 성과나 만족에 영향을 주는 데 있어서 거래적 리더십에 대해 추가적인 효과가 있다고 주장하였다.

1.1 거래적 리더십

(1) 거래적 리더십의 개념 및 특징

거래적 리더십은 리더가 상황에 따른 보상에 기초하여 부하들에게 영향력을 행사하는 과정으로 정의할 수 있다. 즉, 거래적 리더십이란 리더가 행동, 보상, 인센티브를 사용해 부하들로부터 바람직한 행동을 하도록 만드는 과정이며, 이 과정은 리더와 부하간의 교환이나 거래관계에 기초한다.[8)]

번즈에 의하면, 거래적 리더십은 한 사람이 가치있는 어떤 것을 교환할 목적으로 다른 사람과 계약을 하는 데 주도권을 행사할 때 발생한다고 하였다.[9)] 즉, 리더는 교환이라는 시각을 가지고 부하에게 접근한다는 것이다. 따라서 거래적 리더들은 부하에게 책임을 명확히 규정해 주고, 또한 자신이 부하에게 기대하는 바를 정확히 제시함으로써 부하들이 조직에서 요구하는 바를 충족시키기 위해 최선을 다하도록 암묵적 계약관계를 맺는다.

바스는 번즈의 거래적 리더의 개념에 기초하여 거래적 리더십을 교환 또는 협상된 노력을 발휘하도록 동기부여시키는 리더십이라고 정의하였다.[10)] 여기에서 교환 또는 협상관계란 리더가 원하는 것을 얻기 위해서 부하들이 원하는 것을 제공한다는 것이다. 따라서 거래적 리더십은 구성원이 자신의 역할에 대해 보상이나 벌의 회피와 교환하는 데 있어서 리더와 동의가 이루어질 때 나타난다. 바스가 제시한 거래적 리더십 모형은 [그림 12-1]과 같다.

[그림 12-1]에서 보는 바와 같이 거래적 리더십은 브룸의 기대이론에 기초한 영향력 과정과 관계가 있다. 브룸의 기대이론에 따르면, 기대되는 결과를 산출하도록 구성원을 동기부여시키기 위해서는 세 가지 요소를 고려해야 한다. 첫째 요소는 열심히 노력하면 원하는 결과를 얻을 수 있을 것이라는 믿음, 즉 기대감(expectancy)이고, 둘째 요소는 특정의 결과를 산출하면 보상을 얻을 수 있을 것이라는 믿음, 즉 수단성(instrumentality)이며, 셋째 요소는 결과를 통해 얻을 보상이

그림 12-1 거래적 리더십모델[11)]

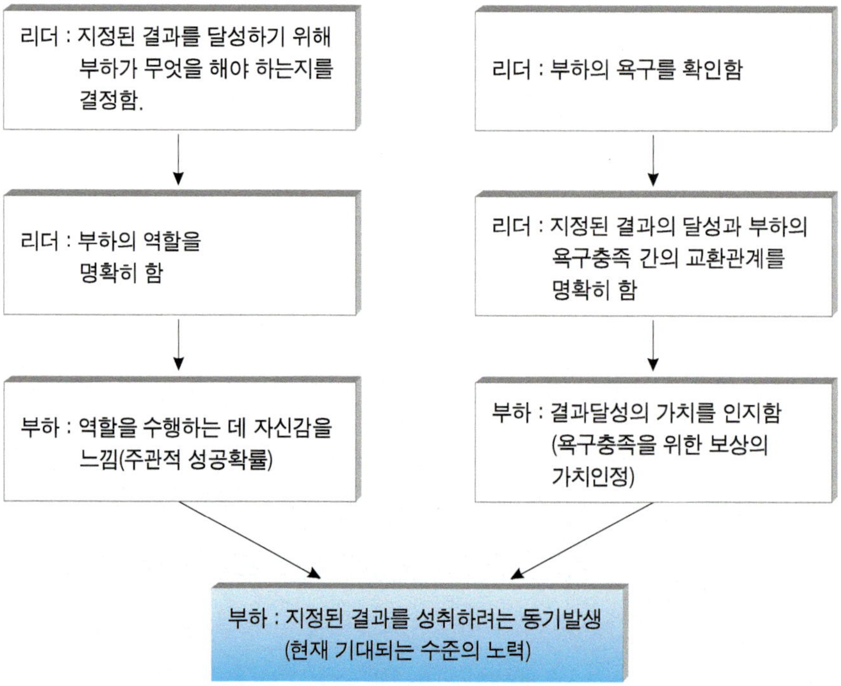

자신에게 의미가 있을 것이라는 보상에 대한 가치인식, 즉 유의성(valence)이다. 따라서 리더는 부하들이 원하는 것을 인식하고, 그 욕구를 부하의 노력과 성과에 대한 교환조건으로 연결해야 하며, 노력하면 성과를 낼 수 있다는 자신감을 제공해야 한다.

(2) 거래적 리더십의 구성요소

거래적 리더십은 보상이나 벌을 사용하여 부하로 하여금 직무요건을 충족시키도록 하는 리더십으로 이는 부하 자신의 이해관계에 호소함으로써 동기부여시키는 것이다. 전통적으로 효과적인 리더십행동으로 강조되어 온 구조주의와 배려는 고성과에 대한 보상과 저성과에 대한 질책이라는 거래 또는 교환관계에 기초한 것으로 간주될 수 있다.[12)] 그러나 바스는 변혁적 리더십개념과 구별되는 거래적 리더십의 개념을 정의하면서, 거래적 리더십을 구성하는 행동요소로 상황적 보상과 예외에 의한 관리를 들고 있다.[13] 상황적 보상은 성과기준에 부합되는 경우 이에 대한 보상을 강조하는 적극적인 성격을 지니고 있는 반면에, 예외에 의한 관리는 성과기준에 부합되지 않는 경우에만 수정조치를 취하는 것을 의미하는 소극적인 성격을 지니고 있다.[14] 이러한 거래적 리더십을 구성하는 행동요소는 부하의 현 욕구를 파악하고 이를 기초로 교환관계를 통해 리더가 바라는 결과를 얻으려고 하는 것이다.

① 상황적 보상

상황적 보상(contingent reward)은 조건적 보상이라고도 불리는데, 리더자신이 설정한 수준에 맞게 부하가 성과를 달성했을 때 동기부여의 강화를 위해 인센티브나 보상을 제공하는 것을 의미한다. 거래적 리더는 부하들과의 합의를 통해 보상을 받기위해 무엇을 해야 할지를 결정한다. 그리고 성취한 결과를 인정해 주는 등의 행동을 포함한다. 상황적 보상은 바람직한 성과에 대한 시기적절한 긍정적인 반응이다.

이러한 상황적 보상은 아이디어 창출에 의한 것보다는 주로 효율적 관리과정에 초점을 맞춘다. 거래적 리더는 과업수행의 진실성보다는 과업이 어떻게 진행되었는지를 중요하게 여긴다. 따라서 거래적 리더는 효율적 관리를 위해 과정을 유지하고 개선하는 데 집중하여 그들의 권력을 유지하는 수단으로써 보상과 처벌을 사용한다. 리더의 상황적 보상이 보다 큰 효과를 발휘하기 위해서는 다음과 같은 상황이 수반되어야 한다.

첫째, 리더가 많은 권한을 보유하고 있어야 한다.
둘째, 부하가 보상을 얻기 위해 리더에게 의존해야 한다.
셋째, 보상을 가져다주는 성과가 부하의 노력과 능력에 의해 달성될 수 있어야 한다.
마지막으로 성과가 정확하게 측정되어야 한다.

② 예외에 의한 관리

예외에 의한 관리(management by exception)는 리더가 예외적 사건이 발생했을 때 리더가 개입하는 것을 의미한다. 이러한 개입활동은 때때로 부정적 피드백이나 부정적 강화를 수반한다. 상황적 보상이 긍정적 피드백인 반면에 예외에 의한 관리는 부정적 피드백에 해당된다. 일반적으로 부정적 피드백은 상황적 보상보다 상대적으로 비효과적이다. 리더가 부하에게 개입하는 형태가 비난이나 처벌로 나타날 때에는 오히려 역효과가 발생할 수도 있다. 비판의 대상은 부하개인이 아닌 관련 업무수행에 관한 것이어야 하며, 잘못된 것이 구체적으로 무엇인지를 알려주고, 리더자신이 무엇을 느꼈는지를 말해 주어야 한다. 또한 리더는 부하의 잘못된 점을 정확하게 진단해 줄 수 있는 능력을 갖추고 있어야 한다.

예외에 의한 관리에서 리더가 부하의 성과가 낮은 원인을 부하 당사자의 노력부족으로 판단할 때는 처벌행동을 취해야 한다. 그러나 부하 당사자의 능력부족이 원인이라면 부하를 훈련시켜야 하며, 훈련으로 행동이 수정되지 않는다면 대체시켜야 한다. 따라서 예외에 의한 관리는 변혁적 리더십의 행동이나 상황적 보상보다는 부하의 추가적 노력과 성과가 높지 않게 나타난다.

하터와 바스는 이러한 예외에 의한 관리를 적극적 예외에 의한 관리와 소극적 예외에 의한 관리로 구분하였다.[15] 적극적 예외에 의한 관리는 리더가 문제가 발생하지 않도록 부하를 사전에 점검하고 효율적으로 과업을 수행하도록 미리 시정조치를 취하는 것이다. 소극적 예외에 의한 관리는 수용가능한 성과기준에서 명백한 이탈이 발생했을 때에만 개입하며 처벌과 같은 교정조치를 취하는 것이다. 따라서 적극적 예외관리는 잘못을 찾고 구성원의 성과를 가까이서 점검하는 것이고 소극적 예외관리는 문제가 심각해진 후에 개입하는 것이다. 변혁적 리더십의 초기연구에서는 이들간의 개념적 구분이 없었으나, 최근에는 이 두 개념을 구분하고 있다. 거래적 리더십과 변혁적 리더십을 측정하기 위해 개발된 다요소 리더십 설문지의 최근 판(MLQ-5X)에는 적극적 예외관리와 소극적 예외관리를 구분하여 포함하고 있다.[16]

요약하면, 거래적 리더십은 일상적 업무수행과정에서 리더와 부하간의 관계를 복종과 보상을 주고받는 거래관계로 보고 있다. 리더는 적절한 보상을 통해 복종을 유도한다. 이러한 거래적 리더십은 반복적이고 기대성과 수준이 측정가능할 때 효과적이다. 그러나 부하들로 하여금 열정과 헌신을 기대하기는 힘들 것이다.

(3) 자유방임적 리더십

자유방임적 리더십은 불어로 Laissez-Faire라고 표현되며, '손은 떼고 일이 돌아가는 대로 두고 본다'는 의미를 가지고 있다. 이러한 리더는 책임을 포기하고, 의사결정은 지연시키며, 부하들에게 피드백을 제공하지 않고, 부하들의 욕구를 만족시키거나 그들을 지원하는 데에도 별다른 노력을 기울이지 않는다.[17]

자유방임적 리더십은 소극적 예외에 의한 관리와 개념적 또는 이론적으로 중첩되는 부분이 있으며, 따라서 이 둘을 합쳐 비리더십(non-leadership) 또는 소극적 리더십(passive leadership)이라고 부르기도 한다.[18] 비리더십 또는 소극적 리더십은 리더십이 없는 상태를 의미하며, 이러한 리더행동 유형의 사용은 효과성과 만족도 측면에서 부정적인 결과를 산출한다.[19] 비리더십 또는 소극적 리더십에 대한 연구는 그리 많지 않은 편이며, 최근 들어 몇몇의 연구에서 관심을 가지기 시작하였다.[20]

1.2 변혁적 리더십

(1) 변혁적 리더십의 개념 및 특징

변혁적 리더십은 부하들의 질적변화를 추구하기 위한 새로운 패러다임이다. 번즈에 따르면 변혁적 리더는 부하의 현재 욕구수준을 중심으로 리더가 주도권을 쥔 도구적 교환관계에 기초한 거래적 리더와는 다르다. 변혁적 리더는 리더와 부하가 서로를 더 높은 수준의 동기부여와 도덕성으로 끌어올리는 방식으로 상호작용함으로써 개인, 집단, 조직의 변화를 조장하는 리더이다.

번즈의 개념에 기초하여 바스는 변혁적 리더십을 부하들로 하여금 개인적 이해관계를 넘어서 기대이상의 성과를 달성하도록 하는 과정으로 정의하고 있다. 다음의 [그림 12-2]에서 보는 바와 같이 변혁적 리더십은 직접적으로 부하들의 자신감을 유도할 뿐 아니라, 다음의 세 가지 방식으로 부하들이 보다 많은 노력을 기울이도록 만들고 기대이상의 성과를 내도록 동기부여한다.

첫째, 변혁적 리더는 특정한 이상적인 목표의 가치와 중요성에 대한 부하들의 의식수준을 끌어올린다.

둘째, 변혁적 리더는 부하들이 자신들의 조직과 그들이 속한 집단을 위해서 자

그림 12-2 변혁적 리더십모델[21)]

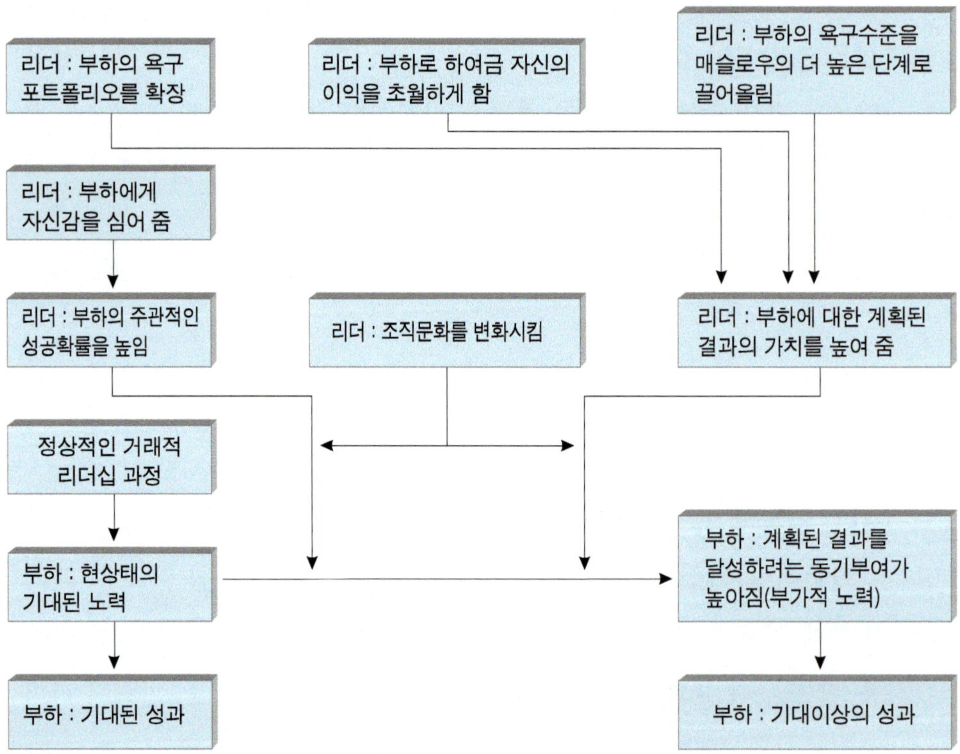

신들의 이익을 초월하도록 만든다.

셋째, 변혁적 리더는 부하들의 욕구를 마슬로우의 욕구계층을 따라 올라가도록하여 상위수준의 욕구에 호소하고 부하들이 보다 높은 수준의 욕구에 관심을 갖도록 만든다.

바스와 그의 동료들은 변혁적 리더십이 효과적이기 위해서는 거래적 리더십이 필요한 사전조건이라고 주장한다. 왜냐하면 거래적 리더십은 리더와 구성원들 간의 관계를 발전시키는 데 도움을 주기 때문이다.[22] 또한 거래적 리더십이 결여된 상태에서 변혁적 리더십만의 사용은 오히려 혼란과 모호성을 가져올 수도 있다. 따라서 효과적인 변혁적 리더십은 거래적 리더십을 수반해야 한다.

또한 바스는 변혁적 리더십이 효과를 발휘할 수 있는 상황적 특성도 제시하고 있다. 변혁적 리더십은 위기상황이나 사회적 변화가 일어나고 있는 시기에 효과를 발휘할 가능성이 높다. 또한 변혁적 리더십은 기계적 조직보다는 유기적 구조를 지닌 조직에서 효과를 거둘 가능성이 높다. 이에 따라 명확한 규범이나 체제 또는 제도가 존재하는 구조화된 환경을 변혁적 리더십이 효과를 발휘하기 어려운 제약조건으로 작용할 수도 있다. 그럼에도 불구하고 변혁적 리더십을 발휘하는 리더는 그러한 상황을 변화시킴으로써 효과를 발휘할 수 있으며, 과업의 성격도 변혁적 리더십의 효과에 영향을 미칠 수 있다.

(2) 변혁적 리더십의 구성요소

변혁적 리더십은 부하들로 하여금 자신들의 개인적 이해관계를 넘어서 집단이나 조직의 목적을 이해하고 달성하도록 유도하고 높은 수준의 욕구를 촉진시키며 업무성과의 중요성과 가치를 잘 인식시킴으로써 부하들을 동기부여시키는 것이다. 초기에 바스는 변혁적 리더십을 구성하는 행동요소로 카리스마, 개별적 배려, 그리고 지적자극의 세 가지를 제시하였다. 그 후 바스와 아볼리오는 영감적 동기부여라고 불리는 또 다른 요소를 추가하여 변혁적 리더십을 구성하는 네 가지 행동요소를 제시하였다.[23] 따라서 변혁적 리더십을 구성하는 행동요소는 카리스마 또는 이념적 영향력, 영감적 동기부여, 개별화된 배려, 그리고 지적자극이다.

① 카리스마 또는 이념적 영향력

카리스마 또는 이념적 영향력(idealized influence)은 변혁적 리더십의 가장 핵심적이고 필수적인 구성요소이다. 카리스마 리더십은 비전을 만들고 명료화하며, 집합적 행동이 일어나도록 동기부여시키고, 환경의 추세에 민감하게 반응하며, 관습에 얽매이지 않고 개인적 위험을 감수하는 행동을 보여 주면서 다른 사람에게 영향력을 행사하는 과정이다. 이러한 행동들은 부하들에게 강력한 역할모델이 되며, 부하들은 리더를 신뢰하고 존경하며 리더의 가치관과 비전을 수용하고 전체를 위해 자신을 희생하게 된다. 본질적으로 카리스마는 다른 사람들로 하여금 리더가 제시한 비전을 따르도록 만드는 특별한 능력을 가진 사람을 설명하는 말이다. 그러나 동시에 카리스마는 부하들이 리더에 대해 어떻게 인식하고 행동하는가의 측면에서 정의되기도 한다. 부하들은 리더를 신뢰하고 리더와 함께 일하는 것에 자부심을 가지며 리더와 동일시하려는 강한 감정적 유대를 형성한다. 이를 통해 리더는 부하들에게 조직의 더 높은 성과창출을 위해 영향력을 행사한다.

하우스는 카리스마 리더십이론에서 카리스마 리더들은 고도의 자신감, 자신의 신념에 대한 강한 확신, 사람들에게 영향력을 행사하려고 하는 강한 권력욕구를 가지고 있을 가능성이 높다고 주장하였다.[24] 강한 권력욕구가 그 리더로 하여금 부하들을 설득하고 그들의 행동에 영향을 주게 만드는 것이다. 바스는 카리스마 리더는 부하로 하여금 직무에 몰입하도록 만들고 조직에 충성심을 갖도록 만들며, 모든 부하들로부터 존경을 받고 조직에 정말로 중요한 것이 무엇인지 파악할 수 있는 재능과 조직에 대한 사명감을 가지고 있는 사람이라고 정의하고 있다.[25] 또한 바스와 요코치는 카리스마 리더를 자신감, 충성심, 그리고 목적의식을 가지고 있으며 목표와 이상을 확실히 표명할 수 있는 능력과 자질을 갖춘 재능있고 존경받는 인물로 설명하고 있다.[26]

이러한 카리스마는 영향력의 관점에서 이념적 영향력이라고도 불리운다. 이념적 영향력은 이념적 영향력 귀인(idealized influence attributed)과 이념적 영향력행동(idealized influence behavior)으로 구분하기도 한다. 이념적 영향력 귀인은 부하들이 리더에 대해 자부심과 존경심을 갖고 리더와 동일시하는 것을 의미하며, 이념적 영향력행동은 부하들에게 신뢰할만 하고 활동적인 역할모델의 표상이 되는 것을 의미한다.

카리스마 또는 이념적 영향력이 변혁적 리더십의 필수적인 구성요소이긴 하지만, 그 자체로 변혁적 리더십을 모두 설명하지는 못한다. 예를 들면, 유명연예인이나 스포츠스타 등에 대해 열성팬들은 강한 동일시의 감정을 느끼고 그들의 행동과 외모를 흉내내기는 하지만, 변혁적 리더에게서와 같이 자신의 개인적 이익을 초월하여 체계적인 변혁적 효과를 발생시키는 경우는 거의없다는 것이다. 변혁적 리더는 부하들에게 강한 감정적 동일시를 유발시킴으로써 영향력을 행사할 뿐 아니라 코치, 교사, 멘토로서 부하들을 발전적으로 변화시키고 부하들을 임파워먼트시키지만, 카리스마 리더는 부하들을 약하고 의존적으로 만들어 직무에 대한 몰입을 불러일으키기보다는 개인적 충성심을 불러일으키는 경우도 있다는 것이다. 따라서 변혁적 리더십은 카리스마 이외에 영감적 동기부여, 개별화된 배려, 그리고 지적자극을 모두 포함하고 있어야 하며, 부하들의 맹목적 복종을 자아내는 전통적인 의미의 카리스마 리더십과는 구별된다.[27)]

② 영감적 동기부여

영감적 동기부여(inspirational motivation)는 부하에게 비전을 제시하고 열정을 불러일으키며 격려를 통해 에너지를 북돋우고 업무에 매진하도록 만드는 행동을 말한다. 부하들의 역할모형으로 여겨지는 카리스마 리더와는 달리 영감적 동기부여를 하는 리더는 바람직한 목표를 제시하고 이를 달성할 수 있는 수단들을 제공함으로써 부하들이 스스로 능력을 가지고 있다고 느끼도록 한다.

영감적 동기부여에 대한 정의는 연구마다 조금씩 다르게 나타나기도 한다. 어떤 연구에서는 영감적 동기부여를 높은 기대감을 전달하고 노력을 집중시키기 위해 상징물을 활용하며 중요한 목표를 단순한 방식으로 표현하는 것이라고 정의하고 있다.[28)] 또 어떤 연구에서는 비전을 명료하게 제시하며 이를 달성할 수

있다는 낙관주의와 열정을 보여 주는 것이라고 정의하고 있다.[29)]

영감적 동기부여는 카리스마와 밀접한 관련성이 있기 때문에 카리스마의 하위 요인으로 간주되기도 한다. 그러나 영감적 동기부여와 카리스마는 부하들이 리더와 동일시하는 정도에 따라 중복될 수도 있고, 중복되지 않을 수도 있다. 바스와 아볼리오의 연구에서는 요인분석의 결과 영감적 동기부여와 카리스마는 하나의 요인으로 묶었다.[30)] 그럼에도 불구하고 최근에는 이 두 개의 요인을 개념적으로 구분하는 추세이다.

바스에 따르면, 카리스마는 영감적 동기부여의 내용을 포함하고 있지만 영감적 동기부여는 카리스마와는 별개로 자생적으로 일어날 수도 있다.[31)] 즉, 카리스마가 부하를 깨우치고 고무함으로써 영감적으로 동기부여시키기는 하지만 카리스마가 발휘되지 않은 상태에서도 영감적 동기부여는 일어날 수 있다는 것이다. 만일 부하들이 리더와의 동일시 감정이 없고, 부하들이 리더에 이끌리는 것이 아니라 리더의 목표에 이끌리는 것이라면 이는 카리스마가 아닌 영감적 동기부여라고 할 수 있다. 또한 리더가 자신의 역할모델 때문이 아니라 바람직한 목표와 이를 달성하는 방법을 제시하기 때문에 부하들이 더 큰 힘을 갖게되었다면, 이또한 카리스마가 아닌 영감적 동기부여라고 볼 수 있다. 카리스마의 경우, 부하들은 자신들의 고유권한을 그 리더에게 위임하며 그 리더를 비판하지 못한다. 그러나 영감적 동기부여의 경우, 부하들은 그 리더를 믿음의 상징이자 공유하고 있는 문제의 상징으로 여기며 그 리더를 비판하기도 한다. 따라서 영감적 동기부여와 카리스마는 유사점이 많기 때문에 영감적 동기부여를 카리스마의 구성요인으로 간주하여 구분하지 않는 경우도 있지만, 최근의 연구에서는 영감적 동기부여와 카리스마를 별개의 차원으로 다루는 경우가 많은 편이다.

③ 개별화된 배려

개별화된 배려(individualized consideration)는 부하를 1 : 1 관계에 기초하여 개별적으로 다루며, 부하의 개인적 욕구에 관심을 기울이고 이를 파악하여 만족시킬 뿐 아니라 멘토링이나 코칭 등을 통해 부하의 욕구를 자극하고 높여 부하를 개발하고자 한다. 즉 부하 개개인이 가지고 있는 욕구 및 능력의 차이를 인정하고, 개인이 가지고 있는 욕구수준을 보다 높은 수준으로 끌어올리며, 부하들로 하여금 높은 성과를 올릴 수 있도록 잠재력을 개발해 주는 행동을 말한다. 예를 들어 리더는 부하들이 가지고 있는 성장욕구를 파악하고 부하의 이러한 성장욕구를 충족할 수 있도록 멘토나 코치로서 역할을 담당한다. 리더는 부하에게 학습기회를 제공하고 권한을 위임해 주며 소외되는 구성원에게 개별적인 관심을 보여주고 필요할 때 조언 및 지원을 해 준다.

개별화된 배려는 리더와 부하간의 관계에 있어서 리더에 대한 만족이나 부하들의 생산성 향상에 기여하는 중요한 요인으로 여겨 왔다. 특히 개별화된 배려는 구성원들의 참여적 의사결정이나 구성원들의 경영참여 등에서 많이 찾아볼 수 있다. 따라서 이러한 유형의 리더는 부하들에 대하여 친근하고, 비공식적으로 대해주며, 그들을 인격적으로 동등하게 대하는 경향이 있다.

④ 지적자극

지적자극(intellectual stimulation)은 부하들로 하여금 업무수행의 옛 방식에 대해 의문을 제기하고 새로운 방식을 사용하도록 도와주며 부하의 가치관, 신념, 기대에 대해서 뿐만 아니라 리더나 조직의 가치관, 신념, 기대에 대해서도 끊임없이 의문을 제기하도록 지원해 주는 행동이다. 이러한 유형의 리더는 부하들로 하여금 문제에 대한 인식을 다르게 하도록 유도하고 문제해결방법에 대한 인식을 새로운 방향으로 각성시키며 현 상황의 문제점을 자신이 규정한 미래에 대한 비전의 관점에서 대비시킨다. 이러한 유형의 리더는 부분적인 문제해결에 만족하지 않으며 현재의 상태를 받아들이지 않고 새로운 방법과 새로운 변화를 모색하며 높은 위험에도 불구하고 기회를 최대한 이용하려는 경향이 강하다.

바스는 지적자극에서 변혁적 리더와 거래적 리더간에는 현격한 차이가 있다고 하였다.[32] 거래적 리더는 반응적인 반면에 변혁적 리더는 능동적이며, 변혁적 리더는 거래적 리더에 비해 아이디어 창출에 있어서 더 창의적이고 더 혁신적이며 더 급진적인 사상을 취하는 경향이 있다.

리더에 의한 지적자극의 결과, 부하들은 미래에 직면하게 될 문제를 해결할 수 있는 능력을 개발하고 부하들이 스스로 생각하도록 격려함으로써 스스로 문제를 찾아내어 해결하는 것을 배우게 된다.[33] 그리고 부하들은 기존의 방법에 의문을 제기하고 새로운 방식으로 접근하며 어려움을 극복할 수 있는 능력을 개발하게 됨으로써 업무수행능력에 대한 자신감을 갖게 된다.[34]

이러한 과정을 통해 변혁적 리더는 부하들로부터 추가적인 노력과 기대이상의 성과를 이끌어 낸다.

02 변혁적 리더십연구

변혁적 리더십에 관한 많은 연구는 바스의 이론을 중심으로 이루어져 왔으며, 특히 다요소 리더십 설문지(MLQ)의 개발은 경험적 연구를 촉진하는데 크게 기여하였다. 변혁적 리더십에 관련된 연구는 크게 변혁적 리더십의 선행변수 및 결과변수에 관련된 것과 변혁적 리더십과 카리스마 리더십을 비교한 것으로 나누어 살펴보고자 한다.

2.1 변혁적 리더십의 선행변수 및 결과변수

변혁적 리더십에 관한 연구는 거래적 리더십과 변혁적 리더십을 측정할 수 있는 설문지의 개발을 바탕으로 활발하게 이루어져 왔다. 바스는 미육군장교를 대상으로 한 예비요인분석(factor analysis)을 통해 카리스마, 지적자극, 개인적 배려로 구성된 변혁적 리더십행동요소를 확인하였으며 이를 토대로 다요소 리더십 설문지(MLQ)를 개발하였다.[35] 그 후 360명의 산업조직에 종사하는 일선관리자를 대상으로 MLQ 문항의 요인분석을 실시하였고 이 연구에서 변혁적 리더십의 구성요소로 카리스마, 지적자극, 개인적 배려를 재확인하였다.[36] 그 후 변혁적 리더십의 구성요소는 그대로 유지한 채 그것의 측정문항들을 검토하고 수정을 거치면서 MLQ-5가 개발되었으며, 이것은 변혁적 리더십연구에 광범위하게 사용되어 왔다. 그리고 바스와 아볼리오는 변혁적 리더십을 구성하는 행동요소로 영감적 동기부여를 추가하고 적극적 예외에 의한 관리와 소극적 예외에 의한 관리, 그리고 자유방임적 리더십을 포함하여 MLQ-5X를 개발하였다.[37] 따라서 그 이후의 변혁적 리더십에 관한 대부분의 연구들은 MLQ-5X를 사용하고 있다.

변혁적 리더십에 관한 연구는, 첫째, 변혁적 리더십과 결과변수 간의 관계에 관한 연구, 둘째, 변혁적 리더십이 결과변수에 영향을 미치는 과정에 관한 연구, 셋째, 변혁적 리더십행동의 선행변수로서 변혁적 리더십특성에 관한 연구로 나누어 볼 수 있다. 이러한 세 가지 측면에서의 변혁적 리더십연구를 요약하면 [그림 12-3]과 같다.

그림 12-3 변혁적 리더십연구의 요약

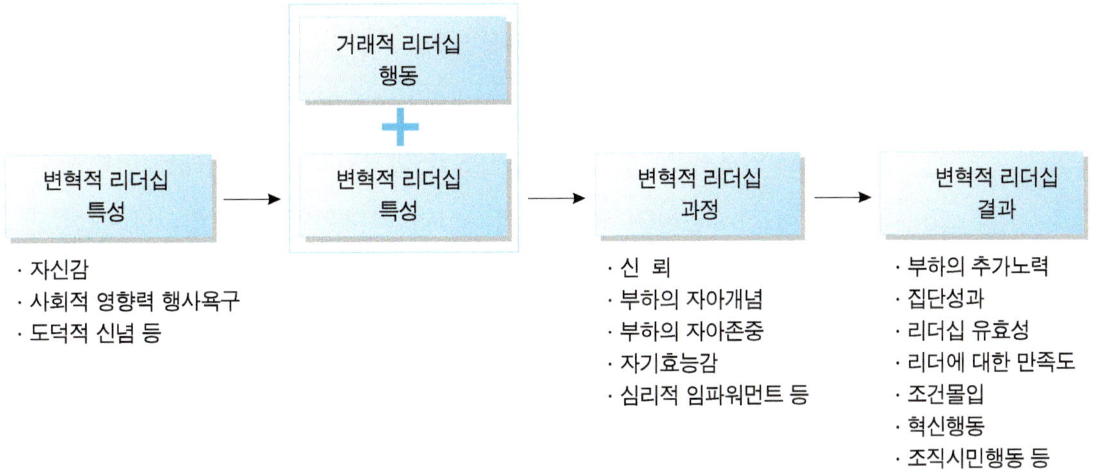

첫째, 변혁적 리더십연구의 일차적 관심은 변혁적 리더십의 효과성을 입증하는 데 있어 왔다. 바스는 미 육군장교 및 기업체의 감독자와 관리자를 대상으로 한 광범위한 실증연구에서 부하에 의해 변혁적 리더십요인이 높은 것으로 지각된 리더는 리더유효성에서도 높게 평가받았으며 부하는 이러한 리더에 대해 더욱 만족감을 보여 주었다. 또한 변혁적 리더십은 거래적 리더십에 비해 리더유효성 및 부하의 리더에 대한 만족도와 더 높은 정(+)의 관계가 있음을 보여 주었다. 이는 변혁적 리더십이 거래적 리더십에 비해 더욱 효과적임을 입증하는 것이다.

아볼리오와 바스[38] 그리고 아볼리오 등[39]은 매니지먼트 시뮬레이션 게임에서 부하에 의해 변혁적 리더십이 높게 지각된 리더가 이끄는 팀의 성과가 낮게 지각된 리더가 이끄는 팀의 성과보다 높음을 보고하였다. 또한 호웰과 히긴스는 변혁적 리더십이 혁신행동에 긍정적으로 영향을 준다는 것을 보여 주었다.[40] 포드사코프 등은 변혁적 리더십행동을 높게 지각하는 부하들이 조직시민행동 중 이타주의 행동과 리더에 대한 만족도가 높다는 결론을 내리고 있다.[41] 이외에도 많은 연구들은 변혁적 리더십이 다양한 구성원의 태도 및 성과에 상당한 정(+)의 영향을 미친다는 것을 입증하고 있다.[42]

특히, 많은 연구들은 변혁적 리더십의 효과를 거래적 리더십의 효과와 비교하면서 변혁적 리더십이 거래적 리더십을 단순히 대체하는 것이 아니라 부하에게 추가적인 영향력을 미친다는 증폭가설을 입증하였다. 즉, 변혁적 리더십은 거래적 리더십에 비하여 리더유효성 및 리더에 대한 만족도와 더 높은 정(+)의 상관관계를 가지고 있음을 보여 주었다.[43] 또한 셀처와 바스는 거래적 리더십으로 구조주의와 배려를 사용하여 변혁적 리더십이 리더유효성 및 리더에 대한 만족도에 추가적인 영향을 미치는 증폭가설을 입증하였다.[44] 이와 같이 많은 연구들은 변혁적 리더십이 개인 및 집단수준에서 구성원들의 태도 및 성과에 정(+)의 영향을 주며, 그 영향력은 거래적 리더십의 효과를 넘어서고 있음을 보여 주었다.

둘째, 변혁적 리더십과 다양한 결과변수 간의 관계가 입증되면서, 변혁적 리더십이 결과변수에 영향을 미치는 과정에 대한 관심도 점차로 증가하였다. 변혁적 리더십과 결과변수를 매개하는 변수로는 신뢰, 부하의 자아개념, 자기존중, 자기효능감, 그리고 심리적 임파워먼트 등이 일반적으로 많이 고려되고 있다. 예를 들면, 포드사코프 등은 신뢰가 변혁적 리더십과 부하성과를 연결시키는 매개변수라는 것을 보여 주었다.[45] 샤미르 등은 부하의 자아개념과 자아존중의 욕구가 변혁적 리더십과 부하의 성과를 매개하는 것임을 보여 주었다.[46] 아볼리오와 기본스는 변혁적 리더십을 높게 지각한 구성원은 높은 자기효능감을 보이고 이를 통해 높은 성과를 산출한다는 것을 보여 주었다.[47] 또한 아볼리오 등은 심리적 임파워먼트가 변혁적 리더십과 조직몰입간을 매개하는 것임을 입증하였다.[48]

셋째, 비록 카리스마 리더십연구와 다소 중복되지만 몇몇의 연구들은 변혁적 리더십행동의 선행요인으로 변혁적 리더십특성을 확인하고자 하였다. 즉, 변혁적 리더십은 조직구성원들에게 상당한 영향력을 행사하는데 이의 선행변수로는 자신감, 사회적 영향력 행사욕구, 도덕적 신념 등 다양한 성격특성이 연구되었다.[49]

2.2 변혁적 리더십과 카리스마 리더십

변혁적 리더십과 카리스마 리더십은 신 카리스마(neo-charisma) 리더십이론의 분류에 속하는 것으로 많은 공통점을 가지고 있다.[50] 몇몇의 연구들은 변혁적 리더십과 카리스마 리더십을 같은 이론으로 취급하기도 한다.[51] 현재까지 수행된 많은 연구의 결과들 중 변혁적 리더십이 다양한 행동 중 카리스마(또는 이념적 영향력)의 효과가 가장 지배적이며 일관되게 성과에 영향을 미치는 것으로 나타나고 있다.

그러나, 비록 변혁적 리더십과 카리스마 리더십이 공통점을 가지고 있지만, 이 두 개의 리더십은 명확하게 구별된다. 우선 변혁적 리더십은 카리스마 이외에 다른 행동요소를 포함하고 있다. 따라서 변혁적 리더십은 카리스마 리더십이상의 다른 의미를 가지고 있다. 예를 들면, 그라함은 변혁적 리더십을 카리스마 리더십의 충실화한 모델로 보고 그들간의 차이를 설명하고 있다.[52] 즉, 변혁적 리더십은 카리스마에 개별화된 배려와 지적자극을 추가하고 있기 때문에 몇 가지 차이를 만들어 낸다. 첫째, 변혁적 리더십은 구성원들을 머리와 몸통으로 이분화시킬 때 단순히 몸통에 해당되는 것이라기보다는 창의성과 교양을 가지고 있는 사람들로 보고 있다. 둘째, 교사와 코치의 역할을 수행하는 리더 또한 구성원들이 제안하는 변화에 개방적인 것으로 설명된다. 순수한 카리스마 리더는 구성원들이 카리스마의 세계관을 채택하고 더 이상 나아가지 않지만, 변혁적 리더십은 구성원들에게 기존의 관점뿐 아니라 궁극적으로는 리더가 신봉하는 관점에 대해서도 의문을 제기할 수 있는 능력을 주입하려고 할 것이다.[53] 이것은 호웰이 구분한 개인화된 카리스마 리더십과 사회화된 카리스마 리더십을 대비하여 구분하는 것과 유사하다.[54] 카리스마 리더는 변혁적 리더보다 조직이 아니라 자신에 대한 충성을 추구할 가능성이 더 큰 것으로(개인화된 카리스마) 평가된다. 따라서 변혁적 리더가 사용하는 개별화된 배려와 지적자극은 카리스마와 함께 구성원들이 단순히 리더에게 복종하기보다는 스스로 자신감을 가지고 리더가 바라는 방향으로 업무수행을 성공적으로 하도록 만드는 데 기여한다.[55]

이와 유사한 차이는 유클의 주장에서도 찾아볼 수 있다.[56] 유클은 카리스마 리더십과 변혁적 리더십의 차이를 구성원의 역량강화측면에서 구분하고 있다. 즉, 카리스마의 본질은 구성원들에게 특출한 사람으로 비춰짐으로써 구성원들이 리더로부터 영감을 얻고 지도를 받으며 리더에 의존하게 만든다. 반면에, 변혁적 리더십의 본질은 리더가 제시한 새로운 비전과 가치관에 구성원들이 몰입하도록 하며 구성원들의 자신감을 배양시켜 조직내 변화를 유도한다. 따라서 카리스마와 변혁적 리더십은 차이가 있다.

또 다른 측면에서, 트라이스와 베이어는 카리스마 리더십과 변혁적 리더십이 혁신과 관련된 공통점이 있지만 그 방법에 있어 차이가 있다는 점을 지적하고 있다.[57] 즉, 카리스마 리더는 일반적으로 새로운 조직을 창조하고 그에 따라 새로운 조직문화를 형성하는 것과 관련이 있지만, 변혁적 리더는 기존의 조직과 조직문화를 변화시키는 것과 관련이 있다는 것이다. 또한 카리스마적 리더는 공동의 대의명분을 내세워 구성원들을 유인하고 결집시켜 목표를 달성해 나간다는 점에서 사회운동의 지도자와 같은 이미지를 갖는 반면, 변혁적 리더는 기존의 조직문화를 변화시켜 새로운 문화로 바꾸어 감으로써, 카리스마 리더와 같은 선동적 이미지를 풍기지는 않는다는 것이다.

로올드와 하이니쯔는 바스의 변혁적 리더십과 콘거와 카눙고의 카리스마 리더십을 중심으로 이들간의 공통점과 차이점을 제시하였다.[58] 우선 이들간의 공통점을 살펴보면 다음과 같다.

첫째, 변혁적 리더와 카리스마 리더는 모두 변화의 대리인이다.

둘째, 구성원들의 신념체계와 태도를 바꾸기 위해서는 비전을 만드는 것 이외에 리더와 구성원 간의 정서적 유대가 필요하다.

셋째, 만일 리더가 신뢰할만한 모델이고 행동규칙을 대표한다면 변혁이 좀 더 쉽게 나타날 것이다.

넷째, 리더의 카리스마적 자질과 행동의 결과로서 구성원들은 리더와 동일시하게 되고, 그럼으로써 가치와 성과기준은 구성원들에게 더 잘 받아들여진다.

마지막으로 변혁적 리더와 카리스마 리더는 기대이상의 성과를 촉진시킨다.

이러한 유사성은 두 개의 리더십이론이 카리스마에 기초하고 있으며, 특히 변혁적 리더십의 핵심 구성요소가 카리스마이기 때문일 것이다.

반면에 로올드와 하이니쯔는 변혁적 리더십(MLQ)과 카리스마 리더십(CKS)의 차이점을 이들 각각의 측정도구를 바탕으로 제시하였다.[59] 예를 들면, MLQ는 일정시점에서의 리더십행동을 평가하지만, CKS는 리더십을 시간에 걸친 과정으로 본다. 따라서 이 두 개의 이론은 서로 다른 시간적 프레임에 초점을 맞추고 있다. 콘거와 카눙고는 세 개의 구별된 단계에 초점을 맞추고 있는 카리스마 리더십모델을 개발하였다. 첫 번째 단계에서 리더는 해당 조직에게 성장기회를 찾기 위해 환경을 분석하고, 두 번째 단계에서는 그 리더의 전략적 비전을 만들고 구성원들에게 고무적으로 계속제시하며, 세 번째 단계에서는 리더의 개인적 위험감수 및 관습에 얽매이지 않는 행동을 구성원들에게 입증해보임으로써 역할모델을 제시한다. 그리고 이를 통해 구성원들의 신뢰와 몰입을 구축한다.

다음의 〈표 12-1〉에서 보는 바와 같이 변혁적 리더십의 측정도구(MLQ-5X)와 카리스마 리더십의 측정도구(CKS)간에는 공통점도 많지만, 개인적 위험감수와 비관습적인 행동은 카리스마 리더십에만 독특한 것이다. 또한 MLQ와는 대조적으로 CKS에서는 거래적 리더십행동을 평가하지 않는다.

로올드와 하이니쯔는 MLQ-5X와 CKS를 바탕으로 변혁적 리더십과 카리스마 리더십의 공통점과 차이점을 검토한 결과 다음과 같이 결론을 내렸다.

첫째, 변혁적 리더십과 카리스마 리더십은 주관적 성과에 대해 거래적 리더십의 영향력을 추가적으로 증폭시켰다. 게다가 변혁적 리더십과 카리스마 리더십은 모두 성과에 대해 각각의 영향력을 통제하고도 독특한 차이를 만드는 데 기여했다.

둘째, 변혁적 리더십은 거래적 리더십의 효과를 넘어 추가적으로 이익에 영향을 주었다. 이익에 대한 이러한 증폭효과는 카리스마 리더십에서는 입증되지 않았다. 더군다나 변혁적 리더십은 거래적 리더십과 카리스마 리더십이 이익에 주는 영향력을 증폭시켰다. 따라서 변혁적 리더십과 거래적 리더십은 공통점도 있으나, 각각이 독특하게 기여하는 차이점도 존재한다는 것을 알 수 있다.

표 12-1 MLQ-5X와 CKS의 하위척도 비교[60]

MLQ 변혁적 리더십		CKS 카리스마 리더십	
영감적 동기부여 (IM)	비전을 명료하고 구체적으로 제시한다. 리더는 낙관주의와 열정을 갖는다.	환경에 대한 민감성 (SE)	리더는 해당 조직의 성장기회를 탐색하기위해 환경을 평가한다. 조직의 목표를 달성하기 위해 현상을 비판하고 급진적인 변화를 제안한다.
이념적 영향력 귀인 (IIa)	리더에 대한 자부심을 갖고 존경하도록 주입한다. 부하는 리더와 동일시한다.	구성원 욕구에 대한 민감성(SMN)	리더는 구성원들의 욕구를 주의깊게 평가한다.
이념적 영향력 행동 (IIb)	리더는 구성원들에게 신뢰할 만하고 활동적인 역할모델을 제시한다.	전략적 비전과 명료화(SVA)	리더는 해당조직의 전략적 비전을 만든다. 그 비전을 구성원들에게 고무적인 방식으로 지속적으로 제시한다.
지적자극 (IS)	구성원은 문제해결을 위한 기존의 방식에 대해 의문을 제기하도록 장려된다.	개인적 위험감수 (PR)	자신감을 보여주고 비전의 잠재적 결과에 대한 신념을 입증한다.
개별화된 배려 (IC)	각 구성원의 욕구와 능력을 이해한다. 개개의 구성원을 개발하고 임파워먼트시킨다.	비관습적 행동 (VB)	리더는 구성원에 대해 신뢰와 몰입을 구축한다. 리더는 구성원에게 역할모델을 제공한다.
거래적 리더십 (CR)	부하로부터 기대되는 것과 그 대가로 부하가 받을 것간에 교환관계를 정의한다.		
적극적 예외에 의한 관리(AMbE)	현행 성과상태를 유지하기 위해 실수, 문제, 불평을 탐색하고 시정조치한다.		
소극적 예외에 의한 관리(MMbE)	문제가 심각해진 후에만 그 문제를 다룬다.		
비리더십 (LF)	리더십행동의 결여		

03 조직변화와 변혁적 변화리더십

3.1 조직변화의 개념 및 과정

(1) 조직변화의 개념

변화의 사전적 의미를 살펴보면, '변화란 사물의 모양 · 성질 · 상태 등이 달라지는 것'이라고 설명된다. 일반적인 의미로서 변화는 외부 또는 내부의 압력에 대한 계획적 또는 비계획적 반응을 통해 원래의 상태에서 다른 상태로 바뀌어 지는 것을 의미한다. 그리고 변화의 결과는 발전적인 것일 수도 있고 퇴보적인 것일 수도 있다. 그러나 조직변화는 의도적이고 계획적인 변화에 초점을 맞춘다.

조직은 그 조직을 둘러싸고 있는 내 · 외부적 환경과 상호작용하고 있다. 이러한 개방시스템적 관점에서 보면, 환경의 변화에 따라 조직도 변화해야 하는 상황이 존재하게 된다. 또한 환경의 변화가 없거나 미미하더라도 조직의 자생력과 성과를 높이기 위해 조직은 스스로 개선하려는 자생적 변화의 움직임도 필요하게 된다. 조직변화는 어떤 목적을 달성하기 위해 의도적으로 현 상태에서 바람직한 상태로 바꾸는 계획된 변화를 의미한다.

(2) 계획된 변화모형

레빈(1951)은 변화를 설명하는 유용한 개념적 틀인 장 이론(field theory)을 제시하였다. 장 이론에 따르면, 현재의 상태(status quo)란 서로 반대방향으로 작용하는 힘 – 변화를 요구하는 힘과 이에 저항하는 힘 – 간의 복잡한 균형점이다.

변화의 시작은 현재의 상태를 유지하려는 힘과 현재의 상태를 깨려는 힘간의 균형이 깨지면서 발생한다. 여기서 변화의 압력요인으로는 생물체의 경우에는 지각의 변동, 기후의 변화, 먹이공급의 변화 등을 들 수 있고, 조직체의 경우에는 소비자니즈의 변화, 경쟁의 심화, 신기술의 출현, 글로벌화, 관련정치 · 법률 · 사회적 변화, 노동력의 변화 등을 들 수 있다.

그러나 변화의 압력이 발생했다고 해서 생물체나 조직체가 바로 자기변화에 착수하는 것은 아니다. 먼저, 내부 또는 외부환경에 대한 통제를 시도하여 조직변화의 원인을 제거하고자 노력하게 된다. 이러한 통제시도가 실패할 때 자기변화의 필요성을 인정하게 된다. 다시 말하면, 현 상태의 조화와 균형을 파괴하는 압력요인으로 인해 변화를 일으키려는 힘이 변화를 막으려는 힘보다 우세한 경우에만 실제로 변화가 발생하게 된다. 변화압력과 저항 압력간의 힘겨루기는 변화활동이 전개되는 동안에도 계속 이어지는데, 변화를 저지하려는 힘이 변화하려는 힘보다 커지게 되면 변화의 실질적 요인들이 상존하고 있다하더라도 변화는 중단된다.

변화는 한 균형점에서 다른 균형점으로의 이동을 수반한다. 레빈(1951)은 장 이론에 기초하여 변화과정의 3단계 모형을 제시하였다. 이 모형에 따르면, [그림 12-4]에서 보는 바와 같이 변화는 "해빙(Unfreezing) → 이동(Moving) → 재동결(Refreezing)"의 3단계 과정을 거친다.

해빙은 변화하려는 힘과 변화에 저항하는 힘간의 균형점에서 굳어져 있는 두

그림 12-4 조직변화의 3단계 모형

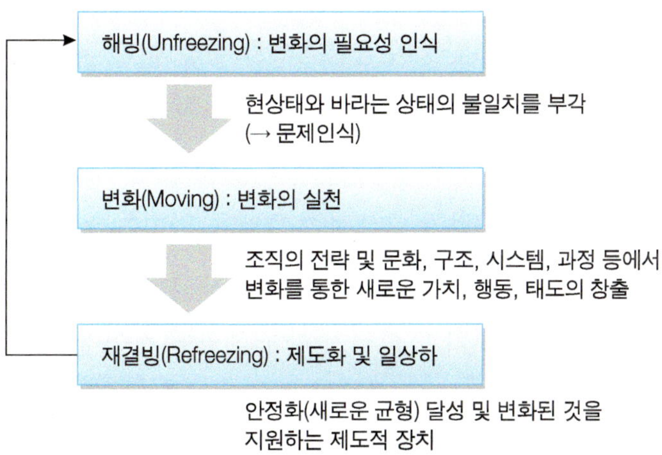

힘의 균형을 깨는 과정으로서 변화에 필요한 분위기를 형성시키는 것을 의미한다. 이동은 두 힘중 어느 하나를 키우고 다른 하나를 줄이는 것을 의미한다. 그럼으로써 어느 한 방향으로 이동하게 된다. 일단 이동이 된 후에도 물체나 마음에는 항상 변화하기 이전의 원상태로 복귀하려는 속성을 지닌 두 힘이 그대로 작용하여 있기 때문에, 안심하고 있으면 다시금원래의 모습으로 돌아가게 된다. 그러므로 변화된 상태에서 이를 안정시키고 그대로 정착시키는 과정이 필요하게 되는데 그것을 재동결이라고 한다.

3.2 조직변화의 유형

(1) 점진적 변화와 변혁적 변화

조직변화는 그 변화의 정도에 따라 점진적 변화와 변혁적 변화로 구분될 수 있다. 점진적 변화는 기존의 전략을 보다 성공적으로 수행하기 위해서 조직의 문제점을 제거하고 효율성을 제고해 나가는 상시적인 변화의 과정으로 연속적 변화 또는 진화론적 변화라고도 한다. 이 변화는 조직의 내부구성요소(구조, 과정, 직무, 구성원 등) 중 일부에 개선을 가져옴으로써 이들 요소들 간의 조화와 일관성을 유지 또는 향상시키는 것을 목적으로 한다.

변혁적 변화는 외부환경이 근본적으로 바뀜에 따라 일어나는 복잡하고 광범위한 변화로 불연속적인 변화 또는 급진적 변화라고도 한다. 기존 전략에 많은 변화를 가져오고 조직의 내부구성요소들 간에 전혀 새로운 조화와 균형을 가져오는 등 전체 조직체에 걸친 근본적인 변화를 의미한다. 예를 들면, 기본사업의 변경, 조직구조의 전면개편, 새로운 경영이념이나 핵심가치 등의 변화와 같은 기업문화의 획기적인 변화가 변혁적 변화에 해당될 것이다.

표 12-2 조직변화의 유형

진화론적 관점 : 일차적 변화	변혁적 관점 : 이차적 변화
· 연속적이고 점진적으로 진화, 발전 · 근본적인 성질은 불변 · 시스템내의 부분적 변화 · 조직의 부분개선 · 기존의 구조와 관리방식활용 · 기술개선 · 제품개선	· 불연속적이고 급진적으로 변화 · 근본적인 변화 · 전체시스템의 변화 · 조직의 전체변혁 · 새로운 구조와 관리방식창출 · 획기적인 기술개발 · 신제품, 신시장개척

(2) 일차적 변화와 이차적 변화

조직변화는 그 관점에 따라 일차적 변화와 이차적 변화로 구분될 수도 있다. 일차적 변화와 이차적 변화의 구분은 앞에서 언급한 점진적 변화와 변혁적 변화의 구분과도 서로 상응한다(표 12-2 참조).

일차적 변화는 진화론적 관점에 바탕을 두고 있다. 일차적 변화는 조직의 특성이 변하지만, 장기간에 걸쳐 연속적이며 점진적으로 진화하고 발전하는 것으로 그 근본적인 성질은 불변이다. 따라서 일차적 변화는 시스템자체의 근본은 변화하지 않는 시스템내의 부분적인 변화로 볼 수 있으며 조직개선에 해당된다.

이차적 변화는 변혁적 관점에 바탕을 두고 있다. 이차적 변화는 조직의 성질이 크게 바뀌는 불연속적이고 급진적으로 변화하는 것으로 근본적인 변화이다. 따라서 이차적 변화는 전체시스템의 변화로 볼 수 있으며 조직변혁에 해당된다.

3.3 티치와 드반나의 변혁적 변화리더십 모형

티치와 드반나는 조직이 어떻게 변화하고, 리더들이 그 변화의 과정을 어떻게 관리하는지에 관심을 두었다.[61] 기술적, 사회적, 문화적으로 경영환경이 급속하게 변화하고, 글로벌화와 개방화의 가속화 등으로 인해 기업간 경쟁은 더욱 심화되고 있다. 티치와 드반나는 이러한 환경에 대한 리더의 대처방식을 바탕으로 변혁적 리더의 특징을 설명하고자 하였다. 그들은 대기업에 근무하는 CEO 12명의 변혁적 리더들을 대상으로 인터뷰를 실시하고 자료를 수집, 분석하였다. 연구결과에 따르면, 변혁적 리더는 3단계 행동과정을 통해 조직의 변화를 관리한다. [그

그림 12–5 조직변화의 3단계 행동과정

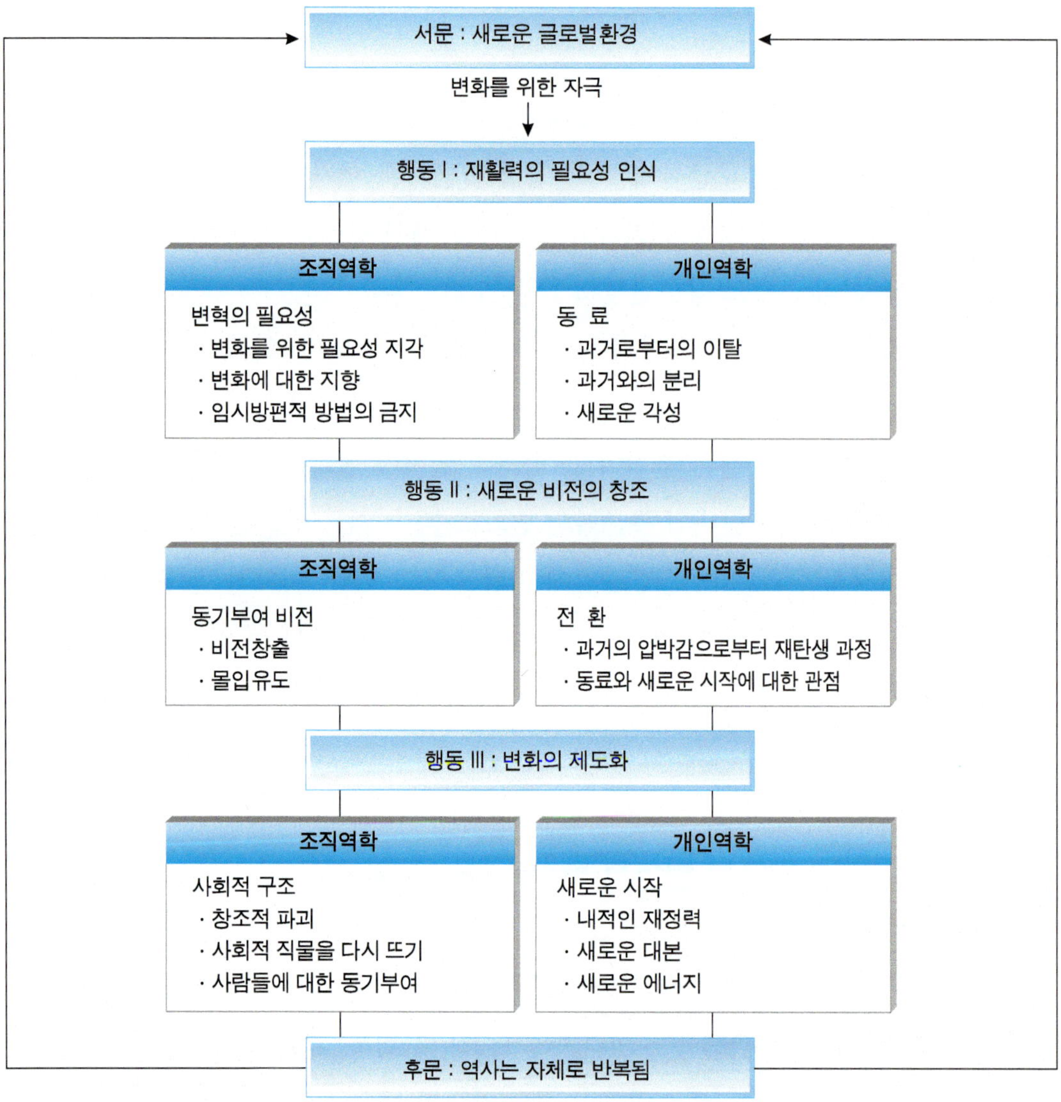

림 12-4]에서 보는 바와 같이 3단계 행동과정은 첫째, 변화의 필요성을 인식하고, 둘째, 환경에 적합한 비전을 만든 후에, 셋째, 그에 적절한 새로운 조직구조로의 변화를 이끌어 가는 것이다.[62)]

첫 번째 단계의 행동과정은 변화의 필요성 인식이다. 조직과 구성원들은 일반적으로 현재의 상태에 만족하고, 변화에 저항하려고 하는 경향이 있다. 특히 기존의 시스템내에서 권력을 가지고 있거나, 어느 정도의 성과를 내고있는 상황이라면 더욱더 변화의 필요성을 느끼지 못한다. 그러나 변화하는 환경에서 조직의 변화는 필수적이다. 이에 리더는 조직 구성원들이 변화를 수용할 수 있도록 다양한 방안을 제안해야 하며, 구성원들로 하여금 변화와 관련된 의견을 제시할 수 있어야 한다. 즉, 단순히 변화를 주도하는 세력을 키우기만 하는 것이 아니라 변화에 대한 저항세력을 줄이는 일도 함께 해야 한다. 이를 위해서는 모든 구성원들에게 변화의 필요성을 인식 및 이해시키는 것이 중요하다. 티치와 드반나는 조직이 변화에 대한 개방성을 향상시킬 수 있는 몇 가지 방안을 다음과 같이 제시하고 있다.

① 부하들로 하여금 다른 의견을 제시하고 주장하도록 허용하라
② 조직이 목표를 얼마나 잘 달성하고 있는지에 대해 객관적인 평가를 받도록 하라
③ 조직의 구성원들을 조직내부의 타 부서나 외부조직들에 방문하도록 하여 타 조직들이 어떻게 하고 있고, 문제를 어떻게 해결하고 있는지에 대한 대안적 관점을 체득하도록 하라
④ 조직의 성과를 다른 조직들의 성과와 비교가능하도록 광범위한 경제적 · 비경제적 지표에 근거하여 평가하도록 촉진하라

두 번째 단계의 행동과정은 비전을 창출하는 것이다. 비전은 조직이 미래에 나아갈 방향에 대한 개념적인 도로지도의 역할을 한다. 티치와 드반나에 의하면 비전은 리더 혼자서 만드는 것이 아니다. 비전은 조직내의 다양한 구성원들의 상이

한 관점과 시각들, 그리고 환경을 고려하여 만들어져야 한다. 그리고 비전은 리더와 구성원 간의 공유가 중요하기 때문에 그 내용과 가치가 무엇인지를 명확히 표현하는 사명진술서가 개발되어야 한다.

세 번째 단계의 행동과정은 변화를 실행하고 제도화하는 것이다. 리더는 기존의 조직구조를 해체하고, 새로운 조직구조를 정립하여 변화를 실행한다. 리더는 이러한 변화의 실행을 위해 새로운 아이디어를 실행할 수 있는 적합한 자격을 갖춘 구성원들을 찾아내고, 그들의 지원을 받아야 한다. 또한 기존의 구조를 해체하고 새로운 비전을 실천하는 데 적합한 구성원들의 새로운 연합체를 형성해야 한다. 이러한 과정에서 모든 구성원들이 변화된 조직에서 새로운 역할을 찾도록 도움을 주어야 한다.

제13장 서번트 리더십

서번트 리더십은 그린리프가 1970년 헤르만 헤세의 『동방기행』을 읽고 'Servant as Leader'라는 에세이에서 처음 사용한 이래로 많은 리더십학자와 실무자들의 관심을 받아 왔다. 서번트 리더십은 전통적 리더십의 개념에서 탈피한 새로운 사고에 기초하고 있다. 즉, 서번트 리더십은 리더를 부하들의 서번트로 보는 견해이다. 일반적으로 서번트 리더십은 리더의 자기이해에 앞서 부하들의 이익을 우선시하고 부하들의 개인적 발전과 임파워먼트를 강조하며, 공동체를 구축하는 데 초점을 맞추고 있다.

그러나 서번트 리더십의 개념적 특징에 대한 명확한 합의는 이루어지지 않고 있으며, 이를 측정하기 위한 도구도 일반화되어 있지 않다. 서번트 리더십에 대한 많은 연구들은 그것의 개념적 특징을 명확히 하고 그것의 유용성을 밝히는 데 관심을 가지고 있다. 특히 몇몇의 연구들은 기존의 리더십이론과의 차이를 확인하는 데 관심을 가지고 있다. 아직까지 과학적인 연구는 부족한 편이지만, 실무적 적용은 매우 빠르게 확산되고 있다. 따라서 전통적 리더십개념과 구별되는 새로운 관점에서 서번트 리더십의 개념과 특징을 이해하고, 더 나아가 기존의 리더십이론과의 차이를 확인하는 것은 앞으로의 연구와 실천에 도움이 될 것이다.

01 서번트 리더십의 개념 및 특징

서번트 리더십은 그린리프에 의해 개념화되었다. 서번트 리더십 그린리프 센터(Greenleaf Center for Servant Leadership)의 창시자인 그린리프는 서번트 리더라는 아이디어를 개념화하였다. 비록 초기에 그린리프가 서번트 리더십을 정확하게 정의하고 있지는 않지만, 그 개념이 리더십문헌에 소개되면서 많은 학자들에 의해 구체적으로 정의되기 시작하였다. 특히, 스피어스가 서번트 리더의 구체적인 특징을 제시한 이후 서번트 리더십에 대한 연구가 본격화되기 시작하였다.

1.1 서번트 리더십의 개념

서번트 리더십의 출발점이 된 'The Servant as Leader'라는 에세이의 제목은 의미를 담고 있다. 이 제목에서 나타난 서번트와 리더는 서로 상반된 의미를 가지고 있다. 서번트는 아랫사람의 의미를 가지고 있는 반면 리더는 윗사람의 의미를 가지고 있다. 이와 같이 일반적으로 서로 상반되는 개념으로 이해되는 두 가지의 개념에 대한 질문을 던지면서 그린리프는 'The Servant as Leader'라는 에세이를 시작한다. 즉, 서번트와 리더라는 두 가지의 역할이 가상의 인물이 아닌 한 명의 실제 인물내에서 통합될 수 있는가? 만일 그렇다면 그 사람은 현존하는 실제의 세상에 살아 있으며 정말 생산적인가? 이 두 질문에 대해 그린리프는 '그렇다'라고 답하면서 왜 그런가를 설명한다.

'The Servant as Leader'에 대한 아이디어는 헤르만 헤세의 『동방기행』이라는 소설에서 얻은 것이다. 이 소설에는 순례여행을 떠나는 많은 사람이 나오는데,

그 이야기의 주인공인 레오는 천한 허드렛일을 하면서 순례자들을 정신적으로나 육체적으로 지치지 않도록 보살핀다. 때로는 지친 순례자들을 위로하고 때로는 그들의 불만을 경청하며 여행에 차질이 없도록 헌신적으로 봉사한다. 그러던 어느날 레오가 순례자집단에서 갑자기 사라진다. 레오가 사라지기 전까지 모든 일은 순조로웠다. 그러나 레오가 사라진 후 그 집단은 혼란에 빠지게 되고 여행은 중단되었다. 사람들은 레오가 없이는 여행을 계속할 수가 없었다. 다른 사람들의 허드렛일을 해 주던 레오가 그들에게는 꼭 필요한 존재였고 진정한 리더였음을 알게 되었다. 나중에 순례자들은 수년을 돌아다닌 끝에 레오를 찾았고 그가 사실은 여행을 후원한 교단의 책임자이며 정신적 지도자이고 위대하고 숭고한 리더였음을 알게 되었다.

이 이야기로부터 그린리프는 위대한 리더는 서번트우선으로 보여지며 그의 위대함의 핵심은 단순한 사실이라는 점을 알게 된다. 레오는 실제로 항상 리더였다. 그러나 그는 아주 깊은 내면으로부터 서번트가 바로 그 자신이었기 때문에 서번트가 우선이었다. 이것이 바로 서번트 리더십의 핵심인 것이다.

그린리프는 이러한 새로운 리더십의 철학을 다음과 같이 설명하였다. “이것은 사람이 섬기길 원하는, 우선적으로 그러길 원하는 자연스러운 느낌에서 출발한다. 그런 다음 의식적인 선택을 통해 리드하려는 열망을 갖게 된다. 차이는 서번트가 행하는 보살핌이라는 것 자체에 있다. 즉, 가장 먼저 다른 사람들이 최우선시하는 욕구를 확실하게 섬기는 것이다. 최선의 검증방법은 이렇다. 섬김을 받은 사람이 인간으로서 성장하는가, 섬김을 받는 동안 그들은 더 건강해지고, 더 현명해지고, 더 자유로워지고, 더 자율적이 되고 스스로 서번트가 더 잘되는 경향이 있는가?”

이와 같이 그린리프는 다른 사람을 우선적으로 섬긴다는 것을 전제로 리더십을 전개하는 것이다. 왜냐하면 서번트 리더십은 다른 사람을 우선적으로 섬기고(to serve, to serve first) 싶다는 자연스러운 느낌(natural feeling)에 기초하고 있기 때문이다. 서번트리더는 우선적으로 다른 사람에게 서번트가 되어야 한다. 그리고 반복적인 서번트행동을 통해 궁극적으로 집단의 생존에 중추적인 사람으로 나타나게 되는 것이다. 그럼으로써 리더의 위치에 서게 되는 것이다. 그린리프에 따르면, 이러한 사람들은 처음부터 리더이길 원하는 것이 아니다. 다른 사람의 권고에 반응하고 집단성공의 필요성에 반응하여 리더의 자리를 맡는 것이다.

그린리프는 다른 사람을 리드하려는 열망을 가지고 있는 사람에 초점을 맞추는 전통적인 리더십모델과 서번트 리더십을 대비하였다. 리더우선인 사람과 서번트우선인 사람은 한 연속선상의 양극단에 존재한다고 하였다. 무엇을 우선하고 싶은지에 대한 리더의 동기부여 또는 욕구(motivation)는 서번트 리더십을 확인하는데 매우 중요하다. 리더우선인 사람은 리더십을 먼저 정립한 후에 섬기는 것을 선택할 것이다. 반면에 서번트우선인 사람은 먼저 섬기기를 원하는 자연스러운 감정을 가지고 있으며 나중에 리드하려는 열망을 의식적으로 선택할 것이다. 다른 사람들로부터 섬김을 받으려는 전통적인 리더십의 개념에서 탈피하여 다른 사람들을 먼저 섬기려는 서번트우선의 사고를 가져야만 곧 진정한 서번트 리더가 된다.

센게는 서번트 리더십을 모든 사람의 존엄성과 가치에 대한 믿음, 리더의 권력은 부하로부터 기인한다는 민주적인 원칙에 입각한 리더십이라고 정의하였다. 서번트리더는 기본적으로 인간존중의 정신과 민주적인 원칙을 바탕으로 다른 사람을 섬기는 서번트 리더십의 철학을 실천하는 사람이다. 기존의 리더십에서 리더의 목적이 섬김을 받는 것이라면 서번트 리더십에서 리더의 목적은 섬김을 하는 것이다.

1.2 서번트 리더십의 특징

서번트 리더십의 개념을 구체화하고 그것의 구성요소를 탐색하려는 시도는 여러 학자들에 의해 이루어져 왔다. 그린리프는 섬기는 자로서의 리더는 존중, 봉사, 정의, 정직 그리고 공동체윤리 등의 다섯 가지 원칙을 가지고 있어야 함을 강조하였다. 그리고 이러한 원칙에 입각하여, 리더는 경청하고 공감대를 형성하며 잘못된 부분을 고쳐나가고, 깨닫고자 노력하여야 한다고 하였다. 또한 리더는 구성원들을 설득할 뿐만 아니라, 자신의 능력개발을 통해 꿈을 실현하는 데 최선을 다하고, 선견지명으로써 청지기의식(stewardship)을 발휘하며, 사람들의 성장에 몰입하고 공동체의식을 구축하도록 노력해야 한다. 이러한 그린리프의 주장을 바탕으로 스피어스는 서번트리더의 10가지 특징을 제시하였다. 비록 이 10가지의 특징이 서번트 리더십의 결정된 목록은 아니지만, 이 목록은 서번트 리더십의 특징을 설명하는 데 일반적으로 가장 잘 수용되고 있는 기본적인 틀이 되고 있

표 13-1 스피어스의 서번트 리더십 특징[1)]

특 징	내 용
경 청	부하에 대한 존중과 수용적 태도로 구성원의 의견을 주의깊게 잘 듣는 태도
감정이입	구성원의 입장에서 상황과 견해를 이해하려고 노력하는 행위
치 유	업무로 인한 건강악화나 구성원들과의 관계악화와 같은 상처로부터 오는 구성원의 정서적 감정과 업무적 스트레스를 경감시켜 주는 행위
설 득	권위나 일방적 지시, 통제보다는 쌍방향적 대화나 설득으로 영향력을 행사하는 행위
자 각	다른 사람보다 주변환경에 대해 더 잘 아는 것으로 전체적인 상황과 상황에 영향을 주는 요소들을 정확하게 판단하는 능력
통 찰	경험과 직관을 가지고 현재와 미래의 결과를 예측할 수 있는 능력
개념화	비전을 제시하고 그 비전을 분명한 목표와 연결시켜 방향을 설정해 주는 행위
스튜어드십	어떤 의사결정이나 행동을 할 때 그 결과가 구성원에게 미치는 영향을 먼저 고려하는 태도와 행위
성장에 대한 몰입	구성원들이 능동적으로 일을 할 수 있도록 지원하며 잠재력을 발휘하고 성장할 수 있는 기회를 제공하는 행위
공동체구축	공동체란 구성원이 하는 일과 그 일이 갖는 의미를 알고 함께 공유하는 역동적인 시스템으로 이를 형성하기 위해 구성원들 간의 활발한 의사소통과 협력을 장려하는 행위

다. 서번트 리더십의 10가지 특징은 경청, 감정이입, 치유, 설득, 자각, 통찰, 개념화, 스튜어드십, 구성원성장에 대한 몰입, 그리고 공동체구축이다. 각각의 특징에 대한 설명은 〈표 13-1〉과 같다.

이후 심스는 서번트 리더십을 모든 부하들의 인간적 존엄성과 가치를 존중하고 그들의 리더십을 위한 내재된 창조적 권력을 가능한 많이 일깨워 주는 것이라고 정의하였다. 이를 위해 서번트 리더는 공유된 비전을 촉진시키고, 학습을 장려하며, 다른 사람들을 도와주기 위해서 자신의 권력을 사용하고, 협력을 통한 공동체구축을 위해 상대방의 입장을 수용하고 정직하게 의사소통하며, 다른 사람들을 고무시키는 특징을 가진다고 하였다.

보이어는 서번트 리더의 특징을 중심으로 몇 가지 유형으로 분류하였다. 즉, 서번트 리더는 질문하고 이해하려고 노력하는 사람, 격려하고 보살피며 편안한 분위기를 조성하려고 노력하는 사람, 상대방을 존중하는 사람, 진정성(authenticity)을 갖추고 신뢰할만한 사람, 권한을 위임하고 학습을 장려하는 사람, 공동체를 구축하는 사람으로 분류할 수 있다.

라웁은 서번트 리더십이란 리더의 자기이해(self-interest)에 앞서 구성원들의 이익을 우선시하는 리더십으로 개념화하고, 이를 측정하기 위한 평가도구를 개발하였다. 그 평가도구는 서번트 리더의 행동특성을 나타내는 여섯 개의 하위차원으로 구성되어 있다. 즉, 사람들을 존중하고, 개발하며, 공동체를 구축하고, 진정성을 실천하며, 구성원들의 이익을 위한 리더십을 제공하고, 개인, 조직, 그리고 고객 등의 공익(common good)을 위해 권력과 지위를 공유하는 여섯 가지의 행동을 서번트 리더의 특성으로 제시하였다.[2)]

또한 앗지보로수는 서번트 리더십을 개념적 분석틀과 자기평가도구를 통해서 개인, 관계, 과업, 그리고 과정의 네 가지 차원으로 분류하고 각각의 차원에 속하는 하위요소들을 제시하였다. 개인차원에는 정직, 겸손, 그리고 섬김이 포함되고, 관계차원에는 다른 사람을 돌봄, 임파워링, 그리고 개발이 포함되며, 과업차원에는 비전제시, 목표설정, 그리고 학습이 포함된다. 그리고 과정차원에는 모델

링, 협력(팀 형성), 그리고 의사결정의 공유가 포함된다.[3)]

스미스 등은 스피어스와 라웁의 연구를 기초로 서번트 리더십의 특징을 여섯 개의 차원으로 구분하였다. 여섯 개의 차원은 사람들을 존중하는 것, 사람들을 개발하는 것, 공동체를 구축하는 것, 진정성을 보여 주는 것, 리더십을 제공하는 것(미래를 구상하고, 솔선하며, 목표를 명료화하는 것), 그리고 리더십을 공유하는 것(공유된 비전을 촉진하고 권력의 공유 및 자율권을 제공하며 지위의 공유 및 타인의 승진을 인정하는 것)을 포함한다.

이와 같이 서번트 리더십의 개념적 특징을 나타내는 구성요소에 대해서는 확

표 13-2 서번트 리더십의 구성요소에 대한 주장

연구자	서번트 리더십의 구성요소
스피어스	· 경청, 감정이입, 치유, 설득, 자각, 통찰, 개념화, 스튜어드십, 성장에 대한 몰입, 공동체구축
심스	· 공유된 비전촉진, 학습장려, 타인을 위한 권력의 사용, 상대방 입장수용, 정직한 의사소통, 협력적 공동체구축, 타인 동기부여
보이스	· 상대에 대한 질문과 이해, 격려와 보살핌, 편안한 분위기조성, 상대방 존중, 진정성과 신뢰, 권한위임, 학습장려, 공동체구축
라웁	· 사람존중, 개발, 공동체구축, 진정성 실천, 구성원 이익우선, 공익을 위한 권력과 자원공유
앗지보로수	· 개인차원 : 정직, 겸손, 섬김 · 관계차원 : 다른 사람을 돌봄, 임파워링, 개발 · 과업차원 : 비전제시, 목표설정, 학습 · 과정차원 : 모델링, 협력(팀 형성), 의사결정의 공유
스미스 등	· 사람 존중 : 사람에 대한 믿음, 다른 사람의 욕구우선, 수용적이고 비 판단적 경청 · 사람개발 : 학습과 성장기회 제공, 적합한 행동모델링, 격려와 긍정 · 공동체구축 : 강한 개인적 관계, 협력, 다른 사람의 다른 점을 존중 · 진정성 : 타인에 대한 개방성과 책임성, 다른 사람으로부터의 학습의지, 성실과 신뢰의 유지 · 리더십 제공 : 비전제시, 솔선, 목표명료화 · 리더십 공유 : 공유된 비전촉진, 권력공유 및 자율권 제공, 지위공유 및 타인승진

실한 합의가 이루어지고 있지는 않다. 비록 공통적인 요소들도 있지만, 그 구성요소에 대한 주장에는 학자들마다 다소 차이도 있다. 서번트 리더십의 구성요소에 대한 학자들의 주장을 요약하면 〈표 13-2〉와 같다.

비록 많지는 않지만, 최근 들어 서번트 리더십의 구성요소를 확인하기 위한 실증적 연구도 간헐적으로 이루어지고 있다. 바부토와 휠러(2002)는 스피어스가 1995년에 제시한 10개의 특징에 소명(calling)이라는 차원을 추가하여야 한다고 주장하였다. 소명은 그린리프의 초기 에세이에서 서번트 리더십의 근본적인 것으로 다른 사람을 섬기려는 자연스러운 욕구(natural desire)에 해당되는 것이라고 하였다. 그들은 소명을 섬기려는 욕구와 다른 사람의 이익을 위해 자기이익을 희생하려는 의지로 정의하였다. 이러한 주장을 바탕으로, 바부토와 휠러는 소명이 추가된 11개의 서번트 리더십 특징을 요인분석한 결과 다섯 개의 차원을 도출하였다. 또한 이 다섯 차원의 서번트 리더십 구성요소는 변혁적 리더십과는 상대적으로 독립적인 영향력을 행사하는 것으로 나타났다. 따라서 서번트 리더십은 기존의 리더십과 서로 관련성은 있지만 구별될 수 있으며 구성원들의 동기부여 및 리더십 효과성에 영향을 주는 것으로 볼 수 있다. 그 다섯 개의 차원은 이타적 소명(altruistic calling), 감성적 치유(emotional healing), 지혜(wisdom), 설득적 매핑(persuasive mapping), 그리고 조직 스튜어드십(organizational stewardship)이다.

라이덴 등은 바부토와 휠러의 연구를 포함한 서번트 리더십문헌을 검토하고 아홉 개의 구성요소를 도출한 후, 서번트 리더십의 의미있는 구성요소를 찾기 위해 실증조사를 하였다. 이 연구의 결과에 따르면 문헌검토에서 도출한 아홉 개의 구성요소 중 일곱 개의 구성요소가 의미있는 서번트 리더십의 특징으로 나타났다. 즉, 서번트 리더십은 일곱 개 차원으로 구성될 수 있는 다차원적인 개념이며, 그 일곱 개의 차원은 변혁적 리더십과 LMX 영향력을 통제하고도 구성원들의 조직시민행동, 성과, 그리고 조직몰입에 영향을 주는 것으로 나타났다. 서번트 리더십의 일곱 개 차원은 감성적 치유, 공동체를 위한 가치창조, 개념적 능력, 임파워링, 구성원의 성장과 성공을 돕기, 구성원 우선, 그리고 윤리적 행동을 포함한다.

표 13-3 바부토와 휠러의 서번트 리더십의 5개 차원[4)]

특 징	내 용
이타적 소명	· 다른 사람의 삶에 긍정적으로 영향을 미치려는 깊이 뿌리박힌 욕구 · 자신의 이익보다 다른 사람의 이익을 우선시하고 부하들의 욕구를 충족시키기 위해 열심히 일함
감정적 치유	· 구성원들이 어려움이나 상처로부터 정신적으로 회복하도록 돌보는 데 대한 몰입과 능력 · 매우 감정이입적이고 잘 경청하며 치유과정에 능통하고 구성원들이 개인적이고 전문적인 이슈를 얘기할 수 있는 안전한 환경을 조성함
지 혜	· 주변상황에 대한 자각과 결과의 예측이 결합된 것 · 환경으로부터의 단서를 포착하고 그것의 함축된 의미를 이해하는 데 능통함
설득적 매핑	· 확고한 논리와 정신적 구조틀을 사용하는 정도 · 이슈를 매핑하고 더 큰 가능성을 개념화하며 이러한 가능성을 확실하게 구체화함. 또한 다른 사람들이 미래를 시각화하고 설득하며 어떤 것을 해야 하는 확실한 논리를 제공할 것을 장려함
조직 스튜어드십	· 공동체개발, 프로그램확산을 통해 조직이 사회에 긍정적인 공헌을 하도록 준비하는 정도 · 공동체의 복지를 위한 책임을 맡으려는 윤리 또는 가치관을 가지며 직장에 공동체정신을 개발하기 위해 노력함

이와 같이 실증연구를 통해서도 서번트 리더십의 구성요소에 대한 명확한 합치점을 찾지 못하고 있다. 이는 서번트 리더십이 아직까지 개념적 수준에서 논의되고 있으며 검증가능한 이론으로 정립되기 위해서는 추가적인 연구가 필요함을 시사하는 것이다. 그럼에도 불구하고 몇몇의 실증연구들은 서번트 리더십이 기존의 리더십이론과는 다른 독특한 특징을 가지고 구성원들에게 영향력을 미친다는 것을 보여 주고 있다. 특히, 용어는 다르게 사용하고 있지만, 이타적 소명 또는 구성원우선, 감성적 치유, 구성원성장에 몰입, 그리고 공동체구축은 거의 모든 학자들이 제시하는 서번트 리더십의 공통특징으로 볼 수 있다, 이에 대한 좀 더 심도있는 논의를 위해서는 서번트 리더십과 기존 리더십이론과의 차이에 관한 연구를 살펴보는 것이 도움이 될 것이다.

표 13-4 라이덴 등의 서번트 리더십의 구성요소[5)]

특징	내용
감성적 치유	· 다른 사람의 개인적 관심이나 염려사항에 감수성을 보여 주는 행동
공동체를 위한 가치 창조	· 공동체를 돕는 것에 의식적이고 진정한 관심을 가짐
개념적 능력	· 다른 사람, 특히 부하들을 효과적으로 지원하고 돕는 자리에 있기 위해 조직 및 과업에 대한 지식을 보유함
임파워링	· 문제를 확인하고 해결할뿐 아니라 언제 어떻게 업무를 완수할 것인지를 결정하도록 다른 사람, 특히 부하들을 격려하고 촉진하는 것
구성원성장과 성공을 도움	· 지원과 멘토링 등을 통해 다른 사람의 경력성장과 개발에 진정으로 관심이 있다는 것을 보여줌
구성원 우선시	· 언행을 통해 다른 사람들, 특히 부하들에게 그들의 업무욕구를 만족시키는 것이 우선이라는 것을 명확하게 함 · 참고로 이러한 원리를 실천하는 상사는 업무수행과정에서 문제에 직면한 부하를 도와주기 위해 자기자신의 일을 중단하기도 함
윤리적 행동	· 다른 사람들과 개방적이고 공정하고 정직하게 상호작용함

02 서번트 리더십연구

서번트 리더십은 그린리프에 의해 알려진 이후 리더십이론으로 발전되기보다는 접근법적 방법론으로 집중되었기 때문에 경험적 및 실무적 가치에 대한 연구가 이루어져왔다. 시간이 지나면서 서번트 리더십은 이론적으로도 발전되어 왔으며, 리더가 보이는 서번트행동에 대해 집중되었던 제한적 시각에서 벗어나 서번트 리더십이 만들어내는 개인과 조직의 성과에 관심을 두기 시작하였다.[6)]

서번트 리더십이 이론적으로 발전됨에 따라 서번트 리더십과의 관계모형이 설정되었으며, 이는 라이덴 등[7)]의 연구를 기초로 모형화되었다. 모형은 서번트 리

그림 13-1 서번트 리더십의 개념적 모형[8)]

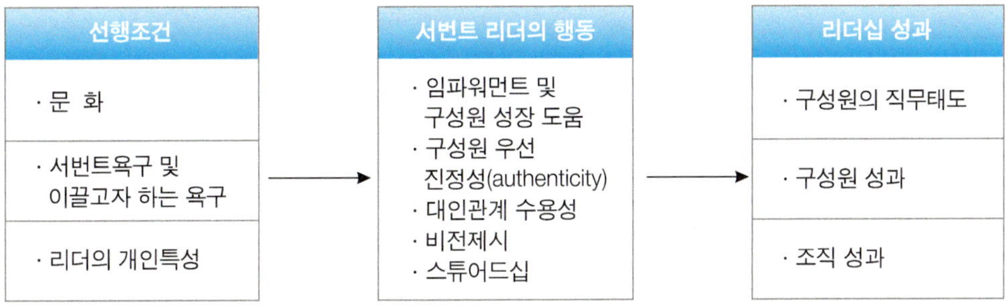

더십에 영향을 주는 '선행조건(antecedent condition)'과 '서번트 리더의 행동', 마지막으로 서번트 리더십이 영향을 미치는 '리더십성과'으로 구성되어 있다.

2.1 선행변수 및 결과변수

에바 등[9)]의 연구에서는 서번트 리더십에 대한 메타분석을 실시하였으며, 서번트 리더십에 영향을 주는 선행요인들에 대해서 헌터 등[10)]의 연구에서는 성격특성인 BIG 5 중에 친화성은 서번트 리더십에 긍정적인 영향을 미친다고 하였으며, 또 다른 성격특성인 외향성은 부정적인 영향을 미치는 것으로 나타났다. 플린 등[11)]의 연구에서는 높은 수준의 핵심적 자기평가가 서번트 리더십에 긍정적인 영향을 미친다고 하였으며, 벤도퍼는[12)] 높은 수준의 마인드풀니스(mindfulness)는 긍정적으로 서번트 리더십에 영향을 미치는 것으로 나타났다. 그러나 높은 수준의 나르시시즘은 서번트 리더십에 부정적인 영향을 미치는 요인으로 나타났다.[13)] 마지막으로 높은 수준의 조직동일시를 가지고 있을수록 서번트 리더십에 긍정적인 영향을 미치는 것으로 나타났다. 이와 같이 서번트 리더십에 영향을 미치는 선행연구를 살펴보면, 내면의 요소 즉 심리적 요인이라 할 수 있는 성격과 특성 등이 서번트 리더십에 영향을 미친다는 것을 알 수 있다.

서번트 리더십이 영향을 미치는 결과변수를 살펴봄에 있어 에바 등[14]의 연구에서는 크게 행동주의적 결과(behavioral outcomes), 사고방식의 결과(attitudinal outcomes), 리더와의 관계로 인한 결과(leader-related outcomes), 수행결과(performance outcomes)로 구분하고 있다.

행동주의적 결과의 변수들로는 조직시민행동,[15] 도움행동,[16] 구성원의 일탈 등이[17] 있으며, 이 변수들에 있어 서번트 리더십이 긍정적인 영향을 미친다고 보고하고 있으며, 사고방식의 결과의 변수들은 대표적으로 구성원 열의,[18] 직무만족,[19] 이직의도 등이[20] 있다. 이중에서 이직의도에만 서번트 리더십이 부정적인 영향을 미치며, 나머지 변수에는 긍정적인 영향을 미치는 것으로 나타나고 있다. 리더와의 관계로 인한 결과 변수로는 상사신뢰,[21] 리더의 효과성,[22] 리더의 진실성 등이[23] 있으며, 서번트 리더섭이 긍정적인 영향을 미치는 변수들로 나타난다. 마지막으로 수행결과의 변수들은 성과와 관련하여 개인수준,[24] 팀수준,[25] 조직수준이[26] 있으며, 고객만족 등이[27] 있으며, 서번트 리더십이 모두에게 긍정적인 영향을 미치는 것으로 보고되고 있다.

2.2 매개변수 및 조절변수

서번트 리더십이 결과변수에 미치는 영향에 있어 매개변수와 조절변수 역시 구분이 되어 연구가 진행되고 있다.[28] 서번트 리더십과 함께 쓰이는 매개변수는 구성원과 직무, 팀대상, 리더, 풍토와 조직으로 구분된다. 구성원과 직무에 관련된 매개변수로는 임파워먼트,[29] 개인-환경적합성,[30] 조직동일시 등이[31] 있으며, 이 변수들은 각각 서번트 리더십과 직무만족 및 조직몰입, 그리고 발언행동 사이에서 긍정적인 매개효과를 내는 것으로 보고되고 있다. 팀관련 매개변수로서 그룹 동일시는[32] 서번트 러더십과 고객서비스 행동 간의 관계에서, 집단시민행동(group citizenship behavior)은[33] 서번트 리더십과 그룹사회자본(구조, 관계 등)

간의 관계에서 긍정적인 매개효과를 내는 것으로 나타났다. 리더와 관련된 매개변수에서 리더-구성원 교환관계는[34] 리더의 서번트 리더십과 구성원의 동기부여 및 자기효능감 간의 관계에 긍정적인 영향을 미치는 것으로 나오고 있다. 마지막으로 풍토와 조직과 관련된 변수로 긍정적인 조직풍토는[35] 서번트 리더십과 조직동일시, 조직시민행동 간의 관계에서, 신뢰풍토는[36] 조직몰입과 직무열의 그리고 업무성과에, 서비스풍토는[37] 구성원의 조직시민행동, 이직의도 등 서번트 리더십과 결과 변수사이에서 긍정적인 매개효과를 나타내고 있으며, 이와 같은 변수들이 매개변수로서 연구가 진행되고 있다.

조절변수 역시 마찬가지로 활발히 연구가 진행되고 있으며, 매개변수와 마찬가지로 구성원과 직무, 팀대상, 리더, 풍토와 조직으로 구분된다. 구성원과 직무 관련변수로는 구성원 입장에서의 동기지향성이[38] 있으며, 구성원이 동기지향성의 수준이 높을수록 리더가 가지는 서번트 리더십과 조직시민행동 간의 관계를 크게 강화시키는 것으로 나타났다. 재임기간의[39] 경우, 구성원의 재임기간이 짧을수록 상사의 서번트 리더십이 구성원 직무만족을 더 강화시키는 것으로 나타났다. 팀관련 변수로서 팀권력거리는[40] 구성원이 느끼는 팀권력거리가 낮을수록 리더의 서번트 리더십과 팀효능성 간의 관계를 강화시키는 것으로 나타났다. 리더와 관련된 변수로서 상사에 대한 신뢰를[41] 살펴보면, 서번트 리더십과 구성원의 윤리적 행동 그리고 비윤리적 행동과의 관계에서 상사에 대한 신뢰가 높을수록 구성원의 윤리적인 행동을 강화시키고 반대로 비윤리적인 행동은 완화시켜주는 것으로 나타났다. 리더-구성원 교환관계의[42] 경우, 리더-구성원 교환관계의 수준이 높을수록 리더의 서번트 리더십과 구성원의 심리자본과의 관계를 강화시켜주는 것으로 보고되었다. 마지막으로 풍토와 조직과 관련된 변수로는 조직구조,[43] 조직문화[44] 등이 있으며, 조직구조가 유연할수록 서번트 리더십과 구성원들의 직무만족과 이타행동 간의 관계를 강화시켜주는 것으로 나타났다. 또한 임파워먼트와 팀지향성이 포함된 조직문화정도에 따라 리더의 서번트 리더십과 공동체의식 혹은 구성원과 조직과의 제휴관계를 조절하는 것으로 나타났다.

2.3 행동변수 / 풍토 및 문화변수

서버트 리더십이 영향을 미치는 결과변수 중에서도 구성원의 행동과 관련된 변수를 간추리면 다음과 같다. 구성원 간의 협력에[45] 대해 서번트 리더십은 긍정적인 영향을 미치며, 구성원의 일탈[46]에 대해서는 부정적인 영향을 미치는 것으로 나타나고 있다. 조직시민행동,[47] 도움행동,[48] 구성원의 기업의 사회적 책임 수준,[49] 발언행동에는[50] 서번트 리더십이 긍정적인 영향을 미치는 것으로 나타났다. 서번트 리더십은 구성원 입장에 맞춘섬김의 리더십으로서 결과변수로서 나타나는 행동변수 역시 구성원의 입장에 맞춘변수들에 대해 연구가 진행되고 있다.

풍토 및 문화변수를 살펴보면, 긍정적 조직풍토,[51] 사회-도덕적 풍토,[52] 심리적 안정풍토,[53] 신뢰풍토,[54] 서비스풍토,[55] 섬김문화 등의[56] 변수들이 있으며, 서번트 리더십은 이러한 풍토 및 문화에 긍정적인 영향을 미치는 것으로 나타났다. 서번트 리더십의 행동과 특성에 의해 나타나는 풍토 및 문화변수들이 서번트 리더십과 연구가 진행되고 있다.

03 서번트 리더십과 기존 리더십이론의 비교

서번트 리더십에 대한 보다 명확한 이해는 기존 리더십이론과의 차이를 확인함으로써 가능할 것이다. 몇몇의 학자들은 서번트 리더십의 독특한 특징을 확인하기 위해 기존의 리더십이론과 비교하였다. 특히, 그 비교의 대상으로는 대부분 변혁적 리더십에 초점이 맞추어졌다.

3.1 서번트 리더십과 변혁적 리더십

서번트 리더십과 변혁적 리더십 간에는 많은 공통점이 존재하며 서로 관련되어 있지만, 분명히 구별되는 측면도 존재한다. 다음에서는 서번트 리더십과 변혁적 리더십의 개념적 차이와 각각을 구성하는 행동요소의 차이에 대해서 살펴보고자 한다.

(1) 서번트 리더십과 변혁적 리더십의 개념적 차이

그래함은 서번트 리더십은 변혁적 리더십에 도덕적 차원이 추가된 것으로 최소 두 가지 측면에서 변혁적 리더십과 분명하게 구별된다고 하였다. 첫째, 서번트리더는 많은 이해관계자의 욕구에 민감하며 조직의 이해관계자들을 섬기려는 사회적 책임을 인정한다. 둘째, 서번트리더는 리더 우선이라기보다는 서번트우선이므로 구성원들이 도덕적 추론에 참여하도록 장려하며 그러한 능력을 갖도록 성장시킨다. 다른 사람들을 섬기고 스스로 책임감을 갖기 위해서 서번트리더는 주변사람들의 지적개발과 도덕적 개발을 장려한다. 반면에 변혁적 리더십은 구성원들과 조직의 도덕적 발달이나 윤리의식을 강조하지 않으며 조직의 성과에 관심을 둔다.[57]

서번트 리더십과 변혁적 리더십의 차이가 도덕적 차원에 있다면, 서번트 리더십은 번즈의 변혁적 리더십과 매우 유사하다. 바스는 부하들의 고차원적 동기를 유발시켜서 헌신적으로 일하게 만드는 것이면 모두 변혁적인 것으로 본 반면에 번즈는 부하들의 도덕적 가치나 고차적 욕구를 개발함으로써 궁극적으로 부하 자신들의 성장과 발전에 도움을 주는 경우만을 변혁적이라고 보았다.

또한 스톤 등은 변혁적 리더십과 서번트 리더십의 개념적 차이에 관한 연구에서 변혁적 리더십은 조직목표에 집중하는 반면 서번트 리더십은 구성원들에게 집중한다고 하였다. 즉, 변혁적 리더십과 서번트 리더십은 개념적으로 유사한 공통점을 갖고있지만, 서번트 리더십은 사람 또는 구성원중심이라는 점에서 조직의 목표에 집중하는 변혁적 리더십과 차이가 있다는 것이다.[58)]

이러한 개념적 차이는 각 이론의 밑에 깔려있는 리더의 동기부여 또는 욕구의 차이에서 출발한다. 즉, 변혁적 리더십이론에서 리더의 욕구는 리더 또는 리드우선인 반면 서번트 리더십 이론에서 리더의 욕구는 서번트 또는 서브우선이다. 이러한 관점에서 서번트 리더십은 변혁적 리더십에 비해 도덕적 가치를 더 강조하며 조직의 성과보다는 구성원들의 성장에 더 많은 관심을 가지고 있다.

바부토와 휠러는 서번트 리더십과 변혁적 리더십의 개념적 차이를 좀 더 다양한 측면에서 〈표 13-5〉와 같이 비교하였다. 즉, 그들은 리더의 역할, 부하의 역할, 도덕적 요소, 그리고 기대되는 결과의 측면에서 두 이론은 서로 차이가 있으며, 따라서 개인, 대인 간, 집단, 조직, 그리고 사회수준에서 리더의 행동에도 차이가 있음을 보여 주고 있다.

표 13-5 서번트 리더십과 변혁적 리더십이론의 비교[59)]

	서번트 리더십	변혁적 리더십
리더의 역할	구성원을 섬김	규범적 조직목표추구를 위해 구성원들을 영감적으로 고취시킴
부하의 역할	더 현명하고 자유롭고 자율적이됨	조직의 목표를 추구하게 됨
도덕적 요소	명시됨	명시되지 않음
기대되는 결과	구성원들의 만족, 개발, 서비스에 대한 몰입, 사회적 개선	목표일치, 노력증대, 만족, 생산성, 조직이익
개인수준	섬기려는 욕망	이끌려는 욕망
대인간수준	리더가 부하를 섬김	리더가 부하를 고무시킴
집단수준	리더는 구성원욕구를 충족시키기 위해 집단을 섬김	리더는 집단목표를 추구하기 위해 집단을 결합함
조직수준	리더는 조직이 공동체를 섬기도록 준비시킴	리더는 조직목표를 추구하기 위해 구성원들을 고취시킴
사회수준	리더는 사회의 개선을 위해 긍정적 유산을 남김	리더는 명확한 목표를 추구하도록 국가나 사회를 고취시킴

(2) 서번트 리더십과 변혁적 리더십의 행동요소 비교

스미스 등은 변혁적 리더십과 서번트 리더십 모델의 중복여부를 검토하기 위해 각 모델의 행동요소를 서로 비교하였다. 〈표 13-6〉은 한 리더십이론에서 제시한 행동요소와 다른 이론에서 제시한 행동요소를 서로 교차시켜 매트릭스형태로 구성한 것이다. 가로축은 변혁적 리더십이론에서 제시한 행동요소이고 세로축은 서번트 리더십을 구성하는 행동요소이다. 〈표 13-6〉을 세로로 보면 변혁적 리더십의 네 개 차원 중 세 개의 차원은 서번트 리더십의 구성요소와 상당부분 일치한다는 것을 알 수 있다. 따라서 서번트 리더십과 변혁적 리더십은 상당부분 서로 관련성을 가지고 있다. 그럼에도 불구하고 두 리더십모델 간에는 차이가 있다.

〈표 13-6〉의 열을 분석해 보면, 서번트 리더십은 지적 자극행동의 상당부분을 설명하지 못한다는 것을 알 수 있다. 또한 〈표 13-6〉의 줄을 분석해 보면, 변혁적 리더십은 감성적 수준에서 개인을 중시하는 것과 관련된 리더행동을 덜 강조하며 다른 사람으로부터의 학습도 덜 강조한다는 것을 알 수 있다.

장려 및 긍정(affirmation), 그리고 솔선 및 주도성과 같은 지적자극의 특성은 서번트 리더십에서도 나타나지만, 그 상황이 다르다. 서번트 리더십에서 장려 및 긍정은 사람들의 잠재력을 개발하고 개인적 성장을 촉진시키는 것을 말하지만, 변혁적 리더십에서 장려는 혁신 및 창의성과 관련이 있다. 따라서 변혁적 리더는

표 13-6 변혁적 리더십과 서번트 리더십의 특징 비교[60]

변혁적 리더십	카리스마 리더십, 이상적 영향력 · 역할모델링 · 다른 사람의 욕구강조	영감적 동기부여 · 구성원들을 동기부여시키고 영감적으로 고취시킴 · 열정과 낙관주의를 보여 줌 · 기대를 의사소통하고 공유된 비전을 창조함	지적 자극 · 혁신과 창의성을 장려함 · 유용하지 않은 방법이나 시스템을 기꺼이 포기함 · 장기적 성공을 위해 위험감수가 필요함	개인적 배려 · 구성원의 성취 및 성장욕구에 관심 · 새로운 학습기회 창출 · 의사결정하도록 임파워먼트

서번트 리더십(Spears, 1998; Laub, 1999)				
구성원 존중 · 사람을 믿음 · 자기 자신에 앞서 다른 사람의 욕구를 섬김 · 수용적이고 비판단적으로 경청함	자기 자신에 앞서 다른 사람의 욕구를 섬김	사람을 믿음		
구성원개발 · 학습 및 성장기회를 제공함 · 장려하고 긍정함	적절한 행동의 모델이 됨	장려 및 긍정	장려 및 긍정	학습과 성장기회 제공
공동체구축 · 강한 개인적 관계 · 다른 사람의 차이를 가치있게 여김 · 성실과 신뢰를 유지함	강한 대인관계	강한 대인관계	다른 사람들과 협력함	다른 사람의 차이를 가치있게 여김
진정성 · 다른 사람들에 대해 개방적이고 책임감을 가짐 · 다른 사람으로부터 배우려는 의지를 가짐	다른 사람에 대한 개방과 책임, 성실과 신뢰를 유지함	성실과 신뢰를 유지함		
리더십제공 · 미래를 비전화함 · 주도적으로 행동함 · 목표를 명확히 함		미래를 비전화하고 목표를 명확히 함	솔선 및 주도성	
리더십공유 · 비전을 촉진함 · 권력을 공유하고 통제를 완화함 · 지위를 공유하고 다른 사람을 승진시킴		공유된 비전을 촉진함		권력을 공유하고 통제를 완화함 지위를 공유하고 다른 사람들을 승진시킴

혁신 및 창의성을 장려함으로써 구성원들의 창의적 노력으로부터 얻는 이득을 위해 그들의 실수를 용인할 것이다. 반면에 서번트리더는 구성원들이 학습하도록 장려하고 지식을 얻고 그것을 조직에 적용할 수 있는 기회를 제공할 것이다. 따라서 서번트 리더십의 장려는 반드시 조직을 위한 혁신과 창의를 증진시키는 것은 아니다.

서번트리더의 솔선 및 주도성은 조직의 미래와 성공을 위해 추가적인 책임을 맡는 것과 관련된 행동으로 볼 수 있다. 그러나 서번트리더 모델은 조직성공의 본질적인 특성으로서 위험감수행동을 강조하지는 않는다. 반면에 변혁적 리더십에서 리더의 주도성은 미래성공의 필요한 요소로서의 위험감수와 더욱 효과적인 방법 및 시스템으로 전환시키려는 의지와 강하게 관련되어 있다.

서번트 리더십은 수용적이며 비판단적인 경청에 반영되어 있는 구성원들의 복지와 다른 사람으로부터 배우려는 의지에 대한 리더의 관심을 강조한다. 이러한 행동은 변혁적 리더십의 어떤 행동에서도 설명되지 않는다. 즉 서번트 리더십은 구성원들의 정서적 욕구와 조직의 다른 이해관계자에게 더 많은 관심을 갖는다.

이를 요약하면, 첫째, 서번트 리더십은 변혁적 리더십의 구성요소인 지적자극을 설명하지 못한다. 변혁적 리더십도 지적자극을 고려하지만, 이것은 조직을 위한 것이지 구성원들 개개인을 섬기기 위한 방법이 아니다. 둘째, 서번트리더는 변혁적 리더에 비해 구성원들의 정서적 복지에 더 많은 관심을 가지고 있다. 따라서 각각의 리더십모델은 독특한 특징을 가지고 리더십 효과성에 기여하고 있으며, 상황에 따라 이들의 행동을 적절히 조화시켜야 한다.

스미스 등은 서번트 리더십과 변혁적 리더십 각각에 대하여 이들에게 더 적합한 상황을 제시하였다. 예를 들면, 역동적이지 않고 안정적인 상황에서는 서브우선이라는 리더의 동기부여나 욕구가 효과적이다. 반면에 외부환경이 역동적이고 도전적이면 빠른 의사결정과 정확한 대응이 요구되며, 따라서 리드우선이라는 리더의 동기부여 또는 욕구가 더 효과적이다. 이러한 주장은 변혁적 리더십과 서번트 리더십이 모두 모든 상황에서 효과적으로 작용하는 보편적인 이론이라기보다는 특정상황에 더 적합한 상황적합적 특성을 가지고 있다는 것을 시사한다. 그러나 서번트 리더십이 어떤 상황에서 더 효과적인지에 대한 스미스 등의 주장은 아직까지 가설적이며, 이에 대해서는 더 많은 연구가 필요하다.

3.2 서번트 리더십과 전통적 리더십

이관응(2002)은 지식경제사회의 성공적인 기업의 리더십은 사람을 가장 중요한 자산으로 보고 이를 보존하고 성장시키기 위해 기존과는 전혀 다른 리더십철학을 구현하고 있다고 하였다. 즉, 구성원들을 신뢰하고 이를 바탕으로 구성원들을 이끌어 가고 있다는 것이다. 성공적인 리더는 조직의 비전을 구성원들과 공유하며 구성원들이 업무를 통해서 성장해 가는 데 장애가 되는 요인을 찾고 이를 제거해 주기 위해 자신이 리더로서 무엇을 해야 하는지를 파악하며 이를 제거해 준다. 또한 성공적인 리더는 지시보다는 지원과 대화를 더욱 중시한다. 구성원들이 업무의 질을 높여가고 성장하는 데 자신이 리더로서 어떤 도움을 줄 수 있는지를 끊임없이 묻고 도움을 준다. 이러한 리더십행동의 바탕에는 서비스정신이 있으며, 이러한 서비스정신을 바탕으로 사람들에게 영향력을 행사하는 서번트 리더십은 전통적인 조직에서의 기존 리더십을 거꾸로 뒤집어 놓은 것과 유사하다. 따라서 리더십에서 서비스란 다른 사람들의 기대와 욕구를 충족시키는 행동으로, 이 개념은 지시나 통제 중심의 기존 리더십개념과는 그 의미가 전혀 다르다는 것이다.

이관응은 인간을 존중하고 인간을 믿는, 즉 신뢰를 가장 중시하는 서번트리더는 업무, 사람, 조직의 목표달성방법 등에서 전통적인 리더와는 많이 다르다고 하였다. 서번트리더는 기본적으로 자신의 이익이나 성공보다는 구성원들의 이익을 먼저 생각하며, 전통적 리더와는 근본적으로 차이가 있다. 서번트리더와 전통적 리더의 차이를 요약하면 다음과 같다.

- 서번트리더는 조직의 목적을 달성하는 데 있어서 가장 중요한 자원이 사람이라고 생각하는 반면에, 전통적 리더는 사람을 많은 자원 중 하나로 생각한다.
- 서번트리더는 조직의 생산성을 측정할 때 일의 결과와 함께 구성원들의 자발적인 행동의 정도를 평가하는 반면에, 전통적 리더는 시간이나 경비 또는 생산량 등 가시적이며 양적인 기준을 중심으로 평가한다.
- 서번트리더는 팀 성과를 중요시 하기 때문에 공동체의 구축을 강조하는 반면에, 전통적 리더는 개인의 경쟁심을 조장하며 이를 활용하여 구성원들을 움직일 수 있다고 생각한다.
- 서번트리더는 구성원들의 능력을 믿으며 업무와 관련하여 그들의 판단을 존중하는 반면에, 전통적 리더는 자신의 경험과 지식이 구성원들의 그것보다 우위에 있다고 생각하기 때문에 구성원들을 리더자신의 틀 안에 가두려고 한다.
- 서번트리더는 다른 사람을 신뢰하며 그들의 생각을 수용하는 개방적인 가치관를 가지는 동시에 지원자가 되는 반면에, 전통적 리더는 자기중심적인 가치관을 가지고 있어 구성원들이 리더자신의 기준에 맞추어 줄 것을 요구한다.
- 서번트리더는 구성원들의 개인생활과 업무생활이 조화를 이루는 총체적인 삶의 번영에 깊은 관심을 가지고 있는 반면에, 전통적 리더는 산술적인 분석과 관리를 중심으로 비용대비 결과 이상의 다른 것을 추구하지 않는다.
- 서번트리더는 구성원들의 지나친 개인경쟁을 경계하며 조직내에서의 경쟁을 공식화하지 않는 반면에, 전통적 리더는 경쟁메커니즘을 이용하여 구성원들의 복종을 이끌어 낸다.
- 서번트리더는 구성원들을 위하여 자신의 시간을 기꺼이 할애하는 반면

에, 전통적 리더는 스스로 시간이 없다는 점을 강조한다.

- 서번트리더는 목표수립과정에서 구성원들과의 의사소통을 활성화하고 크고 작은 정보를 모두 공유하는 반면에, 전통적 리더는 상의하달식의 일방적 의사소통에 익숙해 있다.
- 서번트리더는 구성원들이 업무를 통해 성장할 수 있도록 필요한 물질적, 정신적 지원을 아끼지 않는 반면에, 전통적 리더는 당근과 채찍을 이용하여 구성원들을 이끌어 가야만 한다고 믿는다.

04 서번트 리더십사례 및 실천

서번트 리더십에 대한 실증적 연구는 아직까지 활발하게 이루어진 편은 아니다. 비록 서번트 리더십이 하나의 검증 가능한 이론으로 확실히 정립되지는 않았지만, 이 개념을 실천하려는 노력은 많이 이루어지고 있다. 따라서 서번트 리더십을 실천하는 인물의 사례나 조직의 사례는 그것을 좀 더 심도있게 이해하는 데 도움이 될 것이다.

4.1 인물사례

그린리프의 에세이에 등장하는 레오와 같은 가상인물이 현실에서도 존재할 수 있는지를 논의하는 것은 매우 어렵다. 그러나 가상이든 현실이든 서번트리더의 역할을 수행한 사례를 살펴보는 것은 이 이론을 이해하는 데 도움이 될 것이다.

자기자신을 낮추고 다른 사람을 섬기는 서번트 리더십을 실천한 가장 대표적인 예는 아마도 예수그리스도일 것이다. 여기서는 그 외의 대표적인 사례 몇 가지를 간략히 살펴보고자 한다.

(1) 오기장군

손무의 손자병법만큼 잘 알려지지는 않았지만, 당대 훌륭한 전략가이자 장군이었던 오기가 쓴 『오자병법』이라는 병법서가 있다. 전쟁에서 76전 무패라는 대과업을 이루고 '상승(常勝) 장군'으로도 불리었던 위나라 오기장군은 서번트 리더십의 전형적인 인물로 거론될 수 있다.

오기장군은 군대의 리더이면서도 항상 말단 병사들과 똑같은 옷을 입고 똑같은 음식을 먹으며 행군할 때에도 말을 타지 않았다. 병사의 다리에 종기가 생기자 직접 입으로 고름을 빨아내서 '연저지인(口允疽之仁)'이라는 고사성어까지 생겨나게 할 정도로 부하들에 대한 배려도 남달랐다. 이러한 장군의 리더십으로 인해 전장에서 부하들이 물러서지 않고 목숨을 다해 싸웠고 승리를 거두었다.

높은 자리에 있으면서도 그 자리에서 취할 수 있는 권력을 버리고 낮은 자리에 처해 구성원들의 어려움과 애로사항을 직접 함께 체험하면서 해결해 주고 격려해 주는 오기장군의 리더십은 서번트 리더십의 사례가 될 것이다. 서번트 리더는 다른 사람을 지배하고 다른 사람위에 군림하는 사람이 아니라 오기장군처럼 낮은 사람들을 섬기고 보살피는 사람을 말한다.

(2) 마더 테레사 수녀

평생을 인도 캘커타에 살면서 빈민, 고아, 나병환자 등을 구원하는 데 일생을 바친 테레사 수녀의 삶은 서번트 리더십의 좋은 사례일 것이다. 그녀의 삶을 영화화한 '마더 테레사(2003년)'에서 우리는 그녀의 서번트 리더십을 확인할 수 있을 것이다.

1940년대 말 힌두교와 무슬림교 사이의 종교분쟁에서 시작한 영화는 그 혼란

집단토의 테레사 수녀와 서번트 리더십

'마더 테레사'를 보고 서번트 리더십의 관점에서 논의하고 서번트 리더십의 특징을 확인해 봅시다.

속에서도 가난한 자와 병든 자, 심지어는 자신의 활동을 방해하는 권력자까지도 끌어안는 테레사 수녀의 삶을 보여 준다. 또한 테레사 수녀의 사랑과 헌신의 봉사활동이 서방세계에 알려지면서 그녀의 이름이 도용되어 많은 투자자들이 손해를 보는 사기사건이 일어나게 된다. 영국의 기자인 클라인은 테레사 수녀의 사업이 마각을 드러냈다고 악의적인 오보를 하고 테레사 수녀는 '사랑의 선교회'존재 자체에 대해 위협을 받으며 어려운 상황에 놓이게 된다. 이런 상황에서도 그녀의 삶은 한 치의 흔들림이 없다. 선교회에서 일하는 사람들조차 그녀의 진심을 오해하고 흔들리는 와중에서도 테레사 수녀는 자신의 일을 계속해 나간다. 그리고 결국 그녀의 이러한 사랑과 헌신은 '사랑의 선교회'가 교황청의 정식승인을 받는 수도회로 성장하는 원천이 된다.

4.2 기업의 실천사례

서번트 리더십의 철학은 기업에서도 관심을 가지고 실천하고 있다. '일하기에 가장 훌륭한 포천 100대 기업'중에서 상위를 차지하고 있는 많은 기업들은 서번트 리더십을 경영철학 또는 이념으로 삼고 있으며, 그 수는 점점 더 증가하고 있다. 예를 들면, 월마트, 사우스웨스트 항공, TD 인더스트리즈, 서비스마스터, 시노버스 파이낸셜 등이 대표적인 사례로 언급되고 있다. 우리 나라의 많은 기업에서도 서번트 리더십의 개념을 도입하여 실천하고 있다.

(1) TD인더스트리즈

서번트 리더십을 최초로 실천한 기업 중에서 대표적인 사례로 거론되는 하나는 TD 인더스트리즈이다. TD 인더스트리즈는 건물에 난방이나 배관 등과 관련된 장비를 설치하거나 서비스를 제공하는 건축설비회사로 포춘지의 일하기 좋은 100대 기업 중 항상 상위 10위 안에 속해 왔다. 이 회사의 중역들은 물론 모든 직원 한 명 한 명까지도 TD 인더스트리즈는 종업원들이 소유한 회사라고 인지하고 있다. TD 인더스트리즈의 종업원들은 시키는 일만 수동적으로 하는 수직적 고용관계가 아닌 회사와 함께 직원도 커가는 수평적인 파트너로 간주된다. 여기에는 서번트 리더십에 입각한 잭 로웨 시니어 및 주니어 회장의 경영철학이 기본으로 내포되어 있다. 잭 로웨 주니어 회장이 밝히는 서번트 리더십의 핵심은 종업원들이 성장할 수 있도록 봉사하는 것이다. 즉, 대다수의 기업이 높은 생산성을 창출해 내기위해 종업원을 닦달하는 것에 반해 잭 로웨 주니어 회장은 오히려 직원들이 성장하는 것을 돕고 그 과정에서 회사의 외적성장도 자연스럽게 이루어진다는 것을 강조한다.

1980년대 말 경기침체로 인한 건설업계불황으로 회사는 적자를 내고 은행으로부터 자금을 빌리기 어려워 부도직전까지 가는 위기상황이었다. 자금줄이 막힌 회사를 살릴 수 있는 유일한 최후의 대안은 임직원들의 연금을 활용하는 것이다. 그러나 임직원들을 일일이 설득하기란 쉽지 않은 일이다. 최고 경영자인 잭 로웨 주니어 회장은 임직원들을 불러 모아 회사의 상황을 숨김없이 정직하게 설명하였다. 그리고 '종업원들이 소유한 회사'임을 강조하며 이해와 협조를 구했다. 임직원들은 긴 토론끝에 위태로운 회사를 위해 자신들의 연금혜택을 포기하기로 결정했다. 1990년 회사는 다시 흑자로 돌아서면서 재정적인 위기를 극복해 갔다. 물론 그 과정에서 인원감축의 구조조정이라는 아픈상처도 있었다. 이러한 위기극복의 원동력은 아마도 서번트 리더십에 있을 것이다.

이 회사의 설립자인 잭 로웨 시니어는 그린리프의 서번트 리더십철학에 영향을 받아 회사의 리더십원칙으로 서번트 리더십을 명문화하였다. 리더는 부하로부터 인정받고 존경받을 때 리더십을 제대로 발휘할 수 있으며, TD 인더스트리즈에서 부하로부터 인정받고 존경받기 위해서는 부하들에게 먼저 봉사하는 서번트가 되어야 한다. 관리자는 부하에게 봉사하여야 한다는 믿음은 TD 인더스트리즈의 중요한 가치가 되었다. TD 인더스트리즈의 리더는 절대로 '밀어붙여'라고 말해서는 안되고 '함께 밀고 나가자'라고 말해야 한다. 이러한 언행은 리더가 구성원을 부하가 아닌 파트너로 생각하도록 만든다. 구성원으로 통제되어야 할 부하가 아닌 함께 일하는 파트너로 인식하는 것은 사람이란 잠재적 역량을 발휘할 수 있는 환경만 조성되면 업무를 훌륭하게 수행할 수 있다는 확신과 믿음에 기초한 것이다. 잭 로웨 주니어는 계속해서 서번트 리더십을 회사의 지도철학으로 사용하고 있다. 현재에도 단 한 사람이라도 관리감독하는 TD의 파트너는 서번트 리더십훈련을 받아야 한다.

(2) 서비스마스터사

서비스마스터사는 건물내 해충구제와 욕실 및 변기청소, 세탁, 조경, 보안 등 3D 분야의 각종 서비스를 제공하고 있다. 이 기업은 수차례에 걸쳐 포춘 100대 기업 중 '미국인이 가장 존경하는 기업 1위'로 선정된 바 있다.

윌리엄 폴라드 현 회장이 선임부사장의 직책으로 서비스마스터에 입사한 첫날 그에게 황당할 만한 임무가 하나 주어졌다. 거래처인 한 종합병원의 계단과 화장실의 변기를 말단 직원들과 함께 청소하라는 것이었다. 윌리엄 폴라드 회장은 이 당시의 경험을 통해 서비스일선에서 근무하는 직원들의 고충을 깨닫게 되고 고객을 섬기는 일이 어떤 것인지 분명하게 알게 되었다. 이후 서번트 리더십은 이를 몸소 실천한 윌리엄 폴라드 현 회장의 기본경영방침이 되었다.

05 서번트 리더십의 한계 및 미래연구

노스하우스[61]는 서번트 리더십이 가지고 있는 한계점에 대해 다음과 같이 설명하고 있다.

첫째, 서번트 리더십은 기본적으로 '하인', '섬김'의 의미를 담고 있으며, 리더십이라는 단어자체가 누군가에게 영향을 미치는 것을 의미하고 있기 때문에 상충된다고 할 수 있다. 이는 서번트 리더십의 가치를 하락시킨다고 할 수 있다. 이론적으로 살펴봤을 때, 리더십안에 서번트를 내포시킴으로써 설명을 하고 있지만, 기능적 메커니즘 적으로는 아직까지 설명이 충분하지 않다.

둘째, 서번트 리더십의 리더십과정에서 핵심차원, 요인에 대한 논쟁이 실무자와 연구자들 사이에서 벌어지고 있다. 서번트 리더십은 시작점에서 능력, 성격, 행동 등과 같이 리더가 나타내는 현상에 중점을 두었기 때문에 서번트 리더십이 가지고 있는 이론들과 구성요인에 대해 명확히 틀이 잡혀 있지 않다.[62] 현재 서번트 리더십에 대한 많은 연구가 진행되고 있지만 명확한 이론적 틀과 구성요인이 한계점으로 남아 있다.

셋째, 서번트 리더십에 관한 많은 저서들은 "좋은 리더는 구성원들을 우선한다"고 설명하고 있다. 리더가 구성원에게 영향을 미친다는 기존 리더십에서 벗어나 이타적인 접근을 담고 있는 서번트 리더십의 개념은 새롭다고 할 수 있다. 그러나 서번트 리더십을 행하는 과정속에서 개개인이 가지고 있는 선택, 지휘, 목표설정, 비전설정 등과 같은 기존의 리더십요인들과 충돌할 수 있다.[63] 서번트 리더십이 가지고 있는 핵심가치들은 주로 도덕적 특성과 관계되며, 이는 많은 실무자들과 연구자들이 서번트 리더십을 연구함에 있어 많은 제약을 가지게 된다.

서번트 리더십이 지니고 있는 한계점과 더불어 앞으로의 연구방향에 대해 에바 등[64]은 서번트 리더십이 가지고 있는 실무와의 상당한 격차를 해소하기 위해 이론적으로 노력해야 하며, 이론적으로 보완하기 위해 다음과 같은 관점을 고려해야 한다고 설명하고 있다.

① 자원보존이론(conservation of resources theory)

자원보존이론은 구성원이 개개인에게 가치가 있다고 생각되는 자원에 대해 확보, 유지, 보호 그리고 노력한다는 이론으로서[65] 이를 서번트 리더십의 접근법을 이해하기 위해 자원보존이론은 사용될 수 있다.[66] 개개인은 가치가 있는 자원을 얻기 위해 피드백 등의 노력을 하고, 서번트 리더십은 기존의 리더십과 달리 구성원에 초점을 맞추고 있는 리더십이기 때문에 리더는 잠재력을 발휘하기 위해 필요한 모든 것을 제공한다.[67] 서번트 리더십의 한계점을 보안할 수 있다는 점에서 자원보존이론의 관점을 고려해야 한다.[68]

② 상황적 강화이론(Situational strength theory)

상황적 강화이론은 심리적 압박으로써 구성원의 특정 행동에 대해 관여하거나 자제하는 행위를 의미한다.[69] 도프만[70]에 따르면 국가문화에 따라 리더십의 역할은 달라질 수 있으며, 리더와 구성원 간에 관계에 따라서도 서번트 리더십이 다를 수 있다.[71] 직무와 관련해서도 상황적 제약조건(직업특성, 상황 모호성)에 서번트 리더십은 강조될 수 있다고 밝히고 있다.[72] 이를 고려하여, 상황적 요인에 따른 효과에 대한 차별적 영향으로서 서번트 리더십을 접근해야 한다.

③ 자기결정이론(Self-determination theory)

현대의 내재동기이론 중에서 많은 주목을 받고 있는 자기결정이론에서는 사람이 인간성을 완전히 발휘할 때, 활력이 넘치고, 호기심이 발생하며, 스스로에게 동기를 부여하게 된다는 인본주의적 인간관을 가정하는 이론이다.[73] 빈약한 리더십은 자기결정부족으로 인한 것일 수 있으며, 자기결정이론은 이러한 격차를 해소하기 위해 서번트 리더십에 필요한 초점을 제공할 수 있다.[74] 이에 자기결정이론은 서번트 리더십에 의해 활용되어졌다.[75]

표 13-7 서번트 리더십 측정도구(SLQ : Servant Leadership Questionnaire)[76)]

문항	요인
1. 구성원들이 문제를 안고 있을 때 구성원들은 우리 리더에게 도움을 얻으려 한다.	정서적 치유
2. 우리 리더는 구성원들의 개인적 안녕과 복지에 대한 관심이 크다.	
3. 우리 리더는 시간을 내어 다른 사람과 개인적으로 대화를 나눈다.	
4. 우리 리더는 구성원들이 의기소침해 하고 있을 때 그것을 물어보지 않고도 알아차린다.	
5. 우리 리더는 지역사회에 되돌려주는 것의 중요성을 강조한다.	지역사회를 위한 가치 창조
6. 우리 리더는 항상 지역사회의 시민들을 돕는 일에 관심이 있다.	
7. 우리 리더는 지역사회의 활동에 참여한다.	
8. 우리 리더는 구성원들이 지역사회를 위해 자원봉사하도록 고무한다.	
9. 조직에서 일과 관련되어 있는 어떤 것이 잘못되어 가고 있을 때, 우리 리더는 일이 그 같이 잘못되어 가고 있다는 사실을 솔직하게 말하는 사람이다.	개념화
10. 우리 리더는 복잡한 문제가 있을 때 그 문제가 해결될 때까지 대처를 잘한다.	
11. 우리 리더는 조직과 조직의 문제에 대해 철저한 이해를 하고 있다.	
12. 우리 리더는 작업상의 문제점들을 새롭고 창의적인 아이디어로 해결해 나간다.	
13. 우리 리더는 구성원들과 관련 된 중요한 결정의 결정권을 구성원들에게 넘긴다.	권한위임
14. 우리 리더는 구성원들에게 자신들의 작업과 관련 된 중요한 결정을 자기재량으로(자기책임) 결정하도록 고무한다.	
15. 우리 리더는 발생한 어려운 문제를 구성원들 자신들이 생각하는 최선의 방식대로 해결하도록 그들에게 자유재량권을 주고 있다.	
16. 구성원들이 작업상에서 중요한 결정을 해야 할 필요가 있을 경우 그것을 위해 리더와 상의할 필요가 없다.	
17. 우리 리더는 구성원들의 경력개발을 우선순위에 둔다.	구성원의 성장 & 성공에 도움
18. 우리 리더는 구성원들이 자신들의 경력목표를 확인하게 하고 거기에 도달할 수 있도록 도움을 준다.	
19. 우리 리더는 구성원들이 새로운 기술을 개발할 수 있도록 자신의 경험을 그들에게 제공한다.	
20. 우리 리더는 구성원들의 경력목표가 무엇인지를 알고 싶어 한다.	

문 항	요 인
21. 우리 리더는 자신의 성공보다 구성원들의 성공에 더 많은 관심을 가진다.	구성원 우선
22. 우리 리더는 자신의 관심사보다 구성원들의 관심사를 우위에 두고 있다.	
23. 우리 리더는 구성원들의 필요를 충족시키기 위해 자기 자신의 이익을 희생한다.	
24. 우리 리더는 구성원들이 직무수행을 보다 쉽게 할 수 있도록 모든 것을 한다.	
25. 우리 리더는 높은 윤리적 기준을 가지고 있고 그것에 맞춰 행동한다.	윤리적 행동
26. 우리 리더는 언제나 정직하다.	
27. 우리 리더는 성공기준을 맞추기 위해 자신의 윤리적 원칙을 바꾸지 않는다.	
28. 우리 리더는 수익을 올리는 것보다 정직성을 더 가치있게 생각한다.	

실 습 LMX7 설문지

● 서번트 리더십의 관점에서 우리에게 모범이 된 사람, 선생님, 운동코치, 부모, 선배, 동료 등을 떠올리고 그 사람의 특성을 목록으로 작성하시오(개인별 5개 정도)

● 각 개인의 작성목록을 집단별로 공유하고 상위 10개의 목록을 발표하시오

● 각 집단 간의 유사점이나 차이점을 확인하시오

제14장 진성 리더십

지난 수십 년간 리더십이론들은 리더의 행동이나 상호작용이라는 행위나 특성 또는 스타일과 같이 리더가 가지고 있는 소유에 집중하며 발전되어 왔다. 하지만, 최근 눈에는 보이지 않는 것들, 생각이나 정서, 가치관 등과 같은 것들이 리더십에 있어 중요한 작용을 할 것이라는 주장이 대두되었다. 그 배경은 무엇일까?

진성 리더십은 다른 리더십들과는 다르게 매우 최근 들어 급증하고 있는 리더십연구 분야 중에 하나이다. 가장 처음 연구논문이 발표된 것은 2003년으로 미국 엔론사태를 계기로 촉발되었다. 2001년 12월 미국의 엔론사(Enron Corporation)의 회계장부조작으로 부실한 재정상태가 은폐되어 온 것이 밝혀졌고 2만명의 직원을 보유하며 포춘지가 6년 연속이나 "미국에서 가장 혁신적인 기업"으로 선정했던 거대기업은 한순간에 몰락하였다. 미국의 엔론사태는 시장경제중심의 윤리적이지 못한 행동과 태도들, 리더들의 도덕적으로 그릇됨, 그리고 진정성의 부재가 결국 거대한 조직이 한 순간에 파산이라는 사태에 다달을 수 있음을 보여주는 대표적인 사례이다. 엔론사태뿐만 아니라 9.11 테러사건, 월드컴(World com) 등 수많은 조직에서 일어나고 있는 부정부패사건들 또한 리더십학자들로 하여금 기존 리더십의 한계점을 인정하고 리더의 특성이나 행동이 아닌 리더의 진정성에 주목하게 만들었다.

2004년도 네브라스카 대학에서 개최된 '리더십 정상회의(Leadership summit; Nebraska leadership conference)'에서 소개되었고 이후 두 권의 서적이 발행되었다. 그 중 한권이 진성 리더십특별호이며, 다른 한권이 진성 리더십이론과 발전이다. 이 두 권의 서적발행을 필두로 지금까지 진성 리더십에 대한 연구는 빠르게 증가하고 있다.

진성 리더십연구가 급증하고 있는 이유는 조직에서 지속가능하면서 윤리적인 성장이 가능하며 개인의 발전과 구성원의 발전을 도모하고 있어 사회적 요구를 충족시키고 있으며 나아가 길을 헤매고 있는 리더들에게 진정한 방향성(True North)알려줄 뿐만 아니라 검증된 이론으로서 타당성을 확보한 측정도구를 가지고 있기 때문이다.[1)]

본 장에서는 중요성이 높아지고 있는 '진성 리더십은 어떤 것인가?' 그리고 '최근 진성 리더십 연구는 어떻게 진행되고 있는가?'에 초점을 두고 설명하며 요약하려고 한다.

01 진정성(Authenticity)의 개념

진성 리더십은 그 핵심바탕이 되는 진정성(authenticity)이라는 단어에 뜻에 대한 올바른 이해가 필요하다. 인간은 '사회적 동물'이기에 홀로 살아가는 것이 아니라 여럿이 함께 살아가는 조직이라는 환경속에서 살아간다. 따라서 사람들은 자기의 내면(자아)을 기준으로 두고 어떠한 행동을 하기보단 주변에 있는 환경적인 영향을 받아 내가 중요하다고 생각하는 모습들과는 다른 행동을 할 수 있다. 하지만, 이러한 과정속에서 나타나게 되는 나의 내면과 외면의 차이에 대한 성찰을 통하여 자각하고 방향성을 유지하는 것을 진정성이라고 할 수 있다. 즉, 진정성이 있다고 하는 것은 투명하게 무조건적으로 솔직한 것이 아니라 내가 누구인지, 자신에 대해 깨달아가며, 타인의 의견을 받아들이면서도 나의 가치관을 기준으로 방향성을 유지하는 것이다. 그리하여, 나의 생각과 감정, 가치관과 부합되는 행동을 하는 것을 의미한다.[2)] 이러한 진정성은 끊임없는 성찰을 필요로 한다.

진정성을 핵심가치로 삶고 있는 진성 리더십(authentic leadership)은 긍정 심리학에서 많이 연구되고 있다. 하터[3]는 "개인적인 경험을 소유하는 것에 관한 것이며, 더 나아가 내적 사고 및 감정과 일치되게 자신을 표현하면서 진실된 자아에 일치되게 행동하는 것' 으로 정의하였다. 즉, 진정성이라는 것은 개인들의 경험과 스스로에게 진실된 자아의 가치관에 기준을 두고 행동하는 것을 의미하는 것이다."

사회과학에서 이와 같은 의미를 지니고 있는 진정성이란 어원의 의미는 고대 그리스철학에서 유래되었다. 1956년 그리스 델포이 지방에 있는 아폴로사원에는 "자기 자신을 안다"라는 뜻의 "Know Thyself"가 새겨져 있다.[4] '진정한'이라는 의미의 그리스어는 'authento'이다. 이 단어의 속뜻은 '완전한 권력을 갖는 것' 으로 정의된다.[5] 이는 단순히 권력이라는 힘의 의미가 아니라 개인들이 삶은 살아가는 데 있어서 '자신들의 삶의 영역에서의 주인'이라는 넓은 뜻을 반영하는 개념이다.[6]

즉, 진정성이란 나의 삶의 주인이 되는 것이고, 그 시작은 나 자신을 알아가는 것이다. 그리스 철학자 소크라테스가 '너 자신을 알라'라고 이야기 한 것이 이러한 의미가 있는 것이다. 진정성의 시작은 자기탐구에 초점을 맞추는 것이다. 철학적 관점에서의 진정성이란 자기탐구를 시작으로 끊임없는 자기인식을 하여 나를 이해하고 스스로에게 진실된 자아를 가지고 삶속에서 나의 의지로 살아가는 것이다.[7] 그리고 이러한 과정속에서 나에게 의미가 있는 것들을 찾아가는 과정이다.[8]

02 진성 리더십이론

진성 리더십의 개념과 정의를 살펴보기 위하여 연구의 살펴보면 크게 두 가지로 흐름으로 나뉜다는 것을 알 수 있다. 한 가지는 사회과학이라는 실증연구결과에 기초를 두고 입증을 하며 발전을 하고 있는 이론적 측면의 접근이고, 또 다른 한 가지는 실무에서의 경험을 토대로 한 구성원의 교육훈련에 중심을 두고 발전해 온 실무적 접근이다.[9)]

2.1 이론적 접근(Theoretical approach)

진성 리더십은 리더십이론으로서 자리잡기에는 성공하였지만 아직까지 명백한 한 가지의 정의로 합의가 되지는 않은 상황이다. 여전히 학자들은 진성 리더십에 대하여 보다 더 명확히 개념화하여 타당성을 입증하기 위하여 노력하고 있다. 진성 리더십에 대하여 많은 학자들이 정의를 하였는데 각각 중요하게 생각하는 핵심가치에 차이가 존재하기 때문에 약간씩의 관점의 차이가 존재한다.[10)]

챤[11)]은 진성 리더십을 이해하기 위한 개념정리를 네 가지의 틀을 제시하였다. 그는 리더의 개인내부적 특성, 심리적 상태, 상대와의 관계적 특성, 상황맥락과 같이 여러 가지 조건에서 발휘된다는 관점으로 설명하였다. 본 장에서는 긍정심리적, 개인내부적, 그리고 발달적 관점에 초점을 두고 서술한다.

표 14-1 진성 리더십에 대한 이론적 정의[12)]

관 점	연구자	정 의
긍정 심리학	루선스와 아볼리오	구성원들이 높은 수준의 긍정적 심리자본을 가지고 있는 조직상황 속에서 긍정적 자기개발을 촉진하며 리더와 동료들로 하여금 자기인식을 강화하고, 자기규제행동을 하도록 하는 과정
개인 내부적	샤미르와 엘리엄	꾸밈없는 진실한 행동이며 리더개인들의 삶의 이야기로 독창적이며 모방이 되지 않는 것이 특징. 리더내면의 올바른 신념과 가치관으로 하여금 리더의 행동을 이끌어 내는 리더십
리더발달적	아볼리오 등	내면에 대한 성찰을 통해 자신의 강점과 약점을 잘 알고 있으며 도덕적 가치를 기준으로 구성원들과 열린자세로 의사소통을 하는 리더의 행동
	아볼리오와 가드너	본인에 대해 잘 이해하고 타인과 의사소통 할 때 개방적인 태도를 취하며 행동을 할 때는 자신의 신념과 가치를 기반으로 결정하는 것
	가드넛 등	리더가 자기 자신의 진정한 모습을 알고 있고, 자신의 내면의 감정과 생각, 가치관에 일치되도록 행동함으로써 자신은 물론 주변사람들의 자아성취, 나아가 조직의 변화를 유도하는 것
	왈람바 등	긍정적인 심리적 능력과 긍정적인 윤리적 분위기를 촉진시키는 리더의 행동 패턴. 리더 자신들은 자기인식을 강화하고 도덕적 관점을 내면화 시키며, 정보의 균형잡힌 처리 및 투명성 있는 구축을 도모하면서 구성원들과 함께 긍정적인 자기계발을 촉진하는 것.

(1) 긍정 심리학적 관점

루선스와 아볼리오[13)]는 기존의 긍정적 리더십과 변혁적 리더십, 그리고 윤리적 리더십과 같은 신조류 리더십을 진성 리더십이라고 하는 새로운 하나의 틀로 합하는 연구가 필요하다고 주장하였다. 따라서 긍정 심리자본의 대표적인 연구자인 루선스는 긍정 심리학적 관점아래에서 진성 리더십을 개념화하고 정의한 것이 특징이다. 긍정적인 조직상황이란 구성원들이 높은 수준의 긍정적인 심리적 역량을 가지고 있을 수 있는 상황을 의미한다. 즉, 긍정적인 조직상황 속에서 진성 리더십이 개발될 수 있는데 그 이유는 긍정적 자기개발을 촉진하며 리더와 동료(구성원)들이 자기인식을 강화하고 자기규제를 하도록하는 과정이 생성되기 때문으로 정의하였다.

루선스와 아볼리오가 주장하는 진성리더란 자신감이 있고 희망적이며, 낙관적이고, 탄력적이며, 도덕적/윤리적이며, 미래 지향적이며, 동료들을 리더로 개발하는데 우선순위를 두는 사람이다. 진성리더는 스스로에게 진실하며 그들이 보이는 행동은 그들의 동료를 리더로 변화시키거나 발전시킬 수 있다.

(2) 리더개인의 특성으로서 내부적 관점

샤미르와 엘리엄[14]의 경우 진성리더는 그들만의 삶의 이야기가 있고, 이러한 꾸며내지 않는 진짜의 삶의 이야기를 통해 발현되는 리더개인의 특성적인 독창적 리더십을 보이며, 따라서 타인을 모방하는 리더십이 아니라는 것이다. 그들은 진성 리더십을 리더개인의 내부적 중요요소에 포커스를 두고 개념화하였다(표 14-2 참조). 또 한 가지 이 학자들이 진성 리더십을 개념화 할 때 다른 학자들과 차별화되는 점이 구성원에게도 진성이 있어야 한다고 강조하고 있다는 점이다. 샤미르와 엘리엄은 진성 리더십이 제대로 작동하기 위해서는 구성원들이 리더의 실제이면서 진짜의 독창적 리더십에 대한 자각이 필요하고 동시에 리더행동에 대한 정당성이 확인되어야 한다고 주장한다.

샤미르와 엘리엄이 리더개인 내부의 시각에서 진성 리더십을 정의하였다면,

표 14-2 진성 리더십의 특성[15]

리더개인의 내부적 관점에서 본 정의
· 진성리더들은 꾸밈없는 진실한 리더십행동을 보인다. · 진성리더들은 올바른 신념에 바탕을 두고 리더십을 발휘한다. · 진성리더들은 독창적이고 모방하지 않는다. · 진성리더들의 행동은 그들의 가치관에 근거한다. (리더내면의 올바른 신념과 가치관이 리더행동으로 이어진다.)

지속적으로 진성 리더십에 대하여 개념화를 하고 있는 아볼리오 등은 진성 리더십은 변하지 않는 성격이 아니라 발달된 것, 즉 형성된 것으로 보는 관점을 채택하고 있다.[16)]

(3) 리더행동의 발달적 관점

아볼리오 등[17)]은 '진성리더를 내면에 대한 성찰을 통해 자신의 강점과 약점을 잘 알고 있으며 그들은 도덕적 가치를 기준으로 하여 의사결정을 한다. 그리고 구성원들과 열린 자세로 의사소통을 하는 사람들'이라고 정의하였다. 이러한 행동들을 통하여 조직적으로는 리더와 구성원이 서로 진실하며 높은 수준의 도덕적 기준을 통하여 신뢰를 쌓게 된다. 이러한 높은 수준의 신뢰는 긍정적인 조직 분위기를 형성할 수 있는 토대가 되며 이러한 분위기 속에서 구성원들은 긍정적인 개인적 발전을 도모하게 되는 것이다.[18)]

아볼리오 등은 조직이 대면하고 있는 많은 어려움들을 해결하기 위해서는 긍정 심리자본(자신감, 희망, 낙관주의, 회복탄력성)과 구성원들의 존재의 의미를 회복시켜주는 새로운 리더십이 필요하다는 주장에서 진성 리더십의 바람직한 유형을 제시하기도 하였다.

그림 14-1 진성 리더십이 구성원의 업무태도와 행동에 영향을 미치는 과정[19)]

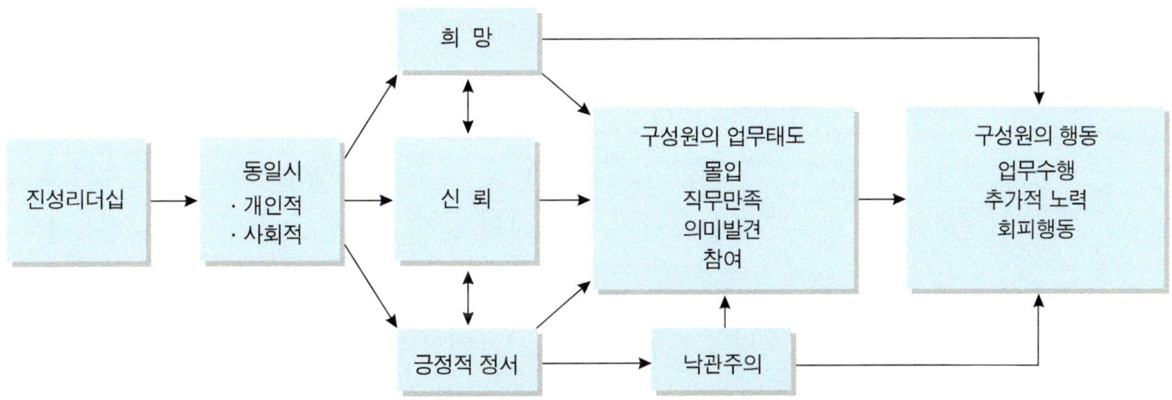

리더의 행동에 대한 발달과정에서 진성 리더십이 생성된다는 관점의 대표적인 연구로는 왈람바 등[20]의 연구이다. 이들은 리더의 행동패턴으로서 진성 리더십을 개념화하였다. 커니스와 골드먼[21]이 주장한 인식, 균형잡힌 정보처리, 관계지향성 그리고 행동이라는 하위요소들을 기초로 하여 수정된 네 가지를 제시한 것이다.[22] 네 가지 하위요소는 자기인식, 내면화된 도덕적 관점, 균형잡힌 정보처리, 투명성 있는 관계구축이며, 이 요소들은 '서로 관련되어 있다'고 주장한다.

본 장에서는 최근 연구된 왈람바 등의 논문에서 정의된 내용을 채택하였다.

"진성 리더십이란 긍정적인 심리적 능력과 긍정적인 윤리적 분위기를 촉진시키는 리더의 행동패턴이다. 진성리더가 그들과 함께 일하며 리더자신들은 자기인식을 강화하고 도덕적 관점을 내면화시키며, 균형잡힌 정보처리및 투명성 있는 관계구축을 도모하면서 구성원들과 함께 긍정적인 자기계발을 촉진하는 것이다".

진정성이라는 개념이 매우 깊고 어려운 만큼, 진성 리더십에 대한 정의 또한 복잡하기는 하지만 가장 최근에 정리된 이 정의는 학자들의 진성 리더십에 생각이 잘 표현되어 있다.

2.2 실무적 접근(Practical Approach)

사람들이 진정성을 기반으로 하는 진성 리더십에 대하여 많은 관심을 가지고 있다. 그리고 어떻게 해야 진성리더가 될 수 있는지 '방법(How to)'에 대하여 궁금해 한다. 실무적 접근에서는 빌 조지의 진성 리더십(2003)의 접근방법을 논하고자 한다.

메드트로닉 회사의 사장(CEO)으로 근무했던 그는 오늘날 리더들의 윤리적 행동에 대하여 깊이 우려하였고 진정성을 기반으로 하는 진성 리더십을 개발하고

자 125명의 성공한 지도자들의 다양한 견해를 인터뷰를 통하여 진성리더들은 다른 사람들을 위해 봉사하고 싶어하는 진실된 욕망을 가지고 있다는 것을 알게 되었다. 그리고 그들의 핵심가치로부터 자유롭게 이끌 수 낼 수 있다는 것을 깨닫게 되었다. 이에 빌 조지는 리더의 특성에 초점을 맞추어 진성 리더십을 개발할 수 있는 특성을 정리하였다.[23] 실질적인 방법으로 진성 리더십의 근본적인 자질을 이야기하고 진성리더가 되고자 하는 개인들이 어떻게 이러한 자질들을 발전시킬 수 있는지를 설명하였다.

그가 주장한 진성 리더십의 다섯 가지 특징은 다음과 같다.

① 열정 : 진성리더들은 명확한 삶의 목적을 가지고 열정적으로 그들의 목적을 추구한다.

② 행동 : 진성리더들은 뚜렷한 가치관을 갖고 있으며 옳다고 생각하는 일을 행동한다.

그림 14-2 진성 리더십의 특성[24]

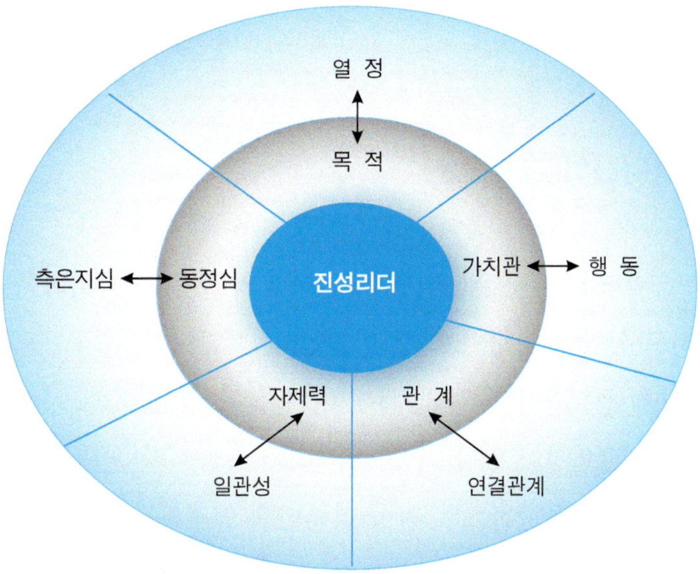

③ 연결관계 : 진성리더들은 다른 사람들과 신뢰하는 관계를 따뜻한 마음으로 타인을 도우며 보살피고자 한다.

④ 일관성 : 진성리더들은 자신을 수양하며 자제력으로 자기수양과 가치에 따라 행동한다.

⑤ 측은지심 : 진성리더들은 따뜻한 마음으로 미션을 열정적으로 수행한다.

조지가 인터뷰를 통해서 발견한 것은 진성리더들은 '진정한 목적의식'이 있다는 것이다. 그리고 진성리더들은 그들이 무엇을 위하여 일하고 있으며 어디로 가고 있는지를 잘 알고 있다. 목적을 잘 아는 것뿐만 아니라 목표에 대해서도 영감을 받아 내재적인 동기부여를 받게 된다. 즉, 그가 주장한 진성리더는 자신이 하고 있는 일에 깊게 관심을 갖고서 진실되게 그 일에 열정적인 사람들이다.

그의 진성 리더십 접근방식은 리더에게 필요로 하는 다섯 가지 특징을 강조하고 있다. 종합적으로, 이러한 특징들은 사람들이 그들의 리더십에 있어 진정성을 갖추기 위해 무엇을 해야 할 필요가 있는지에 대한 실무적인 가이드라인을 제공한다. 실무적인 관점으로도 진성 리더십은 평생에 걸친 발달과정이며, 각 개인의 삶의 이야기를 통해 형성되고 발달된다.

2.3 진성 리더십의 구성요소

'진성 리더십'은 기존 리더십이론들과의 뚜렷한 차별화를 위해서 구성요소에 대해서도 활발한 연구가 진행되고 있다. 커다란 하나의 개념으로서의 진성 리더십을 더욱 폭넓게 이해하기 위해 어떠한 하위개념들로 구성되어 있는지를 면밀히 살펴볼 필요성이 있다.

긍정 심리학적 관점으로 진성 리더십을 연구하는 루선스와 아볼리오[26]는 긍정적인 심리적 역량(자기효능감, 희망, 낙관주의, 회복력)과 긍정적 조직상황, 자기인

표 14-3 진성 리더십 학자별 구성요인[25)]

<table>
<tr><th>연구자</th><th colspan="4">구성요소</th></tr>
<tr><td>커니스(2003)</td><td>자기인식</td><td>균형잡힌
정보처리</td><td>관계적 투명성</td><td>타인에 대한
진정성 있는 행동</td></tr>
<tr><td>루선스와 아볼리오(2003)</td><td>자기인식</td><td>자기규제</td><td>긍정적 심리역량</td><td>긍정적 도덕관점</td></tr>
<tr><td>샤미르와 엘리엄(2005)</td><td>자기개념 명확성</td><td>자기일치</td><td>일관성 있는 행동</td><td></td></tr>
<tr><td>일라이스 등(2005)</td><td>자기인식</td><td>균형잡힌
정보처리</td><td>진정성 있는 행동</td><td>진정한 관계지향</td></tr>
<tr><td>아볼리오와 가드너(2005)</td><td>긍정적 심리자본</td><td>긍정적 도덕관점</td><td>자기인식</td><td>자기규제</td></tr>
<tr><td>가드넛 등(2005)</td><td>자기인식</td><td>내적 규제</td><td>균형잡힌
정보처리</td><td>관계적 투명성</td></tr>
<tr><td rowspan="2">왈람바 등(2008)</td><td rowspan="2">자기인식</td><td>관계적 투명성</td><td>내재화된
도덕적 관점</td><td>균형잡힌
정보처리</td></tr>
<tr><td colspan="3">세 가지 요인에 내재된 자기규제</td></tr>
</table>

식, 자기규제를 구성요인으로 제시하였다. 이들의 주장에서 특징적인 사항은 긍정적인 심리적 역량(자기효능감, 희망, 낙관주의, 회복력)을 진성 리더십의 구성요소로 제시하였다는 점이다. 이들은 긍정적인 심리적 역량을 가지고 있을 때 비로소 긍정적인 조직환경이 만들어 질 수 있는 것으로 본다. 그리고 될 수 있고, 긍정적인 조직환경 속에서야 말로 리더와 구성원 모두 긍정적인 자기발달을 촉진할 수 있고, 높은 수준의 자기인식과 자기규제행동이 나오는 것으로 개념화하였다.

리더개인의 내부적 관점에서 진성 리더십을 정의한 샤미르와 엘리엄[27)]은 구성요소가 아니라 자기개념 명확성, 자기일치뿐 아니라 일관성 있는 행동을 보유하고 있는 사람으로 기술한다. 그리고 진성 리더십개발에 있어 삶의 이야기(Life story)의 중요성을 강조하는 것이 특징이다. 리더의 삶의 이야기로 인생에서 중요한 사건들에 의미를 부여하며 시간이 흐르면서 성찰을 통한 긍정적 자기개발을 촉진하는 것으로 설명하고 있다.

일라이스 등은[28)] 진정성을 연구함에 있어 리더와 구성원의 행복과 웰빙에 미치는 영향을 분석하고 실현되는 과정을 검토하였다. 그리고 제시한 구성요소는 자기인식, 편향되지 않은 처리, 진정성 행동 그리고 진정한 관계적 지향이다.

가드너 등은[29)] 진성 리더십을 체계화하는 모델을 만들었다. 이 연구에서는 자기인식과 자기규제를 진성 리더십의 핵심요소로 설명한다. 나아가 자기규제안에 내적규제와 균형잡힌 정보처리, 관계적 투명성, 진정성 있는 행동이 포함되는 것으로 설명하였다.

그림 14-3 진성 리더십의 구성요소[30)]

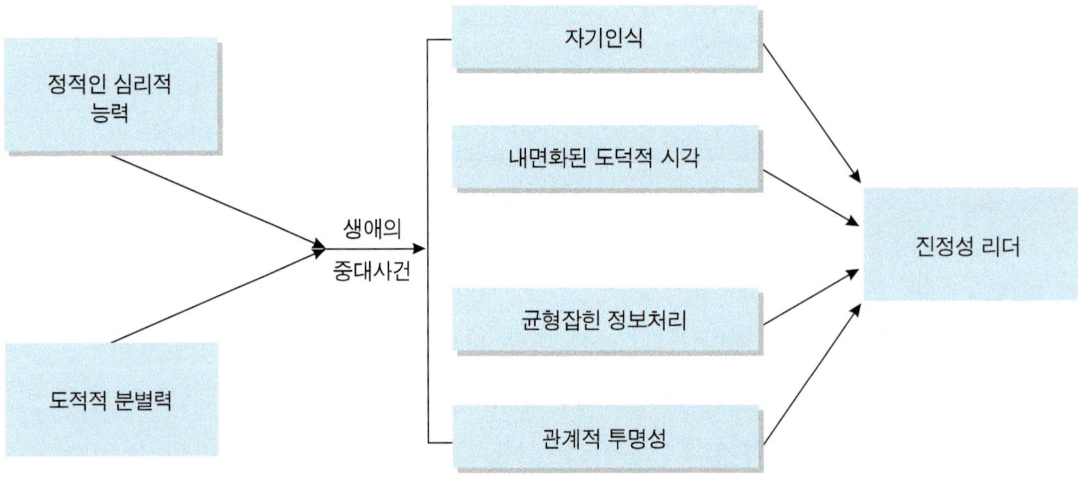

최근에 진성 리더십연구에서 가장 보편적인 지지를 받고 있는 것은 왈람바 등[31)]의 네 가지 구성개념이다. 그들은 진성 리더십의 구성요소를 밝혀내기 위하여 광범위한 연구문헌들을 검토분석하고 전문가 인터뷰들을 토대로 타당성이 검증된 네 가지의 구성 개념 및 측정도구를 개발하였다. 네 가지의 구성요소는 다음과 같다.

① 자기인식(self-awareness)

자기를 인식한다는 것은 나 자신을 통찰한다는 의미로서 결과가 아닌 과정자체를 뜻한다. 진성리더가 하는 자기인식이란 자신의 장점과 단점이 무엇인지 끊임없이 통찰하며 나 스스로를 이해하고 나아가 타인에 대한 나의 영향력에 대해서도 깨달아가는 과정을 의미한다. 커니스[32]는 자기인식이란 그들이 스스로의 감정을 알고 있고 그 감정을 표출하는 방법도 반영하고 있는 개념이라고 설명하였다. 조직속에서 리더가 자기자신을 알고 무엇을 하고 있는지, 무엇을 해야하는지에 대한 인식이 뚜렷해지면 그들의 결정과 행동을 자기인식을 하게 되면, 결정에 대해 흔들리지 않는 강력한 닻의 역할을 하게 된다.[33] 이러한 인식으로 인하여 개인들은 그들이 생각하는 중요한 가치들이 이 세상의 가치가 될 수 있도록 이끌어 내게 될 것이고 나아가 중요한 가치로서 만들어가는 방법들에도 영향을 끼치게 되며 이러한 반복되는 과정속에서 나 자신을 알아가는 방법이 자기인식이라고 설명하였다.[34]

즉, 자기인식수준이 높은 리더들이 보다 진정성 있는 리더라고 구성원들이 인지하게 되는 것이다.

② 내면화 된 도덕적 기준(internalized meal perspective)

내면화 된 도덕적 기준이란 자기인식과 함께 자신을 규제하는 과정을 의미한다. 진정성이 있는 행동을 하기 위해서는 자신의 인식에 따라 행동하는 것이며, 타인에게 보상을 원하거나 처벌을 회피하기 위해서 행동하는 것이 아니라 자신의 가치와 선호도, 욕구 등에 따라 행동하는 것이다.[35] 인간은 외부의 압력(집단 또는 사회적 압력)으로 인하여 내가 원하는 행동을 하지 못하는 경우가 발생한다. 하지만, 진성리더의 경우 내면화된 도덕적인 기준을 통하여 외부의 기대에 따르는 것이 아니라, 나 자신이 인식한 것으로 행동하게 된다. 그들은 깊게 믿고있는 신념이 있으며 이러한 신념은 도덕적 기준과 일치하기 때문이다.

③ 균형잡힌 정보처리(balanced processing of information)

균형잡힌 정보처리 또한 자기규제의 과정을 의미한다. 어떠한 사안에 관하여 결정을 내리기 전에 관련된 정보를 받아들일 때에 나의 의견과 다르다고 부인하거나 과장하지 않는다. 즉, 개인이 타인의 의견을 검토하는 능력을 의미하는 균형잡힌 정보처리는 정보를 객관적으로 분석할 수 있는 능력(과정)을 말한다. 초기에는 한쪽에 편향되지 않은 정보처리라는 개념이었으나, 가드너 등이[36] 사회심리학적 연구를 기반으로 하여 균형잡힌 정보처리라는 용어를 주장하였고 최근 학계에서는 이 주장이 받아들여지고 있는 추세이다. 왈람바 등은 균형적 정보처리에 대하여 리더가 의사결정하기 전에 모든 관련자료들을 객관적으로 분석하여 구성원들에게 보여 주는 것으로 정의하였다.

④ 관계적 투명성(relational transparency)

관계적 투명성은 나의 솔직한 모습을 타인에게 공개하는 것으로 열린 자세로 진정성을 얻기 위한 노력과 가치를 포함하는 개념으로 볼 수 있다. 진성 리더십은 리더스스로의 약점과 한계를 투명하게 드러내는 것이라고 정의한[37] 것처럼 관계적 투명성이란 자신의 긍정적 측면뿐 아니라 부정적인 측면까지 드러내며 타인들과의 관계에서 진실되게 행동하는 것을 의미한다. 왈람바 등은 관계적 투명성이란 타인에게 자기의 진정성 있는 자아를 보여주는 것이라 설명하였다. 이렇게 행동하였을 때, 그들은 부적절한 감정표현은 최소화시키기 위해 최선을 다하며 반대로 그들의 솔직한 생각과 감정표현 및 정보공유는 최대한 하는 것으로 상호 간에 신뢰를 촉진시킨다고 하였다.

이렇듯 진성 리더십은 자기인식, 내면화된 도덕적 관점, 균형잡힌 정보처리, 그리고 관계적 투명성의 네 가지 요소로 구성되어 있다. 이러한 요소들은 진성 리더십의 토대가 된다.

자가진단 진성 리더십 측정도구(Authentic Leadership Questionnaire; ALQ)

아직까지 초기개발단계에 있기는 하지만 왈람바 등은[38] 상기의 네 가지 구성요소를 핵심으로 한 진성 리더십 설문지를 개발하였다. 이 설문지는 진성 리더십을 탐색하고 타당성을 검증하기 위한 목적으로 탄생되었다. 해당 설문지는 Mind Garden Inc.에 상표권이 등록되어 있는 상태로 www.Mindgarden.com에서 확인할 수 있다.

	매우 아니다	약간 아니다	보통 이다	약간 그렇다	매우 그렇다
1. 나는 세 개의 가장 큰 나의 약점들을 적어볼 수 있다.	①	②	③	④	⑤
2. 나의 행동에는 나의 핵심적 가치관이 반영되어 있다.	①	②	③	④	⑤
3. 나는 나의 마음을 정하기 전에 다른 사람들의 의견을 구한다.	①	②	③	④	⑤
4. 나는 나의 감정을 공개적으로 다른 사람들과 나눈다.	①	②	③	④	⑤
5. 나는 세 개의 가장 큰 나의 강점들을 적어볼 수 있다.	①	②	③	④	⑤
6. 집단의 압력이 나의 행동에 영향을 미친다.	①	②	③	④	⑤
7. 나와 의견을 달리하고 있는 사람들의 아이디어(생각)에 대해 주의깊게 경청한다.	①	②	③	④	⑤
8. 나는 한 개인으로서 내가 누구인지를 다른 사람들이 알도록 한다.	①	②	③	④	⑤
9. 한 개인으로서 내가 누구인지를 이해하기 위해 다른 사람들의 나에 대한 피드백(나에 대한 평가)를 구한다.	①	②	③	④	⑤
10. 논쟁거리가 되고 있는(논쟁이 붙고 있는) 사연에 대한 나의 입장을 다른 사람들이 알도록 한다.	①	②	③	④	⑤
11. 나는 다른 사람들의 의견을 무시하고 나의 견해만을 강조하지 않는다.	①	②	③	④	⑤

	매우 아니다	약간 아니다	보통 이다	약간 그렇다	매우 그렇다
12. 나는 나의 옳지 못한 점을 다른 사람들 앞에 좀처럼 내놓지 않는다.	①	②	③	④	⑤
13. 나는 나 자신에 대한 나의 느낌이나 감정을 그대로 수용한다.	①	②	③	④	⑤
14. 나의 도덕성이 리더로서 내가 하고 있는 일의 지침이 되고 있다.	①	②	③	④	⑤
15. 나는 의사결정을 하기 전에 다른 사람들의 생각(아이디어)을 매우 주의깊게 경청한다.	①	②	③	④	⑤
16. 나는 다른 사람들 앞에서 나의 잘못을 인정한다.	①	②	③	④	⑤

■ 점수

1. 항목 1, 5, 9, 13 (자기인식)에 대한 응답을 합산합니다.
2. 항목 2, 6, 10, 14 (내면화된 도덕적 시각)에 대한 응답을 합산합니다.
3. 항목 3, 7, 11, 15 (균형잡힌 정보처리)에 대한 응답을 합산합니다.
4. 항목 4, 8, 12, 16 (관계적 투명성)에 대한 응답을 합산합니다.

■ 총점

자기인식 : ________ 내면화된 도덕적 시각 : ________
균형잡힌 정보처리 : ________ 관계적 투명성 : ________

※본 설문지는 자기인식, 내면화된 도덕적 시각, 균형잡힌 정보처리 및 관계적 투명성의 네 가지 구성요소를 평가하여 진성 리더십을 측정하도록 설계되었습니다. 각 구성요소의 점수를 비교하여 어느 카테고리가 더 강하고 어느 카테고리가 약한 구성요소인지 판단할 수 있습니다.
다음 지침을 사용하여 본격적인 리더십점수를 해석할 수 있습니다
높음 = 16-20 및 낮음 = 15 이하.
상위 범위의 점수는 강한 진성 리더십을 나타내는 반면, 낮은 범위의 점수는 약한 진성 리더십을 나타냅니다.

제4부 자율통제와 리더십

제1부 조직과 리더십의 기초개념

- 제1장 조직과 조직관리의 이해
- 제2장 리더십의 개념과 본질
- 제3장 권력과 관리자의 역할
- 제4장 리더십과 동기부여
- 제5장 리더십과 대인간 의사소통

제2부 전통적 리더십이론

- 제6장 리더십 특성이론
- 제7장 리더십 행동이론
- 제8장 상황이론
- 제9장 참여적 리더십과 위임
- 제10장 리더구성원 교환관계 이론

신조이론

제3부 영감적, 도덕적 리더십이론

- 제11장 카리스마 리더십이론
- 제12장 변혁적 리더십
- 제13장 서번트 리더십
- 제14장 진성 리더십

제4부 자율통제와 리더십

- 제15장 셀프, 수퍼리더십
- 제16장 임파워먼트 리더십
- 제17장 리더십개발과 실천

제15장 셀프, 수퍼리더십

만즈(Manz)와 심스(Sims)는 리더십 대체이론의 관점에서 셀프매니지먼트 이론을 제시하였다(1980). 리더의 구성원들에 대한 통제행동은 구성원들의 자율통제로 대체될 수 있기 때문에, 구성원의 셀프매니지먼트는 리더의 근접 감독의 필요성을 감소시킨다는 것이다. 그 후 만즈와 심스는 셀프매니지먼트의 개념을 확대하여 구성원의 자기통제시스템을 더욱 강조하는 셀프리더십으로 발전시켰다.[1)]

01 셀프매니지먼트

셀프매니지먼트의 개념은 그것이 리더십 대체요인이 될 수 있다는 관점에서 출발하였다. 예를 들면, 리더는 업무지시와 같은 자극을 제공하고 그에 따른 구성원의 행동에 대해 보상을 해 주는데, 이러한 강화상황(reinforcement contingencies)이 리더가 아닌 다른 원천으로부터 시작된다면 그것은 리더십 대체요인이 될 것이다. 따라서 만일 개인이 자기강화의 상황을 스스로 정한다면, 이러한 자기영향력은 리더십 대체요인이 될 것이다. 즉, 리더에 의한 통제가 자기통제로 대체되는 것이다.

셀프매니지먼트 행동은 스스로 목표를 설정하고 목표달성을 위해 스스로 지시하며 스스로 보상과 처벌을 행사하는 것을 포함한다. 이러한 셀프매니지먼트 프로세스는 장기적으로 바람직한 결과가 있어야 지속될 가능성이 높다. 예를 들어 장거리 달리기 선수가 훈련 기간 동안 달릴 때마다 스스로를 칭찬한다면, 이러한 자기 칭찬은 자신의 훈련행동을 관리하는 데 도움이 되는 자기통제 프로세스의 일부가 될 것이다. 그런데 만일 그 사람이 계속 훈련하여 마라톤에서 금메달을 획득한다면 금메달은 효과적인 훈련의 성과에 대한 외적인 보상이 될 것이다. 그리고 이것은 미래에 자기 통제적 행동을 강화하게 될 것이다. 장기적 관점에서 외적인 강화가 없다면 이러한 자기 통제적 행동은 지속되지 않을 수도 있다.

1.1 셀프매니지먼트 전략

셀프매니지먼트의 전략은 두 가지의 중요한 요소로 설명될 수 있다. 하나는 목표행동 이전과 관련된 것으로 환경적 단서와 개인적 목표나 기준이며. 또 다른 하나는 목표행동 이후와 관련된 것으로 개인의 성과에 대한 결과, 즉 보상과 질책이다. 만즈와 심스는 이러한 전략을 실행하는 구체적인 절차를 다음과 같이 제시하였다.[2)]

(1) 자기관찰

자신의 행동에 대해 체계적으로 자료를 수집하는 것으로써, 이는 자기평가의 기초가 되며 나중에 자기강화를 위한 정보를 제공한다. 자신의 행동을 관찰함으로써 언제, 왜 어떤 행동이 나타나는지를 인식하게 된다. 자기관찰을 통해 사람들은 변화되어야 하거나 증진 또는 제거해야 하는 행동을 확인할 수 있다. 예를 들면, 근무시간에 동료와 비공식적인 잡담을 감소시키고 싶은 사람은 매일 그러한 잡담을 하는 횟수와 그 당시의 상황을 기록할 수 있을 것이다. 그럼으로써 나중에 자기평가 및 자기강화 또는 그러한 행동의 원인에 대한 가능한 통찰력을 가질 수 있을 것이다. 이와 같이 자신의 행동에 대한 인식을 높이는 것은 개인이 자신의 성과를 향상시키기 위한 목표를 더욱 효과적으로 설정하도록 하는 행동변

화의 중요한 첫 번째 단계이다.[3)]

(2) 자기목표설정

목표는 그 자체로 동기부여적 효과를 가지고 있으며 따라서 목표는 성과를 향상시킨다. 목표설정이론에 따르면, 목표는 도전적이고 구체적일수록 그 효과가 더 크다. 또한 목표의 달성은 더 높은 목표로 리드하는 강한 강화적 특성도 가지고 있다. 목표는 당면한 과업목표일 수도 있고 장기적인 경력목표일 수도 있다.[4)] 예를 들면, 지나친 컴퓨터 채팅을 하는 사람의 경우 이러한 바람직하지 않은 행동을 줄이기 위해 주중 컴퓨터 채팅을 한 시간으로 제한하는 목표를 설정할 수 있을 것이다. 온라인이나 야간 강의수강을 통해 MBA를 취득한다거나 임원으로 승진하겠다는 목표를 설정할 수도 있다. 목표가 더 효과적이기 위해서는 공개적으로 얘기하고 구체적인 행동변화에 초점을 맞추며 상대적으로 짧은 기간을 설정하는 것이 좋다.

(3) 단서전략(자극에 대한 통제)

단서전략은 바람직하지 않은 행동을 유도하는 자극은 점차적으로 줄이는 동시에 바람직한 행동을 유도하는 자극에 더 많이 노출되도록 하는 것이다. 예를 들면, 사무실의 벽면에 업적달성을 자극하는 표어 같은 것을 붙여 놓는 것은 일종의 단서전략이다. 또한 벽면에 "열심히 공부하자"등과 같이 동기유발을 자극하는 그림이나 표어를 눈에 잘 띄게 붙여 놓는 것도 단서전략이 될 것이다. 동료와의 비공식적 잡담을 줄이려는 사람은 사무실의 재배치를 통해 복도로 지나가는 사람이 보이지 않도록 시각적 단서를 줄임으로써 바람직하지 않은 행동을 줄일 수도 있을 것이다. 또는 사무실의 문을 닫음으로써 바람직하지 않은 행동을 자극할 수 있는 단서를 제거할 수도 있을 것이다.

(4) 자기보상 및 자기비판

자기보상과 자기비판은 타인에 의한 보상이나 처벌과 유사한 효과를 가지고 있다. 즉, 보상을 받은 행동은 반복적으로 일어나고 처벌을 받은 행동은 회피하려는 경향이 있으므로 자기보상과 자기비판의 적절한 활용은 셀프매니지먼트에 효과적이다. 자기보상과 자기비판은 자기평가에 기초한다. 도전적인 과업을 완수한 후 고급식당에서 외식을 즐기거나 주말에 느긋하게 영화감상을 하는 것은 자기보상의 예가 될 것이다. 일반적으로 바람직한 행동을 형성하는 데에는 자기보상이 자기비판이나 죄의식을 포함한 자기처벌의 과도한 사용보다 더 효과적이다.[5)]

(5) 예행연습

예행연습은 바라는 행동을 체계적으로 연습해 보는 것이다. 예행연습은 겉으로 실제 해볼 수도 있고 속으로 생각만 해볼 수도 있다. 중요한 과업을 수행하기 전에 충분히 생각하고 연습해 보는 것은 성과달성에 중요할 것이다. 이러한 예행연습의 효과는 결과를 상상함으로써 더 잘 나타날 수도 있다. 예를 들면, 영업사원은 영업을 위한 프리젠테이션을 겉으로 또는 속으로 연습해 볼 수 있으며, 그럼으로써 더 정교하게 만들 수 있다. 그리고 의도적으로 영업이 성공할 것이라는 바람직한 결과를 상상함으로써 자신감을 키울 수 있을 것이다.

1.2 셀프매니지먼트의 상황적 제약

셀프매니지먼트는 조직에 매우 유용하지만, 이것이 모든 상황에서 항상 적절하다고는 할 수 없다. 실제로 외적인 관리자 통제는 어떤 조직에서든지 중요한 역할을 한다. 또한 셀프매니지먼트와 외적 통제는 상호배타적이지 않다. 외적 통제가 매우 강한 상황에서도 구성원은 어느 정도의 셀프매니지먼트를 행사한다. 반대로 셀프매니지먼트가 장려되는 상황에서도 외적인 통제는 필요하며 구성원에 의해 요구되기도 한다. 또한 자기통제를 지속적으로 유지하기 위해서는 외적인 강화가 필요하기도 하다.[6]

만즈와 심스는 셀프매니지먼트가 적절한 상황적 요소를 예시하였다(1980). 예를 들면 과업의 특성, 문제의 특성, 시간적 여유, 그리고 구성원 개발의 중요성 등이 그것이다. 과업이 창의적이거나 분석적인 경우, 또는 본질적으로 지적인 측면을 요구하는 경우 셀프매니지먼트가 더 적절할 것으로 예측할 수 있다. 또한 문제가 구조화되어 있지 않거나, 의사결정에 필요한 정보를 구성원들로부터 얻어야 하거나, 문제에 대한 해결안이 실행되기 위해서는 구성원들의 수용이 필요한 상황 등에서는 참여적 의사결정이 요구되며 셀프매니지먼트가 더 적절할 것으로 예측할 수 있다. 또한 시간적 여유가 어느 정도 있는 경우 또는 단기적 효율성보다 장기적 개발을 강조하는 경우 셀프매니지먼트가 더욱 강조될 것이다. 비록 이러한 상황적 요인에 대한 경험적 연구는 별로 이루어지지 않았지만, 셀프매니지먼트의 효과는 상황에 따라 다를 수 있다는 점을 기억해야 한다.

02 셀프리더십

셀프리더십은 행동에 초점을 맞추고 있는 셀프매니지먼트 전략을 포함하면서, 자기 통제적 행동에 대한 더 높은 수준의 기준이나 이유를 강조하고 내재적 동기부여의 역할을 더 중시한다. 셀프매니지먼트와 셀프리더십의 차이를 이해하기 위해서는 조직통제와 자기통제시스템의 관계를 우선적으로 이해할 필요가 있다.

2.1 조직통제시스템과 자기통제시스템

조직의 통제시스템은 구성원들이 해야 할 적절한 행동을 정하고 그러한 행동이 실행되는지를 모니터하며 그 결과에 대해 보상하거나 처벌을 하려고 한다. 즉, 조직의 통제시스템은 조직이 목표를 달성하도록 구성원에게 영향을 주는 합리적이고 관리 가능한 통제기제인 셈이다. 이를 위해 조직의 통제시스템은 기본적으로 목표나 성과기준, 평가제도, 그리고 보상시스템을 제공한다. 그러나 조직의 구성원인 개인도 자신만의 통제시스템을 가지고 있다. 즉, 개인도 자기 자신의 일상적인 활동을 관리하기 위해 자기가 만들어 낸 성과기준을 가지고 있으며

그림 15-1 조직 및 자기통제시스템

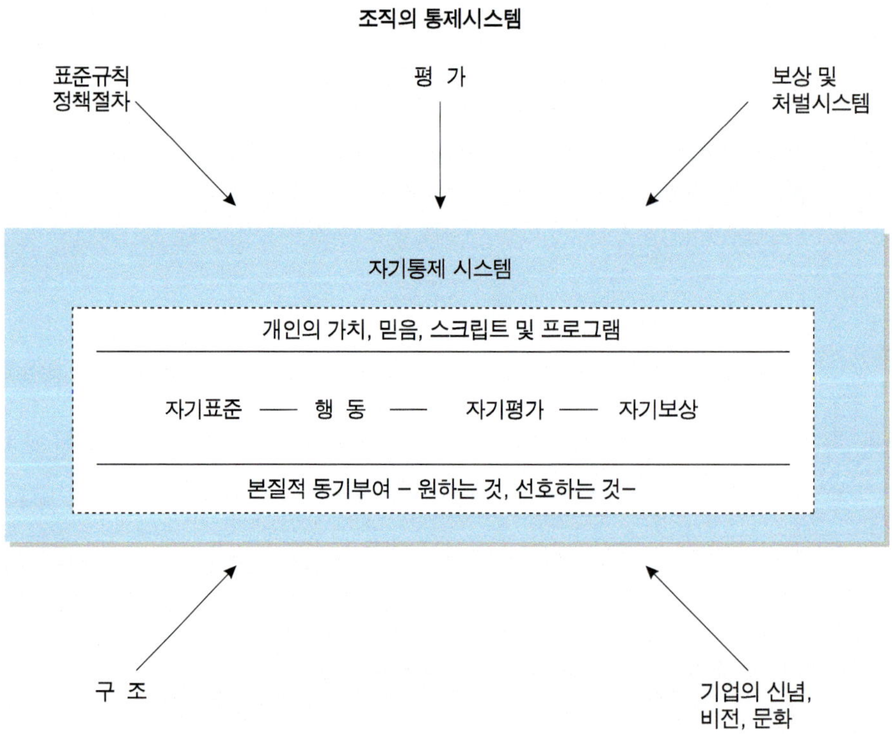

자기의 행동을 스스로 평가하고 그 결과에 따라 스스로 보상이나 벌을 집행한다. 이와 마찬가지로 조직은 구성원에게 조직문화의 가치나 믿음 또는 조직의 비전 등을 제공하지만, 개인도 역시 자기 자신만의 가치관과 믿음, 그리고 미래에 대한 비전을 가지고 있다. 또한 조직은 규칙, 정책, 그리고 운영절차 등을 제시하지만, 개인은 행동적 또는 심리적 스크립트나 프로그램 형태로 자신만의 내적인 인지구조나 틀을 가지고 있다.[7)]

따라서 조직이 구성원에게 영향을 주는 통제시스템을 제공하지만, 이것이 개인의 행동에 직접적으로 도달하지는 못한다. 조직의 통제시스템은 의도적이든 의도적이지 않든 간에 구성원들이 가지고 있는 자기통제시스템을 통해 그들의 행동에 영향을 주게 된다. 이러한 논리는 [그림 15-1]에 나타나 있다.

이러한 관점에서 보면 조직의 통제시스템 보다는 자기통제시스템이 궁극적으로 개인의 행동에 영향을 주는 것이다. 즉, 개인은 단순히 조직통제시스템의 영향을 받고 그에 따라 행동하는 매개자적 역할을 하기보다는 주도적으로 자기통제시스템에 따라 행동한다. 따라서 이 경우 구성원의 자기통제시스템을 인식하고 촉진시키는 것이 외적인 영향력에만 초점을 맞추는 것보다 더 현실적이다.

2.2 셀프리더십의 본질적 특성

셀프리더십의 본질적 특성을 이해하기 위해서는 사람이 어떤 행동을 왜 하는지에 대한 분석이 필요하다. 이러한 분석은 행동의 기준(standard)과 내재적 동기부여(intrinsic motivation)라는 두 가지 개념으로 이루어질 수 있다.

(1) 기 준

기준은 성과목표를 의미하며 일차적인 통제기제로 작동한다. 셀프리더십은 셀프매니지먼트와 그 기준에 있어서 차이가 있다. 셀프매니지먼트는 일차적으로 낮은 수준의 기준 대비 차이를 줄이기 위해 적절한 행동을 촉진하는 전략이다. 즉, 셀프매니지먼트의 목적은 조직이 외적으로 정의한 운영기준에서 벗어나지 않도록 하는 것이다. 반면에 셀프리더십은 셀프매니지먼트를 포함하면서 상위수준에 서의 행동기준이나 이유를 언급한다.[8)]

예를 들면 셀프매니지먼트는 자신에게 주어진 판매 할당량을 맞추기 위해 매일 6명의 고객에게 전화를 하겠다는 목표 또는 기준을 스스로 설정하고 이러한 기준에 맞추면 매일 자기 스스로 보상을 제공하는 것이다. 반면에 셀프리더십은 이와 같은 셀프매니지먼트 행동을 하는 이유를 제공하는 더 높은 수준의 기준을 언급한다. 즉, 왜 자신에게 주어진 판매 할당량을 달성하길 원하는지에 대한 이유를 찾는다. 예를 들면 좋은 판매원이 된다든가 성실한 가족부양자가 된다든가 또는 좋은

그림 15-2 셀프매니지먼트와 셀프리더십의 역할에 관한 사이버네틱 통제시스템 관점

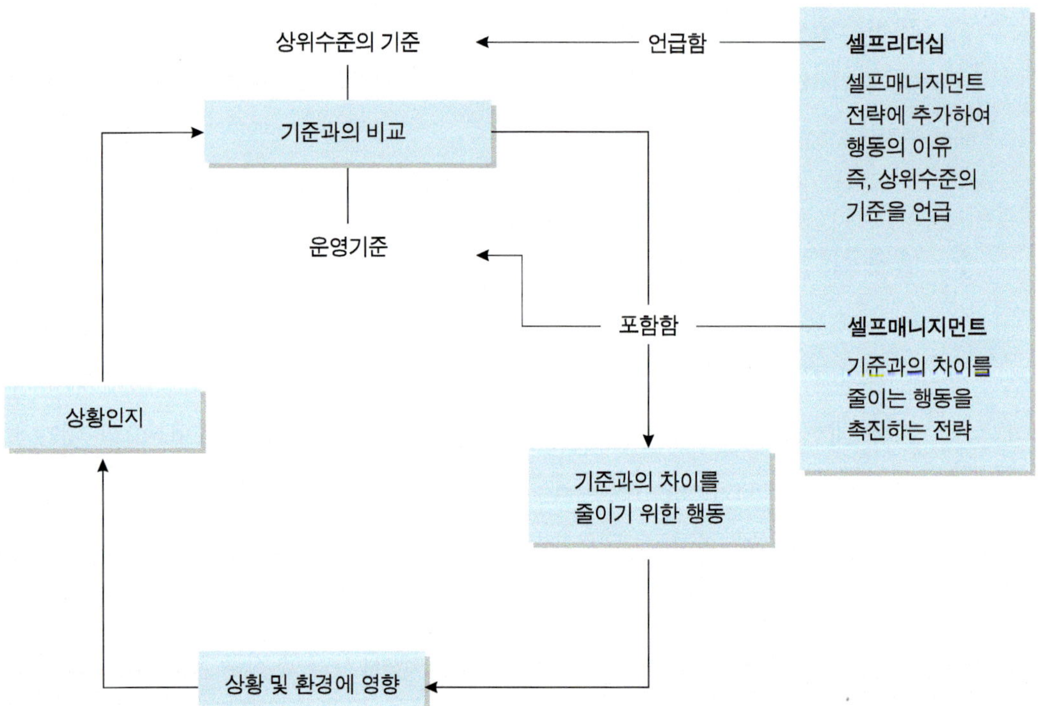

사람이 된다든가 하는 것이 더 높은 수준에서의 행동기준이나 이유가 될 것이다. 이러한 셀프매니지먼트와 셀프리더십의 차이는 [그림 15-2]에 나타나 있다.

따라서 셀프매니지먼트와 셀프리더십의 중요한 차이는 그 초점이 다르다는 것이다. 셀프매니지먼트는 해야만 하는 것(should)에 초점을 맞추고 있다. 예를 들면, 금연, 보고서의 완성, 또는 비생산적인 잡담의 중지 등이 그것이다. 반면에 셀프리더십은 하고 싶은 것(want)에 초점을 맞추고 있다. 예를 들면, 왜 금연을 하고 싶은지, 왜 보고서를 완성하고 싶은지, 또는 왜 비생산적인 잡담을 중지하고 싶은지에 대한 이유, 즉 건강을 유지하는 것이나 훌륭한 종업원이 되는 것에 초점을 맞추고 있다.

이러한 관점에서 보면, 셀프리더십은 셀프매니지먼트에 비해 자기통제의 주도적 역할을 훨씬 더 강조한다. 이는 다음의 질문에 대해 누가 더 자기 통제적인지를 살펴봄으로써 알 수 있다. 즉, 다른 사람에 의해 주어진 기준을 달성하기 위해 셀프매니지먼트를 사용하는 사람과 개인적으로 선택한 기준을 달성하기 위해 외적으로 통제되는 상황을 선택하는 사람 중 누가 더 자기 통제적인가? 개인적으로 선택한 기준을 달성하기 위해 외적인 영향력을 활용하는 것은 셀프리더십의 한 형태이다. 반면에 개인적으로는 바라지 않지만 외적으로 정해진 기준에 도달하기위해 자신이 정한 셀프매니지먼트 전략을 실행하는 것은 셀프매니지먼트의 한 형태이다. 진정한 자기 통제적 행동은 그 기준에 대한 개인적인 의미와 소유의식에 달려 있으며, 따라서 셀프리더십이 셀프매니지먼트에 비해 훨씬 더 자기통제를 강조한다.[9)]

(2) 내재적 동기부여

셀프매니지먼트는 조직이 정한 기준에 맞추기 위해 어떻게 일을 완수할 것인가에 대해 스스로 영향력을 행사하는 것이다. 이 과정에서 셀프매니지먼트는 과업과는 분리되어 있으며 그것이 완수되면 받는 보상(예를 들면, 자기칭찬, 외적인정 등)을 강조한다. 따라서 셀프매니지먼트는 자기보상이든 외적보상이든 간에 과업과는 분리된 보상을 얻기 위해 조직이 정한 기준을 달성하려고 하는 것이다.

반면에 셀프리더십은 어떻게 일을 완수할 것인가 이외에 무엇을 왜 하는가를 포함한다. 따라서 셀프리더십은 과업(또는 활동) 그 자체를 수행한 결과로서의 보상, 즉 업무를 수행하는 과정에서 따라오는 내재적 보상을 강조한다. 이것은 과업수행과정의 본질적인 부분이며 내재적 반응이므로 본질적 보상(natural reward)이라고 불리운다.[10)]

내재적 동기부여의 핵심적인 경험은 유능감과 자기통제감(feelings of competence and selfcontrol)이다. 또한 유능감과 자기통제감 이외에 세 번째 내재적 동기부여 요소는 업무수행자의 목적의식(feelings of purpose)이다. 과업이나 활동이 유능감, 자기통제감, 그리고 목적의식을 제공해 줄 때 사람들은 보다 더 내적인 보상이 된다.[11)]

① 유능감

내재적 보상을 가져다주는 활동의 한 가지 측면은 그 활동이 더 큰 유능감을 느끼도록 하는 것이다. 사람들은 효과적으로 잘 수행할 수 있는 과업을 선호하는 경향이 있다. 마지막 홀에서의 훌륭한 골프 샷은 그 사람으로 하여금 또 다시 골프를 하도록 부추긴다. 컴퓨터를 사용하여 작업을 하는 데 어려움을 느끼거나 좌절하는 사람은 무능력감을 느낄 것이다. 반면에 컴퓨터를 사용하여 계획된 대로 업무를 완수하는 사람은 컴퓨터를 사용하도록 자연스럽게 동기부여가 될 것이고 향상된 숙달감과 유능감을 가지고 일하게 될 것이다.

② 자기통제감

자연스럽게 즐길 수 있는 과업이나 활동의 두 번째 특성은 그 과업을 수행하는 사람들이 더 많은 자기통제감을 느끼도록 하는 특성이다. 대부분의 사람들은 자신의 운명을 스스로 통제하고 싶어하는 성향을 가지고 있다. 그들은 독립감(feelings of independence)을 추구하고 자신의 아이디어와 창의력을 표현할 수 있는 기회를 추구한다. 이러한 욕구는 유력한 동기부여의 요인이 되어 많은 사람들이 그들의 일자리를 바꾸거나 자영업을 하거나 고등교육을 받는 등의 행동을 이끌어 낼 것이다.

③ 목적의식

비록 도전적인 과업이 유능감과 자기통제감을 가져준다고 할지라도 그 과업의 수행이 의미 있고 가치 있는 것으로 느껴지지 않는다면 그것은 여전히 내재적 보상으로 이어지지 않을 수 있다. 보상이나 질책 등을 넘어 개인이 과업을 수행하는 이유, 즉 목적은 매우 중요하다. 사람들은 일반적으로 과업수행의 목적과 의미를 알고 싶어한다. 목적의식과 의미는 아마도 자기자신보다는 다른 사람에게 가치 있게 기여하거나 도움이 될 때 나타난다. 이런 관점에서 외적인 조직의 철학이나 비전이 이타적인 방식으로 정의된다면 내적인 목적을 촉진할 것이다. 즉, 사람은 인간으로서 타고난 자기중심적 특성이 다른 사람들의 호의와 존경을 받게 되는 이타적인 노력과 결합될 때 행복하고 의미 있는 삶을 영위할 수 있게 된다. 셀프 리더십 프로세스의 중요한 측면은 해야 하는 것과 하고 싶은 것을 충분히 통합하도록 내재적 동기부여를 촉진하는 본질적 보상에 있다.

표 15-1 셀프매니지먼트와 셀프리더십[12)]

셀프 매니지먼트	· 조직이 외적으로 정의한 운영기준에서 벗어나지 않도록 하는 것 · 일과는 구별되면서 그것을 완수하면 받는 보상을 강조(외적 보상에 대한 자기관리) · 따라서 조직이 정한 기준에 맞추기 위해 어떻게 일을 완수할 것인가에 대해 스스로 영향력을 행사하는 것
셀프 리더십	· 내적으로 발생한 보다 높은 기준에 맞추는 것 · 직무관련 행동을 수행하면서 따라오는 내재적 보상을 강조 · 따라서 조직이 정한 기준을 어떻게 달성할 것인가 이외에 무엇을 왜 해야 하는가를 포함

2.3 셀프리더십 실천전략

셀프리더십은 본질적으로 동기부여되는 과업을 수행하도록 자기자신을 리드하는 것뿐 아니라 본질적으로 동기부여되지는 않지만 반드시 해야 할 일을 하도록 자기자신을 관리하는 것을 포함하는 포괄적인 관점을 가지고 있다. 따라서 셀프 리더십의 실천전략은 셀프매니지먼트에 기초한 행동중심전략(behavior-focused strategies) 이외에 추가적으로 본질적 보상전략(natural reward strategies)과 건설적사고 패턴전략(constructive thought pattern strategies)을 포함한다.

(1) 본질적 보상전략

본질적 보상전략은 내재적으로 즐거운 과업이나 활동에 초점을 맞추고 있다. 이것은 사람이 과업이나 활동 자체로부터 보상을 받고 동기부여되는 상황을 만들도록 고안되어 있다. 과업이 유능감과 자기결정감, 그리고 목적의식을 증진시키는 방향으로 선택되고 구조화되고 또는 인지되는 정도까지 사람들은 과업 자체로부터 자연적으로 보상받고 과업성과는 향상될 것이다. 본질적 보상전략은 유능감, 자기통제감, 그리고 목적의식을 증진시키기 위해 작업상황을 선택하는 전략과 스스로 과업을 재설계하는 전략으로 나누어 볼 수 있다.[13)]

① 작업상황 선택전략

이 전략은 물리적 작업환경이 성과에 미치는 본질적 영향력을 높이도록 작업환경을 선택하는 것이다. 이는 물론 가능한 범위 내에서 가능할 것이다. 사람들의 노력을 지원해 주고 그들의 노력을 증진시킬 수 있는 시간과 장소에서 일하게 된다면 사람들은 더 생산적으로 일하게 될 것이다. 예를 들면, 장거리 달리기 선수가 전통적인 트랙보다 쾌적한 주변 환경에서 달리는 것을 선택하는 것이다. 또한 새롭고 도전적인 지역을 성공적으로 주파함으로써 자신감을 얻을 수도 있고 달리는 길은 스스로 통제(선택)함으로써 자기결정감이 향상될 수 있으며 건강(목적)에도 도움이 될 것이다. 선택의 바람직한 작업환경으로부터 오는 이러한 요소들은 함께 동기부여와 성과에 긍정적인 영향을 미칠 것이다.

그 외에도 다양한 예가 가능하다. 숨막힐 듯한 회의실에서 열리는 회의가 물리적 환경이 다른 곳에서 열리게 된다면 아주 다른 멋이 있을 것이다. 어떤 사람들은 야간 시간에 일하기를 좋아하는 반면 어떤 사람들은 오전 시간이나 낮 시간에 일하기를 좋아한다. 사람들은 자신의 신체리듬이나 심리적 선호에 맞도록 작업의 진행순서를 짤 수 있는 자유재량권을 가지고 있다면 그 정도에 따라 그들의 생산성을 제고시킬 수 있을 것이다. 또한 과업수행의 본질적인 즐거움에 기여하는 사회 · 심리학적 작업상황을 선택하고 만들기도 한다.

② 과업 재설계 전략

과업수행과정에 본질적 보상을 구축하는 것도 셀프리더십을 행사하는 방식이다. 어떤 활동이 자신에게 본질적 보상을 제공하는지를 발견하고 따라서 이러한 활동을 가능한 과업 프로세스에 구축하는 것이다. 예를 들면, 관리자는 부하에게 새로운 업무프로세스를 메모로 설명할 것인가 아니면 만나서 설명할 것인가를 선택할 수 있을 것이다. 이 경우 문서가 필수적이지 않다면 그 관리자는 말로 설명하는 것이 더 즐겁다는 것을 알기 때문에 (이는 본질적 보상에 해당됨) 만나서 말로 설명하는 것을 선택할 것이다. 만일 개인이 어떤 종류의 활동을 좋아하는지에 대해 상당한 수준의 자기인식을 할 수 있고 이러한 선호도에 맞는 일을 할 수 있다면 셀프리더십은 향상될 것이다. 세 가지의 본질적 보상요인인 유능감, 자기통제감, 그리고 목적의식은 활동을 확인하고 이를 자신의 업무에 구축할 수 있을 것이다.

자기주도적인 직무특성 접근은 셀프리더십 행사의 한 가지 방법일 것이다. 비록 어떤 업무는 겉보기에 단조롭고 지루한 것 같이 보이지만, 개인은 그것에 더 많은 긍정적인 정신적 노력을 기울이고 거기서 즐거운 감정을 향유할 수 있도록 과업을 재설계할 수 있는 여지를 가지고 있다. 흔히 사람들은 설계된 작업은 변화될 수 없으며 고위 관리자의 결정사항이라는 생각의 함정에 빠지기 쉽다. 그러나 사람들은 과업 속에서 보다 자연스럽게 즐길 수 있는 특성을 구축하는 것이 가능하다. 예를 들면 고속도로의 요금징수원으로 일하는 여직원의 경우 누가 보든지 그녀의 일은 극도로 단조롭고 지루한 일이라고 생각한다 그러나 얼마나 많은 사람들이 미소로 대하는가를 세어 통계를 내어 본 다면 날마다 그녀의 일에서 게임을 만들어 낼 수 있다.

과업의 재설계는 단기적 시각과 장기적 시각에서 생각할 수 있다. 단기적 시각은 초점이 현재의 과업에 있다. 즉 현재의 직무 그 자체를 어떻게 하면 더 자연스러운 내재적 보상을 느끼도록 만드는 것이다. 이것은 본질적으로 과업 재설계의 문제이며 여기에는 일의 내용과 일을 하는 방법을 바꾸는 일이다. 반면에 장기적인 시각은 여러 해 동안에 걸쳐 일의 성질을 변화시킴으로써 더 내재적 보상을 느끼도록 만드는 것이다. 한 예로 이러한 시각은 더 많은 교육을 받는 결정을 하기에 이르게 될 것이다. 또한 어떤 경우에는 현직을 사임하고 다른 일자리를 구하게 될 수도 있을 것이다.

내재적 보상을 찾는 또 다른 방법으로 과업을 수행하는 동안 생각하는 방식에 집중하는 것이다. 직무는 물리적이라기보다는 정신적으로도 재설계할 수 있다. 즉, 사람은 자신의 업무에 정신적 측면을 관리할 수 있다. 모든 직무는 바람직하고 바람직하지 않은 요소를 모두 가지고 있다. 사람의 정신적 에너지가 업무의 불쾌한 측면(피로, 압력, 불확실성 등)에 초점을 맞추면 그 업무프로세스는 비호의적으로 경험될 것이다. 반대로 바람직한 요소(도전, 학습, 다양성 등)가 사람의 정신적 에너지에 초점이 되면 동기부여의 잠재력이 구축될 수 있다. 이것은 바로 긍정적 사고의 힘과 유사하다.

(2) 건설적 사고패턴 전략

건설적인 사고패턴 전략은 인지프로세스의 관리와 관련된 것으로 사고패턴에 영향을 주는 것이다. 사고패턴에 영향을 미치는 것은 그리 쉬운 일이 아니다. 다른 사람에게 '다르게 생각해 보라'고 말한다든지 또는 '의지를 가지고 사고패턴을 바꾸어 보라'고 말하는 것은 일반적으로 성과를 거두지 못하고 있다. 사고패턴에 영향을 미치기 위해서는 구체적인 인지전략이 필요하다. 이러한 인지전략의 대표적인 것은 긍정적이고 기능적으로 신념 또는 믿음을 관리하는 것, 성공적인 결과를 정신적으로 상상하는 것, 그리고 긍정적으로 자신과 대화하는 것이다.[14] 구체적인 인지전략의 효과적 활용은 습관적으로 긍정적 생각을 하는 건설적인 사고패턴을 만드는 데 도움이 된다.[15]

① 신념(믿음)의 관리

신념 또는 믿음은 변화를 위한 기본적인 역할을 수행한다. 특히 셀프리더십 역량과 관련된 가장 중요한 신념 또는 믿음은 어떤 특정한 과업을 수행할 수 있는 능력에 대한 믿음인 자기 효능감이다. 자신의 과업수행능력에 대해 긍정적인 신념을 가진 사람은 그것을 실제로 잘할 수 있는 가능성을 증대시킨다. 반대로 자신의 과업수행능력에 대한 부정적인 신념은 그 가능성을 감소시킨다. 신념이나 믿음을 변화시키는 것은 어렵지만, 의도적으로 역기능적인 신념이나 믿음을 확인하고 그것에 도전하며 대체하려고 노력하는 것은 사고방식을 변화시키는 유용한 첫 번째 단계이다.

② 상상적 경험

정신적 상상은 실제적이고 겉으로 나타나는 신체적이고 육체적 움직임 없이 경험이나 과업을 상징적이고 암암리에 창출할 수 있다. 정신적 상상을 통해 실제 성과에 앞서 상징적으로 행동결과를 경험할 수 있을 것이다. 정신적인 상상의 경험은 건설적으로 영향을 미칠 수도 있고 파괴적으로 영향을 미칠 수도 있다. 따라서 건설적인 정신적 상상을 형성하려는 의도적인 선택을 통해 사람은 정신적 습관에 도전해 볼 수 있다. 예를 들어, 작업 상황에서 주요한 도전에 직면하였지만 극적인 성공을 거두고 있는 자신의 모습을 상상하는 것이다. 이와 유사하게 사람의 마음속에 어떤 활동에 대해 예행연습을 해본다든지 또는 심리적 세계에

들어와 있는 파괴적인 상상적 경험에 도전하기 위해 긍정적인 것에 대한 상상력을 활용하는 것이다. 즉 긍정적인 변화를 가져오기 위해 정신적 이미지를 활용하는 것이다. 어떤 활동에 대한 성공적인 성과를 사전에 상상하는 사람은 실제과업에 직면했을 때 성공적으로 수행할 가능성이 더욱 높다.[16)]

③ 자기와의 대화

비록 관찰할 수 없는 내부적 수준에서 이루어지지만 사람은 자신을 상대로 말을 한다. 이와 같이 자신이 스스로에게 암암리에 이야기하는 것은 자기와의 대화라고 정의한다.[17)] 이것은 일차적으로 자기 자신 및 자신의 환경에 대한 인지적 평가와 반응을 포함한다. 이 때 자신에 대해 인신공격적인 말을 한다면 행동에 유익한 결과를 가져다주지 않는다. 반대로 자신에 대해 건설적이고 분석적인 대화를 한다면 긍정적인 유익을 가져다 줄 것이다. 예를 들면 "무엇이 잘못된거지?", "나는 그보다 더 잘 할 수 있어", "내 성과를 개선하기 위해 무엇을 어떻게 하면 되지?" 등이 건설적이고 분석적인 대화의 예가 될 것이다. 자신과의 내부적 대화, 즉 자신과의 대화 패턴을 주의깊게 관찰하면 자신이 부정적이고 비관적인 자신과 의 대화를 막거나 제거하며 낙관적인 자기대화를 촉진하고 격려하는 것을 배울 수 있다. 자신과의 대화에서 역기능적인 내용을 건설적인 내용으로 대치하려는 노력은 사고패턴을 효과적으로 관리하는 데 유용한 방법이다.

03 수퍼리더십

물고기 한 마리를 준다면 하루밖에 살지 못하지만 물고기 잡는 방법을 가르쳐 준다면 평생을 살아갈 수 있다. 수퍼리더십이란 다른 사람들이 스스로 자신들을

행동지향적 셀프리더십 전략	
· 자기설정목표	· 자기자신의 작업노력을 위해 자신이 목표를 설정한다.
· 단서의 관리	· 자신의 바람직한 개인적 행동을 촉진하기 위해 작업환경 내에 단서(어떤 실마리)를 설치하고 변경한다.
· 예행연습	· 어떤 작업활동을 실제로 수행하기 전에 그 작업활동을 사전에 신체적 · 정신적으로 연습을 한다.
· 자기관찰	· 자신이 표적으로 삼고있는 자기자신의 구체적인 행동을 관찰하고 그 행동에 관한 정보를 수집한다.
· 자기보상	· 바람직한 행동을 해냈을 때 그것에 대해 자기자신이 가치 있게 여기는 보상을 자기자신에게 제공한다.
· 자기처벌	· 바람직하지 못한 방법으로 행동했을 때 그것에 대해 자신을 처벌한다(이 같은 전략은 일반적으로 효과적이지 못하다. 이 경우에는 자기 스스로 교정하는 건설적인 피드백이 효과적이다).
내적보상을 통한 셀프리더십	
· 과업의 자기재설계	· 직무 내의 내적보상수준을 높이기 위해 무슨 일을 어떻게 할 것인가를 자신이 재설계한다. 내적보상은 과업 그 자체와 분리된 것이 아니라 그 일부이다(예를 들어 취미와 관련 있는 일은 보상이 된다). 그리고 그 같은 내적보상은 유능감, 자기통제감 그리고 선한 목적 및 의미와 같은 느낌을 가져다주는 활동에서 초래된다.
· 작업환경여건의 재설계	· 인접한 작업환경에서 오는 내적보상을 증진시키기 위해 인접한 작업환경을 재설계하거나 작업의 시간과 장소를 변경한다.
셀프리더십의 사고패턴	
· 건설적인 사고패턴의 확립	· 자신의 생각 속에 건설적이고 효과적인 습관이나 패턴을 확립한다(예를 들어 장애적 사고가 아닌 기회적 사고를 추구하는 경향성). 이 같은 건설적인 사고패턴은 신념과 가정, 정신적 이미지(상상적 경험), 그리고 자신과의 대화를 관리함으로써 얻어질 수 있다.

리드해 갈 수 있도록 도움을 주는 리더십의 개념이다. 따라서 수퍼리더십은 셀프리더십의 관점에서 접근해야 한다.

3.1 수퍼리더십의 개념 및 특징[18)]

리더십은 영향을 미치는 것이고, 이러한 영향력의 주된 원천은 그 사람 내부에서 나온다. 이것이 바로 셀프리더십의 핵심이다. 즉, 셀프리더십이란 조직 구성원들이 스스로 리드하는 것을 의미한다. 구성원이 스스로의 목표를 세우고, 이를 달성하는 데 필요한 능력을 갖추도록 노력하며, 그 결과에 따라서 만족하거나 반성하고 보다 나은 방향으로 나아갈 수 있도록 하는 것이다. 기존의 리더와 구성원의 관계에서 구성원은 리더의 명령이나 지시에 따라 행동하지만, 셀프리더십에서 구성원은 자율적으로 판단하고 행동하는 특징을 지닌다. 이러한 셀프리더십을 각 구성원들이 갖도록 하는 것이 수퍼리더십이다.

수퍼리더십이란 단어만 들으면 모든 것이 완벽하고 뛰어난 리더라고 오해할 수도 있겠지만, 수퍼리더십은 셀프리더십에 대한 새로운 개념의 리더십이다. 즉, 사람에게는 방대한 잠재능력이 있다는 확신을 가지고 사람들의 잠재능력과 최선의 노력을 끌어내고 개발하는 리더십이다. 수퍼리더십은 모든 구성원들이 충분한 잠재력을 가지고 있으며 좋은 성과를 낼 수 있다고 보는 낙관주의에서 출발한다.

수퍼리더십은 전통적인 리더십의 시각과 근본적으로 차이가 있다. 수퍼리더십의 주된 목적은 셀프리더십 역량이나 잠재력을 자극하고 촉진하는 것이다. 그렇다고 수퍼리더십을 외적 통제나 권한에 대한 위협으로 보아서는 안 된다. 수퍼리더십은 높은 성과를 달성하기 위한 효과적인 노력으로 보아야 한다. 리더가 부하들을 고성과를 내는 사람으로 개발하고 싶다면, 그들을 임파워먼트시켜 자신 및 자신의 일에 자발적인 몰입과 책임감을 갖도록 하는 것이 가장 중요하다.

수퍼리더십의 시각은 영웅적 리더십을 초월한 개념이다. 전통적인 리더십 과정에서는 리더가 각광을 받지만 수퍼리더십의 경우에는 부하가 각광을 받는다. 그래서 부하들은 이례적인 몰입과 자신의 일에 대한 주인의식을 갖게 된다. 수퍼리더십은 영웅적 리더라기보다는 영웅을 만드는 리더라고 볼 수 있다.

또한 수퍼리더십은 승인(permission)이 아니다. 사람들은 때때로 승인과 임파워먼트를 혼동하는 경우가 있지만, 수퍼리더십에서 두 단어는 분명히 다르다. 수퍼리더십은 부하에게 셀프리더십을 승인하거나 허가하는 것이 아니며 특권을 부여하는 것도 아니다. 수퍼리더십은 부하들의 기술, 자신감, 특히 지식과 정보를 갖도록 하여 임파워먼트시키는 데 초점을 맞춘 전략이다. 수퍼리더십은 자유방임도 아니다. 수퍼리더십은 다른 사람들이 스스로 자신들의 행동이나 업적에 영향을 미치도록 리드하는 것이다. 그리고 수퍼리더십의 기본적 목적은 부하들의 역량을 개발하고 멘토링하며 이끌어 내는 것이다. 따라서 수퍼리더십은 셀프리더십을 자극하고 촉진하는 적극적인 리더십이다.

3.2 수퍼리더십 실천방안

수퍼리더는 다른 사람들이 자신을 리드하도록 셀프리더십 스킬을 개발하게 하는 것이다. 이를 위해서 가장 중요한 첫 번째 단계는 숙달된 셀프리더가 되는 것이다. 수퍼리더는 스스로 셀프리더십의 모델이 되어 부하들이 관찰을 통해 이를 본받을 수 있도록 해야 한다.

또한 수퍼리더는 부하들이 셀프리더로서의 역량과 사고방식을 갖도록 유도하고 격려하며 지원해 주어야 한다. 부하들이 주도적으로 행동하고 스스로 문제해결을 하도록 격려하며 팀웍을 촉진시킨다. 일방적으로 부하에게 목표를 부과하기 보다는 부하들이 스스로 목표를 설정하고 목표달성 정도를 관찰하며 스스로 보상하도록 장려한다. 또한 부하들이 스스로 기회를 찾도록 도와주며 일 자체로부터의 자연적인 보상을 찾아 내재적으로 동기부여되도록 유도하고 칭찬이나 인정 등을 통해 직무에 대한 자신감을 높여 준다.

수퍼리더는 개인이나 팀, 그리고 조직문화 속에 셀프리더십을 심어 육성하고 신장시킨다. 이를 위해 수퍼리더는 다음과 같은 행동수단을 활용한다.[20)]

① 듣기는 많이 하고 말은 적게 한다.
② 의문은 많이 제기하고 해답은 적게 해 준다.
③ 일의 결과를 두려워하지 않고 실패로부터의 학습을 조장한다.
④ 다른 사람을 위한 문제해결보다는 다른 사람에 의한 문제해결을 고무한다.
⑤ 정보를 독점하기보다는 정보를 공유한다.
⑥ 순종이 아니라 창의력 발휘를 고무한다.
⑦ 파괴적인 경쟁이 아니라 팀웍과 협력적 노력을 고무한다.
⑧ 의존이 아니라 독립성과 상호의존을 조장한다.
⑨ 순응하는 부하가 아니라 헌신하는 셀프리더를 개발한다.
⑩ 부하들이 스스로 자신을 리드해 갈 수 있도록 하고 리더의 통제하에 있게 하지 않는다.
⑪ 자율관리팀, 가상팀, 재택근무자들의 셀프리더십을 지원하는 조직구조를 구축한다.
⑫ 셀프리더십을 지원하는 인트라넷(intranet)과 인터넷(internet)을 통한 정보시스템을 구축한다.
⑬ 전체조직에 자율적 관리문화를 구축한다.

이러한 수퍼리더십을 통해 상사는 부하들이 주인정신에 기초하여 감정적으로 몰입하도록 만들며 따라서 만일 기회만 주어진다면 보통의 사람들이 보통 이상의 특별한 일을 해낼 수 있도록 만드는 것이다. 이는 부하를 도구적인 측면이 아니라 인간이라는 본질적인 측면에 초점을 맞춤으로써 가능한 것이다.

리더십은 리더와 부하간에 매일매일 발생하는 언어적 또는 비언어적 상호작용을 통해 발휘될 수 있다. 따라서 수퍼리더는 일상적 대화를 활용하여 부하들의 셀프리더십을 자극하고 촉진하기 위해 적극적으로 개입할 수 있다. 만즈와 심스는 부하들의 셀프리더십을 증진시키기 위해 사용될 수 있는 언어와 대화에 관한 몇 가지 요령을 제시하였다.

① 지시, 교훈, 명령에 집중하는 언어의 사용을 줄인다.
부하들에게 그들 자신의 나아갈 방향을 제시하도록 요구하라. “다음은 무엇을 하겠습니까?”또는 “어디를 향해 가고 있습니까?”
② 더 많이 경청한다.
③ 자율적으로 결정된 목표가 아닌 ‘할당된 목표’의 비율을 줄인다. 부하에게 그의 목표가 무엇인가를 물어 본다.
④ 부하의 실패나 실수에 대한 반응으로 그 같은 실패나 실수에서 무엇을 배울 수 있었는가 묻는다. 최후의 수단으로 직접적인 처벌적 언어를 사용한다.
⑤ 그들이 어떻게 그 같은 결정에 이르게 되었는지 논리적 근거와 분석적 자료를 통해 말해 보도록 요구한다. 그렇게 한 경우 부하의 방어자세를 촉발시킬 수 있는 질문을 하지 않도록 한다.
⑥ 그 같은 의사결정과정에서 탐색해 보았던 다른 대안이 무엇이었는가를 설명해 보도록 요구한다.
⑦ 느낌이나 감정에 대하여 물어 본다. “ 그것에 대한 느낌이 어때요?”
⑧ 부하의 결정은 최후수단으로 뒤집는다.
⑨ 부하의 잠재력에 대한 신뢰를 표시하고 구체적인 목표의 달성과 특정한 과업완성의 역량을 신뢰하고 있다는 표현을 한다.
⑩ 부하의 문제를 리더가 직접 개입하여 해결하는 것을 삼간다(그것이 위기상황이 아니라면, 또 해결에 필요한 정보를 리더 자신만이 가지고 있는 경우가 아니라면 말이다).
⑪ 부하에게 자기 자신의 힘으로 또는 동료들과의 협동적 노력으로 문제를 해결하도록 요구한다.

⑫ 부하 자신이 해야 할 결정을 리더에게 해달라고 요구할 때 직접 응낙하지 않는다. 그 결정을 부하에게 다시 되돌리고 부하의 능력으로 그것을 할 수 있을 것이라는 신뢰를 표시하고 지원을 약속한다. 그리고 그것을 통해 그들이 성장하고 배울 수 있는 기회를 갖도록 한다.

⑬ 그 직무가 보다 더 효과적으로 수행될 수 있는 방법이 있는지 부하에게 물어 본다.

⑭ 부하가 주도적으로 제안을 하고 진취적인 행동을 보일 때 그것을 말로 강화(칭찬)한다. 그리고 기회를 봐서 부하의 제안을 수용하고 실천에 옮긴다.

04 셀프리더십의 실천 및 연습

셀프리더십의 다양한 전략을 실천해 봄으로써 우리는 스스로 셀프리더십 스킬을 향상시킬 수 있을 것이다. 이를 위해 셀프리더십을 실천해 볼 수 있는 영역을 선정하고 스스로 목표를 설정해 보자. 그리고 이러한 목표를 달성하기 위해 다양한 행동전략 및 인지전략을 활용해 보자.

4.1 셀프리더십의 행동전략 및 실천방안

자기 목표설정	과제를 달성하거나 행동을 변화시키기 위해서는 빠르게 성취할 수 있는 하위 목표를 포함한 현실적 목표를 설정 · "오늘은 보고서의 첫 페이지를 작성하겠다." · not "may be", but " will"

자기관찰	스스로 맡아서 하는 전략은 스스로의 관찰에서 시작함. 따라서 자신이 무엇을 했으며 다른 사람들은 어떻게 반응을 보였는지를 알기 위해 자신의 행동을 모니터함 · 다른 사람들이 싫어하는 어떤 것을 자신이 이야기할 때마다 이를 파악함 · 다른 사람이 언제 가장 호의적으로 반응하는지를 알기 위해 아이디어를 전달하는 상이한 방법을 시도함
예행연습	목표달성 행동을 실행하기 위해 기술을 향상하고 자신감을 쌓기 위해 스스로 연습함 · 거울 앞에서 녹음기를 가지고 발표연습을 함
자기보상	어떤 일을 올바르게 해낸데 대해 스스로 칭찬하고 어려운 과제의 완성이나 목표달성에 대해 스스로 보상함(신체적, 정신적 보상) · 극장에 가거나 자신이 원하는 것을 구매함 · 업무의 본질적 보상을 생각함 · 업무의 즐거움을 확인하거나 업무의 즐거운 부분에 초점을 맞춤
자기처벌	부적절한 행동을 하거나 자신이 변화시키기 원하는 행동으로 되돌아간 경우에는 자기 비판이나 자기처벌을 사용함 · 부주의한 실수를 저지르면 이를 바로잡기 위해 여분의 시간을 더 일함
단서활용	인접한 물리적 환경에 있는 단서들을 재배열 함. 바람직하지 못한 행동을 조장하는 단서를 제거하고 바람직한 행동을 조장하는 단서를 대체함 · 보고서 작성에 방해를 받지 않는 조용한 장소로 이동 · 즉석식품을 먹는 유혹에 빠지는 것을 피하기 위해 건강식품만을 구매
집단토의	셀프리더십의 행동전략 중 자기보상과 자기처벌의 다양한 방안을 탐색하고 토의해 보자.

4.2 셀프리더십의 인지전략 : TSL

TSL(Thought Self Leadership)은 건설적 사고패턴 전략에 기초하여 셀프리더십을 갖도록 하는 훈련이다. 즉, 개인이 자신과 대화를 한다거나, 정신적이고 인지적인 방법을 통해 자신의 사고방식을 변화시키는 방법이다. TSL은 구성원들이 자신감과 조직에 대한 긍정적 사고를 갖도록 하며 성과, 몰입, 직무만족에도 긍정적으로 영향을 미친다.

TSL은 세 가지 방법을 통해 이루어진다. 첫 번째는 신념과 가치관의 관찰 기법이다. 개인은 자신의 신념과 가치관을 스스로 관찰한다. 기존의 자신에 대해 관찰한 부분들을 평가하고, 변화시킬 부분을 파악하여 개선한다.

두 번째는 상상에 의한 자기암시법이다. 개인은 자신이 해야 할 일이나 행동 등을 미리 마음속으로 연습한다. 마음속으로 연습한다는 것은 상상한다는 것을 의미한다. 마음속으로 자신이 스스로 과제를 수행하는 모습을 시각화하고 그 과제를 성공적으로 수행하였을 때의 만족감을 상상해 본다. 예를 들면, 먼저 자신에게 부정적 감정을 가지고 있는 상사나 동료, 부하들을 어떻게 대할 것인지를 구체적으로 상상해 본다. 그리고 그들이 자신에게 호감을 갖는 모습을 지속적으로 상상한다. 그럼으로써 다른 사람과 보다 긍정적인 관계를 가질 수 있고, 성공할 수 있다는 자신감을 갖게 된다.

마지막으로 세 번째는 언어반복에 의한 자기암시법이다. '나는 이 일을 성공적으로 수행할 수 있다'와 같이 자신이 지향하는 모습이나 긍정적 태도 등을 반복하여 말한다. 긍정적인 자기대화는 낙관적인 사고를 강조하고 부정적이고 비관적인 사고를 피하는 것이다. 어려운 상황을 문제보다는 기회로 해석하고 어려움이나 실패에 안주하기보다는 일을 더 잘하기 위해 무엇을 할 수 있는가에 집중하는 것이 필요하다. 이를 바탕으로 자신감을 갖게 되는 것인데, 여기에서 언어는 말하는 것은 물론, 마음속으로 되뇌는 것도 포함된다.

TSL은 이러한 세 가지 방법을 통해 셀프리더가 될 수 있다는 것이다. TSL 방법을 활용한 사람들은 목표로 삼은 바람직한 태도나 모습으로 변화되어가는 것은 물론 주변 상황이나 여건도 호전된다. 사람들은 개인의 정신적 심상(자기암시, 자기관찰)과 자기와의 대화라는 특별한 인지적 전략을 사용하여 스스로에게 영향을 줄 수 있고 스스로를 리드할 수 있게 된다. 이를 통해 조직의 성과와 개인의 능력을 향상시키려는 것이 TSL의 목적이다.

집단토의 LMX7 설문지

셀프리더십의 행동전략 중 자기보상과 자기처벌의 다양한 방안을 탐색하고 토의해 보자.

제16장 임파워먼트 리더십

임파워먼트는 최근에 강조되고 있는 경영실천의 하나이다. 특히 환경변화에 따른 새로운 리더십개념의 등장과 함께 '임파워먼트'는 리더십 효과성을 위한 중요한 요소로 자리잡고 있다. 즉, 부하에게 지시하고 복종을 요하는 과거의 통제중심적 리더십에 비해 부하를 임파워먼트시키는 리더십은 기대이상의 효과를 낼 수 있는 것으로 그 중요성이 강조되고 있다. 이러한 임파워먼트 리더십은 단순한 리더십의 도구나 기법이라기보다는 과거의 통제적 리더십에 대한 도전적인 개념적 틀을 의미한다. 임파워먼트 리더십을 이해하기 위해서는 '임파워먼트'개념에 대한 학습이 선행될 필요가 있다.

01 임파워먼트의 개념 및 본질

임파워먼트(empowerment)는 '주다'란 의미의 'em'과 '권력'이란 뜻의 'power'가 결합된 말로, 권력을 제공한다는 것을 의미한다. 임파워먼트의 개념을 정의하기 위해서는 그 개념의 출발점인 권력(power)에 대한 이해가 필요하다. 권력이라는 말은 기본적으로 두 가지의 다른 방식으로 사용되고 있고, 따라서 임파워먼트도 두 가지의 다른 접근방식으로 이해할 수 있다.[1]

1.1 임파워먼트 개념의 접근방식

조직에서 권력은 크게 두 가지의 형태로 이해될 수 있다. 하나는 다른 사람과의 관계에서 상대적인 위치와 관련된 것으로, 다른 사람에 대한 권력(power over)에 초점을 맞춘다. 또 다른 하나는 개인에게 더 자유롭게 업무를 수행할 기회를 제공하는 것과 관련된 것으로 업무를 수행하는 데 사용하는 권력(power to)에 초점을 맞춘다. 이와 같은 맥락에서 콘거와 카눙고는 임파워먼트의 개념을 두 가지 관점에서 구분하고 후자의 개념을 강조하였다. 하나는 관계적 관점에서 임파워먼트를 리더가 부하에게 권력을 공유 또는 배분하는 과정으로 보는 것이다. 또 다른 하나는 동기부여적 관점에서 임파워먼트를 리더가 부하에게 자율권이나 자신감 등을 부여하는 과정으로 보는 것이다.

(1) 관계적 관점

관계적 관점에서 권력은 한 개인이나 단위조직이 다른 개인이나 단위조직에 대해서 행사할 수 있는 인지된 권력이나 통제를 설명하는 데 사용된다. 이러한 사회적 영향력(social influence)의 관점에서 보면, 한 개인이나 단위조직의 성과가 단순히 자신의 행동뿐 아니라 다른 사람이나 단위조직의 행동에 의해 달라질 때 권력이 발생한다.

기본적으로 권력은 상대에 대한 의존성 또는 상호의존성의 함수이다. 한 행위자가 다른 사람에게 행사할 수 있는 상대적인 권력은 그 사람의 다른 사람에 대한 순수의존성의 산물이다. 즉, A라는 사람이 B라는 사람에게 의존하는 것보다 B라는 사람이 A라는 사람에게 의존하는 정도가 더 크다면, A는 B에 대해 행사 가능한 권력을 갖게 되는 것이다.

대인관계수준에서 한 사람이 다른 사람에 대해 갖는 권력이 비롯된 원천에 따라 직위권력(position power)과 개인권력(personal power)으로 구분할 수 있다. 또한 행위자가 어떤 자원을 통제하고 권력행사의 기반으로 사용하는가에 따라 합법적 권력, 보상적 권력, 강압적 권력, 전문적 권력, 그리고 준거적 권력 등으로 구분할 수 있다.[2)]

조직수준에서 행위자가 조직에 대해 행사할 수 있는 권력의 기본적인 원천으로는 조직에서 필요로 하는 자원을 제공해 줄 수 있는 능력이나 그 자원을 가지고 조직의 중요한 문제를 해결해 줄 수 있는 능력을 들 수 있다. 자원에 대한 의존성은 상대적인 권력을 결정짓는 핵심요소이다. 예를 들어 행위자가 조직이 필요로 하는 자원을 가지고 있다면, 그 행위자는 조직에 대해 권력을 갖게 된다. 특히, 그 자원이 희소하거나 대체가능성이 어려운 상황이라면 그 의존성은 더 증가될 것이다. 또한 행위자가 조직이 직면한 불확실성을 감소시켜 주거나 중요한 문제를 해결해 줄 수 있다면, 조직의 행위자에 대한 의존성은 더 커질 것이다.[3)] 자원의 존모형과 전략적 상황모형은 조직수준에서 권력의 원천을 추가적으로 이해하는 데 도움이 될 것이다.

일반적으로 리더는 정도의 차이는 있겠지만 대인관계 또는 조직수준에서 다양한 권력의 원천이나 기반을 가지고 있다. 특히, 리더는 기본적으로 직위에 따른 합법적 권력(또는 권한)이나 조직의 자원에 대한 통제력을 가지고 있다. 따라서 관계적 관점에서 임파워먼트는 리더가 가지고 있는 이러한 권력을 부하와 공유하는 과정으로 이해할 수 있으며, 이는 곧 부하에게 '권력 또는 권한을 위임(delegation)'하는 것을 의미한다. 경영관련 문헌에서 전형적인 권력공유의 방법으로 언급되는 것은 분권화 또는 구성원 참여이다.

(2) 동기부여적 관점

동기부여적 관점에서 권력은 개인의 내적인 동기부여 또는 기대신념(expectancy beliefs)의 상태에 초점을 맞추고 있다. 예를 들면, 개인은 자신의 삶을 통제하려는 내적인 욕구를 가지고 있다. 개인은 자신이 직면하는 사건, 상황, 또는 사람 등을 충분히 통제할 수 있다고 믿을 때 권력을 가지고 있다고 인지하며,

이때 개인의 권력욕구는 충족될 것이다. 반면 환경의 물리적 또는 사회적 요구에 직면할 수 없을 때 무력감을 느끼며, 이때 개인의 권력 욕구는 좌절될 것이다.

이러한 동기부여적 관점에서 권력의 개념은 구체적으로 자기결정성(self-determination)에 대한 내재적 욕구나 자기효능감(self-efficacy)의 믿음을 말한다.[4] 이러한 개념화는 권력의 기반을 개인의 동기부여적 성향에 둔 것이다. 자기결정성에 대한 욕구나 자기효능감의 믿음이 강해지면 개인은 더 큰 권력감(a feeling of power)을 가지게 될 것이다. 반대로 이런 것이 약화되면 무력감이 증대될 것이다.

앞에서 임파워먼트를 권한과 자원의 공유 또는 위임으로 정의한 것과는 달리, 여기서 임파워먼트는 개인의 효능감을 개발함으로써 과업성취를 위한 동기부여를 높이는 것, 즉 인에이블링(enabling)을 의미한다. 이러한 임파워먼트의 개념은 다른 사람에 대해 행사할 수 있는 권력보다는 일을 완수하는 데 사용할 수 있는 권력을 강조하며, 따라서 임파워먼트를 통해 전체적인 권력이 증대될 수 있다는 것을 시사한다.

동기부여적 관점에서 임파워먼트는 단순히 권한을 위임하거나 의사결정에 참여시키는 것이 아니라 구성원들의 능력이나 잠재력을 신뢰하고 이를 바탕으로 그들의 능력과 잠재력을 개발하는 방법이라고 할 수 있다. 즉, 임파워먼트는 구성원들에게 자신들이 수행하는 과업을 스스로 관리할 수 있는 기회를 제공하는 개념인 것이다.[5]

1.2 심리적 임파워먼트

임파워먼트를 권력의 공유나 위임의 측면에서 보면, 전통적으로 리더십은 이를위해 리더가 취하는 행동에 초점을 맞추고 있다. 즉, 리더의 참여적 리더십이나 위임과 같은 행동에 초점을 맞추는 리더의 관점을 취하고 있다.

그러나 이러한 관점은 구성원들이 실제로 임파워먼트를 느끼는지에 대한 충분한 설명을 하지 못한다. 예를 들면 권한이나 자원을 공유하면 구성원은 자동적으로 임파워먼트를 느끼게 되는가? 참여적이고 자원을 공유하는 리더십은 어떤 심리적 메커니즘을 통해 구성원들로 하여금 임파워먼트를 느끼도록 하는가? 참여나 조직자원의 공유 이외에 다른 임파워먼트 리더십의 실천방법은 없는가? 콘거와 카눙고는 리더의 행동을 포함한 임파워먼트를 위한 관리방안이 반드시 구성원을 임파워먼트시키는 것은 아니라고 하였다. 심리적 임파워먼트는 부하의 관점에서 구성원이 경험하고 느끼는 임파워먼트에 초점을 맞추고 있다.

(1) 부하의 관점

리더의 관점에서 권력의 공유나 위임을 위한 참여적 리더십 행동에 초점을 맞추는 것과 부하의 관점에서 부하가 느끼는 임파워먼트에 초점을 맞추는 것은 다르다. 리더와 부하의 관계에서 전자는 리더가 '주는 것'에 일차적인 관심을 가지는 반면, 후자는 그로 인해 부하가 '느끼는 것'에 일차적인 관심을 가지고 있다.

이와 같이 임파워먼트의 심리적 과정이 중요한 이유는 참여적 리더십이나 권한 위임과 같은 리더의 행동이 반드시 구성원들의 무력감을 감소시키거나 그들이 수행하는 업무에 대한 권력감을 가지도록 만들지는 않기 때문이다.[6] 리더의 권한위임이나 참여적 리더십 행동이 구성원을 임파워먼트시키는 데 중요한 요소가 될수는 있지만, 그로 인해 자동적으로 구성원이 임파워먼트되는 것은 아니다. 리더가 구성원에게 권한을 위임해 주고 의사결정에의 참여를 허용해 주더라도 그 구성원은 임파워먼트의 느낌을 갖지 못할 수도 있다.

예를 들면, 사소한 업무를 수행하는 부하에게 스스로 의사결정을 하도록 허용해 주더라도 그 부하의 자기가치감이나 충족감이 높아질 가능성은 낮다. 또한 과업을 성공적으로 수행하는 데 필요한 기술과 지식이 부족하고 자신감이 없는 부하에게 중요한 과업을 부여하고 권한을 위임하는 것은 그 부하를 임파워먼트 시키지 못할 것이다.

최근의 임파워먼트 개념은 리더의 입장에서 단순히 구성원에게 권한을 위임하거나 의사결정에의 참여를 허용하는 것이 아니라, 구성원이 스스로 임파워먼트 되었다고 느끼는 것을 강조한다. 리더가 구성원에게 권한을 위임하고 모든 것이 자동적으로 해결되기를 바라는 것이 아니라, 구성원이 내면적으로 임파워먼트를 느끼고 이를 바탕으로 자신의 업무에 대해 스스로 통제하고 성과를 내도록하는 것이 중요하다.

이와 같이 부하의 관점에서 보는 심리적 임파워먼트는 리더에 의한 계층적 통제프로세스보다 자기영향력 프로세스(self-influence process)를 강조한다. 따라서 임파워먼트 리더십은 전통적인 통제나 명령 또는 지시보다는 자기통제 또는 자율통제의 개념에 기초하고 있다. 즉, 구성원들의 자율성과 자신감 등을 강조하고, 이를 바탕으로 자신의 업무를 스스로 관리하도록 하는 것이다. 권력이나 권한의 공유는 때에 따라 중요한 임파워먼트 방법이 될 수는 있지만 이러한 행동에만 국한되지는 않을 것이다. 다양한 상황에서 구성원이 임파워먼트를 느끼도록 하는 데 사용되는 다양한 리더십행동을 포함할 수 있을 것이다. 무엇보다 중요한 것은 구성원입장에서 임파워먼트를 경험하고 인지하는 것이다.

(2) 심리적 임파워먼트의 요소

많은 연구자들이 심리적 임파워먼트의 요소에 대한 이론을 제안하여 왔다. 콘거와 카눙고는 임파워먼트를 자기효능감이라는 동기부여적 개념으로 정의하였다. 토마스와 벨트하우스는 임파워먼트를 단일 차원의 개념으로는 이해될 수 없는 다차원적 개념임을 주장하였다. 그들은 심리적 임파워먼트를 내재적 과업동기라는 좀 더 넓은개념에 기초하여 안정적인 성격특성이 아니라 업무환경에 의해 지속적으로 형성되는 인지상태로 정의하였다. 그리고 심리적 임파워먼트의 네 가지 인지적 구성요소를 제시하였다. 스프라이처(1995)는 토마스와 벨트하우스의 개념적 정의에 기초하여 실증연구를 통해 심리학적 임파워먼트의 네 가지 인지적 구성요소를 검증하였다.

따라서 심리적 임파워먼트는 의미감(meaning), 유능감(competence), 자기결정력(self-determination), 그리고 영향력(impact)이라는 네 가지 인지요소로 나타내는 동기부여적 개념이라고 정의할 수 있다.[7] 이 네 가지 인지요소는 자신의 업무역할 및 상황을 형성할 수 있다는 적극적인 바람과 느낌을 반영하는 것으로, 각 요소는 전체적인 심리적 임파워먼트의 개념을 창출하는 데 부가적으로(additively) 결합되는 것이다. 즉, 어느 하나의 요소가 부족하면, 심리적 임파워먼트가 완전히 없어지는 것은 아니지만 그 정도는 감소한다는 것이다. 심리적 임파워먼트를 구성하는 네 가지 인지요소에 대한 설명은 다음과 같다.

① 의미감

의미감은 개인의 이상이나 기준과 관련하여 판단되는 업무목표나 목적에 대한 가치이다. 즉, 의미감은 개인에게 주어진 업무역할의 요구와 개인이 가지고 있는 믿음, 가치관, 그리고 행동간의 인식되는 적합성을 말한다.

② 유능감

유능감은 자아효능감과 유사한 개념으로 특정한 직무에서 높은 성과를 낼 수 있는 자신의 능력에 대한 믿음이다.

③ 자기결정력

자기결정력은 행동을 주도하고 규제하는 데 자신이 선택권을 가지고 있는 정도에 대한 인식이다. 업무행동과 프로세스를 시작하고 지속하는 데 자율성을 반영한다. 예를 들면 작업방법이나 속도, 그리고 노력의 정도에 대해 스스로 의사결정을 하는 것이다.

④ 영향력

개인이 직무의 전략적, 관리적 또는 운영적 산출물에 영향을 미침으로써 차이를 만들어 낼 수 있는 정도를 의미한다. 영향력은 업무상황에 의해 영향을 받는 것으로 성격특성으로서의 내적 통제위치(locus of control)와는 구별된다.

(3) 심리적 임파워먼트의 효과

심리적 임파워먼트는 조직에서 다양한 긍정적인 결과를 만들어 내는 데 공헌한다. 심리적으로 임파워먼트 된 사람들은 업무환경에 대해 수동적(passive)으로 기다리지 않고 자신의 업무환경을 형성하기 위해 전향적(proactive)인 접근법을 사용하며 혁신적으로 행동한다.[8] 심리적으로 임파워먼트 된 사람들은 내재적 과업동기를 활용하고 잠재력을 발휘함으로써 더 높은 성과를 창출하며 조직에 몰입하고 직무에 만족한다.[9]

그 외에도 많은 실증연구들은 심리적 임파워먼트의 긍정적인 결과를 검증하였다. 예를 들면, 자신이 수행하는 직무를 의미있게 인식함으로써 구성원은 직무에 대해 큰 만족감을 느낄 것이다. 반대로 자신이 수행하는 직무에 대해 의미감을 느끼지 못하면 그 직무에 대해 무관심해지고 따라서 직무만족도는 낮을 것이다.[10] 직무에 대한 자기결정력은 내적 동기부여의 중요한 요인이며, 직무수행과

표 16-1 심리적 임파워먼트 측정항목 예시

의미감	· 내가 수행하는 직무는 나에게 매우 중요하다. · 나의 직무활동은 개인적으로 나에게 의미가 있다. · 내가 수행하는 직무는 나에게 의미가 있다.
유능감	· 나는 나의 현 직무를 수행하는 능력에 대해 자신감이 있다. · 나는 나의 직무활동을 수행하는 역량에 대해 스스로 확신하고 있다. · 나는 나의 직무에 필요한 기술을 완벽하게 습득하고 있다.
자기 결정력	· 나는 나의 직무를 어떻게 수행할 것인지를 결정하는 데 상당한 자율권을 가지고 있다. · 나는 내 업무를 어떻게 하려고 하는지에 대해 스스로 결정할 수 있다. · 나는 내 직무를 수행하는 방법에 있어 상당한 독립성과 자율성을 가지고 있다.
영향력	· 내가 속한 부서에서 일어나는 일에 대해 나의 영향력은 매우 크다. · 나는 내가 속한 부서에서 일어나는 일에 대해 상당한 정도의 통제력을 가지고 있다. · 나는 내가 속한 부서에서 일어나는 일에 대해 상당한 영향력을 행사할 수 있다.

관련하여 보다 많은 자율성을 가지고 스스로 의사결정할 수 있는 구성원은 그렇지 않은 구성원에 비해 직무로부터 내적보상을 더 많이 받게되고 소속된 조직으로부터의 소외감을 덜 느끼게 될 것이다.[11] 고객을 직접 상대하는 서비스제공 근로자들의 심리적 임파워먼트는 직무만족뿐 아니라 친고객지향적 행동을 유발시킨다.[12] 또한 임파워먼트 된 구성원들끼리는 서로 상대방에 대해 긍정적인 태도를 갖기 때문에 동료에 대한 신뢰감 및 조직몰입이 높아진다.[13]

특히, 심리적 임파워먼트는 규칙과 절차에 의해 구조화되기 어려운 관리상황에서 효과적인 것으로 연구되고 있다. 예를 들면, 복잡하고 애매하며 잘 정의되지 않은 관리자의 역할을 수행하는 데 있어서 심리적 임파워먼트는 집중력과 주도성, 그리고 끈기를 갖게 함으로써 관리업무의 효과성과 혁신성에 긍정적인 영향을 준다.[14] 관리자의 심리적 임파워먼트와 리더십행동 간의 연구에서, 스프라아처 등은 심리적으로 임파워먼트된 관리자는 현상을 유지하기 위해 모니터링을 하기보다는 혁신적이고 상향적으로 영향력을 행사하며 영감을 불러일으키는 행동을 하는 경향이 있다는 것을 보여 주었다. 따라서 심리적 임파워먼트는 현상을 유지하기보다는 변화와 혁신을 추구하는 행동에 영향을 준다.

비록 상황에 따라 정도의 차이는 있겠지만, 심리적 임파워먼트는 조직의 혁신성과 효과성에 긍정적인 영향을 미친다. 구조화된 상황에 비해 관리자의 업무와 같이 덜 구조화된 상황에서 심리적 임파워먼트의 효과는 더욱 명확하게 나타날 것이다. 또한 권력의 격차와 같은 국가의 문화적 특성에 따라 심리적 임파워먼트의 효과는 달라질 것이다.[15] 앞에서 제시한 다양한 연구결과들을 종합하면, 심리적 임파워먼트의 효과는 〈표 16-2〉와 같이 요약할 수 있다.

표 16-2 심리적 임파워먼트의 효과

· 업무에 대한 집중력과 성과 향상
· 역할책임을 수행하는 주도성의 증대
· 현상의 유지보다는 혁신을 추구
· 장애와 일시적 방해에도 불구하고 끈기의 증대
· 조직에 대한 몰입의 증대
· 직무만족의 향상
· 친고객 지향적 행동이나 대고객 서비스의 향상

02 임파워먼트 리더십

임파워먼트 리더십은 업무수행과 관련하여 구성원의 심리적 임파워먼트에 영향을 주는 과정으로 볼 수 있다. 따라서 심리적 임파워먼트의 개념 및 구성요소에 따라 임파워먼트 리더십의 구체적인 방법에는 약간의 차이가 있을 수 있다. 심리적 임파워먼트는 동기부여적 개념으로 부하의 인지요소를 강조하고 있으며, 여기에는 단일차원으로서 자기효능감을 중심으로 보는 관점[16]과 내재적 과업동기와 관련된 다차원을 중심으로 보는 관점[17]이 있다. 따라서 첫째로 심리적 임파워먼트 개념의 근간이 될 수 있는 자기효능감을 중심으로 한 이론을 살펴보고, 둘째로 심리적 임파워먼트에 영향을 주는 리더십행동과 관련된 연구를 살펴보고자 한다.

2.1 자기효능감과 임파워먼트 리더십과정

콘거와 카눙고는 심리적 임파워먼트는 자기효능감을 증진시키는 것으로 정의하였다. 또한 비록 스프라이처는 심리적 임파워먼트를 다차원으로 정의하지만, 그중 가장 중요한 것으로 자기효능감과 유사한 개념인 유능감을 강조하였다. 이와 같이 심리적 임파워먼트의 핵심요소인 자기효능감에 초점을 맞추면, 임파워먼트 리더십은 부하들의 자기효능감, 즉 자신의 과업수행능력에 대한 자신감을 향상시키는 것을 의미한다. 반두라의 자기효능감 이론(self-efficacy theory)은 이러한 임파워먼트 리더십과정을 설명하는 기초가 된다.[18)]

반두라에 따르면, 자기효능감은 자기통제의 가장 중심적인 인지요소의 하나로 목표설정의 수준과 그 목표에의 몰입, 그리고 노력의 정도와 어려움을 극복하려는 의지 등과 관련되어 있다. 즉, 자신의 과업수행능력에 대해 자신감이 높은 사람은 낮은 사람에 비해 더 높은 목표를 세우고 목표에 더욱 몰입하여 그 목표달성을 위해 더 많은 노력을 하며 어려움에 처해도 이를 극복하기 위해 계속적으로 노력을 경주하여 더 높은 성과를 올린다. 따라서 자기효능감은 동기부여의 핵심요소로 작용한다.

그리고 자기효능감은 직접적인 성공경험, 관찰을 통한 대리경험, 사회적 설득, 그리고 정서적 상태를 포함하는 네 가지의 정보원천에 의해 영향을 받는다. 리더십은 이러한 네 가지의 정보원천을 활용하여 부하들의 자기효능감을 높일 수 있을 것이다.

(1) 직접적인 성공경험

직접적인 성공경험은 가장 영향력 있는 효능감 정보의 원천으로, 개인의 성공경험은 자기효능감을 증가시키고 반복적인 실패는 그것을 낮춘다. 특히 실패가 초기에 나타나서 그것을 극복하지 못하는 경우 자기효능감에 대한 부정적인 영향은 더욱 크다. 실패를 막고 성공적인 과업수행을 위해서는 적절한 기술이나 능력배양 및 지도, 그리고 기술개발의 기회 및 활용 기회의 제공 등이 필요하다. 따라서 리더는 초기에 부하에게 너무 복잡하고 어려운 과업이나 목표를 제공하기보다는 충분히 달성가능한 과업의 할당 및 목표의 설정을 통해 부하가 성공적으로 그것을 수행할 수 있도록 함으로써 부하의 자기효능감을 높일 수 있다. 또한 부하가 업무수행에 있어서 성공경험을 할 수 있도록 모델링 등을 통해 필요한 기술이나 능력을 전달하고 피드백을 통해 지도하며 습득하고 개발한 기술이나 능력을 스스로 활용할 수 있도록 격려함으로써 부하의 자기효능감을 높일 수 있다.

(2) 관찰을 통한 대리경험

사람은 성공적으로 과업을 수행하는 다른 사람을 관찰함으로써 효능감을 높일 수 있다. 자신과 비슷한 능력의 사람이 성공적으로 과업을 수행하는 것을 봄으로써 자신도 역시 비슷한 일을 성공적으로 해낼 수 있는 능력을 가졌다고 믿음을 강화함으로써 자기효능감을 높일 수 있다. 반대로 비슷한 능력을 소유한 다른 사람이 많은 노력에도 불구하고 실패하는 것을 봄으로써 관찰자의 자기효능감은 낮아진다. 따라서 리더는 부하들 중에 성공적으로 과업을 수행하는 비교대상을 만듦으로써 그 파급효과를 노릴 수 있다. 이와 같은 사회적 비교를 통해 관찰자의 자기효능감은 증가할 수 있다. 이때 비교의 대상이 되는 다른 사람은 여러 가지 다양한 상황에 대처하는 데 필요한 효과적인 전략이나 기술 또는 능력을 전달하는 모델로서의 역할을 하는 것이다. 따라서 리더는 부하들 중 모델을 설정하거나 자신이 스스로 그 모델의 역할을 함으로써 부하의 자기효능감을 높일 수 있을 것이다.

(3) 격려 등을 통한 사회적 설득

격려와 같은 사회적 설득을 통해서도 개인은 자기효능감에 대한 정보를 얻게 된다. 즉, 다른 사람으로부터 자신이 과업을 성공적으로 수행할 수 있는 능력을 가지고 있다는 격려를 받음으로써 그 개인의 자기효능감은 증가될 수 있다. '너는 할 수 있다' 또는 '너는 충분한 능력을 갖고있다'는 식의 격려는 자기효능감을 높이기 위한 사회적 설득의 가장 일반적인 예가 될 것이다. 자기효능감에 영향을 주는 사회적 설득에는 여러 가지가 있는데, 여기에는 성과피드백, 성공이나 실패와 관련된 정보, 그리고 기타 다른 능력요인에 관한 정보 등이 포함된다. 따라서 리더는 다양한 사회적 설득방법을 통해 부하의 자기효능감을 높일 수 있다. 특히 주의할 사항은 리더가 부하의 자기효능감을 낮추는 형태의 말은 조심해야 한다는 것이다.

(4) 정서적 지원

사람들은 자신의 능력을 판단하는 데 있어서 자신의 정서상태에 의해 영향을 받기도 한다. 예를 들면, 직무상 또는 직무 외적으로 받는 스트레스, 두려움, 긴장, 의기소침 등과 같은 정서상태는 자기효능감에 부정적인 영향을 준다. 같은 상황에 대해서도 부정적인 감정을 덜 느낄 때는 자기효능감에 긍정적인 영향을 주는 반면 스트레스, 긴장, 초조감 또는 피로 등과 같은 부정적인 감정을 많이 느끼면, 이는 바로 자신의 무능력으로 해석되고 따라서 자기효능감을 낮추게 된다. 따라서 리더는 부하에 대해 정서적 지원을 해 주거나 지원적이고 신뢰하는 분위기를 조성함으로써 부하의 정서에 도움을 주고 따라서 자기효능감을 높일 수 있다. 또한 스트레스, 긴장, 초조 등은 부하의 역할을 분명히 해 주고 과다한 업무를 주지 않으며 작업환경을 개선함으로써도 줄일 수 있다.

리더는 부하에게 기본적으로 네 가지의 효능감 정보를 제공해 줌으로써 임파워먼트를 느끼도록 할 수 있다. 이러한 임파워먼트 리더십은 그 효과성에서 전통적인 리더십 접근법을 능가하는 것으로 강조되고 있는데, 이는 자신의 능력에 대한 강한 자신감은 개인의 행동과 성과에 영향을 주는 내적 통제의 기본 메커니즘이기 때문이다.[19] 자기효능감 개념에 기초한 임파워먼트 리더십은 부하로 하여금 과업수행능력에 대한 믿음 또는 자신감을 갖도록 만들고 성과와 몰입의 향상을 유도하는 과정으로 볼 수 있다. 이러한 임파워먼트 리더십과정을 도식하면 [그림 16-1]과 같다.

그림 16-1 자기 효능감 향상을 위한 임파워먼트 리더십과정

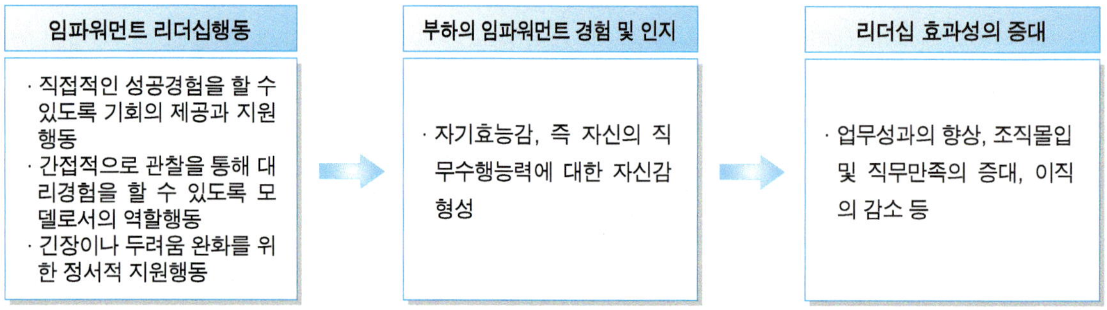

2.2 심리적 임파워먼트와 리더십

심리적 임파워먼트를 다차원적 개념으로 보면,[20] 구성원들을 임파워먼트시키는 방법은 더욱 다양해질 것이다. 구성원들이 임파워먼트를 경험하고 느끼도록 만들기 위해 제공하는 구체적인 리더십 행동은 매우 다양하며 상황에 따라 다를 것이다. 참여적 리더십이나 위임조차도 항상 구성원들의 심리적 임파워먼트를 증진시키는 것은 아니다. 그럼에도 불구하고 구성원들의 심리적 임파워먼트를 증진시키는 리더십의 일반적인 행동지침은 존재한다.

(1) 임파워먼트 리더십의 행동지침

전통적으로 임파워먼트의 개념과 함께 논의되어 온 참여적 리더십과 위임은 임파워먼트 리더십 행동에 포함될 수 있을 것이다. 그러나 이것이 유일한 임파워먼트 리더십 행동은 아니다. 여러 유형의 리더십 행동은 구성원의 심리적 임파워먼트에 영향을 준다.

콘작 등[21]은 임파워먼트 스킬을 개발하려는 관리자를 위한 전략적, 행위적 처방을 목적으로, 구성원의 심리적 임파워먼트에 영향을 주는 임파워먼트 리더십 행동을 여섯 가지 차원으로 파악하였다. 그들이 제시한 임파워링 리더행동(ELB:

empowering leader behavior)의 여섯 가지 차원은 권한위임(delegation of authority), 책임부여(accountability), 자기지향적 의사결정의 권장(encouragement of self-directed decisions), 정보공유(information sharing), 능력개발(skill development), 그리고 혁신적 성과를 위한 코칭(coaching for innovative performance)으로 구성되어 있다.

이와 유사하게 아놀드 등은 임파우어드 팀의 리더십에 초점을 맞추어 임파워링 리더 행동을 제시하였다.[22] 그들의 연구결과에 따르면, 임파우어링 리더행동은 크게 솔선수범(leading by example), 코칭, 참여적 의사결정, 정보제공, 그리고 관심을 보이고 팀과 상호작용하는 행동의 다섯 가지로 구성되어 있다.

임파워먼트를 서비스부문에 적용한 보웬과 로러는 구성원을 임파워먼트 시키기 위해서는 정보의 공유, 필요지식 및 기술의 습득, 권한위임, 그리고 성과에 기초한 보상의 공유가 필요하다고 하였다.[23] 따라서 리더는 구성원의 심리적 임파워먼트를 증진시키기 위해, 리더는 구성원들과 업무 및 기업성과에 관한 정보를 공유해야 하며, 구성원들이 조직의 목표를 달성하는 데 필요한 지식과 기술을 습득하도록 교육훈련을 시켜야 한다. 그리고 리더는 구성원들이 스스로 의사결정할 수 있도록 권한을 위임해야 한다. 이렇게 권한을 위임받은 구성원들이 업무에 대해 높은 성과를 보일 때, 그 성과에 대한 결과를 구성원들과 공유할 수 있도록 성과배분제 등과 같은 제도를 활용해야 한다.

그 외에도 많은 연구들은 구성원들의 심리적 임파워먼트를 증진시키는 다양한 리더십 행동이나 관리방안을 제시하고 있다. 이러한 연구들을 종합해보면, 임파워먼트 리더십행동의 핵심적인 요소는 목표의 명확화 및 공유, 정보의 공유, 역량개발 및 코칭, 참여 및 권한위임, 그리고 모델 및 솔선수범으로 요약할 수 있다.

① 목표의 명확화 및 공유

리더는 조직의 목표, 비전, 전략 등을 정확하게 설명하고 구성원들이 나아가야 할 방향을 알려 주어야 한다. 확실한 미래관과 장기적인 목표의 공유는 자신의 업무역할의 중요성을 인식하게 하고 자신을 목표방향에 정렬시키는 데 도움이 된다. 또한 꿈과 미래에 대한 믿음을 바탕으로 구성원들의 책임감과 자신감을 북

돋을 수도 있다.

② 정보의 공유

리더는 권한을 지닌 구성원들에게 목표뿐 아니라 업무수행과 관련된 정보를 제공하여야 한다. 이를 통해 권한을 지닌 구성원들 간에 발생할 수 있는 갈등을 조절하고 조화를 이루며 그들의 능력을 통합하여 조직의 발전과 목표달성에 이바지하도록 해야 한다. 또한 조직에서 요구하는 높은 성과와 관련된 정보의 제공은 구성원들이 자신들의 현재 역량을 파악하고 개발하여야 하는 역량을 인지하는 데 도움을 줄 것이다.

③ 역량개발 및 코칭

리더는 구성원들이 현재 무엇을 할 수 있으며 무엇을 할 수 있어야 하는지를 파악하고 이들간의 차이를 줄일 수 있도록 도와주어야 한다. 구성원들의 기술, 능력, 지식의 개발은 업무와 관련된 자신의 능력에 대한 믿음을 향상시킬 것이다. 또한 리더는 기존의 사고방식을 뛰어넘는 새로운 것을 시도하고 더 높은 성과를 창출하도록 코칭해야 한다. 그 과정에서 구성원들은 학습의 기회를 얻고 성공경험을 함으로써 심리적 임파워먼트가 증대될 것이다.

④ 참여 및 권한위임

구성원들에게 의사결정에 참여할 기회를 제공하고 권한을 위임하는 것은 권력과 자원을 공유하는 것이다. 이러한 권력과 자원의 공유는 구성원들이 상당한 정도의 자율성을 가지고 자신의 행동을 주도하며 자신의 업무환경에 영향을 미칠 수 있다는 것을 의미한다. 현장에서 생겨나는 실질적인 아이디어는 리더나 관리자가 생각하지 못한 부분일 수 있고 더욱 효율적일 수도 있다. 이러한 건설적인 아이디어가 언제라도 표면화될 수 있을 때, 구성원들은 스스로가 존중받고 자신들의 의견이 경청된다고 느낄 것이다.

⑤ 모델 및 솔선수범

리더가 구성원을 성공적으로 임파워먼트시키기 위해서는 스스로가 이러한 임파워먼트의 모델이 되어야 한다. 퀸과 스프라이처에 의하면 임파워먼트되지 않은 리더가 구성원들을 임파워먼트시키는 것은 거의 불가능하다.[24] 리더는 임파워먼트의 의미를 구성원들이 정확히 이해하도록 의사소통해야 한다. 임파워먼트는 단순한 권한의 위임도 아니고 책임의 전가도 아니다. 구성원들이 자율적으로 노력할 수 있게 이해시키고, 또한 그들의 자유재량의 확실한 범위와 한계를 제시해야 한다. 지나친 권한의 침입이나 무책임한 업무태도, 권력의 남용 등을 방지해야 하기 때문이다.

(2) 임파워먼트 리더십과 인식의 변화

임파워먼트 리더십이 구체적인 특성이나 행동 또는 스타일로 구현되기 위해서는 조직과 사람에 대한 근본적인 인식의 변화가 필요하다. 위틀리에 따르면, 임파워먼트 리더십은 근본적인 인식전환을 바탕으로 나타나는 행동으로, 자율조직화의 개념에 바탕을 두고 있다.[25] 따라서 리더가 임파워먼트 리더십을 전개하기 위해서는 자율조직화의 개념을 이해하고, 구성원들 간의 공유와 다양성을 이해하며, 조직에 대해 근본적인 믿음을 다시 생각해야 한다.

① 자율조직화의 개념

자율조직화의 개념은 과업을 중심으로 함께 모인 사람들이 스스로 우리는 누구이며 우리는 누구가 되어왔고 누구가 되고 싶은지에 대해 명확성을 더해 가는 것이다. 이것은 고객, 시장, 역사, 실수 등에 대한 해석을 포함한다. 자신의 핵심을 명확하게 이해하고 있는 조직은 깊은 동의에 의해 스스로를 뭉쳐 놓기 때문에 리더가 억지로 함께 붙잡아 놓으려는 불가능한 과업을 담당할 필요가 없게 된다. 그리고 구성원들은 새로운 행동방식이나 새로운 벤처나 고객을 탐색하는 데 자유롭게 된다. 구성원들은 조직을 위해 이러한 자유를 행사하고 그들의 반응 및 변화능력은 전체조직의 역량이 된다.

② 구성원들간 공유와 다양성(네트워킹)

조직의 모든 구성원들은 스스로가 누구인지를 이해해야 하는데, 이러한 깊이 있는 이해를 위해 그들이 공헌할 때 몰입과 역량수준은 높아진다. 따라서 리더는 조직이 스스로를 알도록 지원해야 하고 그럴수록 조직은 번영하게 된다. 즉, 리더는 조직이 어떻게 함께 생각하는지를 배우게 하고 스스로를 알도록 지원해야 한다는 것이다. 구성원들은 복잡한 지시, 기한통제, 계획, 정형화된 조직도표를 필요로 하지 않는다. 그 대신에 구성원들은 정보와 자원, 믿음 등을 요구한다. 따라서 리더가 자율조직화의 반응을 지원하기 위해서는 실험을 촉진시키고 조직전체에 걸친 커넥션을 만들도록 도와주며 많은 원천으로부터의 풍부한 정보를 제공해야 한다. 물론 기본적으로 모든 구성원이 합의한 달성하고자하는 목표가 무엇인지와 그들이 무엇이길 바라는지에 대해 명확히 하도록 도와주기도 해야 한다. 구성원들은 다양성을 가지면서도 조직에 대해 공유하고 있는 네트워크를 형성하는 것이다.

③ 조직에 대한 믿음

조직화란 사람들이 더 많은 것을 성취하기 위해 만든 것이라는 믿음을 가져야 한다. 즉, 사람들은 혼자서 성취할 수 없는 중요한 무엇인가를 함께 함으로써 성취할 수 있음을 인식하기 때문에 조직화하는 것이다. 이러한 새로운 믿음이 참여적이고 자율중심적 리더십을 가능케 한다.

(3) 기존의 리더십이론과 임파워먼트 리더십

리더가 구성원을 임파워먼트시키고, 구성원이 임파워먼트를 경험할 때, 진정한 임파워먼트 리더십이 만들어졌다고 말할 수 있다. 이때 임파워먼트 리더십은 어떤 특정의 리더십행동이나 스타일에만 국한되기보다는 다양한 행동이나 스타일을 포함하는 새로운 개념적 틀로 볼 수 있다. 이러한 맥락에서 셀프리더십이나 변혁적 리더십도 임파워먼트 리더십이라는 개념적 틀 내에서 설명할 수 있다. 셀프 리더십과 변혁적 리더십이론은 모두 자기통제나 자기주도성, 그리고 내재적 동기부여 등과 같은 새로운 개념에 기초하고 있으며 부하들의 심리적 임파워먼트를 증진시키는 데 초점을 맞추고 있다.

① 셀프리더십과 심리적 임파워먼트

셀프리더십은 구성원들이 스스로를 리드하는 자기통제의 개념에 바탕을 두고 있다. 특히, 이러한 자기통제의 프로세스에서 단순히 외적기준이 아니라 내적으로 발생한 보다 높은 기준에 맞추고 외재적 보상이 아니라 내재적 보상을 강조한다.[26] 리더는 부하의 셀프리더십을 촉진시키는 역할을 수행한다. 즉 리더는 셀프리더십의 모델링, 자기목표설정과 생산적인 사고패턴의 촉진, 셀프리더십의 강화 및 건설적인 질책, 셀프리더십을 육성하는 문화의 촉진, 사회기술적 시스템 및 팀의 설계 등을 통해 부하가 셀프리더가 되도록 장려한다.[27] 따라서 셀프리더십에 바탕을 두고 있는 자율통제와 내재적 동기부여의 개념은 임파워먼트의 개념과 일맥상통한다고 볼 수 있다.

몇몇의 연구들은 셀프리더십 전략이 임파워먼트를 촉진시킨다는 것을 보여 주고 있다. 예를 들면, 본질적 보상전략은 자신감과 자기통제 그리고 자기목표의 느낌을 촉진하도록 의도된 것이다. 이와 비슷하게 자기관찰, 자기목표설정, 그리고 자기보상의 행동중심적 전략은 자기결정력과 자신감의 느낌을 만들어 낸다. 넥과 만즈는 모든 셀프리더십 전략의 일차적인 목표는 자기효능감 지각을 향상시키는 것이라고 하였다. 이들의 연구결과에 따르면, 셀프리더십 전략에 대한 훈련을 받은 집단은 그렇지 않은 집단에 비해 더 높은 자기효능감을 보였다. 또한 프로시아 등도 셀프리더십 행동은 자기효능감에 영향을 줌으로써 성과에 영향을 준다는 것을 보여 주고 있다.[28] 그리고 휴톤과 요호는 셀프리더십이 심리적 임파워먼트에 긍정적인 영향을 준다는 것을 보여 주고 있다.[29]

② 변혁적 리더십과 심리적 임파워먼트

변혁적 리더십은 직접적으로 부하들의 자신감을 유도할 뿐 아니라 부하의 욕구를 마슬로우의 욕구계층을 따라 올라가도록 하여 상위계층의 욕구에 호소하고 부하 개인의 이해관계를 넘어서 조직의 이해관계로 발전하게 만든다.[30] 그럼으로써 변혁적 리더십은 구성원들로 하여금 기대이상으로 업무를 수행하도록 동기를 부여한다. 여기서 부하들의 높은 수준의 욕구를 자극하고 이에 호소하는 것은 그들로 하여금 자신이 갖고있는 높은 수준의 욕구와 목표를 인식하게 하여 자신의 기대를 높이는 것이다. 따라서 부하는 단순히 외적으로 주어지는 보상이나 벌에 의해서가 아니라 자신의 높은 수준의 욕구와 기대에 의해 내재적으로 동기부여된다. 이와 같이 변혁적 리더십은 자율통제와 내재적 동기부여에 바탕을 두고 있으며, 이는 임파워먼트 리더십의 개념과 일맥상통한다고 볼 수 있다.

변혁적 리더십은 부하들이 충분한 잠재력에 도달하도록 그들의 열망, 욕구, 선호도, 가치관 등을 변화시키고 조직, 목적에 몰입하도록 내재적으로 동기부여시킨다.[31] 이를 통해 부하들은 유능감이나 의미감을 느끼게 될 것이다. 또한 변혁적 리더의 부하들은 자신들을 그 리더와 동일시하게 되고 심리적 임파워먼트의 증진을 통해 조직에 영향력을 행사할 수 있다고 느끼게 될 것이다.[32] 몇몇의 연구들은 변혁적 리더십은 심리적 임파워먼트에 긍정적인 영향을 준다는 것을 보여주고 있다.[33]

토론거리 임파워먼트 실천을 위한 리더십과정

· 상대적으로 능력이나 동기부여의 수준이 낮은 구성원을 어떻게 임파워먼트시키는가?

· 어떤 리더십행동(지시, 지원, 참여, 위임 등)을 사용하여 임파워먼트시킬 수 있는가? 리더십의 상황적 접근법을 활용하여 구성원을 임파워먼트시키는 방안을 논의해 보자.

제17장 리더십개발과 실천

01 리더십 역량모델
02 리더십 개발방법론

기업의 장기적인 성장을 위해서 미래의 리더를 선택하고 육성하는 것보다 중요한 일은 없을 것이다. 2002년 글로벌 CEO 컨퍼런스 이사회에서 91%가 리더십 탤런트를 기업성장이 가능하게 하는 힘이라고 하였다. 또한 창의적 리더십센터에서 발간하는 2002년 CEO 잡지에 따르면, 950명의 최고경영자 중 75%가 리더십 탤런트를 가장 중요한 상위 5개의 기업성공요인으로 꼽았다. 그리고 2005년 교육컨설팅기관인 미국의 DDI의 조사에서 4,500명의 글로벌리더 중 66%가 리더십 탤런트를 제1의 핵심이슈로 선정하였다. 이와 같이 리더십 탤런트의 확보와 개발은 조직의 성공에 핵심적인 요소로 간주되고 있다. 특히, 다양한 경영환경의 변화에 대응해야 하는 기업에서 리더십 탤런트의 부족현상은 심각한 이슈로 대두되고 있다. 리더십 탤런트의 확보와 개발은 이미 HR 담당부서의 업무범위를 넘어서 경영층의 관심과 참여가 필요한 전략적인 과업으로 그 위상이 변화되고 있다.

리더십개발을 위해서는 기본적으로 '무엇을', '어떻게'개발하는 것인가에 초점을 맞출 수 있다. 우리가 앞에서 살펴본 다양한 리더십이론들은 현대의 조직에서 요구되는 효과적인 리더십의 요소를 확인하는 데 도움이 될 것이다. 그러나 효과적인 리더십의 실천을 위해서는 보다 통합적인 모델이 필요하다. 이러한 관점에서 리더십 역량모델은 무엇이 효과적인 리더십에 요구되는 요소인지를 설명하기 위한 경우 도구가 될 수 있다. 그리고 이것은 리더십개발의 기반을 제공해 줄 것이다. 리더십개발을 통해 조직내에 리더십기반을 강하게 하는 것은 조직의 성공에 필수적일 뿐 아니라 개인의 입장에서도 경쟁력의 핵심요소가 될 것이다.

01 리더십 역량모델

글로벌 경쟁환경 속에서 조직이 경쟁우위를 확보하고 지속적으로 고성과를 창출할 수 있는 조직역량을 확보할 수 있는 방법에는 여러 가지가 있겠지만, 그 대표적인 것 중 하나가 조직을 이끌어 가는 리더십역량을 확보하고 개발하는 것이다. 최근 경영환경, 조직, 그리고 직무가 복잡해지고 변화가 심해지면서 개인의 능력을 논의할 때 역량이라는 개념의 사용이 일반화되고 있다. 여기서는 역량 개념에 기초를 두고 효과적인 리더십개발에 활용될 수 있는 리더십모델을 설명하고자 한다.

1.1 역량과 역량모델

역량모델의 기원은 1970년대 초 하버드 대학교 심리학 교수인 멕클러랜드가 미국 해외공보국 직원의 선발절차와 관련된 고질적인 문제를 해결하려는 취지에서 처음 사용되었다.[1)] 종래 해외공보직원은 지적능력(IQ) 중심으로 선발되어 왔는데, 이러한 선발기준은 업무성과의 예측과 문화적 편향성에서 문제가 발생하고, 따라서 그에 대한 대안을 찾기위해 '미문화원 해외주재근무자 선발과정에 관한 연구'가 시작되었다. 이 연구에 따르면, 어떤 사람은 현지사람들과 좋은 관계를 유지하고 정부에서 기대하는 이상의 효과를 거두는 반면, 또 어떤 사람은 현지사람들과 불필요한 갈등을 초래하고 국익에 별로 도움이 되지 못하였다. 이 두 가지 부류의 사람을 비교한 결과, 성공적인 근무자는 특정자질을 가지고 있는 것을 발견하였다. 예를 들면, 현지문화의 이해에 대한 노력, 현지사람들과의 스스럼없는 교류, 문화적 차이에 대한 존중 등이 그것인데, 이들이 정리되면서 역량의 형태를 이루고 선발의 기준으로 활용되었다. 이 연구는 전통적인 인지능력중심의 선발시험의 한계를 극복하고 성과중심의 예측력을 극대화한 것으로, 이러한 관점에서 지성보다는 역량이 직무수행의 성공을 편견없이 예측할 수 있다는 것을 보여 주었다. 이후 역량에 대한 연구가 다양한 시각에서 논의되어 오다가 1990년에 들어서면서 미국의 기업들이 본격적으로 역량의 개념을 인사관리의 도구로 사용하기 시작하였다. 초기에는 역량을 주로 교육에 주로 사용하다가 최근에는 채용, 개발뿐 아니라 평가와 보상 등 인사관리전반으로 활용영역을 확대하였다.

(1) 역량의 개념

역량에 대해서는 통일된 개념의 정의가 존재하지는 않지만, 일반적으로 "특정한 상황이나 직무에서 탁월한 성과를 내게 하는 개인의 내적 특성"으로 정의할 수 있다. 이러한 일반적 정의는 역량에 대한 대표적인 학자들의 정의를 살펴봄으로써 좀 더 쉽게 이해할 수 있을 것이다. 예를 들면, 스펜서와 스펜서[2]의 정의는 오늘날 가장 표준적인 것으로 간주되고 있는데, 그들은 역량을 "특정상황이나 직무에서 준거에 비추어 효과적이고 우수한 성과를 산출하는 원인이 되는 개인의 내적특성"이라고 정의하였다. 이와 유사하게 루시아와 렙싱어[3]는 역량을 "직무에서 효과적이거나 우수한 성과를 만들어 내는 개인의 잠재적 능력"이라고 하였다. 또한 달톤은 역량이란 효과적인 성과자와 비효과적인 성과자를 구별하는 행동으로, 특별한 방식으로 일관되게 행동하는 사람에게는 특별한 동기, 특질, 스킬, 능력 등이 있다고 하였다. 그 외에도 〈표 17-1〉에서 보는 바와 같이 많은 학자들이 역량에 대해 유사하게 정의하고 있다.

비록 학자별로 역량을 정의하는 데 표현의 차이는 있지만, 핵심적인 내용은 매우 유사하다는 것을 알 수 있다. 역량에 대한 일반적인 정의를 중심으로 그 개념적 특징을 살펴보면 다음과 같다.

첫째, 역량은 개인의 내적 특성으로 정의되지만, 엄밀하게 말하면 개인의 행동이나 표현을 통해 추정되는 내적 특성을 의미하는 것이지 심리적인 내면의 세계

표 17-1 역량의 정의

	역 량
Klemp(1980)	직무현장에서 효과적이고 우수한 성과를 만들어 내는 개인의 잠재적 특성
Boyatzis(1982)	직무에서 효과적이고 탁월한 성과의 원인이 되는 개인의 내적 특성
Guion(1991)	개인의 내적 특성으로 다양한 상황에서 일반적으로 나타나고 비교적 장기간 지속되는 행동 및 사고방식
Spencer & Spencer(1993)	특정한 상황이나 직무에서 준거에 비추어 효과적이고 우수한 성과의 원인이 되는 내적 특성
Reynolds(1993)	사람들이 자신의 직무에서 효과적으로 업적을 달성하거나 과제를 완수함으로써 성공적으로 수행할 수 있도록 하는 개인능력의 영역으로, 지식, 스킬, 태도, 가치관, 개인 특성이 될 수 있음.
Mirabile(1997)	한 직무에서 높은 수준의 성과와 관련있는 지식, 스킬, 능력, 특성
Dalton (1997)	효과적인 성과자와 비효과적인 성과자를 구별하는 행동으로, 특별한 방식으로 일관되게 행동하는 사람들이 가지고 있는 특별한 동기, 특성, 스킬, 능력
Lucia & Lepsinger(1999)	직무에서 효과적이거나 우수한 성과를 만들어 내는 개인의 잠재적 특성
Herling(2000)	최소한 효율적이고 동시에 결과에서 효과적인 개인에게 일관되게 보여지는 행동

를 규정하는 것은 아니다. 따라서 역량은 외적으로 관찰가능하고 측정가능한 형태의 행동을 유발하는 개인의 내적 행동특성을 규명한 것이다.

둘째, 역량은 지속적으로 관찰되는 행동을 중심으로 정의된다. 역량은 외부적으로 관찰될 수 없는 개인의 심리상태나 비슷한 상황에서 가끔 보이거나 일시적으로 보이는 행동을 가리키는 것은 아니다.

셋째, 역량은 우수한 성과를 전제로 성립되는 개념이다. 따라서 역량은 조직의 비전 및 전략구현에 핵심이 되는 과업을 달성하는 데 필수적인 행동특성으로 고성과자와 평균적 성과자 간에 차이가 나는 행동에 초점을 맞춘다.

넷째, 역량은 고성과자와 평균적 성과자 간에 차이가 있는 것으로 역량을 현재의 조직기능만을 반영하는 것이 아니라 미래의 바람직한 기능과 역할을 고려하는 것이 일반적이다. 따라서 역량은 미래 과업환경하에서 조직의 구성원이 가져야 할 바람직한 행동이나 태도를 반영한다.

(2) 역량의 구성요소

여러 학자들의 정의에서 보는 바와 같이, 역량은 내적 특성으로 행동, 지식, 스킬, 태도, 가치관, 동기, 그리고 다양한 개인특성을 포함하고 있다. 이러한 역량의 구성요소를 관찰 및 평가의 용이성과 관리 및 개발의 용이성 측면에서 계층화하면 [그림 17-1]과 같다. 즉, 신념, 가치관, 성격, 동기와 욕구, 적성 등의 자아개념이나 심리적 특성은 일반적으로 관찰과 평가가 어려우며 관리하고 개발하기도 어렵다. 반면에 행동은 관찰과 평가가 상대적으로 용이하며 관리하고 개발하기도 용이하다. 지식, 스킬, 태도는 관찰 및 평가의 용이성과 관리 및 개발의 용이성측면에서 보면 자아개념이나 심리적 특성과 행동의 중간수준에 위치할 것이다. 역량은 관찰가능한 행동으로 나타나는 개인의 내적 특성으로, 관찰가능한 행동을 통해 추론될 수 있다.

그림 17-1 역량의 구성요소

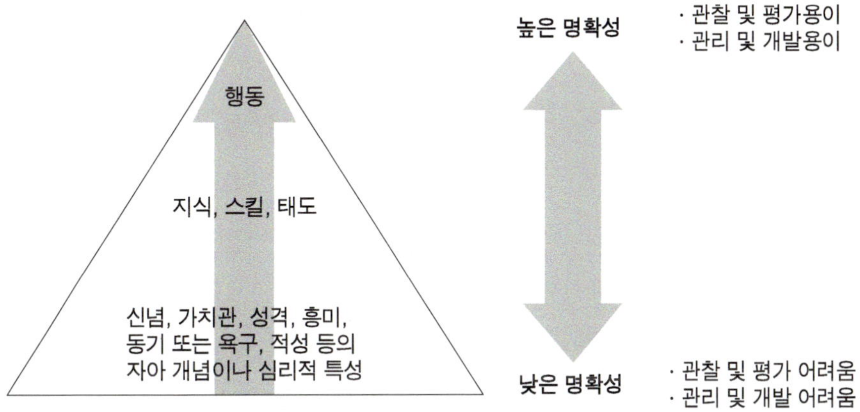

이와 같이 역량은 신념, 가치관, 성격, 동기와 욕구, 적성 등의 자아개념이나 심리적 특성과 같이 관리되고 개발되기 어려운 요소뿐 아니라 교육훈련이나 경험 등을 통해 개발될 수 있는 지식, 스킬, 태도, 그리고 관찰하기 용이한 행동을 포함하는 복합적인 개념이다. 따라서 어떤 하나의 지식이나 기술, 또는 태도가 아닌 이들의 복합적인 묶음이기 때문에 모방하는 것이 쉽지 않다.

① 행 동

역량의 구성요소로서 행동은 업무 그 자체뿐 아니라, 시간이나 장소와 같은 업무상황 및 도구, 자료, 사람 등의 업무대상의 특성에 따라 독특하게 나타나는 고성과자의 행동특성이라고 할 수 있다.

② 지 식

제품지식, 사업지식, 재무지식 등 업무를 수행하는 과정에서 사용하는 지식이나 실무적인 절차나 방법, 관련 법규 및 사규, 표준, 관련 정보, 기준 등의 실질적으로 과업수행에 활용되는 지식을 말한다. 예를 들면, 제품생산의 혼합단계에서 세팅해야 할 적절한 압력수치처럼 매우 실제적이고 측정가능한 지식뿐 아니라 미국 금융시장의 운영시스템이나 글로벌 산업발전의 영향력처럼 측정하기 어려운 질적인 차원의 지식이 포함된다.

③ 스 킬

해당 과업수행 및 그 과정에 중요하게 활용되는 기자재, 문건, 자료, 도구 등을 다루거나 관리하면서 직접적인 행동으로 드러나는 실질적 업무수행능력이다. 예를 들면, 특정기계를 작동하는 능력이나 아이디어를 명확하게 표현하는 글쓰기 능력처럼 매우 구체적인 능력은 물론 전략적으로 생각하거나 다른 사람들에게 영향을 주는 능력처럼 다소 추상적인 능력도 포함한다. 프리젠테이션 스킬, 커뮤니케이션 스킬, 코칭스킬, 갈등관리스킬, 판매스킬 등 다양한 종류가 있으며, 경우에 따라 어떤 직무는 스킬의 혼합을 필요로 하기도 한다.

④ 태 도

태도는 어떤 대상에 대해 상대적으로 어느 정도 지속되는 긍정적 또는 부정적 느낌을 의미한다. 태도는 그 사람의 행동에 영향을 주는 것으로 대표적인 업무태도로는 직무에 대한 만족도, 조직에 대한 몰입도, 그리고 리더나 동료에 대한 만족도 등이 있다.

⑤ 개인적 특성

개인적 특성에는 특별한 지식이나 스킬을 획득하거나 활용하는 잠재능력을 나타내는 적성이 있다. 적성에는 수리적 능력, 공간적 능력, 논리적 능력, 어휘적 능력 등의 인지적 능력 이외에 기계적 능력과 신체적 능력도 포함되며, 최근에는 감성적 능력이 강조되고 있다. 또한 주로 타고난 재능이나 성향을 포함한다. 또 다른 핵심적인 개인특성으로는 개인의 독특한 모습을 설명하는 안정적인 특성의 전체적인 결합으로 정의되는 성격이 있다. 외향성, 포용성, 사교성, 정서적 안정성, 신중성, 개방성, 적극성, 자아존중감 등 다양한 성격특성이 있으며, 계량화가 불가능한 성격도 행동학적 용어로 전환되면 측정이 가능해질 수 있다. 그 외에도 적절한 또는 옳고 그른 행동이나 결과에 대한 선호도를 나타내는 가치관, 배고픔이나 편안함 등과 같이 본질적으로 충족시켜야 하는 욕구나 동기 등도 개인적 특성에 포함된다.

(3) 역량모델과 활용성 이점

역량모델은 미션 및 전략을 달성하기 위해 이에 적합한 역량을 구축하고 관리하기 위해 설계된다. 따라서 역량모델은 미션 및 전략과의 적합성이 요구되며, 특히 미래의 사업에 대한 도전과 관련하여 자격을 설정하고 성과를 향상시키는데 초점을 맞춘다. 그리고 역량모델은 특정직무나 역할을 수행하는 데 필요한 역량들의 집합으로 구성되며, 조직에서 업무를 효과적으로 수행하는 데 요구되는 지식, 기술, 능력, 그리고 행동을 확인하는 설명적 도구이다.[4]

역량모델은 미션이나 전략적 목표를 달성하는데 적합하며 평균적인 성과자와

표 16-2 역량 및 행동지표 예시

역량명 : 고객서비스 지향성(coustomer service orientation) 정　의 : 내 · 외부 고객들의 욕구를 주어진 자원내에서 만족할 수 있도록 채워주는 데 관심을 가지고 있음을 보여 준다. 행동지표 : · 고객의 욕구나 기대를 확인하기 위해 질문을 한다. · 고객이 원하는 것에 대해 그들과 쉽게 얘기한다. · 고객이 원하는 것을 달성할 때까지 그것을 위해 다양한 조치를 취한다. · 문제가 발생하면 즉각적으로 대처한다. · 제공한 서비스에 대한 만족도를 평가하기 위해 고객에게 질문을 한다.
역량명 : 지속적 개선(continuous improvement) 정　의 : 작업과정이나 결과에 대해 개선할 수 있는 점을 지속적으로 찾는다. 행동지표 : · 품질이나 효율성을 개선할 수 있는 방법을 찾으면서 결과달성으로 이끄는 과정이나 요소에 주의를 기울인다. · 결과수준을 높이기 위해 꾸준히 노력한다. · 효율성을 향상시키기 위해 꾸준히 노력한다. · 큰 것뿐만 아니라 작은 개선도 찾는다.

구분되는 고성과자의 내적 특성을 모델링한 것이다. 역량모델은 개인적 특성이 표출된 관찰가능한 행동에 초점을 맞추기 때문에 전략달성에 요구되는 역량에 대한 명시적 설명으로 바람직한 행동의 예시를 포함하는 것이 일반적이다.[5] 따라서 일반적으로 역량모델에는 〈표 17-2〉에서 보는 바와 같이 역량과 명칭과 정의, 그리고 행동지표 및 예시가 포함되어 있다.

최근 국내외의 많은 조직에서 역량모델에 대한 관심이 커지고 있는 이유는 역량모델이 가지고 있는 이점때문이다. 역량모델이 가지고 있는 이점으로는 첫째, 조직의 미션이나 전략목표, 그리고 조직의 가치와 구성원들의 행동을 정렬시킬 수 있도록 도와준다. 조직의 미션이나 전략목표를 달성하는데 요구되는 핵심역량과 조직의 가치와 일치하는 역량을 중심으로 구성되는 역량모델은 조직차원과 개인차원이 상호 연계성을 갖도록 해 줄 수 있다. 둘째, 각 직무수준에서 기대되는 성과를 명확히 하며 성과측정기준을 설정함으로써 성과평가에 대한 공정성과 객관성이 크게 제고될 수 있다. 셋째, 역량모델은 해당 직무에 필요한 지식, 스킬, 태도, 특성 등이 무엇인지를 제시하는 동시에 어떤 행동이 고성과 달성과 관련되는지를 명확히 제시해 줌으로써 자기개발동기를 촉진할 수 있다. 넷째, 역량모델은 인적자원의 확보, 육성, 활용에 대한 체계적인 가이드라인을 제시하고 그것이 일관되게 실행되도록 함으로써 인적자원시스템 개발의 통합된 틀을 구축하는 데 유용하게 사용될 수 있다. 즉, 역량모델은 직무수행 역량에 따라 적재적소에 인적자원을 할당할 수 있도록 도와주며 이에 대한 체계적인 관리를 통해 개인의 비전달성과 지속적인 동기부여를 가능케 해 준다.[6)]

1.2 리더십 역량모델

역량모델을 리더십에 적용하여 리더십의 역할을 수행하는 데 요구되는 핵심역량을 제시한 것이 리더십 역량모델이다. 리더십 역량모델은 능력과 성과를 다루는 데 있어서 조직구성원들에게 공통의 언어를 제공하며, 구성원들로 하여금 성공적인 리더십에 필요한 역량을 이해할 수 있도록 도와준다.

(1) 리더십 역량모델 구축과 이슈

리더십 역량모델을 구축하기 위해서는 다음의 몇 가지 이슈를 고려해야 한다.

첫째, 리더십역량을 규명하는 데 있어서는 시대적 흐름에 따른 새로운 리더십 역량을 반영해야 한다. 즉, 기존의 리더십연구에서 제공하는 효과적인 리더에 대한 새로운 아이디어를 채택하고 이를 리더십 역량모델에 반영해야 한다. 포춘 100대 회사에서 사용하는 리더십 역량모델을 분석한 결과에 따르면, 현 사업에서 요구하는 성과수준을 달성하기 위해서는 구성원들을 동기부여시키는 데 더 효과적이라고 인정되는 변혁적 리더십특성을 포함하고 있다. 이와 같이 앞에서 살펴본 신조류의 리더십이론들은 시대적 흐름에 적합한 새로운 리더십역량을 확인하는 데 도움이 될 것이다. 또한 최근 중요하게 강조되고 있는 도덕적 리더십이나 글로벌 리더십역량요소를 포함하기도 한다.

둘째, 리더십개발을 위해 리더십 역량모델은 현재뿐 아니라 미래에 요구되는 역량에도 초점을 맞추어야 한다. 예를 들면, 역량모델을 구축하기 위해서는 경영자들에게 지금부터 10년 후에 필요할 것으로 기대되는 리더십역량을 확인하도록 요청할 수 있다.[7] 현재의 리더들에게 미래에 요구되는 역량을 제시하라고 요청하는 것은 그들이 현재와 미래를 구별하여 정의할 수 없을지도 모른다거나 미래를 예측하기 어렵다는 약점을 가지고 있지만, 미래의 리더십역량을 탐색하는 일반적인 접근이다. 리더십 역량모델은 미래의 리더는 양성하는 데 사용되어야 한다.

셋째, 리더십 역량모델은 조직의 미션이나 전략목표와 연계되어야 한다. 레디와 콘거에 따르면, 리더십개발이 실패하는 이유 중 하나는 리더십개발이 조직의 미션이나 전략과 연계되어 있지 않기 때문이다. 리더십 개발프로그램은 조직의 미션이나 전략과 분리된 임시방편적인 상품의 집합이 아니라 이들과 연계된 것

그림 17-2 전략과 연계된 리더십역량 예시

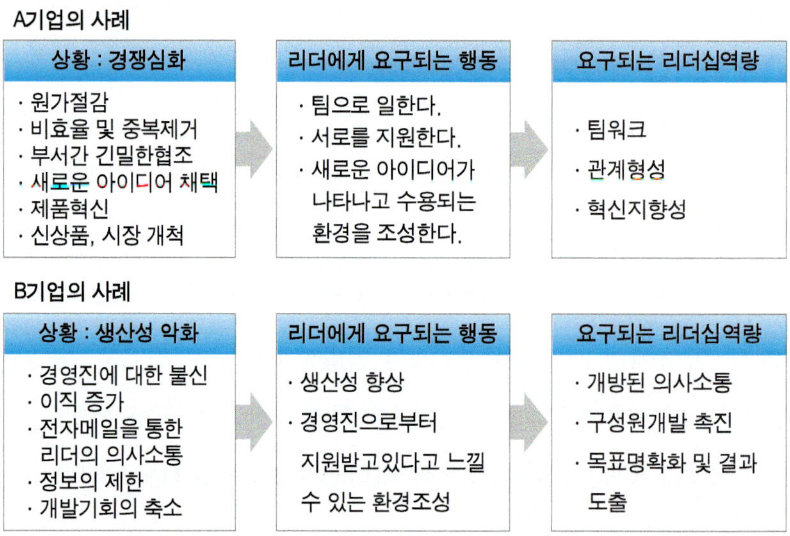

으로 이해해야 한다. 따라서 조직의 미션이나 전략을 명확하게 정의한 후 그것을 성공적으로 달성하는 데 필요한 리더십역량을 확인하고 이들을 중심으로 리더십 역량모델을 구축하여야 한다. 서로 다른 미션과 전략은 서로 다른 리더십역량을 요구한다.[8] 예를 들면, [그림 17-2]에서 보는 바와 같이 조직이 추구하는 전략에 따라 요구되는 리더십역량은 다르다.

넷째, 리더십 역량모델에 대한 의미의 공유가 필요하다. 리더십 역량모델에 정의된 역량 및 행동지표나 사례에 대해 해석상의 문제가 발생할 가능성이 있다. 예를 들어, 의사소통역량에는 "아이디어를 효과적으로 표현한다", "적극적으로 경청한다" 등과 같이 구체적이지 않은 행동지표가 포함되어 해석상의 어려움을 야기시킬 수 있다. 또한 "개인으로부터 의견수렴을 한다"등과 같이 강압적 또는 비강압적 방식에 의해 달성될 수 있는 행동지표가 포함될 수도 있다. 이와 같이 어떤 역량과 관련된 많은 행동지표는 사람들의 믿음을 중요하게 고려하지 않았거나 사람들의 믿음은 모두 동일하다는 가정에 기초하고 있기 때문에 해석상의 문제를 내포하고 있다. 따라서 리더십 역량모델의 개발과정에서 중요한 것은 조직의 다양한 계층에 속한 구성원들을 조사함으로써 그들이 내면 깊이 가지고 있는 믿음을 이해해야 한다는 것이다. 역량과 불협화음이 있는 구성원들의 믿음을 찾고 그 원인을 파악하는 것은 리더십 역량모델을 구축하는 데 중요한 부분이 될 것이다.[9]

다섯째, 리더십 역량모델은 리더십평가 또는 진단과 연계되어야 한다. 현재의 리더십역량수준을 측정하고 피드백함으로써 리더십개발을 위한 계획을 세우고 실천활동을 하도록 돕는 것은 매우 중요하다. 따라서 리더십 역량모델과 함께 평가 또는 진단모델을 구축하고, 역량의 각 행동지표는 평가양식에 측정요소로 반영되어 성과평가의 표준측정치가 되어야 한다. 이때 평가는 모든 리더십역량에 대해서 실시될 수도 있지만 핵심 리더십역량을 중심으로 시작하는 것도 한 가지 방법이 될 수 있다. 리더십역량의 평가는 상당한 비용에도 불구하고 수천 개의 민간기업이나 공공조직에서 평정센터(assessment center)를 통한 방법을 이용하고 있다.[10]

여섯째, 리더십개발은 장기적인 관점에서 구성원들에 대한 투자라는 점을 중요하게 인식하고 기업의 가치와 일치하는 방향으로 이루어져야 한다. 따라서 리더십 역량모델은 기업의 가치와 문화를 충분히 반영해야 한다. 조직가치와 연계된 리더십 역량모델은 구성원들에게 조직의 미션, 비전, 목표 등과 관련하여 일관된 시각을 갖도록 한다. 또한 리더들로 하여금 그들의 역량을 다른 사람들과 공유하게 함으로써 결국 모든 구성원들을 더 나은 리더로 변화시킨다.[11)]

(2) 리더십 역량모델의 사례

리더십의 역량모델은 개별적 조직의 특성을 고려하지 않고 최근 환경변화에 따라 모든 조직에서 일반적으로 요구되는 리더십역량을 중심으로 학자들이 주장하는 일반적 리더십 역량모델과 개별조직에서 실천적 활용을 위해 구축한 조직별 리더십 역량모델이 있다. 이 두 가지의 리더십 역량모델에는 많은 공통적인 역량이 포함되어 있지만, 후자는 전자에 비해 조직의 독특한 특성을 반영하고 있다.

① 보야치스의 일반적 리더십 역량모델[12)]

보야치스는 관리자들을 대상으로 한 여러 개의 역량연구들을 재분석한 결과, 어떤 조직에서나 일관성 있게 나타나는 효과적인 관리자의 역량을 발견하였다. 보야치스는 비효과적인 관리자와 구별되는 효과적인 관리자의 역량을 성격특성 및 동기, 대인관계기술, 그리고 개념적 기술로 구분하여 〈표 17-3〉과 같이 제시하였다.

② 달톤 등의 글로벌 리더십 역량모델[13)]

달톤은 다국적 기업에 근무하는 211명의 관리자를 대상으로 설문조사를 한 결과를 바탕으로 리더십 역량모델을 개발하였다. 성공적인 글로벌경영을 위해서는 지역과 상관없이 관리자로서의 필수경영능력과 함께 글로벌 리더십역량을 갖추고 있어야 한다고 주장하였다. 필수경영능력은 훌륭한 리더십을 발휘하기 위해 필수적인 것으로 국내관련 업무만 수행하든 아니면 지역과 국가, 그리고 문화의 장벽을 넘어 업무를 수행하든 꼭 필요한 능력을 의미하는 것으로, 여기에는 사람관리능력, 실행관리능력, 정보관리능력, 문제대처능력, 그리고 핵심 비즈니스지식이 포함된다.

첫째, 사람관리능력은 조직구성원들에게 동기부여를 해서 최선의 업무성과를 내도록 하는 능력을 말한다.

둘째, 실행관리능력은 크게 두 가지의 행동유형, 즉 의사결정과 협상 및 갈등관리를 포함한다. 의사결정행동은 의사결정과정에 관련된 사람이 누구인지를 파악하고 조직의 변화에 맞추어 적시에 필요한 정보를 파악하여 의사결정을 내리는 일련의 활동을 말한다. 협상 및 갈등관리는 의견이나 욕구의 충돌을 일으키는 사람들에게 우선순위를 정해 자원을 할당하고 공통의 이해기반을 마련하여 생산

표 16-3 효과적인 관리자의 역량

성격특성 및 동기	· 높은 성취동기, 높은 내부작업기준, 과제에 대한 높은 관심 등 효율성 지향 · 높은 권력욕구, 권력상징에 대한 높은 관심, 적극적 자기주장, 타인에 대한 영향력 행사시도, 제품이나 서비스의 명성에 높은 관심 등 사회화된 권력지향 · 자신의 아이디어나 능력에 대한 신뢰, 단호한 조치 및 분명한 표현 등 높은 자신감 · 주도적 행동, 장애회피를 위한 조치, 다양한 출처의 정보수집, 성공이나 실패에 대한 책임감수 등 자기효능감과 내부통제
대인관계 기술	· 상징적, 언어적, 비언어적 의사소통의 사용, 명확하고 설득력 있는 프리젠테이션 능력 · 인맥과 연합세력의 구축, 타인으로부터의 협력 획득, 갈등의 건설적 해소, 타인에게 영향을 미치기 위한 역할모델 · 집단정체성의 상징창조, 협력을 위해 공통의 이해와 욕구강조, 성공적인 팀워크장려, 구성원의 공헌에 대한 공개적 인정
개념적 기술	· 정보와 사건들에서 형태나 관계를 파악하는 능력, 적절한 은유나 비유를 사용하여 의미를 전달하는 능력, 창의적 해결책과 새로운 통찰력을 문제에 적용하는 능력 · 사건을 해석하고 상황을 분석하고 관련정보와 무관련 정보를 구분하여 계획에서 벗어난 일을 파악하는 능력

적인 해결안을 찾을 수 있도록 도와주는 활동을 말한다.

셋째, 정보관리능력은 정보를 모니터링하고 외부에 대해 조직의 대변인 역할을 수행하며 조직내부에 정보를 전달하는 행동들을 모두 포함한 능력을 말한다.

넷째, 문제대처능력은 문제를 유연하게 처리할 수 있는 능력을 말한다.

다섯째, 핵심 비즈니스지식은 비즈니스 전반에 대한 이해를 말한다. 이러한 필수경영능력이 글로벌환경에서 효과적이기 위해서는 글로벌환경의 특성에 맞도록 적절하게 변형되어 사용되어야 한다.

글로벌환경은 지리적으로 떨어져 있으며 상이한 산업기반과 문화적 기대위에서 광범위하고 복잡한 리더십역량을 필요로 한다. 글로벌 관리자의 글로벌 역할수행과 관련된 핵심역량에는 글로벌 비즈니스지식, 문화적응능력, 관점수용능력, 그리고 혁신자 역할수행능력이 포함되며, 이들은 따로 떼어놓고 생각할 수 없고 하나의 통합개념으로 보아야 한다.

첫째, 글로벌 비즈니스지식은 해당 사업과 관리자가 속한 조직이 운영하는 활용영역 전체에 걸친 경영활동방식에 대해 철저하게 이해하는 것을 의미한다.

둘째, 문화적응능력은 문화적 기대에 맞게 지식을 확장시키고 행동방식을 바꿀 수 있는 능력을 말하는 것으로, 문화적 가치와 특정의 성격이나 행동성향을 설명할 수 있는 문화적 지식은 문화적응능력의 중요한 요소이다.

셋째, 관점수용능력은 다른 문화적 환경에 있는 사람들의 관점을 이해하기 위해 그들의 눈으로 문제를 보려고 노력하며 미리속에 그들의 문화세계를 넣고 있는 것으로, 자문화와 타문화에 대한 이해수준을 높이고 타 문화의 상징체계안에서 대인관계지능이라는 능력을 이용하는 것이다. 관점수용의 행동방식으로는 남의 의견을 경청하는 능력, 상황을 보는 시각에 대한 차이를 인정하는 마음, 사물의 상태와 당위성에 대한 생각의 차이를 인정하는 자세, 다른 사람의 관점을 수용하려는 자세, 자신의 관점의 한계를 인정하는 태도 등이 있다.

넷째, 혁신자 역할수행능력은 정보를 수집하고 의견을 경청하며 새로운 방법

그림 17-3 휴렛 팩커드의 리더십 역량모델

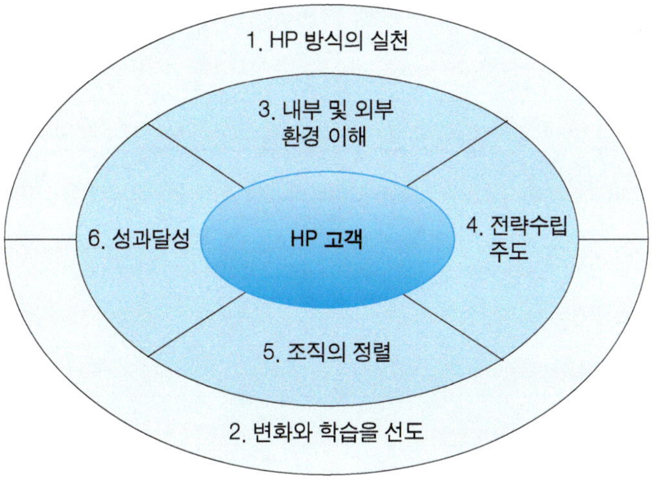

을 학습하고 유용한 조합을 모색하는 순서대로 진행되는 단계적 과정으로 새로운 것을 창조하는 능력이라고 볼 수 있다.

③ 휴렛팩커드와 AT&T의 조직별 리더십 역량모델

국내외의 많은 조직들은 리더를 육성하기 위해 리더십 역량모델을 구축하여 활용하고 있다. 여기서는 휴렛 팩커드와 AT&T의 리더십 역량모델의 사례를 간략히 제시하고자 한다.[14)]

휴렛 팩커드는 고객을 중심으로 하여 여섯 개 항목으로 구성된 리더십 역량모델을 구축하고 리더십평가 및 개발에 활용하고 있다. [그림 17-3]에서 보는 바와 같이, 자사의 고객을 위해 HP Way를 실천하고 변화와 학습을 선도한다는 기본적인 가치관을 바탕으로 외부 및 내부경영환경을 이해하고, 전략수립을 주도하며, 조직을 전략에 일치하도록 정렬시키고, 성과를 달성하는 것이 휴렛 팩커드의 리더십 핵심역량이다.

AT&T의 리더십 역량모델은 리더십 파이프라인의 개념을 적용하여 조직의 계층별로 요구되는 역량을 구별하여 제시하고 있다. 〈표 17-4〉에서 보는 바와 같

표 17-4 AT&T의 리더십 역량모델

역 량	개인 및 팀 공헌자	관리자 팀리더	경영자
방향설정			×
전략적 사고			×
임파워먼트		×	×
정렬구축		×	×
개인 및 팀의 동기부여	×	×	×
개방적 의사소통	×	×	×
선도적 계획수립	×	×	×
탁월한 실행력	×	×	×
자기인식	×	×	×
개방적 학습리더	×	×	×
기술적 · 기능적 스킬	×	×	×

이, 총 11개 항목으로 구성된 리더십 역량모델을 구축하고 계층별로 요구되는 리더십역량을 정해 리더십평가 및 개발에 활용하고 있다. 전체 리더십 역량모델에 포함된 역량은 방향설정, 전략적 사고, 임파워먼트, 정렬구축, 동기부여, 개방적 의사소통, 선도적 계획수립, 탁월한 실행력, 자기인식, 개방적 학습자세, 기술적 · 기능적 스킬을 포함하고 있다.

(3) 계층별 리더십역할과 역량차이

일반적으로 조직계층별 리더십역할과 기능은 서로 다르다. 예를 들면 초급관리자는 실무자를 관리하는 사람이다. 실무자는 자신의 기술적 · 기능적 능력을 바탕으로 업무성과를 산출하며 자기 자신만 생각하면 되는 반면, 초급관리자는 다른 사람의 업무수행을 통해 성과를 달성하며 다른 사람을 관리하는 관리자이다. 따라서 초급관리자는 실무자와는 다른 역할을 수행해야 한다. 특히 문제가 단순히 기술적 · 기능적 측면에만 있지 않고 사람에게 있다는 것을 인식해야 한

집단토의 테레사 수녀와 서번트 리더십

조직에서의 계층에 따라 리더를 크게 초급관리자, 중간관리자, 최고경영층으로 구분하고, 이들 간에 요구되는 리더십역할에는 어떤 차이가 있으며, 이러한 역할수행에 필요한 차별적 역량은 무엇인지를 논의해 보자.

	역할차이	요구역량
최고 경영층		
중간 관리자		
초급 관리자		

다. 이들에게 요구되는 기본적인 능력은 아마도 대인관계 및 의사소통을 통한 직접적인 사람 리더십(direct people leadership)일 것이다.

이와 유사하게 중간관리자는 초급관리자를 관리하는 사람이다. 초급관리자는 실무자와 직접 연결되어 있으나 중간관리자는 실무에서 손을 떼고 순수하게 관리만 담당하는 관리자를 관리하는 역할을 수행한다. 따라서 중간관리자는 기술적 · 기능적 업무에서 벗어나 부서간의 자원의 배분이나 통합 · 조정하는 역할을 수행하며 회사의 전략과 실무를 연계하는 역할을 수행한다. 이들에게 요구되는 기본적인 능력은 아마도 초급관리자를 관리하기 위한 대인관계 및 의사소통을 통한 직접적인 사람 리더십 이외에 초급관리자를 통한 실무자를 관리하기 위한 간접적인 사람 리더십(indirect people leadership)이 포함될 것이다. 그리고 이들에게는 부서간 자원의 배분이나 조정 및 통합능력도 필요할 것이다.

또한 최고경영자는 중간관리자와는 달리 회사전체의 목표를 달성하기 위해 전략적이고 전체적 관점에서 조직을 이끌어 나가는 역할을 수행한다. 중간관리자는 자신의 담당영역 내에서 다양한 소기능간 협력적 관계에 초점을 맞추지만, 최고 경영자는 각 영역을 동떨어진 것으로 보기보다는 회사전체의 관점에서 보며 환경 및 대외적인 이해관계자와의 관계에도 관심을 갖는다. 따라서 최고경영자에게는 경영환경을 예측하고 비전을 수립하며 비전을 달성하기 위해 전략을 설정하는 전략적 리더십역량이 요구된다. 또한 중간관리자를 직접적으로 리드하는 직접적인 사람 리더십뿐 아니라 여러 계층과 여러 영역에 걸친 구성원들이 한 방향으로 정렬하도록 의사소통하고 조직구조나 문화를 구축하는 간접적인 사람 리더십역량이 필요하다.

이와 같이 조직의 계층별로 요구되는 리더십역할과 역량에는 차이가 있다. 각 계층별 요구되는 역할과 역량은 조직의 수직적 분화(계층의 수)와 수평적 분화(부문의 형태)의 정도나 유형에 따라 조직마다 다를 것이다. 일반적으로 조직의 계층에 따라 초급관리자, 중간관리자, 그리고 최고경영자로 구분할 때, 이들에게 요구되는 역할과 리더십의 도전과제는 〈표 17-5〉와 같이 정리할 수 있을 것이다.

표 17-5 조직의 계층별 리더십역할 및 도전과제

최고경영자	· 모호성을 다룸 · 비전, 경영환경예측, 전략방향 등 Strategic leadership · Direct & Indirect people leadership
중간관리자	· 일의 기술적 습득에서 벗어남 · 초급관리자를 직접 리드하고 실무자를 간접 리드하는 Direct & Indirect people leadership · 회사 전략과의 연계, 부서간 조정 및 협력 등
초급관리자	· 문제는 단순히 일의 기술적 측면에만 있지 않고, 사람이 문제임을 인식함 · 대인관계, 의사소통을 통한 Direct people leadership

조직의 계층별 리더십역할 및 도전과제가 다르기 때문에 조직의 계층별 리더에게 요구되는 능력 또는 스킬도 서로 다르다. 카쯔[15]는 리더십의 기술은 크게 전문적 기술, 대인적 기술, 그리고 개념적 기술의 세 가지로 분류하고 조직의 계층에 따라 요구되는 기술의 비중이 다르다고 주장하였다. 전문적 기술은 전문적 지식과 경험을 토대로 특정방법, 절차 및 기법 등을 해당분야에 적용시키는 능력을 말한다. 예를 들면 설계, 시장조사, 회계업무 및 컴퓨터 프로그래밍, 노사관계 등에 필요한 전문적 기술을 생각해 볼 수 있다. 이러한 기술들은 구체적이며 일반적으로 대학의 교과목이나 직장훈련(On the Job Training) 프로그램에서 가르칠 수 있다. 이러한 기술은 일차적으로 실무자에게 가장 많이 요구되는 기술일 것이다.

대인적 기술은 구성원들을 리드하고 동기부여시키며 갈등을 관리하고 다른 사람과 더불어 일할 수 있는 능력을 말한다. 기술적 자질이 사물(기업이나 물적대상)과 함께 일하는 것이라면, 대인적 기술은 사람과 함께 일하는 데 초점을 둔다. 모든 조직의 가장 가치 있는 자원은 사람이기 때문에 대인적 기술은 경쟁수준이나 기술에 관계없이 모든 계층의 리더에게 요구되는 핵심부분이다. 탁월한 대인적 기술을 가진 리더는 의사결정참여를 권장하며 구성원들로 하여금 주저없이 자신의 의견을 표현하도록 한다. 또한 훌륭한 대인적 기술을 가진 리더는 다른 사람

들을 좋아하며 그들에 의해 사랑받는다.

개념적 기술은 조직을 전체로 보며 자신의 계획 및 사고를 적용할 수 있는 능력을 말한다. 훌륭한 개념적 기술을 가진 리더는 조직의 여러 부서와 기능이 어떻게 상호 연결되어 있는지 그리고 한 부서에서의 변화가 다른 부서에 어떻게 영향을 미치는지를 파악할 수 있다. 리더들은 미래에 발생할 수도 있는 다른 형태의 관리문제를 진단하고 평가하기 위하여 개념적 기술을 사용한다.

이러한 세 가지의 리더십 스킬은 조직의 계층별로 서로 다른 최적의 결합이 되어야 효과적이다. [그림 17-4]에서 보는 바와 같이, 그들의 상대적 중요성은 개별리더가 속한 계층에 따라 다르다. 전문적 기술은 조직의 하위수준에서 특히 중요시되며 상위로 올라갈수록 그 중요성은 낮아진다. 반면에 개념적 기술은 조직의 상위수준에서 중요시되는데, 이는 최고경영자가 조직전체에 영향을 미치는 포괄적이고 장기적인 의사결정역할을 수행하기 때문이다. 그리고 대인적 기술은 모든 계층에서 비슷한 비중으로 중요시된다. 리더십은 다른 사람을 통해 목표를 달성시키는 과정이기 때문에 아무리 전문적 기술과 개념적 기술을 충분히 가지고 있다고 하더라도 다른 사람들을 필요 이상으로 자극시키거나 그들에게 나쁜 영향을 주어 그들로 하여금 열심히 일하도록 하지 못하면 그것은 불필요한 것이 되기 때문이다.[16] 조직의 계층별 세 가지 리더십스킬의 최적결합은 [그림 17-4]와 같다.

그림 17-4 조직계층별 리더십스킬의 최적결합

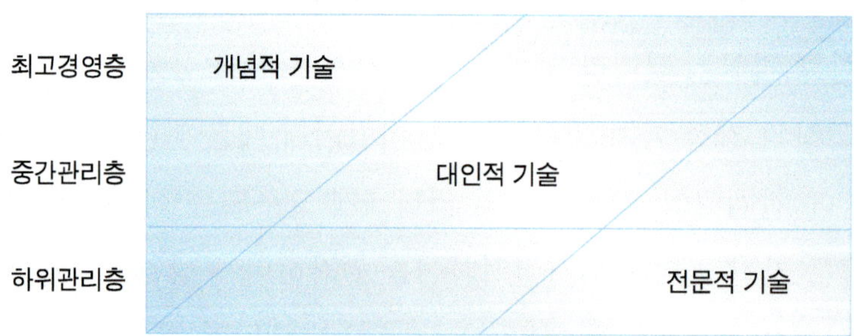

조직의 계층에 따라 요구되는 리더십역량이 다르다는 것은 각 계층에 있는 리더는 그 계층에서 요구하는 리더십역할에 몰입해야 하며 그러기 위해서는 그 계층에서 요구하는 리더십역량을 개발하고 실천해야 한다. 만일 리더가 다음 계층으로 올라가면, 그 리더는 올라간 계층에서 요구하는 리더십역할에 몰입해야 하며 그러기 위해서는 그 계층에서 요구하는 리더십역량을 개발하고 실천할 수 있어야 한다. 이것은 지난 30년 이상 성공적으로 리더십을 개발하여 온 GE의 리더십 파이프라인의 개념이다.[17] GE의 리더십 파이프라인의 핵심개념은 다음과 같다. 첫째, 리더십 파이프라인은 단계(또는 계층)로 이루어져 있으며, 둘째, 각 단계는 서로 연결되어 있지만 단계와 단계간에는 중대한 전환이 이루어진다는 것이다. 따라서 한 단계에서 다음단계로의 전환은 중대한 업무요건의 변화와 이에 따라 요구되는 새로운 능력, 새로운 시간배분, 그리고 중요하게 생각되는 가치의 업무에서 미묘하지만 중요한 차이가 발생한다.

따라서 모든 단계(또는 계층)에서 성공적인 리더십을 수행하기 위해서 조직은 가능한 초기에 자질있는 후보들을 찾아내고 그들의 업무책임을 점차 늘려주며 그들에게 유용한 피드백을 제공함으로써 리더십을 확보하고 개발해야 한다. 각 단계(계층)별 리더십에 적합한 업무능력과 시간관리능력, 그리고 업무가치를 제대로 배울 수 있어야 한다. 만일 어떤 사람이 다음 단계(또는 계층)의 리더가 될 준비를 거치지 않은 채 승진이 된다면, 그 사람은 자신의 새로운 리더십단계(또는 계층)에 적응하지 못하게 된다. 일반적으로 한 단계(또는 계층)에서 습득한 리더십은 더 높은 단계(또는 계층)으로 올라가면서 더욱 필요하게 된다.

02 리더십 개발방법론

리더십 역량모델이 무엇을 개발할 것인가와 관련되어 있다면, 리더십개발방법론은 어떻게 개발할 것인가와 관련되어 있다. 지난 20~30년 간 리더십개발방법은 강의, 사례연구, 역할연기, 행동역할모델링, 시뮬레이션 등을 활용한 강의실 형태의 리더십 훈련뿐 아니라 코칭과 멘토링, 액션러닝, 직무순환, 그리고 360도 평가 등과 같이 다양화되어 왔다. 그럼에도 불구하고 효과적인 리더십개발을 위한 확실한 방법이 존재하지 않으며, 이에 대한 논의는 지속되고 있다.

2.1 선진 리더십 개발프로그램의 특성

전략적 리더십에 초점을 맞추어 선진 리더십 개발프로그램을 분석한 여러 학자들의 연구결과를 살펴보면, 성공적인 리더십개발을 위해서는 리더십의 필요성 자각, 미래에 대한 예측, 실행, 조직내 타 기능과의 정렬, 그리고 사후평가 또는 진단의 다섯 단계가 필요하다. 즉, 리더십 개발프로그램은 이러한 다섯 단계로 이루어져야 효과적이라는 것이다.

첫째, 리더십개발의 출발점은 그 필요성을 인식하는 것에서부터 출발한다. 리더십개발의 필요성은 환경변화, 새로운 사업기회의 등장, 새로운 관리기법의 등장, 최근의 연구결과 등 외부적 요인과 고객 및 종업원 만족도의 변화, 파트너의 역량변화 등 내부적인 요인에 의해 제기된다. 조직의 내부자료나 외부자료를 활용하여 리더십개발의 필요성에 대한 인식을 제고시킬 수 있다.

둘째, 훌륭한 리더십 개발프로그램의 공통점 중 또 다른 하나는 현재가 아닌 미래를 강조하고 이에 대비할 수 있도록 프로그램내용을 구성한다는 점이다. 즉, 시장, 경쟁, 기술 등의 면에서 미래에 발생가능한 환경변화에 능동적으로 대응할 수 있는 리더십역량을 개발하는 데 주력하고 있다. 이를 위해서는 먼저 자사에 필요한 리더십역량이 무엇인지, 또는 성공적 리더의 특성이 무엇인지를 구체적으로 파악하는 데 많은 노력을 기울이고 있다. 자사에 필요한 리더십역량을 개발할 때에는 단순히 외부의 자문에 의존하기보다는 가능한 한 내부적으로 필요역량을 파악하고 개발하며, 최고경영자가 이에 앞장선다. 예를 들면, GE는 리더십 프로그램을 제작함에 있어 미래 사업환경변화와 그에 따른 리더의 필요 자질을 파악하기 위해 전세계 경영자들을 인터뷰한다. 존슨 앤 존슨과 휴렛 팩커드 또한 최고경영자와 임원들이 직접 참여하여 리더십 프로그램 제작을 지원하고 있다. 그럼으로써 자사의 전략이나 사업특성 또는 지리적 특성에 맞는 역량을 개발할 수 있을 것이다.

셋째, 리더십역량개발을 위한 다음단계는 실행을 통해 앞에서 규명된 필요역량을 확보하는 것이다. 대부분의 선진조직들은 리더로 하여금 행동을 통해 경험하고 학습하면서 역량을 습득하도록 유도하고 있다. 예를 들어 GE의 잭 웰치 회장은 경영자 육성을 위해 액션러닝 주제를 선택하는 데 직접 관여하였으며, 참석자들로 하여금 선택된 주제를 수행하는 과정에서 회사의 전략방향을 결정하는 스킬과 사고, 리더십 등을 습득하도록 한다. GE는 또한 교육참가자들을 러시아 등 해외로 보내어 현지에서의 GE 사업운영방안을 제안하도록 하고, 일부제안은 실제로 실행하기도 하는 등 경험을 통한 리더십 역량개발을 중시하고 있다.

넷째, 개발하고자 하는 리더십역량은 조직내 타 기능과 정렬되어야 한다. 이를 위해서는 공식적인 CEO 승계계획을 반영하여 리더십개발활동을 전개해야 한다. 이 분야에서 앞선 조직들은 필요 자질의 평가, 피드백, 리더십역량의 개발 및 승계계획을 서로 밀접히 연계시켜 운영하고 있다. 예를 들어 존슨 앤 존슨에서는 리더십 역량개발을 위해 여러 분야에 걸쳐 리더의 행동과 관련된 설문지를 사용하여 360도 평가를 하며, 사후에 취약한 분야를 보완할 수 있도록 그 결과를 교육 및 개발프로그램에 반영하고 있다. GE는 리더십 개발프로그램을 경영자 승계계획과 연계하여 운영하고 있으며, 모든 임원들을 대상으로 '세션 C'라는 인사위원회를 통해 경영성과는 물론 GE 가치에 대한 이해 및 실천정도 등을 평가한다. 이 평가에서 GE가치의 이해와 실천은 성과보다 중시된다. 즉, 평가결과 경영성과는 좋지 않지만 GE가치를 잘 이해하고 실천하는 임원에 대해서는 성과를 높일 수 있는 기회를 제공하지만, 그 반대의 경우에는 평가점수가 낮을 뿐만 아니라 승진에서도 불리한 대우를 받게 된다.

다섯째, 조직내 우수인재를 대상으로 리더십 개발프로그램을 적용한 후에는 반드시 그 효과를 평가해야 한다. 일반적으로 이 분야의 선진조직들은 리더십개발담당자, 컨설턴트, 재무담당자 등이 중심이 되어 교육참가자의 반응, 지식 습득의 정도, 행동의 변화, 사업성과의 창출정도를 포함하는 네 가지 관점에서 평가하고 있으며, 그 외에도 고객만족, 종업원만족 등과 관련된 사항을 평가하기도 한다. 예를 들면, 쉘은 교육효과로서 성과창출을 강조한다. 즉, 쉘은 리더십 프로그램이 투입 비용의 25배 이상의 수익을 창출할 수 있을 때 효과가 있는 것으로 간주하고 있다. 이러한 목적을 달성하기 위해 쉘은 교육을 실시하기 전에 교육담당자와 사업부리더가 재무목표를 포함한 교육의 목표를 사전에 협의하도록 하고 있다.

2.2 리더십개발과 경험의 중요성

리더십개발을 위한 방법은 매우 다양하다. 그러나 어떤 방법을 사용하던, 실제적인 경험은 리더십역량을 개발하는 데 가장 핵심적인 요소이다. 토마스와 치즈[18]는 경험이 리더십의 가장 좋은 스승이라고 하였다. 우리는 업무경험, 인생경험, 개발경험 등 매우 다른 상황에서의 경험으로부터 공통적인 리더십요소를 배울 수 있다. 중요한 것은 어떤 종류의 경험을 하였는가만이 아니라 성장을 위해 그 경험을 어떻게 사용하는가이다. 성공한 경영자의 특징은 자신의 경험으로부터 어떤 가치있는 것을 추출해 내는 특별한 능력과 의지를 가지고 있다는 것이다. 다음에서는 경험을 통한 리더십개발과 관련하여 첫째, 행동-관찰-성찰모델을 설명하고, 둘째, 리더십개발에서 성찰의 역할을 설명하며, 셋째, 사람 및 일을 통한 리더십 개발방법을 설명할 것이다.[19)]

(1) 리더십개발과 행동-관찰-성장모델

콜브[20)]는 사람들이 경험에 대해 생각하는 시간을 가질 때 경험으로부터 더 많은 것을 배울 수 있다고 하였다. 이러한 아이디어는 행동-관찰-성찰(AOL: Action-Observation-Reflection)이라는 학습모델에 반영되어 리더십개발에 활용될 수 있다. 즉 리더십개발은 경험이 행동, 관찰, 그리고 성찰의 세 가지 국면을 모두 포함할 때 더욱 향상될 수 있다는 것이다. 만일 어떤 사람이 행동은 했지만 그 행동의 결과를 관찰하지 못하거나 유의미하게 성찰하지 못한다면, 그 사람은 경험으로부터 배웠다고 이야기할 수 없을 것이다. 경험을 통한 리더십개발이란 단지 그 직무에 얼마나 오랫동안 있었는가 하는 시간적 측면보다는 행동-관찰-성찰의 세 국면모두를 통해 반복적으로 움직임으로써 성장하는 것으로 이해해야 한다. 리더십을 개발하는 가장 생산적인 방법은 [그림 17-5]에서 보는 바와 같이

그림 17-5 경험의 나선형: 행동-관찰-성찰

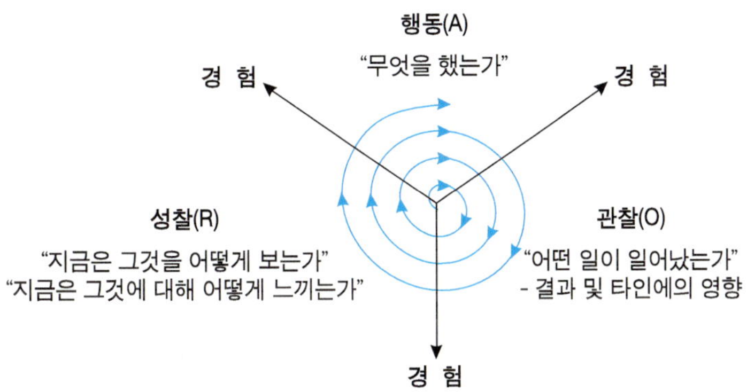

경험의 나선형을 통해 여행하는 것이다.[21)]

경험의 나선모델에서 지각은 중요한 역할을 한다. 경험이란 단지 우리에게 어떤 사건이 일어났는지에 대한 문제만이 아니다. 우리가 그 사건을 어떻게 지각하고 있는지가 중요하다. 지각은 행동-관찰-성찰의 세 국면모두에 영향을 주며, 따라서 리더십과목이나 상황으로부터 무엇을 얻어낼 것인가에 있어 매우 중요한 역할을 한다.[22)] 지각은 우리가 무엇에 주의를 기울이고 무엇에 주의를 기울이지 않는지, 따라서 무엇을 관찰하고 무엇을 관찰하지 않는지에 영향을 준다. 또한 지각은 우리가 관찰한 것을 어떻게 해석하는지를 다루는 성찰에도 영향을 준다. 지각은 본질적으로 해석 또는 의미구성의 활동이며, 이 중 중요한 것이 귀인(attribution)이다. 귀인은 우리가 주의를 기울인 행동에 대해 우리가 개발하는 설명으로 그 행동의 원인을 능력이나 노력과 같이 행위자내부의 특성으로 돌릴 수도 있으며 또는 환경이나 운 등과 같은 행위자외부의 특성으로 돌릴 수도 있다. 물론 성찰은 지각과 귀인 이외에 평가와 판단과 같은 기능도 포함하고 있다. 지각은 관찰과 성찰 이외에 행동에도 영향을 준다. 예를 들어 리더가 부하의 저성과에 대해 내적 요인에 귀인을 하면 더 많은 질책을 하게되고 외적 요인에 귀인을 하면 덜 질책한다. 자기 충족적 예언(self-fulfilling prophecy)도 지각이 행동에 영향을 주는 경우이다. 자기 충족적 예언이란 우리의 기대나 예측이 실제로 그러한 행동이나 사건을 만들어 내는 데 원인적 역할을 할 때 발생한다. 이와 같이 지각은 행동-관찰-성찰에 영향을 주는 중요한 요소이다.

(2) 리더십개발과 성찰

행동-관찰-성찰 모델에서 리더십개발을 위해 가장 중요한 요소는 아마도 성찰일 것이다. 성찰은 리더에게 어떻게 문제를 다르게 구성하며, 어떻게 복수의 관점에서 상황을 보고, 또는 어떻게 부하들을 더 잘 이해하는지에 대한 다양한 통찰력을 제공해 주기 때문이다. 어떤 종류의 성찰이든 그것 없이 리더가 자신의 스타일을 근본적으로 바꾸는 것은 매우 어렵다. 과거의 리더십경험 위에 구축하고 새로운 학습을 통합하는 비판적 성찰과정은 복수의 관점을 장려하며 따라서 리더십개발은 행동에 대한 성찰에 달려 있다.[23]

성찰은 아지리스가 향상된 자기자각을 통해 더욱 유능한 리더가 된 성공한 경영자 집단의 연구에서 제시한 이중루프 학습(double-loop learning)의 개념으로 설명될 수 있다.[24] 이중루프 학습은 다른 사람에 대한 자기 자신의 가정, 조직에서의 자신의 역할, 그리고 자기 자신 및 조직목표의 중요성에 대한 자신의 숨어있는 가정에 대한 의문을 제시하는 것과 같이 근본적인 가정이나 믿음에 대해 의문을 제기하는 것으로, 이는 성찰을 통해 자신의 리더십 스타일을 변화시키는 방법을 학습하도록 하는 리더십개발과 일맥상통한다.

리더십개발에서 성찰을 개념화하는 또 다른 방법은 사람들이 자신의 생각을 조직화하고 사건의 의미를 추론하는데 사용하는 전술과 전략을 의미하는 사고프레임(thinking frame)과 관련이 있다. 사고프레임은 망치나 톱과 같이 과업에 따라 유용하거나 또는 유용하지 않을 수 있으며, 우리가 환경을 운영하는 방식에 제한을 가하는 정신적 도구이다. 리더십개발은 리더십에 대한 우리의 생각과 행동을 조직화하는데 더 복잡하고 차별화된 틀 및 복수의 관점을 갖도록 개발하는 과정으로 이해할 수도 있을 것이다.

리더십개발에서 성찰이 중요하다면, 리더십 개발프로그램에서 성찰의 기회를 제공하는 것은 매우 중요하다. 성찰학습과정은 참여자가 경험으로부터 올바른 학습을 하도록 확실히 해 주며, 개인의 성장 및 전문적 성장을 지속하는 수단으로 작용한다. 따라서 성찰을 위한 시간의 멈춤이 중요하다. 왜냐하면 성찰의 시간없이 학습은 실천되지 않는 경우가 종종 있기 때문이다. 리더십 개발프로그램에서 성찰의 기회를 제공해 주는 한 가지 방법은 복수의 세션을 운영하는 것이

그림 17–6 복수의 세션으로 구성된 프로그램 (학습-휴식-학습설계)

1주 세션	3~6개월 휴식	며칠 간의 뒤따르는 세션

다. 복수의 세션으로 운영되는 프로그램이란 [그림 17-6]에서 보는 바와 같이 일정기간 동안 세션을 운영한 후 일정기간의 휴식기를 가지고 그 후 다시 뒤따라오는 세션을 운영하는 것이다. 따라서 리더십역량을 학습하고 실천해 보며 그 결과를 검토하고 수정함으로써 학습하게 된다. 이와 같이 성찰기회의 제공은 단순히 성찰을 촉진시킬 뿐 아니라 참여자로 하여금 자신의 계획에 대해 책임감을 느끼게 만들고 좀 더 현실적인 계획을 수립하도록 만들기도 한다. 반면에 비용이 많이 든다는 단점도 가지고 있다.

(3) 사람 및 일을 통한 리더십개발

어떤 주어진 경험을 리더십성장을 촉진시키는데 효능 있게 만드는 두 가지 개발적 요소는 함께 일하는 사람과 일 자체의 특성이다. 첫째, 함께 일하는 사람은 개인 및 전문가로서의 성장에 매우 중요한 역할을 하는 원천이다. 매우 좋거나 매우 나쁜 직속상사는 성장의 강력한 촉매이다. 또한 다른 배경과 관점을 가진 사람과 함께 일하는 것, 문제를 갖고 있는 부하와 함께 일하는 것, 그리고 직접적인 통제의 범위를 벗어나는 사람에게 영향력을 행사해야 할 필요성이 있는 상황에서 일하는 것 등도 성장을 촉진시키는데 도움이 된다. 또한 직속상사가 아닌 상사에게 보고해야 하거나 동료들을 이끌어 나가야 하는 상황에서도 또 다른 리더십역량을 학습할 수 있을 것이다. 주변의 긍정적이거나 부정적인 모델에 주의를 기울임으로써 효과적이고 비효과적인 리더십을 배울 수 있을 것이다. 함께 일하는 사람을 통한 리더십 개발방법으로는 동료 코칭, 멘토링, 그리고 경영자코칭 등이 있다.

둘째, 과업자체의 특성도 리더십을 개발할 수 있는 기회를 제공한다. 특히, 자신을 스트레치시키고 새롭고 어려운 과업에 대해 스스로를 테스트할 수 있는 기회를 제공하는 과업은 리더십성장을 촉진시키는데 도움이 된다. 이러한 과업으로는 ① 과거에 직면했던 것보다 더 복잡하고 애매한 과업, ② 과거의 답이 아닌 새롭고 창의적인 해결안이 요구되는 변화하고, 역동적이며, 통제 불가능하고, 예측 불가능한 업무수행환경, ③ 전략계획과 불확실한 미래에 대한 투자를 포함한 프로젝트, 그리고 ④ 성공과 실패가 모두 가능한 도전적이고 개인적 압력이 높은 과업 등이 있다.

2.3 리더십개발을 위한 교육프로그램

리더십개발을 위한 교육프로그램은 대학 또는 훈련기관에서 제공된다. 일반적으로 대학수준의 교육과정은 핵심 리더십이론이나 결과를 제공하고 민간이나 공공부문의 리더십 훈련프로그램은 그 내용이 매우 집중화되어 있으며 직책별로 구분되어 있다. 이러한 교육훈련 프로그램은 리더십개발과 긍정적인 관계가 있다.[25)]

(1) 대학의 리더십 교육프로그램

대학의 리더십 교육프로그램은 리더십이론 이외에 리더십과정을 설명하는 것과 관련된 성격특성, 인지능력, 가치, 행동, 동기부여, 집단역학, 의사소통, 상황적 요소 등에 대한 개념을 포함한다. 이와 같은 주제에 대해 표준강의방식, 개인별피드백, 사례연구 및 토의, 역할연기, 시뮬레이션게임, 그리고 외부참여활동의 다양한 방법을 활용하여 교육을 실시한다. 이러한 교육방법의 특성은 〈표 17-6〉과 같다.

이외에도 최근에는 온라인 교육방법이나 대화식 화상교육방법이 활용되기도 한다. 대화식 화상교육은 프로그램을 통한 교육과 비디오의 장점만을 조합한 형태로서 짤막한 영상과 함께 설명을 해주고 피교육자의 답변을 요구하는 방식이다. 통합 프로그램의 제공, 참가자들의 답변, 그리고 추가적인 프로그램의 제공으로 이루어지는 교육과정은 개별화된 학습기회를 제공한다.

표 16-7 대학의 교육에 사용되는 교수방법

① 표준 강의방법 : 리더십에 대한 지식을 제공하는데 효과적임
② 개인별 피드백 : 성격, 지능, 가치관 또는 흥미검사 점수나 리더십 행동평정에 대해 개인별로 피드백해 줌. 최근에는 개인별 피드백의 변형으로 자신의 점수를 동료들과 비교할 수 있게 해 줌
③ 사례연구 및 토의 : 다양한 리더십상황을 묘사한 사례에 대한 연구와 이를 사용한 리더십토의를 실시함
④ 역할연기 : 직무관련 시나리오에서 주어진 역할을 연기하도록 배정함. 적절한 능력을 실제로 해봄으로써 현장으로의 전이 가능성이 높은 편임
⑤ 시뮬레이션 및 게임 : 작업환경에서 공통적을 직면하는 도전이나 의사결정을 반영하여 설계된 상대적으로 구조화된 활동임
⑥ 아웃도어 활용 : 참가자를 상대적으로 낯선 영역(즉, 사무실이 아닌 밖)에 놓고 신체적 감정적으로 복받치는, 그리고 자주 팀 지향적인 도전을 제시함

(2) 리더십 훈련프로그램

민간 및 공공 서비스영역에는 많은 리더십 훈련프로그램이 있으며, 대부분의 경우 그 내용이나 기법은 대학수준에서의 리더십 교육프로그램과 상당히 유사하다. 다만 이러한 훈련 프로그램은 기간이 훨씬 짧고(대개 1주일 이내) 그 내용이 매우 협소하게 집중화되어 있다는 특징을 가지고 있다. 그리고 조직의 계층에 따라 직책별로 구분되어 있다. 예를 들면 초급관리자의 경우에는 훈련, 감시, 피드백 제공, 성과검토의 수행 등과 같은 관리능력의 개발에 초점이 맞추어져 있다. 중간관리자의 경우에는 대인관계, 구두 및 문서의사소통 능력을 향상시키는 것뿐 아니라 시간관리, 계획화, 목표설정에 관한 정보를 제공하는데 초점을 맞추고 있다.

그리고 최고경영자의 경우에는 전략계획수립, 공공관계, 그리고 대인관계능력에 초점을 맞추는 경향이 있다.

리더십 훈련방법으로는 강의방법, 사례연구, 역할연기, 개별화된 피드백, 프리젠테이션, 시뮬레이션 게임, 인바스켓 연습, 그리고 리더없는 집단토의 등으로 대학의 교육방법과 유사하다.

최근에는 자사의 필요를 충족시키도록 맞추어진 사내대학의 설립이 늘고 있는 추세이다. 사내대학은 직원 및 고객의 교육에 초점을 맞추고 있다. 1961년에 설립된 맥도널드의 햄버거대학 및 수년 간 교육개발의 수호자역할을 해 온 GE의 크로톤빌 연수원 및 모토롤라의 사내대학이 대표적인 예이다. 연구결과에 따르면 주요 기업의 65%가 모종의 사내교육을 실시하고 있다. 오늘날 많은 사내대학이 학위를 수여하고 있거나 학위와 연계된 교육과정을 실시하고 있기도 하다. 항상 그렇지는 않지만 사내교육은 최고 학습책임자에 의해 총괄되기도 한다.

리더십 역량개발에 있어 선도적 위치를 확보하고 있는 기업들의 공통된 특징은 리더십 개발프로세스의 효과를 지속적으로 모니터링하고 보완함으로써 성공 가능성을 높여가는 선순환의 사이클을 형성해 가고 있다는 점이다. 예컨대, GE는 크로톤빌 연수원이 중심이 되어 정교한 리더십 프로그램의 개발, 지속적 모니터링, 성공체험의 확산 등을 끊임없이 추구하고 있다. 이러한 활동을 통해 GE는 경영층으로 하여금 리더십 개발프로그램이 어떻게 만들어지고, 어떻게 전파되며, 조직의 전략목표 달성에 어떻게 기여하는지를 알 수 있도록 한다. 결국, 이들 기업은 리더십개발을 기업의 전략목표 달성과 연계된 지속적인 학습과정으로 인

그림 17-7 선호하는 팀장 리더십개발방법[26)]

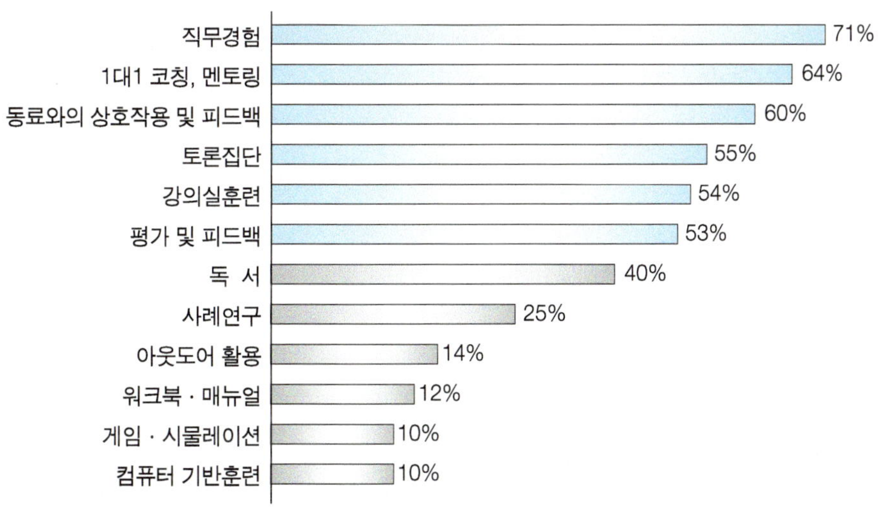

식하고 실천하는 것이다.

(3) 리더십 개발방법의 선호도

리더십개발을 위해 앞에서 제시한 다양한 리더십개발방법들이 사용되고 있다. 전세계 리더십 교육참가자 3,417명을 대상으로 복수응답을 통해 선호하는 리더십개발방법을 조사한 결과, 팀장의 리더십으로 일반적인 교육방법보다는 실제적이고 구체적인 방법을 선호하는 것으로 나타났다. 예를 들면, [그림 17-7]에서 보는 바와 같이, 직무경험이 가장 선호되며, 그 다음으로 일대일 코칭과 멘토링, 피드백, 토론집단, 강의실 훈련, 평정과 피드백의 순으로 선호된다. 이러한 결과는 사람들이 보다 실제적이고 구체적인 상황하에서 리더십을 개발하는 것을 선호함을 보여준다.

각 주

● 제1장 조직과 조직관리의 이해

1) Weber, M.(1947), *The Theory of Social and Economic Organizations*, translated by A. M. Henderson and Talcott Parsons New York : Free Press.

2) Barnard, C. I.(1983), *Functions of the Executive Cambridge*, MA : Harvard University Press.

3) Selznick, P.(1995), *TVA and the Grass Roots Berkely*, CA : University of California Press.

4) Katz, D. and Kahn, R.(1966), *The Social Psychology of Organizations*, New York : John Wiley.

5) Taylor, F.W.(1911), The Principles of Scientific Management, New York, NY, US and London, UK: Harper & Brothers.

6) Daft, R.L.(1997), Management, 4th edition, Harcourt Brace College Publisher, USA.

7) Fayol, H.(1916), (in French), Administration industrielle et générale; prévoyance, organisation, commandement, coordination, controle, Paris, H. Dunod et E. Pinat,.

8) Follett, M.P.(1918), The new state: *Group organization the solution of popular government*. New York: Longmans, Green.

9) Weber, M.(1927), Citizenship, *General Economic History*, London, Transaction Publishers.

10) Henderson, A.M., Parsons, T. & Weber, M.(1947), The Theory of Social and Economic Organization, Oxford University Press, New York.

11) Weber, M.(1927), Citizenship, *General Economic History*, London, Transaction Publishers.

12) Roethlisberger, F.J.& Dickson, W.J.(1939), Management and the Worker, Cambridge, MA: Harvard University Press.

13) Roethlisberger, F.J.& Dickson, W.J.(1939), Management and the Worker, Cambridge, MA: Harvard University Press.

14) Maslow, A.(1954), Motivation and personality, New York, NY: Harper.

15) McGregor, D.(1960), The human side of enterprise. New York: McGraw-Hill.

16) Argyris, C.(1970), Intervention theory and method. Reading, Mass.: Addison-Wesley.

17) Argyris, C.(1970), Intervention theory and method. Reading, Mass.: Addison-Wesley.

18) Katz, D. & Kahn, R.L.(1978), The social psychology of organizations (2nd ed.), New York: Wiley.

19) Bertalanffy, L.v.(1949), Zu einer allgemeinen Systemlehre, Biologia Generalis, 19, pp.114~129.

20) Ohmae, K.(1990), The Borderless World. William Collins.

21) Kelly, H.(1999), Information Technology and the Environment: Choices and Opportunities, iMP at www.cisp.org/imp/october

22) Kelly, H.(1999), Information Technology and the Environment: Choices and Opportunities, iMP at www.cisp.org/imp/october

23) Greenwood, R. & Hinings, C.R.(1996), Understanding radical organizational change: Bringing together the old and the new institutionalism, Academy of Management Review, 21, pp.1022~1054.

Hamel G. & Prahalad C.K.(1990), The core competence of the corporation, Harvard Business Review, 68(3), pp. 79~91.

Ambrosini V., Johnson G. & Scholes K.(1998), Exploring Techniques of Analysis and Evaluation in Strategic Management, Prentice Hall.

24) Drucker, P.F.(1999), Management Challenges for the 21st Centuary, New York: HarperBusiness.

25) Kuhn, T.S.(1977), The essential tension: selected studies in scientific tradition and change, Chicago: University of Chicago Press.

26) Schoonhoven, C.B. & Jelinek, M.(1990), Dynamic Tension in Innovative, High Technology Firms: Manageing Rapid Technological Change through Organizational Structure, in M.A. Von Glinow and S.A. Mohrman(Eds.), Managing Complexity in High Technology Organizations, New York, Oxford, Oxford University Press, pp.90~118.

27) Bahrami, H.(1992), The Emerging Flexible Organization: Perspectives from Silicon Valley, California Management Review, 34(4), pp.33~52.

28) 이홍 · 김찬모(2003), 혁신과 양면성 조직(ambidextrous organization): 양면성 조직의 작동 메커니즘을 중심으로, 한국인사조직학회, 추계학술연구발표 논문집, pp.425~449.

● 제2장 리더십의 개념과 본질

1) Stogdill, R. M. 1974, *Handbook of leadership: A survey of theory and research*, New York: Free Press. p.7.

2) Burns, J. M. 1978, *Leadership*, New York: Harper & Row.

Heller, T., & Van Til, J.(1983), Leadership and followership: Some summary propositions, *Journal of Applied Behavioral Science*, 18, pp.405~414.

Hollander, E. P. 1992, Leadership, followship, self, and others, *Leadership Quarterly* 3(1), pp.43~54.

Jago, A. G. 1982, Leadership: Perspectives in theory and research, *Management Science* 28(3), pp.315~336.

3) Rost, J. C. 1991, *Leadership for the twenty-first century*, New York: Praeger.

4) Geroge, J.N. & Jones, G.R.(1999), Understanding and Managing Organizational Behavior, 2nd ed. Reading, MA: Addison-Wesley.

5) Schermerhorn, Jr., J.R., Hunt, J.G. & Osborn, R.N.(1998), Basic Organizatioanl behavior, 2nd ed., Toronto, John Wiley & Sons.

6) Greenberg. J. & Baron, R.A.(1995), Behavior in Organizations, 5th ed., New Jersey: Prentice Hall.

7) Robbins, S.P. & Judge, T.A.(2009), Organizational behavior. Upper Saddle River, NJ: Pearson/Prentice Hall.

8) Jago, A.(1982), Leadership: Perspectives in theory and research, Management Science, 28(3), pp.315~336.

9) 이상호(2001), 경영학계의 주요 리더십이론 및 국내연구동향, 인사관리연구, 24(2), pp.1~40.

10) Fiedler, F.E.(1967), A theory of leadership effectiveness, NY: McGraw-Hill.

11) House, R.J.(1971), A path-goal theory of leader effectiveness, Administrative Science Quarterly, 16, pp.321~339.

12) Hersey, P. & Blancahrd, K.(1977), Management of organization behavior: Utilizing human resources, 3rd ed, Englewood Cliffs, NJ: Prentice Hall, Inc.

Hersey, P. & Blancahrd, K.(1982), Grid principles and situationalism: Both, A response to Blake and Mouton, Group and Organization Studies, 7, pp.207~210.

Hersey, P. & Blancahrd, K.(1993), Management of organizational behavior: Utilizing human resources, 6th ed, Englewood Cliffs, NJ: Prentice Hall, Inc.

13) Dansereau, F. Jr., Cashman, J., & Graen, G.(1973), Instrumentality Theory and Equity as Complementary Approaches in Predicting the Relationship of Leadership and Turnover among managers, Organizational behavior and human performance, 10, pp.184~200.

Dansereau, F. Graen, G. & Haga, W.J.(1975), A vertical Dyad Linkage approache to leadership within formal organizations, organizational behavior and human performance, 13, pp.46~78.

14) Lord, R.G. & Maher, K.J.(1991), Leadership and information processing : Linking perceptions and performance, Boston, MA: Unwin Hyman.
15) Terry, L.D.(1995), Leadership of Public Bureaucracies: The Administrator as Conservator, Thousand Oaksm CA: Sage.
16) Kotter, J.P.(1990), Force for Change: How Leadership Differs from Management, New York: Free Press.
17) Kotter, J.P.(1990), Force for Change: How Leadership Differs from Management, New York: Free Press.
18) Kotter, J.P.(1990), Force for Change: How Leadership Differs from Management, New York: Free Press.
19) Haas, P.M.(1992), Knowledge, power and international policy coordination, Special issue of international organization, 46, pp.1~35.
Kotter, J.P.(1990), Force for Change: How Leadership Differs from Management, New York: Free Press.
20) Fayol, H.(1916), "Administration industrielle et générale", *Bulletin de la Societe de l'Industrie Minerale*, Vol.10 No.3, pp.5~162.
21) Crane, T. G. 2002, *The Heart of Coaching: Using Transformational Coaching to Create a High-Performance Culture*, FTA Press.
22) Zaleznik, Abraham.(1977). "Managers and Leaders: Are They Different?" *Harvard Business Review*, May-June. pp.67~78.(Reprinted HBR March-April 1992, pp.1~11).
Bennis, W., & Nanus, B.(1985). *Leaders. The Strategics for taking charge*. New York, NY: Harper & Row Inc.
23) Spears, L. C., & Lawrence, M.(Eds.)(2002). *Focus on leadership: Servant-leadership for the 21st century*. New York: John Wiley & Sons, Inc. p.101. Bennis의 관점 요약정리.
24) Kotter, J. P. 1990, "What leaders really do," *Harvard Business Review*, May-June, pp.103~111.
25) Ibid.
26) Yukl, G. 2008 How leaders influence organizational effectiveness, *The Leadership Quarterly* 19(2008), pp.708~722.
27) Meyer, J. P., & Allen, N. J.(1990), The measurement and antecedents of Affective, Continuance and normative commitment to the organization, *Journal of Occupational Psychology*, 62, pp.1~8.

28) Bateman, T. S. & Organ, D. W.(1983), Job satisfaction and good soldier: The relationship between affect and employee citizenship, *Academy of Management Journal*, 26, pp.587~595.
29) Smith, C. A., Organ, D. W. & Near, J. P.(1983), Organizational citizenship behavior: Its nature and antecedent, *Journal of Applied Psychology*, 68(4), pp.653~666.
30) Harter, J. J. & Bass, B. M.(1988), "Superiors evaluation and subordinates perception of trasformational and trasactional leader", *Journal of Applied psychology*, 73, pp.695~702 Podsakoff, P. M., MacKenzie, S. B., & Fetter, R.(1993), Substitutes for leadership and the management of professionals, Leadership Quarterly, 4(1), pp.1~44.
31) Yammarino, F. J., & Bass, B. M.(1990). Transformational leaderand multiplelevels of analysis, *Human Relation*, 43(10), pp.975~995
32) Popper K.(1996) *A World of Propensities*. Thoemmes, Bristol.
33) Gal, T.(1985), "On the structure of the set bases of a degenerate point," *Journal of Optimization Theory and Applications* 45, pp.577~589.

● 제3장 권력과 관리자의 역할

1) 최근의 연구로는 Hollander, E. P. & Offermann, L. R., 1999, "Power and Leadership in Organizations", *American Psychologist*, February, pp.179~189.
Lesly, E.(1995), "Manager See, Manager Do," *Business Week*, April 3, pp.90~91. 등이 있다.
2) French, J. R. P. & Raven, B.(1959), "The Bases of Social Power," in *Studies in Social Power*, ed. D. Cartwright, Ann Arbor: University of Michigan Press, pp.150~167.
3) 김대운, 이성연, 박유진 역, 2000, "*조직과 리더십 Gary. A. Yukl*", 형설출판사, pp.68~89.
4) Raven, B. H., & Kuglanski, W. 1975, "Conflict and Power", In Swingle, P. G.(Ed.), *The Structure of Conflict*. New York : Academic Press.
5) Pettigrew, J. D.(1972). The neurophysiology of binocular vision. *Scientific American* 227, August, pp.84~95.
6) Yukl, G. A. 1981, "*Leadership in Organizations(2nd ed)*". Englewood Cliffs, N. J.: Prentice Hall,
7) Ibid. p.212.
8) Drucker, P. F., "*The Practice of Management*" 역 이재규(2006), *경영의 실제*, 한국경제신문, p. 15.
9) Mintzberg, H.(1976), "The Structure of 'Unstructured' Decision Process", *Administrative*

Science Quarterly, 21, June, pp.246~275.

10) Schermerhorn et al., *Organizational Behavior*, WiLEY(2003) p.15 정리.

11) Kotter, op. cit. 1982 ; John P. Kotter, "What Effective General Managers Really Do," *Harvard Business Review*, 60(November/December 1982): 161. See Kaplan, op.cit., 1984.

12) Herminia Ibarra, "*Managerial Networks*," Teaching Note: #9-495-093, Harvard Business School Publishing, Boston, MA.

13) Quinn, R. E. 1998, "*Beyound Rational Management*", SanFrancisco: Jossey-bass Inc.

14) Ibid. p.48.

15) Sayles, F. L.(1979). *Leadership: What effective managers really do……and how they do it*. New York: McGraw Hall.

● 제4장 리더십과 동기부여

1) Steers, R.M. & Porter, L.W.(1975), Motivation and work behavior, McGraw-Hill, New York.

2) Viteles, M.S.(1953), Motivation and morale in industry, Oxford, England: W.W.Norton.

3) Taylor, F.(1911), Scientific management, New York, Harper.

4) McGregor, D.(1957), The human side of enterprise, The Management Review, 46(11), pp.22~28.

5) Salancik, G.R. & Pfeffer, J.(1977), An examination of need-satisfaction models of job attitudes, Administrative Science Quarterly, 22, pp.427~456.

6) Maslow, A.H.(1943), A Theory of Human Motivation, Psychological Review, 50(4), pp.370~396.
Maslow, A.H.(1970), Motivation and Personality, 2nd. Ed., New York, Haper & Row.

7) Maslow, A.H.(1970), Motivation and Personality, 2nd. Ed., New York, Haper & Row.

8) Alderfer, C.P.(1969), An empirical test of a new theory of human needs, Organizational Behavior and Human Performance,4, pp.142~175.

9) Hall, D. & Nougain, K.(1968), An examination of Maslow's hierarchy of needs in the organizational setting, Organizational Behavior and Human Performance, 13(1).
Lawler, E. & Suttle, J.(1972), Causal correlation of the need hierarchy concept, Organizational behavior and performance, 7(2).

10) Campbell, D.J. & Pritchard, R.(1976), Motivation theory in industrial and organizational psychology, In M.D. Dunnette(Ed.), Handbook of industrial and organizational

psychology(pp.63~130), Chicago: Rand McNally.

Miner, J.B.(1980), Theories of organizational behavior, Hinsdale, Ⅲ: Dryden.

Wahba,A. & Bridwell, L.(1976), Maslow reconsidered: A review of research on the need hierarchy theory, Organizational Behavior and Human Performance, 15, pp.212~240. for review

11) Miner, J.B.(1980), Theories of organizational behavior, Hinsdale, Ⅲ: Dryden.

12) Alderfer, C.P.(1972), Existence, relatedness, and growth, New York: Free Press.

13) Alderfer, C.P.(1972), Existence, relatedness, and growth, New York: Free Press.

14) Wanous, J.P. & Zwany(1977), A Cross-Sectional Test of the Need Hierarchy Theory: Organizational Behavior and Human Performance, in Understanding Management, 4th ed.

15) Rauschenberger, J., Schmitt, N. & Hunder, J.E.(1980), A Test of the Need Hierarchy Concept by Markov model of Change in Need Strength, Administrative Science Quarterly, 25, pp.654~670.

16) Herzberg, F., Mausner,B. & Snyderman, B.B,(1959), The motivation to work, New York, NY: John Wiley & Sons.

17) Herzberg, F.(2003), One more time: how do you motivate employees?, Harvard Business Review, 81, pp.86~96.

18) Harvard Business Review, comparison of Satisfiers and Dissatisfiers, An exhibit from One More Time: How Do You Motivate Employees? by Frederick Herzberg, January 2003.

19) Hackman, J.R. & Oldham, G.R.(1976), Motivation through the design of work: Test of a theory, Organizational Behavior and Human Performance, 16, pp.250~279.

20) McClelland, D.C.(1961), The achieving society, Princeton, NJ: Van Nostrand.

McClelland, D.C.(1962), On the psychodynamics of creative physical scientist, In H.E. Gruber and M. Westheimer(Eds.), Contemporary approaches of creative thinking, pp.141~174, Artheton Press.

21) Matsui, T., Okada, A. & Kakuyama, T.(1982), Influence of Achievement Need on Goal Setting, Performance, and Feedback Effectiveness, Journal of Applied Psychology, 67, pp.645~648.

22) Singh, Satvir(1979), Relationships among projective and direct verbal measures of achievement motivation, J.Personality Assessment, 43, pp.45~49.

23) McClelland, D.C. & Burnham, D.H.(1976), Power is the great motivator, Harvard Business Review, 54, pp.100~111.

24) McClelland, D.C. & Burnham, D.H.(1976), Power is the great motivator, Harvard Business Review, 54, pp.100~111.

25) McClelland, D.C. & Burnham, D.H.(1976), Power is the great motivator, Harvard Business Review, 54, pp.100~111.

26) McClellend, D.C. & Boyatzis, R.E.(1982), The leadership motive pattern and long-term success in management, Journal of Applied Psychology, 67(6), pp.737~743.

27) Cornelius, E.T. & Lane, F.B.(1984), The power motive and managerial success in a professionally oriented service industry organization, Journal of Applied Psychology, 69, pp.32~39.

28) Harrell, A.M. & Stahl, M.J.(1981), A behavioral decision theory approach to measuring McClelland' s trichotomy of needs, Journal of Applied Psychology, 66, pp.242~247.

29) Stahl, M.J. & Harrell, A.M.(1982), Evolution and Validation of a Behavioral Decision Theory Measurement Approach to Achievement, Power, and Affiliation, Journal of Applied Psychology, 67, pp.744~751.

30) Pinder, C.(1984), Work motivation, Glenview, IL: Scott, Foresman.

31) Connolly, T. & Vines, C.V.(1977), Some instrumentality-valence models of undergraduate college choice, Decision Sciences, 8, pp.311~317.

Fusilier, M., Ganster, D. & Specht, P.(1984), An evaluation of the Minitab package as a supplement in teaching business statistics concepts, Paper presented at the meeting of the Association for Business Simulation and Experiential Learning, Honolulu.

Snyder, M.L., Stephan, W.G. & Rosenfield, D.(1978), Attributional egotism, In J.H. Harvey, W. Ickes, & R.F. Kidd(Eds.), New directions in attribution research, 2, Hillsdale, N.J.: Erlbaum.

32) Fusilier, M., Ganster, D. & Specht, P.(1984), An evaluation of the Minitab package as a supplement in teaching business statistics concepts, Paper presented at the meeting of the Association for Business Simulation and Experiential Learning, Honolulu.

Muchinsky, P.M. & Taylor, M.S.(1976), Intrasubjects predictions of occupational preference: The effect of manipulating components of the valence model, Journal of Vocational Behavior, 8, pp.185~195.

Sheard, J.L.(1970), Intrasubject prediction of preferences for organization types, Journal of Applied Psychology, 54, pp.248~252.

Snyder, M.L., Stephan, W.G. & Rosenfield, D.(1978), Attributional egotism, In J.H.

Harvey, W. Ickes, & R.F. Kidd(Eds.), New directions in attribution research, 2, Hillsdale, N.J.: Erlbaum.

33) Muchinsky, P.M.(1977), A comparison of within-and across-subjects analysis of the expectancy-valence model for predicting effort, Academy of Management Journal, 20, pp.154~158.

schneider, J.(1976), The "greener grass" phenomenon: Differential effects of a work context alternative on organizational participation and withdrawal intentions, Organizational Behavior and Human Performance, 16, pp. 308~333.

Schmitt, N. & Son, L.(1981), An evaluation of valence models of motivation to pursue various post high scholl alternatives, Organizational Behavior and Human Performance, 27, pp.135~150.

Wanus, J.P., Keon, T.L. & Latack, J.C.(1983), Expectancy theory and occupational/organizational choices : A review and test, Organizational Behavior and Human Performance, 32, pp.66~86.

34) Stahl, M.J. & Harrell, A.M.(1981), Modeling effort decisions with behavioral decision theory: Toward an individual differences model of expectancy theory, Organizational Behavior and Human Performance, 27, pp.303~325.

35) Vroom, V.H.(2003), Educating managers in decision making and leadership, Management Decision, 10, pp.968~978.

36) Matsui, T., Kagawa, M., Nagmatsu, J. & Ohtsuka, Y.(1977), Validity of expectancy theory as a within-person behavioral choice model for sales activities, Journal of Applied Psychology, 62, pp.764~767.

37) Leon, F.R.(1981), The Role of Positive and Negative Outcomes in the Causation of Motivational Forces, Journal of Applied Psychology, 66(1), pp.45~53.

38) Hom, P.W.(1980), Expectancy predictions of reenlistment in the National Guard, Journal of Vocational Behavior, 16, pp.235~248.

Parker, D.F. & Dyer, L.(1976), Expectancy theory as a within-person behavioral choice model: An empirical test of some conceptual and methodological refinements, Organizational Behavior and Human Performance, 17, pp.97~117.

Schmitt, N. & Son, L.(1981), An evaluation of valence models of motivation to pursue various post high school alternatives, Organizational Behavior and Human Performance, 27, pp.135~150.

39) Connolly, T.(1976), Some conceptual and methodological issues in expectancy models of work performance motivation, Academy of Management Review, 1, pp.37~46.
40) Pecotich, A. & Chruchill, G.A., Jr.(1981), An examination of the anticipated-satisfaction importance valence controversy, Organizational Behavior and Human Performance, 27, pp.213~226.
41) Mitchell, T.R.(1974), Expectancy models of job satisfaction, occupational preference and effort: A theoretical, methodological, and empirical appraisal, Psychological Bulletin, 81, pp.1053~1077.
42) Miner, J.B.(1980), Theories of Organizational Behavior, Hinsdale, IL: The Dryden Press.
43) Dansereau, F., Cashman, J. & Graen, G.(1973), Instrumentality theory and equity theory as complimentary approaches in predicting the relationship of leadership and turnover among managers, Organizational Behavior and Human Performance, 10, pp.184~200.
Graen, G.(1969), Instrumentality theory of work motivation, Some experimental results and suggested modifications [Monograph], Journal of Applied Psychology, 53, pp.1~25.
44) Adams, J.S.(1963), Toward an understanding of Inequity, Journal of Abnormal and Social Psychology, 67, pp.422~436.
Adams, J.S.(1965), Inequity in Social Exchance, New York: Academic Press.
45) Festinger, L.(1957), A theory of cognitive dissonance, Stanford, CA: Stanford University Press.
46) Adams, J.S.(1963), Toward an understanding of Inequity, Journal of Abnormal and Social Psychology, 67, pp.422~436.
Adams, J.S.(1965), Inequity in Social Exchange, New York: Academic Press.
47) Adams, J.S.(1963), Toward an understanding of Inequity, Journal of Abnormal and Social Psychology, 67, pp.422~436.
Adams, J.S.(1965), Inequity in Social Exchange, New York: Academic Press.
48) Adams, J.S.(1963), Toward an understanding of Inequity, Journal of Abnormal and Social Psychology, 67, pp.422~436.
Adams, J.S.(1965), Inequity in Social Exchange, New York: Academic Press.
49) Adams, J.S.(1963), Toward an understanding of Inequity, Journal of Abnormal and Social Psychology, 67, pp.422~436.
Adams, J.S.(1965), Inequity in Social Exchange, New York: Academic Press.
50) Adams, J.S.(1965), Inequity in Social Exchange, New York: Academic Press.

51) Yinon, Y., Bizman, A., Cohen, S. & Segev, A.(1976), Effects of guilt-arousal communications on volunteering to the civil guard: A field experiment, Bulletin of the Psychonmic Society, 7, pp.493~494.

52) Hill, K.T.(1980), Motivation, evaluation and educational testing policy, In L.J. Fyans(Ed.), Achievement motivation : Recent trends in theory and research, New York: Plenum Press.

Goodman, P.S.(1974), An examination of referents used in the evaluation of pay, Organizational Behavior and Human Performance, 12, pp.170~195.

53) Scholl, R.W., Cooper, E.A. & McKenna, J.F.(1987), Referent selection in determining equity perceptions: Differential effects on behavioral and attitudinal outcomes, Personnel Psychology, 40, pp.113~124.

54) Greenberg, J.(1988), Equity and workplace status: a field experiment, Journal of Applied Psychology, 4, pp.606~613.

55) Greenberg, J. & Ornstein, S. (1983), High status job title as compensation for underpayment: A test of equity theory, Journal of Applied Psychology, 68, pp.285~297.

56) Carrell, M.R. & Dittrich, J.E.(1978), Equity Theory: The Recent Literature, Methodological Considerations, and New Directions, The Academy of Management Review, 3(2), pp.202~210.

Greenberg, J. & Leventhal, G.S.(1976), Equity and the use of overreward to motivate performance, Journal of Personality and Social Psychology, 34, pp.179~190.

Mowday, R.T. (1987), Equity theory predictions of behavior in organizations, Motivation and work behavior, 4th ed., New York: McGraw-Hill.

57) Greenberg, J.(1987), A taxonomy of organizational justice theories, Academy of Management Review, 12, pp.9~22.

58) Greenberg, J.(1986), Determinants of perceived fairness of performance evaluations, Journal of Applied Psychology, 71, pp.340~342.

59) Greenberg, J.(1987), A taxonomy of organizational justice theories, Academy of Management Review, 12, pp.9~22.

60) Bies, R.J. & Moag, J.F.(1986), Interactional justice: Communication criteria of fairness, Research on Negotiations in Organizations, 1, pp.43~55.

61) Folger, R. & Bies, R.J.(1989), Managerial responsibilities and procedural justice, Employee Responsibilities and Rights Journal, 2, pp.79~90.

62) Colquitt, J.A.(2001), On the dimensionality of organizational justice: A construct validation of a measure, Journal of Applied Psychology, 86, pp.386~400.
63) Ryan, T.A.(1947), Work and effort, New York: Ronald Press.
Ryan, T.A.(1970), Intentional behavior, New York: Ronald Press.
64) Locke, E.A.(1968), Effects of knowledge of results, feedback in relation to standards, and goals on reaction-time performance, American Journal of Psychology, 81, pp.566~574.
65) Locke, E.A. & Latham, G.P.(1990), A theory of goal setting and task performance, Englewood Cliffs, NJ: Prentice Hall.
66) Ryan, T.A.(1970), Intentional behavior, New York: Ronald Press.
67) Bandura, A.(1989), Perceived self-efficacy in the exercise of personal agency, The Psychologist: Bulletin of the British Psychological Society, 2, pp.411~424.
Locke, E.A. & Latham, G.P.(1990), A theory of goal setting and task performance, Englewood Cliffs, NJ: Prentice Hall.
Locke, E.A. & Latham, G.P.(2002), The effects of goal setting and group size on performance in a social dilemma, Canadian Journal of Behavioural Science, 32, pp.104~116.
68) Bandura, A.(1989), Perceived self-efficacy in the exercise of personal agency, The Psychologist: Bulletin of the British Psychological Society, 2, pp.411~424.
69) Bandura, A.(1989), Perceived self-efficacy in the exercise of personal agency, The Psychologist: Bulletin of the British Psychological Society, 2, pp.411~424.
70) Ryan, R.M. & Deci, E.L.(2001), On happiness and human potential: A review of research on hedonic and eudaimonic well-being, Annual Review of Psychology, 52, pp.141~166.
71) Deci, E.L.(1975), Intrinsic Motivation, New York, NY: Plenum.
72) Ryan, R.M. & Deci, E.L.(2002), An overview of Self-Determination Theory: An Organismic-Dialectical Perspective, In E.L. Deci & R.M. Ryan(Eds.), Handbook of self-Determination Research(pp.3~33), Rochester, NY: The University of Rochester Press.
73) Bandura, A.(1997), Self-efficacy: The exercise of control, New York: W.H. Freeman.
74) Eisenberger, R. & Rhoades, L.(2001), Incremental effects of reward on creativity, Journal of Personality and Social Psychology, 81, pp.728~741.
75) Cameron, J. & Pierce. W.D.(1996), The debate about rewards and intrinsic motivation: Protests and accusations do not alter the results, Review of Educational Research, 66, pp.39~52.
76) Dyer, L. & Parker, D.F.(1975), Classifying outcomes in work motivation research:

examination of intrinsic-extrinsic dichotomy, Journal of Applied Psychology, 60, pp.455~458.

Cameron, J. & Pierce, W.D.(1994), Reinforcement, reward, and intrinsic motivation: A meta-analysis, Review of Educational Research, 64, pp.363~423.

Ford, M.E.(1992), Motivating humans: Goals, emotions, and personal agency beliefs, Newbury Park, CA: Sage Publications.

77) Hammer, W.(1974), Effects of bargaining strategy and pressure to reach agreement in a stalemated negotiation, Journal of Personality and Social Psychology, 30(4), pp.458~497.

78) Skinner, B.F.(1953), Science and Human Behavior, New York: Macmillan.

Skinner, B.F.(1971), Beyond Freedom and Dignity, New York: Bantam/Vintage.

Skinner, B.F.(1974), About behaviorism, New York:Knopf.

79) Thorndike, E.L.(1911), Animal intelligence, New York:Macmillan.

80) Hammer, W.(1974), Effects of bargaining strategy and pressure to reach agreement in a stalemated negotiation, Journal of Personality and Social Psychology, 30(4), pp.458~497.

81) Skinner, B.F.(1968), The Technology of Teaching, New York: Appleton-Century-Crofts.

82) Arvey, R.D. & Ivancevich, J.M.(1980), Punishment in organizations: A review, propositions, and research suggestions, Academy of Management Review, 5(1), pp.123~132.

Beyer, J.M. & Trice, H.M.(1984), A field study of the use and perceived effects of discipline in controlling work performance, Academy of Management Journal, 27(4), pp.7343~764.

83) Sims, C.A.(1980), Macroeconomics and Reality, Econometrica, 48, pp.1~48.

84) Fester, C.B. & Skinner, B.F.(1957), Schedules of reinforcement, New York: Appleton Century Croft.

85) Saari, L.M. & Latham, G.P.(1982), Employee reactions to continuous and variable ratio reinforcement schedules involving a monetary incentive, Journal of Applied Psychology, 67(4), pp.506~508.

Yukl, G.A., Wexley, K.N. & Seymore, J.D.(1972), Effectiveness of pay incentives under variable raion and continuous reinforcement schedules, Journal of Applied Psychology, 56(1), pp.19~553.

86) Luthans, F. & Kreitner, R.(1975), Organizational behavior modification, Glenview, IL: Scott, Foresman.

87) Pedalino, Ed. & Gamboa, V.U.(1974), Behavior Modification and Absenteeism: Intervention in One Industrial Setting, Journal of Applied Psychology, 59, pp.694~698.

88) Haynes, R.S., Pine, R.C. & Fitch, H.G.(1982), Reducing accident rates with organizational behavior modification, Academy of Management Journal, 25, pp.407~416.

● 제5장 대인간 의사소통

1) Edge, A. G. & Greenwood, R. (1974), "How managers rank knowledge, skills and attributes possessed by business administration graduates," AACSB Bulletin, 11(32).

2) Mintzberg, H.(1973), The nature of managerial work, New York: Harper & Row.

3) Mintzberg, H.(1973), The nature of managerial work, New York: Harper & Row.

4) Klimoski, R.J. & Hayes, N.J.(1980), Leader behavior and subordinate motivation, Personnel psychology, 33, pp.543~555.

5) Snyder, R.A. & Morris, J.H.(1984), Organizational communication and performance, Journal of Applied Psychology, 69, pp.461~465.

6) Bennis, W.G. & Nanus, B.(1985), Leaders: The Strategies for taking Charge. New York: Harper & Row.

Kanter, R.M.(1983), The change masters: Innovation for productivity in the American corporation, New York: Simon & Schuster.

7) Birdwhistell, R.(1970), Kinesics and Contest, University of pennsylvania Press, Philadelphia.

8) Byron, K.(2008), "Carrying too heavy a load? The communication and miscommunication of emotion by email", Academy of management Review, 33(2).

9) Bickman, L.(1974), Social roles and uniforms: Clothes make the person, Psychology Today, April, pp.45~51.

10) Mills, J.S. & Aronson, E.(1965), "Opinion Change as a Function of the Communicator's Attractiveness and Desire to Influence," Journal of Personality and Social Psychology, 1, pp.137~177.

11) Bickman, L.(1974), Social roles and uniforms: Clothes make the person, Psychology Today, April, pp.45~51.

12) Rafaeli, A., Dutton, J., Harquail, C.V. & Mackie-Lewis, S.(1997). Navigating by attire: The use of dress by female administration employees. Academy of Management Journal, 40, pp.9~45.

13) Kleinschrod, W.(1981), The future home and factory will affect the future office, Administrative Management, 42(11)

14) Abbott, A.G.(1947), The Color of Life, New York, McGraw-Hill.

15) Daft, R.L. & Lengel, R.H.(1984), "Information richness: a new approach to managerial behavior and organizational design". Research in organizational behavior (Homewood, IL: JAI Press) 6, p.197
16) Daft, R.L. & Lengel, R.H.(1986), Organizational information requirements, media richness and structural design. Management Science, 32, pp.554~571.
17) Daft, R.L. & Lengel, R.H.(1984), "Information richness: a new approach to managerial behavior and organizational design". Research in organizational behavior (Homewood, IL: JAI Press) 6, pp.191~233.
18) Daft, R.L., Lengel, R.H. & Trevino, L.(1987), Message equivocality, media selection, and manager performance. MIS Quarterly, 11, pp.355~366.
19) Daft, R.L. & Lengel, R.H.(1984), "Information richness: a new approach to managerial behavior and organizational design". Research in organizational behavior (Homewood, IL: JAI Press) 6, p.199
20) Markus, H. & Zajonc, R.B. (1985). The cognitive perspective in social psychology. In G. Lindzey & E. Aronson (Eds.), The handbook of social psychology (3rd ed.)
21) Bass, B.M.(1990), Bass & Stogdill's Handbook of Leadership: Theory, research, and managerial applicational dynamics, 18(3), pp.19~31.
22) Martin, M.M.(1998), Trust leadership, The Journal of Leadership Studies, 5(3), pp.41~49.
23) Moorhead, G. & Griffin, R.W.(2010), Organizational Behavior: Managing People and Organization, Australia: Cengage Learning.
24) Moorhead, G. & Griffin, R.W.(2010), Organizational Behavior: Managing People and Organization, Australia: Cengage Learning.
25) Schermerhorn, J.R., Davidson, P., Poole, D., Simon, A., Woods, P. & Chau, S.L. (2011), Management 4th Asia-Pacific edition , Milton Qld: John Wiley & Sons.
26) Jourard, S. M. & Laskow, P.(1958), Some factors in self-disclosure.J. Abnorm. Social Psychol. 56. pp.91~98.

Fitzgerald, M.P. (1963), Self-disclosure and expressed self-esteem, social distance, and areas of the self revealed, Journal of Psychology, 56, pp.405~412.

Gelman, R. & McGinley, H.(1978), Interpersonal liking and self-disclosure, Journal of Consulting and Clinical psychology, 46(6), pp.1549~1551.
27) Luft, J. (1969), Of Human Interaction, Palo Alto, California: National Press, 132~133.
28) Worthy W. et al. (1969), "Self-disclosure as an exchange process," Journal of

Personality and Social Psychology, 13, 59~63.

29) Lehner, G. F. J. (1963), "Giving and receiving personal feedback," in Proceedings: Grass Valley Training Laboratory 4, ed. by R. Morton and A. Wright, Sacramento, California: Aerojet_General Corporation.

● 제6장 리더십 특성이론

1) House, R. J., & Baetz, M. L. 1979. Leadership: Some empirical generalizations and new resrarch directions. *Research in Organizational Behavior.*, 1: pp.341~423.

2) Kirkpatrick, S. and Locke, E.(1991) 'Leadership: Do Traits Matter?' *Academy of Management Executive*, Vol.5, No.2, pp.48~60.

3) Bass, B. M.(1990), "From transactional leadership to transformational leadership: leaning to share the vision," *Organizational Dynamics*, Vol.18, pp.19~31.

4) Stogdill,R.M.(1948) 'Personal factors associated with leadership: A survey of the literature',*Journal of Psychology*, Vol.25, pp.35~71.

Stogdill,R.M.(1974). *Handbook of leadership : A survey of theory and research*. New York: Free Press.

5) Bass, B. M.(1981). *Stogdill's handbook of leadership*. N.Y.: The Free Press.

6) Zaccaro, S.J., Gilbert, J., Thor, K.K., Mumford, M.D.(1991), "Leadership and social intelligence: linking social perceptiveness and behavioral flexibility to leader effectiveness", *Leadership Quarterly*, Vol.2 pp.317~331.

7) Hogan, R. Curphy G.J. & Hogan, J. 1994, What we know about leadership: Effectiveness and personality, *American Psychologist* 49, pp.493~504.

8) Lord, R. G., Devader, C. L. & Alliger, G. M.(1986), "A meta-analysis of the relation between personality traits and leadership perceptions: An application of validity generalization procedures," *Journal of Applied Psychology* 71, pp.402~410.

9) Walzel, P., 1980. Zerteilgrenze beim Tropfenzerfall. *Chemie-Ingenieur-Technik* 52, pp.338~339.

10) Bass, B. M.(1990). op. cit.

Bennis. W., & Nanus, B.(1985). *Leaders: The Strategies for taking changes*. NY: Harper & Row.

Nadler, D. A., & Tushman, M. L., 1980. "A model for diagnosing organizational behavior." *Organizational Dynamics*, (Autumn): pp.35~51.

Zaleznik, A.(1997). Managers and leaders: Are the difference?, *Harvard Business Review*, 55(5), 67~78.

11) Chase, M.(1995), "More Are Listening to Prozac to Keep Their Business Edge," *The Wall Street Journal*, March 27, B1.
Langreth, R.(1996), "High Anxiety: Rivals Threaten Prozac? Reign," *The Wall Street Journal*, May 9, p.81.
Allman, W. F.(1996), The Serotonin Candidate, *Forbes ASAP*, September 23, pp.133~140.

12) Northhouse, PG(2004), *Leadership: Theory and Practice*, 3rd ed., Sage, London

13) Keyes, C. L. M, Shmotkim, D & Ryff, C. D.(2002), "Optimizing well-being: The empirical encounter of two traditions", *Journal of personality and Social psychology*, Vol.82.

14) Thorndike, E. L.(1920). A constant error in psychological ratings. *Journal of Applied Psychology*, 4, pp.469~477.

15) Salovey, P., & Mayer, J.D.(1990). Emotional intelligence. *Imagination, Cognition, and Personality*, 9, pp.185~211.

16) Goleman, D. P.(1995). *Emotional Intelligence: Why It Can Matter More Than IQ for Character, Health and Lifelong Achievement*. Bantam Books, New York. Group, Bar-On, R.(1998). *Technical Report #1: The Relationship between the EQ-i and the TMMS*. Toronto, CA: Multi Health Systems.

17) Salovey, P. and Mayer, J.D.(1993). The intelligence of emotional intelligence. *Intelligence*, 17, 433~442.

18) Mayer, J. D., & Salovey, P.(1997). *What is emotional in. telligence?* In P. Salovey & D. Sluyter(Eds.), Emotional development and emotional intelligence: Educational implications(pp.3~31). New York: Basic Books.

19) Mayer, J. D., Perkins, D., Caruso, D. R., & Salovey, P.(2001). Emotional intelligence and giftedness. *Roeper Review*, 23(3), 131~137.

20) Goleman, D.P.(1998), *Working with Emotional Intelligence*, Bloomsbury, London.

21) Bar-On, R.(1997). *EQ-i: Bar-On emotional quotient inventory: A measure of emotional intelligence: Technical manual*, Toronto, ON: Multi-Health Systems Inc.

22) Davies, M., Stankov, L., Roberts, R.D.(1998), "Emotional intelligence: in search of an elusive construct", *Journal of Personality and Social Psychology*, Vol.75 pp.989~1015.

23) Goleman, D. P.(2000). *Working with Emotional Intelligence*. New York: Bantam

Doubleday Dell.

24) Mayer, JD, Salovey, P., & Caruso, DR(2000). Models of emotional intelligence. In RJ Sternberg(Ed.), *Handbook of intelligence* (pp.396~420).

25) 홍명희 역, 『*EQ(감성지능개발학습법)*』, 도리스 매턴, 카린 뵉 저, 해냄출판사, 1996, pp.26~33.

● 제7장 리더십 행동이론

1) Katz, D., Maccoby, N., & Morse, N.(1950). *Productivity, supervision, and morale in an office situation*. Ann Arbor, MI: Institute for Social Research.

2) Katz, D., & Kahn, R. L.(1952). *Some recent findings in human relations research in industry*. In G. E. Swanson, T. M. Newcomb & E. L. Hartley(Eds.), Readings in social psychology. New York: Holt, 1952. pp.650~665.

3) Katz, D., Maccoby, N., Gurin, G., & Floor, L.(1951). *Productivity, supervision, and morale among railroad workers*. Ann Arbor: Survey Research Center, University of Michigan.

4) Likert R.(1961). *New patterns of management*. New York: McGraw-Hill.

5) Bowers, D.G., Seashore, S.E.(1966), "Predicting organizational effectiveness with a four-factor theory of leadership", *Administrative Science Quarterly*, Vol.11 pp.238~263.

6) Taylor, J. C., & Bowers, D. G.(1972). *The survey of organizations: A machine scored standardized questionnaire instrument*. Ann Arbor, Mich: Institute for Social Research,

7) Tayior, J., & Bowers, D.(1972), *The Survey of Organizations: A Machinescored standardized questionnaire instrument*. Ann Arbor: Institute for Social Research, University of Michigan.

8) 김석우 · 이상호,(2008), 『*공학기술과 리더십*』, 지호. p.73.

9) Ayman, R., Chemers, M.M.(1983), "Relationship of supervisory behavior ratings to work group effectiveness and subordinate satisfaction among Iranian managers", *Journal of Applied Psychology*, Vol.68 No.2, pp.338~41.

Greene, C.N., & Schriesheim, C. A.(1980). Leader-group interactions: A longitudinal field investigation. *Journal of Applied Psychology*, 65, 50~59

Hunt, J. G., Osborn, R. N., & Larson, L. L. Upper level technical orientation and first level leadership within a noncontingency and contingency framework . *Academy of Management Journal*, 1975, 18, 476~488

Schriesheim, C.A., & Murphy, C.J. Relationships between leader behavior and subordinate satisfaction and performance: A test of some situational moderators, *Journal of Applied Psychology*, 1976, 61, 634~641.

10) Fleishman, E.A. and Harris, E.F.(1962). "Patterns of Leadership Behavior Related to Employee Grievance and Turnover" *Personnel Psychology*. Vol.15. pp.599~609.

Fleishman, E. A. and Peters,. D. R.(1962) Interpersonal values, leadership attitudes. and managerial success. *Personnel. Psycholoqy*, 15, 127~143.

11) Larson, L., Hunt, J., Osbom, R.(1976), "The great hi-hi leader behavior myth: a lesson from Occam's Razor", *Academy of Management Journal*, Vol.19 pp.628~41.

Nystron, C.(1978). managers and the hi-hi leader myth. *Academy of management Journal*, 21, pp.235~331.

12) Kerr, S., & Schriesheim, J.F.(1974). Let the situation determine your leadership style. *Hospital Financial Management(Education Emphasis Issue)*, 4(1), 52~56.

Kerr, S., Schriesheim, C. A., Murphy, C. J., & Stogdill, R. M. Toward a contingency theory of leadership based upon the consideration and initiating structure literature. *Organizational Behavior and Human Performance*, 1974, 12, 62~82.

13) Blake, R. R. & Mouton, J. S.(1964), *The Managerial Grid*, Houston, TX: Gulf Publishing.

14) Weihrich, H. & Koontz, H., *Management: A Global perspertive*, N.Y.: McGraw-Hill, p.500.

15) Blake, R. R.,. &. McCanse, A. A.(1991). *Leadership dilemmas-grid solutions*. Houston: Gulf Publishing Company.

16) The Leadership Grid Figure, paternalism Figure, and Opportunism from Leadership Dilemmas-Grid Solution, by Robert R, Blake and Anne Adames McCanse(Formerly the Managerial Grid by Robert R. Blake and Jane S, Mouton), houston: Guif Publishing company(p.30).

17) Misumi, J.(1985), *The Behavioral Science of Leadership: An Interdisciplinary Japanese Research Program,* Ann Arbor, MI: University of Michigan Press.

18) Organ, D. W. & Bateman, T. S.(1991), *Organizational Behavior*, Homewood, 2: Irwin Inc.

19) 백기복(2006), *『조직행동연구』*, 창민사.

20) Butterfield & Power, 1981; Mitchell, Larson, & Green, 1977; Phillips & Lord, 1981.

21) Staw, 1975; Butterfield, Powell, & Mainiero, 1978.

22) Lord, Binning, Rush, Thomas, 1978; Rush, Thomas, Lord, 1977.

23) Cronshaw & Lord, 1987; Phillips & Lord, 1981.

24) Larson, 1982; Larson, Lingle, & Scerbo, 1984.

25) Phillips & Lord, 1981.

26) Lord, Foti, Devader, 1984; Phillips & Lord, 1982.

27) Cronshaw & Lord, 1982; Foti, Fraser, Lord, 1982; Fraser & Lord, 1984; Phillips, 1984.

28) Lord, 1985.

29) Lord & Alliger, 1985; Lord, DeVader, & Alliger, 1986.

30) Hall & Lord, 1995.

31) Liden, Wayne, Stilwell, 1993.

32) Tellegen, 1985.

33) Lewter & Lord, 1993.

34) Gerstner & Day, 1994.

35) House et al., 2004.

36) Meindl, J. R.., Ehrlich, S. B., & Dukerich, J. M. 1985. The romance of leadership. *Administrative Science Quarterly*. 30: pp.78~102.

Meindl, J. R. 1990, *On leadership: An alternative view of the conventional wisdom*. In B.M. Staw & L.L. Cummings(Eds.). Research in organizational behavior. 12: pp.159~203. Greenwich, CT: JAI Press.

Meindl, J. R. 1993. *Reinventing leadership: A radical, social psychological approach*. In K. Murnighan(Ed.). Social psychology in organizations: pp.89~118. Englewood Cliffs. NJ: Prectice Hall.

37) Meindl, J.R.(1995), "The romance of leadership as a follower-centric theory: a social constructionist approach", *Leadership Quarterly*, Vol.6 No.3, pp.329~42.

제8장 상황이론

1) Stogdill, R. M.(1948), "Personal Factors Associated With Leadership," *Journal of Aplied Psychology*, Vol.25, Jan, pp.35~71.

2) McGregor, D.(1960), *The Human Side of Enterprise*, New York, N.Y.: McGraw-Hill.

3) 이상호(2001), "경영학계의 주요 리더십이론 및 국내 연구동향: 세 가지의 리더십 관점에서의 검토 및 제안", *인사관리연구*, 24(2), 1~40.

4) 박기동(2004), 『*조직행동론*』, 박영사.

5) Fiedler, F. E.(1967), *A Theory of Leadership Effectiveness*, N.Y.: McGraw-Hill.

6) Fiedler, F. E.(1967), *A Theory of Leadership Effectiveness*, N.Y.: McGraw-Hill, pp.22~32.

7) Fiedler, F. E. & Chemers, M. M.(1984), *ImProving Leadership Effectiveness, The Leader Match Concept* (2nd ed), N.Y.: Wiley.

8) Rice, R. W.(1978), "Construct Validity of the Least Preferred Coworker Score," *Psychological Bulletin*, Vol.85, pp.1199~1237.

9) 백기복(2006), *『조직행동연구』*, 창민사

10) 박내회(2002), *『조직행동론』*, 박영사.

11) Fiedler, F. E.(1967), *A Theory of Leadership Effectiveness*, N.Y.: McGraw-Hill, p.146.

12) Fiedler, F. E. & Chemers, M. M.(1984), *ImProving Leadership Effectiveness*, New York: John Wiley & Sons.

13) Miner, J.B.(1978), *Theories of Organizational Behavior, hinsdale*, 3: The Dryden Press, pp.319~322.

14) Fiedler, F.E.(1978), "*The contingency model and the Dynamics of the leadership Process*," In L. Berkowitz(ed.), Advances in Experimental Social Psychology, Vol.11, New York: Academic Press.

15) Ashour, A.S.(1973), "The Contingency model of leadership effectiveness : An evaluation," *Organizational Behavior and Human Performance*, Vol.9, pp.339~355.

16) Shiflett, S. C.(1973), The contingency model of leadership effectiveness: Some implications of its statistical and methodological properties. *Behavioral Science*. 18(6), pp.429~440.

17) 조성종(2002), *『서비스 지향적 리더십과 인간관계』*. 두남.

18) 백기복(2006), *『조직행동연구』*, 창민사

19) Vroom, V.H.(1964), *Work and Motivation*, New York; Wiley.

20) House, R.J.(1971), "A Path-Goal theory of leader effectiveness," *Administrative Science Quarterly*, Vol.16, pp.321~339.

21) Indvik, J.(1986), "Path-goal theory of leadership: A meta-analysis," *Proceedings of the Academy of Management Meeting*, pp.189~192.

22) Luthans, F.(1989), *Organizational Behavior(5th ed.)*, N.Y.:McGraw-Hill Book Co., p.565.

23) House, R.J., & Mitchell, T.R.(1974), "Path-Goal Theory of Leadership," *Journal of Contemporary Business*, Vol.5, p.83.

24) Northouse, P.G.(2991), *Leadership : Theory and Practice(2nd ed.)*, Thousand Oaks, CA: Saga Publicarions.

25) 백기복(2006), 『*조직행동연구*』, 창민사

26) 백기복(2006), 『*조직행동연구*』, 창민사.

27) House, R.J., & Mitchell, T.R.(1974), "Path-Goal Theory of Leadership," *Journal of Contemporary Business*, Vol.5, pp.81~97,

28) 박내회(2002), 『*조직행동론*』, 박영사.

29) Northouse, P.G.(2991), *Leadership : Theory and Practice(2nd ed.)*, Thousand Oaks, CA: Saga Publicarions.

30) Osborn, R.N.(1974), "*Discussant comments*," in J.G. Hunt and L.L. Larson(eds.), Contingency approaches to leadership, Carbaondale : Southern Illinois University Press.

31) Schreisheim C.A., & Kerr, S.(1977), "*Theories and Measures of Leadership: A Critical Appraisal*," in J.G. Hunt and L.L. Larson(eds.), Leadership: The Cutting Edge(Carbaondale, Ill. : Southern Illinois University Press.

32) Yukl, G.A.(1981), *Leadership in organization*, Englewood Cliffs, N.J.: Prentice-Hall Inc..

33) Hersey, P., & Blanchard, K.H.(1977), *Management of Organizational Behavior* (3rd ed.), Englewood Cliffs, N.J., Prentice-Hall(초판은 1969년 발행됨.)

34) Hersey, P., & Blanchard, K.H.(1982), *Management of Organizational Behavior*, Englewood Cliffs, N.J., Prentice-Hall

35) Randolph, W.A. & Blackburn, R.S.(1989), *Management of Organizational Behavior*, Homewood,e, Irwin, p. 319.

36) Hersey, P., & Blanchard, K.H.(1982), *Management of Organizational Behavior*, Englewood Cliffs, N.J., Prentice-Hall, p.152.

37) Hersey, P., & Blanchard, K.H.(1993), *Management of Organizational Behavior: Utilizing human resources*, Prentice-Hall.

38) Hambleton, R.K., & Gumpert, R.(1982), " The validity of Hersey and Blanchard's Theory of Leader Effectiveness," *Group & Organization Studies*, Vol.7, pp.225~276.
Vecchio, R.P.(1987), "Situational Leadership Theory: An Examination of a Prescriptive Theory," *Journal of pplied Psychology*, Vol.72, pp.444~451.

39) Hersey, P., & Blanchard, K.H.(1982), *Management of Organizational Behavior*, Englewood Cliffs, N.J., Prentice-Hall에서 수정함.

40) Hersey, P. & Blanchard, K. H. (1988), *Management of Organization Behavior* : Utilizing

Human Resource(5th ed.), Englewood Cliffs, NJ.: Prentice-Hall.

● 제9장 참여적 리더십과 위임

1) Likert, R.(1967), *The human organization: Its management and value*. New York: McGraw-Hill.

2) Heller, F. & Yukl, G.(1969), Participation, managerial decision making, and situational variables, *Organizational Behavior and Human Performance*, 4, 227~241.
Vroom, V.H. & Yetton, P.W.(1973), *Leadership and decision making*, Pittsburgh: University of Pittsburgh Press.

3) Tannenbaum, R. & Schmidt, W. H.(1973), "How to Choose a Leadership Patterns," *Harvard Business Review*, Vol.51, No.3,May-June, pp.162~180.

4) Anthony, W.P.(1978), *Participative management, Reading*, MA: Addison-Wesley.
Cooper, M.R. & Wood, M.T.(1974), Effects of member participation and commitment in group decision making on influence, satisfaction, and decision riskiness, *Journal of Applied Psychology*, 59, pp.127~134.
Maier, N.R.F.(1963), *Problem solving discussions and conferences: Leadership methods and skills*, New York: McGraw-Hill.
Vroom, V.H. & Yetton, P.W.(1973), *Leadership and decision making*, Pittsburgh: University of Pittsburgh Press.

5) Earley, P.C. & Lind, E.A.(1987), Procedural justice and participation in task selection: The role of control in mediating justice judgements, *Journal of Personality and Social Psychology*, 52, pp.1148~1160.
Lind, E.A. & Tyler, T.R.(1988), *The social psychology of procedural justice*, New York: Plenum.

6) Roberson, Q.M., Moye, N.A., & Locke, E.A.(1999), Identifying missing link between participation and satisfaction: The mediating role of procedural justice perceptions, *Journal of Applied Psychology*, 84, pp.585~593.

7) Maier, N.R.F.(1963), *Problem solving discussions and conferences: Leadership methods and skills*, New York: McGraw-Hill.

8) Vroom, V.H. & Yetton, P.W.(1973), *Leadership and decision making*, Pittsburgh: University of Pittsburgh Press.

9) Vroom, V.H. & Jago, A.G.(1988), *The new leadership: Managing participation in*

organizations, Englewood Cliffs, NJ: Prentice Hall.

10) Vroom, V.H. & Yetton, P.W.(1973), *Leadership and decision making*, Pittsburgh: University of Pittsburgh Press.

11) Reprinted from *The New Leadership : Managing Participation in Organizations* by Victor H. Vroom and Arthur G. Jago, 1988, Prentice-hall, Upper Saddle River, NJ. Copyright © 1988 Victor H. Vroom. Reprinted with permission of the author.

12) 백기복(2006), 『*조직행동연구*』, 창민사.

13) Yukl, G.(1990), *Skills for managers and leaders*, Englewood Cliffs, NJ: Prentice Hall.

14) Field, R.H.G.(1979), A critique of the Vroom-Yetton contingency model of leadership behavior, *Academy of Management Review*, 4, pp.249~257.

15) Crouch, A. & Yetton, P.(1987), Manager behavior, leadership style, and subordinate performance: An empirical extension of the Vroom-Yetton conflict rule, *Organizational Behavior and Human Decision Processes*, 39, pp.384~396.

Field, R.H.G.(1979), A critique of the Vroom-Yetton contingency model of leadership behavior, *Academy of Management Review*, 4, pp.249~257.

16) Leana, C.R.(1986), Predictors and consequences of delegation, *Academy of Management Journal*, 29, pp.754~774.

Newman, W.H. & Warren, K.(1977), *The process of management*, Englewood Cliffs, NJ: Prentice Hall.

Preston, P. & Zimmerer, T.W.(1978), *Management for supervisors*, Englewood Cliffs, NJ: Prentice Hall.

17) Leana, C.R.(1986), Predictors and consequences of delegation, *Academy of Management Journal*, 29, pp.754~774.

Newman, W.H. & Warren, K.(1977), *The process of management*, Englewood Cliffs, NJ: Prentice Hall.

Preston, P. & Zimmerer, T.W.(1978), *Management for supervisors*, Englewood Cliffs, NJ: Prentice Hall.

18) Pfeiffer, J., Cialdini, R.B., Hanna, B. & Knopoff, D.(1998), Faith in supervision and the self-enhancement bias: Two psychological reasons why managers don't empower workers, *Basic and Applied Social Psychology*, 20, pp.313~321.

19) Jürgen W. Goldfuss(2003), *Erfolg durch professionelles Delegieren* ; 김시형 역(2007),『*위임-최고의 업무기술*』, 한스미디어.

20) 박내희(2002), *『조직행동론』*, 박영사
21) Kerr, S. & Jemier, J. M.(1978), "Substitutes for leadership : Their Meaning and Measeurement," *Organizational Behavior and Human Performance*, Vol.22, pp.375~403.
22) Kerr, S. & Jemier, J. M.(1978), "Substitutes for leadership : Their Meaning and Measeurement," *Organizational Behavior and Human Performance*, Vol.22, pp.375~403.
23) 박내희(2002), *『조직행동론』*, 박영사
24) 조성종(2002), *『서비스 지향적 리더십과 인간관계』*, 두날.
25) Kerr, S. & Jemier, J. M.(1978), 박내희 옮김(2002), *『조직행동론』* 에서 재인용.

● 제10장 리더-구성원 교환관계 이론

1) Dansereau, F. Jr., Graen, G. & Haga, W.J.(1975), A vertical dyad linkage approach to leadership within formal organizations: A longitudinal invvestigation of the role making process, *Organizational Behavior and Human Performance*, 13, pp.46~78.
Graen, G.B. & Cashman, J.F.(1975), *A role making model of leadership in formal organizations: A developmental appraoch*, In J.G. Hunt & L.L. Larson(Eds.), Leadership frontiers(pp.143~165), ken, OH: kent State University Press.
2) Dansereau, F. Jr., Graen, G. & Haga, W.J.(1975), A vertical dyad linkage approach to leadership within formal organizations: A longitudinal invvestigation of the role making process, *Organizational Behavior and Human Performance*, 13, pp.46~78.
3) Yukl, G., LEADERSHIP IN ORGANIZATIONS 5th. State University at New York at Albany.
4) Vecchio, R.P.(1982), "A Further Test of Leadership Effect Due to Between-Groups variation and Within-Group variation," *Journal of Applied Psychology*, Vol.67.
5) Schriesheim, C.A., Neider, L.L. & Scandura, T.A.(1998), Delegation and leader-member exchange: Main effects, moderators, and measurement issues, *Academy of Management Journal*, 41, pp.298~318.
6) Dansereau, F., Jr., Graen, G., & Haga, W. J.(1975). A vertical dyad linkage approach to leadership within formal organizations: A longitudinal investigation of the role making process. *Organizational Behavior and Human Performance*, 13, pp.46~78.
Duarte, N. T., Goodson, J. R., & Llich, N. R.(1994). Effects of dyadic quality and duration on performance appraisal. *Academy of Management Journal*, 37, pp.499~521.
Vecchio, R. P. & Gobdel, B. C.(1984). The vertical dyad linkage model of leadership: Problems and prospects. *Organizational Behavior and Human Performance*, 34, pp.5~20.

7) 김경수, 김인숙(1996), 상사-부하간 교환관계: 유사성규칙과 충분성 규칙의 역할. *경영학연구*, 제 25집, pp.285~307.

8) Duchon, D., Green, S. B., & Taber, T. D.(1986). Vertical dyad linkage: A longitudinal assessment of antecedents, measures, and consequences. *Journal of Applied Psychology*, 71, pp.56~60.

Kim, K. I. & Organ, D. W.(1982). Determinants of leader-subordinate exchange relationships. *Group & Organization Studies*, 7, pp.77~79.

9) Graen, G.B.(1976), "Role-Making Process within Complex Organizations," In M.D. Dunnette(ed.), *Handbook of Industrial and Organizational psychology*, Chicago : Rand McNally, p. 1201.

10) Blau,. P. M.(1964). *Exchange and Power in Social Life*, New York: Wiley.

11) Graen, G.B. & Uhl-Bien, M.(1995), Relationship-based approach to leadership: Development of Leader-member Exchange(LMX) theory of Leadership over 25 years: Applying Multi-level Multi-domain Perspective, *Leadership Quarterly*, Vol.6, No.2, pp.219～247.

12) Graen, G. B., & Uhl-Bien, M.(1995), Relationship-based approach to leadership: Exchange theory of leadership over 25 years: Applying a multi-level multi-domain perspective. *Leadership Quarterly*, 6(2), 219~247.

13) Gerstner, C. R., & Day, D. V. (1997). Meta-Analytic review of leader~member exchange theory: Correlates and construct issues. Journal of applied psychology, 82(6), 827.

14) Dansereau Jr, F., Graen, G., & Haga, W. J. (1975). A vertical dyad linkage approach to leadership within formal organizations: A longitudinal investigation of the role making process. Organizational behavior and human performance, 13(1), 46~78.

15) Dansereau, F., Graen, G.B., & Haga, W. (1975). A vertical dyad linkage approach to leadership in formal organizations. Organizational Behavior and Human Performance, 13, 46~78.

16) Graen, G., & Cashman, J. F. (1975). A role-making model of leadership in formal organizations: A developmental approach. Leadership frontiers, 143, 165.

17) Graen, G., & Cashman, J. F. (1975). A role-making model of leadership in formal organizations: A developmental approach. Leadership frontiers, 143, 165.

18) Graen, G. B., & Uhl-Bien, M. (1995). Relationship-based approach to leadership: Development of leader-member exchange (LMX) theory of leadership over 25 years:

Applying a multi-level multi-domain perspective. The leadership quarterly, 6(2), 219~247.

19) Schriesheim, Castro, Zhou,& Yammarino, 2001

20) Graen, G. B., & Uhl-Bien, M. (1995). Relationship-based approach to leadership: Development of leader-member exchange (LMX) theory of leadership over 25 years: Applying a multi-level multi-domain perspective. The leadership quarterly, 6(2), 219~247.

Ford, L. R., & Seers, A. (2006). Relational leadership and team climates: Pitting differentiation versus agreement. The Leadership Quarterly, 17(3), 258~270.

Liden, R. C., Erdogan, B., Wayne, S. J., & Sparrowe, R. T. (2006). Leader-member exchange, differentiation, and task interdependence: implications for individual and group performance. Journal of Organizational

21) EErdogan, B., & Bauer, T. N. (2010). Differentiated leader~member exchanges: The buffering role of justice climate. Journal of Applied Psychology, 95(6), 1104.

Henderson, D. J., Wayne, S. J., Bommer, W. H., Shore, L. M., & Tetrick, L. E. (2008). Leader-Member Exchange, Differentiation, and Psychological Contract Fulfillment: A Multilevel Examination. Journal Of Applied Psychology, 93(6), 1208~1219

Liden, R. C., Erdogan, B., Wayne, S. J., & Sparrowe, R. T. (2006). Leader-member exchange, differentiation, and task interdependence: implications for individual and group performance. Journal of Organizational

22) Maslyn, J. M., & Uhl-Bien, M. (2001). Leader-member exchange and its dimensions: Effects of self-effort and other's effort on relationship quality. Journal of applied psychology, 86(4), 697.

23) Liden, R. C., Erdogan, B., Wayne, S. J., & Sparrowe, R. T. (2006). Leader-member exchange, differentiation, and task interdependence: implications for individual and group performance. Journal of Organizational

24) Deutsch, M. (1985). Distributive justice: A social-psychological perspective. New Haven & London: Yale University Press.

Leventhal, G. S. 1976. Fairness in social relationships. In J. W. Thibaut, J. T. Spence, & R. C. Carsa (Eds.), Contemporary topics in social psychology: 211~239. Morristown, NJ: General Learning Press.

25) Chang, C. H., Rosen, C. C., & Levy, P. E. (2009). The relationship between perceptions

of organizational politics and employee attitudes, strain, and behavior: A meta-analytic examination. Academy of Management

Duffy, M. K., Scott, K. L., Shaw, J. D., Tepper, B. J., & Aquino, K. (2012). A social context model of envy and social undermining. Academy of Management Journal, 55(3), 643~666.

Fletcher, T. D., Major, D. A., & Davis, D. D. (2008). The interactive relationship of competitive climate and trait competitiveness with workplace attitudes, stress, and performance. Journal of Organizational Behavior: The International Journal of Industrial, Occupational and Organizational Psychology and Behavior, 29(7), 899~922.

26) Henderson, D. J., Liden, R. C., Glibkowski, B. C., & Chaudhry, A. (2009). LMX differentiation: A multilevel review and examination of its antecedents and outcomes. The leadership quarterly, 20(4), 517~534.

27) Harris, T. B., Li, N., & Kirkman, B. L. (2014). Leader~member exchange (LMX) in context: How LMX differentiation and LMX relational separation attenuate LMX's influence on OCB and turnover intention. The Leadership Quarterly, 25(2), 314~328.

28) Hooper, D. T., & Martin, R. (2008). Beyond personal leader~member exchange (LMX) quality: The effects of perceived LMX variability on employee reactions. The Leadership Quarterly, 19(1), 20~30.

29) Harris, T. B., Li, N., & Kirkman, B. L. (2014). Leader~member exchange (LMX) in context: How LMX differentiation and LMX relational separation attenuate LMX's influence on OCB and turnover intention. The Leadership Quarterly, 25(2), 314~328.

30) Liden, R. C., Erdogan, B., Wayne, S. J., & Sparrowe, R. T. (2006). Leader-member exchange, differentiation, and task interdependence: implications for individual and group performance. Journal of Organizational Behavior: The International Journal of Industrial, Occupational and Organizational Psychology and Behavior, 27(6), 723~746.

Ma, L., & Qu, Q. (2010). Differentiation in leader~member exchange: A hierarchical linear modeling approach. Leadership Quarterly, 21(5), 733~744. doi:10.1016/j.leaqua.2010.07.004

Ma, L., & Qu, Q. (2010). Differentiation in leader~member exchange: A hierarchical linear modeling approach. Leadership Quarterly, 21(5), 733~744. doi:10.1016/j.leaqua.2010.07.004

31) Sias, P. M., & Jablin, F. M. (1995). Differential superior-subordinate relations,

perceptions of fairness, and coworker communication. Human Communication Research, 22(1), 5~38.

Erdogan, B., & Bauer, T. N. (2010). Differentiated leader~member exchanges: The buffering role of justice climate. Journal of Applied Psychology, 95(6), 1104.

Omilion-Hodges, L. M., & Baker, C. R. (2013). Contextualizing LMX within the workgroup: The effects of LMX and justice on relationship quality and resource sharing among peers. The Leadership Quarterly, 24(6), 935~951.

Cobb, A. T., & Lau, R. S. (2015). Trouble at the next level: Effects of differential leader~member exchange on group-level processes and justice climate. human relations, 68(9), 1437~1459.

32) Cobb, A. T., & Lau, R. S.(2015). Trouble at the next level: Effects of differential leader~member exchange on group-level processes and justice climate. human relations, 68(9), 1437~1459.

33) Sias, P. M., & Jablin, F. M. (1995). Differential superior-subordinate relations, perceptions of fairness, and coworker communication. Human Communication Research, 22(1), 5~38.

34) Stogdill, R. M. (1959). Individual behavior and group achievement: A theory; the experimental evidence.

35) Bloom, M. (1999). The performance effects of pay dispersion on individuals and organizations. Academy of Management Journal, 42(1), 25~40.

36) Wayne, S. J., Shore, L. M. & Liden, R. C.(1997), "Perceived organizational support and leader-member exchange: A social exchange perspective," *Academy of Management Journal*, 40, 82~111.

37) Wayne, S. J., Shore, L. M. & Liden, R. C.(1997), "Perceived organizational support and leader-member exchange: A social exchange perspective," *Academy of Management Journal*, 40, 82~111.

38) Adapted from the Life Cycles of Leadership Making in "Relationship-Based Approach to Leadership: Development of Leader-Member Exchange(LMX) Theory of Leadership Over 25 Year: Applying a Multi-Level Multi-Domain Perspective," by G. B. Graen and M. Uhl-Bien, *Leadership Quarterly* 6(2), 231, 1995.

39) Graen, G. B., & Uhl-Bien, M.(1995), Relationship-based approach to leadership: Exchange theory of leadership over 25 years: Applying a multi-level multi-domain

perspective. *Leadership Quarterly*, 6(2)

● 제11장 카리스마 리더십 이론

1) Conger, J. A. 1993, "Max Weber's Conceptualization of Charismatic Authority: Its Influence on Organizational Research", *Leadership Quarterly*, Vol.4, No.3/4, pp.277~288.
2) House, R. J. 1977, "A 1976 theory of charismatic leadership". In J. G. Hunt & L. L. Larson(Eds.), *Leadership : The cutting edge*. Carbondale, IL: Southern Illinois University Press.
Conger, J. A., & Kanungo, R. N. 1987, "Toward a behavioral theory of charismatic leadership in organizational settings". *Academy of Management Review*, 12, pp.637~547.
Shamir, B., House. R. J., & Arthur. M. B., 1993. "The motivational effects of charismatic leadership: A selfconcept based theory". *Organization Science*, 4: pp.1~17.
3) House, R. J. (1977). op.cit.
4) Ibid.
5) Ibid.
6) Conger, J. A. & Kanungo, R. 1987, "Toward a behavioral theory of charismatic leadership in organizational settings," *Academy of Management Review*, Vol.12, No.4, pp.637~647.
7) Shamir, B., House. R. J., & Arthur. M. B., 1993, The motivational effects of charismatic leadership: A selfconcept based theory. *Organization Science*, 4: pp.1~17.
8) Ibid.
9) House, R.J., Howell, J.M. 1992, "Personality and charismatic leadership", *Leadership Quarterly*, Vol.3(2) pp.81~108.

● 제12장 변혁적 리더십

1) Bass, B.M.(1990), From transactional to transformational leadership, Learning to share the vision, *Organizational Dynamics*, 18(3), pp.19~36.
Yukl(1989)
2) Avolio, B.J., Waldman, D.A. & Eisenstein, W.O.(1988), Transformational leadership in a management game simulation, *Group and Organizational Studies*, 13, pp.59~80.
3) Burns, J.M.(1978), *Leadership*, New York: Harper and Row.
4) Bass, B.M.(1981), *Leadership and Performance Beyond Expectations*, N.Y., Free Press, pp.3~4.

5) Bass, B.M.(1981), *Leadership and Performance Beyond Expectations*, N.Y., Free Press, pp.3~4.
6) Bass, B. M(1985), *Leadership and performance beyond expectations*, New York: Free Press.
7) Bass, B.M. & Avolio, B.J.(1990), *Manual for the multifactor leadership questionaire*, Palo Alto, CA: Consulting Psychologist Press.
8) Kuhnert, K.W.(1994), "Transforming leadership: Developing people through delegation," In Bass, B.M., Avolio, B.J.(ed.), *Improving Organizational Effectiveness Through Transformational Leadership*, Thousand Oaks, CA: Saga.
9) Burns, J.M.(1978), *Leadership*, New York: Harper and Row.
10) Bass, B. M(1985), *Leadership and performance beyond expectations*, New York: Free Press.
11) Bass, B. M(1985). *Leadership and Performance Beyond Expectations*, New York: Free Press.
12) Bass, B.M.(1990), From transactional to transformational leadership, Learning to share the vision, *Organizational Dynamics*, 18(3), pp.19~36.
13) Bass, B. M(1985). *Leadership and Performance Beyond Expectations*, New York: Free Press.
14) Avolio, B.J., Waldman, D.A. & Eisenstein, W.O.(1988), Transformational leadership in a management game simulation, *Group and Organizational Studies*, 13, pp.59~80.
15) Hater, J.J. & Bass, B.M.(1988), Superior`s evaluations and subordinates' perceptions of transformational and transactional leadership, *Journal of Applied Psychology*, 73, pp.695~702.
16) Bass, B.M. & Avolio, B.J.(1997), *Full range or leadership: Manual for the Multi-factor Leadership Questionnaire*, Palo-Alto, CA: Mind Garden.
17) Bass, B.M. & Avolio, B.J.(1997), *Full range or leadership: Manual for the Multi-factor Leadership Questionnaire*, Palo-Alto, CA: Mind Garden.
Bass, B.M. & Avolio, B.J.(1994), *Improving organizational effectiveness through transformational leadership*, Thousand Oaks, CA: Saga.
18) Avolio, B., Bass, B. & Jung, D.(1999), Re-examining the components of transformational and transactional using Multi-factor Leadership Questionnaire, *Journal of Occupational and Organizational Psychology*, 72, pp.441~462.

Den Hartog, D.N. & Verburg, R.M.(1997), Charisma and rhetoric: Communicative techniques of international business leaders, *The Leadership Quarterly*, 8, pp.355~391.

19) Dumdum, U.R., Lowe, K.B. & Avolio, B.(2002), A meta-analysis of transformational and transactional leadership correlates of effectiveness and satisfaction: an update and extension, In B.J. Avolio & F.J.Yammarino(Eds.), *Transformational and charismatic leadership: The road ahead* (Vol.2. pp.35~66), Oxford, U.K.: Elsevier Science.

20) Hinkin, T.R. & Schriesheim, C.A.(2998), A theoretical empirical examination of the transaction and non-leadership dimensions of the Multifactor Leadership Questionnaire (MLQ), *The Leadership Quarterly*, 19, pp.501~513.

21) Bass, B. M(1985). *Leadership and Performance Beyond Expectations*, New York: Free Press, p.23.

22) Avolio, B.J.(1999), *Full leadership development: Building the vital forces in organizations*, Thousand Oaks: Saga Publications.

23) Bass, B.M. & Avolio, B.J.(1997), *Full range leadership development: Manual for the Multifactor Leadership Questionnaire*, Palo Alto, CA: Mind Garden.

Bass, B.M. & Avolio, B.J.(1990), "The implications of transactional and transformational leadership for individual, team and organizational development," *Research in Organizational Change and Development* 4, pp.231~272.

24) House, R.J.(1977), A 1976 theory of charismatic leadership, In J.G. Hunt & L.L. Larson (Eds.), *Leadership: The cutting edge* (pp.47~59), Carbondale, IL: Southern Illinois University Press.

25) Bass, B.M.(1988), Evolving perspectives on charismatic leadership, In J. Conger & R. Kanungo(Eds.), *Charismatic leadership* (pp.40~77), San Francisco: Jossey-Bass.

26) Bass, B.M. & Yokochi, N.(1991, Winter/Spring), Charisma among senior executives and the special case of Japanese CEOs, *Consulting Psychology Bulletin*, pp.31~38.

27) Bass, B. M(1985). *Leadership and Performance Beyond Expectations*, New York: Free Press.

28) Bass, B.M.(1990), From transactional to transformational leadership, Learning to share the vision, *Organizational Dynamics*, 18(3), pp.19~36.

29) Bass, B.M. & Avolio, B.J.(2000), *MLQ Multifactor leadership questionnaire*, Redwood City: Mind Garden.

30) Bass, B.M. & Avolio, B.J.(2000), *MLQ Multifactor leadership questionnaire*, Redwood

City: Mind Garden.

31) Bass, B.M.(1990), From transactional to transformational leadership, Learning to share the vision, *Organizational Dynamics*, 18(3), pp.19~36.

32) Bass, B. M(1985), *Leadership and performance beyond expectations*, New York: Free Press.

33) Bass, B.M., Waldman, D.A. & Avolio, B.J.(1987), Transformational leadership and the falling dominoes effect, *Group and Organization Studies*, 12, pp.73~87.

34) Avolio, B.J. & Bass, B.M.(1988), Transformational leadership, charisma, and beyond, In J.G. Hunt, B.R. Baglia, H.P. Dachler & C.A. Schriescheim(ads.), *Emerging leadership vistas* (p.2950), Lexington, MA: Lexington Books.

Avolio, B.J. & Gibbons, T.C.(1988), Developing transformational leaders: A life span approach, In J.A. Conger & R.N. Kanungo(Eds.), *Charismatic leadership: The elusive factor in organizational effectiveness* (pp.276~307), San Francisco: Jossey-Bass.

35) Bass, B. M(1985), *Leadership and performance beyond expectations*, New York: Free Press.

36) Avolio, B.J. & Bass, B.M.(1988), Transformational leadership, charisma, and beyond, In J.G. Hunt, B.R. Baglia, H.P. Dachler & C.A. Schriescheim(ads.), *Emerging leadership vistas* (p.2950), Lexington, MA: Lexington Books.

37) Bass, B.M. & Avolio, B.J.(1997), *Full range of leadership: Manual for the Multi-factor Leadership Questionnaire*, Palto Alto, CA : Mind Garden.

38) Avolio, B. J., & Bass, B. M.(1985), "Charisma and Beyond." *Paper presented at the Academy of Management*, San Diego.

39) Avolio, B.J., Waldman, D.A. & Eisenstein, W.O.(1988), Transformational leadership in a management game simulation, *Group and Organizational Studies*, 13, pp.59~80.

40) Howell, J.M and Higgins, C.A.(1990), 'Champions of Technical Innovation', *Administrative Science Quarterly*, 35: 317~341.

41) Podsakoff, P.M., MacKenzie, S.B., Moorman, R.H. & Fetter, R.(1990), Transformational leader behaviors and their effects on followers; trust in leader, satisfaction, and organizational citizenship behaviors, *The Leadership Quarterly*, 1, pp.107~142.

42) Bono, J. & Judge, T.(2003), Self-concordance at work: toward understanding the motivational effects of transformational leadership, *Academy of Management Journal*, 46, pp.554~571.

Dumdum, U.R., Lowe, K.B. & Avolio, B.(2002), A meta-analysis of transformational and transactional leadership correlates of effectiveness and satisfaction: an update and extension, In B.J. Avolio & F.J.Yammarino(Eds.), *Transformational and charismatic leadership: The road ahead* (Vol.2. pp.35~66), Oxford, U.K.: Elsevier Science.

Lowe, K.B., Kroeck, K.G. & Sivasubramaniam, N.(1996), Effectiveness correlates of transformational and transactional leadership: a meta-analytical review of the literature, *Leadership Quarterly*, 7, pp.385~425.

Waldman, D.A. Ramirez, G.G. House, R.J. Puranam, P.(2001), Does Leadership Matter? CEO leadership attributes and profitability under conditions of perceived environmental uncertainty. *Academy of Management Journal*, February, 44, 1, pp.134~143.

Curphy, G.J.(1992), An empirical investigation of the effects of transformational and transactional leadership on organizational climate, attrition, and performance, In K.E. Clark, M.B. Clark & D.R. Campbell(Eds.), *Impact of leadership* pp.237~247, Greensboro, NC: Conte. for Creative Leadership.

43) Avolio, B.J. & Bass, B.M.(1988), Transformational leadership, charisma, and beyond, In J.G. Hunt, B.R. Baglia, H.P. Dachler & C.A. Schriescheim(ads.), *Emerging leadership vistas* (p.2950), Lexington, MA: Lexington Books.

Deluga, R.J.(1988), Relationship of Transformational and Transactional Leadership with Employee Influencing Strategies, *Group & Organization Studies* 13(4), pp.456~467.

Hater, J.J. & Bass, B.M.(1988), Superiors' evaluations and subordinates' perception of transformational and transactional leadership, *Journal of applied psychology*, 73(4), pp.695~702.

Seltzer, J. & Bass, B.M.(1990), Transformational leadership: beyond initiation and consideration,*Journal of management*. 16, pp.693~703.

Waldman, D.A., Bass, B.M. & Einstein, W.O.(1987), Leadership and outcomes of the performance appraisal process,*Journal of Occupational Psychology*, 60, pp.177~186.

44) Seltzer, J. & Bass, B.M.(1990), Transformational leadership: Beyond initiation and structure,*Journal of Management*, 16, pp.693~704.

45) Podsakoff, P.M., MacKenzie, S.B., Moorman, R.H. & Fetter, R.(1990), Transformational leader behaviors and their effects on followers' trust in leader, satisfaction, and organizational citizenship behaviors, *Leadership Quarterly*, 1(2), pp.107~142.

46) Shamir, B., House, R.J. & Arthur, M.B.(1993), The motivational effects of charismatic

leadership: a self-concept theory, *Organizational Science*, 4, pp.557~594.

47) Avolio, B.J. & Gibbons, T.C.(1988), Developing transformational leaders: A life span approach, In J.A. Conger & R.N. Kanungo(Eds.), *Charismatic leadership: The elusive factor in organizational effectiveness* (pp.276~307), San Francisco: Jossey-Bass.

48) Avolio, B.J., Gardner, W.L., Wlaumbwa, F.O., Luthans, F. & May, D.R.(2004), Unlocking the mask: A look at the process by which authentic leaders impact follower attitudes and behaviors, *Leadership Quarterly*, 15, pp.801~823.

49) Deluga, R.J.(1997), "Relationship among American presidential charismatic leadership, narcissism, and rated performance". *Leadership Quarterly* 8, pp.49~65.

House, R.J. & Howell, J.M.(1992), Personality and charismatic leadership, *The Leadership Quarterly*, 3, pp.81~108.

House, R.J. & Shamir, B.(1993), Toward the integration of transformational, charismatic, and visionary theories, In M. Chemers & R. Ayman(Eds.), *Leadership theory and research: Perspectives and directions* (pp.82~107), New York, Academic Press.

O' Connor, J.O., Mumford, M.D., Clifton, T.C., Gessner, T.L. & Connelly, M.S.(1995), Charismatic leaders and destructiveness: An historiometric study. *Leadership Quarterly*, 6, pp.529~555.

50) Antonakis, J. & House, R.J.(2002), The full-range leadership theory: The way forward, In B.J. Avolio & F.J. Yammarino(Eds.), *Transformational and charismatic leadership: The road ahead* (pp.3~34), Amsterdam:JAI.

Fiol, C.M., Harris, D. & House, R.J.(1999). Charismatic Leadership: strategies for effecting social change. *Leadership Quarterly*. In press.

51) House, R.J. & Shamir, B.(1993), Toward the integration of transformational, charismatic, and visionary theories, In M. Chemers & R. Ayman(Eds.), *Leadership theory and research: Perspectives and directions* (pp.82~107), New York, Academic Press.

52) Graham, J. W.(1991), Servant-leadership in organizations: inspirational and moral. *The Leadership Quarterly*, 2(2):105~119.

53) Avolio, B.J. & Bass, B.M.(1988), Transformational leadership, charisma, and beyond, In J.G. Hunt, B.R. Baglia, H.P. Dachler & C.A. Schriescheim(ads.), *Emerging leadership vistas* (p.2950), Lexington, MA: Lexington Books.

54) Howell, J.M.(1988), Two fases of charisma: Socialized and personalized leadership in organizations, In J.A. Conger & R.N. Kanungo(Eds,), *Charismatic leadership*

(pp.213~236), San Francisco: Jossey-Bass.

55) Graham, J.W.(1988), Transformational leadership: Fostering follower autonomy, not automatic followership, In J.G. Hunt, B.R. Baliga, H.P. Dachler & C.A. Schriesheim (Eds.), *Emerging leadership vistas* (pp.73~79), Lexington, MA: Lexington Books.

Howell, J.M.(1988), Two faces of charisma: Socialized and personalized leadership in organizations, In J.A. Conger & R.N. Kanungo(Eds.), *Charismatic leadership* (pp.213~236.), San Francisco: Jossey-Bass.

56) Yukl, G.(1994). *Leadership in organizations*. Englewood Cliffs, NJ: Prentice-Hall.

57) Trice, H.M. &Beyer, J.M.(1991), Cultural Leadership in Organizations, *Organization Science*, Vol.2, No.2, pp.149~169.

58) Rowold, J. & Heinitz, K.(2007). Transformational and charismatic leadership: Assessing the convergent, divergent and criterion validity of the MLQ and the CKS. *Leadership Quarterly*, 18, pp.121~133.

59) Rowold, J. & Heinitz, K.(2007). Transformational and charismatic leadership: Assessing the convergent, divergent and criterion validity of the MLQ and the CKS. *Leadership Quarterly*, 18, pp.121~133.

60) Rowold, J. & Heinitz, K.(2007). Transformational and charismatic leadership: Assessing the convergent, divergent and criterion validity of the MLQ and the CKS. *Leadership Quarterly*, 18, p.123.

61) Tichy, N.M. & Devanna, M.A.(1986), *The Transformational Leader*, New York: John Wiley; Tichy, N.M. & Devanna, M.A.(1990), *The Transformational Leader* (2nd ed.), New York: John Wiley.

62) Tichy, N.M. & Devanna, M.A.(1986), *The Transformational Leader*, New York: John Wiley & Sons.

● 제13장 서번트 리더십

1) Livovich, M. P. (1999), *An investigation of servant leadership in public school superintendents in the state of Indiana*, Unpublished Doctoral Dissertation, Indiana State University, p.113.

2) Laub, A. J.(1999). *Assessing the servant organization: development of the servant organizational leadership assessment(SOLA) instrument*, Unpublished doctoral dissertation, Florida Atlantic University.

3) Adjibolosoo, S. (2000), Pillars of Economic Growth and Sustained Human-Centred Development. Paper presented at *the International Institute for Human Factor Development Conference* held from July 17-18 in Harare, Zimbabwe.

4) Barbuto, J. E., & Wheeler, D. W. (2006). "Scale Development and Construct Clarification of Servant Leadership", *Group and Organization Management*, Vol.31 No.3, 300~326.

5) Liden, R. C., Wayne, S. J., Zhao, H., & Henderson, D. (2008). "Servant leadership: Development of a multidimensional measure and multi-level assessment." *The Leadership Quarterly*, Vol.19 No.2, pp.161~177.

6) Bennis, W,(2002), Become a tomorrow leader, IN L. C. Spears & M. Lawrence(Eds.), Focus on leadership : Servant-leadership for the twenty-first Blanchard, K., & Hodges, P.(2003), The servant leader : Transforming your hearts, heads, hands, and habits, Nashville, TN : Thomas Nelson.

Covey, S. R.(2002), Forward, IN R. K. Greenleaf(Ed.), Servant leadership : A Journey in to the nature of legitimate power and greatness(pp.1~4), New York : Paulist Press.

Depree, M.(2002), Servant-leadership : Three things necessary, In L. C. Spears & M. Lawrence(Eds.), Focus on leadership : Servant-leadership for the twenty-first century(pp. 27~34), New York : John Wiley & Sons.

Senge, P. M.(2002), Tracing the past, present, and future of servant-leadership, In L. C. Spears & M. Lawrence(Eds.), Focus on leadership : Servant-leadership for the 21st century(pp. 1~16), New York : John Wiley & Sons.

Wheartley, M.(2002), The work of tge servant leader, IN L. C. Spears & M. Lawrence(Eds), Focus on leadership : Servant-leadership for the twenty-first century(pp. 349~362), New York L John Wiley & Sons.

7) Liden, R. C., Panaccio, A., Hu, J., & Meuser, J. D.(2014), Servant leadership : Antecedents, consequences, and contextual moderator, IN D. V. Day(Ed.), The Oxford handbook of leadership and organizations, Oxford, England : Oxford University Press.

8) Adapted From Liden, R. C., Panaccio, A., Hu, J., & Meuser, J. D.(2014). Servant leadership : Antecedents, consequences, and contextual moderators. In D. V. Day(ed), The Oxford Handbook of Leadership and Organizations. Oxford, England : Oxford University Press : and van Dierendonck, D.(2011). Servant leadership : A review and Syntheses. Journal of Management, 37(4), 1228~1261.

9) Eva, N., Robin, M., Sendijaya, S,, Dierendonck, D. V., & Liden , R. C.(2018), Servant

Leadership: A systematic review and call for future research, The Leadership Quarterly, In Press, Corrected Proof.

10) Hunter, E. M., Neubert, M. J., Perry, S. J., Witt, L., Penney, L. M., & Weinberger, E.(2013), Servant leaders inspire servant followers: Antecedents and outcomes for employees and the organization, The Leadership Quarterly, 24, 316~331.

11) Flynn, C. B., Smither, J. W., & Walker, A. G. (2016), Exploring the relationship between leaders' core self-evaluations and subordinates' perceptions of servant leadership : A field study, Journal of Leadership and Organizational Studies, 23, 260~271.

12) Verdorfer, A. P.(2016), Examining mindfulness and its relations to humility, motivation to lead, and actual servant leadership behaviors, Mindfulness, 7, 950~961.

13) Peterson, S. J., Galvin, B. M., & Lange, D.(2012), CEO servant leadership: Exploring

14) Eva, N., Robin, M., Sendijaya, S,, Dierendonck, D. V., & Liden , R. C.(2018), Servant Leadership: A systematic review and call for future research, The Leadership Quarterly, In Press, Corrected Proof.

15) Liden, R. C., Wayne, S. J., Zhao, H., & Henderson, D. (2008), Servant leadership : Development of a multidimensional measure and multi-level assessment, The Leadership Quarterly, 19, 161~177.

16) Neubert, M. J., Hunter, E. M., & Tolentino, R. C.(2016), A servant leader and their stakeholders: When does organizational structure enhance a leader's influence?, The Leadership Quarterly, 27, 896~910.

17) Sendjaya, S., Eva, N., Butar-Butar, I., Robin, M., & Castles, S. (2018), SLBS-6: Validation of a short form of the servant leadership behavior scale, Journal of Business Ethics(in press).

18) van Dierendonck, D., Stam, D., Boersma, P., De Windt, N., & Alkema, J.(2014), Same difference? Exploring the differential mechanisms linking

19) Mayer, D. M., Bardes, M., & Piccolo, R. F. (2008), Do servant-leaders help satisfy follower needs? An organizational justice perspective, European Journal of Work and Organizational Psychology, 17, 180~197.

20) Hunter, E. M., Neubert, M. J., Perry, S. J., Witt, L., Penney, L. M., & Weinberger, E.(2013), Servant leaders inspire servant followers: Antecedents and outcomes for employees and the organization, The Leadership Quarterly, 24, 316~331.

21) Schaubroeck, J., Lam, S. S., & Peng, A. C. (2011), Cognition-based and affect-based

trust as mediators of leader behavior influences on team performance, Journal of Applied Psychology, 96, 863~871.

22) Taylor, T., Martin, B. N., Hutchinson, S., & Jinks, M. (2007), Examination of leadership practices of principals identified as servant leaders, International Journal of Leadership in Education, 10, 401~419.

23) Bobbio, A., Dierendonck, D. V., & Manganelli, A. M. (2012), Servant leadership in Italy and its relation to organizational variables, Leadership, 8, 229~243.

24) Liden, R. C., Wayne, S. J., Zhao, H., & Henderson, D. (2008), Servant leadership : Development of a multidimensional measure and multi-level assessment, The Leadership Quarterly, 19, 161~177.

25) Sousa, M., & van Dierendonck, D.(2016), Introducing a short measure of shared servant leadership impacting team performance through team behavioral integration, Frontiers in Psychology, 6, 2002.

26) Choudhary, A. I., Akhtar, S. A., & Zaheer, A.(2013), Impact of transformational and servant leadership on organizational performance : A comparative analysis, Journal of Business Ethics, 116, 433~440.

27) Yang, Z., Zhang, H., Kwan, H. K., & Chen, S. (2018), Crossover effects of servant leadership and job social support on employee spouses : The mediating role of employee organization-based self-esteem, Journal of Business Ethics, 147, 595~604.

28) Eva, N., Robin, M., Sendijaya, S,, Dierendonck, D. V., & Liden , R. C.(2018), Servant Leadership: A systematic review and call for future research, The Leadership Quarterly, In Press, Corrected Proof.

29) Schneider, S. K., & George, W. M. (2011), Servant leadership versus transformational leadership in voluntary service organizations, Leadership and Organization Development Journal, 32, 60~77.

30) Jaramillo, F., Grisaffe, D. B., Chonko, L. B., & Roberts, J. A. (2009), Examining the impact of servant leadership on salesperson's turnover intention, Journal of Personal Selling & Sales Management, 29, 351~365.

31) Chughtai, A. A.(2016), Servant leadership and follower outcomes : Mediating effects of organizational identification and psychological safety, The Journal of Psychology, 150, 866~880.

32) Chen, Z., Zhu, J., & Zhou, M.(2015), How does a servant leader fuel the service fire? A

multilevel model of servant leadership, individual self identity, group competition climate, and customer service performance, Journal of Applied Psychology, 100, 511~521.

33) Linuesa-Langreo, J., Ruiz-Palomino, P., & Elche-Hortelano, D.(2018), Integrating servant leadership into managerial strategy to build group social capital : The mediating role of group citizenship behavior, Journal of Business Ethics(in press).

34) Amah, O. E.(2018), Determining the antecedents and outcomes of servant leadership, Journal of General Management, 43, 126~138.

35) Gotsis, G., & Grimani, K.(2016), The role of servant leadership in fostering inclusive organizations, Journal of Management Development, 35, 985~1010.

36) Ling, Q., Liu, F., & Wu, X.(2017), Servant versus authentic leadership : Assessing effectiveness in China's hospitality industry, Cornell Hospitality Quarterly, 58, 53~68.

37) Hunter, E. M., Neubert, M. J., Perry, S. J., Witt, L., Penney, L. M., & Weinberger, E.(2013), Servant leaders inspire servant followers: Antecedents and outcomes for employees and the organization, The Leadership Quarterly, 24, 316~331.

38) Donia, M. B., Raja, U., Panaccio, A., & Wang, Z.(2016), Servant leadership and employee outcomes : The moderating role of subordinates' motives, European Journal of Work and Organizational Psychology, 25, 722~734.

39) Chan, C., & Mak, W.(2014), The impact of servant leadership and subordinates' organizational tenure on trust in leader and attitudes, Personnel Review, 43, 272~287.

40) Yang, J., Liu, H., & Gu, J.(2017), A multi-level study of servant leadership on creativity : The roles of self-efficacy and power distance, Leadership and Organization Development Journal, 38, 610~629.

41) Jaramillo, F., Bande, B., & Varela, J.(2015), Servant leadership and ethics : A dyadic examination of supervisor behaviors and salesperson perceptions, Journal of Personal Selling & Sales Management, 35, 108~124.

42) Coggins, E. D., & Bocarnea, M. C.(2015), The impact of servant leadership to followers' psychological capital : A comparative study of evangelical Christian leader-follower relationships in the United States and Cambodia, Journal of Leadership, Accountability and Ethics, 12, 111~144.

43) Neubert, M. J., Hunter, E. M., & Tolentino, R. C.(2016), A servant leader and their stakeholders: When does organizational structure enhance a leader's influence?, The

Leadership Quarterly, 27, 896~910.

44) Khan, K., Khan, S., & Chaudhry, A.(2015), Impact of servant leadership on workplace spirituality : Moderating role of involvement culture, Pakistan Journal of Science, 67, 109~113.

45) Garber, J. S., Madigan, E. A., Click, E. R., & Fitzpatrick, J. J.(2009), Attitudes towards collaboration and servant leadership among nurses, physicians and residents, Journal of Interprofessional Care, 23, 331~340.

46) Sendjaya, S., Eva, N., Butar-Butar, I., Robin, M., & Castles, S. (2018), SLBS-6: Validation of a short form of the servant leadership behavior scale, Journal of Business Ethics(in press).

47) Parris, D. L., & Peachey, J. W.(2013), A systematic literature review of servant leadership theory in organizational contexts, Journal of Business Ethics, 113, 377~393.

48) Parris, D. L., & Peachey, J. W.(2013), A systematic literature review of servant leadership theory in organizational contexts, Journal of Business Ethics, 113, 377~393.

49) Grisaffe, D. B., VanMeter, R., & Chonko, L. B.(2016), Serving first for the benefit of others: Preliminary evidence for a hierarchical conceptualization of servant leadership, Journal of Personal Selling & Sales Management, 36, 40~58.

50) Chughtai, A. A.(2016), Servant leadership and follower outcomes : Mediating effects of organizational identification and psychological safety, The Journal of Psychology, 150, 866~880.

51) Gotsis, G., & Grimani, K.(2016), The role of servant leadership in fostering inclusive organizations, Journal of Management Development, 35, 985~1010.

52) Verdorfer, A. P., Steinheider, B., & Burkus, D.(2015), Exploring the socio-moral climate in organizations : An empirical examination of determinants, consequences, and mediating mechanisms, Journal of Business Ethics, 132, 233~248.

53) Chughtai, A. A.(2016), Servant leadership and follower outcomes : Mediating effects of organizational identification and psychological safety, The Journal of Psychology, 150, 866~880.

54) Ling, Q., Liu, F., & Wu, X.(2017), Servant versus authentic leadership : Assessing effectiveness in China's hospitality industry, Cornell Hospitality Quarterly, 58, 53~68.

55) Hunter, E. M., Neubert, M. J., Perry, S. J., Witt, L., Penney, L. M., & Weinberger, E.(2013), Servant leaders inspire servant followers: Antecedents and outcomes for

employees and the organization, The Leadership Quarterly, 24, 316~331.

56) Liden, R. C., Panaccio, A., Hu, J., & Meuser, J. D.(2014), Servant leadership : Antecedents, consequences, and contextual moderator, IN D. V. Day(Ed.), The Oxford handbook of leadership and organizations, Oxford, England : Oxford University Press.

57) Graham, J.W. (1991), *Servant leadership qualities exhibited by Illinois public school district superintendents*, Unpublished doctoral dissertation, Saint Louis University.

58) Stone, A. G, Robert F. Russell, Kathleen Paterson.(2004) "Transformational versus servant leadership: a difference in leader focus", *The Leadership & Organization Development Journal*. Vol.25. No.4.

59) Barbuto, J. & Wheeler, D. 2006, op.cit., p.305.

60) Smith, B. N., Montagno, R. V. & Kuzmenko, T.N. (2004), "Transformational and servant leadership: content and contextual comparisons", *Journal of Leadership and Organizational Studies*, Vol.10 p.83.

61) Northous, P.G. (2016), Leadership : Theory and practice, 7th edition, SAGE piblications, Inc.

62) van Dierendonck, D.(2011), Servant leadership: A review and synthesis, Journal of Management, 37, 1228~1261.

63) Gergen, D.(2006), Bad news for bullies, U.S. News and World Report, 140, 54.

64) Eva, N., Robin, M., Sendijaya, S,, Dierendonck, D. V., & Liden , R. C.(2018), Servant Leadership: A systematic review and call for future research, The Leadership Quarterly, In Press, Corrected Proof.

65) Hobfoll, S. E.(1989), Conservation of resources: A new attempt at conceptualizing stress, American Psychologist, 44, 513.

66) Eva, N., Robin, M., Sendijaya, S,, Dierendonck, D. V., & Liden , R. C.(2018), Servant Leadership: A systematic review and call for future research, The Leadership Quarterly, In Press, Corrected Proof.

67) Hobfoll, S. E.(2011), Conservation of resource caravans and engaged settings, Journal of Occupational and Organizational Psychology, 84, 116~122.

68) Eva, N., Robin, M., Sendijaya, S,, Dierendonck, D. V., & Liden , R. C.(2018), Servant Leadership: A systematic review and call for future research, The Leadership Quarterly, In Press, Corrected Proof.

69) Meyer, R. D., Dalal, R. S., & Bonaccio, S.(2009), A meta-analytic investigation into the

moderating effects of situational strength on the conscientiousness ~ performance relationship, Journal of Organizational Behavior, 30, 1077~1102.

70) Meyer, R. D., Dalal, R. S., & Bonaccio, S.(2009), A meta-analytic investigation into the moderating effects of situational strength on the conscientiousness ~ performance relationship, Journal of Organizational Behavior, 30, 1077~1102.

71) Meyer, R. D., Dalal, R. S., & Hermida, R.(2010), A review and synthesis of situational strength in the organizational sciences, Journal of Management, 36, 121~140.

72) Meyer, R. D., Dalal, R. S., & Hermida, R.(2010), A review and synthesis of situational strength in the organizational sciences, Journal of Management, 36, 121~140.

73) Ryan, Ri. M., & Deci, E. L.(2000), Self-determination theory and the facilitation of intrinsic motivation, social development, and well-being, American Psychologist, 55(1), pp.68~78.

74) Eva, N., Robin, M., Sendijaya, S,, Dierendonck, D. V., & Liden , R. C.(2018), Servant Leadership: A systematic review and call for future research, The Leadership Quarterly, In Press, Corrected Proof.

75) Chiniara, M., & Bentein, K.(2016), Linking servant leadership to individual performance : Differentiating the mediating role of autonomy, competence and relatedness need satisfaction, The Leadership Quarterly, 27, 124~141.

van Dierendonck, D., Stam, D., Boersma, P., De Windt, N., & Alkema, J.(2014), Same difference? Exploring the differential mechanisms linking servant leadership and transformational leadership to follower outcomes, The Leadership Quarterly, 25, 544~562.

76) Liden, R. C., Wayne, S. J., Zhao, H., & Henderson, D. (2008), Servant leadership : Development of a multidimensional measure and multi-level assessment, The Leadership Quarterly, 19, 161~177.

● 제14장 진성 리더십

1) Northouse, P. G. (2010). Authentic leadership. Leadership theory and practice (5th ed., pp. 205~239). Los Angeles, CA: Sage.

2) Avolio, B. J., Gardner, W. L., Walumbwa, F. O., Luthans, F., & May, D. R. (2004). Unlocking the mask: A look at the process by which authentic leaders impact follower attitudes and behaviors. *The leadership quarterly*, 15(6), 801~823.

3) Harter, S. (2002). Authenticity.
4) Parke, H., & Wormell, D. (1956). The Delphic Oracle. Oxford: Blackwell.
5) Trilling, L. (2009). Sincerity and authenticity. Harvard University Press.1972)
6) Kernis, M. H., & Goldman, B. M. (2006). A multicomponent conceptualization of authenticity: Theory and research. In M. P. Zanna (Ed.), Advances in experimental social psychology, (Vol. 38, pp. 283~357). San Diego: Academic Press.
7) Kernis, M. H. (2003). Toward a conceptualization of optimal self-esteem. *Psychological Inquiry*, 14, 1~26.
8) Ryan, R. M. (1993). Agency and organization: Intrinsic motivation, autonomy and the self in psychological development. In J. Jacobs(Ed.), Nebraska Symposium on Motivation: Developmental perspectives on motivation (Vol. 40, pp. 1~56). Lincoln: University of Nebraska Press.
9) Northous, P.G. (2010), Leadership : Theory and practice, SAGE piblications, Inc.
10) Chan, A. (2005). Authentic leadership measurement and development: Challenges and suggestions. In W. L. Gardner, B. J. Avolio, & F. O. Walumbwa (Eds.), Authentic leadership theory and practice: Origins, effects, and development (pp. 227~251). Oxford: Elsevier Science.
11) Chan, A. (2005). Authentic leadership measurement and development: Challenges and suggestions. In W. L. Gardner, B. J. Avolio, & F. O. Walumbwa (Eds.), Authentic leadership theory and practice: Origins, effects, and development (pp. 227~251). Oxford: Elsevier Science.
12) Avolio, B. J., & Gardner, W. L. (2005). Authentic leadership development: Getting to the root of positive forms of leadership. Leadership Quarterly, 16(3), 315~338.
13) Luthans, F., & Avolio, B. J. (2003). Authentic leadership development. In K. S. Cameron, J. E. Dutton, & R. E. Quinn (Eds.), Positive organizational scholarship (pp. 241~258). San Francisco: Berrett-Koehler.
14) Shamir, B., & Eilam, G. (2005). "What' s your story?" A life-stories approach to authentic leadership development. *Leadership Quarterly*, 16, 395~417.
15) Shamir, B., & Eilam, G. (2005). "What's your story?" A life-stories approach to authentic leadership development. The Leadership Quarterly, 16(3), 395-417.
16) Avolio, B. J., & Gardner, W. L. (2005). Authentic leadership development: Getting to the root of positive forms of leadership. Leadership Quarterly, 16, 315~338.

Gardner, W. L., Avolio, B. J., & Walumbwa, F. O. (2005). Authentic leadership development: Emergent trends and future directions. In W. L. Gardner, B. J.

Walumbwa, F. O., Avolio, B. J., Gardner, W. L., Wernsing, T. S., & Peterson, S. J. (2008). Authentic leadership: Development and validation of a theory-based measure. Journal of Management, 34(1), 89~126.

17) Avolio, B. J., Gardner, W. L., Walumbwa, F. O., Luthans, F., & May, D. R. (2004). Unlocking the mask: A look at the process by which authentic leaders impact follower attitudes and behaviors. *The leadership quarterly*, 15(6), 801~823.

18) Avolio, B. J., & Gardner, W. L. (2005). Authentic leadership development: Getting to the root of positive forms of leadership. Leadership Quarterly, 16, 315~338.

19) Avolio, B. J., Gardner, W. L., Walumbwa, F. O., Luthans, F., & May, D. R. (2004). Unlocking the mask: A look at the process by which authentic leaders impact follower attitudes and behaviors. The Leadership Quarterly, 15, 801~823.

20) Walumbwa, F. O., Avolio, B. J., Gardner, W. L., Wernsing, T. S., & Peterson, S. J. (2008). Authentic leadership: Development and validation of a theory-based measure. Journal of Management, 34(1), 89~126.

21) Kernis, M. H., & Goldman, B. M. (2006). A multicomponent conceptualization of authenticity: Theory and research. In M. P. Zanna (Ed.), Advances in experimental social psychology, (Vol. 38, pp. 283~357). San Diego: Academic Press.

22) Gardner, W. L., Cogliser, C. C., Davis, K. M., & Dickens, M. P. (2011). Authentic leadership: A review of the literature and research agenda. The Leadership Quarterly, 22(6), 1120~1145.

23) George, B. (2003). Authentic leadership: Rediscovering the secrets to creating lasting value. San Francisco: Jossey-Bass.

George, B., & Sims, P. (2007). True north: Discover your authentic leadership. San Francisco: Jossey-Bass.

24) George, B. (2003). Authentic leadership: Rediscovering the secrets to creating lasting value. San Francisco: JosseyBass.

25) 이정환 · 박한규(2013), "진정리더십 효과 요인에 관한 통합적 문헌 고찰", 『대한경영학회지』, 26 (11), p.2795에서 인용.

26) Luthans, F., & Avolio, B. J. (2003). Authentic leadership development. In K. S. Cameron, J. E. Dutton, & R. E. Quinn (Eds.), Positive organizational scholarship (pp. 241~258).

San Francisco: Berrett-Koehler.

27) Shamir, B., & Eilam, G. (2005). "What' s your story?" A life-stories approach to authentic leadership development. *Leadership Quarterly*, 16, 395~417.

28) Ilies, R., Morgeson, F. P., & Nahrgang, J. D. (2005). Authentic leadership and eudaemonic well-being: Understanding leader-follower outcomes. *Leadership Quarterly*, 16, 373~394.

29) Gardner, W. L., Avolio, B. J., Luthans, F., May, D. R., & Walumbwa, F. O. (2005). "Can you see the real me?" A self-based model of authentic leader and follower development. *Leadership Quarterly*, 16, 343~372.

30) Avolio, B. J., & Luthans, F. (2003). Authentic leadership development. In K.S. Cameron, Dutton, J., & Quinn, R.E. (Eds.) Positive Organizational Scholarship (pp. 241~258). San Francisco, CA: Berrett-Koehler.

31) Walumbwa, F. O., Avolio, B. J., Gardner, W. L., Wernsing, T. S., & Peterson, S. J. (2008). Authentic leadership: Development and validation of a theory-based measure. *Journal of Management*, 34(1), 89~126.

32) Kernis, M. H. (2003). Toward a conceptualization of optimal self-esteem. Psychological Inquiry, 14, 1~26.

33) Gardner, W. L., Avolio, B. J., Luthans, F., May, D. R., & Walumbwa, F. O. (2005). "Can you see the real me?" A self-based model of authentic leader and follower development. *Leadership Quarterly*, 16, 343~372.

34) Walumbwa, F. O., Avolio, B. J., Gardner, W. L., Wernsing, T. S., & Peterson, S. J. (2008). Authentic leadership: Development and validation of a theory-based measure. *Journal of Management*, 34(1), 89~126.

35) Kernis, M. H. (2003). Toward a conceptualization of optimal self-esteem. *Psychological Inquiry*, 14, 1~26.

36) Gardner, W. L., Avolio, B. J., Luthans, F., May, D. R., & Walumbwa, F. O. (2005). "Can you see the real me?" A self-based model of authentic leader and follower development. *Leadership Quarterly*, 16, 343~372.

37) May, D. R., Chan, A. Y. L., Hodges, T. D., & Avolio, B. J. (2003). Developing the moral component of authentic leadership. Organizational Dynamics, 32, 247 ~ 260.

38) Walumbwa, F. O., Avolio, B. J., Gardner, W. L., Wernsing, T. S., & Peterson, S. J. (2008). Authentic leadership: Development and validation of a theory-based measure.

Journal of Management, 34(1), 89~126.

● 제15장 셀프, 수퍼리더십

1) Manz, C. C., & Sims, H. P., Jr. (1986). Leading self-managed groups: A conceptual analysis of a paradox. *Economic and Industrial Democracy*, 7, 141~165.

2) Manz, C. C., & Sims, H. P., Jr. (1980). Self-management as a substitute for leadership: A social learning perspective. *Academy of Management Review*, 5, 361~367.

3) Manz, C.C., & Sims, H.P. Jr. (2001). *New Superleadership: Leading Others to Lead Themselves*, San Francisco, CA:Berrett-Koehler.

4) Ibid.

5) Ibid.

6) Manz, C. C., & Sims, H. P., Jr. (1980). Self-management as a substitute for leadership: A social learning perspective. *Academy of Management Review*, 5, 361~367.

7) Manz, C. C., & Sims, H. P., Jr. (1986). Leading self-managed groups: A conceptual analysis of a paradox. *Economic and Industrial Democracy*, 7, 141~165.

8) Ibid.

9) Ibid.

10) Manz, C. C. (1983). *The Art of Self-leadership: Strategies for personal effectiveness in your life and work*. Englewood Cliffs, NJ: Prentice-Hall, Inc.

11) Manz, C. C., & Sims, H. P., Jr. (1986). Leading self-managed groups: A conceptual analysis of a paradox. *Economic and Industrial Democracy*, 7, 141~165.
Manz, C.C., & Sims, H.P. Jr. (2001). *New Superleadership: Leading Others to Lead Themselves*, San Francisco, CA:Berrett-Koehler.

12) Manz, C.C,& Sims, H.P., Jr., (1989) *Super-leadership*, New York: Berkeley Books, p.45.

13) Manz, C. C., & Sims, H. P., Jr. (1986). Leading self-managed groups: A conceptual analysis of a paradox. *Economic and Industrial Democracy*, 7, 141~165.
Manz, C.C., & Sims, H.P. Jr. (2001). New Superleadership: Leading Others to Lead Themselves, San Francisco, CA:Berrett-Koehler.

14) Manz, C.C., & Sims, H.P. Jr. (2001). *New Superleadership: Leading Others to Lead Themselves*, San Francisco, CA:Berrett-Koehler.

15) Manz, C. C., & Neck, C. P. (2004). *Mastering self-leadership: Empowering yourself for personal excellence* (3rd ed.). Upper Saddle River, NJ: Prentice Hall.

16) Driskell, J. E., Copper, C., & Moran, A. (1994). Does mental practice enhance performance? *Journal of Applied Psychology*, 79, 481~492.

17) Neck, C. P., & Manz, C. C.(1996). Thought self-leadership: The impact of mental strategies training on employee behavior, cognition, and emotion. *Journal of Organizational Behavior*, 17, 445~467.

18) Manz, C.C., & Sims, H.P. Jr. (2001). *New Superleadership: Leading Others to Lead Themselves*, San Francisco, CA:Berrett-Koehler.

● 제16장 임파워먼트 리더십

1) Conger, J.A. & Kanungo, R.N.(1988), The empowerment process: Integrating theory and practice, *Academy of Management Review*, 13, 471~482.

2) French, J., Jr., & Raven, B.(1959) The basis of social power. In D. Cartwright(Ed.), *Studies in social power*. pp.150~167.

3) Salancik, G. R., & Pfeffer, J.(1974) The bases and use of power in organizational decision making: The case of a university. *Administrative Science Quarterly*, 19, 453~473.

4) Conger, J.A. & Kanungo, R.N.(1988), The empowerment process: Integrating theory and practice, *Academy of Management Review*, 13, 471~482.

5) Greenberg, J., & Baron, R. A.(1993). *Behavior in organizations: Understanding and managing the human side of work* (4th ed.). Boston: Allyn & Bacon.

6) Conger, J.A. & Kanungo, R.N.(1988), The empowerment process: Integrating theory and practice, *Academy of Management Review*, 13, 471~482.

7) Thomas. K.W., & Velthouse. B.A(1990). Cognitive elements of empowerment : An "interpretive" model of intrinsic task motivation. *Academy of Management Review*. 15. 4 : 666~681.

8) Spreitzer, G.M.(1995), Psychological empowerment in the workplace: Dimensions, measurement, and validation, *Academy of Management Journal*, 38(5),1442~1465.

9) Conger, J.A. & Kanungo, R.N.(1988), The empowerment process: Integrating theory and practice, *Academy of Management Review*, 13, 471~482.
Spreitzer, G.M.(1995), op.cit.

10) Thomas, K. W., & Tymon, W. G. Jr.(1994). Does Empowerment Always Work: Understanding the Role of Intrinsic Motivation and Personal Interpretation. *Journal of Management Systems*, 6, 1~13.

11) Deci, E. L., Connell, J. P., & Ryan, R. M.(1989). Self-determination in a work setting. *Journal of Applied Psychology*, 74(4), 580~590.

12) Ugboro, I.O., and Obeng, K.,(2000). Top management leadership, employee empowerment, job satisfaction and customer satisfaction in TQM organization: an empirical study. *Journal of Quality Management*. Vol.5 pp 247~272.

13) Bishop, J. W., & Scott, K. D.(2000). An Examination of Organizational and Team Commitment in a Self-Directed Team Environment. *Journal of Applied Psychology*, 85(3), 439~450.

14) Bowen, D.E., Lawler, E.E., 1992. The empowerment of service workers: What, why, how, and when. *Sloan Management Review* 33(3), 31~40.

Spreitzer, G.M.(1995), Psychological empowerment in the workplace: Dimensions, measurement, and validation, *Academy of Management Journal*, 38(5),1442~1465.

Thomas. K.W., & Velthouse. B.A(1990). Cognitive elements of empowerment : An "interpretive" model of intrinsic task motivation. *Academy of Management Review*. 15. 4 : 666~681.

15) Hui, M.K., Au, K.Y., & Fock, H.(2004). Empowerment effects across cultures. *Journal of International Business Studies*, 35(1), 46~60.

16) Conger, J.A. & Kanungo, R.N.(1988), op.cit.

17) Thomas. K.W., & Velthouse. B.A(1990). op.cit.

Spreitzer, G.M.(1995), op.cit.

18) Bandura, A.(1977) Self-efficacy: Toward a Unifying Theory of Behavioral Change. *Psychological Review*, 84, 191~215.

19) Avolio, B. J. and Gibbons, T. C.(1988). 'On the evaluation of structural equations models', *Journal of the Academy of Marketing Science*, 16, 74~94.

Bennis, W. G. 1984. The four Competencies of Leadership. *Training & Development Journal*, 28(8): 14~19.

Burke, W.(1986) *Leadership as empowering others*. In S. Srivastra(Ed.), Executive power (pp.51~77). San Francisco: Jossey-Bass.

Conger, J.A. & Kanungo, R.N.(1988), The empowerment process: Integrating theory and practice, *Academy of Management Review*, 13, 471~482.

Neilsen, E.(1986) *Empowerment strategies: Balancing au-thority and responsibility*. In S. Srivastra(Ed.), Executive power(pp.78~110). San Francisco: Jossey-Bass.

20) Thomas. K.W., & Velthouse. B.A(1990). Cognitive elements of empowerment : An "interpretive" model of intrinsic task motivation. *Academy of Management Review*. 15. 4 : 666~681.

21) Konczak, L.J., Stelly, D.J., & Trusty, M.L. (2000), Defining and measuring empowering leader behaviors: Development of an upward feedback instrument, Educational and Pwsychological Measurement, 60(2), pp.301~313.

22) Arnold, J. A., Arad, S., Rhoades, J. A., & Drasgow, F.(2000). The empowering leadership questionnaire: The construction and validation of a new scale for measuring leader behaviors. *Journal of Organizational Behavior*, 21, 249~269.

23) Bowen, D. & Lawler, E. (1992), The empowerment of service workers: What, why, how, and when?, Sloan Management Review, 33, pp.31~39.

24) Quinn, Robert E., and Spreitzer, Gretchen M.(1997). The road to empowerment: Seven questions every leader should consider. *Organizational Dynamics*, 26(2), 37~51.

25) Wheatley, M. J. 1999. *Leadership and the New Science: Discovering Order in a Chaotic World*, (2nd ed). San Francisco: Berrett-Koehler.

26) Manz, C. and Sims, H., 1986, Leading Self-Managed Groups: A Conceptual Analysis of a Paradox, *Economic and Industrial Democracy*, 7, pp.141~165.

27) Manz, C. C., & Sims, H. P., Jr.(1989). *Superleadership: Leading others to lead themselves*. New York: Prentice Hall.

28) Prussia, G. E., J. S. Anderson and C. C. Manz(1998), Self-leadership and Performance Outcomes: The Mediating Influence of Self-efficacy, *Journal of Organizational Behavior*, Vol.19, pp.523~538.

29) Houghton, J. D., & Yoho, S. K.(2005). Toward a contingency model of leadership and psychological empowerment: When should self-leadership be encouraged? *Journal of Leadership and Organizational Studies*, 11(4), 65~83.

30) Bass, B.M.(1985). *Leadership and Performance Beyond Expectations*, Free Press, New York.

31) Lowe, K. Kroeck, K.G. & Sivasubrabramanian, N.(1996) Effective correlates of transformational and transactional leadership: A meta-analytic review. *Leadership Quarterly*, 7, pp.385~425.

32) Laschinger, H. K. S., Finegan, J., & Shamian, J.(2001). Promoting nurses' health: Effect of empowerment on job strain and work satisfaction. *Nursing Economics*, 19(2), 42~52.

33) Avolio, B.J., Zhu, W., Koh, W., & Bhatia, P. 2004. Transformational leadership and organizational commitment: Mediating role of psychological empowerment and moderating role of structural distance. *Journal of Organizational Behavior*, 25: 951~968. Kark, R., Shamir, B. & Chen, G. 2003. The two faces of transformational leadership: Empowerment and dependency. *Journal of Applied Psychology*, 88(2): 246~255.

● 제17장 리더십 개발과 실천

1) McClelland, D. C. (1973). Testing for competence rather than for intelligence. *American Psychologist*, 28, 1~14.
2) Spencer, L.M., & Spencer, S.M. (1993). *Competence at Work: Models for superior performance*. New York: John Wiley and Sons.
3) Lucia, A. D., & Lepsinger, R. (1999). *The art and science of competency models: Pinpointing critical success factors in organizations*, New York: Pfeiffer.
4) Ibid.
5) Cooper, K. (2000). *Effective competency modeling and reporting: A step by step guide for improving individual and organizational performance*. AMACOM.
6) Chung-Herrera, V. Enz, C., & Lankau, L. (2003) Grooming future hospitality leaders: A competencies model. *Cornell Hotel and Restaurant Administration Quarterly*, 44, 3, 17~25.
7) Ibid.
8) Gordon, J. (2002) "Using business strategy to drive leadership development", *Employment Relations Today*, Winter, Vol.28, No.4, pp.61~67.
9) Emiliani, M.L. (2003), "Linking leaders' beliefs to their behaviors and competencies", *Management Decision*, Vol.41, No.9, pp.893~910.
10) Pernick, Robert, (2001). "Creating a Leadership Development Program: Nine Essential Tasks". *Public Personnel Management*, Vol.30 No.4, 429~444.
11) Alldredge, M.E., & Nilan, K.J. (2000). 3M' leadership competency model: An internally developed solution. *Human Resource Management*, 39(2/3), pp.133~145.
12) Boyatzis, R.E. (1982), *The Competent Manager: A Model for Effective Performance*, New York: J. Wiley.
13) Dalton, M., Ernst, C., Deal, J. & Leslie, J. (2002). *Success for the new global manager: What you need to know to work across distances, countries, and cultures*. San Francisco:

Jossey-Bass.

14) Prahalad, C.K. & Hamel, G., (1990). 'The core competence of the corporation' In *Harvard Business Review*, "Are you Ready to Compete", Boston, May-June, 1990, pp.12~24.

15) Katz, R.L. 1974. "Skills of an Effective Administrator" *Harvard Business Review*, 52(5). pp.90~102.

16) Drucker, P.F. "*The Practice of Management*" 한국경제신문 한경 BP.

17) Charan, R., Drotter, S., & Noel, J. (2001) *The Leadership Pipeline*. Jossey-Bass, San Francisco CA.

18) Thomas, R.J. & Cheese, P., (2005) "Leadership: experience is the best teacher", *Strategy and Leadership*, Vol.33, No.3, p.24~29.

19) Hughes, R.L. & Ginnett, R.C. (1996) *Leadership: Enhancing the Lessons of Experience*. Irwin, pp.30~58.

20) Kolb, D. (1983) *Experiential learning: Experience is the source of learning and development*. Englewood Cliffs, NJ: Prentice Hall.

21) Hughes, R.L. & Ginnett, R.C. (1996) *Leadership: Enhancing the Lessons of Experience*. Irwin, pp.30~58.

22) Ibid.

23) Densten, I. L. & Gray, J. H. (2001) "Leadership development and reflection: what is the connection?" *The International Journal of Educational Management*, Vol.15, No.3 pp.119~124.

24) Argyris, C. (1976). *Increasing leadership effectiveness*. USA: John Wiley & Sons Inc.

25) Burke, M.J., & Day, R.R. (1986). "A cumulative study of the effectiveness of managerial training." *Journal of Applied Psychology*, 71, pp.232~246.

26) Deal, J. J., & Depinto, R. (2004). *Emerging Leaders Research Project, Dirrerences in the Developmental Needs of Mangers at Multiple Levels*, Center for Creative Leadership.

국문색인

영문색인

A·B·C·D

E·F·H·I

L·M·N·O

P·R·S·T·V

저자소개

■ 이 상 호

연세대학교 경영학과 졸업 (학사)
연세대학교 대학원 경영학과 졸업 (석사)
School of Management, SUNY at Buffalo 졸업 (박사)
숭실대학교 경영대학 학장 및 경영대학원 원장 역임
숭실대학교 경영대학 경영학부 교수

학회활동 및 업적

〈학회활동〉 한국기업윤리학회 부회장, 한국인력개발학회 부회장, 한국인사관리학회 부회장, 대한경영학회 부회장, 한국리더십 학회 상임이사, 한국인사조직학회 이사 등

〈연구업적〉 리더십, 동기부여와 임파워먼트, 경력관리, 조직 및 인력 탄력성, 인사관리 제도 및 운영 등과 관련된 30여 편의 연구논문과 학술대회 발표논문, 그리고 연구보고서

〈저서 및 역서〉 리더십 강의, 현대과학과 리더십, 글로벌 리더십, 리더십과 조직이론, 경영의 기본으로 승부하라 등의 역서와 공학기술과 리더십 등 저서

조직과 리더십 제3판

2009년 3월 5일 1판 1쇄 발행
2013년 3월 10일 2판 1쇄 발행
2018년 9월 10일 3판 1쇄 인쇄
2022년 3월 10일 3판 3쇄 발행

저 자 이 상 호
발행인 류 재 식 · 박 용 범
발행처 도서출판 북 넷

서울시 용산구 효창동 5-3 대신빌딩 2층
등 록 2010년 6월 7일(제2010-000069호)
전 화 (02) 395-2341
팩 스 (02) 395-2303

정가 32,000원

ISBN 979-11-86947-34-0(93320)

e-mail : book2341@naver.com